lonely planet

Sardinien

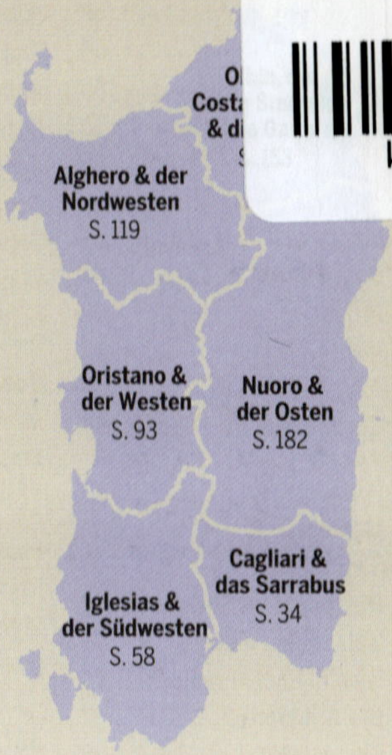

Kerry Christiani, Duncan Garwood

REISEPLANUNG

BOSA S. 107

CALA GOLORITZÈ S. 213

REISEZIELE AUF SARDINIEN

Inhalt

RICOTTA-KÄSEKÜCHLEIN
S. 263

SARDINIEN VERSTEHEN

PRAKTISCHE INFORMATIONEN

SPECIALS

Willkommen auf Sardinien

Wilde Landschaften, spektakuläre Steilküsten, Traumstrände, eine urtümliche Geschichte und liebenswerte Eigenarten prägen diese unwiderstehliche Insel.

Traumstrände

Ohne Übertreibung: Sardinien besitzt einige der schönsten Strände Europas. Und ja, der Sand ist wirklich so weiß und das Meer funkelt im blauesten Blau. Man kann vor der Costa Smeralda ankern, wo Promis und Supermodels im smaragdgrünen Wasser planschen, die Einsamkeit der durch Küstenfelsen abgeschotteten Buchten des Golfo di Orosei auskosten oder zwischen den Granitinseln von La Maddalena herumschippern. Ob man barfuß durch die Dünen der Costa Verde wandert oder sich an den Sandstränden der Costa del Sud aalt – wer sein Badehandtuch einmal hier ausgebreitet hat, will nie wieder weg.

Outdoor-Abenteuer

Adrenalinkick oder Naturerlebnis, Küste oder Inland: Sardinien ist eines der letzten großen Inselabenteuer Europas. Wanderwege winden sich durchs stille grüne Landesinnere zu den Nuraghen-Ruinen von Tiscali. Ein schwindelerregender Küstenpfad führt zur sichelförmigen Cala Luna, die Kletterer mit Kalksteinfelsen lockt. Durch Steineichenwälder geht es zur spektakulären Schlucht Gola Su Gorropu. Windsurfer tummeln sich an der Nordküste, Taucher zieht es zu den Wracks vor Cagliari und den versunkenen römischen Ruinen von Nora.

Eigenwilliges Eiland

Sardinien ist eine Welt für sich. Wo sonst liegen Bergwälder so nahe an schneeweißen Stränden, begegnet man kuriosen Kreaturen wie den blauäugigen weißen Eseln der Isola dell'Asinara und den scheuen Wildpferden der Giara di Gesturi? Auch kulinarisch verspricht die Insel einzigartige Erlebnisse, von ihren ureigenen Pasta-, Brot- und *dolci*-Rezepten über die einheimischen Weine bis zu Käsesorten wie dem *casu marzu pecorino* mit lebenden Maden. Sardinien ist einfach in jeder Hinsicht anders – und dadurch besonders liebenswert.

Zeitlose Traditionen

Sardinien ist stark von den Spuren seiner uralten, bewegten Geschichte geprägt. Auf der Insel verstreut liegen über 7000 *nuraghi* (bronzezeitliche Türme und Siedlungen), *tombe dei giganti* (Hünengräber) und *domus de janas* (Feenhäuser). An jedem Landsträßchen und in jedem von zehn Menschen und 100 Schafen bewohnten Weiler warten diese Ruinen aus vorgeschichtlicher Zeit, ein faszinierendes Historienpuzzle. Nicht zuletzt ist Sardinien auch eine Insel der exzentrischen Festivitäten, von den Karnevalszügen der Barbagia mit ihren gespenstischen *mamuthones* bis zum tollkühnen Reiterfest S'Ardia in Sedilo.

Warum ich Sardinien so liebe

Kerry Christiani, Autorin

Sardinien war für mich Liebe auf den ersten Blick. Egal, wie oft ich wiederkomme, es gibt immer noch neue Küstenwege zu erkunden, Berge zu erklimmen, versteckte Buchten mit dem Kajak zu entdecken, übersehene *agriturismi* im stillen Hinterland aufzustöbern. So klein die Insel auf der Karte aussieht: Wer sich näher auf sie einlässt, merkt bald, wie riesig sie ist. Sie ist wie ein Kontinent im Miniaturformat, mit eigener Sprache und inbrünstig verteidigten Traditionen, eigener Küche und Kultur, eigener Geschichte und einer ganz eigenen geheimnisvollen Aura. Die Sarden sind stolz auf ihre Insel und das dürfen sie auch sein.

Mehr Infos über unsere Autoren gibt's auf S. 307

Oben: Castelsardo (S. 140)

Sardinien

0
50 km
Parco Nazionale dell'Asinara
Wildnis auf einer Insel (S. 139)
Grotta di Nettuno
Auf 654 Stufen hinab in eine märchenhafte Höhle (S. 135)
Alghero
Eine befestigte Stadt im spanischen Stil (S. 121)
Bosa
Ein Städtchen am Fluss wie
Costa Smeralda
Nobelurlaub an sonnenverwöhnten Stränden (S. 162)
Orgosolo
Politische Wandgemälde im einstigen Banditendorf (S. 194)
Tiscali
Geheimnisvolle Siedlung aus prähistorischer Zeit (S. 206)
Gola Su Gorropu
Geröll und steile Felsen im
8°O
9°O
10°O
41°N
Parco Nazionale dell'Asinara
Torre Pelosa
Stintino
Golfo dell' Asinara
Castelsardo
Porto Torres
Platamona
Marina di Sorso
Sorso
Sassari
Monte Timidone (361 m)
Porto Ferro
Fertilia
Grotta di Nettuno
Alghero
Cala Bona
Villanova Monteleone
Torralba
Mare di Sardegna
Bosa
Torre
Macomer
Santa Teresa di Gallura
Isola Maddalena
Isola Caprera
Parco Nazionale dell'Arcipelago di La Maddalena
Porto Pollo
Palau
Baia Sardinia
Arzachena
Romazzino
Porto Rotondo
Golfo Aranci
Olbia
Tempio Pausania
Coghinas
Lago di Coghinas
Monti
Tyrrhenisches Meer
Ozieri
Siniscola
Tirso
Orune
Orosei
Nuoro
Monte Ortobene (955 m)
Oliena
Dorgali
Cala Gonone
Tiscali
Orgosolo

Entfernungen (km)

Hinweis: Die Entfernungen sind ungefähre Angaben

	Alghero	Cagliari	Iglesias	Nuoro	Olbia	Oristano
Cagliari	247					
Iglesias	255	58				
Nuoro	155	180	193			
Olbia	138	265	285	105		
Oristano	155	94	110	90	173	
Sassari	37	217	220	123	106	126

Sardiniens Top 15

1

Golfo di Orosei

1 Natürlich kann man hier von aquamarinblau glitzerndem Wasser, blendend weißem Sand und schwindelerregenden Kalksteinfelsen schwärmen, aber Worte reichen kaum aus – man muss den Golfo di Orosei einfach selbst gesehen haben. Wo Berge und Meer spektakulär aufeinandertreffen, bildet diese weite Meeresbucht den Küstenabschnitt des Parco Nazionale del Golfo di Orosei e del Gennargentu (S. 201). Hier können Besucher die Pfade am oberen Rand der Steilküste entlangwandern, Meeresgrotten per Seekajak erkunden oder auf einer Bootstour verwunschene Buchten entdecken – eine überwältigender als die andere.

Gola Su Gorropu

2 Der erste Blick in die Gola Su Gorropu (S. 205) auf der Wanderung vom Pass Genna 'e Silana herunter ist einfach atemberaubend. Die gewaltige Schlucht mit den 400 m hohen Felswänden und den Gesteinsbrocken, die wie Riesenmurmeln überall verstreut liegen, gilt als Europas Grand Canyon. An ihrer schmalsten Stelle ist die Schlucht nur 4 m breit, sie verschlingt einen dort förmlich, sperrt die Sonne aus und lässt einen die Außenwelt vollkommen vergessen. Wenn die vereinzelten Wanderer und Kletterer nicht wären, könnte man das unheimliche Gefühl bekommen, irgendwie aus Zeit und Raum herausgefallen zu sein.

DOUG PEARSON/GETTY IMAGES ©

ANDY CHRISTIANI/GETTY IMAGES ©

Costa Smeralda

3 Der Hype um die Costa Smeralda (S. 162) ist nicht übertrieben: Die windgepeitschten Granitberge der Gallura umrahmen fjordähnliche Meeresarme und smaragdgrüne See säumt eine Küste, an der sich Buchten wie die Spiaggia del Principe (S. 163) reihen – eine perfekte, schneeweiße Sandsichel mit glasklarem Wasser. Wer auf Glamour steht, bestaunt die Riesenjachten in den Urlaubsorten der Superreichen; wer es geruhsamer mag, sucht sich eine der stillen Buchten inmitten duftender *macchia* und genießt die großartigen Ausblicke. Oben: Spiaggia del Principe

Il Castello, Cagliari

4 Die Burg (S. 37), die auf einem Felsen in Cagliari thront, wirkt am schönsten in der Dämmerung eines warmen Sommerabends. Wenn die untergehende Sonne den Himmel in Purpurfarben taucht, erglühen die Festungsmauern, *palazzi* und pisanischen Türme in purem Gold. Am besten erwartet man das Schauspiel ganz entspannt auf der Terrasse einer Bar auf den Wällen, die zum Sundowner einen umwerfenden Panoramablick auf die von Lichtern erhellte Stadt bietet.

5

6

Nuraghi & Tombe dei Giganti

5 Wachtürme, Stätten heiliger Rituale, prähistorische Versammlungsorte … – der eigentliche Zweck der 7000 *nuraghi* auf Sardinien bleibt unklar. Doch innerhalb der halbkreisförmigen Mauern dieser Steintürme und befestigten Siedlungen spürt man bis heute die Atmosphäre der Bronzezeit. Am berühmtesten und am besten erhalten ist die Nuraghe Su Nuraxi (S. 83), ein Weltkulturerbe der Unesco. Nicht weniger geheimnisvoll sind die *tombe dei giganti* (Hünengräber), Massengräber einer Megalithkultur, die mit wuchtigen Portalstelen beeindrucken. Oben: *Nuraghi*-Ruinen

Orgosolo

6 Sozialkritik, politische Botschaften und Weltuntergangsprophezeiungen schmücken die alten Fassaden der Häuser und Cafés von Orgosolo. Der einstige Schlupfwinkel von Banditen dient heute als Riesenleinwand für faszinierende Graffiti. Wer den Corso Repubblica (S. 194) entlangschlendert, entdeckt auf riesigen Wandgemälden Kommentare zu allen Großereignissen des 20. und 21. Jhs., vom Abwurf der Atombombe bis zum Irakkrieg. So spiegelt sich die Weltgeschichte in einem kleinen Bergdorf in der Barbagia. Unten: Politisches Wandbild, Orgosolo

Alghero

7 Am stimmungsvollsten ist Alghero (S. 121) am frühen Abend, wenn sich das Labyrinth der mittelalterlichen Gassen mit Menschen füllt und das Treiben von den Caféterrassen an der Piazza Civica beobachtet werden kann. An Tischen entlang der honigfarbenen Festungsmauern speist man im Laternenlicht mit Blick auf das Meer und den Sternenhimmel. Hier muss man einfach *aragosta alla catalana* (Languste mit Tomaten und Zwiebeln) probieren, ein Rezept aus der Zeit der katalanischen Herrschaft.

Bosa

8 Wie viele große Kunstwerke betrachtet man Bosa (S. 107) am besten aus einiger Entfernung. Nur mit etwas Abstand erfasst man das ganze Bild: die eleganten Häuser mit den bunten Fassaden, die Fischerboote auf dem Fiume Temo und die mittelalterliche Burg hoch oben über der Stadt. Wer eine der hübschesten Städte Sardiniens ohne Besuchermassen erleben möchte, bleibt bis zum Abend und spaziert dann durch die schmalen Gassen, wo kleine Restaurants fangfrischen Fisch von der Westküste zubereiten.

PSF/IMAGEBROKER©

KEITH TAYLOR/ALAMY ©

Tiscali

9 Die im Dämmerlicht einer halb zerfallenen Karsthöhle verborgene archäologische Stätte Tiscali (S. 206) gibt viele Rätsel auf. Zwar sind nur noch spärliche Reste erhalten, doch mit ein wenig Phantasie kann man sich das Nuraghen-Dorf der Bronzezeit durchaus vorstellen. Ebenso faszinierend wie Tiscali selbst ist auch der Weg dorthin: Der Pfad führt durch ein grünes Tal, am Fuß hoher Felsen entlang. Greifvögel kreisen in der Luft, und außer dem Geräusch der eigenen Schritte stört nichts die große Stille, die über allem hängt. Oben: Der Weg nach Tiscali

Oristano

10 Oristano (S. 95), im 14. Jh. Hauptstadt der Provinz Arborea, ist eine der großartigen mittelalterlichen Städte Sardiniens. In den barocken Gassen und auf den Piazze im Zentrum und im Duomo mit seiner schönen Kuppel ist die Vergangenheit allgegenwärtig. Hier lässt man es ruhig angehen und folgt den Einheimischen, die zur Piazza Eleonora d'Arborea schlendern. Oder man nutzt den Ort als Ausgangspunkt, um die phönizischen und römischen Ruinen von Tharros und die schneeweißen Strände und von Vögeln wimmelnden Lagunen der Halbinsel Sinis zu erkunden. Oben rechts: Piazza Eleonora d'Arborea, Oristano

Grotta di Nettuno

11 Egal, ob man per Boot von Alghero aus hinfährt oder die 110 m hohe Felswand über 654 schwindelerregende Stufen hinabsteigt, die Ankunft an der Grotta di Nettuno (S. 135) ist unvergesslich. In der riesigen, kathedralenartigen Höhle scheint es, als habe Meeresgott Neptun höchstpersönlich Hand angelegt. Ein Wald aus bizarr geformten Stalaktiten und Stalagmiten spiegelt sich im unbewegten Wasser. Nichts kann den Zauber dieser Feenhöhle beeinträchtigen – nicht einmal die Besucherscharen zur Mittagszeit.

MICHAŁ KRAKOWIAK/GETTY IMAGES ©

DEGAS JEAN-PIERRE/HEMIS.FR/ GETTY IMAGES ©

Parco Nazionale dell'Asinara

12 Isoliert am nordwestlichen Zipfel der Insel liegt der Parco Nazionale dell'Asinara (S. 139), eine der herrlichsten Küstenlandschaften Sardiniens. In diesem Nationalpark leben außer dem einzigartigen *asino bianco* (Albino-Esel) auch Wanderfalken, Mufflons, Wildschweine und Unechte Karettschildkröten. Wer ihnen begegnen will, schließt sich am besten einer der Wander- oder Radtouren an, die bis in die letzten Winkel der Insel führen. Andere Besucher tauchen lieber im glasklaren Wasser, das Granitfelsen und verträumte Strände umspült.

Bergdörfer

13 Auf einer serpentinenreichen Gebirgsstraße nach nirgendwo hat man die Orientierung verloren, und kein Navigationsgerät, keine Karte und keine Schafherde kann einem weiterhelfen. Dann aber ist der Bergrücken erreicht und plötzlich kommt ein uriges Dorf in Sicht, umgeben von mächtigen Bergen und dichten Wäldern. So oder ähnlich ergeht es einem oft in den Provinzen Barbagia und Ogliastra. Lust auf ein Abenteuer? Dann nichts wie hin zu herrlich abgelegenen Bergdörfern wie Aritzo (S. 197). Oben: Castelsardo (S. 140)

ardinien für Genießer

4 „Bio" und „Slow Food" lauten die modernen Schlagworte für etwas, as auf Sardinien seit Jahrhunderten epflegt wird. Die Bauernhöfe im Landes- ineren verkaufen *pecorino*, Salami und annonau-Rotwein aus eigener Erzeugung. ie Bäckereien von Cagliari und Nuoro unstvoll geformtes Brot und Mandelgebäck. as Angebot an Fisch und Meeresfrüchten t überwältigend. Und rustikale *agriturismo*- nterkünfte wie Li Mori (S. 161) verwöhnen re Gäste mit Antipasti, *culurgiones* (Ra- ioli) mit Ricotta-Füllung, Spanferkel und oniggetränkten *sebadas* (Teigtaschen).

Feste auf Sardinien

15 Ob tollkühne Reitkünste bei der S'Ardia oder *mamuthones*, die beim Karneval in Mamoiada die Winterdämonen austreiben: Die Sarden feiern herrlich verrückt. Am besten plant man so, dass man Highlights wie das mittelalterliche Turnier Sa Sartiglia (S. 97) in Oristano im Februar, die Festa di Sant'Efisio (S. 48) in Cagliari im Mai oder die folkloristischen Umzüge der Sagra del Redentore (S. 187) in Nuoro im August mitbekommt. Gourmets können bei gastronomischen Festivitäten alles Mögliche von Maronen bis zu Seeigeln kosten.

Unten: Das Reiterfest Sa Sartiglia in Oristano

BRUNO MORANDI/GETTY IMAGES ©

15

DAVID SUTHERLAND/GETTY IMAGES ©

Gut zu wissen

Mehr Infos unter Praktische Informationen (S. 269)

Währung
Euro (€)

Sprache
Sardisch (Sardo) und Italienisch

Visa
EU-Bürger und Schweizer brauchen für Italien kein Visum.

Geld
In den meisten Urlaubsorten und größeren Städten gibt es Geldautomaten. Visa-, MasterCard- und Cirrus-Karten werden in größeren Hotels und Restaurants angenommen, in kleineren nur Bargeld.

Mobiltelefone
Europäische Handys funktionieren auf Sardinien problemlos, sofern sie für internationales Roaming eingerichtet sind.

Zeit
Mitteleuropäische Zeit

Reisezeit

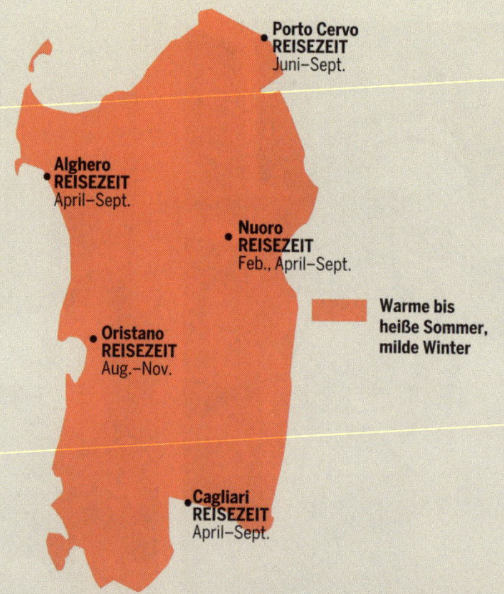

Hauptsaison
(Juli & Aug.)

- Die Zimmerpreise und Besucherzahlen steigen massiv an.
- Die Preise klettern über Ostern und in den Schulferien.
- Die Straßen sind dann oft verstopft.
- Optimales Strandwetter.

Zwischensaison
(April–Juni & Mitte Sept.–Okt.)

- Die Zimmer sind deutlich preiswerter.
- Das Wetter ist wechselhaft und das Meer recht kühl.
- Ideal zum Wandern, Radfahren und Klettern.
- Sehenswürdigkeiten und Strände sind nicht so überfüllt.

Nebensaison
(Nov.–März)

- Das Wetter ist kühler und feuchter.
- Viele Sehenswürdigkeiten, Hotels und Restaurants sind geschlossen.
- Die Preise sind um bis zu 50 % niedriger.
- Im Februar lockt der Karneval.

Websites

Sardegna Turismo (www.sardegnaturismo.it) Die Website des Fremdenverkehrsamts ist die erste Anlaufstelle für Infos über Aktivitäten, Kultur, Reiserouten, Events und Unterkünfte.

ENIT (www.enit.it) Der staatliche Tourismusverband Italiens gibt Tipps zu Sehenswürdigkeiten, Unternehmungen und kulinarischen Genüssen.

Lonely Planet (www.lonelyplanet.com/sardinia) Informationen über Ziele, Buchungen, Reiseforum und mehr.

ARST (www.arst.sardegna.it, auf Italienisch) Fahrpläne und andere Infos zum Regionalverkehr auf Sardinien.

Trenitalia (www.trenitalia.com) Informationen zu Fahrplänen und Preisen für Zugreisen auf der Insel.

Get Around Sardinia (www.getaroundsardinia.com) Gute Tipps, wie man auf Sardinien mit öffentlichen Verkehrsmitteln herumkommt.

Wichtige Telefonnummern

Ländervorwahl Italien	☎0039
EU-weite Notrufnummer	☎112
Rettungswagen	☎118
Feuerwehr	☎115
Polizei	☎113

Wechselkurs

Schweiz	1 €	1,20 sFr
	1 sFr	0,83 €

Aktuelle Wechselkurse siehe www.xe.com.

Tagesbudget

Budget: bis 120 €

- Bett im Schlafsaal 20–25 €
- Doppelzimmer in einem preiswerten Hotel 60–100 €
- Hauptsaison (Juli & Aug.) meiden, weniger besuchte Urlaubsorte wählen
- Tagesgerichte 15–20 €

Mittelklasse: 120–250 €

- Doppelzimmer im Mittelklassehotel 100–200 €
- Essen in soliden einheimischen Restaurants 25–45 €

Gehoben: über 250 €

- Deluxe-Doppelzimmer in beliebten Städten und Hotels
- Entspannung in Hotel-Spas
- Kulinarische Genüsse und sardische Spitzenweine in Nobelrestaurants

Öffnungszeiten

Angaben für die Hauptsaison; in der Zwischen- und Nebensaison gelten meist kürzere Öffnungszeiten.

Banken Mo–Fr 8.30–13.30 & 14.45–16.30 Uhr

Bars Mo–Sa 19–1 Uhr

Cafés Mo–Sa 7 oder 8 bis 22 oder 23 Uhr

Clubs Do–Sa 22 bis 3, 4 oder 5 Uhr

Postämter Mo–Fr 8–18.50, Sa 8–13.15 Uhr

Restaurants 12 bis 14.30 oder 15 und 19.30 bis 22 oder 23 Uhr

Geschäfte Mo–Sa 9–13 & 16–20 Uhr

Ankunft auf Sardinien

Aeroporto di Cagliari-Elmas (S. 278) Von 5.20 bis 22.30 Uhr verkehren ca. alle 30 Min. ARST-Busse vom Flughafen Elmas zur Piazza Matteotti (4 €, 10 Min.). Ein Taxi kostet etwa 20 €.

Aeroporto Olbia Costa Smeralda (S. 278) Von 6.15 bis 23.40 Uhr verkehren die Buslinien 2 und 10 (1 € bzw. 1,50 € bei Ticketkauf im Bus) halbstündlich vom Flughafen ins Zentrum von Olbia. Ein Taxi kostet um 15 €.

Aeroporto di Alghero-Fertilia (S. 131) Von 5 bis 23 Uhr verkehren stündlich Busse zur/von der Via Cagliari in Alghero (1 € bzw. 1,50 € bei Ticketkauf im Bus, 25 Min.). Ein Taxi zum Flughafen kostet ca. 25 €.

Unterwegs vor Ort

Die Fahrpreise der öffentlichen Verkehrsmittel sind zivil, aber Fahrten in entlegenere Ecken der Insel können kompliziert und zeitaufwendig werden. In der Nebensaison werden viele Verbindungen nur sporadisch bedient.

Auto Wer Sardinien gründlicher erkunden will, braucht einen fahrbaren Untersatz, um abgelegene Dörfer, das gebirgige Landesinnere und menschenleere Strände zu erreichen.

Bus Busse sind meist brauchbarer als Züge. Fahrpläne bei **ARST** (www.arst.sardegna.it).

Zug Die Hauptstrecke führt von Cagliari nach Oristano und dann weiter nach Chilivano-Ozieri, wo eine Nebenstrecke nordwestlich nach Sassari und eine nordöstlich nach Olbia abzweigt. Fahrpläne bei **Trenitalia** (www.trenitalia.com).

Mehr zum Thema **Unterwegs vor Ort** s. S. 281

Wie wär's mit ...

Inseln & Strände

Sardiniens Inseln, Strände und vom Wind geformte Meereslandschaften sind hinreißend. Hier kann man mit Barrakudas tauchen, in versteckten Buchten ankern und sich sein ganz persönliches Fleckchen schneeweißen Sand suchen.

Parco Nazionale dell'Arcipelago di La Maddalena Rosarote Granitinseln, feinsandige Strände und glasklares Wasser. (S. 174)

Spiaggia di Piscinas Der entlegene, 3,5 km lange Sandstrand lockt mit unvergesslichen Sonnenuntergängen. (S. 68)

Isola dell'Asinara Die Insel mit Albino-Eseln und vielen anderen Tieren ist am besten zu Fuß oder per Rad zu erkunden. (S. 139)

Cala Mariolu Die versteckte Bucht verzaubert mit weiß schimmernden Kieseln und himmelblauem Wasser. (S. 207)

Spiaggia del Principe Der weiße Sandbogen mit unglaublich blauem Wasser ist der Lieblingsstrand des Aga Khan. (S. 163)

Spiaggia della Pelosa Malerischer Sandstrand in der Obhut eines spanischen Wachturms. (S. 138)

Is Aruttas Der perfekte Bogen aus glitzerndem Quarzsand am türkisblauen Meer verspricht himmlische Ruhe. (S. 103)

Archäologische Ausgrabungen

Die Insel lädt mit 7000 *nuraghi* (bronzezeitlichen Siedlungen), *pozzi sacri* (heiligen Quellen) und *tombe dei giganti* (Riesengräbern) zu archäologischen Entdeckungsreisen ein.

Nuraghe Su Nuraxi Sardiniens berühmteste Nuraghe und einzige Unesco-Welterbestätte geht auf 1500 v. Chr. zurück. (S. 83)

Tiscali Der ursprüngliche Zweck der Nuraghe in einer eingestürzten Karsthöhle im Supramonte bleibt rätselhaft. (S. 206)

Nuraghe di Santa Cristina Schöne Nuraghen-Anlage um einen bronzezeitlichen *tempio a pozzo* (Quellentempel). (S. 111)

Serra Orrios Eine geheimnisvolle Aura umgibt die verfallenen Hütten und Tempel der Nuraghen-Siedlung inmitten eines Olivenhains. (S. 205)

Nuraghe di Palmavera Die komplexe Anlage hat 3500 Jahre auf dem Buckel. (S. 134)

Necropoli del Montessu Prähistorische Felsgräber. (S. 71)

Coddu Ecchju Schönes Beispiel einer *tomba dei giganti* mit Portalstele. (S. 168)

Nuraghe Is Paras Diese Nuraghe beeindruckt mit einem 11,8 m hohen *tholos* (Kegelturm). (S. 200)

Outdoor-Abenteuer

Küstenfelsen erklimmen, über Wellen flitzen, durch Bergwälder wandern: Sardinien begeistert mit toller Landschaft, einzigartiger Tierwelt und Outdooraktivitäten ohne Ende.

Gola Su Gorropu Eine gewaltige, wilde Schlucht von urtümlicher Schönheit. (S. 205)

Cardedu Kayak Paddeltouren erschließen einsame Winkel der roten Granitküste. (S. 211)

Golfo di Orosei Zu Fuß oder per Boot gibt es hier einsame Buchten, Höhlen und Felsformationen zu entdecken. (S. 201)

Porto Pollo Das Windsurfer-Mekka der Nordküste lockt mit verlässlichen Brisen. (S. 172)

Cala Gonone Berauschende Klettererlebnisse an Steilwänden und Überhängen hoch über dem Meer. (S. 206)

Parco Nazionale del Golfo di Orosei e del Gennargentu Der größte Nationalpark Sardiniens lädt zum Wandern, Radeln, Canyoning, Tauchen, Höhlenwandern und Klettern ein. (S. 201)

Nereo-Höhle In der größten Unterwasserhöhle des Mittelmeers können Taucher rote Korallen bestaunen. (S. 132)

La Giara di Gesturi Auf der grünen Hochebene kann man Wildpferden begegnen. (S. 84)

Oben: Leuchtturm bei Olbia (S. 154)
Unten: Sardische Orangenplantage

Ferien auf dem Bauernhof

Die *agriturismi* (Unterkünfte auf Bauernhöfen), die zwischen Eichenwäldern, Olivenhainen und Schafweiden über die Insel verstreut liegen, sind ideale Ruheoasen für Urlauber, die es gemächlich angehen wollen.

Agriturismo Guthiddai Weiß getünchte Zuflucht zwischen Olivenbäumen am Fuß schroffer Berge. (S. 231)

Agriturismo Su Boschettu Ruhiger Bauernhof im Herzen der Insel. (S. 222)

Agriturismo Ca' La Somara Wer den Eseln folgt, findet den Weg zu diesem stressfreien Bauernhof mit idyllischem Garten. (S. 228)

Agriturismo Testone Weitab von allem Trubel liegt diese rustikale Behausung in einem Steineichenwald. (S. 231)

Agriturismo Nuraghe Mannu Der superfreundliche *agriturismo* verwöhnt mit Essen aus eigenen Erzeugnissen und weitem Blick über Cala Gonone. (S. 233)

Wander- & Radtouren an der Küste

Die spektakulären Steilküsten, wilden Schluchten und zahlreichen Buchten sind am besten per pedes oder Drahtesel zu erkunden.

Selvaggio Blu Ein Highlight im Osten ist diese siebentägige Wandertour an einem grandiosen Küstenabschnitt. (S. 208)

Riviera del Corallo Eine Radtour entlang der Steilküste zwischen Alghero und Bosa eröffnet atemberaubende Panoramen. (S. 132)

Cala Goloritzè Eine schöne Wanderroute führt von der

märchenhaften Golgo-Hochebene zu dieser Traumbucht. (S. 213)

Funtanamare Eine Radtour zur abgelegenen Costa Verde bietet Ausblick auf schroffe Steilküsten und Meeresfelsen. (S. 64)

Cala Luna Von der Cala Fuili geht es am Rand der Steilküste entlang und durch duftende Strauchlandschaft zu dieser bezaubernden Bucht. (S. 207)

Parco di Porto Conte Wanderer und Radler genießen hier phantastische Küstenpanoramen und duftende Flora. (S. 135)

Bergstädte & -dörfer

Straßen und Flüsse winden sich durch die Felder, Wälder und Berge des stillen Inselinneren. Die Orte bezaubern mit nostalgischem Charme, Traditionsküche und umwerfender Aussicht.

Castelsardo Ein wunderschöner mittelalterlicher Ortskern mit Blick aufs Meer. (S. 140)

Ulassai Eine Straße schraubt sich mühsam zu dem winzigen Dorf empor, das unterhalb gezackter Berggipfel liegt. (S. 214)

Monti Ferru Außer schönen Dörfern in herrlicher Natur locken hier auch köstliches Rindfleisch und Olivenöl. (S. 104)

Orgosolo Die Wandmalereien des Bergstädtchens kommentieren das Weltgeschehen – von der Atombombe bis zur Zerstörung des World Trade Center. (S. 194)

San Pantaleo Abseits der mondänen Costa Smeralda liegt dieses hübsche Dorf zu Füßen von Granitfelsen. (S. 167)

Laconi In dem friedlichen Bergstädtchen winden sich gepflasterte Gassen zu einem lauschigen Park. (S. 199)

Naturwunder

Sardinien wimmelt von Wunderwerken der Natur – die Küste ist mit Buchten, Höhlen und bizarren Felsformationen gespickt, das Inselinnere von tiefen Schluchten durchzogen.

Grotta di Nettuno Schwindelerregende 654 Stufen führen zu dieser kathedralenähnlichen Höhle am Meer hinab. (S. 135)

Scoglio Pan di Zucchero Der Zuckerhut-Felsen ist der größte der *faraglioni*, die hier aus glasklarem Wasser ragen. (S. 65)

Grotta di Ispinigoli Die gewaltige Höhle beherbergt einen Wald aus Tropfsteinen, darunter der zweitgrößte der Welt. (S. 204)

Roccia dell'Elefante Wer hätte erwartet, einen Elefanten in der Nähe von Castelsardo anzutreffen? In dem bizarren Naturfels befinden sich zwei steinzeitliche Gräber. (S. 141)

Il Golgo Ein Blick in den düsteren Schlund des 270 m tiefen Abgrunds reicht, um Höhenangst zu kriegen. (S. 213)

Roccia dell'Orso Der verwitterte Granitfelsen ähnelt je nach Blickwinkel einem Bären oder einem Drachen. (S. 173)

Essen aus erster Hand

Die sardische Küche dreht sich um schlichte Genüsse – familiengeführte Weinkellereien, Bauernhöfe, die frischen *pecorino*, Honig und Salami verkaufen, Städte, die ihre Spezialitäten mit munteren Festen feiern.

Cantine Surrau Das exzellente Weingut an der Costa Smeralda ist bekannt für fruchtige Vermentino-Weißweine und vollmundige Cannonau-Rotweine. (S. 164)

Cabras In dem Fischerdorf sind die salzigen *muggini* (Barben) und *bottarga* (Barbenrogen) sehr probierenswert. (S. 100)

Durke Traumhafte sardische Süßigkeiten; die besten bestehen nur aus Zucker, Eiweiß und Mandeln. (S. 52)

Azienda Agricola Mossa Alessandro Der Bauernhof verkauft würzige Salami, cremigen Ziegenmilch-Ricotta und *fiore sardo pecorino*. (S. 163)

Historische Städte

Karthager, Römer, Aragonier und Pisaner – sie alle haben Sardinien ihren Stempel aufgedrückt. Wer ihre Festungswälle entlangschlendert, zu Zitadellen emporkraxelt und sich auf Kirchplätzen ausruht, fühlt sich wie in ferne Vergangenheit zurückversetzt.

Alghero Das *centro storico* (Altstadt) ist ein Labyrinth aus Palazzi zwischen Stadtmauern und lockt an Sommerabenden zuhauf Gourmets an. (S. 121)

Cagliari In den verschlungenen Gässchen des mittelalterlichen Castello verweilen Besucher gern, um seine Türme und Mauern im Licht der untergehenden Sonne zu erleben. (S. 36)

Oristano Die bezaubernde Altstadt ist voll von guten Restaurants und Bars. (S. 95)

Iglesias Das spanische Flair und die vielen Kirchen machen den besonderen Reiz dieser Stadt aus. (S. 59)

Olbia Die mächtigen Schiffe des Museo Archeologico vermitteln ein anschauliches Bild der Römerzeit. (S. 154)

Nuoro Die Bergstadt am Fuß des Monte Ortobene hatte ihre kulturelle Blütezeit im 19. und frühen 20. Jh. (S. 183)

Monat für Monat

TOP-EVENTS

Carnevale, Februar

Pasqua, März/April

Festa di Sant'Efisio, Mai

S'Ardia, Juli

Festa del Redentore, August

Januar

Festa di Sant'Antonio Abate

Zu diesem Fest am 16. und 17. Januar werden in Orosei, Orgosolo, Sedilo und Paulilatino Freudenfeuer entzündet. Finstere *mamuthones*, halb Mensch, halb Tier, machen Mamoiada unsicher.

Februar

Carnevale

Zu den Highlights gehören die Verbrennung des Abbilds eines französischen Soldaten in Alghero, die *mamuthones* in Mamoiada sowie die närrischen Kostüme in Ottana.

Sa Sartiglia

Mittelalterliches Treiben beim Reiterfest Sa Sartiglia in Oristano mit Turnieren, Reitern und Ritterkämpfen im Vorfeld des Faschingsdienstags.

März

Lunissanti

Am Palmsonntag ziehen von Inbrunst geprägte Prozessionen durch den mittelalterlichen Kern des Bergstädtchens Castelsardo.

Pasqua

Die Karwoche wird in Sardinien mit feierlichen Prozessionen und Passionsspielen begangen. Besonders sehenswert sind die Festlichkeiten in Alghero, Castelsardo, Cagliari, Iglesias und Tempio Pausania.

Sagra del Torrone

Von wegen Ostereier: Am Ostermontag schlagen sich die Einwohner von Tonara in Barbagia di Belvi die Bäuche mit köstlichem *torrone* (Nougat) voll (s. www.comunetonara.org).

April

Sagra degli Agrumi

Mitte April steigt in Muravera das spritzige Zitrusfruchtfest (www.sagradegliagrumi.it) mit Bergen von Orangen und Zitronen.

Festa di Sant'Antioco

Vier Tage lang feiert die Stadt Sant'Antioco seinen Schutzheiligen mit Festumzügen, Tanzaufführungen, Konzerten und Feuerwerken.

Mai

Festa di Sant'Efisio

Am 1. Mai wird eine Holzstatue des heiligen Ephisius unter buntem Festtreiben auf einem Ochsenkarren durch Cagliari gezogen und dann nach Nora gebracht. Am 4. Mai kehrt der Heilige wieder zurück, was Anlass zu weiteren Festlichkeiten bietet.

Cavalcata Sarda

Am vorletzten Sonntag im Mai feiern in Sassari Hunderte von Einheimischen in historischen Kostümen den Sieg über die Sarazenen im Jahr 1000 n. Chr. Am Ende des Festzugs galoppieren Reiter durch die Straßen der Stadt.

Juni

Girotonno

Mit Kochwettbewerben, Verkostungen, Konzerten und Veranstaltungen rund ums Thema Meer wird Carlofortes berühmte *mattanza* (Thunfischfang) begangen.

Juli

S'Ardia

Packendes Pferderennen, bei dem eine Horde Reiter um die Kirche in Sedilo rast.

L'Isola delle Storie, Festival Letterario della Sardegna

Während des dreitägigen Literaturfestivals (www.isoladellestorie.it) finden in und um Gavoi Autorenlesungen und Konzerte statt.

Festa della Madonna del Naufrago

Mitte Juli wird bei einer Bootsprozession vor der Küste bei Villasimius zu Ehren der ertrunkenen Seeleute eine Unterwasser-Madonna mit einem Blumenkranz geschmückt.

August

Festa di Santa Maria del Mare

Am ersten Augustwochenende huldigen die Fischer von Bosa der Muttergottes mit einer Schiffsparade auf dem Fluss.

Matrimonio Maureddino

Am ersten Sonntag im August spielen kostümierte Einwohner von Santadi eine maurische Hochzeit nach.

I Candelieri

Das sehenswerte Fest findet am 14. August in Sassari statt. Höhepunkt ist die *faradda*, bei der die neun Zünfte der Stadt in Begleitung von Trommlern und Flötenspielern riesige Votivkerzen durch die Straßen tragen.

Festa del Redentore

Reiter und Tänzer begleiten Sardiniens spektakulärstes Kostümfest. Am 28. August geht ein Fackelzug durch Nuoro. Am folgenden Vormittag findet eine Wallfahrt zur Statue von Christus dem Erlöser auf dem Monte Ortobene statt.

Festa dell'Assunta

Bruderschaften, Reiter und Frauen in traditioneller Tracht ziehen Mitte August durch Orgosolo.

Time in Jazz

In der zweiten Augustwoche findet in Berchidda dieses große Musikfestival (www.timeinjazz.it) mit Jam-Sessions, Konzerten und Tanz statt.

Narcao Blues Festival

Bei einem der wichtigsten Musikevents (www.narcaoblues.it) von Sardinien stehen Ende August im Bergarbeiterstädtchen Narcao Topkünstler der Blues- und Jazzszene auf der Bühne.

September

Autunno in Barbagia

Bei diesem Herbstfestival in den Dörfern der Region Barbagia dreht sich von September bis in den Dezember alles ums Essen und um Kunsthandwerk.

Festa di San Salvatore

Hunderte weiß gekleideter junger Männer starten in Cabras zum Corsa degli Scalzi (Barfußrennen), das 8 km weit bis zur Kirche des Dörfchens San Salvatore führt.

Oktober

Sagra delle Castagne

Das Bergstädtchen Aritzo feiert Ende Oktober sein Kastanienfest.

November

Rassegna del Vino Novello

Anfang November gibt es bei diesem Festival auf den *piazze* von Milis den neuen Wein zu verkosten.

Dezember

Natale

In der Adventszeit bauen viele Kirchen kunstvolle Krippen auf, die sogenannten *presepi*. In Alghero wird das neue Jahr mit Feuerwerk und Konzerten begrüßt.

Reiserouten

10 TAGE Sardiniens Highlights

Diese „Best of"-Tour kombiniert die tollsten Küstenpanoramen, Kultur-Highlights und kulinarische Erlebnisse der Insel zu einer einfachen Route.

Die ersten zwei Tage dienen der Erkundung des spanisch geprägten **Alghero** mit seiner befestigten Altstadt und einer Bootstour zur märchenhaften **Grotta di Nettuno**.

Am dritten Tag geht es nach Osten, mit einem Stopp im beschaulichen Dorf **Tempio Pausania** und Besuch der prähistorischen Nuraghen-Anlagen um **Arzachena**. Auf die Übernachtung in einem ruhigen *agriturismo* (Unterkunft auf einem Bauernhof) in den Bergen der Gallura folgen zwei faule Tage in den Paradiesbuchten der **Costa Smeralda**.

Am sechsten Tag führt die Fahrt nach Süden, um nach einer Picknickpause an der **Cala Brandinchi** den weiten Bogen des **Golfo di Orosei** zu erkunden. **Cala Gonone** ist der ideale Stützpunkt für Wanderungen oder Autoausflüge zu Buchten mit spektakulärer Steilküste, archäologischen Stätten und der grandiosen **Gola Su Gorropu**. Am neunten Tag geht es südwärts durch die Berge des **Sarrabus** zur Hauptstadt **Cagliari**. Ihre spannenden Museen, ein Bummel durch das historische Castello-Viertel auf der Hügelkuppe und ein Abendessen am Hafen sind genug Programm für den letzten Tag.

7 TAGE Entlang der Westküste

Die Tour entlang der weniger bekannten Westküste führt zu eindrucksvollen Nuraghen und einsamen Stränden.

Zum Aufwärmen kann man sich einen Tag an den weißen Sandstränden der **Costa del Sud** aalen oder auf der nahen **Isola di San Pietro** die Küste entlangwandern und fangfrischen Thunfisch schmausen. Über Sardiniens Bergbauzentrum **Iglesias** geht es nach Norden, um zwei Tage an den menschenleeren Stränden der **Costa Verde** zu verbringen und barfuß durch die Dünen der **Spiaggia di Piscinas** zu spazieren.

Am vierten Tag lockt ein Abstecher ins Hinterland zu der prähistorischen **Nuraghe Su Nuraxi** und den Wildpferden der Hochebene **La Giara di Gesturi**. Am nächsten Tag warten weiter nördlich **Oristano** und die phönizischen Ruinen von **Tharros** auf der **Halbinsel Sinis**.

Der sechste Tag führt ins pastellbunte **Bosa** mit seinem Kastell, dann über spektakuläre Küstenstraßen nach **Alghero** zum Abendessen auf der Ufermauer. Den Ausklang bildet ein Strandtag an der **Spiaggia della Pelosa** oder ein Ausflug zu den weißen Eseln der **Isola dell'Asinara**.

7 TAGE Durch Südsardinien

Die Route bietet den perfekten Mix aus Kultur und Küste, aus hektischem Hauptstadttrubel und der Ruhe der Berge und Strände westlich und östlich von Cagliari.

Zum Auftakt kann man im stimmungsvollen **Cagliari** zwei Tage durch die steilen Gassen des mittelalterlichen Viertels Il Castello bummeln, am Stadtstrand **Poetto** planschen, Highlights wie die pisanischen Türme und das Museo Archeologico Nazionale besichtigen, Ladensträßchen und von Cafés gesäumte *piazze* erkunden.

Am dritten Tag eröffnet die kurvenreiche Küstenstraße nach Osten abwechslungsreiche Meer- und Bergpanoramen. Ein Abstecher führt auf die üppig bewaldeten Höhen des **Monte dei Sete Fratelli**. Am vierten Tag lädt das funkelnde Wasser des Meeresreservats **Capo Carbonara** zum Tauchen oder die **Costa Rei** zum Ausspannen an weißen Sandstränden ein.

Die letzten Tage gibt es westlich von Cagliari die phönizischen Ruinen von **Nora** zu besichtigen und die piniengesäumten Buchten der **Costa del Sud** auszukosten. **Chia** ist *der* Strand für Windsurfer, Flamingobeobachter und Dünenwanderer.

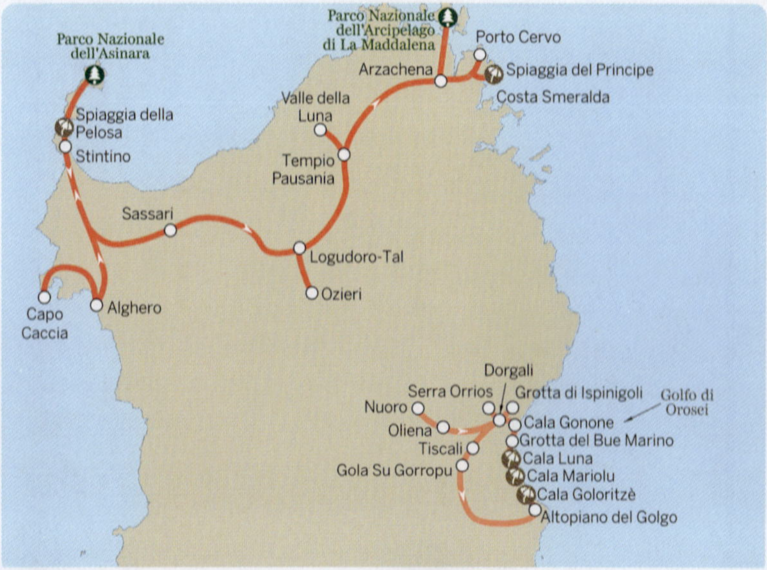

7 TAGE Durch Nordsardinien

Innerhalb einer Woche lassen sich einige der reizvollsten Städte und Strände im Norden der Insel abklappern.

Startpunkt ist **Alghero** mit seinen quirligen *piazze* und dem malerischen Meerblick. Ein Tagesausflug führt zur dramatischen Steilküste des **Capo Caccia**. Am dritten Tag schlängelt sich die Route nordwärts zum entlegenen **Stintino** und dem Traumstrand **Spiaggia della Pelosa**. Oder man besucht die *asini bianchi* (weißen Esel) des **Parco Nazionale dell'Asinara**. Am vierten Tag sollte man etwas Zeit für die Universitätsstadt **Sassari** einplanen, bevor man ostwärts zu den romanischen Kirchen des **Logudoro** und den archäologischen Schätzen von **Ozieri** weiterfährt. Über die SS127 geht es nordostwärts zum urigen Bergstädtchen **Tempio Pausania** und dann zur surrealen **Valle della Luna**.

Nach Erkundung der *nuraghi* um **Arzachena** oder einer Inseltour im **Parco Nazionale dell'Arcipelago di La Maddalena** bleiben noch ein, zwei Tage, um sich an der **Costa Smeralda** unter die Promis in **Porto Cervo** zu mischen oder abgeschiedene Traumbuchten wie die **Spiaggia del Principe** zu entdecken.

7 TAGE Der wilde Osten

Die Fahrt durch den Parco Nazionale del Golfo di Orosei e del Gennargentu begeistert mit herrlicher Natur.

Von **Nuoro**, dem Zentrum der bergigen Barbagia, führt die Straße nach **Oliena**, wo es Cannonau-Wein zu kosten gibt. Am zweiten und dritten Tag steht **Dorgali** auf dem Programm, Ausgangspunkt für einen Ausflug zur **Grotta di Ispinigoli** mit dem zweitgrößten Tropfstein der Welt und zur Nuraghen-Siedlung **Serra Orrios**.

Von Dorgali führt eine spektakuläre Strecke hinab zur Bucht **Cala Gonone**, wo man gut zwei Tage mit Felsklettern, Tauchen oder der Erkundung des **Golfo di Orosei** verbringen kann. Mit dem Boot tuckert man zu verträumten Buchten wie der **Cala Luna** oder **Cala Mariolu** und zur **Grotta del Bue Marino**.

Wer die Wanderschuhe dabei hat, kann die letzten beiden Tage mit Wildniswanderungen füllen – etwa zur Nuraghen-Siedlung **Tiscali** und zur gewaltigen Schlucht **Gola Su Gorropu**. Vom bizarren Hochlandplateau **Altopiano del Golgo** führen Maultierpfade hinab zum traumhaft blauen Wasser der **Cala Goloritze**.

Abseits der üblichen Pfade: Sardinien

VALLE DELLA LUNA

Das friedliche Tal nördlich von Aggius eignet sich perfekt für eine Spritztour mit dem Auto oder Fahrrad. Die Feld- und Hügellandschaft ist durchsetzt von bizarren Granitblöcken. (S. 180)

ARGENTIERA

An einer kleinen Bucht 11 km nördlich des Lago Baratz erinnert die Geisterstadt im Schatten der Ruinen seiner einstigen Silbermine an Sardiniens Bergbauvergangenheit. (S. 137)

LAGO DI LISCIA

Granithügel und Korkeichenwälder erheben sich über dem ruhigen See, einem malerischen Tupfer in der kargen Landschaft der Gallura mit jahrhundertealten Olivenbäumen. (S. 168)

HALBINSEL SINIS

Aquamarinblaues Wasser und mit Macchia und Wildblumen bewachsene Klippen säumen einsame Buchten und schneeweiße Strände: eine wunderbare Kulisse zum Surfen, Windsurfen oder Nichtstun. (S. 100)

VALLE DI LANAITTU

Das stille, grüne Tal, ein dramatischer Einschnitt in den Supramonte, bietet nicht nur tolle Trekkingmöglicheiten, sondern auch phantastische Höhlen und prähistorische Stätten. (S. 192)

OASI DI SEU

Ein Feldweg führt zu diesem unberührten Naturschutzgebiet bei Tharros. Hübsche Pfade laden zu Spaziergängen durch duftendes mediterranes Buschland mit weitem Blick aufs Meer ein. (S. 104)

SPIAGGIA DI PISCINAS

Die Anfahrt lohnt sich: Der herrliche Strand an der einsamen Costa Verde ist ein breites Band aus goldenem Sand, aufragenden Dünen und windgepeitschtem Meer. (S. 68)

SORGONO

In den abgelegenen Hügeln des Mandrolisai liegt Sorgono inmitten von riesigen Waldgebieten und archäologischen Stätten. Hier wird auch ein guter Rotwein produziert. (S. 198)

CARDEDU

Der wilde und wunderbar unerschlossene Küstenabschnitt aus rotem Granit, weniger bekannt als der Golfo di Orosei, lässt sich fabelhaft per pedes oder Kajak erkunden. (S. 211)

MONTE DEI SETTE FRATELLI

Von Cagliari aus schnell zu erreichen sind die Wälder, Granitgipfel und Wasserfälle dieses Parks. (S. 52)

Reisen mit Kindern

Die Sarden lieben *bambini* (Kinder) und heißen sie überall herzlich willkommen. Und die schöne Natur der Insel mit ihren sanft abfallenden Sandstränden, faszinierenden Höhlen und rätselhaften Hinterlassenschaften aus grauer Vorzeit macht Sardinien für Kids zu einem spannenden Abenteuer.

Top-Regionen für Kinder

Alghero & der Nordwesten

Phantastische, kinderfreundliche Strände, Naturparks, Höhlen, Tierbeobachtungen, Wassersportmöglichkeiten für ältere Kinder und Teenies

Cagliari

Ein langer Stadtstrand, Klettertouren auf Türme in der Altstadt, spaßige Läden und eine Zugfahrt durch herrliche Landschaft mit dem *Trenino Verde*

Olbia & die Gallura

Tolle Strände, Tierbeobachtungen, leichte Wandertouren und Bootsausflüge zu den Delfinen

Oristano & der Westen

Faszinierende Vogelwelt, Wassersport für Teens und wilde Sandstrände für Kleinkinder

Nuoro & der Osten

Höhlenwanderungen, Klettern, Radfahren und vielfältige Aktivitäten für größere Kinder und Jugendliche, familienfreundliche Campingplätze

Iglesias & der Nordwesten

Die Hochebene Giara di Gesturi, auf der wilde *cavallini* (Kleinpferde) umherstreifen, herrliche Strände an der Südküste, unheimliche Bergwerke, wundersame Höhlen

Sardinien für Kinder

Wie das übrige Italien ist Sardinien ideal für Kinder aller Altersgruppen. Babys und Kleinkinder werden überall verhätschelt. Größere Kinder und Teenager können sich bei einer Fülle von Outdoor-Aktivitäten austoben: Strandreiten, Tauch- und Schnorchelkurse, Kajak- oder Klettertouren, Tierbeobachtungsexkursionen, Küstenwanderungen und vieles mehr.

Sardinien besitzt einige der schönsten Strände des Mittelmeers, ist aber noch nicht so touristisch wie viele andere Urlaubsziele in Europa. Die sanft abfallenden, feinsandigen Strände der Nord-, West- und Südküste sind für Familien besonders geeignet. Hier können die Kleinen stundenlang Sandburgen bauen und im kristallklaren Wasser planschen. Die meisten Urlaubsorte haben kinderwagentaugliche Promenaden, Spielplätze und Eiscafés.

Mit etwas Erzählkunst lassen sich Sardiniens Landschaften, Geschichte und Kultur auch Kindern schmackhaft machen. So werden Grotten und Höhlen, prähistorische Stätten wie die *tombe dei giganti* (Hünengräber) und *domus de janas* („Feenhäuser“) zu spannenden Zielen. Oder wie wäre es mit einer Autofahrt durch Täler, die mit ihren verstreuten Felsbrocken als surreale Kulisse für einen Science-Fiction-Film herhalten könnten?

In öffentlichen Verkehrsmitteln und bei den meisten Sehenswürdigkeiten gibt es für Kinder Ermäßigungen.

Highlights für Kinder

Strandspaß

➡ **Halbinsel Sinis** (S. 100) Lange Sand- oder winzige Kiesstrände, ideal für Kleinkinder.

➡ **Cala Gonone** (S. 206) Familienfreundlicher Ferienort mit piniengesäumtem *lungomare* (Uferpromenade), schattigem Campingplatz und zahlreichen Spielplätzen.

➡ **Costa del Sud** (S. 78) Sardiniens Südwestküste lockt mit sandigen Abschnitten und klarem, seichtem Wasser.

➡ **Cala Battistoni, Baia Sardinia** (S. 165) Abenteuerliche Rutschen, verrückter Wasserspaß und dazu schöne Sandstrände.

➡ **Riviera del Corallo, Alghero** (S. 133) Viel Grün, Sonnenliegen und -schirme, Spielplätze.

➡ **Costa Verde** (S. 67) Herrliche Strände mit Dünengürtel fernab vom Touristentrubel. Wenig Infrastruktur, aber viel Platz zum Herumtoben.

Aktiv austoben

➡ **Cardedu** (S. 211) Kajaktouren und Campingabenteuer an der roten Granitküste.

➡ **Arborea** (S. 100) Großes Reitzentrum mit Reitunterricht und Ausritten am Strand oder durch Pinienwälder.

➡ **Golfo di Orosei** (S. 201) Kanu-, Rad-, Höhlen-, Tauch- und Canyoningtouren – alles prima Beschäftigungen für Teenager.

➡ **Palau und Porto Pollo** (S. 172) Die Nachbarorte an der Nordküste bieten Wassersport ohne Ende – vom Windsurfen und Kajakfahren bis zu Bubblemaker-Tauchkursen für Kids.

➡ **Laguna di Nora** (S. 79) Kanuausflüge und einfaches Schnorcheln.

➡ **Capo Carbonara** (S. 55) Seichtes Wasser und Sandstrände zum Spielen und Schnorcheln.

Natur & Tierwelt

➡ **Halbinsel Sinis** (S. 100) Salzseen und, im Frühjahr, Rosaflamingos.

➡ **Parco Nazionale dell'Asinara** (S. 139) Die weißen Esel sind die Topattraktion des wildromantischen Nationalparks im Norden.

➡ **Parco Naturale Regionale Molentargius** (S. 45) Geschützte schilfgesäumte Feuchtgebiete mit interessanter Vogelwelt – Flamingos, Reiher usw.

➡ **Stagno S'Ena Arrubia** (S. 99) Fernglas bereithalten, um Flamingos, Reiher, Wasserhühnchen und Fischadler zu erspähen.

➡ **La Giara di Gesturi** (S. 84) Mit etwas Glück bekommt man die kleinen Wildpferde zu Gesicht, die auf der Hochebene heimisch sind.

➡ **Capo Carbonara** (S. 55) Das Meeresschutzgebiet lockt mit Lagunen voller Flamingos und Bootsausflügen zu seinen Inseln.

Felsen & Höhlen

➡ **Roccia dell'Orso, Palau** (S. 173) Vom Wind modellierter Granitfelsen in Form eines Bären.

➡ **Grotta di Nettuno, Capo Caccia** (S. 135) 654 Stufen führen zum Eingang dieser phantastischen, kathedralenähnlichen Höhle hinab.

➡ **Le Grotte Is Zuddas, Santadi** (S. 72) Spektakuläres Höhlensystem mit bizarren Sinterformen.

➡ **Roccia dell'Elefante, Castelsardo** (S. 141) Außer dem Bären gibt es noch den Elefantenfelsen.

➡ **Grotta di Ispinigoli, Dorgali** (S. 204) Ein unterirdisches Märchenreich aus Tropfsteinen, darunter der zweitgrößte der Welt.

Reiseplanung

Reisezeit

Wer mit Kindern unterwegs ist, besucht Sardinien am besten in der Zeit von April bis Juni oder im September. Dann ist das Wetter milde, es gibt reichlich Unterkünfte und weniger Touristengedränge. Im Juli und August schießen die Temperaturen und Preise in die Höhe und die Touristen knubbeln sich. Familien, die an die Schulferien gebunden sind, können auf *agriturismi* (Unterkünfte auf Bauernhöfen) im Inselinneren ausweichen: Familien sind hier herzlich willkommen und es gibt Platz zum Herumtoben, Tiere zu tätscheln und Wanderwege zu erkunden.

Unterkünfte

Die Ferienorte an Sardiniens Küsten sind voll und ganz auf Familien eingestellt. Viele Hotels und Campingplätze haben Pools, Kinderclubs mit Aktivitätsangeboten und Speisekarten für Kinder. Ferienwohnungen bieten Familien willkommenen Freiraum und sind unterm Strich oft billiger als ein Hotel. Eine andere tolle Möglichkeit sind die *agriturismi* – ideal für aktive Familien, die Sardiniens Natur erleben und mehr von der Insel sehen wollen als bloß den nächsten Strand.

Es ist ratsam, frühzeitig zu reservieren und sich ggf. nach den Unterbringungsmöglichkeiten für Kinder zu erkundigen. Viele Hotels sind gern gewillt, ein Kinderbettchen oder ein Zusatzbett gratis oder gegen einen kleinen Aufschlag ins Zimmer zu stellen. Familienfreundliche Unterkünfte sind in diesem Führer mit einem 👪-Symbol gekennzeichnet. Mehr Infos dazu gibt es im Kapitel Unterkunft.

Gepäck

Bei den meisten Fluggesellschaften – sogar Billigfliegern – darf man einen zusammenklappbaren Buggy ohne Zusatzkosten mit an Bord nehmen (er muss beim Check-in etikettiert werden). Für weitere Teile wie Kindersitze oder Babybettchen werden mitunter heftige Aufschläge fällig. Babynahrung, Milch und abgekochtes Wasser dürfen ins Handgepäck.

Baby-Grundbedarf

Säuglingsmilch in Pulver- oder flüssiger Form sowie Sterilisationslösungen gibt es in den *farmacie* (Apotheken). Einwegwindeln – *pannolini* – bekommt man ebenfalls in *farmacie* und, in größerer Auswahl, in Supermärkten. Vor dem Wochenende daran denken, dass die Geschäfte sonntags in der Regel geschlossen sind.

Frischmilch wird in Supermärkten, *alimentari* (Lebensmittelläden) und manchen Bars in Liter- und Halb-Liter-Kartons verkauft. Für alle Fälle kann man eine Notreserve an *lungo conservazione* (H-Milch) mitführen.

Mietwagen

Die meisten Autovermieter verleihen (normalerweise gegen eine Tagesgebühr) Baby- und Kindersitze, die man aber frühzeitig reservieren sollte. Am besten vergewissert man sich schon bei der Buchung, ob das Auto groß genug ist, um Gepäck und Buggy in den Kofferraum zu quetschen.

Verkehrsmittel

Kinder unter vier Jahren fahren in Zügen und auf Fähren generell umsonst mit, haben dafür aber auch keinen Anspruch auf einen eigenen Sitzplatz bzw. ein Kabinenbett. Für Kinder zwischen vier und zwölf Jahren gilt normalerweise ein Preisnachlass von 50 %.

Die Züge auf Sardinien sind nur selten überfüllt, aber in der Hauptsaison ist es doch ratsam, Sitzplätze zu reservieren.

Achtung: Viele Küsten- und Bergstraßen sind so kurvenreich, dass man Anfälle von Reiseübelkeit einkalkulieren sollte.

Besonders beliebt bei Kindern ist der *Trenino Verde*, eine Schmalspurbahn, die durch eine der spektakulärsten und unzugänglichsten Landschaften Sardiniens zuckelt.

MMMH, LECKER ESSEN!

Mit Kindern essen zu gehen ist auf Sardinien eine ziemlich stressfreie Angelegenheit. Das gilt umso mehr in den Ferienorten an der Küste, wo die Kids in den Hotelrestaurants gern gesehen sind. Es gibt kaum Tabus, was den Restaurantbesuch mit Kindern angeht – auch wenn die Einheimischen selbst ihre Kinder eher in die populären Trattorias mitnehmen und nur selten in gehobene Restaurants.

Spezielle Kindergerichte gibt es kaum, aber viele Restaurants richten sich gern nach den Wünschen der Kleinen oder servieren eine *mezzo porzione* (halbe Portion). Nur wenige Restaurants haben *seggioloni* (Hochstühle), also entweder eine tragbare Stuhl-Sitzerhöhung mitbringen oder das zappelige Kleinkind auf den Schoss nehmen und das Beste hoffen. Auch Wickeltische sind rar, aber meist hilft das Personal, einen Platz zum Windelwechsel zu finden und sei es ein leerer Servierwagen.

Die Kids werden auf der Speisekarte sicher fündig. Überall gibt es Spaghetti, aber auch sardische Pastaspezialitäten wie die muschelförmigen *malloreddus* oder ravioli-ähnliche *culurgiones* mit Ricottafüllung. Eis ist das ideale Bestechungsmittel für maulende Kinder – oder auch Pizza, die aber hier meist erst abends serviert wird.

Sardinien im Überblick

Sardinien ist zwar eine Insel, aber eine ganz schön große. Selbst mit dem Auto kann es ziemlich lange dauern, von A nach B zu kommen. Deshalb hier ein paar Entscheidungshilfen zur Routenplanung.

Die Hauptstadt Cagliari bietet die perfekte Kombination von Kultur und Küste. Im Südwesten locken die Costa del Sud, die Dünen der Costa Verde und grüne Landschaften mit besonders sehenswerten *nuraghi* (bronzezeitliche Turmbauten). Anziehungspunkte im Nordwesten sind das spanisch geprägte Alghero, weiß schimmernde Sandstrände und Grotten. Oder wie wäre es mit einem Ausflug in den Nordosten, in die Welt der Schönen und Reichen an der von herrlichen Buchten gesäumten Costa Smeralda oder in die Granitlandschaft der Gallura? Im gebirgigen Osten wecken Steilküsten, hohe Gipfel und tiefblaues Meer Lust auf Kletter-, Wander-, Rad- oder Kajaktouren und viele weitere Abenteuer.

Cagliari & das Sarrabus

Kultur
Essen
Outdoor

Mittelalter

Hauptattraktion von Cagliari ist das mittelalterliche Castello mit Traumblick, pisanischen Türmen und pastellfarbenen Palazzi. Rokokokirchen, ein Amphitheater und ein tolles Archäologiemuseum zeichnen die Geschichte der Insel nach.

Fisch & Süßes

Feinschmecker genießen fangfrischen Fisch in den Hafenrestaurants, Meeresfrüchte am Strand von Poetto, sardische Süßspeisen in den Straßencafés und Spitzenweine in Serdiana.

Küstentouren

Eine Küstenstraße säumt den 6 km langen Sandstrand von Poetto, in dessen Lagunen im Winter Rosaflamingos stehen. Weiter östlich warten Strände, kristallklares Wasser und Tauchreviere am Kap.

S. 34

Iglesias & der Südwesten

Geschichte
Strände
Inseln

Zeitreisen

Hier locken Ausflüge zur bronzezeitlichen Nuraghe Su Nuraxi, zu den versunkenen Ruinen der phönizisch-römischen Stadt Nora und den *domus de janas* (Feenhäuser) der Necropoli di Montessu aus der Zeit um 3000 v. Chr.

Einsame Küste

Wilde Schönheit zeichnet den Küstenabschnitt von der Costa Verde mit ihren 30 m hohen Dünen über das kobaltblaue Wasser der Costa del Sud bis zur atemberaubenden Spiaggia della Piscinas aus.

Inselhopping

Auf der Isola di San Pietro kann man Eleonorenfalken sichten, Carloforte erkunden und allerfeinsten Thunfisch kosten. Die phönizischen Ruinen auf Sant'Antioco zeugen von uralter Seefahrertradition.

S. 58

Oristano & der Westen

Strände
Essen
Outdoor

Traumstrände

Nur wenige Küstenabschnitte sind so überwältigend wie die Halbinsel Sinis. Am schneeweißen Strand von Is Aruttas oder auf der Insel Mal di Ventre scheint der Rest der Welt ganz weit weg.

Spezialitäten

Ein Schlemmerparadies: In Cabras gibt es die beste *bottarga* (Meeräschenrogen), in Seneghe feinstes Olivenöl und *bue rosso* (Rindfleisch), in Milis süße Orangen, auf den Weingütern fruchtige Vernaccia-Weine.

Aktivitäten

Outdoorfans können das Vulkanmassiv Monti Ferru erklimmen, auf den Brechern von Putzu Idu surfen oder durch die Ebenen bei Arborea reiten. Die Lagunen wimmeln von Reihern, Flamingos und anderen Vögeln.

S. 93

Alghero & der Nordwesten

Geschichte
Küste
Outdoor

Katalanische Kultur

Alghero, das lange zu Katalonien gehörte, verströmt spanisches Flair. Honigfarbene Mauern umschließen die Altstadt mit ihren gepflasterten Gassen und mittelalterlichen *palazzi*.

Naturwunder

Die Küstenstraße windet sich um Capo Caccia, wo die Grotta di Nettuno am Fuß der schroffen Steilküste liegt. Lohnend ist auch die Fahrt zur phantastischen Spiaggia della Pelosa.

Tolle Tierwelt

Auf der Isola dell'Asinara gibt es *asini bianchi* (weiße Esel), Mufflons und Falken, im Bosco di Monte Lerno Giara-Pferde. Auch die Wälder des Naturschutzgebiets Le Prigionette sind ein Refugium für vielerlei Tiere.

S. 119

Olbia, die Costa Smeralda & die Gallura

Jetset
Küste
Hinterland

Promistrände

Die Costa Smeralda steht für türkisfarbenes Meer, prächtige Villen und riesige Jachten. Porto Cervo und Porto Rotondo sind Treffpunkte der Schönen und Reichen.

Badefreuden

Zahlreiche hübsche Buchten und fjordähnliche Meeresarme säumen die Costa Smeralda. Besonders schön ist es Richtung Süden bei San Teodoro oder nach Norden zur Inselgruppe La Maddalena hin.

Bergstädte

Die zerklüftete Granitlandschaft der Gallura bildet einen krassen Gegensatz zur Küste. Hier gibt es dichte Korkeichenwälder, Weingüter und reizende Bergdörfer und -städte wie San Pantaleo und Tempio Pausania.

S. 153

Nuoro & der Osten

Outdoor
Küste
Berge

Outdoorspaß

Die Küstenfelsen der Cala Gonone sind ein Kletterparadies. Wanderer sollten sich die Tour in die gewaltige Schlucht Gola Su Gorropu nicht entgehen lassen.

Buchtentour

Die sichelförmige Cala Luna, die perlweiße Cala Mariolu, die umwerfende Cala Goloritzè – am Golfo di Orosei findet jeder eine Lieblingsbucht. Sie liegen zwischen Küstenfelsen und sind am besten zu Fuß, per Boot oder Kajak zu entdecken.

Wilde Berge

Im Hinterland ragen spektakuläre Berge über tiefen Tälern, Steineichenwäldern und zeitlosen Dörfern auf. Ein Gewirr von Sträßchen führt zu den Gipfeln des Gennargentu und in die Wildnis der Barbagia.

S. 182

Reiseziele auf Sardinien

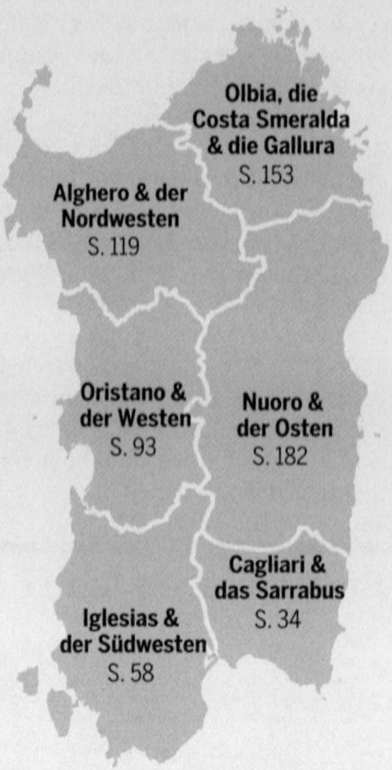

Cagliari & das Sarrabus

Inhalt ➡

Gut essen

- ➡ St. Remy (S. 49)
- ➡ Per Bacco (S. 49)
- ➡ Antica Cagliari (S. 50)
- ➡ Dal Corsaro (S. 50)
- ➡ Martinelli's (S. 49)

Schön übernachten

- ➡ T Hotel (S. 218)
- ➡ Casa Marina (S. 217)
- ➡ Il Cagliarese (S. 217)
- ➡ La Peonia (S. 217)
- ➡ Hotel Miramare (S. 218)

Auf nach Cagliari und ins Sarrabus

Das sonnendurchflutete Cagliari mit seiner fast 3000-jährigen Geschichte erstreckt sich stolz und erhaben um eine Felsenzitadelle über dem glitzernden Mittelmeer. Sardiniens kultivierte, aufgeschlossene Hauptstadt ist für Reisende ein hervorragender Standort, wenn es um mehr als nur Sonne, Sand und Meer gehen soll – die zahlreichen Museen, Barockkirchen und Festungsanlagen verlangen geradezu nach einem Besuch.

Cagliari ist noch immer eine geschäftige Hafenstadt und keineswegs für den Tourismus aufgehübscht – gerade das macht es so interessant. Abgesehen vom Sightseeing bietet es vor allem einfache Genüsse, ob nun frische Meeresfrüchte in einer Trattoria im Marina-Viertel, den Besuch eines Straßencafés oder einen Bummel durch die mittelalterlichen Gassen des Castello.

Ein Stück östlich der Stadt eröffnet sich dann eine völlig andere Welt. Die bergige Landschaft des Sarrabus ist eine ursprüngliche, stille Wildnis, und auch die prächtigen, schneeweißen Strände von Villasimius und der Costa Rei sind außerhalb der sommerlichen Hochsaison nahezu menschenleer.

Entfernungen (km)

	Cagliari	Castiadas	Costa Rei	Muravera
Castiadas	47			
Costa Rei	60	13		
Muravera	56	27	30	
Villasimius	43	20	17	47

Highlights

1 Die Winkel des **Castello** (S. 37), der mittelalterlichen Zitadelle Cagliaris, erkunden

2 Sonnenbaden am Tag und feiern bei Nacht am **Strand von Poetto** (S. 40)

3 Im **Caffè Librarium Nostrum** (S. 51) einen Sundowner mit Blick auf die illuminierte Stadt genießen

4 Durch die von Pinienduft erfüllten Hügel des **Monte dei Sete Fratelli** (S. 52) wandern

5 Ins herrlich blaue Wasser des Meeresschutzgebietes am **Capo Carbonara** (S. 55) eintauchen

6 Im **Museo Archeologico Nazionale** (S. 38) einen faszinierenden Streifzug durch die sardische Geschichte unternehmen

7 Im **Durke** (S. 52), einem Zauberland voller traditioneller sardischer Süßigkeiten, der süßen Versuchung erliegen

8 An einer Weinprobe oder einem Kochkurs in den **Cantine Argiolas** (S. 50) in Serdiana teilnehmen

CAGLIARI

157 000 EW.

Anreise mit dem Flieger? Nein, die schönste Art, nach Cagliari zu gelangen, ist die Ankunft über das Wasser. Plötzlich kommt die Stadt in Sicht, ein Durcheinander aus goldfarbenen Palazzi, Kuppeln und Fassaden, über dem das felsige Herzstück, das Castello, thront. Als D. H. Lawrence in den 1920er-Jahren hier eintraf, verglich er die sardische Hauptstadt mit Jerusalem: „... seltsam und ziemlich wundervoll, überhaupt nicht wie Italien."

Cagliari liegt zwar näher an Tunesien als an Rom, ist aber dennoch die italienischste Stadt Sardiniens. Vespas brausen die baumgesäumten Boulevards entlang, Einheimische bevölkern die Cafés unter den hübschen Arkaden im Stadtviertel Marina. Auf den Piazzas oben im Castello ist es bei Sonnenuntergang am schönsten, wenn das sanfte Abendlicht die pastellfarbenen Fassaden und goldenen Festungsmauern erleuchtet und das Ganze wie ein Gemälde aussehen lässt. Überall in Cagliari zeigt sich die reiche Geschichte der Stadt in römischen Ruinen, Museen, Kirchen und Galerien.

Am östlichen Stadtrand liegt der Strand von Poetto, der mit seinem klaren Wasser und der fröhlichen Partyszene Zentrum des sommerlichen Lebens ist.

Geschichte

Die im 8. Jh. v. Chr. von den Phöniziern gegründete Stadt wurde erstmals von den Römern ausgebaut. Sie meißelten ein riesiges Amphitheater in den Felshang und machten den Ort zu einem der wichtigsten Handelshäfen des Mittelmeerraums. Eine echte Stadt entwickelte sich allerdings erst, als die Karthager um 520 v. Chr. die Kontrolle über diesen Ort erlangten, den sie Karel oder Karalis nannten (was so viel wie „felsiger Ort" bedeutet).

Julius Caesar erklärte Karalis 46 v. Chr. zu einer römischen Stadt. Jahrhundertelang blieb sie eine wohlhabende Hafenstadt und beherrschte den Getreidehandel mit dem italienischen Festland. Aber mit dem Niedergang des Römischen Reichs geriet sie in ein turbulenteres Fahrwasser.

455 n. Chr. überfielen Vandalen von Nordafrika aus den Ort. Sie wurden aber bereits 533 von den Byzantinern wieder vertrieben. Im 11. Jh. ging der byzantinische Einfluss

CAGLIARI IN ...

... zwei Tagen

Der erste Tag beginnt mit einem Bilderbuchblick auf Cagliari vom **Torre dell'Elefante** oder von seinem pisanischen Zwilling, dem **Torre di San Pancrazio**. Von hier folgt ein Bummel durch die engen, gewundenen Gassen des **Castello**, die mit dem Lärm der schwatzenden Bewohner erfüllt sind, bis zur verschnörkelten **Cattedrale di Santa Maria**. Am Nachmittag informiert das **Museo Archeologico Nazionale** über die nuraghische Vergangenheit der Insel. Wenn gegen Abend die Lichter der Stadt zu funkeln beginnen, wird der erste Tag mit Cocktails auf der Aussichtsterrasse des **Caffè Librarium Nostrum** verabschiedet.

Stilvoll beginnt der zweite Tag mit einem Kaffee im Antico Caffè aus dem 19. Jh., gefolgt von einem gemächlichen Spaziergang durch die brunnenreiche Grünanlage des Orto Botanico. Gleich um die Ecke befindet sich das **römische Amphitheater**. Nach dem Mittagessen, bestehend aus frischem Fisch, der im Viertel **Marina** verspeist wird, folgt ein Bummel durch die Boutiquen und Spezialitätenläden. Die belebte **Piazza Yenne** ist ideal für einen Aperitif im Freien.

... vier Tagen

Am dritten Tag geht es früh raus zum Einkaufen auf dem **Mercato di San Benedetto** und dann mit dem erstandenen Proviant zum **Poetto** zum Faulenzen, Schwimmen oder Windsurfen. Wer lieber Vögel beobachten möchte, kann den **Parco Naturale Regionale Molentargius** zu Fuß oder mit dem Fahrrad erkunden.

Für den vierten Tag bieten sich tolle Tagesausflüge zu den beiden unberührten Stränden von **Villasimius** und zu einer der besten Weinkellereien Sardiniens, den **Cantine Argiolas** in Serdiana, an. Lohnend ist auch eine Wanderung durch die Granitberge und die tierreichen Wälder um den **Monte dei Sette Fratelli**.

zurück (nicht zuletzt aufgrund wiederholter Raubzüge der Araber) und Cagliari und die anderen Distrikte wurden praktisch autonom.

1258 nahmen die Pisaner die Stadt ein, befestigten das Castello-Areal und ersetzten die angestammten Bewohner durch Bürger von Pisa. Ein ähnliches Schicksal erwartete die Einwohner von Cagliari im Jahr 1326 bei der Machtübernahme durch die katalanischen Aragonier. 1348 grassierte der Schwarze Tod, der auch in den folgenden Jahrzehnten immer wieder zuschlug.

Mit der Vereinigung Spaniens gegen Ende des 15. Jhs. fielen auch die Katalanen unter die spanische Krone. Cagliari erging es besser als den meisten anderen Inseln unter spanischer Herrschaft und 1620 öffnete die Universität der Stadt ihre Pforten.

Die Herzöge von Savoyen (die 1720 Könige von Sardinien wurden) folgten dem spanischen Vorbild und behielten Cagliari als Sitz des Vizekönigs bei. Als solcher hatte die Stadt einiges durchzustehen, z. B. die Aufstände von 1794 gegen das Haus Savoyen. Von 1799 bis 1814 residierte die von Napoleon aus Piemont vertriebene königliche Familie unter dem Schutz der britischen Marine in Cagliari.

Im 19. und 20. Jh. entwickelte sich Cagliari langsam weiter. Teile der Stadtmauer wurden abgerissen und die Stadt wuchs mit der Bevölkerung. 1948 wurde das im Zweiten Weltkrieg heftig bombardierte Cagliari mit einer Medaille für Tapferkeit ausgezeichnet.

Nach dem Krieg begann der Wiederaufbau. Als Cagliari 1949 zur Hauptstadt der halbautonomen Region Sardinien innerhalb der neuen Republik Italien erklärt wurde, war er schon teilweise abgeschlossen. Seither hat sich rund um die Lagunen und entlang der Küste bis nach Sarroch im Südwesten ein Großteil der sardischen modernen Industrie, insbesondere die Petrochemie, angesiedelt.

Im November 2013 kam Cagliari in die Endrunde für die Wahl der Kulturhauptstadt Europas 2019, was der Stadt neues Selbstbewusstsein verlieh. Es wird spannend.

Sehenswertes

Die Hauptsehenswürdigkeiten Cagliaris konzentrieren sich in den vier Innenstadtvierteln Castello, Stampace, Marina und Villanova. Bester Startpunkt für das Besichtigungsprogramm ist das Castello mit seiner Ballung an schönen Museen in der Citadella dei Musei und großartigen Aussichten auf die Stadt.

Im Westen liegt hoch auf dem Hügel Stampace, wo sich fast alles um die Piazza Yenne konzentriert. Ansonsten befinden sich hier etliche bedeutende Kirchen, ein botanischer Garten und das römische Amphitheater in den Felsen.

Das stimmungsvolle Marina-Viertel zwischen dem Largo Carlo Felice im Westen und der Uferstraße Via Roma lässt sich wunderbar zu Fuß zu erkunden – nicht unbedingt wegen der wenigen Sehenswürdigkeiten, sondern vor allem wegen der dunklen, engen Gassen voller Kunsthandwerksläden, Cafés und Trattorias.

Unter den Piemontesen dehnte sich Cagliari im 19. Jh. nach Osten aus. Deren Vermächtnis ist die repräsentative Villanova mit breiten Straßen und imposanten Piazzas. Oberhalb des Viertels erstreckt sich an den Hängen des Monte Urpinu eine weitläufige Parkanlage. Die vogelreichen Salzmarschen des Stagno di Molentargius locken vor allem Vogelbeobachter an.

MAUERSTÜRZE

Stampace war im Mittelalter Cagliaris Arbeiterviertel, in dem die Sarden dicht gedrängt im Schatten der mächtigen Burg lebten. Unter der Herrschaft der Aragonier im 14. Jh. war es den Sarden verboten, nach Einbruch der Nacht die Burg zu betreten. Wer sich erwischen ließ, wurde gnadenlos die Burgmauern hinabgeworfen – begleitet vom Segensspruch *stai in pace* (ruhe in Frieden), eine Floskel, die mutmaßlich zum Namen Stampace führte.

★ Il Castello — HISTORISCHES VIERTEL

(Karte S. 42) Die Bergzitadelle ist mit ihren Kuppeln, Türmen und einstigen Adelspalästen, die über die massiven Festungsmauern der Pisaner und Aragonier emporragen, das Wahrzeichen Cagliaris. In der mittelalterlichen Stadt innerhalb der Festungsmauern drängen sich in einem Gewirr aus engen, hohen Gassen die Universität, die Kathedrale, Museen und pisanische Paläste. So verschlafen es auch wirkt, so gibt es doch in dem Viertel immer mehr Boutiquen, Bars und Cafés, die von Studenten, Hipstern und Szenetypen besucht werden.

Cagliari

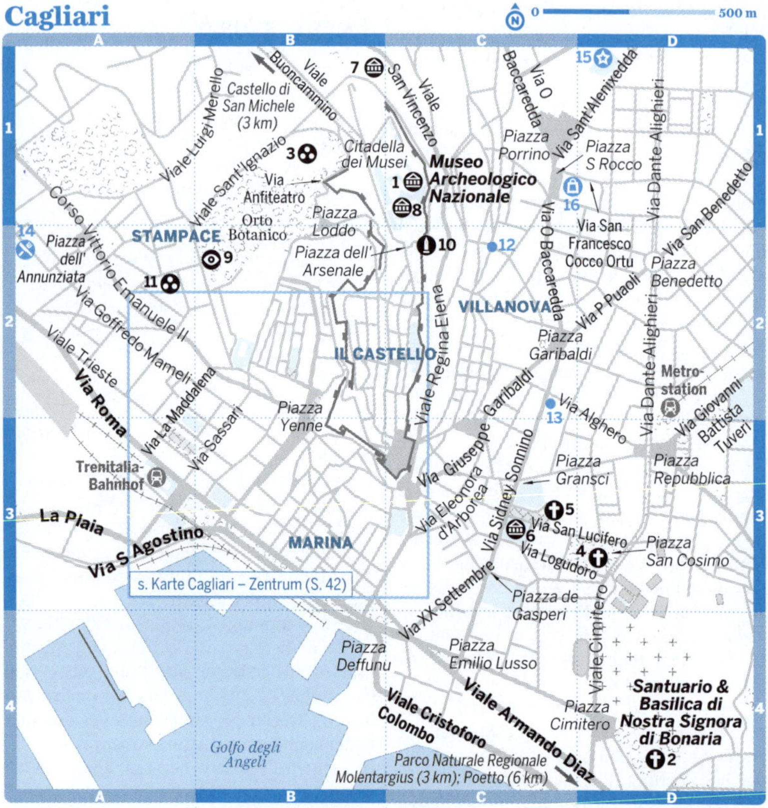

Das Viertel wird von den Einheimischen Su Casteddu genannt, ein Name, mit dem einst auch die ganze Stadt bezeichnet wurde. Die Mauern sehen aus der Entfernung am schönsten aus, lohnende Fotomotive bieten sich z. B. vom römischen Amphitheater auf der anderen Talseite im Nordwesten und von Bonaria im Südosten aus an.

★ Museo Archeologico Nazionale MUSEUM

(Karte S. 38; www.archeocaor.beniculturali.it; Piazza dell'Arsenale; Erw./erm. 4/2 €; ⌚ Di–So 9–20 Uhr) Von den vier Museen der Citadella dei Musei ist Sardiniens führendes archäologisches Museum zweifellos der Star. Es zeigt Artefakte aus Tausenden Jahren Frühgeschichte, darunter auch eine erstklassige Sammlung von kleinen nuraghischen *bronzetti* (Bronzefigurinen), die mangels schriftlicher Aufzeichnungen unschätzbar wertvolle Schlüssel zu Sardiniens geheimnisvoller nuraghischer Kultur (ca. 1800–500 v. Chr.) sind. Das Museum ist chronologisch geordnet und leitet geschickt von der pränuraghischen Ära zur Bronze- und Eisenzeit, zu den Phöniziern und zu den Römern.

Insgesamt wurden rund 400 nuraghische Bronzen entdeckt, viele an Stätten mit religiöser Bedeutung. Experten schließen daraus, dass es sich wahrscheinlich um Votivgaben handelt. Die Statuetten in Form von Stammeshäuptlingen, Kriegern, Jägern, weiblichen Figuren und Tieren sind stilistisch primitiv, aber bemerkenswert ausdrucksstark. Es gibt sogar kleine Modelle der *nuraghi*, der befestigten Siedlungen aus der Bronzezeit.

Seit März 2014 zeigt das Museum mehrere Giganti di Monte Prama. Die über 2 m hohen Sandsteinskulpturen aus dem 8. und 9. Jh. v. Chr. wurden nach jahrelanger sorgfältiger Restaurierung präsentiert. Diese eulenäugigen Bogenschützen, Boxer und Ringkämpfer sind die kostbarsten nuraghischen

Cagliari

Highlights
1 Museo Archeologico Nazionale C1
2 Santuario & Basilica di Nostra Signora di Bonaria D4

Sehenswertes
3 Anfiteatro Romano B1
4 Basilica di San Saturnino D3
5 Chiesa di San Lucifero C3
6 Exmà C3
7 Galleria Comunale d'Arte B1
8 Museo d'Arte Siamese C1
9 Orto Botanico B2
Pinacoteca Nazionale .... (s. 8)
10 Torre di San Pancrazio C2
11 Villa di Tigellio A2

Aktivitäten, Kurse & Touren
12 L'Accademia C2
13 One World Language Centre C2

Essen
14 Man.Gia A2

Unterhaltung
Exmà .... (s. 6)
15 Teatro Lirico D1

Shoppen
16 Mercato di San Benedetto C1

Skulpturen, die je entdeckt wurden. Weitere sind im Museo Civico in Cabras ausgestellt.

Das **Erdgeschoss** enthält neben wertvollen Bronzen eine schöne Sammlung pränuraghischer Stein- und Obsidianwerkzeuge, primitiver Keramiken und witziger rundlicher Fruchtbarkeitsgöttinnen, das Modell eines Tofet (kultische phönizische oder karthagische Begräbnisstätte für Kinder und Babys) sowie Scherben von Terrakottavasen, Glasgefäßen, Skarabäen und Schmuck aus den alten Städten Karalis (Cagliari), Sulcis, Tharros und Nora.

Im **1. und 2. Stock** ist Ähnliches zu sehen, hier sind die Artefakte allerdings nicht nach dem Alter, sondern eher nach Regionen und Stätten sortiert. Zu den Highlights gehören römische Mosaiken und Statuen, Büsten und Grabsteine aus Cagliari sowie eine Münzsammlung.

★ Cattedrale di Santa Maria DOM
(Karte S. 42; www.duomodicagliari.it; Piazza Palazzo 4; Mo–Sa 7.30–12 & 16–20, So 8–13 & 16.30–20.30 Uhr) Cagliaris eleganter Dom aus dem 13. Jh. steht stolz auf der Piazza Palazzo. Vom ursprünglichen gotischen Bau blieb, außer dem vierkantigen Glockenturm, nur wenig erhalten: Die klare, pisanisch-romanische Fassade ist eine Imitation aus dem 20. Jh., die zwischen 1933 und 1938 hinzugefügt wurde. Innen verschwindet die einst gotische Kirche unter einer üppig barocken Ausschmückung, das Ergebnis eines radikalen Umbaus Ende des 17. Jhs. Leuchtende Fresken zieren die Decken und die drei Kapellen an jeweils beiden Seiten des Schiffs quellen über mit verschlungenem Figurenschmuck.

Die dritte Kapelle rechts, die Cappella di San Michele, bildet wohl den Höhepunkt der barocken Pracht: Ein abgeklärter Erzengel Michael, der (ganz barock) das Zentrum eines wirbelnden Sturms zu bilden scheint, wirft Teufel in die Hölle.

Bemerkenswert sind die beiden Steinkanzeln am zentralen Tor, die zwischen 1158 und 1162 von Guglielmo da Pisa gemeißelt wurden. Sie waren ursprünglich ein Einzelstück im Dom von Pisa, das die Pisaner 1312 Cagliari schenkten. Dort wurde die Kanzel später vom übereifrigen Architekten Domenico Spotorno in zwei Teile geteilt. Spotorno steckte auch hinter dem barocken Umbau im 17. Jh. Die großen Steinlöwen, die den Sockel der Kanzel bildeten, wurden zum Altar verbracht, wo sie heute noch stehen.

An der anderen Seite des Altars befindet sich der Eingang zur Aula Capitolare, der Krypta mit vielen Gräbern des Savoyer Herrscherhauses. Der Raum mit seinem Tonnengewölbe wurde aus dem Fels gehauen und ist mit seinem reichen Figurenschmuck und den aufwendigen Ziselierungen ein eindrucksvoller Anblick.

Pinacoteca Nazionale KUNSTGALERIE
(Karte S. 38; www.pinacoteca.cagliari.beniculturali.it; Piazza dell'Arsenale; Erw./erm. 4/2,50 €; Di–So 9–20 Uhr) GRATIS Die Galerie oberhalb und hinter dem archäologischen Museum zeigt eine wertvolle Sammlung von Kunstwerken aus dem 15. bis 17. Jh. Viele der besten Arbeiten sind Retabel (prächtige Altarbilder, wie sie oft in Spanien gefunden werden), die von katalanischen und genuesischen Künstlern für hiesige Kirchen geschaffen wurden.

Unter den Werken von bekannten sardischen Künstlern stechen die vier von Pietro Cavaro heraus, dem Begründer der sogenannten Stampace-Schule und wohl der bedeutendste Maler Sardiniens. Darunter sind eine ergreifende Deposizione (Kreuzabnahme) und Porträts des hl. Petrus, hl. Paulus und hl. Augustinus.

ABSTECHER

DER POETTO

Der Poetto, Cagliaris großartiger Hausstrand und nur eine kurze Busfahrt vom Stadtzentrum entfernt, ist einer der längsten Sandstrände Italiens. Er erstreckt sich über 6 km jenseits des grünen Promontorio di Sant'Elia und ist Teil des Stadtlebens. Das gilt vor allem für den Sommer, wenn die einheimische Jugend hier tagsüber in der Sonne badet und nachts Partys feiert. Der lange Sandstreifen wird von Vergnügungsparks, Restaurants, Bars und Diskos gesäumt, die zum großen Teil auch *stabilimenti balneari* (private Strandbäder) sind. Sie bieten u. a. Duschen und Umkleidekabinen, verleihen Sonnenschirme und Liegestühle – die Preise beginnen bei 15 € für einen Sonnenschirm und zwei Liegestühle.

Am beliebtesten ist der südliche Teil des Strands mit der malerischen Marina Piccola, dem Jachtclub und dem Freilichtkino (nur im Juli und August). Der schroffe Promontorio di Sant'Elia oberhalb des Jachthafens wird allgemein Sella del Diavola (Teufelssattel) genannt. Der Legende nach war die Landspitze Schauplatz einer epischen Schlacht zwischen Luzifer und dem Erzengel Michael. Satan wurde schließlich von seinem Pferd geworfen, wobei sein Sattel ins Meer fiel und schließlich zur Landspitze versteinerte. Diese gehört zwar heute überwiegend dem Militär und ist für die Öffentlichkeit gesperrt, aber es gibt mehrere Pfade, auf denen man herrlich wandern kann.

Im Sommer ist der Poetto von Bars, Imbisslokalen und Restaurants, den *chioschi* (Kiosken), gesäumt. Richtig viel los ist aber zwischen November und März (Muschelsaison), wenn Fischer in Buden an der Strandstraße Seeigel und Muscheln verkaufen. Bezahlt wird nach der Anzahl der Schalen, die am Tisch zurückbleiben.

Zum Poetto fahren die Buslinien PF und PQ ab der Piazza Matteotti.

Auch der Vater des Malers, Lorenzo, und sein Sohn Michele sind vertreten. Ein weiterer namhafter sardischer Künstler war Francesco Pinna, dessen Pala di Sant'Orsola hier ausgestellt ist. Diese Bilder zeigen eher spanische und italienische Einflüsse als typisch sardische Besonderheiten, aber es findet sich auch eine kleine Auswahl sardischer Maler des 19. und 20. Jhs. wie Giovanni Marghinotti und Giuseppe Sciuti.

Museo d'Arte Siamese — KUNSTGALERIE

(Karte S. 38; www.museicivicicagliari.it; Piazza dell' Arsenale; Erw./erm. 2/1 €; ⌚ Di–So 10–20, im Winter bis 18 Uhr) Eine asiatische Kunstsammlung wird in Cagliaris mittelalterlichem Zentrum kaum jemand vermuten, aber es gibt sie. Die höchst vielfältige Sammlung ist eine Schenkung des einheimischen Ingenieurs Stefano Cardu, der viele Jahre in Thailand verbracht hatte. Neben chinesischen Porzellanvasen aus der Ming- und Qing-Zeit sind hier auch Seidenmalereien, japanische Statuetten, birmanisch Skulpturen und einige wahrhaft furchterregende thailändische Waffen zu sehen.

Torre dell'Elefante — TURM

(Karte S. 42; www.camuweb.it; Via Università; Erw./erm. 3/2 €; ⌚ Sommer Di–So 10–19 Uhr, Winter 9–17 Uhr) Der Torre dell'Elefante wurde 1307 als Schutz gegen die drohenden Aragonier errichtet und ist einer der letzten beiden noch existierenden pisanischen Türme. Der 42 m hohe Turm erhielt seinen Namen nach der Elefantenfigur am gefährlich aussehenden Fallgitter und wurde dank seines garstigen „Schmuckwerks" eine Art Horrorshow. Der Zinnenaufbau wurde 1852 hinzugefügt und als Gefängnis für politische Häftlinge genutzt. Von dort oben eröffnet sich eine weite Aussicht über die Dächer der Stadt bis zum Meer.

Die Spanier köpften hier den Marchese di Cea und ließen seinen Kopf 17 Jahre lang liegen! Sie schmückten auch gerne das Fallgitter mit den Köpfen hingerichteter Gefangener, die in Käfigen wie makabre Lichterketten aufgehängt waren.

Torre di San Pancrazio — TURM

(Karte S. 38; Piazza Indipendenza; Erw./erm. 3/2 €; ⌚ Sommer Di–So 10–19 Uhr, Winter 9–17 Uhr) Der 36 m hohe Turm am Nordosttor der Zitadelle ist der Zwilling des Torre dell'Elefante. Er wurde 1305 auf dem höchsten Punkt der Stadt errichtet und bietet einen weiten Blick über den Golfo di Cagliari.

Antico Palazzo di Città — PALAZZO, MUSEUM

(Karte S. 42; www.museicivicicagliari.it; Piazza Palazzo 6; Erw./erm. 4/2,50 €; ⌚ Sommer 10–21 Uhr, Winter bis 18 Uhr) Der prachtvoll restaurierte

Antico Palazzo di Città war vom Mittelalter bis zum 19. Jh. das Rathaus von Cagliari. Heute birgt es dieses Museum. Es enthält eine kleine, gut aufbereitete Sammlung sardischer Textilien, Keramiken, Gemälde und Kupferstiche. Im Untergeschoss ist zeitgenössische Kunst ausgestellt.

Museo del Duomo MUSEUM

(Karte S. 42; www.museoduomodicagliari.it; Via del Fossario 5; Erw./erm. 4/2,50 €; ⏲Sa & So 10–13 & 16.30–19.30 Uhr) Das kleine Museum zeigt weitere Domschätze, ein Glanzstück ist das Trittico di Clemente VII., das vom Dom zur sicheren Verwahrung ins Museum gebracht wurde. Das kostbare Ölgemälde auf Holz stammt aus dem 15. Jh. und wird dem flämischen Maler Rogier van der Weyden oder einem seiner Schüler zugeschrieben. Ein weiteres bedeutendes Werk der Sammlung ist das Retablo dei Beneficiati aus dem 16. Jh. aus der Schule des Pietro Cavaro.

Palazzo Viceregio PALAZZO

(Karte S. 42; Piazza Palazzo 2; ⏲Mo–Fr 8.30–14 & 15–20, Sa 10–14 & 16–18 Uhr) Der blassgrüne Palazzo, nur ein paar Schritte vom Dom entfernt, war einst die Residenz der spanischen und savoyischen Vizekönige. Heute ist er Sitz des Provinzialrats und Schauplatz regelmäßiger Ausstellungen und sommerlicher Konzerte.

Ghetto degli Ebrei STADTVIERTEL

(Karte S. 42) Das enge Gassengewirr im Ghetto degli Ebrei (Jüdisches Getto), der Gegend nördlich des Torre dell'Elefante zwischen Via Santa Croce und Via Stretta, scheint sich seit dem Mittelalter kaum verändert zu haben. 1492 wurde die jüdische Gemeinde unter spanischer Herrschaft vertrieben. Heute ist kaum mehr als der Name übrig, der einer restaurierten ehemaligen Kaserne verliehen wurde, dem **Centro Comunale d'Arte e Cultura Il Ghetto** (Karte S. 42; Via Santa Croce 18; Erw./erm. 3/2 €; ⏲Di–So 9–20 Uhr). Dort werden Wechselausstellungen gezeigt, davon viele mit sardischen Motiven.

Nach der Vertreibung der Juden wurde auf dem Grund der einstigen Synagoge die **Chiesa di Santa Croce** (Karte S. 42; Piazzetta Santa Croce) gebaut.

Galleria Comunale d'Arte KUNSTGALERIE

(Karte S. 38; www.galleriacomunalecagliari.it; Viale San Vincenzo 2; Erw./erm. 6/2,60 €; ⏲Sommer Mi–Mo 10–21 Uhr, Winter tgl. 10–18 Uhr) Die Galerie in einer klassizistischen Villa nördlich des Castello konzentriert sich auf moderne sardische Kunst, darunter Werke von Inselkünstlern wie Tarquinio Sini (1891–1943). Seine humoristischen *contrasti*, die hausbacken gekleidete sardische Mädchen neben glamourösen jungen Frauen der Charleston-Ära darstellen, beschreiben die soziale Spannung zwischen sardischer Tradition und einer sich rasch verändernden modernen Welt. Ein weiteres Highlight sind Werke von Giuseppe Biasi (1885–1945), die in satten Ölfarben und mit kühnem Pinselstrich sardisches Leben darstellen. Der von Palmen bestandene Garten der Galerie bietet einen phantastischen Blick auf die Skyline Cagliaris.

Die Galerie besitzt auch eine exzellente Sammlung zeitgenössischer Kunst sowie die **Collezione Ingrao**, die aus über 500 Werken italienischer Kunst seit Mitte des 19. bis Ende des 20. Jhs. besteht. Häufige Wechselausstellungen präsentieren auch Werke zeitgenössischer Künstler.

Bastione San Remy AUSSICHTSPUNKT

(Karte S. 42) Die gewaltige Treppe, die von der quirligen Piazza Costituzione zum Bastione San Remy hinaufführt, ist der eindrucksvollste Zugang zum Castello, daneben fährt auch ein Aufzug mit Panoramablick hinauf. Der Aussichtspunkt wurde zwischen 1899 und 1902 in einer Mischung aus Klassizismus und Jugendstil gebaut und bietet einen weiten Blick über Cagliaris Dächergewirr bis zum Meer.

Piazza Yenne PIAZZA

(Karte S. 42) Die Piazza Yenne ist der Mittelpunkt des Marina-Viertels und der Hauptplatz im Zentrum von Cagliari. Der kleine Platz ist mit einer Statue von **König Carlo Felice** geschmückt, die an die Anfänge der Strada Statale „Carlo Felice" (SS131) erinnert – ein Bauprojekt, mit dem sich der Monarch auf der Insel für immer verewigt hat.

MUSEUMSPASS

Wer vorhat, mehr als eines der Musei Civici (Stadtmuseen) Cagliaris zu besuchen, sollte sich einen Museumspass besorgen. Er gilt für den Eintritt in die Galleria Comunale d'Arte (S. 41), ins Museo d'Arte Siamese (S. 40) und in den Antico Palazzo di Città (S. 40) und ist in den jeweiligen Museen erhältlich. Die Karte kostet für Erw./erm. 8/4 €. Weitere Infos auf www.museicivici cagliari.com.

Cagliari – Zentrum

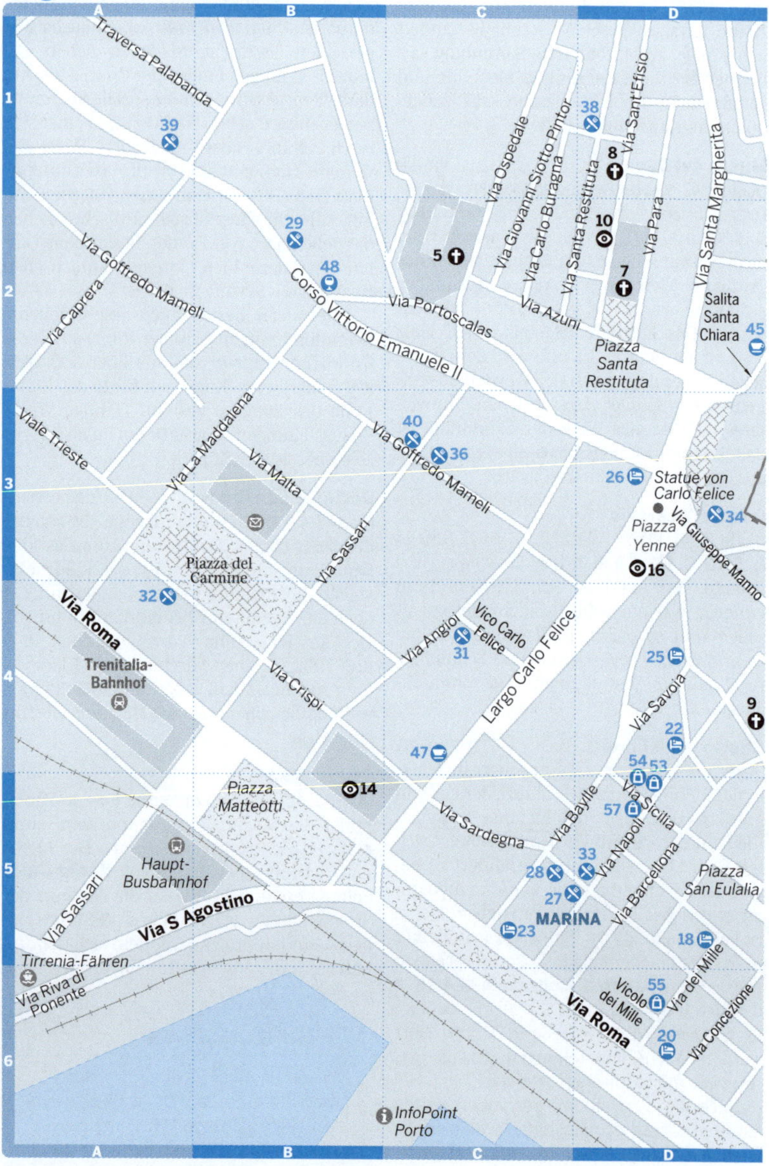

An Sommerabenden ist die Piazza Yenne voller junger Leute, die in die Bars, Gelaterias und Straßencafés strömen.

Chiesa di Sant'Anna KIRCHE
(Karte S. 42; Piazza Santa Restituta; ⌚Di–So 7.30–10 & 17–20 Uhr) Die sandfarbene Kirche wurde zwar im Zweiten Weltkrieg zerstört, aber danach wieder sorgfältig aufgebaut. Sie ist im Prinzip barock ausgestaltet, erhält aber durch ihre ionischen Säulen einen klassizistischen Touch. Zur Zeit der Recherche wurde sie gerade restauriert.

Museo del Tesoro e Area Archeologica di Sant'Eulalia MUSEUM

(Karte S. 42; Vico del Collegio 2; Erw./erm. 5/2,50 €; ⌚Di–So 10–13 & 16–19 Uhr) Das Museum mitten im Marina-Viertel besitzt eine reiche Sammlung sakraler Kunst sowie eine archäologische Abteilung (über 200 m²) unter der benachbarten **Chiesa di Sant'Eulalia**. Die Hauptattraktion ist das 13 m lange Teilstück einer ausgegrabenen römischen Straße (1.–2. Jh. n. Chr.), die nach Meinung von Archäologen wohl zum nahen Hafen geführt hat.

Die Schatzsammlung im oberen Stock umfasst alle möglichen sakralen Kunstwerke, von erlesenen Priestergewändern und Silbergerät bis zu mittelalterlichen Handschriften und anderen wertvollen Dokumenten. Edle Holzskulpturen gibt es massenhaft, ebenso die Darstellung eines Schmerzensmanns, das Christus von vorne und hinten nach seiner Geißelung zeigt. Das Gemälde wird einem flämischen Künstler aus dem 17. Jh. zugeschrieben.

Palazzo Civico WAHRZEICHEN

(Karte S. 42; Via Roma) Der neogotische Palazzo Civico (auch Municipio genannt) an der Piazza Matteotti ist der Sitz des Stadtrats von Cagliari. Der eigenwillige, pompöse und doch kein bisschen erdrückende Bau entstand zwischen 1899 und 1913 und wurde nach Bombenangriffen von 1943 originalgetreu wieder aufgebaut. In den oberen Räumen befinden sich Werke etlicher sardischer Künstler, darunter auch solche von Pietro Cavaro. Eintritt nur nach Vereinbarung.

Chiesa di Santo Sepolcro KIRCHE

(Karte S. 42; Piazza del Santo Sepolcro 5; ⌚9–13 & 17–20 Uhr) Das erstaunlichste Ausstellungsstück dieser Kirche ist ein enormer Altaraufsatz aus dem 17. Jh. aus vergoldetem Holz mit einer Figur der Jungfrau Maria.

Cripta di Santa Restituta KRYPTA

(Karte S. 42; Via Sant'Efisio; ⌚Di–So 10–13 Uhr) GRATIS Die Krypta ist bereits seit vorchristlicher Zeit in Gebrauch. Die riesige, gruselige Naturhöhle, in der das Echo stetig fallender Wassertropfen nachhallt, war ursprünglich eine heidnische Opferstelle und im 5. Jh. Unterschlupf der Märtyrerin Restituta und Treffpunkt der frühen Christen von Cagliari. Später nahmen die orthodoxen Christen sie in Beschlag – Reste ihrer Fresken sind heute noch zu sehen – und gaben sie im 13. Jh. schließlich auf.

Im Zweiten Weltkrieg diente die Krypta als Luftschutzkeller, aber nicht sehr erfolgreich, denn viele der Menschen, die im Februar 1943 hier Unterschlupf suchten, kamen ums Leben. Die Graffiti, die in Kriegszeiten an die Höhlenwände gemalt wurden, sind einen näheren Blick wert.

Cagliari – Zentrum

Highlights
1 Cattedrale di Santa Maria F2
2 Il Castello E2

Sehenswertes
3 Antico Palazzo di Città F2
4 Bastione San Remy F4
Centro Comunale d'Arte e Cultura Il Ghetto .... (s. 11)
5 Chiesa di San Michele C2
6 Chiesa di Santa Croce E1
7 Chiesa di Sant'Anna D2
8 Chiesa di Sant'Efisio D1
9 Chiesa di Santo Sepolcro D4
10 Cripta di Santa Restituta D2
11 Ghetto degli Ebrei E1
12 Museo del Duomo F2
13 Museo del Tesoro e Area Archeologica di Sant'Eulalia E5
14 Palazzo Civico B5
15 Palazzo Viceregio F1
16 Piazza Yenne D3
17 Torre dell'Elefante E2

Aktivitäten, Kurse & Touren
City Tour Cagliari .... (s. 16)

Schlafen
18 Casa Marina D5
19 Hostel Marina E4
20 Hotel Miramare D6
21 Il Cagliarese E6
22 Il Girasole D4
23 La Ghirlanda C5
24 Residenza Kastrum F1
25 Rosso e Nero D4
26 Suite sul Corso D3

Essen
27 Antica Cagliari C5
28 Ci Pensa Cannas C5
29 Crackers B2
30 Dal Corsaro F6
31 Enò C4
32 Gocce di Gelato e Cioccolato A4
33 I Sapori dell'Isola D5
34 Isola del Gelato D3
35 Le Patate & Co E4
36 Locanda Caddeo C3
37 Martinelli's E5
38 Per Bacco D1
39 Pizzeria Nansen A1
40 Ristorante Ammentos C3
41 Ristorante Luigi Pomata E6
42 St. Remy F5

Ausgehen & Nachtleben
43 Antico Caffè F4
44 Caffè degli Spiriti F3
45 Caffè dell'Elfo D2
46 Caffè Libarium Nostrum E2
47 Caffè Svizzero C4
48 Il Merlo Parlante B2
49 Ritual Caffè E3

Unterhaltung
50 Box Office Tickets F6

Shoppen
51 Mercato di Santa Chiara E2
52 Antica Enoteca Cagliaritana E2
53 Durke D5
54 Loredana Mandas D5
55 Sapori di Sardegna D6
56 Sorelle Piredda E2
57 Spazio P D5

Chiesa di San Michele — KIRCHE

(Karte S. 42; Via Ospedale 2; Mo–Sa 8–11 & 18–21, So 8–12 & 19–21 Uhr) Die Kirche wurde zwar schon 1538 eingeweiht, ist aber vor allem bekannt für ihr verschwenderisches Dekor aus dem 18. Jh. Es gilt als das herausragendste Beispiel für sardische Rokokokunst. Das Spektakel beginnt mit der überbordenden dreibögigen Barockfassade und setzt sich fort in der weitläufigen, mit Kolonnaden versehenen Vorhalle und im prächtigen, achteckigen Kirchenschiff mit sechs reich ausgeschmückten Kapellen und einer grandiosen, mit leuchtenden Fresken bemalten Kuppel. Besonders interessant ist die Sakristei mit ihren lebhaften Fresken und verschlungenen Holzintarsien.

Vor dem Betreten des Innenraums lohnt sich ein Blick auf die massive, von vier Säulen gestützte Kanzel in der Vorhalle. Sie wurde zu Ehren des spanischen Kaisers Karl V. erbaut und nach ihm benannt. Hier oben soll er eine flammende Rede gehalten haben, bevor er sich zu einem erfolglosen Kriegszug gegen arabische Freibeuter in Tunesien aufmachte.

Chiesa di Sant'Efisio — KIRCHE

(Karte S. 42; Via Sant'Efisio) Trotz ihrer schlichten Fassade ist die Chiesa di Sant'Efisio von großer lokaler Bedeutung. Nicht aus künstlerischen oder architektonischen Gründen, sondern wegen ihrer Verbindung zum hl. Ephisius, dem Schutzheiligen Cagliaris. Ephisius war ein römischer Soldat, der zum Christentum übertrat und später für seine Weigerung, seinen Glauben zu widerrufen, geköpft wurde. Der hl. Ephisius ist die zentrale Figur bei den Feierlichkeiten am 1. Mai, bei denen die Statue des Heiligen aus der

Kirche auf einer prachtvollen carozza (Karren) durch die Stadt geführt wird. Der barocke Innenraum der Kirche ist leider nicht öffentlich zugänglich.

Im Laufe der Jahrhunderte hat der Heilige immer wieder seine schützende Hand über die Stadt gehalten. 1652 rettete er die Bevölkerung vor der Pest – dafür erhielt die Kirche ihre Marmorverkleidung – und 1793 vertrieb er Napoleons Flotte, indem er den Sturm entfachte, der die Kriegsschiffe in die Flucht schlägt.

An der Seite der Kirche befindet sich der Eingang zur Krypta, wo der hl. Ephisius eingesperrt gewesen sein soll, bevor er in Nora (in der Nähe von Pula) exekutiert wurde. In Stein geritzt steht dort zu lesen: Carcer Sancti Ephysii M (Gefängnis des heiligen Märtyrers Ephisius). Auch die Säule ist zu sehen, an der Ephisius während seiner Gefangenschaft angekettet war.

Anfiteatro Romano ARCHÄOLOGISCHE STÄTTE

(Karte S. 38; www.anfiteatroromano.it; Viale Sant'Ignazio; ⏲wegen Restaurierung geschl.) Das Amphitheater ist das eindrucksvollste römische Monument Cagliaris. Es wurde im 2. Jh. n. Chr. aus dem Felsen hoch oben auf dem Hügel Buon Cammino nahe dem Nordeingang zum Castello herausgehauen. Ein Großteil des ursprünglichen Theaters wurde zwar im Lauf der Jahrhunderte als Baumaterial abgetragen, aber es blieb genug übrig, um noch heute die Phantasie anzuregen. Zur Zeit der Recherche war das Amphitheater wegen Restaurierung geschlossen, aber ein Blick von außen lohnt sich dennoch. Es soll Ende 2014 wiedereröffnet werden.

In seiner Blütezeit schauten hier bis zu 10 000 Menschen – praktisch die gesamte Bevölkerung Cagliaris – Gladiatoren im Kampf gegeneinander und manchmal gegen wilde Tiere zu. Im Sommer finden im Amphitheater gelegentlich Konzerte statt.

Villa di Tigellio ARCHÄOLOGISCHE STÄTTE

(Karte S. 38; Via Tigellio; Erw./erm. 2/1 €; ⏲tgl. 9–17 Uhr) Die Reste der drei römischen Villen stammen aus dem 1. Jh. v. Chr. Der Legende nach soll dort Tigellio Ermogene gelebt haben, ein berühmter sardischer Dichter und Musiker und enger Freund von Julius Cäsar. Die Ruinen sind heute ziemlich überwachsen und von Wohnhäusern umgeben. Es braucht also etwas Phantasie, um sich die prächtigen Mosaiken, Säulen und Bäder vorzustellen, die hier einst standen.

ABSTECHER

VOGELFREUNDE AUFGEPASST!

Etwas östlich von Cagliari Richtung Quartu Sant'Elena liegt das geschützte, schilfgesäumte Feuchtgebiet **Parco Naturale Regionale Molentargius**. Eine Wohnsiedlung bildet den unpassenden Hintergrund für die Süß- und Brackwassertümpel, die Tausende Nist-, Zug- und Wintervögel anlocken. Mit ein bisschen Glück sind von den Beobachtungsposten rosa Flamingos, Purpurreiher, Seidenreiher, Rohrweihen, Brandseeschwalben und Stelzenläufer zu sehen.

Das Naturschutzgebiet lässt sich am besten zu Fuß oder mit dem Rad erkunden. Informationen gibt es im **Besucherzentrum** (☎070 3791 9201; www.parks.it/parco.molentargius; Edificio Sali Scelti, Via La Palma) am Ostrand der Stadt. Morgen- und Abenddämmerung sind die besten Zeiten für Vogelfreunde.

Orto Botanico BOTANISCHER GARTEN

(Karte S. 38; Viale Sant'Ignazio da Laconi 11; Erw./erm. 4/2 €; ⏲Winter Mo–Sa 8.30–13.30 Uhr, Sommer Mo–Sa 8.30–18 Uhr) Der Orto Botanico, einer der berühmtesten botanischen Gärten Italiens, wurde 1858 angelegt. Heute erstreckt er sich über 5 ha und birgt 3000 Pflanzenarten. Laubbögen führen zu plätschernden Brunnen und zu Gärten voller Palmen, Kakteen und Benjaminbäumen mit riesigen Schlangenwurzeln. Exemplare aus Asien, Australien, Afrika und Amerika gedeihen neben einheimischen Johannisbrotbäumen und Eichen. Auf dem Gelände befinden sich zudem eine punische Zisterne, ein römischer Steinbruch und ein Aquädukt.

Basilica di San Saturnino KIRCHE

(Karte S. 38; Piazza San Cosimo; ⏲Di–Sa 9–13 Uhr) Die Basilica di San Saturnino, eine der ältesten Kirchen Sardiniens, ist ein herrliches Beispiel frühchristlicher Architektur. Die mit einer Kuppel versehene Basilika mit dem Grundriss eines griechischen Kreuzes wurde im 5. Jh. über einer römischen Nekropole erbaut. An dieser Stelle befand sich einst das Grab von Saturninus, einem hoch verehrten Märtyrer. Der Legende nach wurde Saturninus 304 n. Chr. während der Christenverfolgung unter Kaiser Diokletian enthauptet.

Im 6. Jh. ließ San Fulgentius von Ruspe, ein tunesischer Bischof im Exil, hier ein Kloster erbauen. 1098 verwandelte eine Gruppe von Vittorini-Mönchen aus Marseille das Kloster in den heutigen romanischen Kirchenbau. Seither wurde die Basilika immer wieder entscheidend verändert, besonders als sie 1662 als Baumaterial für die Cattedrale di Santa Maria demontiert wurde, und zuletzt nach heftigen Bombenschäden während des Zweiten Weltkriegs.

Exmà KUNSTGALERIE

(Karte S. 38; www.camuweb.it; Via San Lucifero 71; Erw./erm. 3/2 €; ⌚ Di–So 9–13 & 16–20 Uhr) Das Exmà in Cagliaris mattatoio (Schlachthof) aus dem 18. Jh. ist ein sehenswertes Kulturzentrum. Eine Dauerausstellung zeigt die Restaurierungsschritte des Schlachthofs, eigentlicher Anziehungspunkt jedoch sind die Wechselausstellungen mit Kunst und Fotografie. Im Sommer finden häufig Open-Air-Konzerte statt.

Chiesa di San Lucifero KIRCHE

(Karte S. 38; Via San Lucifero 78; ⌚ Sa 10–12.30 & 17–20, So 10.30–12.30 Uhr, werktags auf Anfrage) In der Krypta (6. Jh.) unter dieser barocken Kirche liegt das Grab des frühen Erzbischofs von Cagliari, des heiligen Luzifer. Das Areal diente früher als Teil einer römischen Begräbnisstätte. Die Kirche ist der Öffentlichkeit nicht immer zugänglich, aber ihre strenge Fassade aus dem 17. Jh. lohnt einen Blick.

★ Santuario & Basilica di Nostra Signora di Bonaria KIRCHE, AUSSICHTSPUNKT

(Karte S. 38; www.bonaria.eu; Piazza Bonaria 2; Spenden erwünscht; ⌚ 6.30–12 & 16.30–19.30 Uhr) Die enorm beliebte Pilgerstätte liegt auf dem Hügel Bonaria etwa 1 km südöstlich der Via Roma. Gläubige aus aller Welt beten zur *Nostra Signora di Bonaria,* einer Holzstatue der Jungfrau Maria mit Jesuskind in einer Nische hinter dem Altar. Sie soll im 14. Jh. während eines Sturms ein spanisches Schiff gerettet haben. Rechts der Wallfahrtskirche steht die viel größere Basilika, die auch heute noch als Wegweiser für heimkehrende Seeleute dient.

Ursprünglich war die Wallfahrtsstätte Teil einer sehr viel größeren, von den Katalanen 1323 erbauten Festungsanlage. Von den Bauten jener Zeit ist kaum noch etwas übrig, abgesehen von dem verstümmelten Glockenturm, der als Wachturm diente, und dem gotischen Portal. Mit dem Bau wurde 1704 begonnen, aber dann ging das Geld aus. Ihre offizielle Fertigstellung erlebte die Basilika erst 1926.

Modellschiffe sowie andere Votivgaben und eine goldene Krone von Karl Emanuel I.

MASSIMO CARLOTTOS ALLIGATOR

Massimo Carlottos Lebensgeschichte liest sich wie einer seiner Krimis ... und tatsächlich *ist* sie die Handlung eines seiner Bücher.

Mit 19 war er in den „bleiernen Jahren" Italiens Zeuge des Mordes an Margherita Magello, einer 25-jährigen Studentin, die mit 59 Messerstichen getötet wurde. Die nachfolgenden Ereignisse verarbeitete er zum Roman *Il Fuggiasco* (Der Flüchtling). Carlotto, voll mit Magellos Blut, rannte los, um die Polizei zu holen, die ihn aber des Mordes beschuldigte. Er wurde später zu 18 Jahren Gefängnis verurteilt. 1993 kam er nach einer internationalen Kampagne und einer Begnadigung durch den italienischen Präsidenten frei.

Im Gefängnis fand er das Material für die ungeschminkten Romane, die er heute schreibt. Seine berühmteste Serie dreht sich um den Detektiv „Alligator", dessen Fälle laut Carlotto auf wahren Rechtsfällen beruhen.

Der Protagonist hat Ähnlichkeiten mit Carlotto; er fährt sogar den Škoda, den auch Carlotto einst fuhr (weil viele Leute behaupten, das Auto würde in Italien am seltensten angehalten). Seinen Spitznamen verdankt der Detektiv seinem Lieblingsgetränk (und dem Carlottos), dem Alligator-Cocktail. Er besteht aus sieben Teilen Calvados, drei Teilen Drambuie, zerstoßenem Eis und einem Apfelstückchen, erfunden hat ihn ein Barmixer im Caffè Librarium Nostrum in Cagliari, wo Carlotto heute lebt. Der Ruhm des Cocktails reicht heute bis in die Bars von Rom, Mailand und Neapel. Und es heißt, dass niemand mehr als vier Gläser davon trinken kann.

Zehn von Carlottos Büchern wurden ins Deutsche übersetzt, darunter *Der Flüchtling* (2010), *Die Schöne und der Alligator* (2001) und *Banditenliebe* (2011). Seine Website: www.massimocarlotto.it.

NICHT VERSÄUMEN

AUF ZUM MARKT!

Frühaufsteher können sich wie die Einheimischen auf einen der umtriebigen morgendlichen Märkte (Mo–Sa) Cagliaris begeben und in sardischen Leckereien schwelgen: Meeresfrüchte, würzige Salami, Pecorino in der Größe eines Wagenrads, Pferdesteaks oder was sonst das Herz begehrt – all das gibt es auf dem historischen **Mercato di San Benedetto** (Karte S. 38; www.mercatosanbenedetto.com; Via San Francesco Cocco Ortu; ⌚Mo–Sa 7–14 Uhr). Etwas geruhsamer geht es auf dem hinreißenden **Mercato di Santa Chiara** (Karte S. 42; Scalette di Santa Chiara; ⌚Mo–Sa 7–14 Uhr) zu, wo man an den Ständen mit frischem Fisch, Obst und Brot auch gleich sein Italienisch auffrischen kann.

Sonntags ist die beste Zeit für Floh- und Antikmärkte. Am ersten, zweiten und vierten Sonntag im Monat gehen die Cagliaritani auf dem Antik- und Sammlermarkt auf der **Piazza del Carmine** auf Schnäppchenjagd.

sind im Museum der Wallfahrtskirche zu sehen, das durch den kleinen Kreuzgang zu erreichen ist. Dort werden auch die mumifizierten Leichen von vier an der Pest gestorbenen katalanisch-aragonischen Adligen aufbewahrt. Ihre auf wundersame Weise konservierten Körper wurden in der Kirche gefunden.

Als 1323 die katalanischen Aragonier Cagliari erobern wollten, wurde ihnen klar, dass dies kein leichtes Spiel sein würde. Also ließen sie sich klugerweise an den kühlen Hängen des Montixeddu nieder, dem späteren Bonaria (von buon'aria, „gute Luft"). Während der drei Jahre andauernden Belagerung entwickelte sich das Lager zur Festung mit eigener Kirche.

Nach der Vertreibung der Pisaner und der Einnahme der Stadt 1335 holten die Aragonier Mönche des Mercedari-Ordens aus Barcelona hierher, um ein Kloster an der Bonaria-Kirche zu gründen. Der Orden residiert noch heute dort.

Die Bonaria-Mönche waren über Jahrhunderte damit beschäftigt, christliche Sklaven von muslimischen Piraten freizukaufen. Auch sollen sie die genuesische Gemeinde von Tabarka in Tunesien gerettet und sie auf die Isola di San Pietro verbracht haben. Aber zum internationalen Pilgerziel wurde die Kirche erst durch die Statue der Jungfrau Maria mit Jesuskind. Der Legende nach soll die Statue im 14. Jh. angespült worden sein, nachdem spanische Seemänner sie in einem Sturm über Bord geworfen hatten. Noch heute bitten Seeleute die Madonna um Schutz auf hoher See. Über dem Altar hängt ein winziges Schiff aus Elfenbein aus dem 15. Jh., dessen Bewegungen die Windrichtung im Golfo degli Angeli anzeigen soll.

Castello di San Michele BURG
(Via Sirai; Erw./erm. 3/2 €; ⌚Di–So 10–13 & 16–19 Uhr) Die trutzige, dreitürmige spanische Festung in idyllischer Lage auf einem Hügel hoch über Cagliari nordwestlich des Zentrums bietet fabelhafte Aussichten über Stadt und Meer. Sie wurde im 10. Jh. zum Schutz von Santa Igia gebaut, der Hauptstadt des Judikats von Cagliari. Berühmt ist sie aber als luxuriöse Residenz der Carroz-Familie im 14. Jh. Heute gibt es hier Kunst- und Fotoausstellungen. Die Buslinie 5 führt ab der Via Roma bis zum Fuß des Hügels, dann sind es noch 800 m zu Fuß.

Aktivitäten

Wassersport spielt am Poetto natürlich eine große Rolle, Kanus werden meist in den Strandbädern verliehen. Der Golfo di Cagliari wimmelt von Schiffswracks aus dem Zweiten Weltkrieg und ist deshalb ein exzellentes Tauchrevier.

Windsurfing Club Cagliari WASSERSPORT
(☎070 37 26 94; www.windsurfingclubcagliari.org; Viale Marina Piccola) Der Club in Marina Piccola bietet diverse Wassersportkurse. Ein Kurs mit sechs Unterrichtseinheiten für Windsurfen/Katamaranfahren/Freestyle kostet jeweils 160/220/500 €; die Einheiten sind unterschiedlich lang – Genaueres steht auf der Website. Vier Stunden Surfunterricht kosten 60 €. Kurse für Kinder zwischen 6 und 15 Jahren gibt's zu ermäßigten Preisen.

Morgan Diving TAUCHEN
(☎337 564354; www.morgandiving.com) Der Anbieter organisiert Tauchgänge zu verschiedenen Wracks (40–110 €) und darf auch Tauchausflüge in das Meeresschutzgebiet

von Villasimius anbieten. Das Büro befindet sich in Marina Capitana, 14 km östlich von Cagliari, Buchungen sind aber auch telefonisch möglich.

Promenade PROMENADE

Cagliaris neue, mit Palmen und Brunnen gesäumte Promenade führt dicht am Meeresufer entlang mit schönem Blick auf das Marina-Viertel dahinter. Sie ist ideal zum Joggen, Spazierengehen oder Radfahren abseits des Trubels im Stadtzentrum.

Kurse

One World Language Centre SPRACHE

(Karte S. 38; ☎070 67 02 34; www.oneworldcagliari.com; Via Sidney Sonnino 195; 20-Std.-Kurs ab 149 €) Die angesehene Sprachschule bietet interaktive Italienischkurse für alle Stufen. Das Zentrum vermittelt auch Gastfamilien (ab 210 € pro Woche) und Zimmer in Apartments (ab 160 € pro Woche).

L'Accademia SPRACHE, KOCHEN

(Karte S. 38; ☎328 8811464; www.laccademia.com; Via San Giovanni 34; 15-/20-Std.-Kurs 220/250 €, Einzelkurs pro Std. 33 €) Nur ein paar Schritte von der Via Roma entfernt bietet diese Schule praxisorientierte Italienischkurse, nämlich eine Verbindung von Sprachübungen und Alltagsaktivitäten, wie Stadttouren, Kinobesuche und traditionelles sardisches Essen.

Geführte Touren

City Tour Cagliari BUSTOUR

(Karte S. 42; www.citytourcagliari.com; Erw./erm. 10/8 €; ⏲9.30–19.30 Uhr) Die einstündige Rundfahrt im offenen Bus mit mehrsprachigen Kommentaren führt zu allen wichtigen Sehenswürdigkeiten, darunter zu der Bastione San Remy, dem Anfiteatro Romano und der Torre di San Pancrazio. Abfahrt ist stündlich an der Piazza Yenne.

Sardinia Tourist Guide STADTTOUR

(☎178 6041520, 349 4558367; www.sardiniatouristguide.it) Die erfahrenen Stadtführer mit Büro in Selargius, 12 km nordöstlich der Stadt, bieten dreieinhalbstündige Stadtführungen durch Cagliari an, die Highlights wie den Strand Poetto, die Sella del Diavola (Teufelssattel), die Basilica di Bonaria und das Castello einschließen. Im Angebot sind auch archäologische Touren (z. B. nach Nora) und Outdooraktivitäten wie Kanufahrten auf dem Flumendosa und Wanderungen auf den Monte Corrasi

Festivals & Events

Cagliari zieht zum Karneval im Februar und in der Osterwoche alle Register, wenn kapuzenverhüllte Menschen in einer Prozession von der Chiesa di Sant'Efisio zum Dom im Castello ziehen.

Festa di Sant'Efisio KIRCHENFEST

Das religiöse Fest vom 1. bis 4. Mai zieht viele Pilger in die Stadt. Am Eröffnungstag drängen sich die Einwohner in den Straßen, um die Statue des hl. Ephisius, des Schutzheiligen Cagliaris, auf seinem Ochsenkarren zu grüßen. Wenn sich die kostümierte Prozession verläuft, begleitet noch ein harter Kern die Statue auf ihre 40 km lange Pilgerreise nach Nora. Den besten Blick bieten die Tribünen um die Piazza Matteotti und am Largo Carlo Felice. Karten für die Tribünen (15–25 €) verkauft Box Office Tickets (S. 52).

Essen

In einer Stadt, in der selbst alltägliche Lebensmittel wie Brot und Käse fast zur Kunstform erhoben werden, ist *mangiare bene* (gut essen) eine Selbstverständlichkeit. Die Cagliaritani verbinden bei Tisch ihre Liebe zum Essen mit Geselligkeit – egal, ob sie in schlichten Trattorias oder in Spitzenrestaurants speisen. Im engen Gassengewirr des Marina-Viertels drängen sich Restaurants, Trattorias, Bars und Take-aways, einige Lokale sind unverkennbar touristisch, andere eher bei den Einheimischen beliebt. Gute Restaurantmeilen sind auch die Via Sassari und der Corso Vittorio Emanuele.

In der Restaurantszene geht es recht förmlich zu, es ist besser, einen Tisch zu reservieren, besonders abends an den Wochenenden. Gegessen wird meist erst ab 21.30 Uhr, im Sommer eher noch später. Viele der besseren Restaurants haben zumindest einen Teil des Augusts geschlossen.

Pizzeria Nansen PIZZERIA €

(Karte S. 42; ☎070 667 03 35; Corso Vittorio Emanuele II 269; Pizza 5–10 €; ⏲Di–So 11.30–14.30 & 18.30–23.30 Uhr) In dem Familienbetrieb

PROVIANT FÜR UNTERWEGS

Leckeren Proviant für unterwegs gibt es in den *salumerie* (Feinkostläden), z. B. eine dicke Scheibe *pecorino sardo* (sardischer Pecorino) und ein oder zwei Scheiben geräucherter Schinken in einem frisch gebackenen *panino* (Brötchen).

NICHT VERSÄUMEN

DIE BESTEN IMBISSLÄDEN

Le Patate & Co (Karte S. 42; Scalette Santo Sepulcro 1; Pommes frites 2,50 €, Hauptgerichte 7,50–12 €; ⏲11.30–15 & 18–24 Uhr, Do abends geschl.) Antonio macht die frischesten Pommes der Stadt – dünn, knusprig und nicht zu salzig. Bei schönem Wetter sitzen die Gäste oben auf der Terrasse.

Isola del Gelato (Karte S. 42; Piazza Yenne 35; Eis 1,50–4 €; ⏲tgl. 6–2 Uhr) Ein enorm populärer Laden mit Eisleckereien, darunter Halbgefrorenes und Sorbet.

Gocce di Gelato e Cioccolato (Karte S. 42; Piazza del Carmine 21; Eis & Kuchen 2–5 €; ⏲Winter 12–22 Uhr, Sommer bis 1 Uhr) Hier gibt's absolut himmlisches hausgemachtes Eis, Kuchen (toll: die Cremeschnittchen), gewürzte Pralinen und Trüffel.

Locanda Caddeo (Karte S. 42; Via Sassari 75; Imbiss 2,50–7 €; ⏲Mo–Sa 12–15 & 19–23, So 19–23 Uhr) Focaccia, Pizzaecken und frische Salate gibt es in diesem coolen, galerieartigen Laden.

I Sapori dell'Isola (Karte S. 42; Via Sardegna 50; ⏲Mo–Sa 7.30–13.30 & 16.30–20.30 Uhr) Der nette Feinkostladen verkauft erstklassiges sardisches Brot, Gebäck, Salami, Käse, *bottarga* (Meeräschenrogen), Olivenöl, Wein und noch vieles mehr.

kommen die Pizzas schneller aus dem Ofen, als man *delizioso* sagen kann. Und sie sind auch klasse – dünn, knusprig und schmackhaft.

Enò SARDISCH €

(Karte S. 42; ☎070 684 82 43; www.enorestaurant.it; Vico Carlo Felice 12; Mahlzeiten 20–25 €; ⏲tgl. 7.30–24 Uhr) Auf der Terrasse des eleganten Bistros mit Weinbar isst es sich am schönsten. Sardische Klassiker wie *culurgiones* (Ravioli) in Kräuter-Tomatensauce und gebackene Seebrasse passen gut zu einem der 200 verschiedenen italienischen Weine.

Ci Pensa Cannas SARDISCH €

(Karte S. 42; ☎070 66 78 15; Via Sardegna 37; Mahlzeiten 15–25 €; ⏲Mo–Sa 12–15 & 19–22.30, So 12–15 Uhr) Unter den eher touristischen Lokalen in der Via Sardegna sticht diese schlichte Trattoria positiv heraus. Die Begrüßung ist herzlich und das Essen günstig und reichlich, ob nun Pastagerichte wie *spaghetti ai ricci* (mit Seeigeln), Steaks oder Meeresfrüchte.

★St. Remy SARDISCH €€

(Karte S. 42; ☎070 65 73 77; www.stremy.it; Via Torino 16; Mahlzeiten 30–35 €; ⏲Mo–Fr 12.30–15 & 19.30–22, Sa 19.30–22.30 Uhr) Das in einer Seitenstraße verborgene St. Remy ist mit seinem weiß gekalkten Gewölbe und den Steinbögen sehr gemütlich. Die Speisen sind kreative Variationen sardischer Gerichte. Zum Auftakt gibt's hausgemachte Pasta, gefolgt von Hauptgerichten wie Petersfisch in einer Weißweinsauce mit schwarzen Oliven – alles perfekt zubereitet und extravagant präsentiert.

Per Bacco SARDISCH €€

(Karte S. 42; ☎070 65 16 67; www.enoperbacco.it; Via Santa Restituta 72; Mahlzeiten 25–35 €; ⏲Mo–Sa 20.30–23.30 Uhr) Das nette, unauffällige Kleinod mit seinen Steinwänden und dicht gedrängten Tischen liegt versteckt in den Gassen von Stampace. Die Köchin Sabrina bringt die Zutaten in einfachen, saisonalen Gerichten voll zur Geltung. Als Vorspeise empfiehlt sich z. B. *bottarga* (Meeräschenrogen) aus Cabras mit Artischocken, gefolgt von *primi* wie *lorighittas ai ricci* (ringförmige sardische Pasta mit Seeigel) und *secondi* wie Seebrassen mit Safran.

Ristorante Luigi Pomata FISCH & MEERESFRÜCHTE €€

(Karte S. 42; ☎070 67 20 58; www.luigipomata.com; Viale Regina Margherita 14; Mahlzeiten 40–50 €; ⏲Mo–Sa 13–15 & 20–23 Uhr) In dem minimalistisch eingerichteten Bistro mit gekonnt zubereiteten, superfrischen Sushi an der Bar am Eingang ist immer etwas los. Die Speisen richten sich nach Saison, aber generell sind sie sardisch inspiriert, wie gebratenes rotes Filet vom Thunfisch aus Carloforte mit gedünsteten roten Zwiebeln und Cannonau-Salsa. Der Businesslunch für 15 € ist ein Schnäppchen.

Martinelli's MODERN ITALIENISCH €€

(Karte S. 42; ☎070 65 42 20; www.martinellis.it; Via Principe Amedeo 18; Mahlzeiten ab 35 €; ⏲Mo–Sa 20.30–24 Uhr) Einfachheit ist das Motto dieses behaglichen, dezent beleuchteten Bistros in-

ABSTECHER

SERDIANA

In dem hübschen Landstädtchen Serdiana, etwa 25 km nördlich von Cagliari, befindet sich eine der berühmtesten Weinkellereien Sardiniens, die preisgekrönte **Cantine Argiolas** (☎ 070 74 06 06; www.argiolas.it; Via Roma 28–30, Serdiana; Führung mit Weinprobe 13–28 €; ⏲ Führungen Mo–Fr 11 & 15, Sa 10.30 Uhr) . Ein Besuch mit 1½-stündiger Führung ist nach telefonischer Anmeldung möglich. Zur einfachen Tour für 13 € gehört eine Verkostung von vier unterschiedlichen Weinen, darunter einem weißen, spritzigen Vermentino und einem roten, vollmundigen Cannonau. Gegen zusätzliche 3 € werden zum Wein Brot, Käse und Salami gereicht.

Aufschlussreicher noch ist eine Verkostung mit anschließendem Kochkurs (90–95 €), dessen Ergebnisse mit einigen Spitzenweinen aus dem Argiolas-Keller verspeist werden. Die Teilnehmer lernen, wie man Spezialitäten wie *fregola* (Grießpasta) mit Muscheln oder mit Ricotta und Spinat gefüllte Ravioli zubereitet.

Zu erreichen ist die Cantine Argiolas ab Cagliari über die SS554 nordwärts, nach etwa 10 km auf die SS387 Richtung Dolianova wechseln. Nach weiteren 10 km kommt die Abzweigung nach Serdiana in Sicht.

mitten des Marina-Viertels. Die Bedienung ist freundlich, ohne anmaßend zu sein, und die Speisen bestehen hauptsächlich aus saisonalen, bestechend frischen Meeresfrüchten, wie *fregola* (Grießpasta) mit Muscheln und Seebarsch in Vernaccia-Wein und Oliven.

Antica Cagliari SARDISCH €€
(Karte S. 42; ☎ 070 734 01 98; www.anticacagliari.it; Via Sardegna 49; Mahlzeiten 25–40 €; ⏲ Mi–Mo 12.30–15 & 20–23 Uhr) Das Restaurant mit Balkendecke ist um einige Klassen besser als die meisten Restaurants im Marina-Viertel und stets gut besucht. Gut sind die sardischen Gerichte, wie *fregola* mit Meeresfrüchten oder was auch immer gerade frisch gefangen wurde. Für einen der wenigen Tische auf der Straßenterrasse sollte frühzeitig reserviert werden.

Man.Gia ITALIENISCH, PIZZERIA €€
(Karte S. 38; ☎ 070 204 19 40; www.mangiasenzaglutine.it; Via Mameli 196; Mahlzeiten 25–35 €; ⏲ Di–Sa 18–24 Uhr) Das Man.Gia ist eines der ersten Restaurants, das glutenfreie Speisen anbietet. Es gibt auch glutenfreies Bier, serviert werden zudem Pizza, Kleinigkeiten wie Crostini und Bruschette sowie Pasta und Fisch. Saisonale Highlights wie *fregola* mit Spargel, Seeigel und *bottarga* sind ein nettes Einsprengsel sardischer Spezialitäten. Einrichtung und Atmosphäre sind zwanglos.

Crackers TRADITIONELL ITALIENISCH €€
(Karte S. 42; ☎ 070 65 39 12; Corso Vittorio Emanuele 193; Mahlzeiten ab 30 €; ⏲ Do–Di 12.30–14.30 & 20.30–22.30 Uhr) Crackers, ein Stück Piemont auf Sardinien, hat sich auf norditalienische Klassiker wie *brasato al Barolo* (in Barolo geschmortes Fleisch) und Gesottenes mit Senf spezialisiert. Es gibt auch eine große Auswahl an Risottogerichten, einige exzellente Gemüse-Antipasti und eine ausgesuchte Weinkarte.

Ristorante Ammentos SARDISCH €€
(Karte S. 42; ☎ 070 65 10 75; Via Sassari 120; Mahlzeiten 20–30 €; ⏲ Do–Di 13–14.30 & 20–23 Uhr) Die beliebte Trattoria bietet authentische sardische Küche in rustikalem Ambiente. *Culurgiones* (Ravioli) in Kräutertomatensauce sind eine köstliche Vorspeise, der saftige Fleischgerichte wie Wildschwein oder Ziegeneintopf folgen.

Dal Corsaro SARDISCH €€€
(Karte S. 42; ☎ 070 66 43 18; www.dalcorsaro.com; Viale Regina Margherita 28; Mahlzeiten 40–55 €; ⏲ Di–So 13–14.30 & 20–23 Uhr) Steife Tischdecken, silberne Weinkühler und elegante Paare bilden das Ambiente in Cagliaris Bastion des feinen Speisens. Sardische Zutaten stehen im Mittelpunkt kreativer Gerichte wie *raviola di cipolla e pecorino semi stagionato* (Zwiebelravioli mit reifem Pecorino-Käse) und gebratenem Tintenfisch mit Zitronengras-Salsa. Das zweigängige Mittagsmenü ist mit 16 € fast geschenkt.

Ausgehen & Nachtleben

Drinks mit Spitzenaussicht auf Cagliari gibt es im Castello. Die Barszene konzentriert sich um die quirlige Piazza Yenne und den Corso Vittorio Emanuele. Im Sommer jedoch geht die Partyszene am Poetto ab.

Antico Caffè CAFÉ
(Karte S. 42; www.anticocaffe1855.it; Piazza Costituzione 10; ⌚7–2 Uhr) D. H. Lawrence und Grazia Deledda waren einst Gäste dieses prächtigen alten Cafés, das 1855 eröffnet wurde. Die Leute sitzen hier gern zum Plausch bei einem Kaffee, aufwendigen Crêpes und Salaten. Der Innenraum besteht aus Holz, Marmor und Messing, aber es gibt auch Straßentische.

Caffè Libarium Nostrum BAR
(Karte S. 42; Via Santa Croce 33; ⌚Di–So 7.30–2 Uhr) Die schicke Bar im Castello bietet mit ihren Tischen auf den mittelalterlichen Festungsmauern den besten Panoramablick über die Stadt. Wenn das Wetter nicht mitspielt, gibt es noch den backsteinernen Innenraum, wo ein Alligator-Cocktail tröstet, der zu Ehren des Helden aus Massimo Carlottos Romanen kreiert wurde. Hin und wieder gibt's Livemusik.

Caffè degli Spiriti BAR
(Karte S. 42; www.caffedeglispiriti.com; Bastione San Remy; ⌚10–3 Uhr) Entspannt in der Hängematte liegend, sind der Blick auf das Castello und die Atmosphäre in der eleganten Lounge Bar auf dem Bastione San Remy noch einmal so schön. Die Bar ist ganz in Schwarz und Ziegel gehalten, draußen sitzen die Gäste auf schwarzen Ledersofas und trinken Cocktails, lauschen jazziger Musik und essen Pizza an Tischen, die aus genieteten Holztüren gefertigt wurden. DJs drehen hier regelmäßig ihre Scheiben.

Emerson LOUNGEBAR
(www.emersoncafe.it; Viale Poetto 4; ⌚Sommer 9–1 Uhr, Winter 11–17 Uhr) Die schnieke Bar unweit der vierten Bushaltestelle ist einer der beliebtesten *chioschi* in Strandnähe und hat von allem etwas: Cocktailbar, Restaurant und Strandbad. Serviert wird ein breites Angebot, von Pasta bis zu *aperitivi*, dazu gibt es Livemusik und Liegestühle.

Caffè Svizzero CAFÉ
(Karte S. 42; Largo Carlo Felice 6; ⌚Mo–Sa 7–21 Uhr) Das freskengeschmückte Jugendstilcafé am unteren Largo Carlo Felice wurde vor fast 100 Jahren von ein paar Schweizern gegründet und ist seither ein fester Bestandteil der Cafészene Cagliaris. Das Angebot reicht von Tee bis Cocktails.

Ritual Caffè BAR
(Karte S. 42; Via Università 33; ⌚Mo 8–15, Di–Fr 8–2, Sa 19–2 Uhr) Das szenige Café wurde aus dem Kalkfelsen gehauen und hat im Felsgewölbe gemütliche Nischen. Gelegentlich wird Livemusik gespielt oder es legen DJs auf.

Il Merlo Parlante KNEIPE
(Karte S. 42; Via Portoscalas 69; ⌚tgl. 20–2 Uhr) Der lärmende Laden ist so etwas wie Cagliaris Studentenkneipe. Es gibt Bier vom Fass, Rock aus dem Lautsprecher und junge, internationale Gäste, die gut drauf sind.

Caffè dell'Elfo CAFÉ, BAR
(Karte S. 42; Salita Santa Chiara, 4–6 Piazza Yenne; ⌚Mo–Sa 13–15 & 20–2 Uhr) Das reizende, kleine „Café der Elfen" serviert tagsüber leckere *piadine* (belegtes Fladenbrot), abends ist es eine freundliche, relaxte Weinbar.

☆ Unterhaltung

Informationen zu Veranstaltungen erhält man in der Touristeninformation oder findet sie in der Zeitung *L'Unione Sarda* sowie

TRENINO VERDE

Für alle, die es nicht eilig haben, lässt sich Sardiniens Binnenland am schönsten mit dem **Trenino Verde** (☎070 58 02 46; www.treninoverde.com) erkunden. Die gemütliche Dieselschmalspurbahn zuckelt durch einige der unwirtlichsten Landschaften der Insel und hält unterwegs in abgelegenen Dörfern. Es gibt vier Touristenstrecken: von Mandas nach Arbatax (5¼ Std., einfach/hin & zurück 20/28 €), von Mandas nach Isili und Sorgono (3½ Std., einfach/hin & zurück 15,50/21,50 €), von Macomer nach Bosa (2 Std., einfach/hin & zurück 11,50/16,50 €) und von Sassari nach Tempio und Palau (4½ Std., einfach/hin & zurück 20/28 €).

Die kurvenreiche Strecke von Mandas nach Arbatax ist besonders spektakulär, denn sie führt durch das einsame Hochland des Parco Nazionale del Golfo di Orosei e del Gennargentu.

Vom U-Bahnhof an der Piazza Repubblica in Cagliari fährt eine U-Bahn nach Monserrato, wo man Anschluss an die Züge nach Mandas hat.

Der *Trenino Verde* verkehrt zwischen Mitte Juni und Mitte September.

ABSTECHER

WALDWANDERUNGEN

Der **Monte dei Sette Fratelli** (1023 m), die höchste Erhebung des einsamen Sarrabus, ist weit entfernt von der Betriebsamkeit Cagliaris. Die Granitgipfel und Wälder voller Kork- und Steineichen, Wacholder, Oleander und Myrte sind ein Paradies für Wildschweine, Falken und Steinadler – und sie sind eine der drei verbliebenen Rückzugsgebiete des *cervo sardo* (sardischen Hirschs). Das Gebiet, das über die SS125 erreichbar ist, ist ein herrliches Wanderrevier, dessen Wege von einfachen Spaziergängen bis zu einem anstrengenden, 12 km langen Aufstieg zur **Punta Sa Ceraxa** (1016 m) reichen.

Wanderkarten gibt es in der Caserma Forestale Campu Omu, einem Forsthaus nahe der Abzweigung nach Burcei an der SS125. Eine andere Möglichkeit ist die **Coop Monte dei Sette Fratelli** (☎ 070 994 72 00; www.montesettefratelli.com; Via Centrale) in Castiadas, ein paar Kilometer landeinwärts von der Costa Rei.

Vom kleinen Dorf Burcei kriecht eine abgelegene Straße über 8 km hoch zur **Punta Serpeddi** (1067 m), von wo aus der Blick über den ganzen Sarrabus bis nach Cagliari und dem Meer schweift.

auf www.sardegnaconcerti.com. Die meisten der großen Konzerte finden im Sommer statt.

Cagliari hat eine lebendige Bühnenszene mit klassischen Konzerten, Tanz, Oper und Theater. Saison ist von Oktober bis Mai, einige Häuser bieten auch ein spezielles Sommerprogramm.

Box Office Tickets KARTENVERKAUF
(Karte S. 42; ☎ 070 65 74 28; www.boxofficesardegna.it; Viale Regina Margherita 43) Kartenverkauf für größere Veranstaltungen, auch für die Sommersaison im Anfiteatro Romano mit Stand-up-Comedy, Musik und Tanz.

Teatro Lirico THEATER
(Karte S. 38; ☎ 070 408 22 30; www.teatroliricodicagliari.it; Via Sant'Alenixedda) Cagliaris führende Bühne für klassische Konzerte, Oper und Ballett. Das Programm ist ziemlich konventionell, aber von hoher Qualität, die Konzerte sind gut besucht.

Exmà KULTURZENTRUM
(Karte S. 38; ☎ 070 66 63 99; Via San Lucifero 71) Veranstaltet das ganze Jahr über kleine Konzerte, hauptsächlich Jazz und Kammermusik. Im Sommer wird der Vorplatz zur Bühne.

Shoppen

Cagliari ist wohltuend wenig auf Tourikommerz ausgelegt, Touristenläden gibt es trotzdem: Stilbewusste Käufer decken sich mit Designerkleidung in den Arkaden der Via Roma und den zahlreichen Boutiquen der Via Giuseppe Garibaldi ein. In der Via Giuseppe Mano haben sich etliche Ladenketten angesiedelt, außerdem gibt es Snackbars und Eiscafés für eine Erfrischung zwischendurch.

Nette kleine Kunsthandwerksläden verstecken sich in den verwinkelten Ecken der Stadt, vor allem im Marina-Viertel.

★ **Durke** SÜSSWAREN
(Karte S. 42; Via Napoli 66; Mo–Sa 10.30–13.30 & 16.30–20 Uhr) Auf Sardisch bedeutet *durke* „süß" – und süßer als in diesem hinreißend altmodischen Laden geht es nicht. Die nach alten Rezepten hergestellten Süßigkeiten sind einzigartig, einige der besten bestehen aus nicht mehr als Zucker, Eiweiß und Mandeln. Köstlich sind *papassinos* aus Früchten und Nüssen, saftige *amaretti di sardegna* und *pardulas,* zarte Ricotta-Küchlein mit Safran.

Sapori di Sardegna LEBENSMITTEL
(Karte S. 42; Vico dei Mille 1; 9.30–21 Uhr) Roberto, sein Bruder und ihr engagiertes Team machen mit ihrem lebhaften Laden in Marina mit wunderbaren sardischen Lebensmitteln glänzende Geschäfte. Hier werden Pecorino, Salami, *bottarga,* Brot, Wein und hübsch verpackte *dolci* (Süßigkeiten) verkauft. Wer nicht genug Platz im Koffer hat, kann sich das Gewünschte auch nach Hause schicken lassen.

Antica Enoteca Cagliaritana WEIN
(Karte S. 42; ☎ 070 66 93 86; Scalette Santa Chiara 21) Weinkenner werden mit Freude das Angebot dieses Weinspezialisten unweit der

Piazza Yenne durchstöbern. Bestellungen werden überall nach Europa geschickt.

Sorelle Piredda MODE

(Karte S. 42; ☎ 070 65 07 72; www.sorellepiredda.com; Piazza San Giuseppe 4) Haute Couture mit historischem Touch verkauft diese sehr elegante Boutique im Castello. Die phantasievollen Entwürfe der Piredda-Schwestern – elegante Abendkleider, Capes und aufwendige Schals – sind von alten sardischen Motiven und traditionellen Trachten inspiriert.

Loredana Mandas SCHMUCK

(Karte S. 42; Via Sicilia 31; ⏲ Mo–Sa 9.30–13 & 16.30–20 Uhr) Loredana fertigt in diesem Schmuckatelier einzigartige Stücke. Sie lässt sich gerne über die Schulter schauen, wenn sie erlesenen Filigranschmuck aus Gold herstellt, für den Sardinien so berühmt ist,. Ohrringe kosten hier zwischen 220 und 2100 €.

Spazio P KUNST

(Karte S. 42; www.spaziop.it; Via Napoli 62; ⏲ Di–Sa 12–24 Uhr) Eine Galerie mit zeitgenössischer Kunst von Nachwuchskünstlern und einer schicken Bar im hinteren Bereich, wo die Interessenten bei einem Kaffee über Kunst diskutieren.

ℹ Praktische Informationen

Cagliari hat reichlich kostenlose WLAN-Zonen, darunter die Piazza Amendola im Marina-Viertel. Ärgerlicherweise ist Einloggen nur mit einer italienischen SIM-Karte möglich (das Passwort wird aufs Handy geschickt).

Banken und Geldautomaten sind überall vorhanden, besonders um den Hafen und den Bahnhof, an der Piazza del Carmine und am Corso Vittorio Emanuele.

InfoPoint Porto (Karte S. 42; ☎ 070 677 71 87, 338 649 84 98; www.cagliariturismo.it; Molo Sanità, Stazione Marittima; ⏲ 9–20 Uhr) Der Kiosk am Hafen hat Infos und Stadtpläne.

Guardia Medica (☎ 070 52 24 58; Via Talete) Notarzt.

Lamarì (Via Napoli 43; pro Std. 3 €; ⏲ Mo–Sa 8.30–21 Uhr) Schnelles Internet und WLAN, dazu billige Snacks und Getränke.

Hauptpostamt (Karte S. 42; Piazza del Carmine 27; ⏲ Mo–Fr 8–18.50, Sa 8–13.15 Uhr)

Ospedale Brotzu (☎ 070 53 92 10; www.aobrotzu.it; Piazzale Ricchi 1) Das Krankenhaus (keine Notfallaufnahme) liegt nordwestlich des Stadtzentrums. Die Buslinie 1 fährt ab der Via Roma dorthin.

Touristeninformation (Karte S. 42; ☎ 070 409 23 06; Palazzo Viceregio, Piazza Palazzo; ⏲ Sommer 10–19 Uhr, Winter 10.30–13.30 & 15–17.30 Uhr) Die zuvorkommende Touristeninformation im Castello hat reichlich Informationsmaterial und Stadtpläne.

ℹ An- & Weiterreise

AUTO & MOTORRAD

Die Hauptstraße über die Insel, die „Carlo Felice" (SS131), verbindet die Hauptstadt über Oristano und Sassari mit Porto Torres und über Nuoro mit Olbia. Die SS130 verläuft nach Westen bis Iglesias.

Die Küstenstraßen von Osten und Westen aus sind in den Sommerferien stark befahren.

BUS

Vom Hauptbusbahnhof an der Piazza Matteotti fahren die Busse der **ARST** (Azienda Regionale Sarda Trasporti; ☎ 800 865042; www.arst.sardegna.it) nach Pula (3 €, 50 Min., stündl.) und Villasimius (3,50 €, 1½ Std., 6- bis 8-mal tgl.) sowie nach Oristano (7 €, 1½ Std., 2-mal tgl.), Nuoro (15,50 €, 2½–5 Std., 2-mal tgl.), Iglesias (4,50 €, 1–1½ Std., 2-mal tgl.), Chia (4 €, 1¼ Std., 10-mal tgl.) und Sassari (14,50 €, 3¼ Std., 3-mal tgl.).

Turmo Travel (☎ 078 92 14 87; www.gruppoturmotravel.com) fährt zweimal täglich nach Olbia (19 €, 4½ Std.) und einmal täglich nach Santa Teresa di Gallura (22,50 €, 5½ Std.).

FÄHRE

Cagliaris Fährhafen liegt gleich hinter der Via Roma. **Tirrenia** (Karte S. 42; ☎ 892 123; www.tirrenia.it; Via dei Ponente 1) ist die größte Fährgesellschaft in Cagliari mit ganzjährigen Verbindungen mit Civitavecchia (pro Pers. 42–62 €), Neapel und Palermo (pro Pers. 53 €). Tickets gibt's am Fährhafen oder in Reisebüros.

FLUGZEUG

Cagliaris Flughafen Elmas (S. 278) liegt 9 km nordwestlich des Stadtzentrums. Flugverbindungen gibt es mit Rom, Mailand, Bergamo, Bologna, Florenz, Neapel, Turin und Venedig sowie u. a. mit Barcelona, Brüssel, London, Paris, Stuttgart, Wien und Zürich. Im Sommer gibt es zusätzliche Charterflüge.

Die wichtigsten Fluggesellschaften, die Elmas anfliegen:

Air One (☎ 892444; http://flyairone.com)

Alitalia (☎ 892010; www.alitalia.it)

Easyjet (☎ 199 201840; www.easyjet.com)

Germanwings (☎ 199 257013; www.germanwings.com)

Lufthansa (☎ 199 400044; www.lufthansa.it)

Meridiana (☎ 892928; www.meridiana.it)
Ryanair (☎ 895 8958989; www.ryanair.com)

ZUG

Der Hauptbahnhof **Trenitalia** (www.trenitalia.com) liegt an der Piazza Matteotti. Züge fahren von hier nach Iglesias (3,85 €, 1 Std., 16-mal tgl.), Carbonia (4,40 €, 1 Std., 10-mal tgl.), Sassari (15,75 €, 3½–4 Std., 5-mal tgl.) sowie über Oristano (5,95 €, 1–2 Std., 19-mal tgl.) nach Porto Torres (16,90 €, 4¼ Std., 1-mal tgl.). Eine Nebenstrecke führt über Oristano oder Chilivani nach Olbia (16,90 €, 4¼ Std., 1-mal tgl.) und Golfo Aranci (18,30 €, 5–7 Std., 5-mal tgl.).

ARST (http://arst.sardegna.it) betreibt die U-Bahn von der Piazza Repubblica nach Monserrato, wo es Anschluss an die Züge nach Dolianova, Mandas und Isili gibt. Eine einfache Fahrkarte kostet 1,20 €.

ℹ Unterwegs vor Ort

Die Innenstadt von Cagliari ist klein genug, um sie zu Fuß zu erkunden. Der Marsch hinauf zum Castello hat es zwar in sich, aber es gibt einen Aufzug am unteren Ende der Scalette di Santa Chiara hinter der Piazza Yennet.

AUTO & MOTORRAD

Parken im Stadtzentrum ist von Montag bis Samstag von 9 bis 13 und 16 bis 20 Uhr gebührenpflichtig. Das Parken mit Parkuhren – innerhalb der blauen Linien – kostet 1 € pro Stunde. Neben dem Bahnhof befindet sich ein großer Parkplatz, der 1 € pro Stunde oder 10 € für 24 Stunden kostet. Eine maximale Parkdauer gibt es nicht.

Autofahren im Zentrum Cagliaris ist nervig, allerdings ist es wegen der Geografie der Stadt (die ein einziger großer Hügel ist) überlegenswert, sich für ein oder zwei Tage einen Roller zu mieten. An der Piazza Matteotti gibt es ein Büro von **Hertz** (☎ 070 65 10 78; www.hertz.it; Piazza Matteotti 8), sitzen mehrere Autovermietungen am Flughafen. Wer nur ein bisschen durch die Stadt oder zum Poetto düsen will, kann sich bei **Sardegna in Vespa** (☎ 070 24 01 01; www.sardegnainvespa.com; Isola Rent, Flughafen Elmas; Vespa pro Tag 52,80 €) eine Vespa mieten.

BUS

Busse des **CTM** (Consorzio Trasporti e Mobilità; ☎ 070 209 12 10; www.ctmcagliari.it) fahren durch die Stadt und in die Umgebung. Mit diesen Bussen lassen sich einige abgelegenere Sehenswürdigkeiten erreichen. Sie sind auch sehr gut geeignet, um zu den Stränden Cala Mosca und Poetto zu gelangen. Eine einfache Fahrkarte kostet 1,20 € und gilt 90 Minuten, eine Tageskarte ist für 3 € zu haben.

Die nützlichsten Buslinien:

Bus 7 Von der Piazza Yenne zum Castello und zurück.

Bus 10 Vom Viale Trento über den Corso Vittorio Emanuele zur Piazza Garibaldi.

Bus 30 oder 31 Am Meer entlang und hoch zur Wallfahrtskirche in Bonaria.

Bus PF oder PQ Von der Piazza Matteotti zum Poetto.

VOM/ZUM FLUGHAFEN

ARST-Busse fahren zwischen 5.30 und 22.30 Uhr von der Piazza Matteotti zum Flughafen Elmas (4 €, 10 Min., 32-mal tgl.). Von 9 bis 22.30 Uhr verkehren sie stündlich jeweils um halb. Ein Taxi kostet um die 20 €.

TAXI

Viele Hotels und Pensionen holen auf Wunsch ihre Gäste vom Flughafen ab. Taxistände gibt es an der Piazza Matteotti, Piazza Repubblica und am Largo Carlo Felice. Bestellen lassen sich Taxis ansonsten bei **Quattro Mori** (☎ 070 40 01 01; www.cagliaritaxi.com) und **Rossoblù** (☎ 070 66 55; www.radiotaxirossoblu.com).

DAS SARRABUS

Das einsame Sarrabus erstreckt sich östlich und nördlich von Cagliari und ist eines der am dünnsten besiedelten und am wenigsten erschlossenen Gebiete Sardiniens. In seinem Zentrum erheben sich die buschigen, grünen Gipfel des Monte dei Sette Fratelli, ein wunderbar wildes Hinterland, in dem einige der letzten verbliebenen Hirsche der Insel ungestört umherstreifen.

Östlich des Poetto führt die SP17 reizvoll (wenn auch gefährlich nahe) die Küste entlang und bietet spektakuläre Aussichten auf das azurblaue Meer, das von sichelförmigen Buchten wie Cala Regina, Kal'e Moru und Solanas gesäumt wird. Ein paar Kilometer vor Villasimius zweigt eine kurvige Straße nach Süden auf die Halbinsel zum Capo Carbonara ab, Sardiniens südöstlichstem Punkt. Dort trifft man in der Nachsaison eher auf neugierige Schafe und Ziegen, die über die Straße trotten, denn auf Autos.

Villasimius & Capo Carbonara

3600 EW.

Villasimius war einst ein ruhiges Fischerdorf inmitten von Pinien und Macchia, entwickelte sich dann aber zu einem der be-

NICHT VERSÄUMEN

TAUCHEN AM CAPO CARBONARA

Die Spitze des Kaps ist zwar Militärgebiet und für Privatpersonen tabu, aber die azurblauen Gewässer rund ums Capo Carbonara sind zum **Meeresschutzgebiet** (www.ampcapocarbonara.it) erklärt worden, das man mit einem autorisierten Tauchveranstalter besuchen darf. Das Reservat umfasst die Isola dei Cavoli, die Secca dei Berni und die Isola di Serpentara direkt vor der Küste von Villasimius. **Morgan Diving** (☎070 80 50 59; www.morgandiving.com) mit Sitz am Porto Turistico in Quartu Sant'Elena ist ein lizenzierter Anbieter, ebenso **Air Sub** (☎070 79 20 33; www.airsub.com; Via Roma 121) in Villasimius. Beide organisieren Tauchtouren zu verschiedenen Orten, so auch zur Secca di Santa Caterina, einem Unterwasserberg. Je nach Location und Schwierigkeitsgrad ist mit 36 bis 90 € pro Tauchgang zu rechnen.

liebtesten Urlaubsorte des Südens. Der Ort ist ein praktischer Standort zur Erkundung dieses Küstenabschnitts mit seinen schönen Sandbuchten und klaren Gewässern. Im Sommer herrscht hier fröhliche Betriebsamkeit, im Winter große Ruhe.

Wer sich um den zweiten Sonntag im Juli hier aufhält, sollte auf keinen Fall die Festa della Madonna del Naufrago versäumen. Die eindrucksvolle Bootsprozession führt zu einem Punkt vor der Küste, wo eine Statue der Jungfrau Maria zu Ehren schiffbrüchiger Seeleute auf dem Meeresgrund liegt.

Sehenswertes

★ Capo Carbonara KAP

Wenn nur ein einziger Tagesausflug von Villasimius aus geplant ist, dann sollte es die 15-minütige Fahrt südwärts zum Meeresschutzgebiet um den Capo Carbonara sein. Die Landspitze ragt spektakulär in das kristallklare Wasser des Mittelmeers. Die Gegend bietet nicht nur ideale Tauchbedingungen, sondern auch einige hinreißend abgeschiedene Buchten mit weißem Quarzsand und Klippen, die von Macchia und Wildblumen bewachsen sind. Wanderwege schlängeln sich in alle Richtungen. Die Fahrt führt am Salzsee Notteri vorbei, an dem Flamingos und Sturmvögel überwintern.

Museo Archeologico MUSEUM

(Via Frau 5; Erw./erm. 3/1,50 €, Kombiticket mit Fortezza Vecchia 4/2,50 €; ⏲Di–Fr 9–13, Sa & So 10–13 & 15–18 Uhr) Das kleine archäologische Museum von Villasimius birgt eine Sammlung römischer und phönizischer Artefakte sowie verschiedene Gegenstände, die aus einem spanischen Schiffswrack aus dem 15. Jh. geborgen wurden.

Fortezza Vecchia HISTORISCHE STÄTTE

(☎070 793 02 32; Via Frau 5; Eintritt 1 €, Kombiticket mit Museo Archeologico 4/2,50 €) Die Ruine der Festung aus dem 14. Jh. hoch oben auf den Klippen nahe dem Capo Carbonara stammt aus der Zeit, als die Aragonier die Insel beherrschten. Der Blick von hier oben ist jedoch großartiger als die Festung selbst. Eine Besichtigung ist nur nach Vereinbarung möglich.

Aktivitäten

Aktivitäten im Ort beschränken sich aufs Einkaufen und Herumbummeln. Bootsausflüge werden in der Regel nur von Mai bis September angeboten.

Spiaggia del Riso STRAND

Die Spiaggia del Riso, einer der herrlichsten Strände von Villasimius, liegt gleich südlich des Ortes. Vom Meer glatt geschliffene Granitfelsen verteilen sich auf dem traumhaften Bogen aus hellem Sand, an den azurblaues Wasser schwappt.

Stagno Notteri LAGUNE

In der Lagune, die bis nach Villasimius verläuft, tummeln sich im Winter häufig Flamingos. An die traumhaft schöne Spiaggia del Simius schwappt südseeblaues Wasser.

Fiore di Maggio BOOTSTOUREN

(☎393 0733195, 340 4862894; www.fioredimaggio.eu; Località Campulongu; Erw./Kind inkl. Mittagessen 45/25 €) Die täglichen Bootsausflüge (Abfahrt 10.30 Uhr, Rückkehr 17 Uhr) bieten eine erstklassige Gelegenheit, die versteckten Buchten und Inseln im Meeresschutzgebiet Capo Carbonara zu sehen. Auf alle Fälle Badezeug mitnehmen.

Harry Tours BOOTSTOUREN

(☎338 3774051; www.harrystours.com) Am Porto Turistico, etwa 3 km außerhalb des

Ortszentrums, werden Bootsausflüge (70 € pro Pers. inkl. Mittagessen) und Tauchgänge (ab 36 €) zu den nahen Riffs und Wracks angeboten.

Essen

In der Via Roma und der Via del Mare gibt es Pizza, Kaffee oder Eis. Selbstversorger können sich in den Supermärkten und Läden im Zentrum eindecken.

Ristorante Le Anforè MEDITERRAN €€
(☎ 070 79 20 32; www.hotelleanfore.com; Via Pallaresus 16; Mahlzeiten 30 €; ⊙ Di–So abends) Die Liebe des Kochs zu frischen lokalen Erzeugnissen spiegelt sich in sardischen Gerichten wie *burrida* (marinierter Katzenhai) und Spaghetti mit *ricci* (Seeigel). Zum hoch angesehenen Restaurant gehört auch eine Terrasse mit Blick auf den Garten.

Ristorante La Lanterna SARDISCH €€
(☎ 070 79 00 13; Via Roma 62; Mahlzeiten um 30 €; ⊙ Mo mittags geschl.) Kein Wunder, dass sich das gemütliche Restaurant in der Nachbarschaft von zwei Fischhandlungen auf Meeresfrüchte konzentriert hat. Spezialitäten wie *fregola* (Pastakügelchen) mit prallen Mies- und Venusmuscheln oder kleine Tintenfische in scharfer Sauce passen gut zu einem Liter weißen Hausweins (7,50 €). Im Sommer stehen auch einige Tische im kleinen Garten.

Praktische Informationen

Die **Touristeninformation** (☎ 070 793 02 71; www.villasimiusweb.com; Piazza Giovanni XXIII; ⊙ Mo–Fr 8–20 Uhr) an der Piazza Gramsci informiert über mögliche Aktivitäten vor Ort.

Anreise & Unterwegs vor Ort

Busse fahren das ganze Jahr über von und nach Cagliari (3,50 €, 1½ Std., 6- bis 8-mal tgl.).

Einen eigenen fahrbaren Untersatz (sinnvoll, da die meisten Strände ein paar Kilometer außerhalb des Orts liegen) vermietet **Edilrent Simius** (☎ 070 792 80 37; www.edilrentsimius.com; Via Roma 77), neben Autos (63–80 €) gibt es auch Fahrräder (6,50–10 € pro Tag) und Roller (30–55 €).

Costa Rei

Die Ferienanlagen an der Costa Rei an der Südostküste Sardiniens sind ziemlich nichtssagend, aber die Strände sind umwerfend schön. Der lange Küstenabschnitt ist von perlweißen Stränden mit unglaublich azurblauem Wasser gesäumt.

Von Villasimius geht's über die Küstenstraße SP17 nach Norden. Die Straße verläuft zwar ein paar hundert Meter von der Küste entfernt, aber die ausgeschilderten Strände sind über Feldwege, die von der Hauptstraße abzweigen, recht gut zu erreichen. Dort warten dann kristallklares Wasser und die eine oder andere Snack- und Cocktailbar.

Rund 25 km hinter Villasimius liegt die **Cala Sinzias**, eine hübsche, sandige *spiaggia* mit zwei Campingplätzen. 6 km weiter liegt der eigentliche Ferienort Costa Rei mit Bungalows, Geschäften, Bars, Clubs und ein paar mittelmäßigen Restaurants. Die **Spiaggia Costa Rei** ist ebenso wie die Strände südlich und nördlich ein fabelhafter weißer Strand, an den außergewöhnlich klares, blaugrünes Wasser schwappt.

Der **Butterfly Service** (☎ 070 99 10 91; www.butterflyservice.it; ⊙ Mo–Sa 9–13 & 16–19.30, So 10–13 & 16.30–19.30 Uhr) im Ort ist eine Allzweckagentur. Hier gibt es alles, vom Internetzugang über Leihfahrräder bis zum Motorroller- und Autoverleih sowie verschiedene Ausflüge entlang der Küste zum **Parco Settel Fratelli**.

An der **Spiaggia Piscina Rei** nördlich des Orts geht es weiter mit blendend weißem Sand und türkisfarbenem Wasser. Direkt dahinter liegt ein umzäunter Campingplatz. Zwei weitere Strände erstrecken sich an der Küste bis zum **Capo Ferrato**, von wo befahrbare Feldwege Richtung Norden führen.

Der gleiche ARST-Bus, der Cagliari mit Villasimius verbindet, fährt weiter bis zur Costa Rei. Er braucht für die Strecke ungefähr eine halbe Stunde.

Nuraghe Asoru

Die Nuraghe Asoru ist das schönste Exemplar ihrer Art im südöstlichen Sardinien, das archäologisch ansonsten weitgehend uninteressant ist. Die Stätte befindet sich etwa 5 km landeinwärts von San Priamo nördlich der SS125. Die *tholos* (konisch überdachter Turm) im Zentrum ist noch halbwegs gut erhalten, aber nicht wirklich vergleichbar mit Sardiniens bedeutenderen *nuraghi*.

Muravera Torre Salinas

5300 EW.

Muravera in der Flussniederung des Fiume Flumendosa ist für Besucher nicht besonders interessant. Doch das Bauernstädtchen ist für seine Zitrusfrüchte bekannt, für die hier am zweiten Sonntag vor Ostern die **Sagra degli Agrumi** (Zitrusfest) gefeiert wird.

Die Lagunen und Strände von Torre Salinas südlich der Stadt breiten sich malerisch zu Füßen eines spanischen Wachturms aus. Es ist ein weitgehend unberührtes Gebiet, in dem rund um den **Stagno dei Colostrai** herum Flamingos überwintern. Die **Spiaggia Torre delle Saline** an der Meerseite der Lagune ist der erste von mehreren großartigen Stränden, die sich bis nördlich der Mündung des Fiume Flumendosa erstrecken.

Gutes Essen gibt es im **Ristorante Pizzeria Su Nuraxi** (☎ 070 993 09 91; www.sunuraxi.com; Via Roma 257; Pizzas ab 5 €, Mahlzeiten um 25 €) in der Hauptstraße von Muravera. Das behagliche Lokal serviert seinen Gästen herzhafte Mahlzeiten und gute Pizzas.

ARST-Busse fahren werktags dreimal von Cagliari nach Muravera (6 €, 3 Std.) über Villasimius. Es gibt auch schnellere Überlandverbindungen (6 €, 1 Std. 40 Min., Mo–Sa 5-mal, So 2-mal).

Iglesias & der Südwesten

Inhalt ➡

Gut essen

- ➡ Trattoria Pintadera (S. 63)
- ➡ Zia Leunora (S. 79)
- ➡ Ristorante L'Oasi (S. 74)
- ➡ Agriturismo L'Oasi del Cervo (S. 69)

Schön übernachten

- ➡ B&B Mare Monti Miniere (S. 219)
- ➡ Hotel Riviera (S. 220)
- ➡ Hotel Luci del Faro (S. 221)
- ➡ Agriturismo L'Aquila (S. 220)

Auf nach Südwestsardinien

Feinsandige Strände, prähistorische Schätze, gespenstische Minen – der Südwesten Sardiniens hat reichlich Geschichte und Naturschönheiten zu bieten. Die Hauptattraktion ist die hinreißende Küste, die sich von den großartigen, wilden Stränden der Costa Verde bis zu den Felsenbuchten des Iglesiente und den verführerischen Sandbuchten der Costa del Sud erstreckt. Die beiden Inseln Isola di San Pietro und Isola di Sant'Antioco besitzen ihren ganz eigenen Charme: San Pietro hat eine ansteckend lebhafte Atmosphäre und Sant'Antioco einen urtümlichen Charakter und reichlich archäologische Hinterlassenschaften.

In der Gegend rund um Iglesias, der zauberhaften „Hauptstadt" des Südwestens ein Stück landeinwärts, herrscht ein recht melancholisches Flair. Einst war sie das Bergbauzentrum der Insel, heute sind die stummen Hügel von aufgelassenen Minen geprägt, von denen viele als Museum und Touristenattraktion wieder zum Leben erweckt wurden. Die üppig grüne Landschaft der Marmilla noch weiter landeinwärts birgt reiche archäologische Schätze, darunter Sardiniens größte *nuraghe* (Siedlung aus der Bronzezeit), die Nuraghe Su Nuraxi, die zum Weltkulturerbe der Unesco zählt.

Entfernungen (km)

	Arbus	Carbonia	Iglesias	Portovesme
Carbonia	57			
Iglesias	34	23		
Portovesme	55	14	21	
Pula	91	70	77	84

IGLESIAS

27 500 EW.

Iglesias ist umgeben von den Relikten des ehemals für Sardinien so bedeutenden Bergbaus. Die geschichtsträchtige Stadt wirkt in den kälteren Monaten verschlafen und lebt im Sommer auf. Das historische Zentrum, eine reizvolle Mischung aus belebten Piazzas, sonnengebleichten Häusern und schmiedeeisernen aragonischen Balkonen, vermittelt eine Atmosphäre, die ebenso iberisch wie sardisch ist – ein Überbleibsel aus der Zeit als spanische Kolonie. Ein Besuch an Ostern bietet mit den außergewöhnlichen, von Trommeln begleiteten Prozessionen ein Erlebnis fast wie in Sevilla.

Geschichte

Die Stadt ist zwar nach ihren Kirchen benannt – Iglesias ist das spanische Wort für Kirchen –, blickt aber auf eine lange Geschichte als Bergbauzentrum zurück. Bereits die Karthager hatten in der Umgebung Erze gefördert, ebenso die Römer, die nach Silber und Blei gruben und in den Hügeln südlich des heutigen Fluminimaggiore die Bergbaustadt Metalla gründeten.

Iglesias selbst wurde im 13. Jh. von Ugolino della Gherardesca gegründet. Der geschäftstüchtige pisanische Adlige ließ die römischen Stollen wieder öffnen und machte die Stadt, die ursprünglich Villa di Chiesa hieß, zur *comune* (eigenständige Gemeinde) nach toskanischem Vorbild, mit eigener Währung, Rechten und Gesetzen. Diese Gesetze wurden anschließend kodifiziert und in einem Buch, dem Breve di Villa di Chiesa, aufgezeichnet.

Die Stadt erlebte eine Blütezeit, fiel jedoch 1324 in die Hände der katalanischen Aragonier, die sie prompt in Iglesias umbenannten. Schwerwiegender war jedoch, dass sie die Minen stilllegten. Für die nächsten 500 Jahre blieben die Gruben verwaist, bis im 19. Jh. Unternehmer wie Quintino Sella sie wieder in Betrieb nahmen. Als junges Industriezentrum in einem wieder erstarkten und bald vereinigten Italien florierte Iglesias erneut, bis der Zweite Weltkrieg und der wirtschaftliche Strukturwandel in den 1970er-Jahren den Niedergang der Stadt einläuteten.

Sehenswertes

Es ist in erster Linie der kleine, mittelalterliche Stadtkern, der einen Besuch in Iglesias so attraktiv macht. Großartige Sehenswürdigkeiten gibt es nicht, aber die schmalen, autofreien Gassen und malerischen Piazzas sind tadellos in Schuss und werden von den Einheimischen geschätzt, die sich hier in den Geschäften und Bars tummeln. Auch sind im *centro storico* (Altstadt) viele der Kirchen zu finden, denen die Stadt ihren Namen verdankt.

★Cattedrale di Santa Chiara — DOM

(Duomo; Piazza del Municipio) Die Cattedrale di Santa Chiara an der Ostseite der Piazza del Municipio besitzt eine schöne, von Pisa beeinflusste Fassade und einen Glockenturm mit steinernem Schachbrettmuster. Die Kirche entstand ursprünglich Ende des 13. Jhs., wurde aber im 16. Jh. umfassend umgebaut, was ihr das heutige katalanisch-gotische Aussehen verlieh.

Ein Highlight im Kirchenschiff ist der vergoldete Altaraufsatz, in dem einst die Reliquien des hl. Antiochus aufbewahrt wurden. Ursprünglich befand er sich auf der Isola di Sant'Antioco, wurde aber im 17. Jh. zum Schutz vor Piratenüberfällen nach Iglesias verbracht. Die Priester wurden zwar später gezwungen, die Reliquien zurückzugeben, aber sie behielten den Altaraufsatz.

An der Seite des Doms steht der Bischofspalast, der **Palazzo Vescovile**, und gegenüber das klassizistische **Municipio** (Rathaus) von Iglesias. Keines der beiden Gebäude kann besichtigt werden.

★Chiesa di San Francesco — KIRCHE

(Piazza San Francesco; ⌚8–12 & 16–20 Uhr) Die Via Pullo führt von der Piazza del Municipio zum anmutigen, rosafarbenen Trachytbau der Chiesa di San Francesco, an der 200 Jahre lang, vom 14. bis 16. Jh., gebaut wurde. Die kleine Kirche ist mit ihrer einfachen, strengen Fassade, den runden Fenstern und einem einzigen Kirchenschiff ein schönes Beispiel der katalanischen Gotik. Zwischen den Stützpfeilern beidseitig des Schiffs sind Kapellen eingesetzt.

Chiesa di Santa Maria delle Grazie — KIRCHE

(Piazza Manzoni 7; ⌚6.45–20 Uhr) Die schlichte Chiesa di Santa Maria delle Grazie wurde Ende des 13. Jhs. erbaut, besitzt aber kaum noch etwas von ihrer ursprünglichen Form. Der einzige erhaltene Teil ist das Fundament der mittelalterlichen Fassade, auf dem ein rosafarbener Barockbau aus dem 17. und 18. Jh. aufgesetzt ist.

Highlights

1 An der **Spiaggia di Piscinas** (S. 68), einem großartigen, abgelegenen Strand an der Costa Verde, den Touristenmassen entkommen

2 Auf Sardiniens Hochebene **La Giara di Gesturi** (S. 84) Wildpferden begegnen

3 Am **Capo Sandalo** (S. 75) auf der Isola di San Pietro herrliche Aussichten aufs Meer genießen

4 Eine Fahrt über Südsardiniens herrliche Küstenstraße, die **Strada Panoramica della Costa del Sud** (S. 78), unternehmen

5 Im wunderschön gelegenen **Tempio di Antas** (S. 67) nördlich von Iglesias römische Ruinen besichtigen

6 In der **Necropoli di Montessu** (S. 71), einem prähistorischen Friedhof in einem felsigen Amphitheater, einen Blick in längst vergangene Zeiten erhaschen

7 Die düster-schaurige Atmosphäre der Prozessionen zur **Settimana Santa** (S. 63) in Iglesias erleben

8 Am **Nuraghe Su Nuraxi** (S. 83) die Geheimnisse der Nuraghenkultur Sardiniens erkunden

Iglesias

Piazza Quintino Sella PIAZZA

Der zentrale Platz von Iglesias, die Piazza Quintino Sella, wurde im 19. Jh. auf einem Acker außerhalb der Stadtmauern angelegt. Er entwickelte sich rasch zum beliebtesten Treffpunkt und noch heute wimmelt es hier bei der abendlichen *passeggiata* (Spaziergang) von Flaneuren. Die Statue in der Mitte erinnert an Quintino Sella (vom berühmten Weingut Sella e Mosca), ein Politiker aus dem 19. Jh., der sich für den Bergbau der Region einsetzte.

Castello Salvaterra BURG

(Via Montartai) Unweit der Piazza Quintino Sella führen mit Abfall übersäte Stufen hinauf zu einem gedrungenen, viereckigen Turm. Er ist der einzige Überrest der ehemals mächtigen, pisanischen Festung von Ugolino della Gherardesca. Dahinter führt ein Pfad an einem kurzen Abschnitt der ursprünglichen zinnenbewehrten Stadtmauer entlang.

Die Via Campidano vermittelt einen Eindruck davon, wie die Stadt ausgesehen hat, bevor ihre Mauern einstürzten. Hier blieb der Mauerabschnitt aus dem 14. Jh. samt Türmen erhalten.

Archivio Stòrico HISTORISCHE STÄTTE
(☎078 12 48 50; Via delle Carceri 12; ⌚Mo, Mi & Fr 9–13 & 15.30–17.30 Uhr) Im städtischen Geschichtsarchiv Archivio Stòrico werden Schriften zur Geschichte aufbewahrt. Interessant ist der Breve di Villa di Chiesa von 1327 mit den Statuten der mittelalterlichen Stadt.

Museo dell'Arte Mineraria MUSEUM
(☎328 8094091; www.museoartemineraria.it; Via Roma 47; Erw./erm. 4/2 €; ⌚Sommer Sa & So 6.30–20.30 Uhr, im restlichen Jahr nach Vereinbarung) Das wichtigste Museum von Iglesias am Rand der Altstadt beschäftigt sich mit der Bergbaugeschichte der Stadt und zeigt rund 70 Fördergeräte, außerdem Werkzeuge und einige bemerkenswerte Schwarz-Weiß-Fotos. Wer sich einen realistischen Eindruck von den klaustrophobischen Bedingungen machen will, unter denen die Kumpel arbeiten mussten, kann in einen der nachgebauten Stollen hinabsteigen. Sie wurden einst von Bergwerkslehrlingen gegraben und als Trainingsgelände für Bergleute genutzt; im Zweiten Weltkrieg dienten sie als Luftschutzbunker.

Chiesa di Nostra Signora di Valverde KIRCHE
(Via Cappuccini) Die historische Kirche liegt neben dem städtischen Friedhof etwa 750 m von der Piazza Quintino Sella. Von ihrer Bausubstanz aus dem 13. Jh. ist nur wenig erhalten, bis auf die elegante Fassade, die der des Doms gleicht.

Chiesa di Nostra Signora del Buon Cammino KIRCHE
Die weiße Kirche aus dem 18. Jh. im Nordwesten der Altstadt erhebt sich auf einem hohen Hügel und bietet wunderbare Aussichten.

Festivals & Events

Settimana Santa KIRCHENFEST
(⌚März/April) In der Karwoche feiert Iglesias mit faszinierenden Kirchenprozessionen seine spanischen Wurzeln und Traditionen. Zwischen Dienstag und Karfreitag tragen mit Kapuzen vermummte Mitglieder religiöser Bruderschaften Statuen der Jungfrau Maria und Christusfiguren durch die Stadt, begleitet vom langsamen, dumpfen Schlag der Trommeln.

Estate Medioevale Iglesiente SOMMERFEST
(⌚Aug.) Iglesias' sommerliches Mittelalterfest besteht aus mehreren thematischen Events, bei denen Kostümierungen und Flaggenschwenken eine große Rolle spielen. Zu den Höhepunkten gehört ein großer Umzug in mittelalterlichen Gewändern am 13. August.

Essen & Ausgehen

★**Trattoria Pintadera** TRATTORIA €€
(☎346 6770183; Via Manno 22; Mahlzeiten 30 €; ⌚12.30–14 & 19.30–23 Uhr) Ein einladendes, familiengeführtes Restaurant im *centro storico* von der Art, die italienischen Trattorias ihren guten Ruf verschafft. In dem rustikalen Palazzo werden deftige einheimische Pasta (z. B. mit Kartoffeln und Minze gefüllte Ravioli) und Steak vom Holzkohlegrill serviert. Sehr gutes Essen für das Geld und eine warmherzige Atmosphäre – kurzum eine erstklassige Wahl.

Villa di Chiesa RESTAURANT, PIZZERIA €€
(☎0781 3 16 41; Piazza del Municipio 9–10; Mahlzeiten 30 €, Pizzas 6 €; ⌚Di–So 12.30–15 & 19.30–23 Uhr) Im Sommer stehen die Straßentische des seit je beliebten Restaurants auf der eleganten Piazza del Municipio. Im Winter genießen die Gäste drinnen Pizza, Pasta und Meeresfrüchte, während einheimische Sänger Schmachtfetzen trällern. Zu den Standardgerichten gehören *culurgiones* (traditionelle sardische Ravioli) und *sebadas* (mit Frischkäse und Honig gefüllte Teigtaschen).

Gazebo Medioevale SARDISCH €€
(☎078 13 08 71; Via Musio 21; Mahlzeiten 25–30 €; ⌚Mo–Sa 12–14.30 & 20–23 Uhr) Das Gazebo Medioevale ist ein historisches Restaurant, das mit seinem Sichtmauerwerk, Steinbögen und sardischen Masken sein Alter unterstreicht. Das Essen ist frisch und authentisch, z. B. gegrillte *tagliata* (Steak), Pasta mit Meeresfrüchen und Gemüse-Couscous. Keine Kreditkarten.

Caffè Lamarmora CAFÉ
(Piazza Lamarmora 6; ⌚6–13 & 15–21.30 Uhr) Dieses Café ist eine Sehenswürdigkeit und ideal für einen schnellen Kaffee. Es ist in einem hohen Palazzo aus dem 19. Jh. untergebracht, dessen Fassade 1904 mit Jugendstilreklame bemalt wurde.

Praktische Informationen

Banco BNL (Via Roma 29)

Post (Vico Mercato Vecchio; Mo–Fr 8.20–13.35, Sa bis 12.35 Uhr)

Touristeninformation (0781 27 45 05; www.sportelloiatiglesias.it; Via Mazzini 2; Mo–Sa 10–12 & 15–18 Uhr)

An- & Weiterreise

AUTO & MOTORRAD

Von Cagliari sind es 55 km über die Schnellstraße SS130 bis Iglesias. Eine andere Möglichkeit ist die Küstenstraße SS195 ab Cagliari mit Anschluss an die SS126.

Von Oristano im Norden führt die SS126 südwärts nach Guspini und windet sich dann durch die Hügel über Arbus und Fluminimaggiore.

BUS

Die Intercitybusse halten in der Via XX Settembre und an der Piazza Mercato in der Nähe der Giardini Pubblici.

Fahrplanauskunft und Fahrkarten gibt es in der **Bar Giardini** (Piazza Mercato 10) gegenüber der Haltestelle an der Piazza Mercato.

Die Busse fahren nach Cagliari (4,50 €, 1–1½ Std., 2-mal tgl.) und Carbonia (2,50 €, 50 Min., 8-mal tgl.) sowie zu Orten in der Umgebung, u. a. nach Funtanamare (1,50 €, 20 Min., 11-mal tgl.).

ZUG

Direkte Züge verkehren bis zu achtmal täglich mit Cagliari (3,85 €, 1 Std.).

RUND UM IGLESIAS

Die Minen von Monteponi

Der weitläufige und heute stillgelegte Bergwerkskomplex Monteponi, etwa 2 km westlich von Iglesias, war einst eine der bedeutendsten sardischen Minen für Blei, Zink und Silber. Der Erzabbau begann hier um 1324 und dauerte mit Unterbrechungen bis 1992 an, als der gesamte Betrieb nach Campo Pisano auf der anderen Seite des Tals verlegt wurde.

Ab der Via Cattaneo in Iglesias fahren regelmäßig Busse zu den Minen (1 €, 30 Min.).

Galleria Villamarina BERGWERK

(0781 49 13 00; www.igeaspa.it; Erw./erm. 8/4,50 €) Führungen in Monteponi schließen auch diesen unterirdischen Tunnel ein, der die beiden größten Schächte des Bergwerks verband: den Pozzo Vittorio Emanuele, der als Einstiegsschacht und für Materialtransport genutzt wurde, und den Pozzo Sella, in dem sich die Wasserpumpen befanden.

Zur Zeit der Recherche waren Besuche vorübergehend nicht möglich; aktuelle Infos gibt's auf der IGEA-Website.

> **BERGWERKSFÜHRUNGEN**
>
> Für Besichtigungen der Bergwerke im Umland von Iglesias ist die **IGEA** (0781 49 13 00; www.igeaspa.it) verantwortlich, eine sardische Firma, die das Interesse an der Bergwerksgeschichte der Region fördern will. Leider ist das Unternehmen wegen finanzieller Schwierigkeiten gezwungen, Besuche der folgenden Bergwerke zeitweilig auszusetzen:
>
> - Galleria Villamarina, Monteponi-Minen
> - Grotta di Santa Barbara
> - Porto Flavia, Masua
> - Galleria Henry, Buggerru
>
> Die aktuelle Lage ist bei der IGEA direkt zu erfahren.

Grotta di Santa Barbara

Grotta di Santa Barbara HÖHLE

(0781 49 13 00; www.igeaspaa.it; Erw./erm. 12/6 €) Die Grotta di Santa Barbara, etwa 4 km von Iglesias entfernt, liegt tief in der aufgegebenen Mine San Giovanni. Dunkelbraune Kristalle und weißer Kalzit bedecken die Wände des riesigen Gewölbes; Stalaktiten und Stalagmiten vermitteln den Eindruck eines gespenstischen unterirdischen Waldes.

Zur Zeit der Recherche waren Besuche vorübergehend nicht möglich; aktuelle Infos gibt's auf der IGEA-Website.

Funtanamare

Funtanamare STRAND

Der Strand, der Iglesias am nächsten liegt, befindet sich bei Funtanamare (auch Fontanamare geschrieben). Der lange goldene Sandstreifen vor einer Kulisse aus Dünen und fruchtbarem Ackerland ist ungeheuer beliebt. Dass er trotzdem nur selten überfüllt ist, hat er seiner Länge zu verdanken. Starke Winde machen ihn zu einem Surferparadies, besonders wenn der *maestrale* (Nordwestwind) bläst.

Von Iglesias fahren bis zu elf Busse täglich zum Strand (1,50 €, 20 Min.) und Autofahrern stehen zahlreiche Parkplätze zur Verfügung. Busse fahren auch weiter zu einer Stelle namens **Plage Mesu** weiter südlich am gleichen Strand.

Domusnovas

Die unscheinbare Ortschaft Domusnovas nur knapp 10 km östlich von Iglesias liegt mitten in einem der besten Klettergebiete Sardiniens. Die Umgebung hat jede Menge Kalksteinfelsen, Felswände und Höhlen zu bieten, von denen viele ideal für den Klettersport geeignet sind.

Sehenswertes & Aktivitäten

Grotta di San Giovanni HÖHLE
Die Grotta di San Giovanni, 4 km nördlich von Domusnovas, lohnt einen Besuch. Der 850 m lange natürliche Höhlengang voller Stalaktiten und Stalagmiten ist frei zugänglich und zwischen 9 und 21 Uhr beleuchtet. Hungrige können sich im Bar-Restaurant am Eingang auf dem Parkplatz stärken.

Felsklettern FELSKLETTERN
Es gibt hier etwa 500 Kletterrouten für Anfänger und Fortgeschrittene, von geraden Felswänden bis zu schwierigen Überhängen, wie die 9a+/b-Route Marina Superstar, die zu den härtesten Italiens gehört. Experten zufolge sind die Klima- und Felsbedingungen zwischen Herbstanfang und Frühlingsende am besten. Ausführliche technische Informationen finden sich unter www.climb-europe.com/RockClimbingSardinia.html und www.sardiniaclimb.com.

An- & Weiterreise

Zwischen Iglesias und Domusnovas verkehren täglich bis zu zehn Busse (1,20 €, 15 Min.).

DAS IGLESIENTE

Die bergige Landschaft nördlich und westlich von Iglesias ist malerisch und merkwürdig eindringlich. Grünes Gestrüpp bedeckt die stillen Hänge wie ein sanfter Flaum und verwaiste Häuser erinnern eindrucksvoll an die einst florierenden Bergbaugemeinden. Die dramatische Küste bietet herrliche Blicke aufs Meer.

Nebida

Die Küstenstraße SP83 bietet auf der Strecke von Funtanamare nach Norden spektakuläre Ausblicke. Nach 5,5 km erreicht man das kleine, ziemlich triste Dorf Nebida. Die ehemalige Bergarbeitersiedlung erstreckt sich hoch über dem Meer entlang der Straße. Hauptgrund für einen Stopp hier ist die atemberaubende Aussicht vom Belvedere.

Sehenswertes

Belvedere AUSSICHTSPUNKT
Die Aussichtsterrasse, die über einen Klippenweg ab dem südlichen Ortseingang von Nebida zu erreichen ist, bietet einen hinreißenden Blick. Das Meerespanorama wird vom 133 m hohen **Scoglio Pan di Zucchero** (Zuckerhutfelsen) dominiert, dem größten der *faraglioni* (Felsen), die aus dem glasklaren, blauen Wasser vor dem Hintergrund steiler weißer Klippen emporragen.

Das Gerippe eines Gebäudes, das unterhalb zu sehen ist, war einst eine Erzwaschanlage, die **Laveria Lamarmora**.

Spiaggia di Portu Banda STRAND
Etwa 500 m nördlich von Nebida führt eine Nebenstraße zu einem kleinen Kiesstrand bei **Portu Banda**.

An- & Weiterreise

Die Regionalbusse zwischen Iglesias und Masua halten in Nebida (2,30 €, 30 Min., 11-mal tgl.).

Masua

Ein paar Kilometer nördlich von Nebida liegt Masua, ebenfalls ein ehemaliges Bergbauzentrum. Von oben betrachtet erscheint der Ort alles andere als einladend, aber völlig uninteressant ist er nicht.

Auf dem Weg in die Ortschaft hinab führt die Straße an einem verlassenen Minenkomplex vorbei zu einem Strand, der zwar nicht der beste Sardiniens ist, aber mit seiner umwerfenden Aussicht auf den Scoglio Pan di Zucchero durchaus etwas hat. Hauptanziehungspunkt ist jedoch der Bergbauhafen Porto Flavia.

Sehenswertes

Porto Flavia HAFEN

(☎0781 49 13 00; www.igeaspa.it; Erw./erm. 8/4,50 €) Der Porto Flavia ist ein Wunderwerk der Technik des frühen 20. Jhs., eine Verladestation, die 50 m oberhalb des Meeresspiegels in die Klippen geschlagen wurde. In der Hafenanlage aus 600 m langen Tunneln und einem mobilen Hebearm wurde Zink- und Bleierz direkt auf Frachtschiffe darunter verladen.

Der Weg zur Anlage führt zunächst Richtung Strand von Masua, von hier geht eine Straße zurück bergauf und 2,5 km um die Küste herum. Zur Zeit der Recherche war vorübergehend keine Besichtigung möglich; aktuelle Infos siehe IGEA-Website.

Der 1924 gebaute Porto Flavia revolutionierte die Verschiffung von Erzen ab Masua. Zuvor wurde das gewonnene Erz am Strand auf Boote geladen, die dann nach Carlaforte fuhren, wo das Erz auf größere Frachtschiffe umgeladen wurde. Porto Flavia jedoch ermöglichte es, das Erz direkt von unterirdischen Depots über Förderbänder (in den unteren der beiden Tunnel) und über einen raffinierten mechanischen Hebearm auf die Frachtschiffe zu transportieren.

Cala Domestica

Hinter Masua steigt die Straße SP83 rapide an und windet sich in Haarnadelkurven um den Monte Guardianu Richtung Buggerru. Strandfans sollten 5 km vor Buggerru dem Wegweiser zur Cala Domestica folgen.

Cala Domestica STRAND

Die Cala Domestica, ein Sandstrand zwischen schroffen Felsen in einem natürlichen Meeresarm, ist ein himmlisches Plätzchen. Das flache, blaue Wasser ist ideal zum Schwimmen, manchmal gibt es auch genug Wellen für Surfer. Ein felsiger Pfad rechts des Strandes führt zu einem kleinen, geschützteren Nebenstrand.

Die touristische Infrastruktur ist hier eher bescheiden, ein Sonnenschutz sollte also selbst mitgebracht werden. Aber es gibt einen gebührenpflichtigen Parkplatz und eine kleine Imbissbude.

Buggerru & Portixeddu

1110 EW.

Der beliebte Ferienort Buggerru mit seinem kleinen Hafen und vielen Ferienapartments ist das größte Dorf an diesem Küstenabschnitt. Es liegt eingebettet zwischen den natürlichen Felswänden eines tiefen Tals. Buggerru wurde 1860 gegründet und entwickelte sich zu Beginn des 20. Jhs. zu einer bedeutenden Bergarbeiterstadt mit 6000 Einwohnern. Lange Zeit war der Ort nur auf dem Seeweg erreichbar. Diese Tatsache zwang die Einwohner schon früh, in vielen Bereichen für sich selbst zu sorgen – so besaß Buggerru bereits vor Cagliari und Sassari eine eigene Stromversorgung, außerdem ein Krankenhaus, eine gemeinnützige Versicherungsgesellschaft und sogar ein kleines Theater. Aber es gab auch Schattenseiten. 1904 legten die Kumpel die Arbeit nieder und streikten – es war der erste in Sardinien jemals verzeichnete Streik. Später zwangen die Schließung der Minen im Ersten Weltkrieg und dann in den 1930er-Jahren viele Arbeitsmigranten zum Wegzug. Die Einwohnerzahl sank dramatisch.

Im winzigen Touristendorf Portixeddu, ein paar Kilometer nördlich von Buggerru, gibt es einen fabelhaften Sandstrand, die Spiaggia di Portixeddu.

Sehenswertes & Aktivitäten

Galleria Henry BERGWERK

(☎0781 49 13 00; www.igeaspa.it; Erw./erm. 8/4,50 €) Die Galleria Henry ist ein Überbleibsel aus der Bergbauzeit von Buggerru: ein 1 km langer Stollen. Er wurde 1865 für die Grubenbahn gebaut, die das Erz aus den Schächten zur Waschanlage transportierte.

Ein Highlight der einstündigen Stollenführung ist der Blick aus 50 m Höhe hinab aufs Meer.

Zur Zeit der Recherche waren Besuche vorübergehend nicht möglich; aktuelle Infos stehen auf der IGEA-Website.

Spiaggia Portixeddu STRAND

Die Spiaggia Portixeddu etwa 2 km hinter Buggerru ist einer der schönsten Strände in der Gegend. Der lange Sandstreifen erstreckt sich über 3 km bis zum Rio Mannu, dem Fluss, der das Ende der Küste des Iglesiente markiert.

Mormora BOOTSTOUREN

(☎338 9176708) Das Unternehmen am Porto Turistico (Touristenhafen) in Buggerru bietet Bootstouren (ab 30 € pro Pers.) an und verleiht auch Boote (ab 90 € pro halbem Tag plus Treibstoff).

Essen

L'Ancora TRATTORIA
(☎ 0781 5 49 03; Via degli Asfodcli 6, Portixeddu; Mahlzeiten 25–30 €; ⏲ Juli & Aug. tgl., Sept.–Juni Mi geschl.) L'Ancora, eine kleine, familiengeführte Trattoria am Strand von Portixeddu, ist eines der wenigen ganzjährig geöffneten Restaurants in dieser Gegend. Meeresfrüchte spielen die Hauptrolle, auf eine üppige Vorspeise folgen also beliebte Klassiker wie Spaghetti mit Muscheln und *bottarga* (Meeräschenrogen) und gebratener Fisch.

Praktische Informationen

Touristeninformation (☎ 0781 5 40 93; ⏲ Di, Mi, Fr & Sa 10.30–12.30 & Di–So 17.30–19.30 Uhr) Liegt an der Küstenstraße SP83 oberhalb von Buggerru und hat Infomaterial zum Ort und seiner Umgebung.

Fluminimaggiore

2960 EW.

Ein malerischer, aber schwindelerregend kurviger, 26 km langer Abschnitt der SS126 führt von Iglesias nach Fluminimaggiore, einem wenig reizvollen Städtchen mit zwei Museen und ein paar einfachen Lokalen. Die Ortschaft wirkt alles andere als prosperierend und wie in Orgosolo in Zentralsardinien beklagen die Einwohner den traurigen Zustand überall im Ort mit Wandbildern, die häufig mit großer Nostalgie auf bessere Zeiten zurückblicken.

Die Kleinstadt selbst ist kaum von Interesse, doch in ihrer Nachbarschaft liegen die Grotta de Su Mannau und der römische Tempio di Antas, die beide einen Besuch lohnen.

Sehenswertes

Grotta di Su Mannau HÖHLE
(www.sumannau.it; Erw./erm. 10/6 €; ⏲ Ostern–Juni 9.30–17.30 Uhr, Juli–Okt. bis 18.30 Uhr) Das Höhlensystem ein paar Kilometer südlich von Fluminimaggiore ist das größte seiner Art, das im Iglesiente bislang entdeckt wurde. Die 50-minütige Standardtour führt an mehreren Höhlenseen entlang und zum sogenannten **Archäologischen Saal**, in dem sich einst ein Wassertempel befunden haben soll. Schlusspunkt ist der **Pozzo Rodriguez** (Rodriguez-Schacht) mit seiner eindrucksvollen 8 m hohen Säule aus einem Stalagmiten und einem Stalaktiten, die zusammengewachsen sind.

Es gibt auch spannendere Höhlentouren, die spektakuläre Gewölbe wie den **Weißen Saal** und das schillernde Wasser des **Pensile-Sees** miteinbeziehen. Eine sechs- bis achtstündige Tour führt zum Prachtstück der Höhle, dem **Jungfrauensaal**, wo herrliche Aragoniten und schneeweiße Halden aus erstarrtem Kalzium zu bewundern sind.

Diese Exkursionen (40–80 € pro Pers.) müssen im Voraus abgesprochen werden.

★Tempio di Antas RUINE
(www.startuno.it; Erw./erm. 4/3 €; ⏲ Sommer 10–13 & 17–20 Uhr, Winter 10–13 & 16–19 Uhr) Der Tempio di Antas, ein beeindruckender römischer Tempel 9 km südlich von Fluminimaggiore, steht seit dem 3. Jh. n. Chr. einsam in idyllischer Landschaft. Kaiser Caracalla ließ ihn an Stelle eines punischen Heiligtums errichten, das aus dem 6. Jh. v. Chr. stammte und wiederum eine ältere nuraghische Siedlung ersetzte. Der römische Tempel war Sardus Pater geweiht. Diese sardische Gottheit wurde von der nuraghischen Bevölkerung als Babai und von den Puniern als Sid – Gott der Krieger und Jäger – verehrt.

Der Tempel war jahrhundertelang vergessen, wurde aber 1836 wiederentdeckt und 1967 umfänglich restauriert. Besonders bemerkenswert sind die alten ionischen Säulen, die ausgegraben und wieder aufgestellt wurden. Zu Füßen dieser Säulen sind noch Überreste des karthagischen Vorgängertempels zu erkennen, den die Römer ausschlachteten, um ihre eigene Version zu errichten.

Von der Stätte zweigen mehrere Pfade in die Umgebung ab. Einer davon, die **Strada Romana**, führt ab etwa dem Kartenschalter zu den wenigen Überresten der ursprünglichen nuraghischen Siedlung und 2,5 km weiter zur Grotta di Su Mannau.

An- & Weiterreise

Bis zu zehn Busse verkehren täglich zwischen Iglesias und Fluminimaggiore (2 €, 45 Min.). Der Busfahrer hält auf Wunsch an der Hauptstraße, von wo es noch ein paar Kilometer zu Fuß zur Grotta di Su Mannau und zum Tempio di Antas sind.

COSTA VERDE

Die Costa Verde (Grüne Küste), einer der traumhaften, ungezähmten Küstenabschnitte Sardiniens, erstreckt sich vom Capo Pecora nach Norden bis zum kleinen Urlaubsort Torre dei Corsari. Ihr Name stammt von der grünen Macchia (einer mediterranen Buschvegetation), die einen Großteil des bergigen Hinterlands bedeckt. Es ist eine Region von wilder, atemberaubender Schönheit mit umwerfenden Stränden.

Es gibt keine Straße, die der Küste auf gesamter Länge folgt. Reisende, die von Portixeddu nach Norden fahren wollen (wer die Schönheit der Gegend erleben will, sollte dies unbedingt tun), müssen zunächst auf der SS126 landeinwärts Richtung Arbus und Guspini fahren.

Arbus

6490 EW.

In der aus Granit gebauten Altstadt von Arbus an den Hängen des Monte Linas befindet sich eines der originellsten Museen Sardiniens.

Sehenswertes

Museo del Coltello Sardo MUSEUM

(070 975 92 20; www.museodelcoltello.it; Via Roma 15; Mo–Fr 9–12.30 & 15.30–19.30 Uhr, Sa & So nach Vereinbarung) GRATIS Das Museo del Coltello Sardo nahe der Piazza Mercato widmet sich der alten sardischen Kunst der Messerherstellung. Das Museum wurde von Paolo Pusceddu gegründet, dessen Messer *s'arburesi* (aus Arbus) zu den hochwertigsten der Insel gehören. Zu sehen sind hier Signor Pusceddus Sammlung historischer Messer und im Eingangshof eines der größten Taschenmesser der Welt.

Essen

Ristorante Sa Lolla SARDISCH €€

(070 975 40 04; Via Libertà 225; Mahlzeiten um 25 €; Do–Di) Das Ristorante Sa Lolla im unteren Teil der Stadt ist ein einfaches, anspruchsloses Restaurant, das sich gut für ein sättigendes Essen mit ländlicher Küche eignet. Am besten ignoriert man die Gartenzwerge und lässt sich leckere Fleischgerichte und Schüsseln mit dampfender Pasta schmecken.

An- & Weiterreise

Von Cagliari fahren Busse nach Arbus (4,50 €, 2 Std., werktags 6-mal tgl., So 2-mal), es ist aber eine ziemlich lange Strecke.

Montevecchio

Montevecchio inmitten bewaldeter Hügel und Granitfelsen war einst der Standort eines gewaltigen Bergwerks. Es wurde längst geschlossen und die meisten Menschen sind fortgezogen. Aber es gibt noch immer ein kleines Dorf mit ein paar Einwohnern.

STRÄNDE DER COSTA VERDE

Die Strände der Costa Verde, die zu den schönsten und wildesten Sardiniens gehören, sind zwar schwer zu erreichen, aber dafür nicht hässlich verbaut. Die beiden berühmtesten Strände sind die Spiaggia di Scivu und die Spiaggia di Piscinas, die beide ab der SS126 ausgeschildert sind.

Spiaggia di Scivu Der 3 km lange Sandstreifen wird von hohen Dünen und Sandsteinfelsen gesäumt und ist der südlichste Strand der Costa Verde. Zu erreichen ist er über die SS126 Richtung Arbus (von Süden kommend) oder Fluminimaggiore (von Norden kommend) und dann etwa 12 km südlich von Arbus den Schildern nach.

Diese weisen auf einen schmalen Bergweg, der in die von Buschwerk bedeckten südlichen Hügel führt. Nach etwa 13 km endet er an einem Parkplatz mit Kiosk und Süßwasserduschen im Sommer. Von dort sind es noch ein paar 100 m zu Fuß zum Strand.

Spiaggia di Piscinas Der prachtvolle Strand ist hinreißend schön und unberührt. Das breite Band aus goldenem Sand erstreckt sich zwischen einem windumtosten Meer und einer ausgedehnten Dünenlandschaft, die von robuster, grüner Macchia gesprenkelt ist. Die Dünen, als Sardiniens Wüste bezeichnet, ragen bis zu 60 m hoch.

Der Strand ist an der SS126 ausgeschildert und via Ingurtosu über eine 9 km lange Piste zu erreichen. Ab der Ausfahrt von der SS126 nach Ingurtosu führt die Straße hinab durch ein Tal mit den verlassenen Gebäuden und Maschinen einer verfallenden Bergarbeitersiedlung aus dem 19. Jh.

Touristische Angebote sind an dem Strand nur begrenzt vorhanden, aber im Sommer bieten ein oder zwei Strandbars Duschen, Sonnenschirme und Liegestühle an.

Von Montevecchio windet sich die SP65 durch die grüne Wildnis Richtung Torre dei Corsari. Unterwegs können begeisterte Wanderer den Gipfel des **Monte Arcuentu** (785 m) besteigen, eines der letzten Reservate des *cervo sardo* (sardischer Hirsch).

Sehenswertes

Miniera Montevecchio BERGWERK
(☎070 97 31 73; www.minieramontevecchio.it; Erw./erm. 5/3,50 €;) Zu seiner Glanzzeit 1865 war das Bergwerk von Montevecchio Italiens bedeutendste Zink- und Bleimine, die bis zu 1100 Arbeiter beschäftigte. Sie war bis 1991 in Betrieb und wird seither als Touristenattraktion am Leben erhalten.

Führungen schließen den Besuch der Minen, des Palazzo della Direzione (Verwaltungsgebäude), die Maschinenwerkstätten und die Arbeiterwohungen ein. Details zur Anmeldung und zu den monatlich wechselnden Öffnungszeiten stehen auf der Website.

Essen

Agriturismo Arcuentu SARDISCH €
(☎349 2930241, 070 975 81 68; Località Monte Arcuentu; Mahlzeiten 20–25 €; ⊙Reservierung erforderlich) Das Agriturismo Arcuentu, 6 km außerhalb Montevecchios, ist ideal für eine fürstliche sardische Schlemmerei. Danach folgt ein Verdauungsspaziergang an den Hängen des Monte Arcuentu. An der SP65 zwischen Montevecchio und Torre dei Corasari weist ein Schild zum *agriturismo* (Unterkunft auf dem Bauernhof).

★ **Agriturismo L'Oasi del Cervo** SARDISCH €€
(☎347 3011318; www.oasidelcervo.com; Località Is Gennas; Mahlzeiten 25–30 €; ⊙Reservierung erforderlich) Authentischer könnte dieser Bauernhof gar nicht sein. Wer erst einmal mit Erfolg den 2,5 km langen Holperweg bewältigt hat (ab der SP65 ausgeschildert) und endlich am langen Holztisch sitzt, wird mit einem üppigen bäuerlichen Angebot aus würzigem Käse, Wurst und Schinken, Pasta, saftigem Braten und hausgemachten *dolci* (Desserts) verwöhnt.

Agriturismo L'Aquila SARDISCH €€
(☎347 8222426; www.agriturismolaquila.com; Località Is Gennas; Mahlzeiten 25–30 €; ⊙Reservierung erforderlich) Der abgelegene und freundliche Bauernhof in den grünen Hügeln nordwestlich von Montevecchio serviert köstliche Bauernküche und traditionelle sardische Desserts. Zu erreichen ist der Hof über den ausgeschilderten Abzweig von der SP65 und dann noch ein paar Kilometer eine Holperstraße hoch.

ABSTECHER

CASCATA SA SPENDULA

In der bewaldeten Umgebung um Villacidro, einem Landstädtchen, das für seinen Safranlikör berühmt ist, verbergen sich etliche beeindruckende Wasserfälle. Der großartigste ist die Cascata Sa Spendula, wo das Wasser des Rio Coxinas auf dem Weg zur Campidano-Ebene eine imposante Felswand hinabdonnert.

Zur Cascata geht es ab Villacidro nordwärts Richtung Gonnosfanadiga und dann den Schildern nach; es sind etwa 1,5 km.

Torre dei Corsari

Der nördlichste Punkt der Costa Verde, Torre dei Corsari, ist der größte Ferienort der Gegend. Er ist mit seinen langweiligen modernen Gebäuden und der hässlichen Beton-Piazza nicht gerade reizvoll, aber der **Strand** ist gut. Der ungefähr 1,5 km lange, breite Sandstreifen erstreckt sich zwischen smaragdgrünem Wasser und hohen Dünen, die in grünes Buschland übergehen. Am Südende des Strands steht die Ruine des Wachturms, der dem Städtchen seinen Namen gab. Das nördliche Strandende, **Pistis** genannt, ist mit einem beachtlichen Fußmarsch oder einer 8 km langen Autofahrt über **Sant'Antonio di Santadi** zu erreichen. An beiden Enden gibt es einen kostenpflichtigen Parkplatz.

Torre dei Corsari ist ein Badeort. Wer im Winter herkommt, wird fast alles geschlossen vorfinden. Abgesehen davon können sich Selbstversorger im **Supermarkt** (☎070 97 72 45; Piazza Stella Maris; ⊙8–13 & 17–20 Uhr) am zentralen Platz eindecken.

CARBONIA & UMGEBUNG

Südlich von Iglesias geht die SS126 auf dem Weg nach Carbonia, der zweitgrößten Stadt des Südens, allmählich in eine flachere und weniger reizvolle Landschaft über. Carbonia selbst ist von wenig Interesse, aber es gibt ein paar reizvolle Sehenswürdigkeiten in der Umgebung.

Portovesme im Westen ist der Anlegeplatz für die Fähren zur Isola di San Pietro.

Carbonia

28 700 EW.

Carbonia, eine moderne Stadt im Niedergang, wurde zwischen 1936 und 1938 unter Mussolini für die Arbeiter der benachbarten Kohlenzeche Sirai-Serbariù errichtet. Aber seit die Zeche 1972 aufgegeben wurde, kämpft die Stadt ums Überleben und bietet wenig Anlass, im Zentrum einen Zwischenstopp einzulegen. Besser ist es, sich gleich zur Grande Miniera di Serbariù und zum Museo del Carbone aufzumachen.

Sehenswertes

Museo del Carbone MUSEUM

(0781 6 27 27; www.museodelcarbone.it; Grande Miniera di Serbariù; Erw./erm. 6/4 €; Sommer tgl. 10–19 Uhr, Winter Di–So 10–18 Uhr) Das faszinierende Museum in der stillgelegten Kohlenzeche Carbonias (der Grande Miniera die Serbariù) ermöglicht einen ernüchternden Blick auf das Leben der Kumpel Carbonias. Der große Ausstellungssaal zeigt Maschinen, Fotos, Ausrüstung und Dokumente, Touren in die Platzangst auslösenden Kohlenschächte vermitteln einen guten Eindruck von den Arbeitsbedingungen unter Tage.

Monte Sirai ARCHÄOLOGISCHE STÄTTE

(0781 6 35 12; SS126 Sulcitana, Località Sirai; Erw./erm. 5/3 €, mit Führung 6/4 €; Sommer Mi–So 10–20 Uhr, Winter bis 15 Uhr) Auf dem Monte Sirai, 4 km nordwestlich von Carbonia, stehen die Reste einer Festung aus dem 7. Jh. v. Chr. Sie wurde 650 v. Chr. von den Phöniziern aus Sulcis (dem heutigen Sant'Antioco) errichtet und ein Jahrhundert später von den Karthagern eingenommen. Viel ist nicht mehr übrig, aber unter all den Ruinen ist noch die karthagische Akropolis mit Wehrturm, eine Nekropole und ein Tofet, eine kultische Begräbnisstätte für Kinder, auszumachen.

An- & Weiterreise

Die Bushaltestelle befindet sich in der Via Manno im Zentrum Carbonias auf der Hügelkuppe; Fahrkarten sind in der Bar Balia in der Viale Gramsci 4 erhältlich. Reguläre Busverbindungen bestehen mit Iglesias (2,50 €, 45 Min.) und zahlreichen anderen Orten der Region.

Portoscuso & Portovesme

5240 EW.

Schön ist der Anblick bei Anfahrt auf die Küste nicht gerade: Aus der flachen Landschaft ragen die gigantischen Schlote einer riesigen Zink- und Bleiverarbeitungsfabrik in den Himmel, ein visueller Albtraum und Vorahnung industrieller Zersiedelung. Aber an der Küste selbst ist zu erkennen, dass sich der industrielle Schandfleck tatsächlich in Portovesme ein paar Kilometer östlich von Portoscuso befindet. Portoscuso selbst ist ein hübscher Fischereihafen, gekrönt von einem Turm aus der Zeit der Spanier und umgeben von einem Labyrinth netter Gassen. Portovesme ist der Haupthafen für die Fähren zur Isola di San Pietro.

Viel lässt sich in dem Ort nicht unternehmen, außer durch die farbenfrohen Straßen zu bummeln und die relaxte Atmosphäre zu genießen. Aber es gibt einen recht guten **Sandstrand** und eine schöne Aussicht vom **Wachturm** aus dem 16. Jh.

Festivals & Events

Sagra del Tonno ESSEN

(Thunfischfest; Juni) Um den 13. Juni feiert Portoscuso seinen Thunfisch mit reichlich Essen und Trinken.

Essen

Ciccittu PIZZERIA €

(0781 51 20 01; Via Vespucci 6; Pizzas 6 €, Mahlzeiten 20–25 €; Mi–Mo 19–22.45 Uhr) Die Einheimischen behaupten, dass dieses Lokal die beste Pizza im Ort serviere. Wen das nicht reizt, der hat die Wahl zwischen zahlreichen Pasta- und Meeresfrüchtegerichten, darunter mehrere mit dem allgegenwärtigen lokalen Thunfisch.

An- & Weiterreise

Von Iglesias (2,50 €, 30 Min. 7-mal tgl.) und Carbonia (2 €, 35 Min. 9-mal tgl.) gibt es reguläre Busverbindungen mit Portoscuso und dem benachbarten Portovesme. Fahrkarten gibt's im Zeitungsladen in der Via Giulio Cesare 106.

Saremar (0781 50 90 65; www.saremar.it) schippert bis zu 15-mal täglich zwischen 5 und 21.10 Uhr (im Sommer zusätzlich um 23.10 Uhr) von Portovesme nach Carloforte (auf der Isola di San Pietro). Die Überfahrt dauert rund 30 Minuten und kostet 5,50 € pro Person und 17,20 € für einen kleinen Pkw. Im Sommer sollte man auf lange Warteschlangen gefasst sein.

Tratalias

Tratalias, heute ein verschlafenes Nest, war einst das religiöse Zentrum der gesamten Sulcis-Region. Als Sant'Antioco im 13. Jh. aufgegeben wurde, zog das Erzbistum Sulcis in dieses Dorf und ließ die eindrucksvolle Chiesa di Santa Maria bauen. Heute herrscht die Kirche über Tratalias liebevoll restaurierten *borgo antico,* die Altstadt, die in den 1950er-Jahren verlassen wurde, als Wasser aus dem nahen Lago di Monte Pranu in den Unterboden sickerte. Der *borgo* liegt östlich der modernen Stadt an der SS195.

Sehenswertes

Chiesa di Santa Maria KIRCHE

(Piazza Chiesa; Eintritt inkl. Museo del Territorio Trataliese 2,50 €; Winter Di–So 9.30–13 & 15–17 Uhr, im Sommer länger geöffnet) Die 1213 eingeweihte, schöne Kirche ist ein Musterbeispiel der romanisch-pisanischen Architektur Sardiniens. Sie besitzt eine schlichte Fassade mit einer klassischen Fensterrosette und einen schmucklosen Innenraum mit Säulen. Besucher müssen erst im benachbarten Museo del Territorio Trataliese nachfragen und eine Eintrittskarte kaufen. Bitte beachten, dass sich die Öffnungszeiten monatlich ändern; aktuelle Infos stehen auf der Website des Gemeinderats: www.comune.tratalias.ca.it.

Narcao

Die rund 15 km nordöstlich von Tratalias entfernte Kleinstadt lohnt einen kurzen Abstecher wegen ihrer *murales* (Wandgemälde), die Szenen aus dem Leben in den hiesigen Minen darstellen. Die zweite Attraktion des Ortes ist das jährliche Musikfestival.

Festivals & Events

Narcao Blues Festival MUSIK

(0781 87 50 71; www.narcaoblues.it; Aug.) Das Narco Blues Festival Ende August ist eines der besten Musikevents Sardiniens. Geboten werden Blues-, Funk-, Soul- und Gospelkonzerte internationaler Spitzenmusiker.

Montessu

★ Necropoli di Montessu ARCHÄOLOGISCHE STÄTTE

(www.montessu.it; Erw./erm. 5/3 €; Mo 9.30–18, Di–So 8.45–18 Uhr, im Sommer bis 20 Uhr) Die antike Nekropole, eine der bedeutendsten archäologischen Stätten Sardiniens, liegt in einer natürlichen Felsenarena in der grünen Landschaft bei Villaperuccio. Sie stammt aus der Zeit der Ozieri-Kultur (ca. 3000 v. Chr.) und ist übersät von primitiven Grabstätten, den sogenannten *domus de janas* (wörtlich „Feenhäuser"). Viele scheinen kaum mehr als ein Loch in der Mauer zu sein, aber manche sind mit wunderbaren geschnitzten Reliefs versehen.

Vom Kartenhäuschen sind es 500 m zu Fuß bis zur Hauptstätte. Gleich oben an der Treppe, die vom Weg abgeht, liegt unmittelbar rechter Hand eine **Tomba Santuario**, eine rechteckige Vorhalle, und dahinter drei Öffnungen, die den Blick auf ein halbrundes Grab freigeben. Auf dem Pfad weiter nach rechts gelangt man zu einer Ansammlung von Gräbern und anschließend zur **Tomba delle Spirali**, wo die Spiralreliefs und stilisierten Stiere deutlich zu erkennen sind.

Zur Nekropole geht es ab Villaperuccio über die Straße Richtung Narcao und dann dem Schild nach, das nach links weist. Es sind etwa 2 km.

Santadi

3550 EW.

Weinliebhaber können in dem lebhaften Landstädtchen Santadi ein paar Kilometer östlich von Villaperuccio lokale Tropfen probieren. Die Stadt ist Sitz eines der größten Weingüter des Südwestens und besitzt auch ein kleines Museum. Die Höhlen Is Zuddas ein paar Kilometer Richtung Süden lohnen ebenfalls einen Besuch.

Sehenswertes

Cantina Santadi WEINGUT

(0781 95 01 27; www.cantinadisantadi.it; Via Cagliari 78; Mo–Sa 8–13, Di & Fr 16.30–18.30 Uhr) Das preisgekrönte Weingut an der Straße zwischen Santadi und Villaperuccio ist der beste Ort, um sich mit lokalem Wein einzudecken. Besonders gut sind die hochgeschätzten Rotweine Terre Brune und Grotta Rosa.

Museo Etnografico Sa Domu Antiga MUSEUM

(078 195 59 55; Via Mazzini 37; Eintritt 2,60 €; Di–So 9–13 & 15–17 Uhr) Das kleine Museum ist die Nachbildung eines typischen Landarbeiterhauses und vermittelt einen Eindruck davon, wie die Dorfbewohner Anfang des 20. Jhs. lebten.

Le Grotte Is Zuddas HÖHLE

(☎0781 95 57 41; www.grotteiszuddas.com; Località Is Zuddas; Erw./erm. 10/7 €; ⏲Sommer 10–12.15 & 14.30–18 Uhr, im Frühjahr & Herbst kürzere Zeiten, im Winter geschl.) Die Grotten Is Zuddas 5 km südlich von Santadi sind ein faszinierendes Höhlensystem. Besonders sehenswert sind die Heliktiden in der Haupthöhle. Kein Mensch weiß, wie diese seltsam geformten Gebilde entstanden. Eine Theorie besagt, dass die Luftströmungen in der Höhle auf Wassertropfen einwirken, die von Stalaktiten fallen.

Festivals & Events

Sa Coia Maurreddina TRADITIONSFEST

(Matrimonio Mauritano; ⏲Aug.) Wie viele andere Kleinstädte zelebriert Santadi seine Traditionen mit viel Hingabe. Am ersten Sonntag im August versammeln sich die Einwohner zur Sa Coia Maurreddina (Maurenhochzeit), ein Ritual in Kostümen mit Volkstänzen, Ess- und Trinkgelagen. Auf dem Höhepunkt der Ereignisse werden Braut und Bräutigam auf einem *traccas* (einem von roten Stieren gezogenen Wagen) zum Hauptplatz kutschiert.

ABSTECHER

VILLAGGIO MINERARIO ROSAS

Das **Villaggio Minerario Rosas** (☎0781 185 51 39; www.villaggiominerariorosas.it; Erw./erm. 6/4 €; ⏲Sommer 9.30–18 Uhr, Winter 9.30–12 & 16–18 Uhr) in der Umgebung von Narcao ist ein faszinierender Museumskomplex in einer einstmals bedeutenden Blei-, Kupfer- und Zinkmine. Die rostigen Maschinen und mächtigen Holzgebäude bilden das Ambiente für Exponate, die das Dorfleben und die Funktionsweise des Bergwerks erläutern.

Die Besichtigung schließt auch die unterirdischen Grubenschächte und die ehemalige **Laveria** (Erzwaschanlage) der Zeche ein, wo die schweren Maschinen zu sehen sind, die das Erz bearbeiteten.

Hinzu kommen Naturlehrpfade, ein Restaurant und Unterkünfte (S. 220) in den einstigen Bergarbeiterhäuschen.

DIE INSELN IM SÜDWESTEN

Die beiden vorgelagerten Inseln an der Südwestküste, Isola di Sant'Antioco und Isola di San Pietro, haben völlig unterschiedliche Gesichter. Die größere und besser erschlossene Isola di Sant'Antioco ist nicht sehr touristisch und hat nur wenig von der Schönheit zu bieten, die gemeinhin mit kleinen Mittelmeerinseln verbunden wird. Die Isola di San Pietro liegt eine knappe halbe Bootsstunde entfernt. Mit ihren pastellfarbenen Häusern und bunten Fischerbooten, die übers Wasser tanzen, ist sie weitaus attraktiver.

Isola di San Pietro

Die mit einer eleganten Hauptstadt und herrlicher Küstenlandschaft gesegnete Isola di San Pietro ist ein extrem begehrtes Sommerferienziel. Die bergige, rund 15 km lange und 11 km breite Trachytinsel wurde nach dem hl. Petrus benannt. Er soll hier angespült worden sein, als er auf dem Weg nach Karalis (das heutige Cagliari) in einen Sturm geraten war. In noch früherer Zeit nannten die Römer die Insel Accipitrum, aufgrund der vielen verschiedenen Falkenarten, die hier nisten.

Ihren einzigartigen Charakter und ihre besondere Atmosphäre verdankt San Pietro den genuesischen Einwohnern, die 1736 aus dem Besitz des tunesischen Bey (Gouverneur) freigekauft wurden. Die Korallenfischer waren im Auftrag der in Genua residierenden Familie Lomellini zur Insel Tabarka geschickt worden, um für sie dort die kostbaren Korallen zu ernten. Aber sie wurden ihrem Schicksal überlassen und gerieten in Sklaverei, bis Carlo Emanuele III. ihnen Zuflucht auf San Pietro gewährte. Die Ironie des Schicksals wollte, dass 1798 nordafrikanische Seeräuber auftauchten und sich mit 1000 Gefangenen aus dem Staub machten. Es kostete das Haus von Savoyen fünf Jahre, sie wieder freizukaufen. Bis heute sprechen die Einwohner von San Pietro *tabarkino,* ein im 16. Jh. üblicher genuesischer Dialekt.

An- & Weiterreise

Reguläre Saremar-Fähren fahren von Portovesme (pro Pers./Pers. und Auto 5,50/17,20 €, 30 Min., 15-mal tgl.) und Calasetta (pro Pers./Pers. und Auto 5,20/15,20 €, 7-mal tgl.) auf der Nachbarinsel Sant'Antioco von und nach Carloforte, der Inselhauptstadt. Ein Ticketbüro von **Saremar** (☎0781 85 40 05; www.saremar.

it; Corso Tagliafico 13) befindet sich in Carloforte nahe der Piazza Carlo Emanuele III.

Delcomar (☎ 0781 85 71 23; www.delcomar.it) betreibt bis zu sieben Nachtfähren von und nach Calasetta. Der Ticketschalter befindet sich direkt gegenüber vom Fähranleger. Die Überfahrt kostet 5/15 € pro Pers./Pers. und Auto.

Unterwegs vor Ort

Von Carloforte aus führen vier Hauptstraßen über die Insel: die SP101 Richtung Norden nach La Punta, die SP102 und 103 nach Süden und zu den Stränden und die malerische SP104 quer durch die Insel zum Capo Sandalo.

BUS

Werktags fahren täglich drei Busse von Carloforte nach La Punta (12 Min.), La Caletta (15 Min.) und zum Capo Sandalo (18 Min.). Zwischen Mitte Juni und Mitte September fahren sie häufiger.

FAHRRAD

Für Besucher ohne Auto, oder auch für Autofahrer, ist ein Fahrrad ideal, um die Insel zu erkunden. Die Entfernungen sind nicht groß, und selbst wenn es manchmal bergauf geht, so ist es doch nie allzu anstrengend. Fahrräder (ab 10 € pro Tag) sowie Motorroller (ab 20 €) und Autos (ab 40 €) verleiht **D & G Motors** (☎ 329 9429628; Via Piave 4a; ⏲ tgl. 8.30–13 & 15–20 Uhr) in Carloforte in einer engen Straße in Hafennähe.

Carloforte

6240 EW.

Carloforte ist der Inbegriff mediterraner Eleganz und eignet sich hervorragend als Einstieg in die Insel. Graziöse Palazzi, gut besuchte Cafés und Palmen säumen die pulsierende Hafenpromenade. An einen grünbewachsenen Hang im Hintergrund schmiegt sich ein Bogen cremefarbener stattlicher Häuser. Sehenswürdigkeiten sind im Ort zwar rar, aber ein gemächlicher Bummel durch die malerischen Pflastersteinstraßen ist ein schöner Auftakt für einen Aperitif und ein köstliches Fischessen in einem der wunderbaren Restaurants der Stadt.

Sehenswertes & Aktivitäten

Museo Civico — MUSEUM

(☎ 0781 85 58 80; Via Cisterna del Re; Erw./erm. 2/1 €; ⏲ Di 10–13 & 16–20, Mi 9–13, Do 16–20, Fr 9–3 & 15–19, Sa 17–20, So 10–13 Uhr) Carlofortes einziges Museum residiert hoch über dem Meer in einer kleinen Festung aus dem 18. Jh., die zu den ersten Steingebäuden auf der Insel zählt. Interessant ist der Tonnara-Saal, der der traditionellen Thunfischindustrie der Insel gewidmet ist. Weitere Exponate drehen sich um das Thema Boote und den Fischfang im Allgemeinen, dazu kommt eine kleine Sammlung an Muscheln aus dem Mittelmeer.

Carloforte Sail Charter — SEGELN

(☎ 347 2733268; www.cscharter.it; Via Danero 52) Wer segeln möchte, findet hier eine Vielzahl von Booten, die mit oder ohne Skipper gechartert werden können. Der Preis liegt bei etwa 1500 € pro Woche. Vermietet werden auch *gommoni* (leichte Gummiboote) für täglich 100 bis 150 €. Hinzu kommen Inseltouren (pro Pers. 40–60 €) und Segelkurse (ab 120 € für einen Wochenendkurs).

Isla Diving — TAUCHEN

(☎ 335 462502; www.isladiving.it; Viale dei Cantieri) Eines von mehreren Tauchzentren in Carloforte mit Tauch- und Schnorchelexkursionen um die Insel. Ein Tauchgang kostet ab 60 € (inkl. Ausrüstungsverleih) und ein Schnorcheltrip 33 €.

Carloforte Tonnare Diving Center — TAUCHEN

(☎ 349 6904969; www.carlofortediving.org; Località La Punta) Das Tauchzentrum mit Sitz in der alten Thunfischfabrik (die Tonnara) der Insel bietet Tauchgänge und Schnorcheltouren an sowie im Mai und Juni die Möglichkeit, mit Thunfischen zu schwimmen.

Geführte Touren

Cartur — BOOTSTOUR

(☎ 0781 85 50 60; Molo No 3) Cartur ist eines von mehreren Unternehmen, die Bootstouren um die Insel anbieten. Sitz der Firma ist ein Kiosk am *lungomare* (Uferpromenade). Die Teilnahme kostet etwa 30 € pro Person.

Festivals & Events

Il Girotonno — ESSEN

(www.girotonno.it; ⏲ Mai/Juni) Das wichtigste Fest der Insel dreht sich um die *mattanza* (jährliches Thunfischschlachten) und wird mit Kochwettbewerben, Verkostungen, Seminaren, Konzerten und verschiedenen maritimen Events gefeiert. Es findet über vier Tage Ende Mai/Anfang Juni statt.

Creuza de Mà — MUSIK, FILM

(www.festivalcarloforte.org) Auf dem dreitägigen Sommerfest der Filmmusik gibt's Konzerte und Vorführungen von Spiel- und Dokumentarfilmen. Die Termine ändern sich jedes Jahr, manchmal ist es im September, in anderen Jahren im Juni oder Juli. Aktuelle Infos stehen auf der Website.

Essen

Thunfisch ist der König der *tabarkina*-Küche, wie die inseltypische Zubereitungsart genannt wird. Zwar steht er das ganze Jahr über auf der Speisekarte, aber frisch ist er nur zwischen Mai und August/September erhältlich. Köstlich schmecken auch *cuscus* (eine Variante des nordafrikanischen Couscous), *zuppa di pesce* (Fischsuppe), Pesto (mit Basilikum) und die genuesische *farinata* (ein pizzaähnliches Fladenbrot aus Kichererbsenmehl und Oliven).

★ Ristorante L'Oasi RESTAURANT €€

(☎0781 85 67 01; Via Gramsci 59; Mahlzeiten 25–30 €; ⌚Mo–Sa & So mittags) Einfache Hausmannskost gibt's in dem freundlichen, schlichten Restaurant. Im Angebot sind wie meist auf der Insel Meeresfrüchte und viele Thunfischgerichte. Das Ambiente ist mit Sichtmauerwerk und einer Holzdecke auf nette Art rustikal.

Osteria della Tonnara da Andrea RESTAURANT €€

(☎0781 85 57 34; www.ristorantedaandrea.it; Corso Battellieri 36; Mahlzeiten 35 €; ⌚Do–Di 12.30–14.30 & 20–22.30 Uhr, Mitte Jan.–Anfang Mai geschl.) Das reizende Restaurant am Südende der Uferpromenade serviert den besten einheimischen Thunfisch, der aber nur in der Thunfischsaison erhältlich ist. Zu den typischen Gerichten gehören *lasagnetta di tonno con gocce di pesto* (Thunfisch-Pesto-Lasagne) und *tonno arrosto alla carlofortina* (gebratener Thunfisch mit Tomatensauce). Im Sommer ist Reservierung empfehlenswert, Kreditkarten werden nicht akzeptiert

La Cantina TRATTORIA €€

(☎0781 85 45 88; Via Gramsci 34; Mahlzeiten 25–30 €; ⌚Sommer tgl. 8–14 & 17–22 Uhr, Winter Di–So) Die einfache Trattoria ist ideal, um die Küche von Carloforte zu probieren. In den Sommermonaten werden Tische hinaus auf die verkehrsberuhigte Gasse gestellt. Auf der Karte stehen *cascá alle verdure* – der lokale Couscous mit Gemüse – und die reichen Gaben des Meeres.

Al Tonno di Corsa RESTAURANT €€€

(☎0781 85 51 06; www.tonnodicorsa.it; Via Marconi 47; Probiermenüs 25–35 €, Mahlzeiten um 45 €; ⌚Di–So 12.30–14.30 & 20–22.30 Uhr) Das kultivierte Restaurant mit lichtem Speiseraum und Terrasse mit Blick über die Dächer von Carloforte spezialisiert sich auf frische Meeresfrüchte und extrem variantenreiche Thunfischgerichte – etwa geräuchert, als Ragout mit Tomatensauce oder als Kuttelgericht. Thunfischkutteln, *belu,* sind nicht jedermanns Geschmack, aber wer es probieren möchte: Sie werden im Topf mit Kartoffeln und Zwiebeln geschmort.

Da Nicolo RESTAURANT €€€

(☎0781 85 40 48; Corso Cavour 32; Mahlzeiten um 55 €; ⌚Mai–Sept. Mo–Do 20–23, Fr–So 13–15 & 20–23 Uhr) Diese Inselinstitution, eine Bastion der San-Pietro-Küche, thront in majestätischer Eleganz an der Hafenpromenade. Die Tische in einem Glaspavillon sind förmlich gedeckt, bereit für Gäste aus nah und fern, die den köstlichen Thunfisch und den leichten, lokalen Couscous probieren möchten.

Ausgehen & Nachtleben

Der *lungomare* ist das Zentrum des Geschehens. Im Sommer geht's am populären Strand Caletta außerhalb der Stadt hoch her, wenn bis zum Morgengrauen die Strandpartys toben.

Barone Rosso BAR

(Via XX Settembre 26; ⌚Mi–Mo 19–2 Uhr & im Sommer 12–15.30 Uhr) Das Barone Rosso gleich hinter der Promenade ist eine beliebte Bar mit kitschiger Einrichtung, fetziger Musik und ein paar Straßentischen.

Disco Marlin DISKO

(☎0781 85 01 21; ⌚Juli Sa & So 22–4 Uhr, Aug. tgl.) In der populären Disco Marlin nahe der Tonnara in La Punta wird bis zum Morgengrauen getanzt. Ein Taxi oder eine Mitfahrgelegenheit ist nötig, um hierher zu kommen.

Praktische Informationen

Banca di Credito Sardo (Corso Cavour 1) Bank mit Geldautomat.

Touristeninformation (☎0781 85 40 09; www.prolococarloforte.it; Corso Tagliafico 2; ⌚Mo–Sa 10–13 & 17–20 Uhr) Eine weitere, nützliche Informationsquelle ist die Webseite www.carloforte.net, die allerdings bislang nur in Italienisch zur Verfügung steht.

La Punta

Von Carloforte ist es nur eine 5,5 km lange Fahrt nach Norden bis La Punta, eine einsame, windgepeitschte Landzunge mit Blick auf die Isola Piana. Im Mai und Juni kann man hier direkt vor der Tonnara Augenzeuge der wilden *mattanza* werden. In der alten Thunfischverarbeitungsfabrik, einer Ansammlung verwahrloster, mit rostigen Ankern und stinkenden Netzen übersätem Steingebäude, ist nun das Carloforte Tonnare Diving Center untergebracht, das neben Tauchgängen auch Führungen durch die alte Fabrikanlage anbietet; ein Termin lässt sich im Diving Center vereinbaren.

Strände im Süden

Die meisten der besten Strände der Insel liegen im Süden, erreichbar über die SP103 und SP102. Von der **Spiaggia La Bobba** sind zwei große Felssäulen (Le Colonne) im Meer zu sehen, die dem südlichsten Punkt der Insel ihren Namen verliehent: Punta delle Colonne. Weiter westlich befindet sich der beliebteste Strand der Insel, **La Caletta** (bzw. Spiaggia Spalmatore), ein von Klippen gerahmter Bogen aus weichem Sand. Weiter südlich führt ein Abstecher zur dramatischen Küste La Conca.

Capo Sandalo

★ Capo Sandalo AUSSICHTSPUNKT

Das Capo Sandalo ist der westlichste Punkt der Insel und ein toller Aussichtspunkt mit atemberaubendem Küstenblick. Am Parkplatz beim Leuchtturm starten verschiedene ausgeschilderte Wanderwege durch das felsige rote Buschland, die die Klippen überziehen. Es ist zwar kein Hardcore-Trekking, aber Wanderschuhe sind keine schlechte Idee.

NICHT VERSÄUMEN

CALA FICO

Auf dem Weg zum Capo Sandalo lohnt ein Zwischenstopp an der Felsenbucht Cala Fico, eine der verborgenen Naturschönheiten der Insel, wo ebenso wie auf der **Isola del Corno** Eleonorenfalken nisten. Die Bucht, die einem winzigen Fjord gleicht, wird von einer Wand aus zersplittertem und rissigem weiß-grauen Fels flankiert, die am Spätnachmittag das Sonnenlicht aufs Wasser reflektiert und es dadurch türkisfarben erstrahlen lässt.

Isola di Sant'Antioco

Die viertgrößte Insel Italiens (nach Sizilien, Sardinien und Elba), die Isola di Sant'Antioco, ist nicht ganz so betörend wie die kleinere Isola San Pietro. Anders als die meisten Mittelmeerinseln ist sie weder umwerfend schön – auch wenn sie ganz sicher nicht hässlich ist –, auch wirkt sie nicht völlig ab vom Schuss. Stattdessen ist sie, was Atmosphäre und Aussehen angeht, absolut sardisch. Die geschäftige Hauptstadt Sant'Antioco ist ein authentischer Hafen, und das grüne, schroffe Binnenland unterscheidet sich wenig von Südsardinien.

Die Insel ist seit römischer Zeit mit dem sardischen Festland durch eine Brücke verbunden – rechts von der heutigen Brücke ist noch die Ruine des römischen Vorgängerbaus zu sehen.

ℹ Anreise & Unterwegs vor Ort

Die Insel lässt sich auf zwei Wegen erreichen. Der einfachste ist der auf der SS126 von Carbonia nach Süden und dann über die Brücke nach Sant'Antioco. Umständlicher, aber romantischer ist die Autofähre ab Carloforte auf der Isola di San Pietro nach Calasetta.

FAHRRAD

Euromoto (☎ 0781 84 09 07, 347 8803875; http://dueleoni.blogspot.it; Via Nazionale 57; ⌚ Mo–Sa 9–13 & 16–20 Uhr) im Ort Sant'Antioco verleiht Fahrräder (10 €), Motorroller (28 €) und Autos (38 €) und bietet auch geführte Ausflüge an. Sie werden von Freiwilligen geleitet, es gibt also keinen festen Preis. Teilnehmer können aber gern ein Trinkgeld geben.

FÄHRE

Fähren verkehren zwischen Calasetta im Norden der Insel und Carloforte (pro Pers./Pers. und Auto 5,20/15,20 €, 7-mal tgl.) auf der Isola di San Pietro.

BUS

Busse verbinden Sant'Antioco (Piazza Repubblica) mit Carbonia (2 €, 50 Min.) und Iglesias (3,50 €, 1¾ Std.).

In Sant'Antioco selbst und dem Rest der Insel verkehren ebenfalls Busse.

Sant'Antioco

11 500 EW.

Die Isola di Sant'Antioco ist zwar seit prähistorischer Zeit bewohnt, die Stadt Sant'Antioco wurde jedoch erst im 8. Jh. v. Chr. von den Phöniziern gegründet. Das damalige Sulki (römisch Sulcis) war ein wichtiger

Handelshafen und eine Wirtschaftsmetropole Sardiniens, bis mehr als ein Jahrtausend später das Römische Reich unterging. Ihren heutigen Namen verdankt die Stadt dem hl. Antiochus, einem römischen Sklaven, der im 2. Jh. n. Chr. hier im Exil lebte und das Christentum auf die Insel brachte.

Belege für die lange Geschichte der Stadt muss man nicht lange suchen. Das historische Zentrum oben auf dem Hügel wimmelt nur so von phönizischen Grabstätten und faszinierenden archäologischen Fundstücken.

Sehenswertes

★Museo Archeologico MUSEUM
(www.archeotur.it; Erw./erm. 6/3,50 €; ⌚9–19 Uhr) Das großartige kleine Museum ist eines der besten in diesem Teil Südsardiniens. Es besitzt eine faszinierende Sammlung archäologischer Funde und zeigt in Modellen nuraghische Häuser und Sant'Antioco, wie die Stadt im 4. Jh. v. Chr. ausgesehen haben mag. Zu den Highlights gehören zwei imposante Steinlöwen, die einst die Stadttore bewachten, wie es in phönizischen Städten üblich war, und ein Panther-Mosaik aus einem römischen *triclinium* (Speisezimmer).

Ein Stück weiter auf der Straße liegen auf einem Hügel die Gräber der Nekropole (nicht zugänglich).

Basilica di Sant'Antioco Martire KIRCHE
(Piazza Parrocchia 22; ⌚Sommer Mo–Sa 9–12 & 19–20, So 9–10am & 19–20 Uhr, Winter Mo–Sa 9–12 & 15–18, So 9–10 & 15–18 Uhr) Hinter der einfachen Barockfassade verbirgt sich eine herrlich schlichte Kirche aus dem 5. Jh. Rechts vom Altar steht eine hölzerne Statue des hl. Antiochus, eines Märtyrers aus Nordafrika, der von den Römern versklavt wurde und sich später in den unheimlichen **Katakomben** (Führungen Erw./erm. 5/3 €) der Basilika versteckte.

Der Legende nach wurde Antiochus von den Römern dazu verdammt, in den Bleiminen der Insel zu arbeiten, nachdem er sich geweigert hatte, seinen Glauben zu widerrufen. Aber er konnte versteckt in einem Teerfass fliehen und wurde von einer geheimen Christengemeinschaft aufgenommen, die ihn in den Katakomben verbarg.

Die Katakomben sind nur im Rahmen einer Führung zu besichtigen. Sie bestehen aus einer Reihe von Grabkammern, die teils noch aus punischer Zeit stammen und von den Christen zwischen dem 2. und 7. Jh. genutzt wurden. Tote aus wohlhabenden Familien wurden in aufwendigen, mit Fresken geschmückten Wandnischen beigesetzt; einige Fragmente der Fresken sind noch erhalten. Tote aus der Mittelschicht wurden in schmucklosen Nischen untergebracht, während die einfachen Menschen in Gräben im Fußboden ihre letzte Ruhe fanden. Einige *in situ* belassene Skelette sorgen für eine authentische Atmosphäre.

Tofet ARCHÄOLOGISCHE STÄTTE
(www.archeotur; Erw./erm. 4/2,50 €; ⌚9–19 Uhr) Etwa 500 m vom Museo Archeologico befindet sich der Tofet, ein Heiligtum aus dem 8. Jh. v. Chr., in dem die Phönizier und Karthager ihre tot geborenen Kinder bestatteten. Vor der Besichtigung lohnt sich ein Blick auf die Tofet-Darstellung im Museo Archeologico, um zu sehen, wie die Gräber angelegt wurden.

Forte Su Pisu FESTUNG
(Via Castello; Eintritt 2,50 €; ⌚Sommer 9–20 Uhr, Winter 9.30–13 & 15–18 Uhr) Die piemontesische Festung aus dem 19. Jh., auch Forte Sabaudo genannt, markiert den höchsten Punkt der Stadt. Am berühmtesten ist sie für einen Vorfall 1815, als es ihrer Garnison nicht gelang, räuberische Sarazenen aus Nordafrika abzuwehren. In der anschließenden Schlacht wurden viele Inselbewohner getötet und über 130 gefangen genommen.

Museo Etnografico MUSEUM
(Via Necropoli 24a; Eintritt 3 €; ⌚Sommer 9–20 Uhr, Winter 9.30–13 & 15–18 Uhr) Das Museum in der Altstadt zeigt traditionelle Lebensweisen am Beispiel von landwirtschaftlichen Geräten und Haushaltsgegenständen.

Villaggio Ipogeo GRÄBER
(Via Necropoli; Eintritt 2,50 €; ⌚Sommer 9–20 Uhr, Winter 9.30–13 & 15–18 Uhr) In diesen

KOMBITICKETS

Für die Hauptsehenswürdigkeiten der Insel gibt es drei Kombitickets, die ein paar Euro sparen:

- Museo Archeologico, Tofet, Museo Etnografico, Villaggio Ipogeo und Forte Su Pisu (Erw./erm. 13/8 €)
- Museo Archeologico und Tofet (Erw./erm. 7/4 €)
- Museo Etnografico, Villaggio Ipogeo und Forte Su Pisu (Erw./erm. 6/4 €)

Die Tickets sind in allen teilnehmenden Sehenswürdigkeiten erhältlich.

punischen Grabstätten, nur ein paar Schritte vom Museo Etnografico entfernt, hausten einst die Ärmsten der Armen der Stadt.

Festivals & Events

Festa di Sant'Antioco TRADITIONSFEST
(www.tuttosantantioco.it; April) Das viertägige Fest um den zweiten Sonntag nach Ostern feiert den Stadtpatron mit Prozessionen, Musik, Tänzen, Feuerwerk und Konzerten. Es reicht zurück bis 1359 und zählt zu den ältesten Heiligenfesten der Insel.

Essen & Ausgehen

Rubiu PIZZERIA, BRAUEREI €
(www.rubiubirra.it; Viale Trento 2; Pizzas 6,50–11 €; Mi–Mo 19–1 Uhr) Die fröhliche und modern eingerichtete Mikrobrauerei hat eine lockere Atmosphäre und ein tolles Angebot an hausgebrautem Bier und Ale. Auch gibt es leckere Salate, Käseplatten und kreative Pizzas, die z. B. mit geräucherter *muggine* (Meeräsche) und *bottarga* belegt sind.

Pizzeria Biancaneve PIZZERIA €
(0781 8 21 28; Corso Vittorio Emanuele 110; Pizzas 7,50 €; Sommer tgl. 12.30–14.30 & 18.30–23 Uhr, Winter Mi–Mo) Das schlichte Lokal an der Hauptstraße stadteinwärts macht dank der vielen Passanten mit seiner Pizza ein glänzendes Geschäft.

Renzo e Rita RESTAURANT, PIZZERIA €€
(0781 80 04 48; www.renzoerita.com; Via Nazionale 42; Pizzas ab 4 €, Mahlzeiten 25 €; Sommer Do–Di 18.30–1 Uhr, Winter Do–Di 18–0.30 Uhr) Die Einheimischen halten die *pizzaioli* (Pizzabäcker) in dem fröhlichen Pizzeria-Restaurant ganz schön auf Trab. Viele kaufen die Pizza zum Mitnehmen, aber wer sie gleich essen will, kann das im großen, hellen Speiseraum mit Britpop im Radio und einer riesigen Auswahl an Pizza, Pasta und traditionellen Fischgerichten.

Bar Colombo BAR
(Lungomare Cristoforo Colombo 94; Di–So) Eine urige Fischerkneipe am Hafen. Einen Designpreis wird sie wohl nie gewinnen, aber im Sommer lassen sich an den belebten Straßentischen gut ein paar Bierchen genießen.

Unterwegs auf der Insel

Ein Großteil des hügeligen Hinterlands der Insel ist von Macchia überwuchert, mit nur hier und da einem Haus an den kahlen Hängen. Die meisten der schöneren Strände liegen südlich von Sant'Antioco.

Maladroxia ist ein kleiner Ferienort etwa 5 km außerhalb der Stadt mit ein paar Hotels und einem netten Strand und Hafen. Die **Spiaggia Coa Quaddus** weiter südlich ist ein wilder und karger Strand etwa 3 km vor dem **Capo Sperone**, dem südlichsten Punkt der Insel mit herrlicher Aussicht.

Zu den besten Badestränden an der windigen Westküste zählen die **Cala Lunga** und die **Cala Sapone** mit wunderbarem, kristallklarem Wasser.

Calasetta, die zweitgrößte Stadt der Insel, die 1769 von ligurischen Familien aus Tabarka gegründet wurde, liegt 10 km nordwestlich von Sant'Antioco. In der Umgebung gibt es mehrere Strände, darunter die schöne, von Dünen gesäumte **Spiaggia delle Saline** (Salina).

Da Pasqualino (0781 8 84 73; Via Regina Margherita 85, Calasetta; Mahlzeiten 30–35 €; Mi–Mo) einen Häuserblock hinter dem Hafen von Calasetta ist eine lokale Institution, die sich auf Meeresfrüchte spezialisiert und Gerichte aus dem Tagesfang serviert. Zum üblichen Angebot gehören feine Fisch-*cuscus* und Spaghetti mit *bottarga*. Mittags gibt es auch zwei Tagesmenüs zum festen Preis – eines mit Fleisch für 20 € und eines mit Fisch für 27 €.

DIE SÜDKÜSTE

Die Südküste ist einfach phantastisch: Ihr zentraler Abschnitt, die Costa del Sud, besteht aus einer rund 20 km langen, atemberaubend kurvigen Straße, die über zerklüftete Felsklippen führt, die steil ins verführerisch blaue Meer abfallen.

Von Porto Botte nach Porto di Teulada

Dieser Küstenstreifen an der Südwestspitze Sardiniens ist ein Flickenteppich aus Pinienwäldern, Lagunen und Stränden.

Von Sant'Anna Arresi macht die SS195 einen Bogen nach Süden und führt dann an dem südlichsten Zipfel Sardiniens, Capo di Teulada, vorbei. Wie viele Gebiete in dieser Gegend ist auch das Kap Standort eines NATO-Stützpunkts und für die Öffentlichkeit gesperrt. Nach 10 km folgt ein Abzweig nach Süden Richtung Porto di Teulada.

An diesem Küstenabschnitt liegen mehrere Strände, darunter **Cala Piombo** und **Porto Zafferano**. Beide sind nur im Juli und August und nur auf dem Wasserweg zu erreichen. Boote fahren am kleinen Hafen in Porto di Teulada ab, nahe dem Strand **Porto Tramatzu**.

Die **Spiaggia Porto Pino** – der beste und belebteste Strand der Gegend – befindet sich am gleichnamigen Ferienort in der Nähe von Sant'Anna Arresi. Der breite Streifen aus weichem Sand ist ein beliebtes Wochenendziel der Einheimischen. Er bietet ruhiges, seichtes Wasser – ideal für Kleinkinder und ängstliche Schwimmer. Es gibt jede Menge Parkplätze und in der Nähe vom Parkplatz nette Pizzerias.

Ein zweiter Strand, die **Spiaggia Sabbie Bianche**, gleich südlich vom Porto Pino und zu Fuß erreichbar, ist für seine sanften, glatten Dünen bekannt. Allerdings liegt er auf Militärgelände und darf nur im Juli und August betreten werden.

Costa del Sud

Die Costa del Sud zwischen Porto di Teulada und Chia ist einer der schönsten Küstenstreifen Südsardiniens.

Sehenswertes

★ Strada Panoramica della Costa del Sud KÜSTENSTRASSE

Die Panoramastraße an der 25 km langen Costa del Sud – prosaischer als SP71 bezeichnet – windet sich an der spektakulären Küste zwischen Porto di Teulada und Chia entlang. Es ist eine hinreißende Strecke mit herrlichen Aussichten bei jeder Kurve und mit Buchten, die von Wachtürmen aus der spanischen Zeit überragt werden.

Der erste Abschnitt ab Porto di Teulada schlängelt sich an mehreren Buchten vorbei und hoch zur Kuppe des **Capo Malfatano**. Die **Spiaggia Piscinni** mit unglaublich blauem Wasser ist super für ein Bad zwischendurch.

Der beliebte Strand **Cala Teuradda** nach dem Kap lockt mit leuchtend grünem Wasser, Imbissbuden und einer günstig gelegenen Bushaltestelle.

Ab hier steigt die Straße von der Küste landeinwärts hoch. Einen schönen Blick auf die Küste gibt's über den Abzweig von der schmalen Seitenstraße am Porto Campana und dann immer dem Feldweg nach bis zum Leuchtturm am **Capo Spartivento**. Von dort erstrecken sich etliche Strände nordwärts. Lohnenswert sind die **Cala Cipolla** (ein hinreißender Flecken, der von Pinien und Wacholderbüschen gesäumt ist), die **Spiaggia Su Giudeu** und der **Porto Campana** – die Abzweigungen sind an der Hauptküstenstraße ausgeschildert.

Am Ende dieses Abschnitts kommt ein weiterer spanischer Wachturm in Chia in Sicht, dem kleinen Badeort und Endpunkt der Strecke.

Chia DORF

Chia ist eher eine Ansammlung von Hotels, Ferienhäusern und Campingplätzen denn ein traditionelles Dorf und im Sommer sehr beliebt. Warum dem so ist, wird klar, wenn man zum spanischen Wachturm hochgeht und auf die beiden atemberaubenden Sandstrände blickt: im Westen die **Spiaggia Sa Colonia** und im Osten die kleinere **Spiaggia Su Portu**.

Diese Strände sind ein Paradies für Windsurfer und Sportfans sowie Schauplatz des jährlichen **Chia Classic**, eines Wind- und Kitesurfing-Events zwischen April und Juni.

Anreise & Unterwegs vor Ort

Zwischen Cagliari und Chia verkehren bis zu zehnmal täglich Busse (4,50 €, 1¼ Std.). Von Mitte Juni bis Mitte September befahren täglich zwei Busse die Costa del Sud und verbinden Chia mit der Spiaggia Teulada (Porto di Teulada; 3 €, 35 Min.).

Von Chia nach Santa Margherita di Pula

Wer nicht gerade in einem der Resorthotels unterkommt, die den Großteil dieses Küstenabschnitts in Beschlag nehmen, wird hier kaum etwas vom Meer zu Gesicht bekommen. Das ist schade, denn der 9 km lange Küstenstreifen zwischen Chia und Santa Margherita di Pula gehört zu den schönsten im Südwesten Sardiniens. Hier gibt es etliche sagenhafte Strände mit kristallklarem Wasser und duftenden Kiefernwäldern.

Busse verbinden Santa Margherita di Pula mit Cagliari (3,50 €, 1 Std., 9-mal tgl.).

Pula & Umgebung

7140 EW.

Das Dorf Pula, etwa 32 km von Cagliari entfernt, ist eine gute Basis zum Besuch der südlichen Strände und der Ruinen von

Nora. Im Dorf selbst gibt es kaum etwas zu sehen, abgesehen von einem kleinen archäologischen Museum. Aber im Sommer strömen Besucher in die lebhaften Cafés und verschiedenen Restaurants, was dem Ort eine ansteckende Urlaubsatmosphäre verleiht.

Sehenswertes

Nora ARCHÄOLOGISCHE STÄTTE
(☎070 920 91 38; Erw./erm. inkl. Wachturm 7,50/4,50 €; ⌚9 Uhr–Sonnenuntergang) Die Ruinen von Nora, etwa 4 km von Pula, sind alles, was von einer der einst mächtigsten Städte Sardiniens übrig ist. Nora wurde im 8. Jh. v. Chr. von den Phöniziern gegründet, war später ein bedeutendes punisches Zentrum und im 3. Jh. n. Chr. die römische Hauptstadt der Insel. Im 8. Jh. wurde sie schließlich verlassen, als die Gefahr arabischer Überfälle den entnervten Bewohnern zu viel wurde.

Zu den Glanzpunkten gehören ein sehr schön erhaltenes römisches Theater und eine antike Bäderanlage, die Terme al Mare.

Hinter dem Eingang steht eine einzelne, traurige **Säule** aus dem ehemaligen Tempel von Tanit, der karthagischen Venus, die einst hier verehrt wurde. Dahinter befindet sich ein kleines, dem Meer zugewandtes römisches **Theater** aus dem 2. Jh. Nach Westen hin erstrecken sich die beträchtlichen Überreste der **Terme al Mare** (Bäder am Meer). In der Mitte einer ehemaligen Patriziervilla stehen vier Säulen; von den Räumen ringsum ist nur noch das Bodenmosaik erhalten. Weitere Reste von Mosaiken sind in der Tempelanlage Richtung Landspitze zu bewundern.

Der **Torre del Coltellazzo** oberhalb der Ruinen ist ein Wachturm aus dem 17. Jh., der an der Stelle der Akropolis der phönizischen Stadt errichtet wurde.

Pendelbusse verkehren regelmäßig zwischen Nora und der Piazza Municipio in Pula.

Chiesa di Sant'Efisio KIRCHE
(☎340 4851860; ⌚Sa 14.30–17.30, So 10–12 & 14.30–17.30 Uhr) Vor dem Besuch von Nora lohnt ein Blick auf diese winzige romanische Kirche aus dem 12. Jh. Sie markiert die Stelle, wo 303 n. Chr. der in Ungnade gefallene römische Offizier Ephysius wegen seines christlichen Glaubens hingerichtet wurde. Trotz ihrer bescheidenen Ausmaße ist sie am 1. Mai Schauplatz großer Feierlichkeiten, bei denen Pilger als Teil der Festa di Sant'Efisio in Cagliari eine Figur des hl. Ephysius zur Kirche begleiten.

Laguna di Nora LAGUNE
(☎070 920 95 44; www.lagunadinora.it; Erw./erm. 8/6 €, Exkursionen Erw./erm. 25/15 €; ⌚Besucherzentrum Juli & Aug. 10–20 Uhr, Juni & Sept. bis 19 Uhr) An der westlichen Seite der Halbinsel Nora sind oft rosa Flamingos zu sehen, die um die Laguna di Nora umherstelzen. Mehr über die Lagune und ihre Fauna ist im Besucherzentrum zu erfahren. Es hat ein kleines Aquarium und Exponate zu Walen und Delfinen. Im Sommer werden auch Exkursionen angeboten, darunter Schnorcheltouren und Kanuausflüge.

Nahe dem Zugang zur Lagune gibt es zwei Strände, die hübsche **Spiaggia di Nora** und eine Ecke weiter die größere **Spiaggia Su Guventeddu**.

Museo Archeologico MUSEUM
(Corso Vittorio Emanuele 67; ⌚wegen Renovierung geschl.) Das kleine Museum in Pula bereitet gut auf einen Besuch von Nora vor. Neben Keramiken aus punischen und römischen Gräbern, Gold- und Beinschmuck und römischem Glas gibt es hier auch ein Modell von Nora sowie hilfreiche Erläuterungen auf Englisch und Italienisch.

Zur Zeit der Recherche war das Museum wegen Renovierung geschlossen, soll aber bald wieder eröffnet werden.

Essen

S'Incontru RESTAURANT, PIZZERIA €
(☎070 920 81 28; www.sincontrupizzeriaristorante.it; Piazza del Popolo 63; Mittagsmenüs mit Meeresfrüchten/Fleisch/veg. 13/10/12 €, Panini 5 €; ⌚Sommer tgl. 6–24 Uhr, Winter Do abends geschl.) Das lässige Lokal ist das quirligste der beliebten Restaurants an der Piazza del Popolo. Es eignet sich für jeden Bedarf, für einen Mojito ebenso wie für Pizza, Pannino oder Pasta. Ein günstiges Mittagessen bieten die Tagesmenüs, darunter auch eine für Sardinien seltene vegetarische Variante.

★ **Zia Leunora** RESTAURANT €€
(☎070 920 95 59; Via Trieste 19; Mahlzeiten 30–35 €; ⌚Do–Sa & Mo–Di 19.30–23.30 Uhr, So mittags) Die Einheimischen rühmen besonders das elegante, familiengeführte Restaurant in einer Seitenstraße in der Altstadt Pulas. Spezialitäten sind Meeresfrüchte mit einem breiten Angebot klassischer Fischgerichte, darunter ein exzellentes *risotto del mare* mit Venus- und Miesmuscheln, Scampi,

Garnelen und einem Hauch Chili. Die Bedienung ist freundlich und der Raum mit Balkendecke bietet ein attraktives Ambiente.

Zio Dino PIZZERIA €€
(☎070 920 91 59; Viale Segni 14; Pizzas 6 €, Mahlzeiten 30 €; ⌚Di–So) Der auf die Mauer gesprühte Name ist nicht zu übersehen. Zu essen gibt es eine ordentliche Pizza, Meeresfrüchte und Fleisch.

Praktische Informationen

Die beste Informationsquelle zu Pula ist die Website www.visitpula.info.

An- & Weiterreise

Es gibt täglich bis zu 20 Busverbindungen mit Cagliari (3 €, 50 Min.).

CAMPIDANO

Die bedeutende Agrarregion Campidano bildet einen breiten, flachen Korridor nordwestlich von Cagliari. Die staubige, ausgedörrte Landschaft kann ein wenig deprimierend wirken, besonders an heißen Sommertagen, wenn die Temperaturen bis ins Unermessliche steigen und die Region in einen dicken grauen Hitzeschleier gehüllt zu sein scheint, aber sie hat auch ihre Reize.

Uta & Umgebung

Das Bauerndorf Uta knapp 20 km nordwestlich von Cagliari besitzt eine der schönsten romanischen Kirchen Südsardiniens. Südwestlich des Dorfes kann man auf einem Hügel die Ruine einer mittelalterlichen Burg erkunden und auf den bewaldeten Hängen des Monte Arcosu wandern.

Sehenswertes

Chiesa di Santa Maria KIRCHE
Die sehr schön proportionierte Kirche ist ein wunderbares Beispiel der sardisch-romanischen Architektur. Sie liegt östlich des Dorfzentrums; braune Schilder weisen den Weg zum Santuario di Santa Maria. Sie wurde um 1140 von Vittorini-Mönchen aus Marseille gebaut und besitzt eine elegante, nüchterne Fassade, einen offenen Campanile (Glockenturm) und aufwendige Bildhauerkunst. Bemerkenswert sind die Büsten von Menschen und Tieren (echten und erfundenen) am Streifen um die gesamte Außenwand.

Castello di Acquafredda BURG
(Erw./erm. 4/3,50 €; ⌚9.30–18.30 Uhr) Etwa 4 km südlich von Uta ist die märchenhafte Erscheinung einer Burgruine auf der Kuppe eines außergewöhnlichen, zerklüfteten Felsenhügels zu sehen. Es handelt sich um das Castello di Acquafredda, einer Burg aus dem 13. Jh., die als zeitweises Versteck von Guelfo della Gherardesca diente, als sein Vater Ugolino, der verhasste Herrscher von Iglesias, in Pisa eingekerkert und die Familie verbannt wurde. Heute sind kaum mehr als die Außenmauern erhalten.

Riserva Naturale di Monte Arcosu WILDRESERVAT
(☎070 96 87 14; www.ilcaprifoglio.it; Eintritt 5 €; ⌚Sa & So 9–17 Uhr) Die Riserva Naturale di Monte Arcosu südlich des Castello di Acquafredda ist ein Naturschutzgebiet des World Wildlife Fund und eines der wenigen verbliebenen Lebensräume des *cervo sardo*. In dem Gebiet um den Gipfel des Monte Arcosu (948 m) leben auch Wildschweine, Wildkatzen und zahlreiche Raubvögel.

An- & Weiterreise

Von Cagliari (3,50 €, 45 Min.) fahren regelmäßig Busse nach Uta, die Kirche ist allerdings noch 1,5 km zu Fuß vom Dorfzentrum entfernt. Zum Castello di Acquafredda und zur Riserva Naturale di Monte Arcosu ist ein eigenes Fahrzeug nötig.

San Sperate

San Sperate, etwa 12 km nordöstlich von Uta, ist berühmt für die farbenfrohen Wandbilder. Sie präsentieren ein nahezu surreales Tableau des traditionellen Landlebens, aber auch modernere, städtische Trends (Skateboards, die sich wie bunte Zungen eine Wand hinabziehen). Zu den Highlights gehört Pinuccio Sciolas epische *Storia di San Sperate* (Geschichte von San Sperate; 1997) in der Via Sassari.

Großartige traditionelle sardische Küche serviert das **Ada** (☎070 960 09 72; Via Cagliari 21; Mahlzeiten 25–30 €, Pizzas ab 4 €; ⌚Mo–Sa 12.30–15 & 20–22.30 Uhr), ein farbenfrohes Restaurant voller Kunst. Die Pasta ist handgemacht und es gibt ein interessantes Vorspeisenangebot, wie Prosciutto mit Kaktusfeigenkompott. Getrunken wird dazu ein Glas lokalen Weins oder eines der Biere aus Kleinbrauereien.

Nach San Sperate fahren stündlich Busse von Cagliari (3,50 €, 30 Min.).

Sanluri

8430 EW.

Eine der größten Städte in der Provinz Medio Campidano ist Sanluri, ein florierendes Landwirtschaftszentrum. Im 14. Jh. lebte Königin Eleonora d'Arborea für eine Weile hier, und die Stadt spielte eine Schlüsselrolle im Kampf gegen die Eroberungsfeldzüge der katalanischen Aragonier. 1409 wurde der Widerstand der Insel durch die Schlacht von Sanluri endgültig gebrochen, und der Weg für eine jahrhundertelange iberische Herrschaft war frei. Leider ist vom alten Glanz der Stadt nur noch wenig zu sehen, abgesehen von Eleonoras plumpem, düsterem Schloss.

Sehenswertes

Castello di Sanluri MUSEUM, BURG

(☎070 930 71 05; www.castellodisanluri.it; Via Generale Nino Villa Santa 1; Erw./erm. 5/2,50 €; ⏲Sommer 9.30–13 & 16.30–20 Uhr, Winter 9.30–13 & 15.30–19 Uhr) In der Burg von Sanluri aus dem 14. Jh. nahe der Hauptstraße Via Carlo Felice ist das **Museo Risorgimentale Duca d'Aosta** mit seiner bunt gemischten Sammlung diverser Militärgerätschaften untergebracht. Draußen im Garten steht ein mittelalterliches Katapult, drinnen ist eine ungewöhnliche Ansammlung von Gegenständen ausgestellt, von historischen Möbeln bis zu militärischen Erinnerungsstücken.

Im Kartenbüro der Burg werden auch Fahrräder verliehen. Sie kosten 1,50 € für einen halben und 3 € für einen ganzen Tag.

Museo Etnografico Cappuccino MUSEUM

(☎070 930 71 07; Via San Rocco 6; Eintritt 3 €; ⏲9–12, 16–18 Uhr oder nach Vereinbarung) Das kleine Museum in einem Kloster aus dem 17. Jh. zeigt eine vielfältige Sammlung von Artefakten und Kunstwerken, darunter Pfeilspitzen aus Obsidian, römische Münzen, landwirtschaftliche Geräte und sakrale Kunst.

An- & Weiterreise

Zwischen Sanluri und Cagliari (4,50 €, 1 Std.) verkehren zahlreiche Busse.

Sardara

4270 EW.

Sardara etwa 8 km nordwestlich von Sanluri ist ein verschlafenes Städtchen mit einem hübschen Natursteinzentrum und mehreren interessanten archäologischen Sehenswürdigkeiten. Bekannt ist es auch für sein heilkräftiges Wasser. Die Römer bauten im benachbarten Santa Maria de Is Acquas Thermalbäder und noch heute kommen die Menschen, um sich in den Wellnessanlagen der Gegend zu pflegen.

Sehenswertes

Civico Museo Archeologico Villa Abbas MUSEUM

(☎070 938 61 83; www.coopvillabbas.sardegna.it; Piazza Liberta 7; Eintritt 2,60 €, inkl. Chiesa di Sant'Anastasia 4,50 €; ⏲Sommer Di–So 9–13 & 17–20 Uhr, Winter Di–So 9–13 & 16–19 Uhr) Das Civico Museo Archeologico Villa Abbas oben in der Altstadt zeigt eine Sammlung von Fundstücken aus lokalen archäologischen Stätten. Zu den schönsten Stücken zählen zwei Bronzestatuetten aus dem 8. Jh. v. Chr., die 1913 am Rand von Sardara entdeckt wurden.

Area Archeologico & Chiesa di Sant'Anastasia ARCHÄOLOGISCHE STÄTTE

(☎070 938 61 83; www.coopvillabbas.sardegna.it; Piazza Sant'Anastasia; Eintritt 2,60 €, inkl. Civico Museo 4,50 €; ⏲Sommer Di–So 9–13 & 17–20 Uhr, Winter Di–So 9–13 & 16–19 Uhr) Ein paar hundert Meter vom Museum Sardaras entfernt steht die gotische Chiesa di Sant'Anastasia, und zwar inmitten eines früheren, viel größeren nuraghischen Tempels. Das Beste ist die unterirdische Quelle, die Sa funtana de is dolus (Schmerzensquelle), die zwischen dem 11. und 7. Jh. v. Chr. eine bedeutende Kultstätte war.

Chiesa di San Gregorio KIRCHE

(Piazza San Gregorio) Die Chiesa di San Gregorio ist ein attraktives Wahrzeichen der Stadt. Sie wurde zwischen 1300 und 1325 als romanisch-gotischer Stilmix errichtet und besitzt eine hohe, etwas abweisend wirkende Fassade und eine hübsche Fensterrosette.

Castello Monreale BURG

Etwa 4 km südlich von Santa Maria de Is Acquas führt ein Feldweg zur Ruine des Castello Monreale. Die Burg, die der Statthalter von Arborea im 13. Jh. errichten ließ, wurde von den geschlagenen Truppen nach der Schlacht von Sanluri als vorübergehender Zufluchtsort und später, 1478, als Kaserne der katalanisch-aragonischen Soldaten genutzt.

An- & Weiterreise

Es gibt regelmäßige Busverbindungen mit Cagliari (6 €, 1½ Std.).

LA MARMILLA

Nordöstlich von Sardara zeigt die Landschaft wieder ein freundlicheres Gesicht, denn die staubige Ebene weicht langsam den sanften grünen Hügeln von La Marmilla. Diese flachen Erhebungen gaben der Landschaft ihren Namen – *marmilla* ist abgeleitet von *mammellare*, was so viel bedeutet wie „brustförmig". Es ist eine idyllische Gegend, in der die Leute ein ruhiges, bäuerliches Leben führen. Gleichzeitig ist La Marmilla aber auch eine der Regionen Sardiniens mit den meisten archäologischen Schätzen. Hier, im Schatten der flachen Hochebene La Giara di Gesturi, liegt die berühmteste nuraghische Stätte der Insel, das Unesco-Weltkulturerbe der Nuraghe Su Nuraxi.

Villanovaforru & Nuraghe Genna Maria

660 EW.

Villanovaforru am Südrand der Marmilla ist ein hübsches, gepflegtes Dörfchen mit archäologischen Stätten, die Busladungen von Besuchern anziehen. Das Dorf selbst besitzt ein lohnenswertes Museum und nicht weit entfernt liegt die wichtige *nuraghe* Genna Maria.

Sehenswertes

Museo Archeologico MUSEUM
(☎070 930 00 50; www.gennamaria.it; Piazza Costituzione 4; Eintritt 3,50 €, inkl. Nuraghe 5 €; ⏲Sommer Di–So 9.30–13 & 15.30–19 Uhr, Winter bis 18 Uhr) Das Museo Archeologico in einem schönen Palazzo aus dem 19. Jh. im Dorfzentrum bietet mit seinen Fundstücken aus vielen Ausgrabungsstätten, wie Su Nuraxi und Genna Maria, einen guten Überblick über die Prähistorie der Region. Dazu gehören riesige Amphoren und andere Gefäße, Öllampen, Schmuck und Münzen.

Die **Sala delle Mostre** (Eintritt 1,50 €; ⏲Sommer Di–So 9.30–13 & 15.30–19 Uhr, Winter bis 18 Uhr) neben dem Museum zeigt heimatkundliche Wechselausstellungen.

Complesso Nuragico di Genna Maria ARCHÄOLOGISCHE STÄTTE
(☎070 930 00 50; www.gennamaria.it; Eintritt 2,50 €, inkl. Museo Archeologico 5 €; ⏲Sommer Di–So 9.30–13 & 15.30–19 Uhr, Winter 9.30–13 & 14.30–17 Uhr) Die nuraghische Anlage ist als Parco Archeologico ausgeschildert und befindet sich auf einem bewaldeten Hügel rund 1 km außerhalb des Dorfes an der Straße nach Collinas. Sie ist nicht viel mehr als ein Schutthaufen, für Archäologen aber eine der wichtigsten Stätten auf der Insel. Die Anlage besteht aus einem zentralen Turm, um den später das dreieckige Bollwerk errichtet wurde. Viel später entstand ringsum eine Mauer, die ein eisenzeitliches Dorf schützen sollte, von dem kaum noch etwas erhalten ist.

Museo Sa Corona Arrubia MUSEUM
(Museo Naturalistico del Territorio Giovanni Pusceddu; ☎070 934 10 09; www.sacoronarrubia.it; Località Sa Corona Arrubia; Erw./erm. 6/4 €, inkl. Ausstellung 8/6 €; ⏲Mo 14–19, Di–Do 9–13 & 15–19, Fr–So 9–19 Uhr) Das hervorragende Museum nordöstlich von Villanovaforru bei Lunamatrona präsentiert die Flora und Fauna der Gegend und erläutert ihre Geschichte und ländliche Kultur. Nachbildungen von prähistorischen Stätten und Dioramen lokaler Lebensräume veranschaulichen die Themen. Informationstafeln erklären die Exponate.

Das Museum zeigt auch wechselnde Kunstausstellungen, viele mit Werken lokaler Künstler.

An- & Weiterreise

Werktags gibt es täglich zwei Busverbindungen zwischen dem Dorf und Cagliari (6 €, 1¾ Std.). Busse verkehren auch von und nach Sardara (1,20 €, 15 Min., Mo–Sa 5-mal) und Sanluri (2 €, 30 Min., Mo–Sa 2-mal).

Barumini & Umgebung

1310 EW.

Ab Las Plassas führt die Straße durch eine sanfte, grüne Landschaft bis nach Barumini, einem winzigen Dorf mit Natursteinhäusern und stillen Gassen. Der Hauptgrund für einen Besuch ist die Nuraghe Su Nuraxi, aber es gibt auch ein reizendes Museum und den für Kinder vergnüglichen Park „Sardinia in Miniatura".

Sehenswertes

Casa Zapata MUSEUM
(☎070 936 84 76; www.fondazionebarumini.it; Piazza Giovanni XXIII; Erw./erm. inkl. Nuraghe Su Nuraxi 10/6,50 €; ⏲10 Uhr–1 Std. vor Sonnenuntergang) Der attraktive Museumskomplex ist in der einstigen Residenz aus dem 16. Jh. der spanischen Zapata-Familie untergebracht, der damaligen Herrscher der Marmilla. Die weiße Villa wurde ursprünglich

FENSTER IN DIE VERGANGENHEIT

Die Einheimischen haben sich jahrhundertelang kaum um die Steintürme gekümmert, die überall auf der Insel zu finden sind, und viele dienten als einfache Unterstände für Hirten. Doch vor 70 Jahren ergaben Kohlenstoffdatierungen, dass es sich um befestigte Siedlungen der Bronzezeit handelte, zumeist zwischen 1800 und 500 v. Chr. errichtet. Da es keine schriftlichen Quellen gibt, vermuten die Wissenschaftler, dass die frühen Bewohner Sardiniens keine Schriftsprache besaßen. So erlauben die *nuraghi* (Steintürme) und *tombe dei giganti* (prähistorische Massengräber, wörtlich „Gräber der Riesen") einen seltenen Einblick in die Zivilisation der Nuraghen.

Auf Sardinien soll es bis zu 7000 *nuraghi* geben – würde man jene mitzählen, die noch nicht ausgegraben wurden, wären es wahrscheinlich doppelt so viele. Über ihre tatsächliche Funktion gibt es unterschiedliche Meinungen, doch Übereinstimmung herrscht darüber, dass sie als Wachtürme und rituelle Kultstätten dienten und für Festlichkeiten und Warenaustausch genutzt wurden.

Die ältesten *nuraghi* waren einfache, frei stehende Bauten mit Innenräumen. Mit der Zeit wurden sie immer größer – die Nuraghe Santu Antine ist mit 25 m die höchste erhaltene *nuraghe* – und komplexer; sie enthielten aufwendige Räume und labyrinthähnliche Durchgänge. Schließlich wurden Mauern um die Türme errichtet und die Menschen ließen sich innerhalb dieses geschützten Raums nieder. Der spektakulärste Komplex dieser Art ist die an einen Bienenstock erinnernde Nuraghe Su Nuraxi.

auf dem Grund einer nuraghischen Siedlung aus dem 1. Jahrtausend v. Chr. errichtet, die geschickt in das Museum integriert wurde. Hinzu kommen Fundstücke aus der Nuraghe Su Nuraxi, eine Abteilung über die Zapata-Dynastie sowie eine kleine Sammlung landwirtschaftlicher Geräte.

Chiesa di Santa Tecla KIRCHE

Die Kirche aus dem 17. Jh. an der Kreuzung im Dorfzentrum besitzt ein hübsches Rosettenfenster mit geschwungenem Muster.

Parco Sardegna In Miniatura FREIZEITPARK

(☎070 936 10 04; www.sardegnainminiatura.it; Erw./erm. 10/8 €; ⏲April–Nov. 9.30–19 Uhr) Der Parco Sardegna in Miniatura, 1 km westlich von Barumini, besteht aus einer Nachbildung Sardiniens im Miniformat, einer Biosphäre, einem Planetarium und vielen Picknicktischen. Achtung: Eintritt zu den jeweiligen Attraktionen kosten extra.

Castello di Marmilla BURG

Die Ruine des Castillo di Marmillo aus dem 12. Jh. beherrscht mit ihrer Lage auf einem kegelförmigen Hügel die grellgrüne Landschaft um das Dörfchen Las Plassas, 3 km südwestlich von Barumini. Die Burg war einst Teil einer Verteidigungslinie, die von den mittelalterlichen Herrschern von Arborea an der Grenze zur Provinz Cagliari gebaut wurde.

Die Burg ist von Las Plassas über die Straße nach Tuili zu erreichen, von wo bald ein Pfad links zum Hügel hoch führt.

ℹ An- & Weiterreise

Zwei Busse täglich verbinden werktags Barumini mit Cagliari (6 €, 1¾ Std.).

Nuraghe Su Nuraxi

★Nuraghe Su Nuraxi ARCHÄOLOGISCHE STÄTTE

(☎070 936 81 28; www.fondazionebarumini.it; Erw./erm. inkl. Casa Zapata 10/6,50 €; ⏲Sommer 9–19 Uhr, Winter bis 16 Uhr) Die Nuraghe Su Nuraxi, inmitten der üppig grünen Landschaft bei Barumini, ist Sardiniens einziges Weltkulturerbe der Unesco und die meistbesuchte Nuraghe der Insel. Mittelpunkt ist der Turm von 1500 v. Chr., der ursprünglich allein stand, aber später in die befestigte Anlage integriert wurde. Viele Gebäude der Siedlung stammen aus der Eisenzeit. Die miteinander verbundenen Rundhütten sind heute als Wabenmuster zu erkennen, das den Berghang überzieht.

Der Nuraxi-Turm, der älteste Teil der Anlage, war ursprünglich 18,6 m hoch und reichte über drei Stockwerke, jedes mit einem einzigen *tholos* (Kammer). Er wurde um 1200 v. Chr. mit vier Nebentürmen und einer gewaltigen Ringmauer befestigt.

Die ersten Dorfhütten entstanden in der Bronzezeit zwischen dem 11. und 9. Jh. v. Chr., jedoch stammen die meisten Ruinen von heute aus einer späteren Bauperiode im 6. und 7. Jh. v. Chr. Als das Dorf zu wachsen begann, wurde um den innersten Kern ein aufwendigerer Mauerring errichtet. Er besaß neun mit Schießscharten versehene Rundtürme. Es wurden auch Waffen ausgegraben, die wie massive Steinbälle geformt sind.

Im 7. Jh. v. Chr. wurde die Stätte teilweise zerstört, aber nicht aufgegeben. Im Gegenteil, sie breitete sich aus und war auch zu Zeiten der Römer noch bewohnt. Ein rudimentäres Be- und Entwässerungssystem wurde ebenfalls nachgewiesen.

Wiederentdeckt wurde Su Nuraxi 1949 von Giovanni Lilliu nach sintflutartigen Regenfällen. Sie hatten den dichten Erdbelag über dem *nuraghe*-Komplex weggeschwemmt, der ihn wie einen ganz gewöhnlichen Marmilla-Hügel hatte aussehen lassen. Die Ausgrabungen dauerten sechs Jahre, und heute ist die Anlage die einzige komplett freigelegte *nuraghe* auf Sardinien. Beim Anblick der unzähligen Bausteine, die zur Befestigung in die Bauwerke eingefügt wurden, bekommt man eine Ahnung davon, wie viel Arbeit in die Restaurierung investiert wurde. Die Steine stechen mit Absicht heraus, damit sie vom ursprünglichen Basaltgestein besser zu unterscheiden sind.

Die Besichtigung ist nur mit Führung möglich (meist auf Italienisch); zur Erläuterung ist ein englisches Informationsblatt erhältlich. Im Sommer bilden sich lange Warteschlangen. Achtung: Auf dem schattenlosen Gelände kann es extrem heiß werden.

La Giara di Gesturi & Umgebung

Sehenswertes

★La Giara di Gesturi PLATEAU

La Giara di Gesturi nordwestlich von Barumini ist ein Hochplateau aus Basalt, das berühmt für seine Wildpferde und seine unverdorbene Naturschönheit ist. Die 45 km² große Ebene, die fast gänzlich von Macchia und Eichen- und Korkwäldern bedeckt ist, bietet hervorragende Möglichkeiten zum Wandern und Tiere Beobachten.

Die Giara steht unter Naturschutz und ist für Autos gesperrt. Hauptzugang ist **Tuili**, aber sie ist auch von **Setzu** oder **Gesturi** zu erreichen.

Ab Tuili führt die Straße in steilen Haaarnadelkurven zu einem Parkplatz am südlichsten Eingang der Giara hinauf. Der Eintritt kostet nichts, aber Ranger bitten Besucher, sich am kleinen **Informationsstand** (☎347 830 69 03; ⏲Sommer 8–19 Uhr, Winter bis 17 Uhr) anzumelden.

Vom Parkplatz führt ein ausgetretener Pfad zum kleinen See **Pauli Mauri**. Er ist einer der temporär entstehenden *paulis* (Teiche) auf der Giara, an denen sich oft die nur in Sardinien vorkommenden *cavallini* („Pferdchen") zum Trinken versammeln. Am besten kann man sie frühmorgens oder spätnachmittags beobachten.

Auf dem Plateau herrscht ein besonderes Mikroklima, das eine ganz eigene Pflanzenwelt hervorbringt. Die beste Zeit für einen Besuch ist der Frühling, wenn Heidekraut den Boden bedeckt und 15 verschiedene Orchideenarten blühen.

Werktags fährt einmal täglich ein Bus von Cagliari nach Tuili (6 €, 2 Std.), zur Giara hinauf ist allerdings ein eigenes Fahrzeug nötig.

Chiesa di San Pietro KIRCHE

(Tuili) Vor dem Ausflug zur Giara lohnt sich ein Besuch der Chiesa di San Pietro in Tuili. Sie ist oft geschlossen, aber wer Glück hat, kann sich innen den schönen *retablo* (Altaraufsatz) anschauen, der vom Maestro di Castelsardo 1500 gefertigt wurde.

Chiesa di Santa Teresa d'Avila KIRCHE

(Gesturi) Der Ort Gesturi an der Südostflanke der Giara wird vom 30 m hohen Glockenturm der Chiesa di Santa Teresa d'Avila beherrscht. In der Gemeindekirche aus dem 17. Jh. ehren die Gläubigen Gesturis größten Sohn, Fra Nicola „Silenzio" (1882–1958), einen Franziskanermönch, der für seine Religiosität, Weisheit und seinen einfachen Lebensstil verehrt wird.

Geführte Touren

Jara Escursioni NATURTOUREN

(☎348 2924983, 070 936 42 77; www.parcodellagiara.it; Via Tuveri 16, Tuili) Das Unternehmen aus Tuili organisiert Führungen durch die Giara.

BEN MEYER/GETTY IMAGES ©

Sardinien aktiv

Outdoorfans können sich auf Sardinien kaum entscheiden, was sie zuerst unternehmen sollen. Die atemberaubende Küste und das wilde Inselinnere bilden den perfekten Tummelplatz für die verschiedensten Aktivitäten, vom Wandern und Klettern über Höhlentouren und Reitausflüge bis zum Mountainbiking. Gleichzeitig verlockt das glasklare Wasser vor der Küste zu einer Fülle von Wassersporterlebnissen.

- Wandern, Radfahren & Reiten
- Tauchen & Segeln
- Andere Wassersportarten
- Höhepunkte für Kletterer

Oben Felsklettern mit Panoramablick aufs Mittelmeer

Wandern, Radfahren & Reiten

Mit seinem hügeligen Terrain, der herrlichen Landschaft und dem ausgedehnten Wegenetz ist Sardinien ein Traum für Wanderer und Radler. Es gibt Routen für jedes Fitnessniveau, von schwierigen Gebirgspisten bis zu spektakulären Küstenpfaden. Auch für Pferdenarren bietet die Insel eine Menge Möglichkeiten.

Wandern

Nur wer auf Schusters Rappen loszieht, kann richtig würdigen, wie groß, wild und unglaublich schön Sardinien ist.

Der Parco Nazionale del Golfo di Orosei e del Gennargentu (S. 201) auf halber Höhe der Ostküste ist ein großartiges Wanderrevier mit grandioser Küste und gebirgigem Hinterland. Sehr beliebt sind die Wege in die spektakuläre Schlucht Gola Su Gorropu (S. 205) und zur prähistorischen Siedlung Tiscali (S. 206). Für sehr fitte Wanderer ist der siebentägige Selvaggio Blu (S. 208) ein unvergessliches Abenteuer.

Weiter nördlich locken der Monte Limbara (S. 180) bei Tempio Pausania, die bizarre Felslandschaft der Gallura und das Naturschutzgebiet Le Prigionette (S. 134) bei Alghero.

Im Süden führen tolle Wanderwege durch die einsame Landschaft um den Monti Ferru (S. 104) und über die weite Hochebene La Giara di Gesturi (S. 84).

Für eine leichte Küstenwanderung bietet sich das Capo Sandalo (S. 75) auf der Isola di San Pietro an; unterwegs gibt es manchmal Eleonorenfalken zu sichten.

Sardinien ist von zahllosen Fußwegen durchzogen, doch viele sind unmarkiert, sodass Ortsunkundige sich leicht verirren. Am besten engagiert man bei einem ört-

LUCA SGUALDINI/GETTY IMAGES ©

MAREMAGNUM/GETTY IMAGES ©

1. Wanderer im Parco Nazionale del Golfo di Orosei e del Gennargentu (S. 201)
2. Isola Caprera (S. 176)
3. Radtour durch den Parco Nazionale dell'Asinara (S. 139)

MONTICO LIONEL/HEMIS.FR/GETTY IMAGES ©

lichen Wanderverein einen Führer; eine Halbtagswanderung kostet etwa 40 €.

Radfahren

Radfans schwören, dass es keine bessere Art gibt, den Menschenmassen zu entkommen und Sardinien zu erleben, als auf dem Fahrradsattel.

Adrenalintreibende Mountainbike-Abfahrten führen von den entlegenen Gipfeln der Provinz Ogliastra (S. 210) zum glitzernden Mittelmeer hinunter.

Wer lieber auf der Straße bleibt, kann eine anspruchsvolle Tour auf der SS125 unternehmen, die sich durch das schroffe Bergland zwischen Dorgali (S. 203) und Santa Maria Navarrese (S. 212) windet. An der Westküste ist die spektakuläre Küstenstraße, die von Alghero südwärts nach Bosa (S. 107) verläuft, ein großartiges Erlebnis für Radler.

Das Fahrrad ist auch eine ausgezeichnete Möglichkeit, um auf den Inseln vor Sardiniens Küste herumzukommen, etwa auf der Isola di San Pietro (S. 72) und der unbewohnten Isola dell'Asinara (S. 139).

Fahrräder werden in den meisten Ferienorten und Städten für 10–30 €/Tag vermietet. Fahrradrouten und -karten finden sich unter www.sardegnaturismo.it.

Reiten

Wer sich lieber hoch zu Ross fortbewegt, findet hierzu auf Sardinien reichlich Gelegenheit. Das größte Reitzentrum der Insel ist das Horse Country Resort (S. 100) bei Arborea mit einer Vielzahl verschiedener Angebote. Auch die Küste rund um San Teodoro (S. 161) und die grüne Isola Caprera (S. 176) sind gut zu Pferd zu erkunden. Ein 1½-stündiger Ausritt kostet normalerweise um die 35 €.

1

Tauchen & Segeln

Ebenso vielfältig und unwiderstehlich wie Sardiniens Landschaften sind auch die Gewässer um die Insel. Segler können versteckte Buchten ansteuern und von Insel zu Insel schippern, Taucher faszinierende Unterwasserhöhlen und Wracks erkunden.

Tauchen

Ein Blick auf Sardiniens azurblaue Gewässer – übrigens mit die saubersten des Mittelmeers – genügt, um Taucher ins Wasser zu locken. Auf sie wartet ein Unterwasserparadies voller Höhlen, Schluchten, Korallen und versunkener Ruinen. Außer Thunfischen, Barrakudas und Zackenbarschen lassen sich hier auch Schildkröten, Delfine und (harmlose) Haie blicken.

Einige der besten Tauchplätze liegen vor den Felsinseln, beispielsweise der Isola di San Pietro (S. 72) im Südwesten, der Isola Tavolara (S. 160) im Nordosten und in den geschützten Gewässern des Arcipelago di La Maddalena (S. 174) im Norden.

Zwischen April und Oktober bieten viele Tauchzentren Kurse und geführte Tauchgänge aller Schwierigkeitsgrade an. Ein Tauchgang kostet etwa 40 €, ein PADI-Open-Water-Kurs rund 420 € und die Ausrüstungsmiete 20 €/Tag.

Segeln

Segelurlaub auf Sardinien geht auch ohne Megajacht an der Costa Smeralda.

Für einen idyllischen Sommertörn kann man sich einfach in Carloforte (S. 73) ein Boot chartern und Kurs auf die abgeschiedenen Buchten der Isola di San Pietro nehmen. Ein beliebtes Segel-

1. Im Hafen von Alghero (S. 119) **2.** Segeln auf dem Mittelmeer

revier im Norden sind die Granitinseln und geschützten Gewässer des Parco Nazionale dell'Arcipelago di La Maddalena (S. 174). Ein Segelboot ist auch die beste und manchmal sogar einzige Möglichkeit, die schönsten Strände des atemberaubenden Küstenabschnitts um Cala Gonone (S. 206) zu erreichen.

Der Sporting Club Sardinia in Porto Pollo (S. 172) und der Club della Vela (S. 134) in der Nähe von Alghero bieten verschiedene Segelkurse an. Ein fünfstündiger Segelgrundkurs kostet ab 220 €. Die Charterkosten für eine Segeljacht liegen um 1500 €/Woche; ein *gommone* (leichtes Schlauchboot) sollte ca. 100–150 €/Tag kosten.

Eine gute Informationsquelle ist www.sailingsardinia.it (auf Italienisch) mit Links zu verschiedenen Charterfirmen.

TOP FIVE: TAUCHPLÄTZE

- **Nereo-Höhle** (S. 132) Die Höhle, die fast wie eine Kathedrale wirkt, ist die größte Unterwassergrotte des Mittelmeers. Hier gedeihen die berühmten roten Edelkorallen von Alghero.
- **Secca del Papa** (S. 161) In der Unterwasser-Wunderwelt vor der Isola Tavolara tummeln sich Zackenbarsche, Barrakudas, Muränen und Seebrassen.
- **Golfo di Cagliari** (S. 47) In über 30 m Tiefe gibt es faszinierende Wracks aus dem Zweiten Weltkrieg zu erkunden.
- **Carloforte** (S. 73) Mit Thunfischschwärmen durch Unterwasserhöhlen und -schluchten schwimmen.
- **Nora** (S. 79) Unterwasserarchäologie: Spannende Tauchgänge zu versunkenen punisch-römischen Ruinen.

1

Andere Wassersportarten

Die windumtoste Insel bietet Weltklassebedingungen für Windsurfer und von allen italienischen Zielen die besten Brecher für Wellenreiter. Für diejenigen, die es gemächlicher angehen wollen, ist ein Seekajak ideal, um die vielen schönen Ecken und Winkel der Küste zu erkunden.

Windsurfen

Windsurfer aus ganz Europa zieht es nach Porto Pollo (S. 172) an der Nordostküste Sardiniens, um sich mit den heftigen Winden zu messen, die durch den Kanal zwischen Sardinien und Korsika fegen. Aber auch Anfänger können gefahrlos in den geschützten Gewässern der Bucht üben.

Weitere Hotspots der Windsurferszene sind die Spiaggia della Pelosa (S. 138) an der Nordwestküste, die geschützte Spiaggia Mugoni (S. 134) bei Alghero und der Strand von Poetto in Cagliari (S. 40). Windsurf-Center überall auf der Insel verleihen Ausrüstung und bieten Kurse für jedes Niveau an. Für die Ausrüstungsmiete sind bis zu 20 €/Stunde zu veranschlagen, für einen zweitägigen Kurs etwa 160 €.

Eine hervorragende Webseite ist www.planetwindsurfholidays.com.

Wellenreiten

Dank seiner Lage kriegt Sardinien ganzjährig kleine bis mittelgroße Wellen ab, vor allem die Westküste, wo die Wogen aus dem Mittelmeer anrollen. Optimal ist der Winter, aber auch im Frühjahr und Herbst ist auf die Wellen Verlass.

Passionierte Surfer steuern am besten die Halbinsel Sinis an, wo sich die Wellen am wilden Capo Mannu (S. 103) bis

1. Isola Budelli (S. 177) im Parco Nazionale dell'Arcipelago di La Maddalena
2. Windsurfen
3. Wellenreiter an der sardischen Küste

zu 4 m Höhe türmen. Ein Lieblingsstrand der Surfer ist Putzu Idu (S. 103) bei San Giovanni. Kitesurfen ist hier ebenfalls beliebt; diverse Schulen kümmern sich um Anfänger und Könner.

Gute Ziele für Wellenreiter sind auch die Strände um Chia (S. 78) und bei Buggerru (S. 66) und Masua (S. 65) an der Küste von Iglesiente. Porto Ferro (S. 136) ist bei einheimischen Surfern beliebt.

Leihboards kosten um 20 €/Tag.

Kajakfahren

Ein ganz besonderes Sardinienerlebnis versprechen entspannte Paddeltouren zu versteckten Buchten. Cala Gonone (S. 206) ist ein prima Stützpunkt, um den Golfo di Orosei per Seekajak zu erkunden. Cardedu (S. 211) ist ideal, um die Felsen und Buchten der Ogliastra-Küste zu entdecken. Mietkajaks gibt es für ca. 25 €/Tag.

ADRENALIN PUR

➡ **Canyoning in der Gola Su Gorropu** (S. 205) Senkrechte Wände und riesige Felsbrocken in Europas Grand Canyon.

➡ **Kitesurfen vor Putzu Idu** (S. 103) Vor dem Traumstrand mit dem Wind segeln.

➡ **Höhlentour im Supramonte** (S. 191) Erkundungstrip durch die tiefen Höhlen und Gänge im Karstgestein.

➡ **Wasserski vor der Isola Caprera** (S. 176) Gut festhalten heißt es bei der rasanten Fahrt übers azurblaue Meer.

➡ **Der Selvaggio Blu** (S. 208) Die härteste Trekkingtour Italiens führt am Golfo di Orosei entlang.

Felsklettern, Selvaggio Blu (S. 20

Höhepunkte für Kletterer

Die schroffen Steilküsten und das zerklüftete Inselinnere machen Sardinien zu einem Kletterparadies. Mitzubringen sind das eigene Seil, Schwindelfreiheit und Maurizio Oviglias ultimativer Kletterführer *Pietra di Luna*. Die Webseiten www.climb-europe.com und www.sardiniaclimb.com sind eine gute Einstimmung.

Cala Gonone-Dorgali

Die Cala Gonone (S. 206) ist Sardiniens wichtigstes Klettergebiet. In den senkrechten Kalksteinwänden sind Routen für Anfänger und Fortgeschrittene mit Bohrhaken bestückt. Auch in der Umgebung gibt es vielerlei Klettermöglichkeiten.

Alghero

Das Capo Caccia westlich von Alghero lockt mit Kletterrouten an der atemberaubenden Steilküste und der Via Ferrata del Cabirol (S. 136). Die mittelschwere Traverse ist eine von nur zwei *vie ferrate* (Klettersteigen) auf Sardinien und besticht mit unschlagbarem Meerblick.

Ogliastra

Die Provinz Ogliastra ist mit rund 800 Routen der Schwierigkeitsgrade 4 bis 9b ein ausgezeichnetes Ganzjahres-Kletterrevier. Zu den Hotspots gehören die Küstenfelsen bei Baunei (S. 212) und Jerzu (S. 214) mit seinen imposanten Kalksteintürmen.

Isili

Isili (S. 190) ködert Kletterer mit über 300 Einseillängen-Routen der Grade 5a bis 8c+ und ist bekannt für seine steilen Überhänge.

Domusnovas

Domusnovas (S. 65) ist ein bekanntes Winterkletterzentrum mit Kalksteinfelsen, Steilküste und Höhlen. Anfänger und erfahrene Kletterer können aus ca. 500 Routen wählen, von einfachen Wänden bis zu Überhängen der Grade 9a+/b.

Oristano & der Westen

Inhalt ➡

Gut essen

- ➡ Trattoria Biancospino (S. 110)
- ➡ Desogos (S. 107)
- ➡ Trattoria Gino (S. 97)
- ➡ Agriturismo Sinis (S. 102)
- ➡ Sa Peschiera 'e Mar 'e Pontis (S. 101)

Schön übernachten

- ➡ Antica Dimora Del Gruccione (S. 224)
- ➡ Hotel Lucrezia (S. 224)
- ➡ Eleonora B&B (S. 223)
- ➡ Corte Fiorita (S. 224)

Auf nach Oristano & in den Westen

Dieser Teil Zentralsardiniens besitzt all das, was die Insel so schön und faszinierend macht: grandiose Strände, weite Gebiete mit grünen Hügeln, antike Ruinen und mysteriöse nuraghische Tempel.

Im Herzen der Region liegt Oristano, eine der großartigen mittelalterlichen Städte Sardiniens. Der lebhafte Ort hat eine reizende Altstadt und versprüht eine gelassene Atmosphäre. Die Halbinsel Sinis mit ihren hinreißenden Stränden und römischen Ruinen ist nur ein kurzes Stück entfernt. Und im Norden bezaubert das Städtchen Bosa mit seinem *centro storico*, der Altstadt am Fluss.

Ein völlig anderes Erlebnis vermittelt auf einem Ausflug landeinwärts das ländliche Sardinien. Die Dörfer und steilen Hänge des Gebirgsmassivs Monti Ferru sind ein Paradies für Feinschmecker, kulinarische Spezialitäten sind etwa die Rinder *bue rosso* und das native Olivenöl extra.

Auch wer gerne auf Feste geht, wird sich hier wohlfühlen. In Oristano findet ein farbenprächtiger Karneval statt und das kleine Dorf Sedilo ist Schauplatz eines der aufregendsten Events Sardiniens, des fabelhaften Pferderennens S'Ardia.

Entfernungen (km)

	Bosa	Cabras	Oristano	Sedilo
Cabras	55			
Oristano	59	10		
Sedilo	49	56	46	
Seneghe	43	20	25	35

Highlights

1 Am beliebten Quarzsandstrand **Is Aruttas** (S. 103) Sonne tanken

2 In den windumtosten Ruinen des antiken **Tharros** (S. 103) der Phantasie freien Lauf lassen

3 Beim turbulenten Karneval der **Sa Sartiglia** (S. 97) in Oristano mitfeiern

4 Vom düsteren **Castello Malaspina** (S. 108) die bunten Häuser von Bosa betrachten

5 Im **Museo Civico** (S. 100) in Cabras den Giganten von Monte Prama ins Auge sehen

6 Bei einer Tour durch **Monti Ferru** (S. 104) weite Aussichten und kulinarische Entdeckungen genießen

7 In der eindrucksvollen **Nuraghe di Santa Cristina** (S. 111) Einblicke in die Bronzezeit gewinnen

8 Tollkühne Reitkünste auf dem Fest **S'Ardia** (S. 112) in Sedilo bestaunen

9 Sich in **San Salvatore** (S. 102) wie ein Italowesternheld fühlen.

ORISTANO

31 100 EW.

Dank der eleganten Einkaufsstraßen, den stolzen Plätzen und beliebten Cafés sowie mehreren guten Restaurants lässt es sich in Oristanos schicker und lebendiger Altstadt wunderbar aushalten. Es gibt mit Ausnahme von ein paar Kirchen und einem interessanten archäologischen Museum nicht sehr viel zu sehen, dafür bietet sich die Stadt als Standort für Ausflüge in die Umgebung an.

Geschichte

Das flache, fruchtbare Land rund um Oristano war bereits ein Zentrum der Nuraghen-Kultur. Bedeutend wurde das Gebiet jedoch erst durch die Phönizier. Nach ihrer Ankunft im 8. Jh. v. Chr. gründeten sie die Stadt Tharros, die später unter den Römern florierte und de facto Hauptstadt des sardischen Westens wurde.

Doch 1070 waren ihre Bewohner die Sarazenen-Angriffe leid und wählten Aristianis (das heutige Oristano) im Binnenland zu ihrem neuen Wohnort, da es besser zu verteidigen war. Die Stadt entwickelte sich zur Hauptstadt des Giudicato d'Arborea, einer der vier unabhängigen Provinzen Sardiniens. Von hier aus regierte Eleonora von Arborea (1340–1404) das Land. Die Heldin, die oft mit Johanna von Orleans verglichen wird, führte im 14. Jh. Krieg gegen die Spanier und verfasste die Carta de Logu (Gesetzbuch). Als sie an der Pest starb, erlahmte der Widerstand gegen die Spanier und Oristano wurde dem aragonischen Rest der Insel angegliedert. Der Handel brach ein, Pest und Hunger wüteten, und eine harte Zeit begann.

Der Bau der Straße von Cagliari nach Porto Torres in den 1820er-Jahren und Mussolinis Programm zur Landgewinnung brachten Oristano den ersehnten Aufschwung.

Sehenswertes

Oristanos Hauptsehenswürdigkeiten befinden sich alle im historischen Stadtkern, dem hübschen *centro storico* mit Steinhäusern, sonnigen Piazzas und barocken Straßen.

★ Piazza Eleonora d'Arborea — PIAZZA

Oristanos eleganter Freiluftsalon liegt am südlichen Ende der Fußgängerstraße Corso Umberto I. Der beeindruckende, rechtwinklige Platz füllt sich an Sommerabenden mit Leben, wenn die Städter dort eintrudeln und die Kinder Fußbälle an die im Abendlicht leuchtenden Wände der Palazzi schießen. Der Platz ist seit dem 19. Jh. Mittelpunkt der Stadt und gesäumt von herrschaftlichen Gebäuden, darunter auch das klassizistische **Municipio** (Rathaus). In der Mitte steht eine verschnörkelte **Statue von Eleonora** (Piazza Eleonora d'Arborea) aus dem 19. Jh., die ihren Finger erhebt, als ob sie gerade zu einer politischen Rede ansetzen wolle.

Schnäppchenjäger sollten am ersten Samstag im Monat vorbeischauen, wenn auf der Piazza ein Antiquitätenmarkt stattfindet.

★ Cattedrale di Santa Maria Assunta — DOM

(Duomo; Piazza del Duomo; ⌚ Sommer 9–19 Uhr, Winter bis 18 Uhr) Die Silhouette von Oristano wird vom Zwiebelturm des Doms beherrscht. Er gehört zu den Überresten der Kathedrale aus dem 14. Jh., die ihrerseits ein Umbau einer von Feuer beschädigten Kirche aus dem 12. Jh. war. Der frei stehende Campanile (Glockenturm) mit seiner auffälligen Majolikakuppel verleiht dem ansonsten typischen Barockbau aus dem 18. Jh. ein exotisches, byzantinisches Flair.

Die Innenausstattung ist überwiegend barock, nur die Kapellen im Querschiff stammen noch vom gotischen Original. Unter den Kunstwerken sticht besonders die *Annunziata* in der Cappella dell'Annunziata hervor. Die Holzstatue aus dem 14. Jh. soll vom toskanischen Bildhauer Nino Pisano geschnitzt worden sein.

Chiesa di San Francesco — KIRCHE

(Via Sant'Antonio; ⌚ nur zur Messe geöffnet) Das *Crocifisso di Nicodemo* aus dem 14. Jh. gilt als eine der wertvollsten Schnitzarbeiten Sardiniens und ist der Glanzpunkt in der klassizistischen Kirche aus dem 19. Jh., die vom Architekten Gaetano Cima aus Cagliari entworfen wurde. Lohnend ist auch ein Blick auf das Altarbild aus dem 16. Jh. von Pietro Cavaro in der Sakristei.

Die Kirche, die erstmals im 13. Jh. erwähnt wurde, war einst ein wichtiger Treffpunkt und 1388 Schauplatz der Unterzeichnung eines Friedensvertrags zwischen Eleonora von Arborea und dem aragonischen König Giovanni I.

Museo Antiquarium Arborense — MUSEUM

(☎ 0783 79 12 62; www.antiquariumarborense.it; Piazza Corrias; Erw./erm. inkl. Altstadtführung 5/2,50 €; ⌚ Sommer 9–14.30 & 15.30–21 Uhr,

Oristano

Winter Mo–Fr 9–20, Sa & So 9–14 & 15–20 Uhr) Oristanos wichtigstes Museum besitzt eine der bedeutendsten archäologischen Sammlungen der Insel, die aus prähistorischen Artefakten von der Halbinsel Sinis und Fundstücken aus dem karthagischen und römischen Tharros besteht. Hinzu kommt eine kleine Sammlung von *retabli* (Altarbilder), darunter der *Retablo del Santo Cristo* aus dem 16. Jh. aus der Werkstatt des Pietro Cavaro. Das Bild stellt eine Gruppe scheinbar verzückter Heiliger dar, doch bei genauerem Hinsehen sind Folterinstrumente zu erkennen, die durch ihre Köpfe, Hälse und Herzen schneiden.

Die Dauerausstellung im Obergeschoss zeigt ein maßstabsgerechtes Modell von Tharros aus dem 4. Jh. sowie prähistorische Speerspitzen aus Obsidian und Feuerstein, Äxte, Knochen und ein paar Schmuckstücke von der Halbinsel Sinis. Interessanter sind jedoch die Funde aus dem karthagischen und römischen Tharros, wie Keramiken, Glaswaren, Öllampen, Amphoren sowie Töpfe, Teller und Schalen.

Pinacoteca Carlo Contini & Centro di Documentazione Sulla Sartiglia

KUNSTGALERIE

(Via Sant'Antonio 9; ⌚ Sommer Mo–Sa 10.30–13 & 17–20.45 Uhr, Winter bis 19.30 Uhr) GRATIS In der städtischen Kunsthalle von Oristano ist eine kleine, aber interessante Sammlung sardischer Gemälde zu sehen. Interessant sind die verschiedenen Darstellungen der *mamuthones,* der finster kostümierten Gestalten, die auf vielen Karnevalsfesten Sardiniens und während der Sa Sartiglia auftauchen, dem größten Fest Oristanos. Mehr über dieses Fest ist im benachbarten Sartiglia-Dokumentationszentrum zu erfahren, das zudem eine Masken- und Kostümsammlung und ein paar interessante historische Fotos ausstellt.

Oristano

Torre di Mariano II TURM
(Piazza Roma) Außer diesem Turm aus dem 13. Jh. ist nur wenig von der mittelalterlichen ummauerten Stadt erhalten geblieben. Der Turm, der auch Torre di Cristoforo genannt wird, bildete das Nordtor und war ein wichtiger Teil der Stadtbefestigung. Seine Glocke erhielt er erst im 15. Jh.

Torre di Portixedda TURM
(Di–So 10–12 & 16–18 Uhr) Der Turm, der etwas östlich der Via Giuseppe Mazzini steht, war Teil der Stadtmauer, die im 19. Jh. größtenteils abgerissen wurde. Heute finden im Turm wechselnde Ausstellungen statt.

Festivals & Events

★ Sa Sartiglia KARNEVAL
(Feb.) Oristanos Karneval ist der farbenfroheste der Insel und zieht jeden Februar Hunderte kostümierter Teilnehmer an. Zum Festprogramm gehören mittelalterliche Ritterspiele, Pferderennen und unglaubliche akrobatische Reitvorführungen.

Essen

Essen gehen ist in Oristano ein Vergnügen, besonders wenn man Fisch mag. Es gibt eine gute Auswahl an günstigen Restaurants und die Lagune Stagno di Cabras sowie der Golfo di Oristano liefern stets die frischen Meeresfrüchte. Eine der örtlichen Spezialitäten ist Meeräsche *(muggine)*, auch *pesce di Oristano* (Oristanofisch) genannt. Sie kommt häufig als *mrecca* (gekocht, in aromatisches Sumpfkraut gewickelt, getrocknet und gesalzen) auf den Tisch. Gegrillter Aal und *patelle* (schneckenähnliche, dunkle Muscheln) sind ebenfalls beliebt.

La Torre PIZZERIA €
(☎0783 30 14 94; Piazza Roma 52; Pizzas 4,50–10 €, Mahlzeiten 20–25 €; Di–So 12–15 & 19–23.30 Uhr) Das Lokal sieht von außen ziemlich schlicht aus und innen haut es einen auch nicht gerade um. Aber egal, es serviert die beste Pizza der Stadt. Wer genug von Pizza hat, aber die hektische Atmosphäre genießen will, kann sich eines der vielen Pasta- oder Grillgerichte bestellen.

★ Trattoria Gino TRATTORIA €€
(☎0783 7 14 28; Via Tirso 13; Mahlzeiten 25–30 €; Mo–Sa 12.30–15 & 19.30–23 Uhr) Sehr gutes Essen und eine trubelige, authentische Atmosphäre warten in dieser althergebrachten Trattoria. Das Gino gibt es schon seit den 1930er-Jahren und ist noch immer gut besucht, ob von Einheimischen oder Touristen, die sich in dem kleinen Raum leckere Meeresfrüchte und klassische Pastagerichte schmecken lassen. Besonders gut sind die Vorspeisenplatte mit Meeresfrüchten und die butterzarten *seppie* (Tintenfische).

Josto al Duomo SARDISCH €€
(☎0783 77 80 61; www.jostoalduomo.net; Via Vittorio Emanuele 34; Mahlzeiten 35–45 €, 2-/3-/4-Gänge-Probiermenü 16/25/43 €; Mo–Sa 13–15 & 20–23 Uhr) Das gutbürgerliche, lauschige Hotel-Restaurant liegt um einen Innenhof, der ideal für ein Essen unter freiem Himmel ist. Das Speisenangebot wechselt nach Saison, aber der Schwerpunkt sind kreative Gerichte mit traditionellem sardischen Touch, die mit Liebe fürs Detail serviert werden. Auf der Weinkarte stehen viele interessante Inselweine.

Ristorante Craf Da Banana RESTAURANT €€
(☎0783 7 06 69; Via de Castro 34; Mahlzeiten 35 €; Mo–Sa 12.30–15 & 19.30–22.30 Uhr) Das Restaurant unter Backsteingewölben in

SA SARTIGLIA: ORISTANOS MARDI GRAS

Sa Sartiglia ist das farbenfroheste und am sorgfältigsten choreographierte Fest Sardiniens. Die Ursprünge sind nicht bekannt, die gottähnliche zentrale Figur des Su Cum-poidori deutet jedoch auf ein heidnisches Ritual hin. Die Ritterspiele und Kostüme sind wiederum zweifellos spanischen Ursprungs und wurden wahrscheinlich von den giudici (Provinzgouverneuren) eingeführt, die am Hof von Aragon ausgebildet wurden. Das Wort „Sartiglia" stammt vom kastilischen sortija (Ring) ab. Mittelpunkt des Fests ist ein mittelalterliches Turnier, bei dem der Su Cumpoidori, der König des Sartiglia, einen aufgehängten Stern (Ring) durchbohren muss. Sowohl die jungfräulichen Bräute, die den Su Cumpoidori ankleiden, als auch sein Erscheinungsbild als zwitterähnliche Gottheit und das Werfen von Korn deuten auf alte Fruchtbarkeitsriten hin, mit denen der Frühling angekündigt wurde.

Das Fest findet an zwei Tagen statt, und zwar am letzten Sonntag und Dienstag (*martedì grasso*) vor Aschermittwoch. Um 12 Uhr wird Su Cumpoidori „geboren". Er sitzt auf einem Tisch (dem Altar) und wird von den sas massaieddas (jungfräuliche Mädchen) ehrfürchtig angekleidet und maskiert. Ab jetzt darf er den Boden nicht mehr berühren und wird zu seinem Pferd getragen, das fast so aufwendig geschmückt ist wie er selbst. Die weiße Maske des Su Cumpoidori umrahmt eine steife Mantilla, darauf kommt ein schwarzer Zylinder. In seiner Hand trägt er ein mit Veilchen und Immergrün geschmücktes Zepter, mit dem er die Menge segnet. Seine Hauptaufgabe ist die Eröffnung der Sartiglia, des Rennens zum Stern. Dies tut er zusammen mit zwei weiteren Rittern, dem segundu (Zweiten) und terzu (Dritten). Alle drei versuchen, den Stern zu durchbohren. Je öfter sie ihn treffen, desto segensreicher wird das kommende Jahr. Das letzte Ritual des Su Cumpoidori ist das Sa Remada, bei dem er auf dem Rücken liegend die Strecke entlanggaloppiert. Dann sind die Ritterspiele für die Reiter eröffnet, deren wagemutige akrobatische Kunststücke die Menge immer wieder in Staunen versetzen.

einem ehemaligen Kornspeicher aus dem 17. Jh. genießt im Ort einen guten Ruf. Deftige Landküche dominiert das Angebot, wie *panne frattau* (sardische Brotsuppe) oder gegrillter *asinello* (Eselfleisch). Es gibt aber auch viele Gerichte mit Meeresfrüchten, darunter Spaghetti *alla bottarga* (mit Meeräschenrogen).

Ausgehen & Nachtleben

116 Caffè CAFÉ
(Via Tirso 116; ⏲ Mo–Sa 6.30–1 Uhr) Das moderne Café (blanke Holzdielen, schwarze und graue Farbtöne) ist perfekt für einen frühabendlichen *aperitivo* mit einem kleinen Imbiss vom reichlichen Büfettangebot.

Lola Mundo CAFÉ
(Piazza Corrias 14; ⏲ Mo–Sa 7–24 Uhr) Das beliebte Café im *centro storico* (Altstadt) ist mit den Tischen auf der Piazza und der beruhigenden Musik wunderbar für einen Kaffee oder Aperitif geeignet.

Shoppen

Cantina Sociale della Vernaccia WEIN
(☎ 0783 3 33 83; www.vinovernaccia.com; Via Oristano 6/A, Rimedio; ⏲ Mo–Fr 8–13 & 15.30–18.30, Sa 9–13 Uhr) Oristano ist berühmt für seinen Vernaccia-Likörwein. Zu kaufen gibt es ihn in dieser Kellerei, etwa 4 km außerhalb der Stadt. Die Mehrzahl der Weinbauern aus der Region Oristano lassen hier ihre Trauben keltern, eine gute Qualität ist damit garantiert.

Praktische Informationen

Farmacia (☎ 0783 7 03 38; Corso Umberto I 49–51; ⏲ Mo–Fr 8.30–13.30 & 17–20.30 Uhr) Zentral gelegene Apotheke.

Ospedale San Martino (☎ 0783 31 71; Piazza San Martino) Krankenhaus südlich des Stadtzentrums.

Post (☎ 0783 36 80 28; Via Mariano IV d'Arborea; ⏲ Mo–Fr 8.20–19.05, Sa 8.20–12.35 Uhr)

Touristeninformation (☎ 0783 368 32 10; www.gooristano.com; Piazza Eleonora d'Arborea 18; ⏲ Mo–Do 8.30–13 & 15–18, Fr 8.30–13 Uhr) Hier gibt's die hilfreiche Broschüre *Oristano in your Pocket*.

An- & Weiterreise

AUTO & MOTORRAD

Oristano liegt an der SS131, die Cagliari mit Sassari und Porto Torres verbindet. Einige

Abzweigungen von der Schnellstraße führen in Richtung Nordwesten nach Nuoro und Olbia.

BUS

Vom **Busbahnhof** (Via Cagliari) fahren Busse direkt von/nach Santa Giusta (1,20 €, 15 Min., halbstündl.), Cagliari (7 €, 2 Std., 2-mal tgl.), Bosa (6 €, 2 Std., 5-mal tgl.) und Sassari (8 €, 2 Std., 3-mal tgl.).

ZUG

Der Hauptbahnhof befindet sich an der Piazza Ungheria östlich des Zentrums.

Bis zu 15 Züge, einige mit Umsteigen, verkehren täglich zwischen Oristano und Cagliari (5,95 €, 1–1½ Std.). Direktverbindungen gibt es mit Sassari (10,15 €, 2–2½ Std., 2-mal tgl.) und Olbia (11,50 €, 2¾ Std., 3-mal tgl.); weitere Verbindungen sind mit Umsteigen in Ozieri-Chilivani verbunden.

Unterwegs vor Ort

AUTO & MOTORRAD

Außerhalb des Zentrums sollte Parken kein Problem sein. Blaue Linien kennzeichnen Parkplätze mit Parkschein. In Zentrumsnähe kosten sie montags bis samstags von 8.30 bis 13 und dann von 16 bis 19.30 Uhr 0,80 € pro Stunde. Außerhalb dieser Zeiten ist Parken kostenlos.

BUS

Die Innenstadt ist problemlos zu Fuß zu erkunden; vom Bahnhof ins Zentrum kommt man aber am besten per Bus. Die Buslinie 3 fährt zur Piazza Roma im historischen Zentrum.

Verschiedene Busse fahren von der Via Cagliari zur Marina di Torregrande (1,20 €, 15 Min.).

TAXI

Taxis stehen am Bahnhof und an der Piazza Roma. Taxiruf: ☎ 0783 7 02 80 oder ☎ 0783 7 43 28.

SÜDLICH VON ORISTANO

Südlich von Oristano werden die flachen Ebenen von einem Mosaik aus ausgedehnten Feldern geprägt, aufgelockert durch Kanäle, Lagunen und manchmal auch kleinen Pinienwäldern. Die Gegend bestand weitgehend aus malariaverseuchten Sümpfen und dichten Korkwäldern, bis Mussolini 1919 ein ehrgeiziges Entwässerungs- und Landgewinnungsprojekt veranlasste. Heute ist sie eine eintönige und manchmal befremdliche Landschaft mit einigen verschlafenen Dörfern und Landstädtchen.

Santa Giusta

4850 EW.

Das quirlige Landstädtchen Santa Giusta liegt am **Stagno di Santa Giusta**, Sardiniens drittgrößter Lagune. Die einstige punische Stadt Othoca ist heute vor allem für ihre außergewöhnliche Basilika bekannt, eines der ältesten und schönsten romanischen Bauwerke der Insel.

Sehenswertes

★Basilica di Santa Giusta KIRCHE

(⌚7.30–18.30 Uhr) Die weithin sichtbare romanische Kirche aus dem frühen 12. Jh. ist eines der architektonischen Schmuckstücke Sardiniens. Ihre strenge Sandsteinfassade wird von Blendarkaden und einem typisch toskanischen Portal aufgelockert. Die drei Kirchenschiffe sind innen durch Säulen aus Marmor und Granit voneinander getrennt, von denen mehrere vermutlich aus dem antiken Tharros stammen. Das Kryptagewölbe unter dem Altarraum birgt die Reliquien der heiligen Justa, einer Märtyrerin aus dem 2. Jh., die hier unter der Herrschaft von Diokletian hingerichtet worden sein soll.

Die Basilika steht um den 14. Mai vier Tage lang im Mittelpunkt der jährlichen Feierlichkeiten der **Festa di Santa Giusta**.

Stagno S'Ena Arrubia LAGUNE

Der Stagno S'Ena Arrubia, 6 km südlich von Santa Giusta, ist ein Paradies für Vogelbeobachter – Flamingos, Fischreiher, Moorhühner und Fischadler lassen sich hier regelmäßig blicken.

An- & Weiterreise

Vom Busbahnhof in Oristano fährt alle 30 Minuten ein Bus nach Santa Giusta (1,20 €, 15 Min.).

Arborea

4030 EW.

Dem stillen Arborea, 1928 von Mussolini gegründet, ist der faschistische Ursprung deutlich anzusehen – ein strenges Straßenraster, eine mustergültige zentrale Piazza und ein Aufgebot an eigenwilligen Baustilen. Im Küstendörfchen Marina di Arborea, nur ein paar Kilometer nordwestlich, gibt es einen angesehenen Reitstall.

Sehenswertes & Aktivitäten

Piazza Maria Ausiliatrice PIAZZA

Arboreas Vorzeigestück, die Piazza Maria Ausiliatrice, ist ein sehr schöner, gepflegter

Platz, der auch gut in ein Schweizer Bergdorf passen würde. Überragt wird er von der Fassade der im Tiroler Stil errichteten **Chiesa del Cristo Redentore** und gegenüber vom Jugendstilbau des **Municipio** (Rathaus).

MUB Museo della Bonifica MUSEUM
(☎0783 80 20 05; Corso Italia 24; Eintritt 4 €; ⌚Di–Fr 10–12 & 15–18, Sa & So 10–12.30 Uhr) GRATIS Das Stadtmuseum Arboreas in einer renovierten Mühle zeichnet die Gewinnung von Land *(bonifica)* nach, auf dem die Stadt gebaut wurde. Die kleine archäologische Abteilung zeigt nuraghische und antike Artefakte, die in der Necropoli di S'Ungroni und anderen Stellen in der Umgebung ausgegraben wurden.

Spiaggia di Marina di Arborea STRAND
Das winzige Dorf Marina di Arborea grenzt an diesen langen und meist recht ruhigen Strand. Der von dichten Kiefernwäldern begrenzte Sandstreifen erstreckt sich über mehrere Kilometer nordwärts bis zur Lagune Stagno S'Ena Arrubia.

Horse Country Resort REITEN
(☎0783 8 05 00; www.horsecountry.it; Strada a Mare 24; Reitunterricht pro Pers. ab 20 €) Der größte Reitstall Sardiniens hinter einem dichten Kiefernwald 2 km nordwestlich von Arborea ist mit seinen arabischen, andalusischen und sardischen Pferden auch einer der bedeutendsten Italiens. Es gibt eine gute Auswahl an Reitangeboten, u. a. Reitunterricht ab 20 € pro Person. Unterkunft in der Ferienanlage (S. 223) gehört ebenfalls dazu.

Marceddi

Das winzige Fischerdorf an der Mündung des **Stagno di Marceddi** ist der Inbegriff eines Kaffs. Die meiste Zeit des Jahres sind die einzigen Zeichen der Zivilisation ein paar ramponierte Autos und die verlotterten Stromleitungen über unbefestigten Straßen. Die Lagune, die die Ebenen Arboreas von der Costa Verde trennt, ist ein bedeutender Lebensraum für Wildtiere und Vögel wie Flamingos, Kormorane und Reiher.

Essen

Da Lucio FISCH & MEERESFRÜCHTE €€
(☎0783 86 71 30; www.ristorantedalucio.it; Via Lungomare 40; Mahlzeiten um 35 €; ⌚Fr–Mi 12.30–14.45 & 20.30–22.45 Uhr) Das beste der Hafenrestaurants in Marceddi ist ideal für ein köstliches Mahl aus Meeresfrüchten. Empfehlenswert: der Tintenfischsalat oder, wenn im Angebot, fleischige kleine Seeigel, gefolgt von *fregola con arselle nera* (kleine Grießnudeln mit Islandmuscheln). Für den Hauptgang kann man mit gegrilltem Fisch nichts falsch machen.

HALBINSEL SINIS

Die Halbinsel Sinis im Golfo di Oristano ist eine Welt für sich. Klare Lagunen wie der Stagno di Cabras, Stagno Sale Porcus oder Stagno Is Benas sowie schneeweiße Strände verleihen ihr eine fast schon tropische Atmosphäre. Die flache, grüne Landschaft scheint völlig unberührt – obwohl sie bereits seit dem 5. Jh. v. Chr. bewohnt ist. Überall stehen Nuraghen herum und die imposante punisch-römische Ruinenstadt Tharros ist ein Zeugnis für die einstige Bedeutung der Gegend. Auch Sportsfreunde kommen hier beim Wellenreiten, Windsurfen und Tauchen auf ihre Kosten.

Der Sommer mag die naheliegende Reisezeit sein, aber der Frühlingsbeginn ist ebenfalls eine wunderbare Zeit, da dann Wildblumen die grüne Landschaft aufleuchten lassen und sich ganze Schwärme von Zugvögeln an den Lagunen niederlassen. Hauptdarsteller des Schauspiels sind die prächtigen Rosaflamingos.

Cabras

9080 EW.

Cabras am Südrand des Stagno di Cabras ist ein bedeutender Fischerort und Herzstück der Meeräschenfischerei der Insel. Die regionale *bottarga* (Meeräschenrogen) ist sehr begehrt und durchaus probierenswert. Es gibt ansonsten keinen Grund zum Bleiben, aber die Restaurants sind gut und das archäologische Museum lohnt einen kurzen Besuch.

Sehenswertes

★ **Museo Civico** MUSEUM
(☎0783 29 06 36; www.penisoladelsinis.it; Via Tharros 121; Erw./erm. 5/4 €, inkl. Tharros 8/5 €; ⌚Sommer 9–13 & 16–20 Uhr, Winter 9–13 & 15–19 Uhr) Die große Sehenswürdigkeit von Cabras ist das Museo Civico am Südrand des Ortes. Hauptattraktion sind die sogenannten Giganten von Monte Prama, eine Reihe hoher nuraghischer Figuren, die Bogenschützen, Ringkämpfer und Boxer darstel-

DIE GIGANTEN VON MONTE PRAMA

Die Giganten von Monte Prama, eine Gruppe von riesigen nuraghischen Figuren, wurden nach fast 3000 Jahren erstmals im März 2014 der Öffentlichkeit vorgestellt.

Die bis zu 2,5 m hohen Sandsteinstatuen aus dem 8. bis 9. Jh. v. Chr. gehören zu den ältesten ihrer Art, die jemals im Mittelmeerraum entdeckt wurden. Sie stellen Bogenschützen, Boxer und Krieger dar und haben befremdlich eindringliche Gesichter mit ausgeprägten Augenbrauen und scharfen Nasen. Ihr auffälligstes Merkmal sind jedoch die hypnotisch erscheinenden Augen, zwei konzentrische Ringe, die vermutlich Macht und Magie symbolisieren sollen.

Die heute ausgestellten Statuen sind das Ergebnis einer mühsamen vierjährigen Restaurierung aus Fragmenten, die am Monte Prama entdeckt wurden, einem flachen Hügel zwischen San Salvatore und Riola Sardo. Die ersten Fragmente wurden 1974 durch Zufall von einem einheimischen Bauern entdeckt. Im Lauf der nächsten fünf Jahre wurden über 5000 Teile ausgegraben, darunter 15 Köpfe und 22 Torsi. Bislang haben Archäologen 25 Statuen und 13 Modelle von *nuraghi* zusammengesetzt und Fragmente von drei weiteren Figuren identifiziert.

Die Ausgrabungen in der Stätte sind noch nicht abgeschlossen und bringen immer neue Fundstücke zutage. Im Mai 2014 wurden zwei Blöcke aus gemeißeltem Sandstein entdeckt, was Archäologen vermuten lässt, dass die Stätte ein Tempel oder ein Heiligtum gewesen sein mag und nicht eine Nekropole, wie zuvor angenommen.

len. Ebenso interessant sind die Fundstücke aus der prähistorischen Stätte Cuccuru Is Arrius und aus Tharros sowie eine Sammlung Obsidian- und Feuersteinwerkzeuge, die aus der neolithischen Zeit der Kulturen der Bonu Ighinu und Ozieri stammen sollen.

Festivals & Events

Festa di San Salvatore KIRCHENFEST

(Sept.) Zur Festa di San Salvatore am ersten Septemberwochenende nehmen Hunderte junge Männer an der **Corsa degli Scalzi** teil, dem traditionellen Lauf der Barfüßigen zwischen Cabras und San Salvatore. Der Lauf, der sich auf zwei Tage verteilt, erinnert an den Vorfall von 1509, als die Stadtbewohner nach San Salvatore eilten, um eine Heilandsstatue vor maurischen Seeräubern zu retten.

Das Fest beginnt am Samstag, wenn die barfüßigen und weiß gekleideten Läufer die Statue über 8 km staubige Wege nach San Salvatore begleiten. Das ist die erste Etappe; am nächsten Tag geht es auf dem gleichen Weg samt der Statue wieder zurück nach Cabras, wo sie in der Chiesa di Santa Maria Assunta aufbewahrt wird.

Essen

Sa Peschiera 'e Mar 'e Pontis FISCH & MEERESFRÜCHTE €€

(0783 39 17 74; Strada Provinciale 6; Menüs 25–35 €; 13–14.30 & 20–22.30, Mi & So abends geschl.) Das phantastische Restaurant vorne in der Fischereigenossenschaft Pontis an der Straße zwischen Cabras und Tharros serviert frische Meeresfrüchte. Das Angebot richtet sich nach dem Tagesfang, aber den Ehrenplatz nehmen der heimische *muggine* (Meeräsche) und die geschätzte *bottarga* (Meeräschenrogen) ein. Reservierung ist empfehlenswert, am Wochenende unumgänglich.

Il Caminetto FISCH & MEERESFRÜCHTE €€

(0783 39 11 39; www.ristorante-ilcaminetto.com; Via Cesare Battisti 8; Mahlzeiten 35 €; Di–So 12.30–14.45 & 20–22.30 Uhr) Das in der Altstadt versteckte Caminetto ist eines der bekanntesten Fischrestaurants in der Gegend. Serviert werden Inselklassiker wie *muggine affumicato* (geräucherte Meeräsche), *spaghetti alle arselle e bottarga* (Spaghetti mit Muscheln und Meeräschenrogen) und *burrida* (Rochen in scharfer Tomatensauce).

L'Oliveto PIZZERIA €€

(0783 39 26 16; Via Tirso 23; Mahlzeiten 30–35 €; Mi–Mo 19.30–24 Uhr) In der schlichten Restaurant-Pizzeria in einem Olivenhain nahe dem Nordrand der Stadt gibt es traditionelle Meeresfrüchtegerichte und exzellente Pizza.

An- & Weiterreise

Busse fahren stündlich von und nach Oristano (1,20 €, 15 Min.).

Marina di Torregrande

Der kleine Badeort Marina di Torregrande, etwa 4,5 km südlich von Cabras, ist ein beliebtes Ausflugsziel der Oristaner. Das Dorf hinter dem langen Sandstrand hat ein typisches Badeortflair: braungebrannte Einheimische, die den von Palmen gesäumten *lungomare* (Promenade) entlangschlendern, und Bars, aus denen Musik tönt. Außerhalb der Saison ist das Ganze ein stiller Ort mit leeren Ferienhäusern und geschlossenen Restaurants.

Das einzige Bauwerk von historischer Bedeutung im Dorf ist der **aragonische Wachturm** aus dem 16. Jh., nach dem der Ort benannt ist. Ist der einmal abgehakt, bleibt nur noch der Strand. Dort werden für ca. 11 € pro Tag Strandliegen und Sonnenschirme vermietet.

Aktivitäten

Eolo WINDSURFEN
(☎327 5609844; www.eolowindsurf.com; Lungomare Eleonora d'Arborea) Eolo bietet Segel- und Windsurfkurse, aber auch Kitesurfen, Beach-Tennis und Ausrüstungsverleih (zum Windsurfen ab 15 € pro Std.).

Essen & Ausgehen

Da Giovanni RESTAURANT €€
(☎0783 2 20 51; Via Colombo 8; Mahlzeiten 35–40 €; ⏲Di–So 13–15 & 20–23 Uhr) Das historische Restaurant in unscheinbarer Lage an der Hauptstraße aus Marina di Torregrande heraus ist auf kreative Gerichte mit Meeresfrüchten spezialisiert. Ein typisches Gericht ist z. B. *lasagnette* (kleine Lasagne) mit Sardinen, Muscheln, Thymian und einer Sauce aus wildem Fenchel.

BNN Fashion Club BAR, CLUB
(☎338 2357540; www.bnnfashionclub.it; SP94, km 1,8; ⏲Sommer 23–6 Uhr) Der BNN Fashion Club ein paar Kilometer landeinwärts Richtung Cabras ist eine beliebte Bar mit Disko. Gast-DJs versorgen die gut gekleideten Sommergäste nonstop mit Mainstream-, House- und Revival-Beats.

An- & Weiterreise

Busse fahren von verschiedenen Haltestellen in der Via Cagliari in Oristano (einschließlich Busbahnhof) nach Marina di Torregrande (1,20 €, 15 Min.).

San Salvatore

Ein staubiger Platz, umgeben von winzigen Reihenhäuschen, sogenannten *cumbessias,* bildet das Zentrum des Dörfchens San Salvatore, das in den 1960er-Jahren als Filmkulisse für Italowestern diente. Einen Großteil des Jahres stehen diese schlichten Behausungen leer, ebenso wie der Rest des Dorfs. Nur Anfang September öffnen sie sich für Pilger der Fiesta San Salvatore, einem neuntägigen Fest, das hauptsächlich in der kleinen Dorfkirche gefeiert wird.

Sehenswertes

Chiesa di San Salvatore KIRCHE
(⏲ganzjährig 9.30–13 Uhr& Sommer 15.30–18 Uhr) In der Dorfmitte steht die Chiesa di San Salvatore aus dem 17. Jh., darunter befindet sich ein *ipogeo* (unterirdisches Steingewölbe) aus der nuraghischen Zeit. Darin befand sich ursprünglich ein Wasserheiligtum. In der Hauptkammer ist noch immer ein Brunnen zu sehen. In römischer Zeit wurde das Gewölbe als frühchristliche Kirche genutzt. Die dunklen Steinmauern weisen noch Spuren von Graffiti aus dem 4. Jh. und verblasste Fresken auf.

Essen

★**Agriturismo Sinis** SARDISCH €
(☎328 9312508, 0783 39 26 53; www.agriturismo ilsinis.it; Località San Salvatore; Mahlzeiten 20–32 €; ⏲Reservierung erforderlich) Der Agriturismo Sinis gleich hinter dem Abzweig nach San Salvatore ist ein echter Bauernhof mit hervorragendem Restaurant. Die Speisekarte hängt vom aktuellen Angebot ab, aber Gemüse und Obst stammen aus eigenem Anbau, das Fleisch, wie *porcetto* (Spanferkel) aus eigener Zucht, wird auf einem großen Außengrill perfekt zubereitet. Reservierung erforderlich.

San Giovanni di Sinis

Ganz im Süden der Halbinsel Sinis, etwa 5 km hinter San Salvatore, führt die Straße durch die kleine Siedlung San Giovanni di Sinis. Gleich hinter dem Parkplatz am Ende der Zufahrtsstraße nach Tharros ist die Sandsteinkirche **Chiesa di San Giovanni di Sinis** (⏲9–17 Uhr) zu sehen, die zweitälteste Kirche Sardiniens nach der Basilica di San Saturnino in Cagliari. Ihr heutiges Aussehen

STRÄNDE DER HALBINSEL SINIS

Die Strände auf der Halbinsel Sinis und in unmittelbarer Nähe von Oristano gehören zu den schönsten der Insel. Am besten sind sie mit dem eigenen Fahrzeug zu erreichen, aber werktags fahren auch zwei Busse täglich von Oristano nach Putzu Idu (2 €, 55 Min.), im Juli und August fahren die Busse viermal täglich.

Is Aruttas Die perfekte Sichel aus weißem Sand mit klarem, aquamarinblauem Wasser ist einer der berühmtesten Strände der Halbinsel. Jahrelang wurde sein Quarzsand für Aquarien und Strände an der Costa Smeralda abgetragen, was aber mittlerweile illegal ist. Der Strand ist ausgeschildert, er liegt 5 km westlich der Straße ab San Salvatore nach Norden.

Putzu Idu Der Strand von Putzu Idu mit einem Haufen Ferienhäusern und Strandbars liegt im Norden der Halbinsel. Der malerische Sandstreifen ist eine Art Hotspot des Wassersports, da er sich hervorragend zum Surfen, Wind- und Kitesurfen eignet. An die Landzunge **Capo Mannu** im Norden krachen einige der größten Wellen des Mittelmeers.

Isola di Mal di Ventre Die kahle Felseninsel 10 km vor der Küste verdankt ihren merkwürdigen Namen (Bauchweh-Insel) der Seekrankheit, unter der die Seeleute auf diesen unruhigen Gewässern litten. Auf der heute unbewohnten Insel befand sich einst eine primitive Nuraghensiedlung, später diente sie als Unterschlupf für sarazenische Piraten. Heutzutage sind die einzigen Besucher Urlauber, die zu den Stränden an ihrer Ostküste wollen. **Maremania** (☎ 348 0084161; www.maluentu.it; Touren pro Erw./erm. 25/15 €; ⏲ nur im Sommer 8–13 & 15–19 Uhr) ist eines von mehreren Unternehmen, die zwischen Juni und September von Putzu Idu zur Insel schippern.

Capo Mannu Windsurf School (☎ 347 6881793; www.capomannuwindsurf.it; Lungomare Putzu Idu) Windsurfkurse für alle Stufen sowie Verleih von Brettern und Segeln. Einstündiger Einzelunterricht kostet ab 35 €; Ausrüstungsverleih ab 15 € pro Stunde.

verdankt sie einem Umbau im 11. Jh., einige Elemente des byzantinischen Originalbaus aus dem 6. Jh. blieben erhalten, darunter die charakteristische rote Kuppel. Die kahlen Wände verleihen dem Innenraum eine düstere und überraschend spirituelle Atmosphäre.

Ein Bus fährt fünfmal täglich von Oristano nach San Giovanni di Sinis (2,50 €, 35 Min.) und weiter zum Strand Is Aruttas (3 €, 50 Min.).

Tharros

Von San Giovanni di Sinis führt die Straße weiter an einer Reihe von Pizzerias, Bars und Cafés vorbei zur Area Archeologica di Tharros, eine der spannendsten archäologischen Stätten Sardiniens. Tharros war in der Antike eine bedeutende Stadt. Ihre Ruinen, die sich bis zum Capo San Marco, dem südlichsten Punkt der Halbinsel Sinis, erstrecken, sind heute ein unvergesslicher Anblick. Am besten ist ein Besuch am frühen Morgen oder kurz vor Sonnenuntergang, wenn alles ruhig und die Atmosphäre am schönsten ist.

Geschichte

Die Halbinsel Sinis war bereits eine blühende nuraghische Siedlung, als die Phönizier etwa 730 v. Chr. hier eine Niederlassung gründeten. Ihre Stadt Tharros florierte und wurde schließlich dem karthagischen Reich einverleibt. Aber als wichtiges Flottenzentrum in strategisch günstiger Lage war sie stets gefährdet. Als die Römer sie im 3. Jh. v. Chr. angriffen, fiel die Stadt an die gnadenlosen Legionäre.

Unter den Römern blieb sie auch weiterhin eine wichtige Hafenstadt und wurde im 2. und 3. Jh. n. Chr. gründlich umgebaut. 1070 wurde sie schließlich von ihren Einwohnern aufgegeben, da sie genug von den immer brutaleren Raubzügen der Vandalen und Sarazenen hatten. Ein Großteil der Bauwerke wurde abgetragen und für den Bau der neuen Hauptstadt Oristano verwendet.

👁 Sehenswertes

★ Area Archeologica di Tharros ARCHÄOLOGISCHE STÄTTE
(☎ 0783 37 00 19; www.penisoladelsinis.it; Erw./erm. 5/4 €, inkl. Turm 6/5 €, inkl. Museo Civico Cabras 8/5 €; ⏲ Sommer 9–20 Uhr, Winter bis

ABSEITS DER ÜBLICHEN PFADE

OASI DI SEU

Die **Oasi di Seu**, ein wahrer Garten Eden mediterraner Flora, liegt ein paar Kilometer außerhalb von Tharros und ist ab der Hauptstraße ausgeschildert. Wer erst einmal die 3 km lange, unbefestigte Straße hinter sich gebracht hat, betritt eine stille Welt mit sandigen Pfaden und unberührter Natur. Der Duft von Kräutern erfüllt die Luft, der aus der dichten Macchia von Rosmarin, Zwergpalmen und Pinien aufsteigt

17 Uhr) Das bewegte blaue Meer im Golfo di Oristano bildet eine prachtvolle Kulisse für die Ruinen des antiken Tharros. Die von den Phöniziern im 8. Jh. v. Chr. gegründete Stadt florierte als Kriegshafen der Karthager und wurde später von den Römern eingenommen. Was heute zu sehen ist, stammt größtenteils aus dem 2. und 3. Jh. n. Chr., als die Basaltstraßen angelegt und der Aquädukt, die Bäder und andere größere Bauwerke errichtet wurden.

Besucher können die Ruinen erst sehen, wenn sie die Anhöhe mit dem Ticketschalter erreicht haben. Von hier geht es ein Stück auf dem *cardo* (römische Hauptstraße) entlang, bis auf der linken Seite der Hauptwasserspeicher *castellum aquae* auftaucht. Zwei Säulenreihen sind in dem viereckigen Bau zu erkennen. Von hier führt der **Cardo Massimo**, die Hauptachse der Stadt, auf einen kahlen Hügel mit einer karthagischen **Akropolis** und einem **Tofet** (Begräbnisstätte für Kinder). Hier oben finden sich auch Reste der ursprünglichen Nuraghen-Siedlungen.

Vom unteren Ende des Cardo Massimo führt der **Decumano** an den Ruinen eines **Punischen Tempels** und den zwei allein stehenden Säulen des römischen **Tempio Tetrastilo** vorbei bis zum Meer. Die Säulen sind Nachbildungen, authentisch ist nur das korinthische Kapitell, das eine der Säulen krönt.

In der Nähe befinden sich **Thermalbäder** und im Norden die Relikte einer **frühchristlichen Taufstelle**. Am südlichsten Punkt der Siedlung sind weitere Thermalbäder zu finden, die aus dem 3. Jh. n. Chr. stammen.

Der Wachturm **Torre di San Giovanni** (Erw./erm. 3/2 €, inkl. Tharros 6/5 €; ⌚Sommer 9–20 Uhr, Winter bis 17 Uhr) aus dem 16. Jh., in dem manchmal Ausstellungen stattfinden, bietet eine Vogelperspektive auf die Stätte. Man blickt von oben auf die Ruinen und die **Spiaggia di San Giovanni di Sinis**, einen beliebten Strand, der sich auf beiden Seiten des Turms erstreckt. Wer einen Spaziergang unternehmen möchte, kann auf Feldwegen zum Capo San Marco und dem Leuchtturm laufen.

ℹ An- & Weiterreise

Im Juli und August fahren fünf Busse täglich von Oristano nach San Giovanni di Sinis (2 €, 35 Min.).

Die Parkgebühren in der Nähe der Stätte belaufen sich auf 2/4 € für 2 Std./1 Tag.

MONTI FERRU

Im nördlichen Zentrum der Halbinsel Sinis wird die Landschaft von den bewaldeten Hängen des Monti Ferru beherrscht. Das ausgedehnte vulkanische Bergmassiv Monte Urtigu ist bis zu 1050 m hoch. Es ist ein herrliches und weitgehend unberührtes Gebiet mit uralten Wäldern, Quellen und kleinen Marktstädtchen. Seneghe produziert eines der besten Olivenöle sowie das hochwertigste Rindfleisch der Insel, während Milis für seine süßen, saftigen Orangen bekannt ist. Doch die eigentliche Attraktion ist die wunderbar grüne Landschaft. Einsame Straßen winden sich über felsige Anhöhen, die ein grüner Flaum von Korkbäumen, Kastanien, Eichen und Eiben bedeckt, während Falken und Bussarde hoch oben die Thermik nutzen. Mufflons und sardische Hirsche werden wieder in ihren natürlichen Lebensraum ausgewildert, nachdem sie fast ganz ausgerottet waren.

Milis

1590 EW.

Milis war einst ein römischer Militärposten (sein Name leitet sich von *miles* ab, dem lateinischen Wort für Soldat) und ist heute ein kleines und wohlhabendes Bauerndorf, das seinen Reichtum den umliegenden Orangenhainen verdankt. Hauptsehenswürdigkeit ist der prächtige Palazzo Boyl, aber es gibt auch ein paar Kirchen, die einen Blick lohnen.

Sehenswertes

Palazzo Boyl HISTORISCHES GEBÄUDE

(☎0783 5 16 65; Piazza Martiri; ⌚nur nach Vereinbarung) GRATIS Der Palazzo Boyl aus dem 18. Jh. im gepflegten Dorfzentrum von Milis ist ein schönes Beispiel des Piemonteser Klassizismus. Die ursprüngliche Sommerresidenz der Adelsfamilie Boyl wurde Ende des 19. und Anfang des 19. Jhs. zu einer Art literarischem Treffpunkt: Hier hielten sich Gabriele D'Annunzio, Grazia Deledda und Honoré de Balzac auf. Heute birgt der Palazzo ein kleines Museum, das sich traditionellen sardischen Trachten und Schmuckstücken widmet.

Die **Chiesa di San Sebastiano** aus dem 14. Jh. gegenüber dem Palazzo besitzt ein eindrucksvolles Rosettenfenster in ihrer katalanisch-gotischen Fassade.

Chiesa di San Paolo KIRCHE
In der toskanisch-romanischen Chiesa di San Paolo nahe dem Osteingang zum Dorf befinden sich einige interessante Gemälde von katalanischen Künstlern aus dem 16. Jh.

Festivals & Events

Rassegna del Vino Novello WEIN
(Fest des neuen Weins; www.vininovelli.com; Nov.) In Milis findet Anfang November das Festival des neuen Weins statt, bei dem die sardischen Winzer ihre besten Weine vorstellen. Besucher können die Weine probieren und an den zahlreichen Imbissständen in den Straßen futtern.

Seneghe

1820 EW. / HÖHE 310 M

Auf einer gastronomischen Tour durch das Inselinnere ist Seneghe ein Muss. Das Dorf aus dunklen Steinbauten ohne erkennbaren Charme ist für sein Olivenöl *extra vergine* bekannt, für den es einmal sogar den angesehenen Preis Premio Nazionale Ercole Olivario (sozusagen den „Oscar" der italienischen Olivenölindustrie) erhalten hat. Die zweite Spezialität ist das Rindfleisch. Die rotbraunen *bue-rosso*-Rinder werden nur hier und in Modica auf Sizilien gezüchtet. Kenner zählen ihr Fleisch zum besten Rindfleisch, das Italien zu bieten hat. Das Dorf stillt aber auch den kulturellen Hunger, und zwar mit einem alljährlichen Lyrikfestival.

Festivals & Events

Settembre dei Poeti LITERATUR
(www.settembredeipoeti.it; Aug./Sept.) Der Settembre dei Poeti ist ein viertägiges Fest Ende August oder Anfang September, das regionale und internationale Lyrik in Lesungen, Fragerunden und einem Poetry-Slam präsentiert. Letzterer ist eine richtig unterhaltsame, spannende Veranstaltung, bei der die Konkurrenten sich aus dem Stand in Reimen antworten müssen – ein bisschen wie beim Freestyle-Rap.

Essen

Sa Tanka RESTAURANT, PIZZERIA €€
(www.satanka.it; Piazzale Montiferru 3/4; Di–So 13–15 & 20–22.30 Uhr) Das schlichte Restaurant an der Ausfahrtstraße nach Narbolia ist nichts für Vegetarier – die Spezialität ist lokales Fleisch. Das bedeutet Vorspeisen aus Salami und Hartwurst, fleischhaltige Pastasaucen und saftige *tagliata* (Steak) mit Rucola, süßen Kirschtomaten und Parmesanraspeln. Pizza aus dem Holzofen wird zudem am Freitag-, Samstag- und Sonntagabend serviert.

WANDERN IM MONTI FERRU

Das Monti-Ferru-Massiv lässt sich am besten zu Fuß erkunden. Ein landschaftlich reizvoller Weg führt bis zum Gipfel des Monte Entu, der mit 1024 m zu den höchsten auf der Westseite Sardiniens zählt. Die Strecke ist nicht sehr anspruchsvoll, doch man sollte mindestens vier Stunden einkalkulieren.

Der Ausgangspunkt an der Nuraghe Ruju bei Seneghe ist nur mit dem Auto erreichbar. Hinter Seneghe geht es in Richtung Bonarcado und ein paar Hundert Meter weiter folgt man der Beschilderung in Richtung S'Iscala. Nach 8 km auf der Straße ist der Picknickplatz der Nuraghe Ruju erreicht. Der Pfad beginnt ein kurzes Stück unterhalb des Parkplatzes, im Wald links der Steinmauer. Bergauf erreicht man eine Lichtung und biegt bei einer Steineiche links ab. Weiter geht es an einem Holztor vorbei bis zu einem Metalltor. Nach Durchschreiten des Tors folgt eine Gabelung, an der man den linken Weg nimmt. Es eröffnet sich ein grandioser Ausblick auf die Küste und an klaren Tagen sogar bis nach Alghero. Weiter geht es bis zum Fuß des Vulkankegels, der den Gipfel des Monte Entu kennzeichnet.

Shoppen

Oleificio Sociale Cooperativo di Seneghe OLIVENÖL
(☎340 0882024, 0785 5 46 65; www.oleificiodiseneghe.it; Corso Umberto I; ⌚Mo–Fr 9–12.30 & 17–19.30 Uhr) Wer sich mit dem vielfach ausgezeichneten Olivenöl des Orts eindecken will, sollte sich flugs zum Oleificio Sociale Cooperativo di Seneghe an der Straße von Bonarcado am Ortseingang begeben. Das Öl kostet ab 4 € für 0,25 l und ab 7 € für 0,5 l.

Bonarcado

1620 EW. / HÖHE 283 M

Das verschlafene Dörfchen Bonarcado liegt etwa 5 km nordöstlich von Seneghe und beherbergt eine der ungewöhnlichsten Pilgerstätten Sardiniens. Gemäß einem Edikt von Papst Pius VII. von 1821 erhält jeder, der zwischen dem 14. und 28. September im winzigen **Santuario di Santa Maria Madonna di Bonacattu** die Beichte ablegt, vollkommenen Ablass. Das Heiligtum, das nicht mehr als eine Kapelle mit einer schlichten Kuppel ist, wurde im 7. Jh. errichtet und ca. 800 Jahre später umgebaut. Es hat keine offiziellen Öffnungszeiten, ist aber meistens für Besucher zugänglich.

Die romanische **Chiesa di Santa Maria di Bonacardo** in der Nähe ist da schon etwas imposanter. Sie wurde 1147 geweiht und war ursprünglich Teil eines mittelalterlichen Klosters.

Santu Lussurgiu

2430 EW. / HÖHE 503 M

Auf den östlichen Hängen der Monti Ferru liegt innerhalb eines uralten Kraters die Ortschaft Santu Lussurgiu. Ihre Hauptsehenswürdigkeit ist der kleine *centro storico*, eine eng bebaute Ansammlung von Steinhäusern, die sich um ein natürliches Amphitheater scharen.

Sehenswertes

Museo della Tecnologia Contadina MUSEUM
(Museum für Agrartechnologie; ☎0783 55 06 17; www.museotecnologiacontadina.it; Via Deodato Meloni 1; ⌚nach Vereinbarung) Santu Lussurgiu ist schon lange für sein Kunsthandwerk bekannt, auch heute noch werden hier Kunstschmiede-, Holz- und Lederarbeiten produziert. Mehr über die Traditionen des Orts ist in dem kleinen Museum zu erfahren, das eine umfassende Sammlung von landwirtschaftlichen Werkzeugen, Gerätschaften und Maschinen besitzt.

Essen

Sas Benas SARDISCH €€
(☎0783 55 08 70; Piazza Giovanni; Mahlzeiten 30–40 €; ⌚Di–So 13–14.30 & 20–23.30 Uhr) Die zwei Gasträume des Sas Benas sorgen mit einem Kamin und mächtigen Steingewölben für das passend rustikale Ambiente zur traditionellen Landküche. Zu den Gerichten mit saisonalen Zutaten und lokalen Fleisch- und Wurstspezialitäten gehören beliebte Klassiker wie *pasta con fungi e salsiccia* (Pasta mit Pilzen und Wurst) und *tagliata di bue rosso* (*bue-rosso*-Steak).

Praktische Informationen

Touristeninformation (☎0783 55 10 34; Via Santa Croce 9; ⌚Di, Do & Sa 18–20 Uhr) Eine kleine Touristeninformation in der Altstadt.

An- & Weiterreise

Werktags verbinden sechs Busse Santu Lussurgiu mit Oristano (3,50 €, 1½–2 Std.).

San Leonardo de Siete Fuentes

HÖHE 684 M

Von Santu Lussurgiu windet sich die Straße nach Cuglieri steil die östliche Seite des Monti Ferru hinauf. Bereits nach kurzer Zeit zweigt eine kleine Straße rechts ab (Richtung Macomer) und führt nach San Leonardo de Siete Fuentes, einem winzigen Dörfchen im Wald, das für sein sprudelndes Quellwasser bekannt ist. Sein etwas hochtrabender spanischer Name bezieht sich auf die sieben Brunnen *(siete fuentes)*, durch die das Wasser strömt.

Von der Dorfmitte aus zieht sich ein Weg hinauf zur reizenden **Chiesa di San Leonardo**, einer romanischen Kirche aus dem 12. Jh., die einst dem Johanniterorden gehörte. Hinter der Kirche führen leichte Spazierwege durch Eichen- und Ulmenwälder weiter bergauf. Sie sind ideal für Familien mit kleinen Kindern.

Cuglieri

3010 EW. / HÖHE 483 M

Das Bauerndorf Cuglieri hoch oben an die westliche Wand des Monti Ferru ist der ideale Ort für eine Mittagspause.

Sehenswertes

Basilica di Santa Maria della Neve KIRCHE
Die von Weitem sichtbare, wuchtige Basilica di Santa Maria della Neve mit Silberkuppel steht auf dem höchsten Punkt des Dorfs. Laut lokaler Legende steht sie genau an der Stelle, an der ein Stierkarren eine Madonnenstatue ablegte, die Anfang des 14. Jhs. mysteriöserweise am Strand von Santa Caterina di Pittinuri angeschwemmt wurde.

Das noch größere Highlight als die Kirche selbst ist der weite Blick übers Meer.

Essen

★ **Desogos** TRATTORIA €
(☎0785 3 96 60; Via Cugia 6; Mahlzeiten 20 €; ⏲tgl. 12–14.30 & 20–23 Uhr, im Winter abends Reservierung erforderlich) Die einladende, altmodische Trattoria in der Altstadt serviert deftige Küche aus den Bergen. Es gibt zwar eine Karte, besser ist es jedoch, sich ganz auf die Empfehlungen der mütterlichen Besitzerin einzulassen, die ihre Gäste mit einer leckeren Palette an geräuchertem Schinken, mariniertem Gemüse, würzigem Käse, Pasta und gegrilltem Fleisch versorgt.

Shoppen

Azienda Agricola Peddio OLIVENÖL
(☎0785 36 92 54; www.oliopeddio.it; Corso Umberto 87; ⏲8.30–13 & 15–20 Uhr) In dem Laden an der Dorfhauptstraße gibt's das heimische Olivenöl. Ein Liter kostet zwischen 7 und 9 €.

An- & Weiterreise

Werktags fahren fünf Busse zwischen Cuglieri und Oristano (3,50 €, 1 Std.) und zwei am Sonntag im Juli und August.

Santa Caterina di Pittinuri & Umgebung

Die kurvige SS292 führt von Cuglieri hinab nach Santa Caterina di Pittinuri, dem größten Touristenort an der Nordküste Oristanos. Der Ort besteht hauptsächlich aus Ferienhäusern und besitzt kaum Sehenswürdigkeiten, aber es gibt in der Umgebung einige schöne Strände.

An der **Spiaggia dell'Arco** bei **S'Archittu** ein paar Kilometer weiter südlich ragt ein spektakulärer Felsbogen 6 m aus dem smaragdgrünen Wasser. Landeinwärts von S'Archittu führt eine ausgeschilderte, unbefestigte Straße, die von der SS292 abzweigt, zu den spärlichen Überresten der punisch-römischen Stadt **Cornus**, Schauplatz einer historischen Schlacht im Jahr 215 v. Chr. Die abgelegene Stätte kann auf eigene Faust erkundet werden.

Etwa 3 km südlich vom **Torre del Pozzo** (auch Torre Su Putzu genannt) führen Wege von der Hauptstraße zum Strand **Is Arenas**, der mit 6 km einer der längsten in der Gegend ist.

Von Oristano fahren Busse nach S'Archittu und Santa Caterina (2,50 €, 40 Min., Mo–Sa 5-mal, Juli & Aug. auch So 2-mal).

BOSA & UMGEBUNG

Von Santa Caterina di Pittinuri schlängelt sich die SS292 nordwärts nach Bosa, einem hübschen, mittelalterlichen Städtchen, über dem eine imposante Burg thront. In Bosa Marina ganz in der Nähe gibt es einen Strand, weiter landeinwärts folgt mit Macomer ein alltägliches Landwirtschaftszentrum und wichtiger Verkehrsknotenpunkt.

Bosa

8010 EW.

Bosa ist eine der schönsten Orte Sardiniens. Aus der Ferne wirkt das bunte Stadtbild mit den pastellfarbenen Häusern am steilen Hang unterhalb einer schroffen, grauen Burg wie ein leuchtendes Gemälde von Paul Klee. Davor schaukeln Fischerboote auf dem glasklaren, von Palmen gesäumten Fluss.

Bosa wurde von den Phöniziern gegründet und hatte seine Blütezeit unter den Römern. Im frühen Mittelalter wurde es wiederholt von arabischen Piraten angegriffen, bis dann die Malaspina-Familie (Verwandte des gleichnamigen toskanischen Clans) Anfang des 12. Jhs. hier ihre riesige Burg erbaute. Im 19. Jh. gründeten die Savoyer lukrative Gerbereien, die jedoch inzwischen auf der Strecke geblieben sind.

Sehenswertes & Aktivitäten

Die meisten Sehenswürdigkeiten Bosas liegen am Nordufer des Flusses. Die Hauptstraße Corso Vittorio Emanuele verläuft einen Block nördlich des Flussufers und führt zu den beiden zentralen Plätzen, die Piazza Costituzione und die Piazza IV Novembre. Südlich des Flusses führt die Via Nazionale 3 km westwärts nach Bosa Marina, dem Strandvorort der Stadt.

Bosa

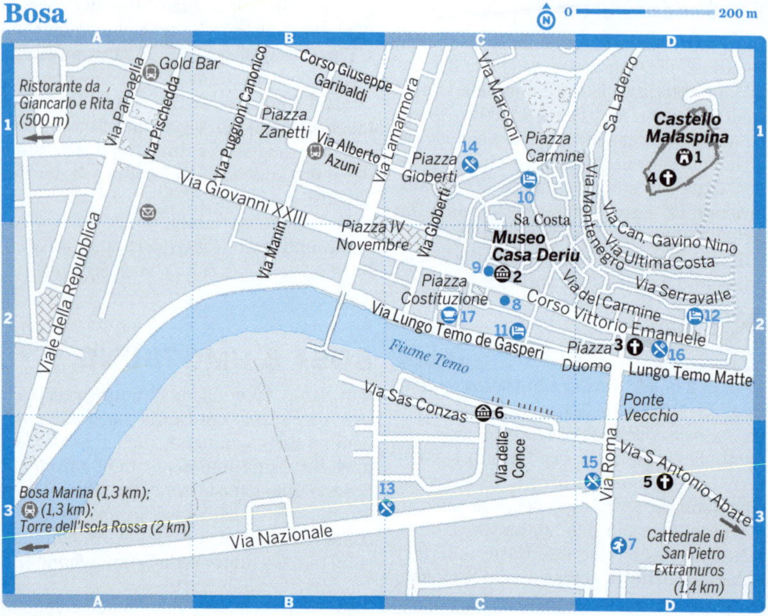

Bosa

Highlights

1 Castello Malaspina D1
2 Museo Casa Deriu C2

Sehenswertes

3 Cattedrale dell'Immacolata D2
4 Chiesa di Nostra Signora di Regnos Altos D1
5 Chiesa di Sant'Antonio Abate D3
6 Museo Delle Conce C2

Aktivitäten, Kurse & Touren

7 Cuccu D3
8 Esedra Sardegna C2
9 Strada della Malvasia C2

Schlafen

10 Aghinas C1
11 Corte Fiorita C2
12 La Torre di Alice D2

Essen

13 Al Gambero Rosso C3
14 Pizza al Taglio C1
15 Sa Pischedda D3
16 Trattoria Biancospino D2

Ausgehen & Nachtleben

17 Caffè I Portici C2

★ Castello Malaspina — BURG

(☎0785 37 70 43; Erw./erm. 5/3 €; ⏱Frühjahr–Herbst 10 Uhr bis 21 Std. vor Sonnenuntergang, Winter Sa & So 10–13 Uhr) Die Burg, die 1112 von der toskanischen Familie Malaspina auf einem Hügel erbaut wurde, bietet einen umwerfenden Panoramablick. Vom ursprünglichen Gebäude blieb bis auf das Mauerskelett nur wenig erhalten – die mächtigen Burgmauern und ein paar dicke Ziegeltürme – sowie innen eine bescheidene Kapelle aus dem 4. Jh., die **Chiesa di Nostra Signora di Regnos Altos**. Sie birgt einen außergewöhnlichen Freskenzyklus aus dem 14. Jh., der verschiedene Heilige darstellt, darunter einen riesigen Christopherus, eine Gruppe Franziskanermönche und den heiligen Lorenz bei seinem Martyrium auf dem heißen Rost.

Die Öffnungszeiten der Burg sind von November bis März stark eingeschränkt. Wer sie also in dieser Zeit besichtigen will, sollte vorher anrufen.

★ Museo Casa Deriu — MUSEUM

(☎0785 37 70 43; www.bosaonline.com; Corso Vittorio Emanuele 59; Erw./erm. 4,50/3 €; ⏱Di–So 10–13 & 15–17 Uhr, im Sommer länger) Bosas wichtigstes Museum in einem eleganten Stadthaus aus dem 19. Jh. zeigt Kunst und Kunsthandwerk der Region. In jedem der drei Stockwerke ist ein anderes Thema zur Stadt und ihrer Geschichte präsentiert: Das untere Stockwerk zeigt Wechselausstellungen und traditionelle Handstickerei, das nächste die originale Einrichtung des Palazzo aus dem 19. Jh. und das oberste Stockwerk ist Melkiorre Melis (1889–1982) vorbehalten, einem lokalen Maler und Sardiniens bedeutendstem Künstler der Moderne.

Cattedrale dell'Immacolata DOM
(Piazza Duomo; 10–12 & 16–19 Uhr) Der Dom von Bosa wurde Anfang des 19. Jhs. auf den Fundamenten einer älteren romanischen Kirche erbaut. Das seltene, wenn auch nicht allzu fesselnde Beispiel des Rokoko (offiziell als Piemonteser Barock bezeichnet) birgt einen imposanten Marmoraltar und mehrere Fresken von Emilio Scherer, einem Künstler des 19. Jh.

Museo Delle Conce MUSEUM
(0785 37 70 43; Via Sas Conzas; Erw./erm. 3,50/2,50 €; Sommer 10–13 & 15–18 Uhr, Winter Mo–Fr 10–13, Sa & So 15–18 Uhr) Das Museum am Südufer des Flusses ist in der ehemaligen Gerberei untergebracht, die bis nach dem Zweiten Weltkrieg in Betrieb war. Im Erdgeschoss sind noch die originalen Steinbecken zu sehen, wo die Häute gewaschen wurden. Oben erläutern Texttafeln und eine kleine Sammlung von Fotos und Werkzeugen den Gerbprozess.

Chiesa di Sant'Antonio Abate KIRCHE
Die kleine Chiesa di Sant'Antonio Abate mit ihrer gotischen roten Trachytfassade aus dem 16. Jh. steht ein kurzes Stück zu Fuß vom Ponte Vecchio an der Südseite des Flusses. Sie ist nur während des Fests des hl. Antonio Abate am 16. und 17. Januar und nochmals zum Karneval geöffnet.

Chiesa di San Pietro Extramuros KIRCHE
(Eintritt 1 €; Di–Sa 9.30–12.30, Sa & So 16–19 Uhr, im Winter kürzer geöffnet) Zwei Kilometer flussaufwärts von der Chiesa di Sant'Antonio Abate steht diese Kirche aus dem 11. Jh., die älteste romanische Kirche Sardiniens. Sie wurde ursprünglich 1073 erbaut, aber die Apsis wurde im 12. Jh. umgebaut und etwa ein Jahrhundert später erhielt sie eine gotische Fassade.

Cuccu MOTORROLLER, FAHRRÄDER
(0785 37 32 98; Via Roma 5; 9–13 & 16–20 Uhr) Für Erkundungen außerhalb der Stadt verleiht dieser Automechaniker auf der Südseite des Flusses Motorroller (40 € pro Tag) und Fahrräder (10 € pro Tag).

Geführte Touren

Esedra Sardegna TOUREN
(0785 37 42 58; www.esedrasardegna.it; Corso Vittorio Emanuele 64; Mo–Sa 9.30–13 & 16.30–20, So 10.30–13 Uhr) Ein bewährter Anbieter von diversen Touren, wie Flussrundfahrten, Vogelbeobachtung, Bootstouren, geführte Einkaufsbummel und Zugfahrten mit dem *Trenino Verde*. Die Preise sind unterschiedlich, bewegen sich aber meist zwischen 25 und 35 € pro Person.

Strada della Malvasia WEINTOUREN
(0785 37 70 43; www.stradadellamalvasiadibosa.it; Corso Vittorio Emanuele 59a) Bosa ist ein bedeutendes Weinbaugebiet, bekannt für seinen Dessertwein Malvasia. Die Strada della Malvasia organisiert Weinproben (ab 3,50 € pro Pers.) und Führungen durch die Weingüter der Umgebung.

Festivals & Events

Carnevale KARNEVAL
(www.bosaonline.com; Feb.) Das Entzünden eines großen Scheiterhaufens vor der Chiesa di Sant'Antonio Abate ist der Auftakt zum großen Carnevale von Bosa. An den nächsten Tagen folgen Umzüge und schließlich als Höhepunkt ausgelassene Feiern am *martedì grasso* (Fastnachtsdienstag).

Am Dienstagmorgen kleiden sich die Stadtbewohner ganz in Schwarz, um das Ende des Karnevals zu beklagen. Abends gehen Gruppen weiß gekleideter Gestalten auf die Jagd nach dem *giolzi* (Verkörperung des Karnevals), der sich angeblich in der Leistengegend der Menschen versteckt. Um ihn zu finden, halten sie sich gegenseitig Laternen vor den Genitalbereich und rufen *„Giolzi! Giolzi! Ciappadu! Ciappadu!"* („Giolzi! Giolzi! Hab Dich! Hab Dich!").

Festa di Santa Maria del Mare KIRCHENFEST
(www.bosasardinia.com; Aug.) Um den ersten Sonntag im August feiert Bosa die viertägige Festa di Santa Maria del Mare, bei der Fischer in einer bunten Bootsprozession eine Statue der Jungfrau Maria von Bosa Marina

bis zum Dom begleiten. Feuerwerk und folkloristische Darbietungen begleiten die Feiern.

Festa di Nostra Signora di Regnos Altos KIRCHENFEST
(www.bosaonline.com; ⌚ Sept.) In der zweiten Septemberwoche schmücken riesige Palmwedel, Blumen und *altarittos* (Altäre) die Straßen, um die Festa di Nostra Signora di Regnos Altos zu feiern.

Essen & Ausgehen

Pizza al Taglio PIZZERIA €
(Via Ginnasio 7; Pizzastücke ab 1,30 €; ⌚ tgl.) Für den kleinen Hunger zwischendurch sind Giovannis wunderbare Pizzastücke aus dieser schlichten Imbissstube ideal.

★ **Trattoria Biancospino** TRATTORIA €€
(☎ 0785 37 41 85; Corso Vittorio Emanuele 6; Mahlzeiten 25 €; ⌚ 13–15 & 19–23 Uhr) Das behagliche, kleine Lokal, neu eröffnet nahe dem Dom, ist eine tolle Entdeckung. Anders als in den meisten traditionellen Trattorias gibt es hier überwiegend *piatti unici* (Tellergerichte), wie Steak vom *bue rosso* mit gegrilltem Käse, Gemüse und hausgemachten Pommes frites. Wen das nicht reizt, der kann sich auch bewährte Pasta bestellen oder etwas Ungewöhnlicheres wie ein thailändisches Reisgericht mit Süß-Sauer-Gemüse probieren.

Al Gambero Rosso SARDISCH €€
(☎ 0785 37 41 50; Via Nazionale 12; Mahlzeiten 25–30 €; ⌚ Do–Di 12.30–15 & 19–23 Uhr) Dieses einfache und immer brechend volle Restaurant ist mit seiner freundlichen Bedienung und den einnehmend frischen Pastagerichten und Meeresfrüchten um Längen besser als die meisten Lokale in Bosa. Auf der Karte stehen stets Pasta mit Garnelen und Artischocken sowie knusprig frittierte *calamari* (Tintenfische). Die Pizza kommt brutzelnd heiß aus dem Holzofen.

Sa Pischedda FISCH & MEERESFRÜCHTE €€
(☎ 0785 37 30 65; Via Roma 8; Mahlzeiten 30–35 €, Pizza 7 €; ⌚ Sommer tgl. 12.30–15 & 19.30–23.30 Uhr, Winter Mi–Mo) Sa Pischedda im gleichnamigen Hotel ist eines der Spitzenrestaurants in Bosa. Serviert wird an Tischen auf einer romantischen Veranda am Flussufer und im stilvollen Garten. Die Hausspezialität ist Fisch, ob aus dem Fluss oder dem Meer, aber es gibt auch exzellente Pasta und Pizza.

Ristorante da Giancarlo e Rita SARDISCH €€
(☎ 0785 37 53 06; www.mannuhotel.it; Viale Alghero 14; Mahlzeiten 30–40 €; ⌚ 13–14.30 & 20–22.30 Uhr) Trotz des unansehnlichen Standorts – im Hotel Mannu neben einer viel frequentierten Tankstelle – serviert dieses Restaurant gute Inselküche. Fisch und Meeresfrüchte sind der Schwerpunkt, neben traditioneller Pasta und typischen sardischen *dolci* (Desserts).

Caffè I Portici CAFÉ
(Piazza Costituzione 6; ⌚ Sommer 7–21 Uhr) Das quirlige Caffè I Portici ist prima für einen geruhsamen abendlichen Drink. Die Straßentische auf der Piazza Costituzione stehen da optimal, um Leute zu beobachten.

Praktische Informationen

Banco di Sardegna (Piazza IV Novembre)

Farmacia (☎ 0785 37 31 32; Corso Vittorio Emanuele 51; ⌚ Mo–Fr 9–12.30 & 16–19.30 Uhr)

Post (Via Pischedda; ⌚ Mo–Fr 8.20–19.05, Sa 8.20–12.35 Uhr)

An- & Weiterreise

AUTO & MOTORRAD

Bosa ist durch die SS129 mit Macomer und durch die landschaftlich schöne Küstenstraße SP105 mit Alghero verbunden. In Bosa findet man in der Neustadt (westlich des Stadtzentrums) problemlos Parkplätze an der Straße.

BUS

Werktags fahren Busse von den **Bushaltestellen** an der Piazza Zanetti nach Alghero (3,50 €, 55 Min., 2-mal tgl.), Sassari (6 €, 2¼ Std., 3-mal tgl.) und Oristano (6 €, 2 Std., 5-mal tgl.). Fahrkarten verkauft die **Gold Bar** (Via Azuni; ⌚ 5–24 Uhr).

Unterwegs vor Ort

Von der Piazza Zanetti fahren häufig Busse nach Bosa Marina (1,20 €, 10 Min.).

Bosa Marina & die Küste

Bosa Marina an der Mündung des Fiume Temo, etwa 2,5 km von Bosa entfernt, ist ein quirliger Urlaubsort an einem breiten, 1 km langen Strand. Der **Torre dell'Isola Rossa** (⌚ wegen Restaurierung geschl.) in Strandnähe ist einer der größten der Wehrtürme, die von den aragonischen Herrschern der Insel im 16. Jh. gebaut wurden.

Mit dem Auto sind auch die Strände in Richtung Süden, die **Spiaggia Turas**, **Spiaggia Porto Alabe** und **Cala Torre Columbargia**, erreichbar. Die ersten beiden liegen 1,5 bzw. 8 km von Bosa Marina entfernt und können in der Hauptsaison ziemlich voll sein. Cala Torre Columbargia liegt etwa 18 km von Bosa Marina entfernt, der Weg führt auf Staubpisten über das Dorf Tresnuraghes dorthin.

Aktivitäten

Bosa Diving TAUCHEN

(☎335 8189748; www.bosadiving.it; Piazza Paul Harris Banchina Commerciale Foce del Temo, Bosa Marina) Ein bewährtes Unternehmen mit verschiedenen Angeboten, darunter begleitete Tauchgänge (ab 45 €) und Schnorcheltrips (35 €). Es verleiht auch Kanus (Zweimannkanus 10 € pro Std.) und Schlauchboote (für 4 Pers. ab. 130 € pro Tag).

Trenino Verde ZUGFAHRT

(www.treninoverde.com; ⏲Mitte Juni–Sept.) Einen anderen Blick auf die Gegend bietet eine Fahrt (nur im Sommer) mit dem *Trenino Verde* (grünes Bähnchen), der gemächlich zwischen Bosa Marina, Tresnuraghes und Macomer zuckelt.

Der Fahrplan ändert sich jedes Jahr, aber generell fährt der Zug gegen 9.15 Uhr in Bosa Marina ab und trifft eine Stunde später in Tresnuraghes ein. Macomer erreicht er gegen 11.45 Uhr. Die Rückfahrt nach Bosa Marina erfolgt mit dem Bus.

Rückfahrkarten: Macomer nach Bosa Marina (16 €), Bosa Marina nach Tresnuraghes (13,50 €).

Macomer

10 440 EW.

Macomer lohnt eigentlich keinen längeren Aufenthalt. Die Stadt ist zwar nicht hässlich, aber außer bei der Durchfahrt gibt es keinen Grund, hier einen Stopp einzulegen.

Wer etwas Zeit totzuschlagen hat, kann sich das bescheidene **Museo Etnografico** (☎0785 74 30 44; Corso Umberto 225; Erw./erm. 3,50/2 €; ⏲Mo–Fr 9.30–13 & 16.30–19.30 Uhr) mit seiner zusammengewürfelten Sammlung traditioneller Einrichtungsgegenstände und Utensilien anschauen. Ist das Museum geschlossen, gibt es auf der anderen Straßenseite noch **Esedra Escursioni** (☎0785 74 30 44; www.esedraescursioni.it; Corso Umberto 206), wo man Exkursionen und Ausflüge mit dem *Trenino Verde* buchen kann.

Macomer liegt an der Hauptbahnlinie von Süden nach Norden mit direkten Zugverbindungen mit Oristano (3,85 €, 1 Std., 9-mal tgl.), Sassari (7,35 €, 1½ Std., 2-mal tgl.) und Cagliari (10,15 €, 2 Std., 9-mal tgl.). Ein paar Busse fahren ostwärts nach Nuoro (5 €, 1¼ Std., 4-mal tgl.).

LAGO OMODEO & UMGEBUNG

Zwischen den grünen Bergen des Barigadu liegt Sardiniens größter künstlicher See, der Lago Omodeo. Der Stausee ist 22 km lang und bis zu 3 km breit, gebaut wurde er zwischen 1919 und 1924, um das Agrarland rund um Oristano und Arborea mit Wasser und Strom zu versorgen. Die Landschaft um den See ist nur wenig besiedelt, dafür aber von großem archäologischen Interesse, da sich hier zwei der wichtigsten Nuraghenstätten Zentralsardiniens befinden.

Santa Cristina & Paulilatino

★Nuraghe di Santa Cristina ARCHÄOLOGISCHE STÄTTE

(www.archeotour.net; Erw./erm. inkl. Museo Archeologico-Etnografico Paulilatino 5/2,50 €; ⏲8.30 Uhr bis Sonnenuntergang) Die Nuraghe Santa Cristina an der SS131 nördlich von Oristano ist eine bedeutende nuraghische Anlage, deren außergewöhnlicher *tempio a pozzo* (Brunnentempel) aus der Bronzezeit einer der besterhaltenen Sardiniens ist. Die Verehrung des Wassers war ein wesentlicher Teil der nuraghischen Religion – es gibt schätzungsweise etwa 40 heilige Quellen auf der ganzen Insel.

Gleich zu Beginn der Stätte befindet sich ein kleines Dorf um die zentrale **Chiesa di Santa Cristina**, eine frühchristliche Kirche, die Santa Cristina geweiht ist. Sowohl Kirche als auch die umliegenden *muristenes* (Pilgerhütten) sind nur neun Tage im Jahr geöffnet, und zwar für die Festtage der Santa Cristina (um den zweiten Sonntag im Mai) und zu San Raffaele Arcangelo am vierten Sonntag im Oktober.

Von der Kirche führt ein Pfad über etwa 150 m zum **Brunnentempel**. In den *tempio*

S'ARDIA

Am 6. und 7. Juli findet in Sedilo das spektakulärste Fest der Provinz Oristano statt. S'Ardia lockt fast 50 000 Menschen in das winzige Dorf, wo das waghalsigste Pferderennen der Insel veranstaltet wird.

Es findet zu Ehren des römischen Kaisers Konstantin statt, der 312 v. Chr. am Ponte Milvio in Rom die überlegenen Truppen des Maxentius geschlagen hatte. Aber die Veranstaltung hat auch einen christlichen Hintergrund. Als Konstantin in die Schlacht zog, soll ihm ein Kreuz mit der Inschrift „In Hoc Signo Vinces" („In diesem Zeichen wirst du siegen") erschienen sein. Er machte das Kreuzsymbol zum Zeichen seiner Streitmacht und gewährte den Christen im Jahr darauf Religionsfreiheit. So wurde er zum inoffiziellen Lokalheiligen St. Konstantin (Santu Antinu im örtlichen Dialekt).

Die Rennstrecke führt um das Santuario di San Costantino und um das mit seinem Symbol versehene Steinkreuz herum. Einer der Reiter – der *Prima Pandela* (erster Flaggenträger) – wird ausgewählt, Konstantins Standarte aus gelbem Brokat zu tragen. Er wählt zwei der besten Reiter als Begleiter aus, von denen jeder drei weitere Helfer bestimmt. Diese Männer sind die Hüter des *Prima Pandela* und versuchen mittels langer Stäbe die hundert anderen Reiter von ihm fernzuhalten. Als *Prima Pandela* auserwählt zu werden, ist die höchste Ehre im Dorf. Nur ein Mann, der seinen Mut und seine reiterischen Fähigkeiten bewiesen hat und fest in seinem Glauben ist, kommt als Fahnenträger infrage.

Am 6. Juli betet die gesamte Festprozession vor dem Steinkreuz, und der Pfarrer segnet die Reiter. Offiziell startet der Pfarrer das Rennen, in der Praxis ist es jedoch der *Prima Pandela*, der den richtigen Moment abpasst, um im wilden Galopp den Hügel hinunterzustürmen. In Sekundenschnelle nehmen die anderen Reiter die Verfolgung auf und versuchen, ihn zu überholen, ehe er den Triumphbogen erreicht. Hunderte von Schützen machen mit Platzpatronen die Pferde scheu und der gefährlichste Moment ist der Ansturm auf den schmalen Triumphbogen: Beim kleinsten Fehler rast der Reiter ungebremst gegen die Steinsäulen. 2002 kam ein Reiter ums Leben. Wenn alles gut geht, passiert der *Prima Pandela* den Bogen und dreht unter den Jubelrufen der Zuschauer eine Runde um das Heiligtum.

Sedilo liegt 40 km nordwestlich von Oristano an der SS131.

a pozzo aus der Spätbronzezeit (11. bis 9. Jh. v. Chr.) geht es über einen fein gemeißelten, schmalen Eingang und 24 wunderbar erhaltene Stufen. Unten angekommen schaut man zur präzise entworfenen *tholos* (kegelförmiger Turm) hinauf, durch die Licht in den dunklen Brunnenschacht dringt. Jeweils nach einer Zeitspanne von 18 Jahren, einem Monat und zwei Tagen dringt das Licht des Vollmonds direkt durch die Öffnung in den Brunnen. Weitere Eckpunkte sind die Frühlings- bzw. Herbst-Tagundnachtgleiche (21. März und 23. Sept.): An diesen zwei Tagen leuchtet die Sonne die Treppenstufen hinunter zum Brunnen.

Die Nuraghe di Santa Cristina in einem beschaulichen Olivenhain gegenüber vom christlichen Dorf besteht aus einem einzelnen 7 m hohen **Turm**. Er war einst der Mittelpunkt eines nuraghischen Dorfs, das bis zum Frühmittelalter bewohnt war und dessen Ruinen auf den Waldlichtungen verstreut liegen.

Museo Archeologico-Etnografico MUSEUM
(www.archeotour.net; Via Nazionale 127, Paulilatino; Erw./erm. inkl. Nuraghe Santa Cristina 5/3,50 €; ⌚Sommer Di–So 9.30–13 & 16.30–19 Uhr, Winter Di–So 9.30–13 & 15–17.30p Uhr) Das Museum in Paulilatino, 5 km weiter auf der SS131 ab der Stätte, stellt Fundstücke aus Santa Cristina aus. Neben archäologischen Artefakten ist auch eine Sammlung von Landwirtschafts- und Haushaltsgeräten aus alter Zeit zu sehen.

Nuraghe Losa

★**Nuraghe Losa** ARCHÄOLOGISCHE STÄTTE
(www.nuraghelosa.net; Erw./erm. 5/3,50 €; ⌚9 Uhr bis 1 Std. vor Sonnenuntergang) Die Nuraghe Losa an der SS131 ein paar Kilometer nörd-

lich von Paulilatino ist eine der eindrucksvollsten *nuraghi* Sardiniens.

Den Mittelpunkt bildet ein dreiseitiger Turm, um den drei weitere runde Türme angeordnet sind. Zwei von ihnen sind durch eine Wand verbunden, einer steht für sich alleine. Der Hauptturm hat sein oberstes Geschoss verloren, misst jedoch noch immer fast 13 m. Er datiert aus der mittleren Bronzezeit, etwa 1500 v. Chr.

Der Zugang zum Mittelturm erfolgt durch einen der Außentürme, der durch einen internen Durchgang mit ihm verbunden ist. Weitere Gänge zweigen rechts und links davon zu zwei anderen Türmen ab, einer ist komplett umschlossen, der andere offen.

Bidoni

Auf der Ostseite des Lago Omodeo liegt das Dörfchen Bidoni, in dem sich eines der merkwürdigsten Museen Sardiniens verbirgt. Das gruselige **Museo S'Omo 'e sa Majarza** (Hexenhaus; ☎0783 6 9044; Via Monte 9; ⏲auf Nachfrage), das als Museo del Territorio ausgeschildert ist, widmet sich dem Thema Hexen und lokalen Legenden. Das Museum enthält außerdem den Nachbau einer Hexenhöhle aus dem 16. Jh. Zur Zeit der Recherche war das Museum wegen Renovierung geschlossen.

Bidoni ist von Ghilarza, dem Hauptort am Westufer des Lago Omodeo, ausgeschildert.

Fordongianus

930 EW.

Der kleine Kurort Fordongianus, am einfachsten über die SS388 von Oristano zu erreichen, liegt südwestlich des Lago Omodeo fast am Zusammenfluss der Flüsse Tirso und Mannu. Das einstige Forum Traiana, unter dem römischen Kaiser Trajan im 1. Jh. n. Chr. gegründet, war ein bedeutendes Handelszentrum mit einer großen Bäderanlage, deren Reste noch heute zu sehen sind.

Sehenswertes

Terme Romane RÖMISCHE BÄDER

(☎0783 6 01 57; www.forumtraiani.it; Erw./erm. inkl. Casa Aragonese 4/2 €; ⏲9.30–13 & 15–18.30 Uhr) Die Reste der Terme Romane aus dem 1. Jh. liegen am Ufer des Flusses Tirso. Im Zentrum befindet sich ein rechteckiges Becken, das noch immer mit 54 Grad warmem Quellwasser gefüllt ist. Das Becken war ursprünglich von einem Tonnengewölbe überdacht und von einem imposan-

ANTONIO GRAMSCI

Antonio Gramsci (1891–1937) war einer der Mitbegründer des italienischen Kommunismus und einer der großen politischen Denker des 20. Jhs. Der Sohn einer armen Familie in Ales zog später nach Ghilarza und dann nach Cagliari und Turin.

In Turin begannen seine politischen Ideen Früchte zu tragen. Damals nahm Turin eine führende Rolle bei der italienischen Industrialisierung ein und als glühender Fürsprecher der Gewerkschaftsbewegung trat Gramsci 1913 in die Sozialistische Partei ein. Sechs Jahre später gründete er zusammen mit Freunden die marxistische Zeitung *L'Ordine Nuovo*. Unstimmigkeiten innerhalb der Partei führten 1921 zu einer Spaltung. Gramsci und eine Gruppe Gleichgesinnter trennten sich von den Sozialisten und gründeten die Kommunistische Partei Italiens. Gramsci war stark geprägt von den Ereignissen in Russland – 1922 besuchte er Moskau und heiratete eine russische Violinistin. 1926 wurde er von der faschistischen Polizei festgenommen und zu 25 Jahren Haft verurteilt. 1937 starb Gramsci im Alter von 46 Jahren.

Am bekanntesten ist seine Theorie zur Hegemonie. Sie geht davon aus, dass die Arbeiterklasse eigene kulturelle Überzeugungen entwickeln und sich um den sozialen Aufstieg bemühen muss, um die kulturelle Homogenisierung zu überwinden, durch die sich die herrschende Klasse an der Macht hält.

In **Ghilarza** kann man die **Casa Museo di Antonio Gramsci** (☎0785 5 41 64; www.casagramscighilarza.org; Corso Umberto I 36; ⏲Sommer Mi–Mo 10–13 & 16.30–19.30 Uhr, Winter Sa & So 10–13 & 15.30–18.30 Uhr) GRATIS besichtigen, ein kleines Museum in dem Haus, in dem der Politiker zwischen 1898 und 1914 gelebt hat.

ten Säulengang umgeben, von dem noch ein Teil erhalten ist.

Casa Aragonese HISTORISCHES GEBÄUDE
(Erw./erm. inkl. Terme Romane 4/2 €; ⏲ Di–So 9.30–13 & 15–18 Uhr) Charakteristisch für Fordongianus ist der rote Trachytstein, aus dem viele Bauwerke bestehen. Ebenso rot ist die hübsche Casa Aragonese aus dem 16. Jh., ein typisches katalanisches Adelshaus mit Säulen-Loggia, gotischen Fenstern und Eingangsportal. Die merkwürdigen Statuen vor dem Haus, ebenfalls aus dem allgegenwärtigen Trachyt, sind das Ergebnis des jährlichen Bildhauerwettbewerbs im Ort.

An- & Weiterreise

Werktags gibt es bis zu acht Busverbindungen mit Oristano (2,50 €, 40 Min.).

Die Küste

Sardiniens Küstenlinie ist stolze 1850 km lang und gehört zu den großen Naturwundern Italiens. Die Strände sind einfach herrlich und die Landschaft rundum ist atemberaubend – wilde Wellen brechen sich an einsamen Sandstränden, surreale Felsbrocken umrahmen idyllische Buchten und von *macchia* gekrönte Klippen ragen steil aus türkisblau glitzerndem Wasser empor.

Oben Spiaggia Su Giudeu (S. 78), Costa del Sud

1

2

SLOW IMAGES/GETTY IMAGES ©

Strand bei Chia, Costa del Sud **2.** Stranddünen
Cala Goloritzè

Top-Strände

Sardiniens Strände gehören zu den schönsten des Mittelmeers. Es gibt sie in allen Formen und Größen, von lang geschwungenen weißen Sandstränden über versteckte Kiesbuchten bis zu goldfarbenen Dünengürteln, und ihre Gewässer schimmern in unzähligen Blautönen.

Spiaggia della Pelosa

Die Spiaggia della Pelosa (S. 138) ist eine himmlische Vision des vollkommenen Strandes – ein schneeweißer Sandstreifen, gesäumt von neonblauem Wasser und wohlbehütet von einem spanischen Wachturm auf einem Felsinselchen.

Cala Goloritzè

Kein Loblied auf ihre schroffen Kalksteinzinnen und ihr Wasser im Farbton von Blue Curaçao kann der Cala Goloritzè (S. 213) gerecht werden. Auf dem Weg einen alten Maultierpfad hinunter eröffnet sich zwischen den Küstenfelsen plötzlich der Blick auf einen der herrlichsten Strände, die man je gesehen hat.

Cala Brandinchi

Eine schmale Sichel aus pudrig feinem Sand, vor der kristallklares türkisblaues Wasser plätschert – die Cala Brandinchi (S. 162) trägt nicht umsonst den Beinamen „Klein-Tahiti".

Spiaggia di Piscinas

Barfuß über die 30 m hohen Dünen hinter der weiten Spiaggia di Piscinas (S. 68) zu wandern ist vor allem zum Sonnenuntergang eine geradezu märchenhafte Erfahrung. Dass dieser herrlich wilde Strand nur über eine unbefestigte Piste zu erreichen ist, trägt noch zum wunderbaren Gefühl der Weltabgeschiedenheit bei.

Chia

Windsurfer, Dünenwanderer und Vogelbeobachter, die hier nach Rosaflamingos Ausschau halten, schwärmen von Chia (S. 78) und seinen von duftenden Wacholdersträuchern gesäumten Sandstränden – ein echtes Postkartenidyll.

Die Straße zum Capo Caccia (S. 13

Küstenregionen

Sardinien strotzt von herrlichen Stränden, in welche Himmelsrichtung man sich auch wendet. Wo also das Quartier aufschlagen? Hier einige der besten Küstenregionen: im Osten, wo immer etwas los ist, im windumtosten Westen, im mondänen Norden oder im feinsandigen Süden.

Cala Gonone

Cala Gonone (S. 206) ist eine ideale Basis, um die sichelförmigen Buchten, Küstenfelsen und Grotten des Golfo di Orosei zu erkunden. Kletterer schwärmen von seinen Felsen und Familien schätzen die lockere Atmosphäre des Strandorts.

Costa del Sud

Die Costa del Sud (S. 78), die zu Unrecht im Schatten berühmterer Küstenregionen steht, besticht mit hübschen Stränden, steilen Klippen und neonblauem Meer. Ihre Brisen und Wellen locken auch Windsurfer und Surfer an.

Costa Smeralda

Wer die Granitformationen und rosa Strände der Costa Smeralda (S. 162) genießen will, muss kein Krösus sein. Abseits des Promi-Mekkas Porto Cervo warten weniger bekannte Buchten, und ein Quartier im Hinterland verspricht den perfekten Mix aus Küste und grüner Natur.

Costa Verde

Eine Vorstellung von Sardinien vor der touristischen Erschließung vermitteln die Holperpisten zu den wunderschönen Stränden der Costa Verde (S. 67), die von Dünen und *macchia* (Strauchlandschaft) gesäumt sind. Die passende Unterkunft dazu bieten die freundlichen *agriturismi*.

Alghero

Gleich nördlich von Alghero (S. 121) liegen piniengesäumte Strände, Felsbuchten und das dramatische Capo Caccia. An Sardiniens Nordwestspitze wartet der Traumstrand Spiaggia della Pelosa.

Alghero & der Nordwesten

Inhalt ➡

Gut essen

- ➡ Trattoria Lo Romanì (S. 127)
- ➡ La Botteghina (S. 127)
- ➡ Agriturismo Sa Mandra (S. 133)
- ➡ Agriturismo Porticciolo (S. 136)
- ➡ L'Antica Hostaria (S. 147)

Schön übernachten

- ➡ Hotel El Faro (S. 225)
- ➡ Angedras Hotel (S. 225)
- ➡ Tanina B&B (S. 226)
- ➡ Villa Las Tronas (S. 225)

Auf nach Alghero und in den Nordwesten

Sardiniens Nordwestzipfel lockt mit herrlicher Landschaft, spannender Geschichte und reizvollen Städten.

Hauptattraktion ist natürlich die Küste mit traumhaften Sandstränden, wildromantischen Steilküstenabschnitten und versteckten Felsbuchten. Doch auch im Hinterland warten Highlights. Eine Fülle architektonischer und archäologischer Schätze liegt in der sonnengebleichten Landschaft verstreut. Romanische Kirchen in pisanischem Stil zeugen von der glorreichen Vergangenheit, während verfallene Ruinen von prähistorischen Zeiten erzählen.

Lange Jahre der Fremdherrschaft haben die Region nachhaltig geprägt, nicht nur ihre Architektur, sondern auch ihren Geist. Alghero, das Haupttouristenzentrum im Nordwesten, besitzt als ehemalige katalanische Hochburg ein unverkennbar spanisches Flair. Sassari verdankt seinen kosmopolitischen Charakter seiner Vergangenheit als genuesische Kolonie. In vieler Hinsicht wirkt die ganze Region weniger sardisch als andere Teile der Insel, weniger ländlich und spürbar aufgeschlossener, was ihren Charme aber keinesfalls mindert.

Entfernungen (km)

	Alghero	Castelsardo	Porto Torres	Sassari
Castelsardo	57			
Porto Torres	34	30		
Sassari	38	27	17	
Stintino	57	55	25	42

Highlights

1. Im karibisch blauen Wasser der **Spiaggia della Pelosa** baden (S. 138)
2. Von Algheros **Ufermauern** aus den Sonnenuntergang beobachten (S. 123)
3. In der felsigen Wildnis des **Parco Nazionale dell'Asinara** Albino-Eseln begegnen (S. 139)
4. Im **Naturschutzgebiet Le Prigionette** weitab vom Touristentrubel wandern gehen (S. 134)
5. Auf einem Ausflug zum Capo Caccia die märchenhaften **Grotta di Nettuno** erkunden (S. 135)
6. Die **Grotta di San Michele** (S. 150) bei Ozieri besuchen, in der prähistorische Höhlenmenschen hausten
7. Durch Castelsardos mittelalterliche Gassen bummeln und vom **Castello** (S. 141) bis nach Korsika blicken
8. Bei der **Cavalcata Sarda** (S. 147) in Sassari, einem der größten Feste Sardiniens, die Stimmung genießen

ALGHERO

40 600 EW.

Alghero ist eine der schönsten mittelalterlichen Städte Sardiniens und das Hauptbesucherziel im Nordwesten. Im Juli und August vervierfacht sich die Einwohnerzahl nahezu, doch trotz des Touristengedränges hat sich die Stadt ihren stolzen, eigenständigen Charakter bewahrt. Ihre quicklebendige Altstadt ist ein echter Wohlfühlort. Mit seinen vielen ausgezeichneten Restaurants und Bars eignet sich Alghero ideal als Stützpunkt, um die Strände und anderen Attraktionen der nahen Riviera del Corallo zu erkunden.

Der Hauptanziehungspunkt ist das malerische *centro storico* (historisches Zentrum), eines der am besten erhaltenen Altstadtviertel auf Sardinien. Umgeben von stabilen, honigfarbenen Ufermauern bildet es eine kleine Welt für sich mit einem dichten Netzwerk aus schattigen Kopfsteinpflastergassen, Palazzi im gotischen Stil und von Cafés gesäumten Plätzen. Unterhalb der Altstadt drängen sich die Boote im Jachthafen und lange Sandstrände schwingen sich im weiten Bogen Richtung Norden. An allen Ecken und Enden ist das spanische Flair spürbar; es erinnert an die Vergangenheit der Stadt als katalanische Kolonie. Selbst heute noch, mehr als drei Jahrhunderte nach dem Abzug der Spanier, wird hier eine mittelalterliche Form des Katalanischen gesprochen. Viele Straßenschilder und Speisekarten sind auf Katalanisch und Italienisch beschriftet.

Geschichte

Für sardische Verhältnisse ist Alghero eine moderne Stadt. Ihren Anfang nahm sie im 11. Jh. als Fischerdorf mit dem Namen L'Alguerium (benannt nach den Meeresalgen, die seinerzeit an der Küste angespült wurden). Wegen der strategisch günstigen Lage hüteten seine genuesischen Gründer den Ort wie ihren Augapfel. Bis auf ein kurzes pisanisches Interregnum in den 1280er-Jahren blieb L'Alguerium bis zur Mitte des 14. Jhs. unter der Herrschaft der Genueser.

Der katalanisch-aragonischen Invasion auf Sardinien im Jahr 1323 setzte Alghero erbitterten Widerstand entgegen. Doch nach 30 Jahren Kampf fiel der Küstenort schließlich in die Hände der spanischen Invasoren. Katalanische Kolonisten wurden ermutigt, sich dort anzusiedeln. Nach einem Aufstand wurden 1372 die letzten Sarden vertrieben und ins Binnenland, nach Villanova Monteleone, umgesiedelt. Die daraufhin rein katalanische Hafenstadt nannte sich nun Alguer.

Unter den Iberern florierte die Stadt. Sie wurde zum wichtigsten katalanischen Hafen der Insel und erhielt 1501 das Stadtrecht. Befestigungen wurden gebaut, um sie gegen Angriffe von Land und von See zu sichern. 1541 machte sogar Karl V., Kaiser des Heiligen Römischen Reichs und König von Spanien, auf einem Feldzug gegen die nordafrikanischen Korsaren hier Station.

Nach etwa 350 Jahren spanischer Herrschaft fiel die Stadt 1720 an das Haus Savoyen-Piemont. Die nächsten zwei Jahrhunderte wurden eine harte Zeit für Alghero. Zu Beginn der 1920er-Jahre war seine Einwohnerzahl auf knapp über 10 000 geschrumpft. Die 1943 schwer zerbombte Stadt rappelte sich erst in den späten 1960er-Jahren wieder auf, als der Tourismus den Weg zur Entstehung der modernen Neustadt ebnete.

Sehenswertes

Die meisten Sehenswürdigkeiten von Alghero ballen sich im *centro storico*, das mit seinen mächtigen Ufermauern und engen Sträßchen zum gemächlichen Bummeln einlädt. Am meisten los ist hier am frühen Abend, wenn sich die dunklen mittelalterlichen Gassen mit Menschen füllen, die beim Schaufensterbummel ihre Sonnenbräune zur Schau stellen.

Ursprünglich war das gesamte Stadtzentrum von Befestigungsmauern umschlossen, doch im 19. Jh. wurden die landseitigen Mauern abgerissen und teilweise durch die **Giardini Pubblici** ersetzt. Dieser Grüngürtel trennt heute die Alt- von der Neustadt.

Torre Porta a Terra TURM
(Karte S. 124; ☎079 973 40 45; Piazza Porta Terra; Erw./erm. 2,50/2 €; ⊙Sommer 10.30–13 & 17.30–20 Uhr, Winter Mo–Fr 9.30–13 & 16–20 Uhr) In der Nähe der Giardini Pubblici steht die Torre Porta a Terra aus dem 14. Jh, der einzige Überrest der Porta a Terra, die eines der beiden Haupttore der mittelalterlichen Stadt war. Der gedrungene, 23 m hohe Turm, der ursprünglich Porta Reial (Königstor) hieß, beherbergt heute ein multimediales Museum zur Stadtgeschichte. Eine Terrasse im 2. Stock gewährt prächtigen Rundumblick.

Im Süden der Giardini ragt die ebenfalls beeindruckende **Torre di San Giovanni** (Karte S. 124; ☎339 468 77 54; Largo San Francesco; ⊙abhängig von den Ausstellungen) in die Höhe, heute dient sie als Kulisse für Ausstellungen zeitgenössischer Kunst.

Alghero

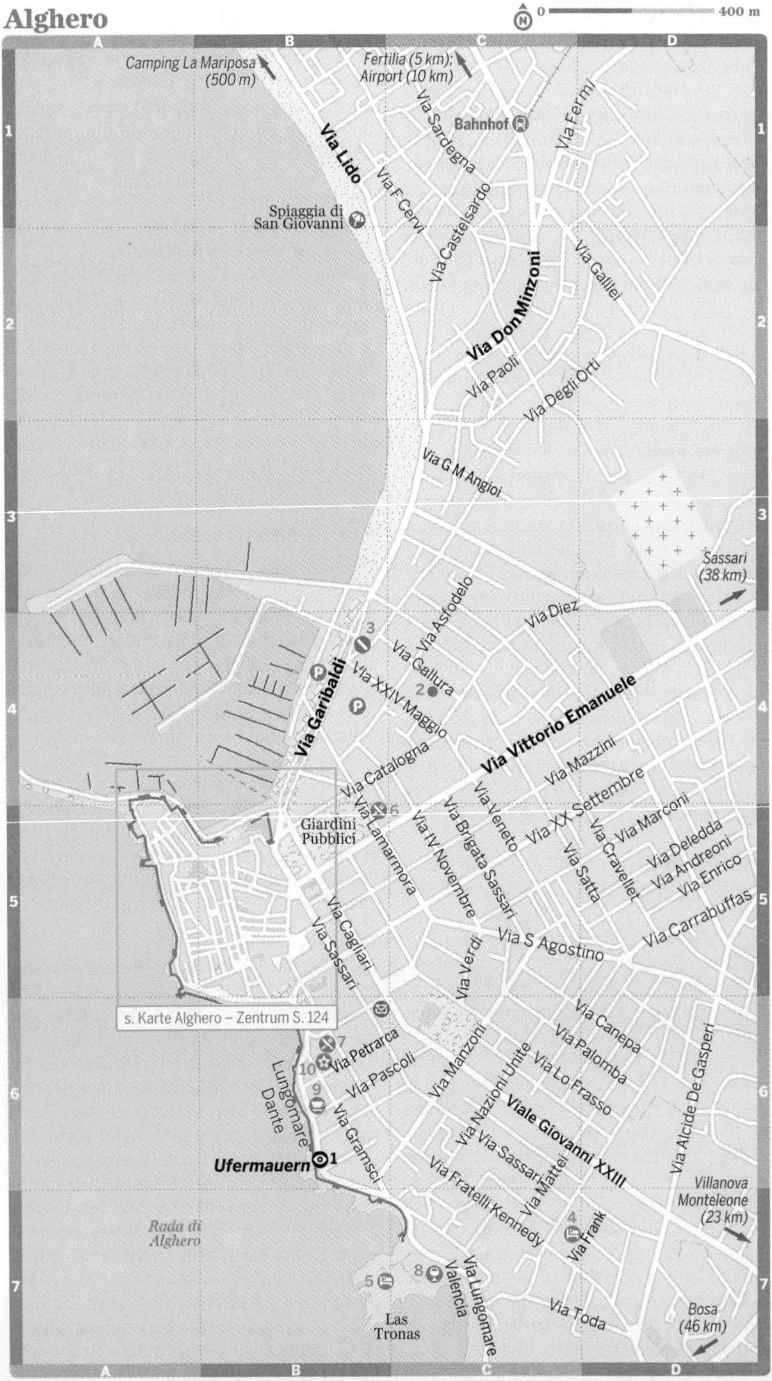
0 400 m
A
B
C
D
Camping La Mariposa (500 m)
Fertilia (5 km); Airport (10 km)
Via Sardegna
Bahnhof
Via Fermi
Via Lido
Via F Cervi
Via Castelsardo
Spiaggia di San Giovanni
Via Galilei
Via Don Minzoni
Via Paoli
Via Degli Orti
Via G M Angioi
Sassari (38 km)
Via Asfodelo
Via Diez
3
Via Gallura
2
Via XXIV Maggio
Via Garibaldi
Via Vittorio Emanuele
Via Catalogna
Via Mazzini
Via Veneto
Via XX Settembre
Via Marconi
6
Giardini Pubblici
Via Lamarmora
Via IV Novembre
Via Brigata Sassari
Via Satta
Via Cravellet
Via Deledda
Via Andreoni
Via Enrico
Via Carrabuffas
Via Cagliari
Via Sassari
Via S Agostino
Via Verdi
s. Karte Alghero – Zentrum S. 124
Via Canepa
Via Palomba
7
Via Petrarca
10
Via Manzoni
Via Nazioni Unite
Via Lo Frasso
Via Pascoli
9
Lungomare Dante
Via Gramsci
Viale Giovanni XXIII
Via Sassari
Via Alcide De Gasperi
Ufermauern 1
Via Mattei
Via Fratelli Kennedy
Villanova Monteleone (23 km)
Rada di Alghero
4
Via Frank
8
5
Via Lungomare Valencia
Via Toda
Las Tronas
Bosa (46 km)
1
2
3
4
5
6
7

Alghero

Highlights

Aktivitäten, Kurse & Touren

Schlafen

Essen

Ausgehen & Nachtleben

Unterhaltung

★ Ufermauern — MAUERN

(Karte S. 122) Die honigfarbenen Ufermauern, die die Aragonier im 16. Jh. um das *centro storico* bauten, sind eine Hauptattraktion des historischen Stadtbilds von Alghero. Sie verlaufen von der Piazza Sulis im Süden bis zur Porta a Mare und dem Jachthafen im Norden. Vom Fußgängerweg auf der Mauerkrone bietet sich ein umwerfender Blick bis zum Capo Caccia am blauen Horizont. Restaurants und Bars säumen den Weg und laden zum entspannten Nichtstun in perfekter Urlaubsatmosphäre ein.

Der Bummel über die Mauern, die auch *bastioni* genannt werden, beginnt an der **Torre di Sulis** (Karte S. 124) an der gleichnamigen Piazza. Der Turm bildete ursprünglich den Abschluss der Reihe seeseitiger Schanztürme südlich der Altstadt. Von hier führt der Weg nordwärts die **Bastioni Cristoforo Colombo** entlang und an der **Torre di San Giacomo** (Karte S. 124) vorbei zum Hauptabschnitt der Mauer, den **Bastioni Marco Polo**, an denen die meisten Restaurants liegen.

An der nördlichen Spitze stehen zwei weitere Türme, die **Torre della Polveriera** (Karte S. 124) und die **Torre di Sant'Elmo** (Karte S. 124). Der letzte Abschnitt, die **Bastioni della Maddalena** mit der **Torre della Maddalena** (Karte S. 124) und dem **Forte della Maddalena** (Karte S. 124), ist das einzige Überbleibsel der ehemaligen landseitigen Verteidigungsanlagen der Stadt. Gleich westlich der Bastion liegt oberhalb des meist überfüllten Jachthafens die **Porta a Mare** (Karte S. 124), das zweite mittelalterliche Stadttor von Alghero. Sie bietet Durchgang zur Piazza Civica in der Altstadt.

Cattedrale di Santa Maria — KATHEDRALE

(Karte S. 124; Piazza Duomo; ⏲7–12 & 17–19.30 Uhr) Mit ihrer pompösen klassizistischen Fassade und den dicken dorischen Säulen wirkt Algheros überdimensionale Cattedrale di Santa Maria an der Piazza Duomo ziemlich fehl am Platz. Die nicht ganz geglückte Fassade entstand im 19. Jh. als letztes Glied einer langen Kette von Umgestaltungen, die zum heutigen Stilmix führten. Errichtet wurde die Kathedrale ursprünglich im 16. Jh. im Stil der katalanischen Gotik. Im Inneren der Kirche dominiert der Renaissancestil, ergänzt um einige im 18. Jh. hinzugefügte spätbarocke Spielereien.

Von Februar bis Oktober finden montags bis freitags von 10 bis 13 und von 16 bis 18 Uhr kostenlose Führungen statt.

★ Campanile — TURM

(Karte S. 124; ☎079 973 30 41; Via Principe Umberto; Erw./Kind 2 €/frei; ⏲Sommer Mo–Fr 10.30–12.30, Mo & Fr 19–21 Uhr, Herbst Mo, Di, Do & Fr 10.30–12.30, Mo & Fr 16–18 Uhr, Nov.–März auf Anfrage) Interessanter als das Innere der Cattedrale di Santa Maria ist ihr markanter *campanile* (Glockenturm). Der hohe achteckige Turm, der die Dächer der Stadt überragt, ist ein schönes Beispiel der katalanischen Gotik. Er ist durch ein gotisches Portal an der Via Principe Umberto zugänglich.

Museo Diocesano d'Arte Sacra — MUSEUM

(Karte S. 124; ☎079 973 30 41; Piazza Duomo; Erw./erm. 3/2 €; ⏲10.30–13 & 17.30–20 Uhr, Okt. & Dez. kürzere Öffnungszeiten, Nov. geschl., Jan–März nach Vereinbarung) Das Museum der Sakralkunst im ehemaligen Oratorio del Rosario hütet die Sammlung kirchlicher Kunstwerke der Kathedrale, u. a. Gegenstände aus Silber, Statuen, Gemälde und Schnitzereien.

Sehenswert ist eine makabre Reliquie, bei der es sich um eines der *innocenti* handeln soll. (Als *innocenti* werden die Babys bezeichnet, die Herodes auf der Suche nach Jesus ermorden ließ.) Der kleine Schädel wirkt gruselig, aber anscheinend gefiel er dem aus Alghero stammenden Künstler Francesco Pinna, der die Reliquie im 16. Jh. von einem römischen Kardinal erhielt.

Piazza Civica — PIAZZA

(Karte S. 124) Die Piazza Civica, gleich hinter der Porta a Mare, ist Algheros Ort zum Sehen

Alghero – Zentrum

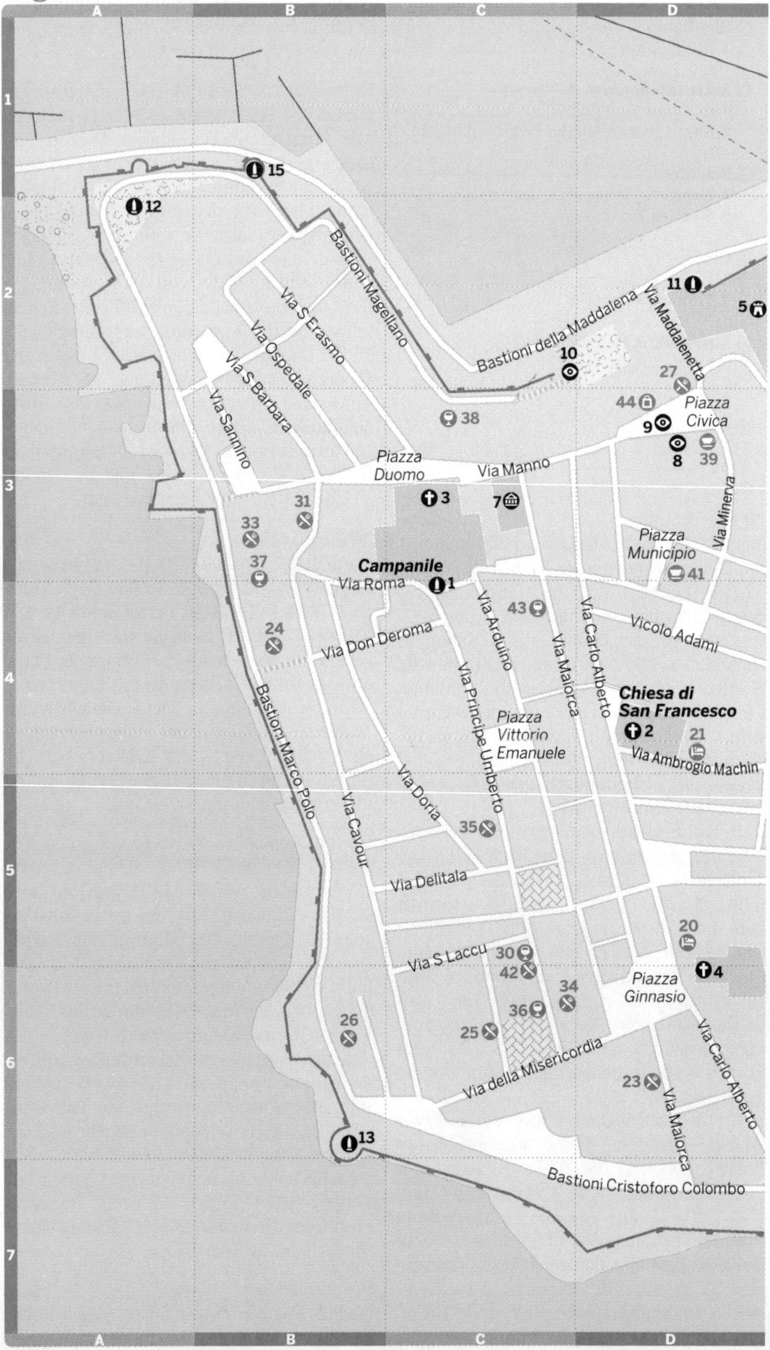

Alghero – Zentrum

Highlights

1 Campanile C4
2 Chiesa di San Francesco D4

Sehenswertes

3 Cattedrale di Santa Maria C3
4 Chiesa di San Michele D6
5 Forte della Maddalena D2
6 Museo del Corallo F6
7 Museo Diocesano d'Arte Sacra C3
8 Palazzo d'Albis D3
9 Piazza Civica D3
10 Porta a Mare C2
11 Torre della Maddalena D2
12 Torre della Polveriera A2
13 Torre di San Giacomo B6
14 Torre di San Giovanni E5
15 Torre di Sant'Elmo B1
16 Torre di Sulis E7
17 Torre Porta a Terra E4

Aktivitäten, Kurse & Touren

Cooperativa Itinera .... (s. 17)
18 Traghetti Navisarda E1
19 Trenino Catalano E2

Schlafen

20 B&B Benebenniu D5
21 Hotel San Francesco D4

Essen

22 Al Refettorio E4
23 Al Tuguri D6
24 Angedras Restaurant B4
25 Borgo Antico C6
26 Gelateria I Bastioni B6
27 Il Ghiotto D2
28 Il Pavone E6
29 Il Pesce d'Oro F2
30 La Botteghina C6
31 Mabrouk B3
32 Markthalle F5
33 Osteria Machiavello B3
34 Spaghetteria Al Solito Posto C6
35 Trattoria Lo Romanì C5

Ausgehen & Nachtleben

36 Baraonda C6
37 Buena Vista B3
38 Cafè Latino C3
39 Caffè Costantino D3
40 Chez Michel E7
41 Diva Café D3
42 Jamaica Inn C5
43 Mill Inn C4

Shoppen

Agostino Marogna .... (s. 8)
44 Boutique Marras D3
45 Enodolciaria E4

und Gesehenwerden. In früheren Zeiten war dies das verwaltungstechnische Herz der mittelalterlichen Stadt. Aber wo einst spanische Adelsleute zusammenkamen, um die Staatsgeschäfte des Kaiserreichs zu besprechen, versammeln sich heute Touristen, um die Auslagen der eleganten Juweliergeschäfte zu studieren, Eiscreme zu essen und im nobelsten Café der Stadt zu sitzen. Das Caffè Costantino nimmt das Erdgeschoss des gotischen **Palazzo d'Albis** (Karte S. 124) ein, in dem der spanische Kaiser Karl V. 1541 logierte.

★ Chiesa di San Francesco KIRCHE

(Karte S. 124; Via Carlo Alberto) Die schönste Kirche von Alghero ist ein Paradebeispiel architektonischer Harmonie. Sie wurde ursprünglich im 14. Jh. im Stil der katalanischen Gotik errichtet. Als sie 1593 teilweise einstürzte, erfolgte der Wiederaufbau im Renaissancestil. Besonders sehenswert sind hier der Altar aus mehrfarbigem Marmor (18. Jh.) und die eigentümliche Holzfigur eines ausgemergelten, an einen Pfahl gefesselten Christus (17. Jh.). Durch die Sakristei gelangen Besucher in den schönen Kreuzgang aus dem 14. Jh., in dem 22 Säulen eine Reihe von Rundbögen tragen.

Der gelbliche Sandstein der Arkaden vermittelt eine warme Atmosphäre, die den Kreuzgang zu einem wundervollen Ort für Sommerkonzerte macht.

Chiesa di San Michele KIRCHE

(Karte S. 124; Via Carlo Alberto) Weiter oben in der Via Carlo Alberto, der *carrer major* des mittelalterlichen Stadtteils, steht die Chiesa di San Michele. Ihre weithin bekannte Majolikakuppel ist typisch für Kirchen im spanischen Valencia, das ebenfalls früher zum katalanischen Territorium gehörte. Die heutigen Keramikkacheln stammen aus den 1960er-Jahren, was ihre Schönheit aber nicht mindert.

Kurz vor der Kirche kreuzt die Via Gilbert Ferret die Via Carlo Alberto. An der als *quatre cantonades* (vier Seiten) bekannten Kreuzung versammelten sich über die Jahrhunderte viele Arbeiter, die eine Arbeit zu finden hofften.

Strände

Nördlich des Jachthafens von Alghero, in dem die Boote dicht gedrängt liegen, streift die Via Garibaldi die langen Sandstrände der Stadt. Wesentlich schöner als die **Spiaggia di San Giovanni** und die angrenzende **Spiaggia di Maria Pia** sind allerdings die Strände bei Fertilia. In Alghero können Strandbesucher Sonnenschirme und -liegen für ca. 14 € pro Tag leihen oder auch Surfbretter und Kanus mieten.

Aktivitäten

★ Traghetti Navisarda BOOTSTOUR

(☎079 95 06 03; www.navisarda.it; Banchina Dogana; Erw./Kind hin & zurück 15/8 €, ohne Eintrittsgebühr für die Höhlen; ⊙Touren Juni–Sept. stündl. 9–17 Uhr, März–Mai & Okt. 2-mal tgl. um 11 & 15 Uhr) Vom Hafen fahren Ausflugsboote entlang der beeindruckenden Nordküste zum Capo Caccia und zum Höhlenkomplex der grandiosen Grotta di Nettuno. Traghetti Navisarda ist einer von mehreren Veranstaltern, die Tagesfahrten mit Zwischenstopps zum Angeln und Schwimmen und Fährverbindungen zu den Höhlen anbieten. Die Hin- und Rückfahrt einschließlich Höhlenbesichtigung dauert ca. 2½ Stunden.

Nautisub m/n Andrea Padre TAUCHEN

(Karte S. 122; ☎079 95 24 33; www.nautisub.com; Via Garibaldi 45; ⊙im Sommer Mo–Sa 8.30–13 & 16.30–21, So 8.30–12.30 Uhr, im Winter kürzere Öffnungszeiten) Der Tauchshop veranstaltet ganzjährig Tauchtrips (ab 45 bzw. 60 € inkl. Ausrüstung) und Bootstouren (ab 45 €) und verleiht Tauchausrüstung.

Kurse

Italiano in Riviera SPRACHKURSE

(Karte S. 122; ☎079 27 50 35; www.italianoinriviera.it; Via Gallura 14) Die Schule bietet eine Reihe italienischer Sprachkurse für alle Leistungsstufen an. Außerdem besteht die Möglichkeit, Sprachunterricht mit Seminaren zur Kunstgeschichte, Kochkursen, Weinproben und Sportunterricht zu kombinieren. Einzelunterricht kostet 35 €/Std., Wochenkurse ab 235 €/Person.

Touren

Cooperativa Itinera STADTFÜHRUNG

(Karte S. 124; ☎079 973 40 45; Torre Porta a Terra; ⊙Mo–Sa 9.30–13 & 16.30–20 Uhr) Die Kooperative bietet diverse geführte Touren innerhalb und außerhalb der Stadt an, u. a. einen 1½-stündigen Rundgang durch das *centro storico*. Tickets (7,50 €) gibt es an der Torre Porta a Terra (S. 121), dem Ausgangspunkt der Führung.

Trenino Catalano KLEINBAHN

(Karte S. 124; Erw./erm. 5/3 €; ⊙Sommer 10–13 & 16.30–23 Uhr, Frühjahr & Sept. 10–13 & 15.30–

21 Uhr) Die Kleinbahn tuckert rund ums *centro storico;* sie startet halbstündlich am Hafen. Die Fahrkarten werden nach dem Einsteigen gelöst.

Feste & Events

Alghero bietet seinen Gästen einen vollen Fest- und Eventkalender, die besten Veranstaltungen finden allerdings im Frühjahr und Sommer statt. Termine und Infos gibt es auf der Website www.alghero-turismo.it unter dem Menüpunkt „Events".

Carnevale KARNEVAL
(www.sardegnaturismo.it; ⏲ Feb.) Als Teil der Karnevalsfestivitäten von Alghero wird am *martedi grasso* (Fastnachtsdienstag) mit großem Trara das Abbild eines französischen Soldaten (der *pupazzo*) verbrannt.

Sagra del Bogamarì ESSEN
(⏲ Feb./März/April) Bei diesem Fest ehren die Einwohner von Alghero den bescheidenen *riccio di mare* (Steinseeigel), indem sie große Mengen dieses Stachelhäuters verzehren. Die genauen Termine wechseln von Jahr zu Jahr, aber normalerweise findet das Fest irgendwann zwischen Februar und März bzw. Anfang April statt.

Ostern RELIGIÖSES FEST
(⏲ März/April) In der Karwoche werden Statuen von Jesus Christus und der Jungfrau Maria durch die Stadt getragen, um die *Misteri* (Leidensweg Jesu Christi) und den *Incontru* (Begegnung der Jungfrau Maria mit dem auferstandenen Jesus Christus) nachzustellen.

Ferragosto (Mariä Himmelfahrt) RELIGIÖSES FEST
(⏲ Aug.) Am 15. August feiert Alghero Mariä Himmelfahrt mit Feuerwerk, Bootsrennen und Musik.

Essen

Fisch und Meeresfrüchte spielen in Alghero eine kulinarische Hauptrolle. Berühmt ist die Fischerstadt für ihre Langusten , die oft als *aragosta alla catalana* auf den Tisch kommen, also nach katalanischer Art mit Tomaten und Zwiebeln.

★ Gelateria I Bastioni GELATERIA €
(Karte S. 124; Bastioni Marco Polo 5; Eiswaffel ab 2 €; ⏲ März–Okt.) Die winzige Eisdiele verkauft göttliche Eiscreme, Milchshakes und *granite* (aromatisierte Eisgetränke). Besonders lecker sind die frisch zubereiteten Fruchteissorten, am besten mit einem großzügigen Klacks Sahne obendrauf.

> **FISCH À LA CARTE**
>
> Wer im Restaurant *aragosta* (Languste) oder Fisch bestellt, sollte Folgendes beachten: Auf den meisten Speisekarten ist der Preis für Frischfisch pro Gramm (bzw. pro *etto*, also pro 100 g) angegeben und nicht etwa für das ganze Gericht. Im Zweifelsfall beim Kellner nachfragen und den Fisch vor der Bestellung wiegen lassen.

Il Ghiotto SCHNELLRESTAURANT €
(Karte S. 124; ☎ 079 97 48 20; Piazza Civica 23; Mahlzeiten 15 €; ⏲ 6–24 Uhr) Eine der wenigen wirklich preiswerten Essadressen in Alghero. Mittags kann man sich hier schon für 15 € an der appetitlichen Auswahl an *panini*, Pasta, Salaten und Hauptgerichten pappsatt essen. Sitzplätze gibt es im Speisebereich hinter der Haupthalle oder draußen auf einer gut besuchten Holzterrasse an der Porta a Mare.

Spaghetteria Al Solito Posto ITALIENISCH €
(Karte S. 124; ☎ 079 98 00 54; Via Principe Umberto 82; Mahlzeiten 18–20 €; ⏲ Mi–Mo) Wer Romantik und gehobene Küche sucht, ist hier verkehrt. In einer Ecke des beliebten Lokals für die alltägliche Sättigung dudelt permanent ein Fernseher, aber das Essen – Pasta mit verschiedenen Saucen – ist gut und die lebendige Atmosphäre sehr sympathisch.

★ Trattoria Lo Romanì TRATTORIA €€
(Karte S. 124; ☎ 079 973 84 79; Via Principe Umberto 29; Mahlzeiten 30 €; ⏲ 7.30–23.30 Uhr, So abends & Mo geschl.) Viele Restaurants in Alghero servieren den sardischen Klassiker *porchetto*, am Spieß geröstetes Spanferkel, aber nur wenige garen das Ferkel zu solcher Vollkommenheit wie diese reizende Trattoria – mit perfekter Knusperkruste und zartem, aromatischem Fleisch. Unverputzte Sandsteinmauern und gedämpftes Licht sorgen für eine gemütliche, elegante Atmosphäre, die Bedienung ist aufmerksam und die frisch zubereiteten Inselspezialitäten sind ausgezeichnet.

★ La Botteghina SARDISCH €€
(Karte S. 124; ☎ 079 97 38 375; www.labotteghina.biz; Via Principe Umberto 63; Mahlzeiten 35 €; ⏲ Fr–

Mi 12.30–14.30 & 19.30–22.45 Uhr) Die Spezialität des stilvollen Restaurants im *centro storico* (weiße Holzeinrichtung unter Backstein-Gewölbedecken) sind schlichte Gerichte aus Saisonzutaten von Kleinerzeugern der Region. Auf der Karte stehen neben Steaks vom *bue rosso*, Wurstwaren und sardischem Käse auch Pizzen von 50 cm Durchmesser und frische Meeresfrüchte, die meist mit *fregola* gereicht werden (winzige, runde Grießnudeln).

Mabrouk FISCH €€
(Karte S. 124; ☎ 079 97 00 00; Via Santa Barbara 4; Menü 40 €; ⌚ Di–So 20–23 Uhr, im Nov. geschl.) Das anheimelnde Restaurant in der Nähe der Kathedrale ist der ideale Ort, um fangfrischen Fisch der Region zu schlemmen. Was genau auf den Tisch kommt, hängt vom Tagesfang ab, aber bei diversen Antipasti, drei Pastagerichten und drei Hauptgerichten muss keiner hungrig bleiben.

Il Pesce d'Oro RISTORANTE, PIZZERIA €€
(Karte S. 124; ☎ 079 95 26 02; Via Catalogna 12; Mahlzeiten 30 €, Pizza 5–10 €; ⌚ 12.30–14.30 & 19.30–23 Uhr, Mo mittags & Mi geschl.) Das Traditionslokal ist eine Lieblingsadresse der Einheimischen zum Wochenendschmaus. Dann drängen sich Horden fröhlicher Esser im sonnig gelben Interieur, um sich herzhafte Fischgerichte und Pizza aus dem Holzofen schmecken zu lassen. Quasi eine Komplettmahlzeit auf Pizzaboden ist die Pizza Pesce d'Oro mit Tomaten, Gorgonzola, Wurst, Paprika und Zwiebel.

Angedras Restaurant SARDISCH €€
(Karte S. 124; ☎ 079 973 50 78; www.angedrasrestaurant.it; Bastioni Marco Polo 41; Mahlzeiten 30–40 €, Mittagsmenü 16 €; ⌚ April–Okt. 12–14.45 & 19–22.30 Uhr) Auf Algheros honigfarbenen Festungsmauern zu speisen, ist ein unvergessliches Erlebnis. Das Angedras zählt zu den besseren Lokalen auf dem steinernen Schutzwall. Es bietet überwiegend regionale Speisen: Pasta, Fleischgerichte und ansprechend präsentierte Meeresfrüchte. Ein Schnäppchen ist das Mittagsmenü für 16 €, das aus zwei Gerichten von der regulären Speisekarte besteht.

Al Tuguri RISTORANTE €€
(Karte S. 124; ☎ 079 97 67 72; www.altuguri.it; Via Maiorca 113; Probiermenüs veg./Fisch/Fleisch 40/45/45 €; ⌚ Mo–Sa 12.30–14.30 & 20.30–23.30 Uhr; 🅥) Hochwertige vegetarische Küche ist auf Sardinien noch nicht so verbreitet, aber hier werden auch anspruchsvolle Fleischverächter fündig. Das kleine, unaufdringliche Lokal mit rustikaler Einrichtung serviert neben traditionelleren Fisch- und Fleischgerichten auch ein vegetarisches Menü. Reservierung ist ratsam.

Al Refettorio MEDITERRAN €€
(Karte S. 124; ☎ 079 973 11 26; Vicolo Adami 47; Mahlzeiten 30–35 €; ⌚ Mi–Mo 12.30–14.30 & 19.30–23.30 Uhr) Schicke Weinbar und Restaurant mit Tischen unter einem niedrigen Steinbogen und im dämmrig beleuchteten Gewölberaum. Die ideale Adresse, um die Weine der Region zu probieren und dazu moderne mediterrane Kost wie Lachs in Sesamkruste mit roter Pfeffersauce zu genießen.

Osteria Machiavello RISTORANTE €€
(Karte S. 124; ☎ 079 98 06 28; Bastioni Marco Polo 57; Mahlzeiten 35 €, Mittagsmenü/sardisches Menü €16/35; ⌚ Mo–Sa 12–14.45 & 19–23.30 Uhr) Das beliebte Restaurant an der Ufermauer bietet zum entspannten Mahl traumhaften Panoramablick. Die Speisekarte hält mit Grillfleischgerichten und einer Reihe klassischer Fischrezepte für fast jeden Geschmack etwas parat. Es gibt auch Menüangebote, wie das Mittagsmenü zum Schnäppchenpreis von 16 €.

Borgo Antico FISCH €€
(Karte S. 124; ☎ 079 973 60 08; Via Zaccaria 12; Mahlzeiten 35 €; ⌚ im Sommer 12.30–14.30 & 19.30–23 Uhr, im Winter Mo geschl.) Im besonderen Ambiente eines ehemaligen Klostergebäudes an einer malerischen Piazza im *centro storico* zelebriert dieses populäre Lokal klassische italienische Fischküche. Am besten sichert man sich einen Tisch im Freien, um Spezialitäten wie *spaghetti alle cozze* (mit Muscheln) und *pesce al sale* (Fisch in Salzkruste) zu schnabulieren.

Trattoria Maristella TRATTORIA €€
(Karte S. 122; ☎ 079 97 81 72; Via Fratelli Kennedy 9; Mahlzeiten 30 €; ⌚ 12.30–14.30 & 20–23 Uhr, So abends geschl.) Altbewährte Fischgerichte und regionale Spezialitäten wie *culurgiones* (Ravioli mit einer Füllung aus Kartoffeln, *pecorino* und Minze) oder, je nach Saison, Spaghetti *ai ricci* (mit Seeigeln) locken Besucher und Einheimische scharenweise in diese kleine, stets gut besuchte Trattoria..

Il Pavone RISTORANTE €€€
(Karte S. 124; ☎ 079 97 95 84; Piazza Sulis 3/4; Mahlzeiten um 45 €; ⌚ im Sommer 12.30–15 & 19–23 Uhr, im Winter So abends geschl.) Das Restaurant Il Pavone, ein Urgestein der Gastronomie von Alghero, punktet mit ausge-

zeichneter Küche und seiner fabelhaften Lage an der Piazza Sulis. Im eleganten, aber relaxten Ambiente serviert es eine umfangreiche Auswahl einfallsreicher Kreationen aus Fisch und Meeresfrüchten, Salate, Bruschetta und wechselnde Tagesgerichte zu 10 €. Ab 11 Uhr werden Aperitifs gereicht.

Selbstversorger

Proviant für ein Picknick, frisches Fleisch und fangfrischen Fisch können Besucher in Algheros **Markthalle** (Karte S. 124; Via Sassari 23; ⌚7–13 Uhr) in der Nähe der Torre Porta a Terra kaufen. Eine weitere Einkaufsmöglichkeit ist der **Eurospin-Supermarkt** (Karte S. 122; Via Lamarmora 28; ⌚8.30–21 Uhr) bei den Giardini Pubblici.

Ausgehen

Alghero bietet Ausgehmöglichkeiten in Hülle und Fülle, von eleganten Cafés über romantische Uferbars und winzige Cocktail-Lokale bis zu Kneipen und Weinbars. Ein Großteil der Action spielt sich im *centro storico* ab, aber es gibt auch einige Locations an der Ufermauer (besonders beliebt wegen der Aussicht auf den Sonnenuntergang) und am Meer südlich der Piazza Sulis. Im Sommer haben viele davon bis tief in die Nacht geöffnet, meistens bis 2 Uhr.

Algheros Clubszene besteht hauptsächlich aus ein paar Sommerclubs außerhalb der Stadt. Wer dort mitfeiern will, braucht entweder ein eigenes Auto oder muss ca. 35 € für ein Taxi hinblättern.

Buena Vista BAR

(Karte S. 124; Bastioni Marco Polo 47; Cocktails 7 €; ⌚15.30 Uhr–spätnachts) Die betriebsame kleine Bar auf der westlichen Stadtmauer mixt erstklassige Mojitos zum traumhaften Sonnenuntergangspanorama. Peppige Musik und das schummerige Interieur sorgen für eine freundlich-relaxte Atmosphäre.

Baraonda WEINBAR

(Karte S. 124; Via Principe Umberto 75) Unverputztes Mauerwerk, burgunderrote Wände und Jazzfotos in Schwarz-Weiß verleihen der dämmrigen Bar eine ganz eigene Note. Im Sommer macht es Spaß, draußen an den Tischen auf der Piazza die Welt vorbeiflanieren zu lassen, während man sich durch die ellenlange Weinkarte arbeitet.

Chez Michel CAFÉ

(Karte S. 124; Piazza Sulis 2; ⌚Di–So) Eins von mehreren Cafés mit Plätzen in der ersten Reihe rund um die Piazza Sulis und somit ein erstklassiger Ort, um beim abendlichen Drink das Treiben auf dem Platz zu beobachten. Aperitifs (ab 7 €), Kaffeespezialitäten, Cocktails und gelegentliche DJ-Abende.

L'Arca CAFÉ, BAR

(Karte S. 122; ☎079 97 79 72; Lungomare Dante 6; ⌚Sommer 8–2 Uhr, Winter Di–So bis 22 Uhr) Der zeitlos beliebte Schuppen tarnt sich tagsüber als Café und verwandelt sich abends in eine dröhnende Musikkneipe. DJs begleiten das Tohuwabohu in der Bar, aus der die Gäste bis auf die volle Uferpromenade überschwappen.

Cafè Latino BAR

(Karte S. 124; ☎079 97 65 41; Bastioni Magellano 10; Cocktails ab 4,80 €; ⌚9–2 Uhr, im Winter Di geschl.) Wer das romantische Hafenpanorama zum frühabendlichen Aperitif auskosten möchte, ist in dieser schicken Bar an der Ufermauer richtig. Sie bietet Tische im Freien mit Blick auf den Jachthafen und eine reichhaltige Auswahl an Drinks und Snacks. Für eine Komplettmahlzeit ist man aber anderswo besser aufgehoben.

Jamaica Inn KNEIPE

(Karte S. 124; Via Principe Umberto 57; ⌚12–15 & 19.30–2 Uhr) Der quirlige Laden im Herzen des *centro storico* kredenzt belgisches Bier und Hamburger und bietet wöchentlich Livemusik. Gäste, die lieber draußen sitzen, sollten sich einen Tisch auf der kleinen Terrasse gegenüber vom Eingang sichern.

Caffè Costantino CAFÉ

(Karte S. 124; Piazza Civica 31; ⌚7.30–1.30 Uhr, im Winter Mo geschl.) Das Costantino an Algheros Vorzeige-Piazza ist das berühmteste Café der Stadt; Touristen strömen in Scharen zu seinen Tischen am Rand des Platzes. Es ist ein netter Ort, um bei einem Drink die Passanten zu beobachten, aber das mittelmäßige, überteuerte Speisenangebot kann man sich schenken.

Diva Café CAFÉ

(Karte S. 124; ☎079 98 23 06; Piazza Municipio 1; Cocktails 7 €; ⌚Mo–Sa 10–24 Uhr) Sein wahres Gesicht zeigt das ganztags geöffnete Diva erst am Abend, wenn die sonnengebräunte Kundschaft an den Tischen auf der hübschen Piazza ihre Cocktails schlürft.

Mill Inn KNEIPE

(Karte S. 124; Via Maiorca 37; ⌚Do–Di) Unter der Gewölbedecke der gemütlichen Kneipe im *centro storico* geht es am Wochenende hoch her; ab und zu gibt es hier auch Livemusik.

El Trò CLUB

(Karte S. 122; ☎079 97 99 38; Via Lungomare Valencia 3) El Trò – mit Restaurant, Bar und Disko auf den Uferfelsen – gehört zu Algheros alteingesessenen Nightlife-Locations. Hier gibt es Pizza meterweise und eine regelmäßige Dosis Tanzdröhnung bis spät in die Nacht.

Il Ruscello CLUB

(☎339 235 07 55; SS Alghero-Olmedo; Eintritt Sa/So 13/15 €; ⌚Sommer Do–Sa 24 Uhr–spätnachts) Il Ruscello ist ein bekannter Name in der Clubszene. Der Laden zieht sardische DJs der Spitzenklasse und Szenekenner an, die hier zu House-, Revival- und Latinoklängen tanzen. Er liegt etwa 2 km nordöstlich der Stadt an der Straße nach Olmedo.

La Siesta CLUB

(Località Scala Piccada; Eintritt 15 €; ⌚im Sommer Sa ab 24 Uhr) Etwa 10 km außerhalb der Stadt lockt dieser große Open-Air-Club mit vier Tanzflächen, Mainstream-Musik und regelmäßigem Livemusik-Programm. Für Gäste, die keine Mitfahrmöglichkeit finden, fährt um ca. 1 oder 2 Uhr manchmal ein Shuttlebus von der Piazza Sulis zum Club hinaus.

☆ Unterhaltung

Poco Loco LIVEMUSIK

(Karte S. 122; ☎079 98 36 04; www.pocolocoalghero.com; Via Gramsci 8; ⌚Di–So 20–2 Uhr) Die altbewährte „Allzweckkneipe" bietet Cocktails, Pizza am laufenden Meter und regelmäßig Livemusik. Das Konzertprogramm von Oktober bis Juni ist vielseitig, wenn auch sehr jazz- und blueslastig.

Shoppen

Ein Schaufensterbummel entlang der eleganten Geschäfte auf Algheros Haupteinkaufsmeile, der Via Carlo Alberto, ist gewissermaßen ein Muss für Besucher der Stadt. Auch die Gassen des *centro storico* wimmeln von Läden, die kulinarische Leckerbissen, Designerklamotten, Touristennepp und Schmuck aus Algheros berühmten roten Korallen verkaufen.

Die meisten Geschäfte schließen über Mittag, normalerweise von 13 bis 17 Uhr, und bleiben dann abends bis ca. 20.30 Uhr geöffnet. Im Sommer bleiben aber viele auch länger auf und machen erst dicht, wenn der Passantenstrom versiegt.

Enodolciaria ESSEN

(Karte S. 124; ☎079 97 97 41; Via Simon 24; ⌚Sommer 9.15–13 & 16.30–23 Uhr, Winter Mo–Sa 9.15–13 & 16–20 Uhr) Ein Traum für Feinschmecker: Die Lokalinstitution in der Nähe des Eingangs zum *centro storico* verkauft alles von Likören und Weinen der Insel über Olivenöl und Honig bis zu *fregola* und *bottarga* (Meeräschenrogen).

Boutique Marras MODE

(Karte S. 124; ☎079 973 20 85; www.boutiquemarras.com; Piazza Civica 9; ⌚Mo–Sa 9.30–13 & 16.30–20.30, So 17–20.30 Uhr) Antonio Marras ist Algheros berühmtester Modedesigner. Er war Kreativdirektor bei Kenzo und zeichnet für die Modelinie *I'm Isola Barras* verantwortlich. Seine Entwürfe gehören zu den schicksten Modellen im Sortiment der eleganten Boutique, die Antonios Bruder in einem mittelalterlichen Palazzo betreibt.

ℹ Praktische Informationen

Bar Miramare (☎079 973 10 27; Via Gramsci 2; 5 €/Std.; ⌚8–12 & 14.30–2 Uhr) Internet.

BNL Banca (Via Vittorio Emanuele 5)

Farmacia Cabras (☎079 97 92 60; Via Fratelli Kennedy 12; ⌚Mo–Sa 9–13 & 16–20 Uhr) Apotheke mit englischsprachigem Personal.

Ospedale Civile (☎079 995 51 11; Via Don Minzoni) Hauptkrankenhaus.

Polizeiwache (☎079 972 00 00; Via Fratelli Kennedy 1)

Postamt (Karte S. 122; Via Carducci 35; ⌚Mo–Fr 8.20–19.05, Sa 8.20–12.35 Uhr)

Touristeninformation in Alghero (Karte S. 124; ☎079 97 90 54; www.alghero-turismo.it; Piazza Porta Terra 9; ⌚Mo–Sa 8–20, So 10–13 Uhr) Englischsprachige Mitarbeiter und jede Menge praktische Informationen.

Touristeninformation am Flughafen (☎079 97 71 28; ⌚Mo–Sa 9–13 & 15–19 Uhr) In der Ankunftshalle.

ℹ KEINE AUTOS IN DER ALTSTADT!

Der größte Teil der Altstadt von Alghero ist für Autos ohne Sondergenehmigung gesperrt. Wer versehentlich in die ZTL (*zona a traffico limitato;* verkehrsbeschränkte Zone) einfährt, muss mit einem Bußgeld rechnen. Auswärtige, die im Mietwagen unterwegs sind, müssen das Bußgeld an den Autoverleiher zahlen.

Die Verkehrsbeschränkungen in der ZTL gelten NICHT in der Zeit von montags bis samstags 8–10.30 sowie 14.30–16.30 Uhr.

PER AUTO ODER FAHRRAD VON ALGHERO NACH BOSA

Die 108 km lange Strecke durch Bergwälder und über eine der schönsten Küstenstraßen von Sardinien eröffnet spektakuläre Panoramablicke auf *il mare* (das Meer) und *i monti* (die Berge). Dabei ist einiges an steilen, kurvigen Bergsträßchen zu bewältigen. Die Route eignet sich entweder für einen Tagesausflug mit dem Auto oder als zweitägige Radtour.

Von Alghero führt die Fahrt zunächst über die Binnenstraße SS292, die sich bergauf nach Villanova Monteleone schlängelt. Unterwegs bietet sich eine traumhafte Aussicht übers Wasser auf das Capo Caccia. Dann geht es über einen Hügelkamm in dichten Wald hinunter. Nach 23 km erreicht man **Villanova Monteleone** (567 m), das wie ein natürlicher Balkon an den Hängen des Colle di Santa Maria klebt.

Auf der Gebirgsstraße hinter Villanova kann man weitere herrliche Küstenblicke genießen, während sich die Straße in stetem Auf und Ab durch schattige Wälder windet. Eine mehr als angemessene Entschädigung für die letzten steilen 5 km ist die 10 km lange Abfahrt nach Bosa.

Bosa bietet sich als Übernachtungsquartier oder zumindest als Zwischenstopp mit Bummel durch seine attraktive Altstadt an, bevor man die Rückfahrt über die spektakuläre 46 km lange Küstenstraße antritt. Hier ist nur ein nennenswerter 6,2 km langer Anstieg auf 350 Höhenmeter zu überwinden. Die Ausblicke machen die Anstrengung aber allemal wett. Bis auf das Gebimmel der Ziegenglocken und vereinzelte Raubvögel am Himmel lenkt hier kaum etwas vom großartigen Landschaftserlebnis ab.

An der Strecke gibt es zwei Badestellen. Die erste liegt gleich südlich von **Torre Argentina**, etwa 4,5 km von Bosa: Da, wo die Autos am Straßenrand parken, Ausschau nach dem Fußweg zum Strand hinunter halten. Die zweite ist die **Spiaggia Speranza**, ein Felsstrand 8 km südlich von Alghero. Hier kann man sich vor der letzten Etappe im **Ristorante La Speranza** (☎079 957 61 07; SP105 Alghero-Bosa, km 8; Mahlzeiten 35–40; ⊙im Sommer 12.30–14.30 & 19.30–10.30 Uhr, im Okt. Do–Di, im Winter nur Sa & So) mit fangfrischem Fisch stärken.

ℹ An- & Weiterreise

AUTO & MOTORRAD

Die einfachste Route vom 40 km entfernten Sassari nach Alghero ist die Schnellstraße SS291.

Für die 46 km nach/von Bosa bietet sich als beste Route die landschaftlich schöne SP105 an, eine der herrlichen Küstenstraßen von Sardinien.

BUS

Die Haltestelle für die Ankunft und Abfahrt der Überlandbusse befindet sich in der Via Catalogna an den Giardini Pubblici. Tickets gibt es beim Fahrkartenhäuschen in der Parkanlage.

Bis zu zehn Busse täglich verkehren nach Sassari (2,50–3 €, 1 Std.), wo Umsteigemöglichkeiten zu Zielen auf der ganzen Insel bestehen. Außerdem fahren Busse nach Porto Torres (3,50 €, 1 Std., 5-mal tgl.) und Bosa (3,50 €, 1½ Std., 2-mal tgl., im Sommer öfter).

Es gibt keine direkte Verbindung nach Olbia. Wer dorthin will, muss über Sassari fahren.

FLUGZEUG

Algheros Flughafen, der **Aeroporto di Alghero-Fertilia** (☎079 93 50 11; www.aeroportodialghero.it) liegt 10 km nordwestlich der Stadt. Er wird von **Alitalia** (www.alitalia.com) und mehreren Billigfliegern angeflogen.

ZUG

Der Bahnhof befindet sich 1,5 km nördlich der Altstadt an der Via Don Minzoni. Zwischen Alghero und Sassari verkehren täglich bis zu zwölf Züge (2,20 €, 35 Min.).

ℹ Unterwegs vor Ort

Für die Altstadt und die meisten anderen Ziele vor Ort reichen die eigenen Füße als Fortbewegungsmittel. Der Weg zu den Stränden lässt sich allerdings bequemer mit dem Bus zurücklegen.

AUTO & MOTORRAD

Die beste Parkmöglichkeit in Alghero bietet der große kostenfreie Parkplatz entlang des *lungomare* (Uferpromenade) an der Via Garibaldi. Hier findet sich fast immer ein freies Plätzchen.

Alle größeren örtlichen und internationalen Autoverleiher haben Schalter am Flughafen Fertilia.

Cicloexpress (☎079 98 69 50; www.cicloexpress.com; Via Garibaldi; ⊙Mo–Sa 9–13 &

16–20 Uhr) betreibt eine Bude an der Seeseite der Via Garibaldi, die Autos (ab 60 €/Tag), Motorroller (ab 30 €) und Fahrräder (ab 5 €) vermietet.

BUS

Die Buslinie AF fährt von den Bushaltestellen der Via Cagliari die Küstenstraße entlang bis nach Fertilia. Fahrkarten gibt es für 1 € bei Zeitungskiosken und *tabacchi* (Tabakwarengeschäften) oder für 1,50 € direkt im Bus.

VOM/ZUM FLUGHAFEN

Von 5 bis 23 Uhr verkehren stündlich Busse zwischen Via Cagliari und Flughafen (1 € bzw. 1,50 € im Bus, 25 Min.).

Zweimal täglich fahren Busse von **Logudoro Tours** (✆ 079 28 17 28; www.logudorotours.it) nach Cagliari (20 €, 3½ Std.), Oristano (16 €, 2¼ Std.) und Macomer (12 €, 1¼ Std.).

Redentours (✆ 0784 3 03 25; www.redentours.com) bietet zweimal täglich eine Busverbindung von/nach Nuoro an (18 €, 2¼ Std.). Hierfür ist eine Platzreservierung erforderlich.

Ein Taxi zum Flughafen kostet um die 25 €.

TAXI

An der Via Vittorio Emanuele 1, in der Nähe der Giardini Pubblici, befindet sich ein Taxistand. Ansonsten kann man Taxis auch telefonisch bei **Consorzio Radio Taxi** (✆ 079 989 20 28) bestellen.

RIVIERA DEL CORALLO

Von Alghero führt die Küstenstraße nach Norden und macht dann einen reizvollen Abstecher nach Westen. Dabei passiert sie Fertilia, einen bescheidenen Badeort, und Porto Conte, eine ausgedehnte Bucht voller Hotels und unauffälliger Villen. Am Ende der Straße liegt Capo Caccia, eine Landspitze, die in erster Linie für ihren faszinierenden Höhlenkomplex Grotta di Nettuno berühmt ist. Die Strecke führt an zwei tollen Stränden und ein paar interessanten archäologischen Stätten vorbei. Im Inselinneren wird die Landschaft flacher und man findet hier einen der namhaftesten Weinhersteller der Insel sowie mehrere gastfreundliche, ruhige *agriturismi* (Bauernhöfe mit Gästezimmern).

Fertilia

Sandstrände und Pinienwälder säumen die Küste bis Fertilia, rund 5 km nordwestlich von Alghero. Die Stadt selbst ist klein und ziemlich nichtssagend: Straßen, wie mit dem Lineal gezogen, und nüchterne Palazzi. Besucher, die das mittelalterliche Gewusel Algheros erlebt haben, werden von der Atmosphäre ziemlich überrascht sein. Die Stadt wurde von Mussolini erbaut, der hier das Zentrum eines gewaltigen Landgewinnungsprojektes errichten wollte und Bauern aus dem Nordosten Italiens ansiedelte. Später kamen Nachkriegsflüchtlinge aus Friaul-Julisch Venetien hinzu. Von ihnen stammt die Affinität zum Wahrzeichen von Venedig, den Löwen des hl. Markus, der die Hafenstatue ziert.

Sehenswertes & Aktivitäten

Nach einem Hafenbummel gibt es in Fertilia nicht mehr viel zu sehen oder zu unternehmen, aber in der Nähe liegen zwei ausgezeichnete Strände. Die **Spiaggia delle Bombarde**, ein paar Kilometer westlich von Fertilia, ist der Lieblingsstrand der Einheimischen. Er ist von Grün umgeben und mit Sonnenschirmen, Liegestühlen und einem Kinderspielplatz sehr gut ausgestattet. Wenn er zu voll ist (und im Sommer ist hier der Bär los), kann man sein Glück am nächsten Strand versuchen, der **Spiaggia del Lazzaretto**.

Beide Strände sind an der Hauptstraße ausgeschildert. Wer kein eigenes Fahrzeug zur Verfügung hat, kann den Bus von Alghero nach Capo Caccia nehmen, der ganz in der Nähe vorbeifährt.

Capo Galera Diving Centre TAUCHEN
(✆ 079 94 21 10; http://diving.capogalera.com; Località Capo Galera, Fertilia; Tauchgänge ab 20 €) Das Tauchzentrum, das von der Hauptstraße nach Capo Caccia ausgeschildert ist, bietet Tauchtouren und -kurse für alle Leistungsstufen an und organisiert überwältigende Höhlentauchgänge in die Grotta di Nereo, die größte Unterwasserhöhle des Mittelmeers. Tauchgänge kosten ab 20 €; die Leihgebühr für eine komplette Tauchausrüstung beträgt 20 €/Tag.

Das Tauchzentrum vermietet auch Unterkünfte (S. 225).

An- & Weiterreise

An Wochentagen verkehren mindestens fünf Busse täglich von der Via Catalogna in Alghero nach Fertilia (1,20 €, 15 Min.). Alternativ kann man auch den Linienbus AF nehmen.

Nördlich von Fertilia

Sehenswertes

Necropoli di Anghelu Ruju ARCHÄOLOGISCHE STÄTTE
(Eintritt 3 €, inkl. Nuraghe di Palmavera 5 €; Sommer 9–19 Uhr, Winter 1–14 Uhr) Rund 10 km nordwestlich von Alghero, ganz in der Nähe der Straße nach Porto Torres, liegen die Grabkammern der Necropoli di Anghelu Ruju verstreut. Die 38 in den Sandstein getriebenen Gräber, die als *domus de janas* (Feenhäuser) bezeichnet werden, stammen aus der Zeit zwischen 3300 und 2700 v. Chr. Der größte Teil des Skulpturenschmucks wurde entfernt und in Museen gebracht, aber in einigen Kammern sind noch Reste von gemeißelten Stierhörnern zu erkennen – vielleicht das Symbol eines Totengottes.

Wochentags fahren drei Busse von Alghero in die Nähe der *necropoli* (2 €, 25 Min.).

Sella e Mosca WEINGUT
(079 99 77 00; www.sellaemosca.com; Führungen im Sommer Mo–Sa 17.30 Uhr, das übrige Jahr auf Anfrage) GRATIS Sardiniens größter Weinproduzent ist schon seit 1899 auf diesem 550 ha großen Anwesen ansässig. Über seine Geschichte und Produktionsmethoden informiert eine kostenlose nachmittägliche Führung durch die altehrwürdige Weinkellerei und das liebevoll gepflegte hauseigene Museum. Im Anschluss kann man sich in der hübschen **Enoteca** (im Sommer Mo–Sa 8.30–20 Uhr, im Winter bis 18.30 Uhr) mit leckeren Tropfen eindecken. Auf Wunsch werden auch Weinproben organisiert.

Von Alghero fahren unter der Woche dreimal täglich Busse vorbei; sie halten an der Abzweigung zum Weingut (2 €, 25 Min.)

Essen

★ **Agriturismo Sa Mandra** SARDISCH €€
(079 99 91 50; www.aziendasamandra.it; Strada Aeroporto Civile 21; Mahlzeiten 35–40 €; Reservierung erforderlich;) Der ruhige *agriturismo* serviert phantastische bäuerliche Küche, inspiriert von der kulinarischen Tradition der Bergregion Barbagia, aus der die Inhaber stammen. Für Vegetarier gibt es eine Sonderkarte mit Leckereien wie Kräuterkäse und gebratenen Artischocken; Fleischesser werden mit sardischen Leibspeisen wie am Spieß gegrilltem Spanfer-

RIVIERA DEL CORALLO: BLUTROTES GOLD

Die roten Mittelmeerkorallen haben die Menschen schon von jeher bezaubert und verhext. Einige glaubten, es handle sich um das versteinerte Blut der Medusa, andere schrieben den Korallen potenzsteigernde und weitere geheimnisvolle Eigenschaften zu oder verarbeiteten sie zu Amuletten.

Die Küste Algheros südlich des Capo Caccia heißt zu Recht Riviera del Corallo (Korallen-Riviera). Die hier geernteten Korallen sind von höchster Qualität und leuchten in einem dunklen Orangerot. Wegen der starken Strömungen in Ufernähe bleiben die kleinen Korallenpolypen kurz und dicht, um dem Sog des Meeres standzuhalten. Daher weisen sie nur wenige Lufteinschlüsse auf– ein Kriterium erstklassiger Korallen.

Um die kostbare Handelsware zu schützen, ist das Korallenfischen streng reguliert. Die Korallen dürfen nur von Mai bis Oktober durch 25 lizenzierte Taucher geerntet werden und das nur in Tiefen von mindestens 80 m. Der Preis der geernteten Korallenbrocken variiert je nach Farbe, Qualität und Größe.

Mehr Informationen zum Thema „Korallen" gibt es im kleinen **Museo del Corallo** (Karte S. 124; 079 973 40 45; Via XX Settembre, Villa Costantino; Eintritt 3 €; 10.30–13 & 17.30–20 Uhr), das sich der Korallenfischerei in der Region widmet, oder bei **Agostino Marogna** (Karte S. 124; 079 98 48 14; www.marognacoralli.it; Piazza Civica 34; Mo–Sa 9.30–13 & 16.30–20.30 Uhr), einem der besten Korallenläden in Alghero. Seine Spezialität sind Halsketten aus großen, runden Korallenperlen, deren Anfertigung oft Jahre dauert. Beim Herstellen einer glatten Kugel fallen fast 60 % Abfall an. Da jedes Jahr nur eine bestimmte Menge Korallen zum Verkauf steht, müssen Agostinos Mitarbeiter solche Halsketten oft bis zur nächsten Saison beiseite legen und dann wieder auf die Suche nach Korallen von genau der gleichen Qualität gehen. Eine solche Halskette kann bis zu 30 000 € kosten. Die meisten Stücke in Agostinos Laden sind aber für weniger Geld zu haben, zu Preisen ab rund 100 €.

kel oder Lamm mit Wildfenchel verwöhnt. Früh buchen und reichlich Hunger mitbringen!

Der *agriturismo* ist von der SP44, der Straße zum Flughafen, nach rechts ausgeschildert.

Agriturismo Barbagia SARDISCH €€

(☎ 079 93 51 41; www.agriturismobarbagia.it; Località Fighera, Podere 26; Mahlzeiten 30–35 €; ⊙ Reservierung erforderlich) Einer von mehreren *agriturismi*, die in der platten Landschaft nördlich von Fertilia verstreut liegen, und ein wunderbarer Ort für einen wahrhaft fürstlichen sardischen Festschmaus. Zum Auftakt gibt es Klassiker wie Käse, Schinken und mariniertes Gemüse, gefolgt von traditionellen Pastagerichten wie *malloreddus* (schneckenförmige Griesnudeln) mit Wurst in Tomatensauce und saftigem Lamm- oder Schweinebraten.

Von Fertilia die SS291 nach Norden nehmen, nach rechts auf die SP44 abbiegen und dann auf die Schilder links der Straße achten.

Nuraghe di Palmavera

Nuraghe di Palmavera ARCHÄOLOGISCHE STÄTTE

(Eintritt 3 €, inkl. Necropoli di Anghelu Ruju 5 €; ⊙ Sommer 9–19 Uhr, Winter 10–14 Uhr) Einige Kilometer westlich von Fertilia liegt an der Straße nach Porto Conte die Nuraghe di Palmavera, eine 3500 Jahre alte Nuraghensiedlung. In ihrem Zentrum stehen ein Kalksteinturm und ein ovales Gebäude mit einem zweiten Turm aus Sandstein, der später hinzugefügt wurde. Ruinen kleinerer Türme und Festungswälle umgeben den Zentralbau. Außerhalb der Wälle liegen die Fundamente von etwa 50 Rundhütten.

Über die runde **Capanna delle Riunioni** (Versammlungshütte) wird viel gerätselt. Im Inneren verläuft entlang der Grundmauern eine niedrige Steinbank, möglicherweise diente sie einem Ältestenrat als Sitzplatz. In dem Rundbau befindet sich zudem ein Sockel mit dem Modell einer Nuraghe (bronzezeitlicher Turm). Einer Theorie zufolge gab es einen regelrechten Kult um die Nuraghen.

Von April bis September fährt wochentags ein einziger Bus von Alghero zu der archäologischen Stätte (1,50 €); ansonsten ist sie nur mit einem eigenen Fahrzeug zu erreichen.

Porto Conte

Die Bucht von Porto Conte trägt auch den poetischen Namen Baia delle Ninfe – Bucht der Nymphen. Auf ihrem blauen Wasser schaukelt im Sommer eine ganze Armada an Jachten. Mimosen- und Eukalyptusbäume säumen die grüne Küste.

Sehenswertes

Spiaggia Mugoni STRAND

Der Hauptanziehungspunkt von Porto Conte ist die an der Nordostseite der Bucht gelegene beliebte Spiaggia Mugoni, die sich durch feinen Sand auszeichnet. Die geschützt liegende Bucht eignet sich besonders gut für Wassersportanfänger. Der **Club della Vela** (☎ 338 148 95 83) veranstaltet Kurse im Windsurfen, Kanu- und Kajakfahren sowie Segeln und vermietet Boote.

★ Naturschutzgebiet Le Prigionette NATURSCHUTZGEBIET

(☎ 079 94 90 60; Eintritt frei; Personalausweis oder Reisepass erforderlich; ⊙ Mo–Sa 8–16, So 9–17 Uhr) Das Schutzgebiet gleich westlich von Porto Conte am Fuß des Monte Timidone (361 m) ist ein herrliches Fleckchen intakter Natur mit 12 km² Wald, duftender *macchia* (mediterrane Strauchvegetation) und felsiger

Riviera del Corallo & Porto Conte

PARCO DI PORTO CONTE

Der **Parco di Porto Conte** (www.parcodiportoconte.it) ist einer von nur zwei regionalen Naturparks auf Sardinien. Er umfasst ca. 60 km Küstenlinie und 53,5 km² einer Region, die der französische Meeresforscher Jacques Cousteau als eine der schönsten des Mittelmeerraums bezeichnete.

Seine abwechslungsreiche Landschaft, von Wäldern und Feuchtgebieten bis zu Tiefland-*macchia* (mediterrane Strauchlandschaft) und weißer Steilküste, ist ein wichtiger Lebensraum für 35 Säugetier- und 150 Vogelarten.

Der Park bietet hervorragende Wandermöglichkeiten, vor allem im Naturschutzgebiet Le Prigionette (S. 134) und auf der Landzunge entlang der Ostseite von Porto Conte. Eine der besten Routen führt von einem Parkeingang gleich an der SS127 bei Maristella zur **Punta Giglio**, einem Aussichtspunkt auf der Südspitze der Landzunge. Für die 6 km hin und zurück sollte man mindestens drei Stunden einrechnen, aber die Mühe wird mit überwältigendem Meerblick über die Bucht auf das Capo Caccia belohnt.

Genauere Infos über den Park und sein Netz von Wander- und Radwegen gibt es auf seiner Website.

Küste. Durch seine wunderschöne Landschaft führt ein Netz gut markierter Wander- und Radwege. Hirsche, weiße Esel, Giara-Pferde und Wildschweine durchstreifen seine Wälder, während darüber Gänsegeier und Falken am Himmel kreisen.

Ein spektakuläres Küstenpanorama wartet an der entlegenen **Cala della Barca**, wo ein Aussichtspunkt auf der Steilküste Blick auf die **Isola Piana** bietet. Am schnellsten und einfachsten kommt man dorthin, indem man vom Eingang des Schutzgebiets ungefähr 20 Minuten über eine unbefestigte Piste bis zu einer Lichtung bei einer Hütte weiterfährt und dort parkt. Von dort ist noch etwa 1 km Fußweg zurückzulegen.

An- & Weiterreise

Zwischen Porto Conte und Alghero verkehren regelmäßig Busse (1,50 €, 30 Min., Juni–Sept. bis zu 10-mal tgl., das übrige Jahr 5-mal).

Capo Caccia

Vom Naturschutzgebiet Le Prigionette führt die Straße weiter zum Capo Caccia, einer malerischen Landzunge, die den südlichsten Punkt des Parco di Porto Conte bildet. Die Landschaft hier ist überwältigend: Jede Straßenkurve eröffnet neue Ausblicke auf die schwindelerregende weiße Steilküste, die ins unglaublich blaue Wasser abfällt. Um das Panorama richtig auszukosten, sollte man an dem ausgeschilderten Aussichtspunkt einige Hundert Meter vor dem Ende der Straße haltmachen, um nach unten auf die Bucht und die von Wellen umtoste Isola Foradada gleich gegenüber zu blicken.

Sehenswertes & Aktivitäten

★ **Grotta di Nettuno** HÖHLE

(☎ 079 94 65 40; Erw./erm. 13/9 €; ⏲ im Sommer 9–19 Uhr, im Winter bis 15 Uhr) Der eigentliche Publikumsmagnet des Capo Caccia ist die Grotta di Nettuno, eine unterirdische Märchenwelt aus Stalaktiten und Stalagmiten. Am einfachsten kommen Besucher mit der **Navisarda**-Fähre von Alghero (Karte S. 124; ☎ 079 95 06 03; www.navisarda.it; Banchina Dogana, Alghero; Erw./Kind hin & zurück 15/8 € ohne Eintritt zur Höhle) zur Höhle, aber Abenteuerlustige ohne Höhenangst können stattdessen auch die **Escala del Cabirol** nehmen. Die schwindelerregende Treppe mit 654 Stufen führt vom Parkplatz am Ende der Kapstraße die senkrechte Felswand zum 110 m tiefer liegenden Meer hinunter.

Die Führungen (45 Min.) durch die Höhlen beginnen zu jeder vollen Stunde. Auf schmalen Wegen laufen die Besucher durch einen Wald aus bizarr geformten Stalaktiten und Stalagmiten, die phantasievolle Namen wie Kirchenkuppel oder Kriegerkopf tragen. Das Höhlensystem ist rund 4 km lang, davon ist aber ein Großteil (einschließlich einiger Süßwasserseen) tief in ihrem Inneren nicht für die Öffentlichkeit zugänglich. Achtung: Bei schlechtem Wetter ist die Grotte für Besucher generell geschlossen.

Für Besucher ohne eigenes Fahrzeug: Von der Via Catalogna in Alghero fährt um 9.15 Uhr ein Bus (2 €, 50 Min.) zum Kap und mittags wieder zurück. Von Juni bis September verkehren zwei zusätzliche Busse um 15.10 und 17.10 Uhr; Rückfahrt um 16.05 bzw. 18.05 Uhr.

Via Ferrata del Cabirol KLETTERN

(www.ferratacabirol.it) Atemberaubenden Meerblick genießen Kletterer auf der Via Ferrata del Cabirol, einem grandiosen Klettersteig, der mehrere exponierte Felswände quert. Er ist von mittlerem Schwierigkeitsgrad; die Querungen erfolgen vorwiegend auf Felsbändern, aber es gibt auch einige kurze senkrechte Abstiege. Die besten Kletterverhältnisse herrschen im Frühjahr und Herbst; allerdings liegt der Klettersteig auch im Sommer bis 14 Uhr im Schatten.

Anfahrt: Von der Straße zum Capo Caccia nach 10 km die Abzweigung zum Aussichtspunkt mit Blick auf die Isola di Foradada nehmen.

Nördlich vom Capo Caccia

Die Straße nördlich von Porto Conte verläuft durch die grüne Ebene La Nurra.

Sehenswertes

Torre del Porticciolo BUCHT

An der Küste nördlich von Porto Conte liegt die Torre del Porticciolo, ein winziger Naturhafen, gesäumt von einem schmalen Strand. Auf ihrer nördlichen Landspitze steht ein Wachturm aus dem 16. Jh; an der Südseite ragen hohe Küstenfelsen auf. Schmale Wanderwege führen zu benachbarten Buchten.

Spiaggia di Porto Ferro STRAND

Die Spiaggia di Porto Ferro ist ein wunderschöner, unberührter Strand und sehr beliebt bei den einheimischen Surfern. Der 2 km lange Sandstreifen mit herrlich blauem Wasser versteckt sich hinter dichtem Kiefernwald. Hier wird es selten so voll wie an den bekannteren Stränden der Gegend.

Zwischen April und September fahren zweimal täglich Busse von Alghero hierher (3 €, 45 Min.).

Lago Baratz SEE

Vom Porto Ferro führen mehrere Nebenstraßen zum 6 km landeinwärts liegenden Lago Baratz, Sardiniens einzigem Natursee. Er liegt inmitten niedriger Hügel und bietet Vögeln einen hervorragenden Lebensraum. Allerdings leben diese vorwiegend an der schwerer zugänglichen Nordseite des Sees. Pfade führen am sumpfigen Ufer entlang rund um den See. Ein 3 km langer Trampelpfad verbindet den See mit der Spiaggia di Porto Ferro.

Cantina Sociale di Santa Maria la Palma WEINGUT

(079 99 90 08; www.santamarialapalma.it; Sommer 8–13 & 15–20 Uhr, Winter Mo–Fr 8–13 & 14.30–18.30, So 8–13 Uhr) Südlich des Lago Baratz liegt im Dorf Santa Maria la Palma das zweitgrößte Weingut der Region nach Sella e Mosca. In der *enoteca* (Weinbar) können Besucher durch das umfangreiche Sortiment an Roten, Weißen und Spumanti stöbern und Weine direkt vom Fass verkosten. Auf Anfrage werden auch Führungen angeboten.

Essen

★ **Agriturismo Porticciolo** SARDISCH €€

(www.agriturismoporticciolo.it; Località Porticciolo; Mahlzeiten 18–32 €; nur Abendessen) Der einladende *agriturismo* tischt leckere bäuerliche Kost in einer großen Scheune mit Holzbalken, rustikaler Einrichtung und riesigem Kamin auf. Die Portionen sind so großzügig bemessen, dass die Gäste aufpassen müssen, sich nicht schon an den Antipasti und Pastagängen satt zu essen.

DIE NORDKÜSTE

Der 70 km lange Küstenabschnitt von Sardiniens Nordwestspitze bis nach Castelsardo zeigt ein schönes und ein ziemlich hässliches Gesicht.

Der Weg zur Nordwestspitze der Insel führt zunächst durch die flache Landschaft westlich von Porto Torres. Sie macht einen trostlosen Eindruck, insbesondere wenn der *maestrale* (Mistral, Fallwind aus nordwestlicher Richtung) über die Macchia und die kahlen Felsen fegt. Doch wer sich davon nicht abschrecken lässt, erreicht schließlich das beschauliche Stintino mit seinen schimmernden Salinen und die märchenhaft schöne Spiaggia della Pelosa, einen der berühmtesten Strände Sardiniens.

Im Osten wirken die Industriegebiete rund um Porto Torres, den bedeutendsten Hafen der Nordküste, alles andere als einladend. Doch auf der Weiterfahrt nach Castelsardo wird die Landschaft zusehends reizvoller. Einen Großteil der Strecke säumen Kiefernwälder die Straße, hinter denen sich einsame Strände verstecken. Landeinwärts erheben sich die Hochebenen der Region Anglona, eines Agrargebiets, in dem die Bewohner hart für ihre Existenz arbeiten müssen. Anglona wird im Osten von der Region

ABSEITS DER ÜBLICHEN PFADE

ARGENTIERA

Einen eindrucksvollen Blick in Sardiniens gar nicht so ferne Vergangenheit gewährt ein Besuch im Provinznest Argentiera. Der Ort an einer kleinen Bucht ca. 11 km nördlich des Lago Baratz wird von den geisterhaften Ruinen eines Silberbergwerks beherrscht, das einmal das wichtigste der ganzen Insel war. Die ersten, die hier *argento* (Silber) förderten, waren die Römer. Seitdem ging der Abbau ununterbrochen weiter, bis die Grube in den 1960er-Jahren schließlich aufgegeben wurde. Das chaotische Gewirr der Minengebäude aus dunklem Backstein, die jetzt von Holzgerüsten gestützt werden, steht an einem kleinen Strand mit grauem Sand. Betreten kann man die Häuser nicht, aber sie beeindrucken mit ihrem düsteren, melancholischen Anblick.

Für eine kleine Stärkung sorgt die **Bar Il Veliero** (☎079 53 04 71; Via Carbonia 1, Argentiera; Panini ab 3 €), ein schlichtes Lokal ein paar Meter hinter dem Strand. Hier bekommt man *panini*, Snacks oder sättigende Pastagerichte.

Argentiera liegt am Ende der SP18 und ist ab Palmadula ausgeschildert.

Gallura begrenzt, im Süden vom Logudoro (Landschaft in der Provinz Sassari) und im Westen von der kleinen Region Romangia.

Stintino

1520 EW.

Bis zum Beginn des Touristenbooms in den 1960er-Jahren war Stintino ein gottverlassenes Fischerdorf. Jetzt ist es ein sonniger kleiner Urlaubsort, eingerahmt von zwei Häfen – in dem einen schaukeln blaue Fischerboote (Porto Mannu), im anderen schicke Jachten (Porto Minori). Seine pastellfarbenen Häuser geben dem Ort einen besonderen Charme, und dank seiner Lage in der Nähe der Spiaggia della Pelosa und der Isola Asinara ist er ein ausgezeichneter Stützpunkt für Sommerurlauber.

Viele der Einwohner Stintinos stammen von den 45 Familien ab, die das Dorf im Jahr 1885 gründeten. Sie ließen sich hier nieder, nachdem sie gewaltsam von der Isola Asinara vertrieben worden waren, wo man Platz für ein neues Gefängnis und eine Quarantänestation benötigte. Um ihren Lebensunterhalt zu verdienen, wandten sich die Siedler der Fischerei zu. Das Dorf wurde bald bekannt für seine Thunfischjagd, ein alljährliches blutiges Gemetzel, das unter dem Namen *mattanza* (Abschlachtung) lief. Heutzutage sind die Küstengewässer des Ortes bei Seglern sehr beliebt; hier finden häufig Segelregatten und Wettkämpfe im Windsurfen statt.

Sehenswertes

Museo della Tonnara MUSEUM

(Porto Minori) Das einzige Museum des Ortes dokumentiert die Geschichte der Thunfischer von Stintino. Zur Zeit der Recherche war das Museum wegen Umzugs an einen neuen Standort am Porto Minori geschlossen. Die Pläne für den Neubau sehen sechs Räume vor, die den sechs Kammern der *tonnara* (Netzsystem für den Thunfischfang) entsprechen. Dokumente, Fotos und Computerdarstellungen veranschaulichen die jahrhundertealten Fangmethoden.

Spiaggia Le Saline STRAND

Gleich südlich von Stintino führen Wegweiser zur stillgelegten *tonnara* und zur Spiaggia Le Saline. An dem schönen weißen Strand befanden sich einst ertragreiche Salinen. Bis ins Hinterland erstreckt sich das Marschland mit der großen Lagune **Stagno di Casaraccio**, an der manchmal rastende Flamingos zu sehen sind.

Ausflüge

Stintino ist der Hauptausgangsort für eine Ausflugsfahrt in den Parco Nazionale dell' Asinara. Im Sommer verkehren regelmäßig Fähren vom Porto Mannu aus; von November bis April legen die Ausflugsboote im Allgemeinen nur ab, wenn genügend Ausflügler zusammenkommen, damit sich die Fahrt auch lohnt.

Agenzia La Nassa BOOTSTOUREN

(☎079 52 00 60; www.escursioniasinara.it; Via Sassari 39; ⏲9–12.30 & 16–19 Uhr) Der Veranstalter organisiert verschiedene Touren in den Parco Nazionale dell'Asinara. Bei der preisgünstigsten Variante, die von Juni bis September angeboten wird, bezahlen die Ausflügler nur die Fährüberfahrt und können dann nach Belieben in ausgewiesenen Bereichen der Insel wandern oder Rad fahren. Die teureren Touren schließen Inselrundfahrten im Geländewagen oder Bus mit ein. Preise von 18 bis 65 € pro Person.

Linea del Parco BOOTSTOUREN
(☎079 52 31 18; www.lineadelparco.it; Porto Mannu; ⏲Ticketschalter 9.30–12.30 & 16–19 Uhr) Linea del Parco hat diverse Tourangebote im Programm, u. a. Touren per Bus oder Geländewagen, Reittouren und Bootsausflüge. Die Tour im Geländewagen kostet ab ca. 55 € pro Person. Der Anbieter verleiht auch Fahrräder (5 €/Tag).

Mare e Natura BOOTSTOUREN
(☎079 52 00 97, 339 9850435; www.marenatura.it; Via Sassari 77, Stintino) Bietet Bootsausflüge und andere Touren durch den Parco Nazionale dell'Asinara an.

Essen

Albergo Ristorante Silvestrino FISCH €€
(☎079 52 30 07; www.hotelsilvestrino.it; Via Sassari 14; Mahlzeiten 35 €; ⏲12.30–14.30 & 19.30–22.30 Uhr, im Winter Do geschl.) Das alteingesessene Hotelrestaurant an der Hauptgeschäftsstraße von Stintino bereitet hervorragende Fischgerichte und Meeresfrüchte zu. In seinem sonnigen Speiseraum und auf der kleinen Terrasse an der Straße gibt es Klassiker wie *risotto al nero di seppia* (Risotto mit Sepiatinte) und *fregola ai frutti di mare* (Grießkügelchen mit gemischten Meeresfrüchten) zu schmausen.

Skipper RISTORANTE €€
(☎079 52 34 60; Lungomare Cristoforo Colombo 57; Mahlzeiten 25 €; ⏲Di–So) Beliebtes Bar-Restaurant an der Hafenpromenade und ein echter Hansdampf in allen Gassen. Auf seiner Terrasse mit Meerblick können die Gäste alles Erdenkliche von Kaffee und Cocktails bis zu Pastagerichten mit Meeresfrüchten, *zuppa gallurese* (traditioneller Auflauf aus Brot, *ragù,* Käse und Fleischbrühe), Hamburgern, Salaten und *panini* genießen.

Lu Fanali TRATTORIA, PIZZERIA €€
(☎079 52 30 54; www.lufanali.it; Lungomare Cristoforo Columbo 89; Pizza ab 5,50 €, Mahlzeiten 30 €; ⏲7–24 Uhr) Das zwanglos sympathische Lokal am Porto Mannu lädt dazu ein, den vorbeischippernden Booten nachzuschauen, während man die stets leckeren Pizzen oder Traditionsgerichte mit Fisch und Meeresfrüchten futtert.

Praktische Informationen

Agenzia La Nassa (☎079 52 00 60; www.escursioniasinara.it; Via Sassari 39; ⏲9–12.30 & 16–19 Uhr) Diese privat betriebene Agentur ist die beste Informationsquelle vor Ort. Sie bucht Ausflüge in den Parco Nazionale dell'Asinara und vermittelt sowohl Unterkünfte in der Gegend als auch Leihräder (ab 10 €/Tag) oder Mietwagen (ab 50 €).

An- & Weiterreise

Von Juni bis Mitte September bietet **Sardabus** (www.sardabus.it) täglich fünf Busverbindungen von/zum Flughafen Alghero-Fertilia an (6 €, 50 Min.).

Außerdem fahren an Wochentagen mindestens vier Busse (sonntags zwei) von Porto Torres (3 €, 45 Min.) und Sassari (3,50 €, knapp 1¼ Std) nach Stintino. Von Juni bis September verkehren die Busse häufiger.

Capo Falcone

Von Stintino führt die Straße weiter nordwärts zum Capo Falcone, einer felsigen Landzunge mit verstreuten Hotels, Ferienanlagen und Sommerhäusern.

Sehenswertes & Aktivitäten

★ **Spiaggia della Pelosa** STRAND
Ungefähr 2,5 km nördlich von Stintino liegt der Traumstrand Spiaggia della Pelosa: ein reinweißer Sandbogen mit seichtem, türkisblauem Wasser, flankiert von seltsamen Felsformationen, die fast an eine Mondlandschaft erinnern. Ein katalanisch-aragonischer Wachturm auf dem vorgelagerten Felsinselchen Isola Piana komplettiert die malerische Szenerie.

Im Juli und August drängen sich hier Tausende von Badegästen dicht an dicht, doch außerhalb der Hauptsaison hält sich die Zahl der Strandbesucher in erträglichen Grenzen.

Das ganze Jahr über besteht eine Busverbindung zwischen Stintino und dem Strand (1,20 €, 5 Min., wochentags 4-mal, So 2-mal). Im Sommer verkehren die Busse erheblich häufiger.

Wer mit dem Auto kommt, findet in Strandnähe eine begrenzte Anzahl von Parkplätzen am Straßenrand (innerhalb der blauen Linien) für ca. 5 € pro halbem Tag.

Windsurfing Center Stintino WINDSURFEN
(☎079 52 70 06; www.windsurfingcenter.it) Das Surfcenter an der Spiaggia della Pelosa verleiht Surfbretter (ab 17 €/Std.) und Kanus (ab 10 €/Std.) und bietet Windsurf- und Segelkurse an. Für Urlauber, die es lieber ruhig

angehen lassen, hält es auch Sonnenschirme und Liegestühle parat (ab 20 €/Tag).

Asinara Scuba Diving TAUCHEN
(☎079 52 71 75; www.asinarascubadiving.com; Viale la Pelosa, Località Porto dell'Ancora) Kurz vor der Spiaggia della Pelosa liegt dieses Tauchzentrum auf dem Gelände des Club Hotel Ancora. Es organisiert verschiedene Tauchausflüge rund um das Capo del Falcone und in die geschützten Gewässer des Parco Nazionale dell'Asinara.

Parco Nazionale dell'Asinara

★ **Parco Nazionale dell'Asinara** NATIONALPARK
(www.parcoasinara.org) Die Isola dell'Asinara, die zweitgrößte Insel Sardiniens, ist nach den hier heimischen *asini bianchi* (Albinoeseln) benannt und besteht aus 51 km² *macchia* (mediterrane Strauchlandschaft), Felsküste und einsamen Sandstränden. Heute ist sie als Nationalpark geschützt, doch vorher war sie lange Jahre eines der härtesten Hochsicherheitsgefängnisse Italiens.

Zu erreichen ist sie nur mit den Booten lizenzierter Tourveranstalter von Stintino oder Porto Torres aus (s. S. 139). Nach der Ankunft können Besucher die Insel auf eigene Faust erkunden; allerdings ist der Zugang zu bestimmten Bereichen eingeschränkt.

Die Insel, der kleinste der drei sardischen Nationalparks, ist ein Paradies für die Tierwelt. Neben schätzungsweise 50–70 Eseln leben auf ihr 80 weitere Tierarten, u. a. der Europäische Mufflon, ein Wildschaf mit seidigem Haarkleid, und der Wanderfalke.

In ihrer schroffen Landschaft verteilt liegen einige verlassene Gebäude, die einst zu dem berüchtigten *carcere* (Gefängnis) der Insel gehörten. Es wurde 1885 zusammen mit einer Quarantänestation für Cholerakranke erbaut und war so etwas wie ein italienisches Alcatraz. Viele der gefährlichsten Verbrecher Italiens saßen hier ein, u. a. der neapolitanische Gangster Raffaele Cutolo und der berüchtigte Mafiaboss Totò Riina. Erst 1997 wurde das Gefängnis geschlossen.

Die Häftlinge sind schon lange weg, doch ein Großteil der Insel bleibt für Besucher gesperrt. Das gilt auch für den Strand der **Cala Sant'Andrea**, an dem Meeresschildkröten ihre Eier ablegen. Dafür gibt es geführte Touren zu den interessantesten Attraktionen der Insel. Die genauen Routen variieren, aber auf den meisten bekommt man u. a. das Gefängnis in **Fornelli**, die **Cala d'Oliva**, das grandiose Panorama vom Aussichtspunkt **Punta della Scomunica** und den Strand der **Cala Sabina** zu sehen.

Nicht bei allen Touren ist ein Mittagessen im Preis enthalten. Wo das nicht der Fall ist, bringt man sich am besten ein Picknick mit oder reserviert rechtzeitig einen Platz im Bar-Restaurant an der **Cala Reale** (☎346 1737043; Menü 45 €).

Wer eine Erkundungstour in Eigenregie plant, tut gut daran, ein Leihfahrrad aus Stintino mitzubringen, da es auf der Insel keine öffentlichen Verkehrsmittel gibt.

Porto Torres

22 400 EW.

Die geschäftige, von den rauchenden Schloten einer Raffinerie umzingelte Hafenstadt Porto Torres ist nicht gerade die bezauberndste Stadt Sardiniens. Es gibt keinen wirklich überzeugenden Grund für einen längeren Aufenthalt. Aber wer aus irgendeinem Grund doch hier vorbeikommt – was durchaus möglich ist, vor allem auf dem Weg von oder nach Korsika –, kann zwei Sehenswürdigkeiten mitnehmen. Besonders sehenswert ist die Basilica di San Gavino, eine der bedeutendsten romanischen Kirchen Sardiniens.

Porto Torres erlebte sein Goldenes Zeitalter unter den Römern, die hier ihren Haupthafen an Sardiniens Nordküste gründeten. Die Stadt blieb bis ins Mittelalter einer der wichtigsten Häfen der Insel und war die Hauptstadt des Giudicato di Torres.

Sehenswertes

Basilica di San Gavino KIRCHE
(Eintritt & Krypta 2 €, Führung 3 €; ⌚im Sommer 9–13 & 15–19 Uhr, im Winter bis 18 Uhr) Die größte romanische Kirche Sardiniens wirkt seltsam deplatziert inmitten der nichtssagenden Straßen des modernen Zentrums von Porto Torres. Das imposante und architektonisch bedeutsame Bauwerk entstand zwischen 1030 und 1080. Das Besondere an ihm sind die Apsiden an beiden Enden und die drei Seitenportale. Der schmucklose Innenraum der Basilika ist durch 28 Marmorsäulen unterteilt, welche die pisanischen Bauherren aus den römischen Ruinen der Stadt mitgehen ließen. Unter der Kirche befindet sich eine Krypta mit religiösen Statuen und Steingräbern.

Die Kirche steht auf einem uralten heidnischen Friedhof und ist nach einem der bekanntesten Heiligen Sardiniens benannt. Der römische Soldat Gavino lebte während der Herrschaft von Diokletian als Garnisonskommandant in Torres. Eigentlich sollte er das Todesurteil an den zwei christlichen Priestern Protus und Januarius vollstrecken, wurde aber von ihnen bekehrt und selbst zum Märtyrer. Alle drei wurden am 25. Oktober 304 n. Chr. enthauptet. Die Belege für diese Ereignisse sind spärlich, aber die Legende von den *martiri turritani* (Märtyrern von Torres) hält sich hartnäckig. Wer zur Kirche gelangen möchte, muss vom Hafen aus dem Corso Vittorio Emanuele ungefähr 1 km nach Süden folgen. Die Basilika liegt dann einen Block westlich der Straße.

Museo & Parco Archeologico MUSEUM, ARCHÄOLOGISCHER PARK
(☎079 51 44 33; Via Ponte Romano 99; Erw./erm.3/1,50 €, jeden 1. So im Monat frei; ⏲Di–Sa 9–20, So 9–14 Uhr) Die Anlage in der Nähe des Bahnhofs beherbergt die ausgegrabenen Überreste von Turris Libisonis, der Hafenstadt aus der römischen Antike, auf deren Überresten die moderne Stadt erbaut wurde. Das Museum, das auch unter dem Namen Antiquarium Turritano bekannt ist, zeigt Fundstücke aus dem benachbarten archäologischen Park, u. a. eine Sammlung von Keramiken, Büsten, Marmorstatuen und Mosaiken. Zu den Prunkstücken des Parks gehören die Ruine einer römischen Therme, die als Palazzo del Re Barbaro bezeichnet wird, das mosaikgeschmückte Domus dei Mosaici und eine eindrucksvolle römische Brücke.

Die von Einheimischen betriebene **Ibis Coop** (☎392 838 32 54; www.ibiscoop.com) bietet Führungen durch das Museum und den archäologischen Park an.

Essen

Cristallo CAFÉ, PASTICCERIA €
(☎079 51 49 09; Piazza XX Settembre 11; Eis 2,50 €; ⏲Di–So 7–24 Uhr) Die betriebsame Bar nebst *pasticceria* (Konditorei), eine Lokalinstitution in Hafennähe, ist die richtige Adresse für ein italienisches Frühstück (bestehend aus einem Hörnchen zum Kaffee), einen Snack oder ein erfrischendes Eis.

Praktische Informationen

BNL (Corso Vittorio Emanuele 20) Bank.

Postamt (Via Ponte Romano 83; ⏲Mo–Sa 8.20–13.15 Uhr)

Touristeninformation (☎079 51 50 00; Piazza Garibaldi 17; ⏲9.30–12.30 & 18–21 Uhr) Die hilfreiche Touristeninformation liegt wenige Straßen vom Hafen entfernt, an der Ecke des Corso Vittorio Emanuele.

An- & Weiterreise

BUS

Busse fahren von der Bushaltestelle auf der Via Mare am Hafen ab. Es verkehren regelmäßig Busse nach Sassari (2 €, 30 Min., stündl.), Alghero (3,50 €, 1 Std., 5-mal tgl.) und Stintino (3,50 €, 45 Min., 4-mal tgl.). Im Sommer fahren die Busse häufiger. Bustickets gibt es am Zeitungskiosk in der Nähe der Bar Cristallo an der Piazza XX Settembre.

FÄHRE

Tirrenia (☎892 123; www.tirrenia.it) und **Grandi Navi Veloci** (☎010 209 45 91; www.gnv.it) bieten Fährverbindungen zwischen Porto Torres und Genua an. Die Fähren von Tirrenia fahren das ganze Jahr über, die von GNV nur von Mitte Mai bis September. In der Hauptsaison kostet die elfstündige Überfahrt ab 74 €.

SNCM (☎079 51 44 77; www.sncmitalia.it) und **La Méridionale** (☎in Frankreich 491 994 509; www.lameridionale.fr) betreiben gemeinsam Fähren von/nach Marseille (78 bzw. 141 € mit einem Kleinwagen, 15–17 Std.) über Korsika. Fahrkarten verkauft die **Agenzia Paglietti** (☎079 51 41 42; Corso Vittorio Emanuele 19, Porto Torres).

ZUG

Von Porto Torres gibt es Direktverbindungen nach Sassari (1,55 €, 20 Min., 5-mal tgl.) und Cagliari (16,90 €, 3¾ Std., 1-mal tgl.). Außerdem gibt es Verbindungen nach Cagliari und Olbia über Ozieri-Chilivani.

Castelsardo

5750 EW.

Das attraktive und beliebte Tagesausflugsziel Castelsardo schmiegt sich an einen hohen Felsvorsprung im Meer. Über allem erhebt sich das spektakuläre *centro storico,* ein Labyrinth aus düsteren Gassen und mittelalterlichen Gebäuden, die mit dem grauen Felsen zu verschmelzen scheinen.

Die Stadt wurde ursprünglich im 12. Jh. von einer genuesischen Adelsfamilie als Seefestung erbaut. Das Castel Genovese war hart umkämpft. 1448 ging es an die Spanier über, die es in Castel Aragonese umtauften. Später wurde es unter dem Haus Savoyen-Piemont Teil des Königreichs Sardinien und erhielt 1767 seinen heutigen Namen, der „sardische Burg“ bedeutet.

Sehenswertes

Castello BURG

(Via Marconi; Eintritt 2 €; ⌚Di–So 9.30–13 & 15–18.30 Uhr, im Sommer längere Öffnungszeiten) Ganz oben auf der Hügelkuppe über dem *centro storico* thront das mittelalterliche Castello, das Herzstück des ursprünglichen Städtchens. Es wurde im 12. Jh. von der Familie Doria erbaut und eine Zeit lang von Eleonora d'Arborea bewohnt. Von hier bietet sich eine umwerfende Aussicht über den Golfo dell'Asinara bis nach Korsika. Die Burg beherbergt auch das kleine **Museo dell'Intreccio del Mediterraneo** (☎079 47 13 80; Via Marconi; Eintritt 2 €). Es widmet sich der Kunst des Korbflechtens, für die Castelsardo berühmt ist.

Chiesa di Santa Maria KIRCHE

(Piazza della Misericordia) Gleich unterhalb des Castello steht die mittelalterliche Chiesa di Santa Maria. Die Kirche hütet ein hoch verehrtes Kruzifix aus dem 14. Jh. Es ist eines der ältesten Kruzifixe Sardiniens und trägt den Namen *Lu Cristu Nieddu* (schwarzer Christus), weil sich sein Wacholderholz im Lauf der Jahrhunderte dunkel verfärbt hat.

Cattedrale di Sant'Antonio Abate KATHEDRALE

(Eintritt zur Kirche frei, Krypta & Museo Diocesano 2 €; ⌚Krypta & Museo Diocesano im Sommer 10.30–13 & 18.30–24 Uhr) Der augenfälligste Teil der Kathedrale ist ihr weithin sichtbarer Glockenturm mit bunt gekachelter Dachkuppel. Die Kathedrale selbst, die auf einem Felsvorsprung mit prachtvoller Aussicht steht, war ursprünglich gotisch. Im 17. Jh. wurde sie jedoch gründlich umgebaut und mit Renaissance- und Barockelementen angereichert.

Der Hauptaltar der Kathedrale prunkt mit einer *Madonna in trono col bambino* von dem rätselumwobenen Maestro di Castelsardo. Weitere Gemälde des Meisters sind im **Museo Diocesano** in der **Krypta** zu bewundern.

Eine Tür neben dem Altar führt in die Krypta hinunter, die aus einer Reihe kleiner, in den Fels gemeißelter Räume besteht. Sie sind alles, was von der romanischen Vorgängerkirche übrig blieb.

Feste & Events

Lunissanti RELIGIÖSES FEST

(⌚März/April) Den Montag nach dem Palmsonntag begehen die Einwohner von Castelsardo mit zahlreichen Messen und Prozessionen. Dazu gehört ein feierlicher Umzug von der Chiesa di Santa Maria durch die Altstadt.

> NICHT VERSÄUMEN
>
> ### ROCCIA DELL'ELEFANTE: EIN WUNDER DER NATUR
>
> Von Castelsardo führt die SS134 Richtung Sedini zu einem der nettesten Wahrzeichen der Region, dem **Roccia dell'Elefante** (Elefantenfelsen). Der bizarre Trachytfels sieht wirklich wie ein Elefant aus, der seinen Rüssel Richtung Straße hebt. Der Monolith, der seine Form keinen geheimnisvollen Mächten, sondern schlicht der Erosionswirkung von Wind und Regen verdankt, fasziniert die Einheimischen seit Jahrtausenden. Das belegt schon die Tatsache, dass sich in seinem hohlen Inneren zwei neolithische (jungsteinzeitliche) Gräber befinden (sogenannte *domus de janas* oder „Feenhäuser").
>
> Das obere Grab ist durch Erosion beschädigt, doch das untere ist noch gut erhalten, mit vier kleinen Kammern und aus dem Fels gemeißelten Stierhörnern.

Essen

La Trattoria da Maria Giuseppe TRATTORIA, PIZZERIA €

(☎079 47 06 61; Via Colombo 6; Pizza 4–10 €, Mahlzeiten 25 €; ⌚12.30–14.30 & 19.30–23 Uhr) In der bescheidenen Trattoria nahe der Piazza Pianedda geht es ganz entspannt zu. Die Einheimischen kommen vor allem wegen der hervorragenden Pizza aus dem Holzofen, aber man kann sich auch an Pastagerichten, Grillfleisch und vor Ort gefangenem Fisch sättigen.

La Guardiola RISTORANTE €€

(☎079 47 07 55; Piazza Bastione 4; Mahlzeiten 35 €; ⌚12.30–15 & 19.30–23 Uhr, Okt.–Mai Mo geschl.) Das Restaurant in prima Lage oben auf dem Hügel lockt mit leckerer Fischküche und herrlichem Rundumblick. Auf der Karte stehen auch traditionelle sardische Fleischgerichte, aber der eigentliche Clou sind die ansprechend angerichteten Fischspezialitäten. Einen guten Einstieg bildet die üppige Vorspeisenplatte aus Meeresfrüchten.

Cormorano FISCH €€€

(☎079 47 06 28; www.ristoranteilcormorano.net; Via Colombo 5; Mahlzeiten bis zu 55 €; ⌚12.30–

14.30 & 19.30–22.30 Uhr, im Winter Mo geschl.) Hinter einer schlichten Fassade serviert dieses renommierte Restaurant Fisch und Meeresfrüchte in Spitzenqualität. Viele seiner Gerichte haben einen kreativen Touch, von Vorspeisen wie eingelegtem Seeteufel mit Spinatcreme und Pinienkernen bis zu phantasievollen Pastagerichten wie Linguine mit Scampi und Lorbeerblättern.

Shoppen

Wer in Castelsardo einkaufen geht, findet in allen Läden Kunsthandwerk. Überall in der Altstadt sitzen Frauen vor der Haustür und flechten Körbe mit komplizierten Mustern, schaffen aber auch andere kunstvolle Gegenstände in allen nur denkbaren Größen und Formen.

Praktische Informationen

Touristeninformation (079 47 02 20; www.castelsardoturismo.it; Via Bastione; Mo–Fr 9–13.30 & 15.30–20.30 Uhr) In der Altstadt.

An- & Weiterreise

Die Bushaltestelle ist ganz in der Nähe der Piazza Pianedda. Hier halten Busse nach/von Sassari (3 €, 1 Std., Mo–Sa 11-mal tgl., So 4-mal tgl.) und Santa Teresa di Gallura (6 €, 1½ Std., 3-mal tgl.). Tickets gibt es bei der *edicola* (Zeitungskiosk) an der Ecke Via Trieste/Via Roma.

Rund um Castelsardo

Mit einem eigenen Fahrzeug lassen sich die nachfolgend beschriebenen Orte auf einer eintägigen Rundfahrt von Castelsardo aus bequem abklappern. Mit öffentlichen Verkehrsmitteln gestaltet sich das Ganze allerdings umständlicher.

Sehenswertes

Chiesa di Nostra Signora di Tergu KIRCHE

Tergu, ein kleines Dorf rund 10 km südlich von Castelsardo, besitzt eine ansehnliche romanische Kirche aus dem 12. Jh., die Chiesa di Nostra Signora di Tergu. Das Gotteshaus aus weinrotem Trachyt und weißem Kalkstein steht in einer Gartenanlage neben den letzten Überresten eines Klosters, das einst bis zu 100 Benediktiner beherbergte. Besonders beachtenswert ist die Fassade der Kirche, ein harmonisches Ensemble aus Bögen, Säulen, geometrischen Mustern und einer schlichten Fensterrose.

Museo Domus de Janas MUSEUM

(079 58 92 15; Via Nazionale, Sedini; Erw./erm. 2,50/1,50 €; Mo–Fr 9.30–13 & 15–18, Sa & So 10–13 Uhr) In dem verschlafenen Ort Sedini ist eines der bekanntesten *domus de janas* der Region zu besichtigen. Das in einen gewaltigen Kalkfelsen gemeißelte prähistorische Grab wurde im Mittelalter von Bauern bewohnt und später bis zum 19. Jh. als Gefängnis genutzt. Heute ist in ihm ein kleines Museum untergebracht, das traditionelle landwirtschaftliche Arbeitsgeräte und Haushaltsgegenstände zeigt.

Wochentags fahren von Castelsardo täglich vier Busse nach Sedini (2,50 €, 25 Min.).

Nuraghe Su Tesoru ARCHÄOLOGISCHE STÄTTE

Von der Hauptstraße zwischen Roccia dell' Elefante und Valledoria sieht man linker Hand auf einem Feld die Nuraghe Su Tesoru liegen. Ihr eigentlicher Name lautet Nuraghe Paddaggiu, was auf Sardisch „Heuschober" bedeutet. Dies war eine der letzten *nuraghi*, die gebaut wurden. Nur der Mittelturm ist noch erkennbar, aber ursprünglich gehörten zu dem Ensemble auch zwei Seitentürme. Ein Blick aus dem fahrenden Auto muss genügen, denn einfach so auf der Hauptstraße anzuhalten, ist nicht die allerbeste Idee.

Valledoria STÄDTCHEN

Etwa 15 km östlich von Castelsardo liegt die weit ins Umland wuchernde Kleinstadt Valledoria. Sie wird von einem Strand gesäumt, der sich bis zu dem mehr als 10 km entfernten kleinen Fischerdorf Isola Rossa zieht. Wochentags fahren bis zu vier Busse täglich von Castelsardo nach Valledoria (2 €, 25 Min.), doch wer den Busfahrer nicht überreden kann, an der Abfahrt zum Campingplatz zu halten, muss trampen oder laufen.

SASSARI

125 700 EW.

Um Sassari, die zweitgrößte Stadt Sardiniens, richtig zu würdigen, muss man schon etwas genauer hinsehen. Auf den ersten Blick wirkt die Stadt nicht besonders ansprechend, aber wer sich davon nicht abschrecken lässt, wird hinter ihrem etwas gammeligen Äußeren eine stolze und kultivierte Universitätsstadt mit entspannter Atmosphäre und trubeligem Alltagsleben entdecken.

Ähnlich wie bei vielen anderen italienischen Städten sind ihre Reize hinter einem Außenring aus schäbigen Mietskasernen

ABSTECHER

MONTE D'ACCODDI

Der **Monte d'Accoddi** (Erw./erm. 3/2 €; ⊙ im Sommer Di–Sa 9–19, So 9–14 Uhr, das übrige Jahr kürzere Öffnungszeiten) auf halbem Weg zwischen Sassari und Porto Torres ist eine einzigartige archäologische Stätte. Ihren Mittelpunkt bildet ein Tempel aus dem 3. Jahrtausend v. Chr, der keine Ähnlichkeit mit irgendeinem anderen aus dem Mittelmeerraum bekannten Bauwerk hat – am ehesten ähnelt er noch den mesopotamischen Zikkurat-Tempeltürmen. Er gehörte zu einem jungsteinzeitlichen Dorf, das nach Schätzungen der Archäologen hier schon um 4500 v. Chr. bestand. Im Lauf der Zeit durchlief er diverse Bauphasen, bis er wohl um 1800 v. Chr. aufgegeben wurde. Bald darauf wurde die erste *nuraghe* (bronzezeitlicher Turmbau) errichte.

Besucher, die erwarten, hier so etwas wie einen Maya-Tempel vorzufinden, werden enttäuscht. Stattdessen sind nur die groben Umrisse eines rechteckigen Bauwerks (30 mal 38 m) zu erkennen, das sich zu einer Plattform verjüngt. Eine lange Rampe läuft auf das Bauwerk zu. Auf einer Seite der Rampe befindet sich ein Menhir und auf der anderen ein Steinaltar, der wahrscheinlich für Opfer genutzt wurde.

und verstopften Straßen verborgen. Aber wenn man einmal zum Herz der Stadt vorgedrungen ist, zeigt sie sich von ihrer besten Seite und enthüllt ein elegantes Zentrum mit breiten Boulevards, eindrucksvollen Piazzas und stattlichen *Palazzi*. In den mittelalterlichen Gassen des malerischen, vom Zahn der Zeit etwas angenagten *centro storico* herrscht ein Gewusel wie in einem Dickens-Roman und die Anwohner gehen ihren Alltagsgeschäften zwischen verwitterten Fassaden und versteckten Kirchen nach.

Geschichte

Nuraghi und andere uralte Ruinen in der Umgebung von Sassari zeugen davon, dass hier schon lange vor der offiziellen Gründung der mittelalterlichen Stadt Menschen siedelten. Sassari oder Tathari, wie es ursprünglich hieß, wurde von Bewohnern der ehemaligen römischen Kolonie Turris Libisonis (dem heutigen Porto Torres) gegründet, die vor Piratenüberfällen ins Landesinnere flohen.

Im 12. Jh. wuchs die Siedlung rasch und mauserte sich zur größten Stadt des Giudicato di Torres. Schließlich spaltete sie sich vom Giudicato ab und erklärte sich 1294, mit Unterstützung durch Genua, zum selbstständigen Stadtstaat.

Bald jedoch hatten die Sassaresi genug von den genuesischen Einmischungen und riefen 1321 die spanische Krone zu Hilfe, um die Norditaliener loszuwerden. Die katalanischen Aragonier machten 1323 ihre Aufwartung, aber die Bewohner von Sassari stellten schnell fest, dass sie vom Regen in die Traufe gekommen waren. Zwei Jahre später wurde der erste von zahlreichen Aufständen gegen die neuen Stadtherren angezettelt. Die Aragonier brauchten noch weitere hundert Jahre, bis sie die Lage in Sassari endlich im Griff hatten.

Eine Zeit lang prosperierte die Stadt, aber durch mehrere Pestausbrüche und die wachsende Bedrohung durch das Osmanische Reich geriet Sardinien zunehmend ins Abseits; schließlich verschwand Sassari im 16. Jh. von der politischen Weltbühne. Die Gründung der städtischen Universität – der ersten in Sardinien – ein Jahrhundert später war einer der wenigen Lichtblicke in dieser ansonsten düsteren Periode.

Erst Mitte des 19. Jhs. kam Sassari wieder auf die Beine, vor allem wegen der Modernisierung von Porto Torres und weil die Schnellstraße Carlo Felice zwischen dem Hafen, Sassari und Cagliari gebaut wurde. Seit 1945 verzeichnet die Stadt ein geringes, aber stetiges Wirtschaftswachstum. Sie hat auch einige Landespolitiker hervorgebracht, darunter die ehemaligen Präsidenten Antonio Segni (1891–1972) und Francesco Cossiga (geb. 1928), den charismatischen kommunistischen Politiker Enrico Berlinguer (1922–1984) und Beppe Pisanu (geb. 1937), der zeitweise Innenminister der Regierung Berlusconi war.

Sehenswertes

★ Museo Nazionale Sanna MUSEUM

(☎ 079 27 22 03; www.museosannasassari.beniculturali.it; Via Roma 64; Erw./erm. 4/2 €, 1. So

Sassari – Zentrum

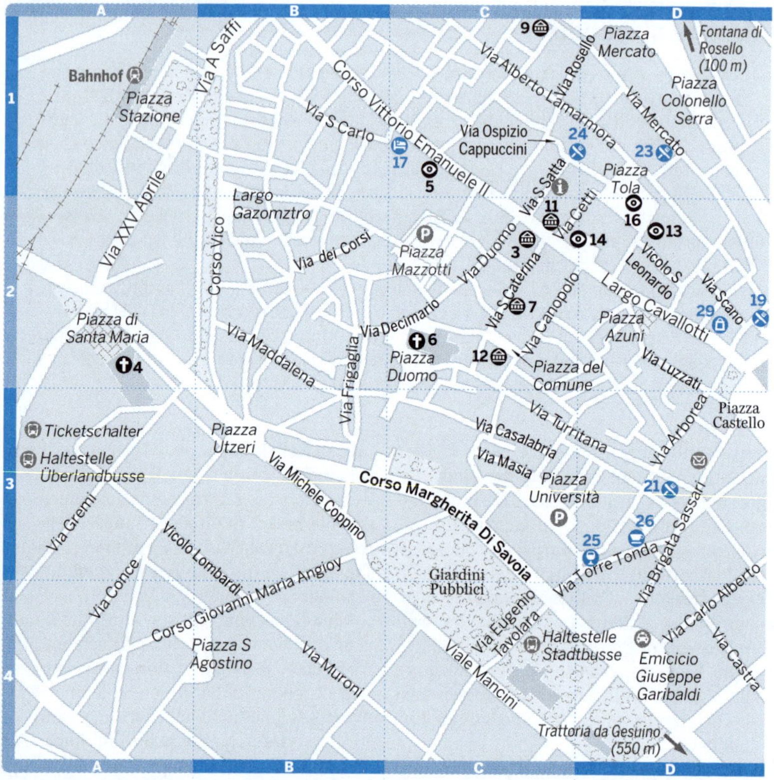

im Monat frei; ⌚Di–So 9–20 Uhr) Das bedeutendste Museum von Sassari ist in einer prächtigen palladianischen Villa untergebracht. Es besitzt außer einer umfangreichen archäologischen Sammlung auch eine ethnografische Abteilung, die sich der sardischen Volkskunst widmet. Sein Highlight ist aber die Sammlung aus der nuraghischen Bronzezeit mit Waffen, Armreifen, Votivbooten und Figurinen, die Menschen und Tiere darstellen.

Die Exponate sind in chronologisch angeordneten Sälen ausgestellt. Den Anfang macht die Sala Preistorica mit Fundstücken aus der Steinzeit und dem Neolithikum. Hier und im nächsten Saal, der Fundstücke aus dem im 3. Jh. v. Chr. erbauten Tempel Monte d'Accoddi präsentiert, sind Fossilien, Keramikscherben und Knochenwerkzeuge zu sehen.

Es folgt eine Reihe von Präsentationen, die sich den Megalithgräbern und den *domus de janas* (Feenhäuser) widmen. Besonders sehenswert sind die kunstvollen Bronzearbeiten, zu denen Beilköpfe und ähnliche Werkzeuge, Schmuck und *bronzetti* (Bronzefigurinen) gehören.

Im nächsten Saal werden phönizische und karthagische Objekte gezeigt. Hier findet man Goldschmuck und Masken zwischen erlesenen Töpferwaren. Die daran anschließende römische Sammlung besteht vor allem aus Keramik und Öllampen; dazu gibt es einige Statuen, ein paar Münzen, Schmuck und Haushaltsgegenstände zu besichtigen. Auf einer Seite des Raumes liegt ein Stapel schwerer römischer Anker.

Die separate ethnographische Abteilung hütet eine kleine Sammlung mit sardischem Kunsthandwerk und ein Sammelsurium von Teppichen, Satteltaschen, bestickten Trachten und ulkigen Wärmflaschen aus Terrakotta.

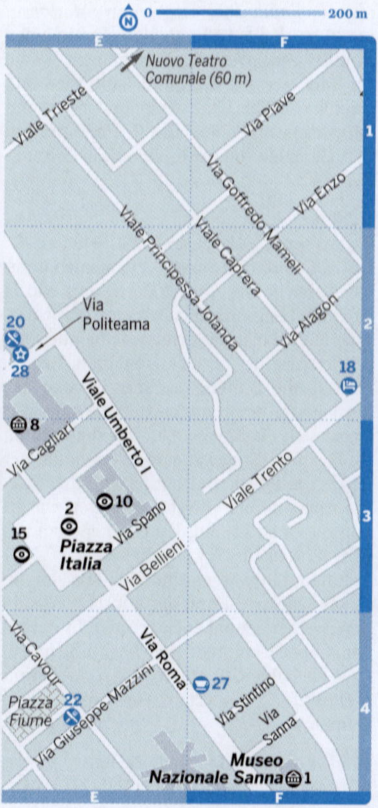

Sassari – Zentrum

Highlights
1 Museo Nazionale Sanna F4
2 Piazza Italia E3

Sehenswertes
3 Casa di Re Enzo C2
4 Chiesa di Santa Maria di Betlem A2
5 Corso Vittorio Emanuele II C1
6 Duomo C2
7 Mus'A Pinacoteca al Canopoleno C2
8 Museo della Brigata Sassari E3
9 Palazzo della Frumentaria C1
10 Palazzo della Provincia E3
11 Palazzo di Città C2
12 Palazzo Ducale C2
13 Palazzo d'Usini D2
14 Palazzo Farris C2
15 Palazzo Giordano E3
16 Piazza Tola D2
Teatro Civico .... (s. 11)

Schlafen
17 Hotel Vittorio Emanuele C1
18 Tanina B&B F2

Essen
19 Fainè alla Genovese Sassu D2
20 Il Castello E2
21 La Vela Latina D3
22 L'Antica Hostaria E4
23 Le 2 Lanterne D1
24 Trattoria L'Assassino C1

Ausgehen & Nachtleben
25 Accademia D3
26 Cafè Chiara D3
27 Caffè Italiano F4

Unterhaltung
Teatro Civico .... (s. 11)
28 Teatro Verdi E2

Shoppen
29 Libreria Dessì Mondadori D2

★ Piazza Italia PIAZZA

Die größte Piazza Sassaris, die Piazza Italia, ist einer der eindrucksvollsten öffentlichen Plätze auf Sardinien. Der etwa 1 ha große Platz ist umringt von imposanten Bauten aus dem 19. Jh. Der neoklassische **Palazzo della Provincia** ist heute Sitz der Provinzregierung, und der neugotische **Palazzo Giordano** gegenüber ist jetzt Sitz der Banca di Credito Sardo. Über allem thront die Statue von König Viktor Emanuel II.

Sie wurde 1899 mit viel Pomp und Trachtenspektakel enthüllt, als Auftakt zu dem ausgelassenen Volksfest, das sich zum wichtigsten Event der Stadt entwickeln sollte, der Cavalcata Sarda. An der Piazza beginnt auch das andere große Ereignis von Sassari: I Candelieri.

Museo della Brigata Sassari MUSEUM

(☎079 208 51 51; Piazza Castello; ⌚Mo–Do 8–16.30, Fr & Sa 8–12 Uhr) GRATIS In Sassari befindet sich das Hauptquartier einer der angesehensten Infanteriebrigaden Italiens, der Brigata Sassari. Die Regimenter der 1915 aufgestellten Brigade zeichneten sich im Ersten Weltkrieg unter grauenvollen Bedingungen durch besondere Tapferkeit aus. Einen Eindruck vom Leidensweg der Soldaten vermittelt dieses winzige Museum in der Kaserne im Stadtzentrum. Uniformen, Fotos, Dokumente und Erinnerungsstücke bezeugen die heldenhafte Tapferkeit der sardischen Soldaten, die in Norditalien gegen die Österreicher kämpften.

Corso Vittorio Emanuele II STRASSE

Die Hauptverkehrsader des *centro storico*, der Corso Vittorio Emanuele II, folgt dem Verlauf der antiken römischen Straße von Porto Torres nach Cagliari. Vom Glanz ihrer Blütezeit im 13. Jh. ist wenig übrig geblieben, aber ein paar Spuren ihrer einstigen Pracht sind doch noch zu entdecken. Der **Palazzo Farris** (Corso Vittorio Emanuele II 25) ist eine Stadtvilla aus dem 15. Jh., die gerade renoviert wird. Ein paar Meter weiter bildet die katalanisch-gotische **Casa di Re Enzo** (Corso Vittorio Emanuele II 42) einen außergewöhnlichen Rahmen für ein Modegeschäft. Das im Klassizismus erbaute **Teatro Civico** (Corso Vittorio Emanuele II 39) gegenüber stammt aus dem 19. Jh.

Piazza Tola PIAZZA

Die Piazza Tola gleich nördlich des Corso Vittorio Emanuele II war im Mittelalter der Hauptplatz der Stadt, auf dem u. a. zum Tode verurteilte Ketzer verbrannt wurden. Zu den Gebäuden, die den malerischen Platz umrahmen, gehört der **Palazzo d'Usini** aus dem 16. Jh., einer der ersten Renaissancebauten auf Sardinien. Heute beherbergt er die Stadtbibliothek.

Museo della Città MUSEUM

(Erw./erm. 3/2 €) Das Stadtmuseum von Sassari ist auf drei Standorte verteilt. Sein Hauptsitz ist der **Palazzo di Città** (☎079 201 51 22; Corso Vittorio Emanuele II; ⏲Di–Sa 10–13 & 17–20, So 10–13 Uhr) aus dem 19. Jh. Seine Ausstellung illustriert die städtische Entwicklung, Feste und Traditionen von Sassari. Einen kurzen Bummel entfernt liegt der **Palazzo Ducale** (Piazza del Comune; ⏲Di–Fr 9.30–13 & 16.30–19.30, Sa 9.30–13 Uhr), der auch als Rathaus der Stadt fungiert. Er zeigt historische Erinnerungsstücke aus seiner Vergangenheit als Adelsresidenz im 18. Jh. Der dritte Standort ist der **Palazzo della Frumentaria** (Via della Muraglie 1; ⏲Di–So 10–13 & 17–20 Uhr), ein Kornspeicher aus dem 16. Jh., in dem heute wechselnde Ausstellungen stattfinden.

Mus'A Pinacoteca al Canopoleno GEMÄLDEGALERIE

(☎079 23 15 60; www.pinacotecamusa.it; Piazza Santa Caterina 4; Erw./erm. 2/1 €; ⏲Mo–Fr 9–13.30 & Di 15–17 Uhr) In einem Jesuitenkolleg aus dem 16. Jh. residiert die städtische Kunstsammlung mit über 400 Gemälden vom Mittelalter bis ins 20. Jh. Ein Highlight der Sakralkunstabteilung im Erdgeschoss ist das erlesene, aus dem 14. Jh. stammende pisanische Triptychon *Madonna con Bambino* (1473) von Bartolomeo Vivarini. Ein Stockwerk darüber hängen Werke von Meistern wie Giovanni Lanfranco und Guercino neben Landschaftsmalereien und flämischen Stillleben. Die 2. Etage präsentiert Gemälde von sardischen Künstlern des 20. Jh.

Duomo KATHEDRALE

(Piazza Duomo; ⏲Mo–Sa 8.30–12 & 16–19, So 8.30–11.30 & 17–18.45 Uhr) Sassaris Dom, auch unter der Bezeichnung Cattedrale di San Nicola bekannt, beeindruckt mit seiner Barockfassade aus dem 18. Jh., einem schwindelerregenden Fest der Sinne aus Statuen, Reliefs, Friesen und Büsten. Das alles ist aber nur Maskerade, denn hinter der Fassade versteckt sich ein Kirchenbau aus dem späten 15. Jh. im Stil der katalanischen Gotik, der wiederum auf den Grundfesten einer älteren romanischen Kirche errichtet wurde. Von dieser ist bis auf den Glockenturm aus dem 13. Jh. kaum etwas erhalten.

Einen Blick wert sind die Fresken im linken Querschiff und der gotische Fries in der zweiten Seitenkapelle rechts. In derselben Kapelle befindet sich auch ein herrliches Gemälde des *Martirio dei SS Cosma e Damiano* (Martyrium von Cosmas und Damian).

Chiesa di Santa Maria di Betlem KIRCHE

(Piazza di Santa Maria; ⏲7–12n & 16–19 Uhr) Die Chiesa di Santa Maria di Betlem ist ein eigentümlicher Mix verschiedener Architekturstile mit markanter Kuppel und wuchtiger romanischer Fassade. Außen lassen sich gotische und sogar leicht orientalische Einflüsse ausmachen. Im Inneren blieben die katalanisch-gotischen Spitzbögen erhalten, aber es gibt allerhand barocken Schnickschnack, der die ursprünglichen Linien des Bauwerks aufweicht. In den Seitenkapellen stehen einige der riesigen „Kerzen", mit denen die Gilden der Stadt bei den I Candelieri am 14. August durch die Stadt paradieren.

Fontana di Rosello SPRINGBRUNNEN

(☎079 20 03 45; Piazza Mercato; Führung 3 €; ⏲9–19 Uhr) Sassaris berühmtester Brunnen oder was davon übrig ist, steht auf einer tiefer gelegten Grünfläche inmitten der Piazza Mercato, einer lauten, hässlichen Straßenkreuzung gleich außerhalb der Stadtmauern. Der monumentale, mit acht Löwenkopfspeiern verzierte und von zwei eleganten Bögen gekrönte Marmorkasten war lange Zeit der Mittelpunkt des Stadtlebens. Interessierte können unter der oben angegebenen Telefonnummer eine Führung vereinbaren.

Feste & Events

Cavalcata Sarda PARADE

(Mai) Am vorletzten Sonntag im Mai findet in Sassari eines der bekanntesten Feste Sardiniens statt. Tausende Menschen strömen in die Stadt, um an Trachtenumzügen teilzunehmen, zu singen und zu tanzen und die akrobatischen Künste tollkühner Reiter zu bewundern.

I Candelieri HISTORISCH

(Aug.) Ein großes Sommerfest, das jedes Jahr am 14. August gefeiert wird. In mittelalterliche Trachten gekleidete Gruppen, die verschiedene Zünfte des 16. Jhs. repräsentieren, tragen neun hölzerne Säulen (die „Kerzenständer") durch die Stadt. Die Festlichkeiten gehen auf das 13. Jh. zurück und haben ihren Ursprung in der pisanischen Tradition des Kirchenfestes Mariä Himmelfahrt.

Essen

In Sassari essen zu gehen, ist ein Genuss. Das Angebot an Lokalen reicht von preisgünstigen Studentencafés bis zu noblen Restaurants. In allen Häusern liegt die Qualitätslatte ziemlich hoch. Eine etwas kuriose örtliche Spezialität ist *fainè,* ein aus Kichererbsenmehl gebackenes Mittelding zwischen Crêpe und Pfannkuchen.

Fainè alla Genovese Sassu SARDISCH €

(Via Usai 17; Fainè ab 4 €; Mo–Sa 19–23 Uhr) Das spartanische, weiß geflieste Lokal ist *die* Adresse für *fainè* in Sassari. Sonst steht hier auch nichts auf der Karte, aber mit ihren vielfältigen Belagsvarianten – Wurst, Zwiebeln, Pilze, Sardellen etc. – sind die weichen Kichererbsenpfannkuchen ideal als preiswerte, leckere Sattmacher.

Trattoria L'Assassino TRATTORIA €

(079 23 34 63; Via Pettenadu 19; Menü 20 €, Mahlzeiten 25 €; Di–So 12.30–15 & 19.30–23 Uhr) Die Bilderbuch-Trattoria in einem Seitengässchen, das durch den Bogen an der Touristeninformation zugänglich ist, serviert Grillfleisch, Meeresfrüchte, gefüllte Schnecken und traditionelle Pastagerichte.

★ L'Antica Hostaria RISTORANTE €€

(079 20 00 60; Via Cavour 55; Mahlzeiten 40 €; Mo–Sa 13–15 & 20–23 Uhr) Hinter der unscheinbaren Fassade versteckt sich eines der besten Restaurants von Sassari. Im anheimelnden Ambiente verwöhnt es seine Gäste mit einfallsreichen Kreationen, die in der sizilianischen und sardischen Küchentradition verwurzelt sind. Außerdem hat es sehr verführerische Desserts und eine ausgezeichnete Auswahl an sardischen und italienischen Weinen.

Le 2 Lanterne TRATTORIA €€

(329 426 17 06; Via Mercato 28a; Menüs 20–23 €, Mahlzeiten 25–30 €; tgl.) In der zwanglosen Trattoria in der Nähe der Stadtmauer kann man sich unter die Einheimischen mischen, um authentische sardische Hausmannskost zu probieren. Die Einrichtung in Gelb und Pompeji-Rot schafft einen fröhlichen Rahmen für solide Klassiker wie *culurgiones* (sardische Ravioli) mit Tomatensauce, gut zubereitete Steaks und cremige Ricottadesserts.

Trattoria Da Gesuino TRATTORIA €€

(079 27 33 92; Via Torres 17; Pizza 7 €, Mahlzeiten 35 €; Mo–Sa 12–15 & 20–23 Uhr) Der Fußweg vom Zentrum hierher ist etwas weiter, aber dafür trifft das Da Gesuino mit entspannter Atmosphäre, tüchtigem Service und ausgezeichnetem Essen genau den richtigen Ton. Auf der Speisekarte stehen alle Klassiker der italienischen Küche wie Pasta, Risotto, frischer Fisch, gegrilltes Fleisch in allen Varianten und natürlich Pizza.

La Vela Latina TRATTORIA €€

(079 23 37 37; Largo Sisini 3; Mahlzeiten 30 €; Mo–Sa 13–14.30 & 20–22.30 Uhr) Ein Lieblingslokal der Einheimischen und ein Toptipp für traditionelle sardische Spezialitäten. Fleischliebhaber mit Hang zum kulinarischen Abenteuer können sich hier an Fleischgerichten wie z. B. *trippa* (Kutteln) und *cervella* (Hirn) versuchen. Für alle anderen gibt es auch normale Steaks und eine leckere Auswahl an Meeresfrüchte-Antipasti, Pasta- und Risottogerichten.

Il Castello RISTORANTE €€

(079 23 54 88; Piazza Cavallino de Honestis 6; Mahlzeiten 35 €; im Winter Mi geschl.) Das attraktive Restaurant ganz in der Nähe des Teatro Verdi hat Tische in einem Glaspavillon mit Blick auf eine kleine Piazza im *centro storico.* Spezialität des Hauses sind die Grillfleischgerichte, aber auch die Pizza aus dem Holzofen ist sehr empfehlenswert.

Ausgehen

Der großen Studentengemeinde und den vielen Geschäftsleuten ist es zu verdanken, dass Sassari eine lebendige Kaffeehauskultur zu bieten hat. Eine Menge angesagter

Lokale befinden sich in der Via Roma und weiter südlich in der Via Torre Tonda, einer pulsierenden Studentenmeile. Viele Läden haben bis spät geöffnet und in einigen gibt es manchmal Livemusik.

Accademia BAR

(Via Torre Tonda 11; ⏲Mo–Do 7–24, Fr & Sa bis 2 Uhr) Ein beliebtes Stammlokal im Universitätsviertel mit einem schönen schmiedeeisernen Pavillon und angeregter Atmosphäre. Mittags sowie freitag- und samstagabends ist hier richtig der Bär los. Wer Glück hat, erwischt einen Abend mit Livemusik.

Cafè Chiara CAFÉ

(Via Torre Tonda 1b; ⏲Mo–So 7–0.45 Uhr) Gemütliches Café mit niedrigen Decken und ein paar Tischen draußen entlang einer Mauer aus dem 13. Jh. Es hat vom Frühstück bis abends spät durchgehend geöffnet und bietet ein Mittagsbüfett für 8 € und zur Happy Hour *aperitivo* für 5 €.

Caffè Italiano CAFÉ

(Via Roma 38/40; ⏲Mo–Sa) Die große, gut besuchte Bar mit Tischen auf dem Bürgersteig und stilvollem Interieur ist eine der besten Locations an der Via Roma. Geschäftsleute kommen gern zum Lunch hierher und nachmittags treffen sich junge Einheimische auf einen Aperitif.

☆ Unterhaltung

Teatro Civico THEATER

(☎079 200 80 72; Corso Vittorio Emanuele II 39) Sassaris historisches Theater im Palazzo di Città ist Schauplatz für Theateraufführungen, Klassikkonzerte, Filmvorführungen und Kulturveranstaltungen.

Teatro Verdi THEATER, KINO

(☎079 23 94 79; Via Politeama) Wenn im Teatro Verdi gerade keine Tanz- oder Opernaufführungen anstehen, fungiert es auch als Kino.

> **THEATERTIPP**
>
> Sassaris Theaterszene erwacht normalerweise erst im September oder Oktober wieder zum Leben, wenn die schlimmste Sommerhitze vorbei ist. Programminformationen sind der Lokalzeitung *La Nuova Sardegna* zu entnehmen oder bei den Theatern direkt zu erfragen.

Nuovo Teatro Comunale THEATER

(Piazzale Cappuccini) Das größte Theater von Sassari wurde im Februar 2012 eingeweiht und gibt Opern, Konzerte und Bühnenstücke zum Besten. Das aktuelle Programm ist den örtlichen Veranstaltungskalendern zu entnehmen.

Shoppen

Libreria Dessì Mondadori BÜCHER

(☎079 201 20 98; Largo Cavallotti 17; ⏲Mo–Fr 9–20, Sa 9–13.30 & 16–20 Uhr) Die Buchhandlung führt eine gute Auswahl an Büchern über Sardinien und einige Romane in englischer Sprache.

Praktische Informationen

Banca di Credito Sardo (Piazza Italia 18) Im Palazzo Giordano.

Farmacia Piazza Castello (☎079 202 90 46; Piazza Castello 2; ⏲9–13 & 16.30–20 Uhr, plus Nachtdienst 20–9 Uhr)

Ospedale Civile SS Annunziata (☎079 206 10 00; Via de Nicola 14) Krankenhaus südlich des Stadtzentrums.

Polizei (Questura; ☎079 249 50 00; Via Giovanni Palatucci 1) Polizeizentrale.

Postamt (Via Brigata di Sassari 13; ⏲Mo–Fr 8.20–19.05, Sa 8.20–12.35 Uhr)

Touristeninformation (☎079 200 80 72; Via Sebastiano Satta 13; ⏲Di–Fr 9–13.30 & 15–18, Sa 9–13.30 Uhr) Bietet Informationen über Sassari und seine Umgebung.

An- & Weiterreise

AUTO & MOTORRAD

Sassari liegt an der SS131, die Porto Torres und Cagliari miteinander verbindet. Wer von Alghero oder vom Flughafen Alghero-Fertilia nach Sassari fährt, nimmt zunächst die Straße, die nordwärts nach Porto Torres führt, und zweigt dann in östlicher Richtung auf die SS291 ab.

Mietwagen gibt es bei **Maggiore** (☎079 26 04 09; Strada 18, 38, Zona Industriale Predda Niedda) im Gewerbegebiet nordwestlich des Bahnhofs.

BUS

Fernbusse halten in der Via Padre Zirano, in der Nähe der Chiesa di Santa Maria di Betlem. Es gibt einen kleinen **Ticketschalter** (Via Padre Zirano; ⏲Mo–Sa 6.30–20, So 8–14 & 17–20 Uhr) bei den Haltestellen.

Busse verkehren nach/von Alghero (2,50–3 €, 1 Std., 10-mal tgl.), Oristano (8 €, 2 Std., 3-mal tgl.), Porto Torres (2 €, 20 Min., stündl.) und Castelsardo (3 €, 1 Std., Mo–Sa

11-mal tgl., So 4-mal). Außerdem gibt es Verbindungen zum weiter entfernten Nuoro (8 €, 1¾ Std., 6-mal tgl.) und Cagliari (14,50 €, 3¼ Std., 3-mal tgl.).

Turmo Travel (☎ 0789 2 14 87; www.gruppo turmotravel.com) bietet einmal täglich eine Busverbindung zum Hafen und zum Flughafen in Olbia an (12 €, 1½ Std.).

FLUGZEUG

Sassari teilt sich mit Alghero den Flughafen Fertilia (S. 131) ca. 28 km westlich des Stadtzentrums.

ZUG

Der Hauptbahnhof liegt am westlichen Ende der Altstadt an der Piazza Stazione. Von dort fahren Züge direkt nach Cagliari (15,75 €, 3¾ Std., 3-mal tgl.), Oristano (10,15 €, 2–2½ Std., 2-mal tgl.) und Olbia (7,35 €, 1¾ Std., 3-mal tgl.). Außerdem gibt es Zugverbindungen zu diesen Zielen über Ozieri-Chilivani.

Von Mitte Juni bis Mitte September verkehrt einmal wöchentlich der Panorama-Bummelzug *Trenino Verde* (S. 285) von Sassari nach Tempio Pausania (hin & zurück 21,50 €).

Unterwegs vor Ort

AUTO & MOTORRAD

In Sassari zu parken, ist normalerweise ein Alptraum. Ein Platz zwischen den blauen Linien kostet bis zu 0,50 € für 30 Minuten. Parkscheine sind bei den Politessen, Parkscheinautomaten oder Zeitungshändlern erhältlich.

BUS

Die orangefarbenen Busse von **ATP** (☎ 079 263 80 00; www.atpsassari.it) bedienen fast alle innerstädtischen Strecken. In der kleinen Innenstadt werden Besucher aber nur selten einen Bus brauchen. Im Sommer fahren die Busse auch von der Endhaltestelle an der Via Eugenio Tavolara zu den Stränden nördlich von Sassari. Bustickets kosten 1,20 €.

VOM/ZUM FLUGHAFEN

Von den Bushaltestellen an der Via Padre Zirano fahren täglich bis zu neun Busse zum Flughafen Alghero-Fertilia (2,50 €, 30 Min.).

Um zum Aeroporto Olbia Costa Smeralda zu gelangen, muss man mit dem Bus oder Zug nach Olbia fahren und dort in den Stadtbus zum Flughafen umsteigen.

TAXI

Taxistände befinden sich am Emiciclo Giuseppe Garibaldi oder in der Viale Italia und Via Matteotti. Telefonische Bestellungen nimmt **Taxi Sassari** (☎ 079 25 39 39) entgegen.

RUND UM SASSARI

Die landschaftlich reizvollste Strecke von Sassari an die Küste ist die SS200. Pinien stehen am Straßenrand Spalier, wenn sie die beiden Marktstädte **Sennori** und **Sorso** passiert. Die Zwillingsortschaften sind für ihre Weine berühmt und produzieren gemeinschaftlich den süßen Moscato di Sorso-Sennori. Prima probieren lässt er sich bei **Da Vito** (☎ 079 36 02 45; http://ristorantedavito.it; Via Napoli 14, Sennori; Mahlzeiten 40 €; ⏲ Di–So 12.30–14.30 & 19–23, Mo 19–23 Uhr). Das Hotelrestaurant in einem markanten Gebäude in Sennori ist weithin bekannt für seine köstlichen Meeresfrüchte.

Nordwestlich von Sorso erstrecken sich die langen Sandstrände von **Platamona Lido** und **Marina di Sorso**. Sie sind sehr beliebt bei den Sassaresi, die sich an heißen Sommerwochenenden an die Küste flüchten und die hübschen, aber oft übervölkerten Strände etwas übereuphorisch als „Riviera von Sassari" bezeichnen.

Wer von Sassari an die Strände will, kann den Buddi-Buddi-Bus (Linie MP) ab der Via Eugenio Tavolara nehmen. Die Tickets kosten 1,20 €.

DER LOGUDORO & MONTE ACUTO

Die fruchtbare Region südlich und östlich von Sassari war schon zu Zeiten der Nuragher bewohnt und ist eine archäologische Fundgrube. Sie war ein wichtiges Getreideanbaugebiet des Römischen Reiches und auch heute noch ist die Landschaft ein Flickenteppich aus Hügeln und goldenen Weizenfeldern – der Name Logudoro bedeutet „Ort des Goldes". Als Giudicato del Logudoro erlebte die Region im Mittelalter einen Boom und aus dieser Periode datieren auch viele der imposanten Kirchen. Im Herzen der Region liegt die *comune* Monte Acuto, eine Ansammlung von Ortschaften mit einem reichen gemeinsamen Erbe.

Ozieri

10 900 EW.

Die wohlhabende Agrarstadt Ozieri liegt in einem natürlichen Talkessel und ihr Stadtkern aus dem 19. Jh. mit seiner schönen zentralen Piazza erstreckt sich über die Hänge. In den Hügeln, die die Stadt heute

ABSTECHER

MONTE LERNO

Ungefähr 8 km östlich von Ozieri liegt der idyllische **Lago Lerno**. Er entstand 1984, als der Rio Mannu gestaut wurde. Obwohl es sich um einen Stausee handelt, fügt er sich harmonisch in die von Felsen durchsetzte grüne Hügellandschaft ein. Nicht weit vom See ragt der **Monte Lerno** (1094 m) auf. Rotwild, Mufflons und Wildpferde streifen durch den nahen **Bosco di Monte Lerno** (Monte-Lerno-Wald). Der Weg dorthin führt von Ozieri über das rund 4 km östlich gelegene Pattada. Von dort die Straße Richtung Oschiri nehmen. Nach etwa 11 km führt eine Abzweigung nach rechts über den Rio Mannu zum Nordwestzipfel des Waldes.

umgeben, existierten einst, im Neolithikum, florierende Siedlungen. Der Name der Stadt stammt aus der prähistorischen Ära der Ozieri-Kultur (oder San-Michele-Kultur), die zwischen 3500 und 2700 v. Chr. ihre Blütezeit erlebte.

Heutzutage assoziiert man den Namen der Stadt auch mit dem Premio Ozieri per la Letteratura Sarda, einem der wichtigsten Literaturpreise Sardiniens. Der Preis, der das Werk italienischer und sardischer Autoren herausstellen soll, wurde ursprünglich von den *gare poetiche* (Dichterkriegen) angeregt, die am Rande vieler Volksfeste stattfanden.

Sehenswertes

Museo Archeologico MUSEUM
(079 785 10 52; Piazza Micca; Eintritt 5 €, inkl. Grotta di San Michele 6 €; Di–So 9–13 & 16–19 Uhr) Über das reichhaltige archäologische Erbe von Ozieri informiert das wunderbare Museo Archeologico, eines der besten Kleinmuseen Sardiniens. Es ist in einem Kloster aus dem 18. Jh. untergebracht. Die Ausstellung ist klein, aber erlesen. Unter anderem sind zwei Kupferbarren zu sehen (der Kupferhandel in den Nuraghen-Siedlungen lässt sich bis in die Jungsteinzeit zurückverfolgen), einige überraschend modern aussehende Werkzeuge und eine Auswahl kostbarer Keramikscherben, die in der nahen Grotta di San Michele gefunden wurden.

Grotta di San Michele HÖHLE
(079 78 76 38; Vicolo San Michele; Eintritt 3 €, inkl. Museo Archeologico 6 €; Di–So 10–13 & 14.30–17.30 Uhr) Die oberhalb der Stadt ausgeschilderte *grotta* wurde von den Nuraghern als Wohn-, Grab- und Kultstätte genutzt. Bei Ausgrabungen in den Jahren 1914 und 1949 wurden Töpferwaren, Vasen und Figurinen zutage gefördert, von denen heute viele im Museo Nazionale Sanna in Sassari zu bewundern sind.

Cattedrale dell'Immacolata KATHEDRALEN
(Piazza Duomo) Ozieris klassizistische Cattedrale dell'Immacolata wurde im Lauf der Jahrhundert immer wieder umgebaut. Sie hütet ein bedeutendes Kunstwerk, die *Deposizione di Cristo dalla Croce* (Kreuzabnahme Christi) von dem mysteriösen Künstler des 16. Jhs., der als Maestro di Ozieri bekannt ist.

Essen

La Torre RISTORANTE, PIZZERIA €€
(079 78 66 95; Via Scarpata del Cantaro 1; Mahlzeiten 30 €; Di–So 12.30–15 & 19.30–23 Uhr) Mit seinem lichtdurchfluteten Speisesaal in zentraler Lage (nur einen Katzensprung von der Piazza Garibaldi) ist dieses Lokal eine gute Anlaufstelle für Pizza aus dem Holzofen und ansprechend angerichtete Meeresfrüchte.

Praktische Informationen

Auskünfte über das Städtchen und seine Umgebung erteilt die nur im Sommer geöffnete **Touristeninformation** (079 78 67 81; www.girandozieri.it; Piazza Garibaldi; April–Okt. Di–Fr 10–13 & 16–19, Sa 10–13 Uhr) am Hauptplatz, der Piazza Garibaldi.

An- & Weiterreise

Die beste öffentliche Verkehrsverbindung nach Ozieri ist der Bus von Sassari (4,50 €, 1 Std., Mo–Sa 7-mal tgl.).

Valle dei Nuraghi

Südlich von Ozieri liegt das grüne Valle dei Nuraghi (Tal der Nuraghen) mit zahlreichen archäologischen Sehenswürdigkeiten. Die Felder rund um die Dörfer Torralba, Mores, Borutta und Bonarva sind übersät mit den Ruinen prähistorischer *nuraghi* und *domus de janas*.

Sehenswertes

Nuraghe Santu Antine ARCHÄOLOGISCHE STÄTTE (☎ 079 84 74 81; www.nuraghesantuantine.it; Torralba; Erw./erm. 6/4 €; ⏲ 9 Uhr–Sonnenuntergang) Die Nuraghe Santu Antine, einer der größten Nuraghen-Komplexe Sardiniens, liegt 4 km südlich von Torralba. Ihr Herzstück ist ein Zentralturm, der heute 17,50 m in die Höhe ragt, ursprünglich aber 25 m hoch war. Er wird von einer Dreiecksmauer mit drei Wachtürmen eingerahmt. Die ältesten Teile der Nuraghe stammen aus der Zeit von 1600 v. Chr., aber vieles entstand im Laufe späterer Jahrhunderte.

Man betritt das Gelände an der Südseite und kann durch drei Türme hindurchgehen, die durch parabelförmige Wehrgänge miteinander verbunden sind. Der Eingang zum Hauptturm ist separat. Innen eröffnen sich, von einer zentralen Halle ausgehend, vier Zugänge zur Hauptkammer. In der Halle geht eine Treppe hoch in den 1. Stock. Dort wiederholt sich der Grundriss, allerdings in kleinerer Ausgabe. Abgesehen von winzigen Schießscharten gibt es dort kein Licht und die erdrückende Präsenz des dunklen Gesteins ist überwältigend. Weitere Stufen führen zur Ebene der obersten, dritten Kammer, die inzwischen den Elementen ausgesetzt ist.

Wieder zurück in Torralba, kann man sich im **Museo della Valle dei Nuraghi** (☎ 079 84 70 10; Via Carlo Felice 143) ein maßstabsgetreues Modell der Nuraghe und eine bescheidene Sammlung mit Fundstücken von dort ansehen. Zur Zeit der Recherche war es allerdings zwecks Restaurierung geschlossen.

Unter der Woche fahren bis zu neun Busse täglich von Sassari nach Torralba (3,50 €, 1½ Std.). Von dort sind es noch rund 4 km Fußweg bis zur Nuraghe.

Dolmen Sa Coveccada ARCHÄOLOGISCHE STÄTTE (Mores) GRATIS Südlich von Mores liegt der majestätische Dolmen Sa Coveccada, angeblich der größte Dolmen (Grabkammer

DIE KIRCHEN DES LOGUDORO

Für Geschichts- und Architekturfans gibt es entlang der SS597 Richtung Olbia eine Reihe bemerkenswerter romanischer Kirchen zu entdecken.

Auf der Anfahrt von Sassari erreicht man als Erstes die **Basilica della Santissima Trinità di Saccargia** (SS597 Sassari–Olbia, km 2; Eintritt 2 €; ⏲ April–Okt. 9–18 Uhr). Die Kirche mit dem markant gestreiften *campanile* (Glockenturm) aus Kalkstein und Basalt soll 1116 erbaut worden sein. Der Legende nach übernachteten der Giudice Constantino di Mariano und seine Gemahlin an diesem Ort, als ihnen eine Vision offenbarte, dass sie ihr lang ersehntes erstes Kind bekommen würden. Der hoch erfreute *giudice* ließ daraufhin die Kirche und ein benachbartes Kloster errichten, das der Papst später dem Orden der Kamaldulenser überließ. Von dem Kloster ist kaum noch etwas übrig, aber in der schlichten, schönen Kirche finden nach wie vor Gottesdienste statt.

Auf der Weiterfahrt zum 13 km entfernten Ardara passiert man die aufgegebene **Chiesa di San Michele di Salvènero**. Ardara war einst die Hauptstadt des Giudicato di Torres. An der Ortseinfahrt führt eine Abzweigung nach links zur gedrungenen **Chiesa di Santa Maria del Regno** (⏲ Sommer 10–13 & 15.30–20 Uhr, Winter 15.30–19 Uhr). Das Innere der 1107 geweihten Kirche aus grauem Basalt beeindruckt mit wuchtigen Säulen und einem berühmten *retablo* aus dem 16. Jh., der Szenen aus dem Leben Christi, Marias und diverser Propheten zeigt.

Weiter östlich führt eine Abzweigung von der SS597 zur 2 km nördlich der Hauptstraße gelegenen **Chiesa di Sant'Antioco di Bisarcio** (Führung Erw./erm. 3/2 €; ⏲ Di–So 10–13 & 14.30–17.30 Uhr), einer der größten romanischen Kirchen Sardiniens. Ein Blitzschlag hat den obersten Teil des Glockenturms zerstört und ein Großteil der Fassadenverzierung ist abgebröckelt. Doch das einzigartige, französisch inspirierte Portal und das Innere spiegeln noch heute ihre einstige prachtvolle Schönheit wider.

Von hier aus kann man auf der SS597 weiterfahren, um sich die winzige **Chiesa di Nostra Signora di Castro** am Ufer des **Lago di Coghinas** anzusehen, oder auf die SS132 nach Norden abbiegen, um die **Chiesa di San Pietro di Simbranos** bei **Bulzi** zu besichtigen.

WO SARDINIEN AM SCHÄRFSTEN IST

Das kostbarste unter den ausgezeichneten Messern made in Sardinia ist *sa pattadesa* (das Pattada-Messer), das heute nur noch von wenigen Spezialisten hergestellt wird. Das klassische Pattada-Messer, das Mitte des 19. Jhs. entwickelt wurde, ist das *resolza*. Es hat eine sogenannte „myrtenförmige" Klinge, die in einen Horngriff geklappt wird.

Die echten Handwerksmeister machen meist nur Auftragsarbeiten und brauchen mindestens zwei Tage, um ein solches Messer anzufertigen. Erforderlich ist zunächst, den Stahl zu biegen und den richtigen Härtegrad für eine starke, scharfe Klinge zu erreichen. Anschließend wird aus einem einzigen Stück Mufflonhorn der Griff geschnitzt. Besteht der Griff aus zwei zusammengeschraubten Stücken, handelt es sich um minderwertige Ware. Ein gutes Messer kostet mindestens 10 € pro Zentimeter.

Früher wurden diese Messer überall auf der Insel hergestellt, aber heute sind die traditionellen Herstellungsmethoden nur noch in ein paar Orten lebendig. Die berühmteste Messerstadt ist **Pattada**, aber Qualitätsmesser werden auch in **Arbus**, **Santu Lussurgiu** und **Tempio Pausania** gefertigt. Das klassische Messer *s'arburesa* (aus Arbus) hat eine abgerundete Klinge und wird zum Enthäuten von Tieren benutzt. Das *lametta* aus Tempio Pausania dagegen hat eine rechteckige Klinge und ist bestens dazu geeignet, die Rinde von Korkeichen zu schälen. Das bekannteste der *pattadesa*-Messer ist das *fogarizzu*. Bei den *s'arburese* sollte man nach einem *pusceddu* Ausschau halten.

Übrigens: In Italien ist es verboten, ein Messer bei sich zu tragen, dessen Schneide länger als 4 cm ist.

prähistorischer Megalithkulturen) im Mittelmeerraum. Die rechteckige Konstruktion wurde Ende des 3. Jahrtausends v. Chr. erbaut und besteht aus drei massiven Steinplatten, bedeckt mit einer vierten, die rund 18 t wiegt. Der Dolmen ist 2,7 m hoch, 5 m lang und 2,5 m breit.

Wer zum Dolmen will, muss von Mores aus den Schildern nach Bono und Ittireddu folgen und nach ca. 6 km an einer Abzweigung rechts abbiegen. An der nächsten Abzweigung wieder nach rechts abbiegen und bis zum Ende der Straße durchfahren. Von dort sind es noch ca. 200 m zu Fuß bis zum Dolmen.

Chiesa di San Pietro di Sorres KIRCHE
(Borutta; Eintritt 7 € inkl. Nuraghe di Sant'Andrea Priu; ⏲9.30–12.30 & 15.30–18.30 Uhr) Das romanische Gotteshaus aus dem 12. Jh. bietet von seinem Standort am Hang oberhalb von Borutta einen prächtigen Ausblick auf die Umgebung. Die ursprünglich pisanische Kirche mit Kloster war schon lange verwaist, als 1955 Benediktinermönche einzogen und sie wieder auf Vordermann brachten. Die weiß-grau gestreifte Fassade zeigt dreistöckige Blendarkaden und ist mit filigranen Steinmetzarbeiten verziert. Im Inneren verdient eine aus Stein gehauene gotische Kanzel auf vier Beinen besondere Beachtung.

Necropoli di Sant'Andrea Priu ARCHÄOLOGISCHE STÄTTE
(☎348 564 26 11; Eintritt 7 € inkl. Chiesa di San Pietro di Sorres; ⏲10–13 & 15–17.30 Uhr, im Sommer später) Rund 7 km östlich von Bonorva befindet sich mitten in üppig-grüner Landschaft die Necropoli di Sant'Andrea Priu. Die über eine schmale Schlaglochpiste erreichbare, isoliert gelegene Stätte besteht aus rund 20 kleinen Höhlen. Sie wurden in den Trachyt gegraben und ihre Entstehung geht bis 4000 v. Chr. zurück.

Die mit Abstand interessanteste Höhle ist die nur mit einem Führer zugängliche Tomba del Capo. In frühchristlicher Zeit wurden drei der Haupträume in ein Gotteshaus umgebaut. In zweien dieser Räume sind teilweise restaurierte Fresken aus dem 5. Jh. erhalten. Am eindrucksvollsten ist die Abbildung einer Frau in einem Wandgemälde in der *aula* (Halle), wo die Gläubigen die Messe hörten.

Rebeccu DORF
Auf dem Weg zwischen der Necropoli di Sant'Andrea Priu und Bonarva sollte man sich ein bisschen Zeit für Rebeccu nehmen, einen größtenteils verlassenen, in eine Kalksteinwand gehauenen Weiler aus dem Mittelalter. Das von der Hauptstraße ausgeschilderte Dorf dient Mitte August als Kulisse für ein Filmfestival.

Olbia, die Costa Smeralda & die Gallura

Inhalt ➡

Gut essen

- Agriturismo Agrisole (S. 155)
- Li Mori (S. 161)
- Jaddhu (S. 167)
- I Frati Rossi (S. 164)
- Agriturismo Saltara (S. 170)

Schön übernachten

- B&B Lu Pastruccialeddu (S. 228)
- Hotel Panorama (S. 226)
- B&B Petite Maison (S. 230)
- Agriturismo Ca' La Somara (S. 228)

Auf nach Olbia, an die Costa Smeralda & in die Gallura

Die Costa Smeralda beschwört klassische Bilder von Sardinien herauf: perlweiße Strände und bizarre, windgepeitschte Felsen, die ins smaragdgrüne Meer ragen. Der herrliche Küstenabschnitt, den Aga Khan in den 1960er-Jahren zu einem Spottpreis erwarb, ist heute Tummelplatz von Millionären und Promis. Sobald es Sommer wird, belagern skandalhungrige Paparazzi die Jachthäfen, um die Reichen ins Visier zu nehmen, die auf ihren riesigen Jachten mit Bikinischönheiten umhertollen.

Ein paar Kilometer landeinwärts kommt man sich wie auf einer völlig anderen Insel vor. Hier liegen in den Hügeln voller Weinstöcke noch traditionelle Dörfer und *nuraghe* (Wehrsiedlungen aus der Bronzezeit), Korkeichenwälder und Granitberge. Unbeeinflusst von aktuellen Trends bildet das Hinterland einen erfrischenden Kontrast zur Küste. Wer sich für ein paar Tage *agriturismo* (Urlaub auf einem Landgut) entscheidet, lernt dort das gute alte Landleben kennen.

Weiter nördlich wird die Küste der Gallura dann deutlich wilder. Hier sind Delfine, aber auch Taucher und Windsurfer in ihrem Element, die sich in dem blauen Wasser des Meeresschutzgebiets La Maddalena tummeln.

Entfernungen (km)

	Arzachena	Olbia	Porto Cervo	Santa Teresa di Gallura
Olbia	22			
Porto Cervo	18	25		
Santa Teresa di Gallura	27	49	45	
San Teodoro	49	27	52	76

OLBIA

54 850 EW.

Olbia wird beim Ansturm auf die Costa Smeralda oft links liegen gelassen, hat jedoch mehr zu bieten, als auf den ersten Blick ersichtlich ist. Jenseits der industriellen Randbezirke liegt eine bezaubernde Stadt mit einem *centro storico* (Altstadt) voller Boutiquen, Weinbars und von Cafés gesäumten Piazzas. Olbia ist eine erfrischend authentische und erschwingliche Alternative zu den Feriensiedlungen nördlich und südlich der Stadt.

Geschichte

Archäologische Ausgrabungen belegen, dass es seit dem mittleren Neolithikum (rund 4000 v. Chr.) im Nordosten Sardiniens menschliche Niederlassungen gab, aber

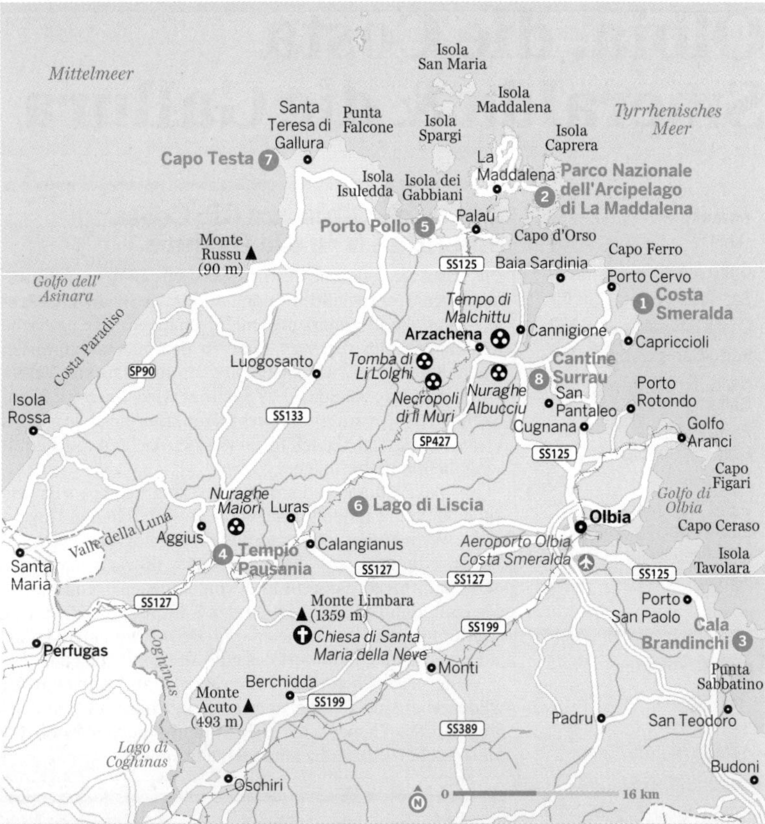

Highlights

1 Mit den Sonnengebräunten, Schönen und Berühmten an der **Costa Smeralda** (S. 162) abhängen

2 Insel-Hoppen und tauchen im **Parco Nazionale dell'Arcipelago di La Maddalena** (S. 174)

3 Am schneeweißen Sandstrand von **Cala Brandinchi**, auch „Klein-Tahiti" genannt, (S. 162) entspannen

4 Durch die endlosen Korkeichenwälder um **Tempio Pausania** (S. 177) wandern

5 Durch die wilden Gewässer vor **Porto Pollo** windsurfen (S. 172)

6 Den Glamour an der Küste gegen die tiefe Stille am **Lago di Liscia** (S. 168) tauschen

7 Durch die bizarren Felsbrocken am **Capo Testa** (S. 172) klettern

8 Im modernen Weingut **Cantine Surrau** spritzigen weißen Vermentino und vollmundigen roten Cannonau (S. 164) probieren

Olbia wurde mit ziemlicher Sicherheit im 4. oder 5. Jh. v. Chr. von den Karthagern gegründet. Fest steht, dass die Karthager seit Mitte des 6. Jhs. v. Chr. in der Region anwesend waren, wie ihre Teilnahme an der Schlacht von Mare Sardo beweist (eine 538 v. Chr. ausgetragene Seeschlacht zwischen griechischen Kolonisten aus Korsika und einer gemeinsamen Flotte von Etruskern und Karthagern, die manche als das erste Seegefecht in westlichen Gewässern betrachten).

In der Römerzeit entwickelte sich Olbia zum wichtigen Militär- und Handelshafen – in den 1990er-Jahren wurde rund ein Dutzend römischer Schiffswracks ausgegraben. Unter dem Namen Civita wurde Olbia schließlich die Hauptstadt des Giudicato di Gallura, einem der vier unabhängigen Königreiche, aus denen sich Sardinien im 12. und 13. Jh. zusammensetzte. Aber als die katalanischen Aragonier die Macht übernahmen, setzte der Niedergang ein. Erst mit dem Straßen- und Eisenbahnbau im 19. Jh. erwachte die Stadt wieder zum Leben. Das Gelände ringsum wurde langsam trockengelegt und für Landwirtschaft und etwas Leichtindustrie genutzt, zugleich wurde der Hafen wieder in Betrieb genommen. Heute blüht und gedeiht Olbia als aktives Industriezentrum und gemeinsame Hauptstadt der vor Kurzem gegründeten Provinz Olbia-Tempio.

Sehenswertes

Das enge Straßengewirr südlich des Corso Umberto, wo sich das ursprüngliche Fischerdorf befand, hat einen gewissen Charme, besonders abends, wenn Gruppen hungriger Städter die Cafés und Trattorias bevölkern. Ein Bummel über den *corso* mit einem abschließenden Gläschen auf der Piazza Margherita ist eine angenehme Art, den Abend zu verbringen.

★ Museo Archeologico MUSEUM
(Isolotto di Peddone; Mi–So 10–13 & 17–20 Uhr) GRATIS Das auffallend moderne Museum unweit des Hafens ist ein Entwurf des Architekten Vanni Macciocco. Es bietet anhand von allerlei Artefakten – von Amuletten und Töpferwaren aus der Römerzeit bis hin zu Fundstücken der Nuraghenkultur – einen Abriss der Lokalgeschichte. Größte Attraktion sind die Überreste eines römischen Schiffes, das im alten Hafen entdeckt wurde. Eine Multimedia-Präsentation erweckt das Jahr 450 zum Leben, als Vandalen solche Schiffe in Brand steckten und versenkten.

Chiesa di San Simplicio KIRCHE
(Via San Simplicio; 7.30–13 & 15.30–20 Uhr) Die romanische Kirche aus Granit gilt als bedeutendstes mittelalterliches Monument der Gallura. Sie wurde Ende des 11. Jhs./Anfang des 12. Jhs. am damaligen Stadtrand errichtet und präsentiert sich in einer seltenen Mischung aus toskanischen und lombardischen Stilelementen. Die Ausschmückung beschränkt sich auf ein paar Fresken aus dem 13. Jh.; die Bischöfe aus dem Mittelalter darstellen.

Chiesa di San Paolo KIRCHE
(Via Cagliari; wechselnde Öffnungszeiten) Eine weitere Kirche aus Granit, die einen Besuch lohnt, ist die Chiesa di San Paolo aus dem 18. Jh. mit einer sagenhaft bunt gekachelten Kuppel im valenzianischen Stil; sie wurde nach dem Zweiten Weltkrieg hinzugefügt.

Festivals & Events

L'Estate Olbiese KULTURFEST
Im Juli und August finden in der Innenstadt im Rahmen der L'Estate Olbiese Freiluftkonzerte statt. Auf dem Programm des Kulturfestivals stehen auch Theateraufführungen, Lesungen und Kleinkunst.

Essen

Die meisten Hotels, Restaurants und Bars ballen sich in den schmalen Straßen rechts und links vom Corso Umberto. Die Cafészene konzentriert sich rund um die Piazza Margherita und die Piazza Matteotti.

Pizzeria Dadino PIZZERIA €
(340 3830176; Via Norvega 47; Pizza 5–10 €; 18.30 Uhr bis spät) Was für eine Freude! Bei dieser Pizzeria stimmt einfach alles: spitzenmäßige Pizza, eine fröhliche Familienatmosphäre und günstige Preise. Sie lohnt den kurzen Fußmarsch vom Zentrum.

★ Agriturismo Agrisole SARDISCH €€
(349 0848163; www.agriturismo-agrisole.com; Via Sole Ruiu, Località Casagliana; Menü inkl. Getränke 30 €; Mitte Juni–Mitte Sept.) Der galluresische *stazzo* (Bauernhof) liegt etwa 10 km von Olbia entfernt in idyllischer Landschaft und serviert ein Festmahl guter Hausmannskost. Die charmante Gastgeberin Monica tischt ein köstliches Gericht nach dem anderen auf – Antipasti, *fregola* (körnige Pasta), *porceddu* (Spanferkelbraten) und Desserts aus Ricotta. Zu erreichen ist der Hof von Olbia über die SS125 Richtung Arzachena/Palau, dann an den Schildern am Kilometerstein 327,800 links.

Olbia

Olbia

Sehenswertes
- 1 Chiesa di San Paolo C2
- 2 Chiesa di San Simplicio A1

Schlafen
- 3 Hotel Panorama C2
- 4 La Locanda del Conte Mameli D1
- 5 Porto Romano C1

Essen
- 6 Dolceacqua B2
- 7 La Lanterna C2
- 8 Ristorante da Paolo C2

Ausgehen & Nachtleben
- 9 Enoteca Cosimino B2
- 10 In Vino Veritas D2
- 11 KKult D2
- 12 Work in Progress C1

Shoppen
- 13 Anticas Licanzias C2

Bacchus ITALIENISCH €€

(☎ 0789 65 10 00; www.jazzhotel.it; Via degli Astronauti 2; Menüs 20–40 €; ⏲ 12.30–14.30 & 19.30–22.30 Uhr, im Winter So geschl.) Leichte, sonnige mediterrane Gerichte mit einem Touch Kreativität dominieren im Bacchus, dem Restaurant im Jazz Hotel in Flughafennähe. Gut sind perfekte Antipasti und wunderbar zubereiteter Fisch samt sardischem Wein. Glutenfreie und vegetarische Gerichte gibt's auch.

La Lanterna TRADITIONELL ITALIENISCH €€

(☎ 0789 2 30 82; www.ristorantelalanternaolbia.it; Via Olbia 13; Pizzas 6–16 €, Mahlzeiten 25–35 €; ⏲ Do–Di 12–15 & 18–24 Uhr) Das Lanterna zeichnet sich durch sein Kellerambiente mit Sichtmauerwerk und Balken aus. Die sardischen Gerichte sind einnehmend frisch, z. B. handgefertigte *gnochetti sardi* oder Safran-*fregola* mit Skorpionfisch-*ragù*. Die Pizza ist auch ganz schön gut.

TYPISCHE GERICHTE AUS DER GALLURA

Zuppa gallurese Mehrere Schichten Brot und Käse werden in Brühe getränkt und dann knusprig ausgebacken

Ortidas Frittierte Seeanemonen

Capretto al mirto Zickleinbraten mit Myrte

Fregola con cozze e vongole Sardische Hartweizengrießnudeln mit Mies- und Venusmuscheln

Mazzafrissa Gebratener Grießbrei

Ristorante da Paolo SARDISCH €€
(☎0789 2 16 75; Eingang in der Via Garibaldi 18 oder Via Cavour 22; Mahlzeiten um 30 €; ⌚Mo–Sa 12–14.45 & 19–22.45 Uhr) Steinwände, Holzdecken und Gemälde von Küstenlandschaften verleihen dem Restaurant ein fröhliches Ambiente. Geboten werden Magenwärmer wie *zuppa gallurese* (eine deftige Suppe aus Brot, Kohl und Käse), Seebarsch mit *mirto* (Myrtenlikör) und *culurgiones* (sardische Ravioli mit Käse-Kartoffel-Füllung).

Dolceacqua ITALIENISCH €€
(☎0789 196 90 84; http://ristorantedolceacqua.com; Via Giacomo Pala 4; Menüs 30–40 €; ⌚Di–So 12.30–14 & 19.30–22.30 Uhr) Das schicke, lauschige Bistro lockt mit einer relaxten Atmosphäre, freundlicher Bedienung und einer appetitlichen Mischung aus sardischer und ligurischer Küche. Nach der hausgemachten Pasta empfiehlt sich z. B. *orata alla liguria* (gebratene Brasse in Öl, Knoblauch, Oliven und Wein). Das Zwei-Gänge-Mittagsmenü mit Wasser und Kaffee für 14 € ist äußerst preisgünstig.

Ausgehen & Nachtleben

KKult BAR
(www.kkult.com; Corso Umberto 39; ⌚Di–So 8–3 Uhr) Das K-Kult ist eine moderne Mischung aus Lounge-Bar und Café auf zwei Ebenen. Die Terrasse an der Hauptstraße Olbias ist ideal, um bei einem Kaffee oder Cocktail das Treiben zu beobachten. Am Wochenende geht's hier rund mit Livemusik und DJs.

In Vino Veritas WEINBAR
(☎349 5624071; Corso Umberto 4; ⌚8–24 Uhr) In der einladenden Weinbar stapeln sich in den Wandregalen die Flaschen. An den Tischen können Gäste sardische Weine, von Vermintino bis Cannonau, und Bier aus Kleinbrauereien probieren. Dazu gibt's einen Teller mit *salumi* und *formaggi*.

Work in Progress BAR
(Via Porto Romano 4; ⌚Di–So 17–3 Uhr) Kein Schild markiert die Tür zu dieser entspannten Lounge-Bar mit schickem Ziegelgewölbe. Die Gäste schätzen hier Cocktails, jazzige Musik und gelegentliche Livemusik. Im Sommer sitzen sie auch auf dem Innenhof.

Enoteca Cosimino WEINBAR
(Piazza Margherita 3; ⌚11–24 Uhr) In dem beliebten Café genießt man tagsüber seinen Kaffee und ein paar *cornetti* (Croissants). Abends verwandelt sich das Lokal dann in eine elegante Weinbar, in der Cocktails und natürlich *vino* kredenzt werden.

Villa Pascià CLUB
(Via Corea 145; ⌚23–6 Uhr) In den Schicki-Club zieht es an Sommerwochenenden junge, aufgekratzte Leute. Die besten heimischen DJs sorgen mit House, Hip-Hop und Latino-Rhythmen für eine rammelvolle Tanzfläche. Vom Zentrum sind es fünf Minuten mit dem Taxi.

Shoppen

Der Corso Umberto ist ein Laufsteg für Designerlabels und schicke Mode aus Italien. In den kleinen Seitenstraßen findet man Kunst, Kunsthandwerk und sardische Spezialitäten.

Anticas Licanzias LEBENSMITTEL
(Via Olbia 42; ⌚8.30–13.30 & 16.30–20 Uhr) Der großartige Feinkostladen mit Patisserie verkauft frisch gebackenes Brot aus dem Holzofen, *pane carasau* (sardisches Fladenbrot) sowie köstliche sardische Süßigkeiten mit Mandeln und Honig. Die Auswahl an Weinen, selbst gemachter Pasta und Olivenöl ist ebenfalls vom Feinsten.

Praktische Informationen

Banken mit Geldautomat finden sich am Corso Umberto.

Haupttouristeninformation (☎0789 5 22 06; www.olbiaturismo.it; Municipio, Corso Umberto; ⌚Sommer 9–21 Uhr, Winter 9–19 Uhr) Die hilfreiche Touristeninformation sollte die erste Anlaufstelle für Infos über Olbia sein.

Post (Via Aquedotto 5; ⌚Mo–Fr 8.20–19.05, Sa 8.20–12.35 Uhr)

Touristeninformation (☎0789 55 77 32; www.olbiatempioturismo.it; Via Alessandro Nanni

ABSEITS DER ÜBLICHEN PFADE

TENUTE OLBIOS

Die Weingüter, die sich an den Hängen im Umland von Olbia entlangreihen, erzeugen einige der besten Vermentino-Weißweine sowie auch ein paar edle Rotweine aus den Traubensorten Cabernet, Cannonau, Merlot und Bovale.

Das liebevoll gepflegte, 60 ha große Landgut **Tenute Olbios** (☎0789 64 10 03; www.tenuteolbios.com; Via Loiri 83, Località Venafiorita; ⏲Mo–Fr 8.30–13 & 15–18 Uhr) erläutert Besuchern in einer 1½-stündigen Führung (10 €) den Prozess der Weinherstellung. Sie führt auch in die Kellerei und endet mit drei Weinproben unter der Eichendecke des Verkostungsraums. Eine etwas längere Tour (15 €) schließt auch einen Gang durch die Rebstöcke ein. Gegen zusätzliche 5 € pro Person werden Käse, *salumi* und Antipasti der Region gereicht. Die Führungen sind wahlweise auf Italienisch und Englisch und sollten im Voraus gebucht werden. Wein wird aber jederzeit verkauft.

Diese Gegend ist nicht nur herrlich für einen Spaziergang durch die Weingärten, sondern auch für einen Nachmittag in der Gallura, die von Eichen- und Birnbäumen gesprenkelt und voller Seen ist und im Frühjahr von Wildblumen und Ginster aufleuchtet.

Die Tenute Olbios liegt 7 km südlich des Stadtzentrums und ist ab der SP24 ausgeschildert.

39; ⏲Mo, Mi & Fr 8.30–14, Di & Do 8.30–14 & 15–18 Uhr) Die Touristeninformation hat jede Menge Infos und Broschüren über die Provinz Olbia-Tempio.

Unimare (☎070 2 35 24; www.unimare.it; Via Principe Umberto 1; ⏲Mo–Fr 8.30–12.30 & 15.30–19.30, Sa 8.30–12.30 Uhr) Zentrales Reisebüro, das Fähren und Flüge bucht.

ℹ An- & Weiterreise

AUTO & MOTORRAD

Mietwägen stehen am Flughafen bereit, wo alle großen internationalen Firmen vertreten sind, außerdem an der Stazione Marittima, dem Fährhafen. Ein Fiat Punto kostet etwa 50 € pro Tag.

BUS

Busse des Unternehmens **Azienda Regionale Sarda Trasporti** (ARST; ☎800 865042, 0789 5 53 00; www.arst.sardegna.it) verkehren von Olbia zu vielen Orten auf der Insel. Fahrkarten sind in der **Bar della Caccia** (Via Fiume d'Italia 1; ⏲Mo–Sa 6–21 Uhr) erhältlich, gleich gegenüber von den wichtigsten Bushaltestellen am Corso Vittorio Veneto; der Fahrplan hängt im Fenster aus. Zu den Fahrzielen zählen Arzachena (2,50 €, 45 Min., 12-mal tgl.) und Porto Cervo (3,50 €, 1½ Std., 5-mal tgl.). Erreichbar sind auch die etwas weiter entfernt liegenden Orte Nuoro (9 €, 2½ Std., 8-mal tgl.), Santa Teresa di Gallura (5 €, 1½ Std., 7-mal tgl.) sowie über Tempio Pausania (3,50 €, 1¼ Std., 7-mal tgl.) Sassari (7 €, 1½ Std., 2-mal tgl.). Sonntags ist das Angebot reduziert.

Turmo Travel (☎0789 2 14 87; www.gruppoturmotravel.com) bietet wochentags zwei Busfahrten pro Tag von Cagliari (19 €, 4½ Std.), sie kommen an der Piazza Crispi an. Ein Bus fährt weiter nach Santa Teresa di Gallura. Ein anderer Bus fährt täglich vom Hafen nach Sassari (12 €, 1½ Std.). Fahrkarten können in der Stazione Marittima oder im Bus gekauft werden.

FÄHRE/SCHIFF

Der Fährhafen von Olbia, die **Stazione Marittima**, befindet sich auf der Isola Bianca, einer Insel, die durch den 1 km langen Damm Banchina Isola Bianca mit der Innenstadt verbunden ist. Alle bedeutenden Fährunternehmen unterhalten hier eine Niederlassung, so auch **Moby Lines** (☎199 303040; www.mobylines.it), **SNAV** (☎081 428 55 55; www.snav.it) und **Tirrenia** (☎892123; www.tirrenia.it). Es gibt häufige Fährverbindungen mit Civitavecchia, Genua, Livorno und Piombino, besonders in den Sommermonaten.

Fährtickets können in jedem Reisebüro in der Stadt, aber auch am Hafen gebucht werden.

FLUGZEUG

Olbias **Aeroporto Olbia Costa Smeralda** (☎0789 56 34 44; www.geasar.it) liegt etwa 5 km südöstlich des Stadtzentrums und hat Flugverbindungen mit dem italienischen Festland und größeren europäischen Städten. Zu den Billigfliegern gehören Air Berlin, easyJet, Jet2.com und Niki. Angeflogen werden die meisten italienischen Flughäfen auf dem Festland sowie Berlin, Hamburg, Köln, Düsseldorf, Frankfurt, Friedrichshafen, Genf, Bern, Zürich, Salzburg und Wien.

ZUG

Der Bahnhof befindet sich am Corso Umberto. Zugverbindungen gibt es mit Cagliari (16,90 €, 4 Std., 5-mal tgl.), Sassari (7,35 €, 2 Std., 6-mal tgl.), Golfo Aranci (2,35 €, 25 Min., 4-mal tgl.) und Oristano (11,50 €, 2½ Std.).

Unterwegs vor Ort

Die wenigsten werden die Stadtbusse benutzen, außer vielleicht für die Fahrt zum Flughafen oder zur Stazione Marittima. Fahrkarten sind günstiger in Tabakläden, in einigen Bars und in der Touristeninformation. Sie kosten 1/2,50/10 € für Einzelfahrschein/Tages-/Wochenkarte.

AUTO & MOTORRAD

Das Autofahren macht in Olbia wegen des verwirrenden Einbahnstraßensystems und der ständigen Straßenbauarbeiten nur wenig Spaß. Die Hauptstraße, der Corso Umberto, ist zwischen der Piazza Margherita und der Via Goffredio Mameli für Autos komplett gesperrt. Überall in Olbia gibt es Parkuhren (Std. 1 €, 8–20 Uhr), am Hafen finden sich einige wenige kostenlose Parkplätze – einfach der Beschilderung folgen.

BUS

Die Stadtbusse fahren unter der Regie von **ASPO** (☎ 0789 55 38 56; www.aspo.it). Buslinie 9 fährt alle 30 Minuten von der Stazione Marittima ins Stadtzentrum (Via San Simplicio).

ZUM/VOM FLUGHAFEN

Die Stadtbuslinien 2 und 10 (1 €, oder 1,50 € beim Kauf im Bus) verkehren im 30-Minuten-Takt von 6.15 Uhr bis 23.40 Uhr vom Flughafen zur Via Goffredo Mameli im Zentrum. Ein Taxi kostet etwa 15 €.

Mehrere Busse fahren vom Flughafen zu verschiedenen Orten auf der Insel; **Deplano** (☎ 0784 29 50 30; http://deplanobus.com) bietet beispielsweise von Juni bis September täglich fünf Verbindungen nach Nuoro. Die Fahrkarten kosten 12 €, die Fahrtzeit beträgt 1¾ Stunden.

TAXI

Manchmal findet man ein Taxi am Corso Umberto bei der Piazza Margherita. Ansonsten ☎ 0789 6 91 50 anrufen.

RUND UM OLBIA

Der wichtigste Strand von Olbia ist der lebhafte **Lido del Sole** (Buslinie 5); er liegt etwa 6 km östlich vom Flughafen an der Hauptstraße in Richtung Süden (SS125). Er eignet sich gut zum Schwimmen, ist aber nicht so schön wie die weißen Sandstrände von **Pittulongu** oder **Sos Aranzos** im Norden der Stadt.

Golfo Aranci

2400 EW.

An der Nordspitze des Golfo di Olbia liegt Golfo Aranci, ein ausgedehnter Ferien- und Fischerort. Die meisten Reisenden brausen hier einfach durch, da er einen ziemlich alltäglichen Eindruck macht. Doch Golfo Aranci ist eine günstige Alternative zur Costa Smeralda – vor allem, wenn man Spaß am Tauchen, Speerfischen und an der Beobachtung von Delfinen hat.

Sehenswertes & Aktivitäten

Die Stadt hat drei weiße Sandstrände: **Spiaggia Primo**, **Secondo** und – der beste des Trios – **Terzo** (übersetzt: Erster, Zweiter und Dritter Strand). Wer über einen fahr-

IST SARDISCHER KORK VERKORKST?

Wer in Sardinien etwas für die Umwelt tun will, kauft Wein mit einem echten Korken. Kork zählt seit Langem zu den Säulen der sardischen Wirtschaft, die inzwischen durch die Verbreitung synthetischer Flaschenstöpsel gefährdet ist.

Laut einem Bericht des World Wildlife Fund von 2006 könnte die steigende Verwendung von Plastikstöpseln oder Schraubverschlüssen den Verlust von drei Viertel aller Korkeichenwälder im westlichen Mittelmeerraum innerhalb der nächsten zehn Jahre zur Folge haben.

Die Auswirkungen wären für Sardinien verheerend, denn die Insel zeichnet für 80 % der Korkproduktion Italiens verantwortlich. Die Korkindustrie ist in den Städten im Norden Sardiniens wie etwa Calangianus oder Tempio Pausania der Hauptarbeitgeber. Alljährlich werden dort rund 120 000 kg Korkrinde geerntet, die größtenteils an Weinabfüller verkauft werden.

Neben den wirtschaftlichen gilt es natürlich auch die Umweltaspekte zu bedenken: Die Korkernte fügt den Bäumen keinerlei Schaden zu – die Arbeiter schälen ja bloß die Borke vom Stamm –, ein Mangel an ökologischer Umsicht jedoch sehr wohl. Denn wenn die Korkunternehmen die Korkeichenwälder der Insel nicht schützen – was sie ohne Eigeninteresse sicherlich nicht länger tun werden –, wer sollte dies dann tun?

baren Untersatz verfügt, kann problemlos auch einige weitere Strände besuchen. Diverse öffentliche Parks und gepflegte Spielplätze machen den Terzo vor allem für Familien attraktiv.

Capo Figaro NATURSCHUTZGEBIET

Hinter dem Hafen ragen die schroffen Höhen des Capo Figaro (340 m) auf, heute ein kleines Naturschutzgebiet. Pfade schlängeln sich durch die Macchia zu einem verlassenen Leuchtturm auf dem Gipfel, der unter dem Namen *il vecchio semaforo* (alte Ampel) bekannt ist. Von hier sandte Guglielmo Marconi 1928 das erste Funksignal zum italienischen Festland.

Alpha Diving TAUCHEN

(☎346 3509725; www.alphadiving.it; Piazzetta dei Pescatori 4) Das von der European Scuba Agency anerkannte Tauchzentrum am Hafen bietet Tauchgänge um den Capo Figaro und die Tavolara an. Ein Tauchgang kostet um die 40 €, ein Tauchkurs für Neulinge rund 250 €. Das Zentrum organisiert auch Aktivitäten wie umweltfreundliche Bootstouren zu den Delfinen (25 €) und begleitete Schnorcheltrips (30 €).

Essen

In den Restaurants in und um die Via della Libertà stehen Fisch und Meeresfrüchte hoch im Kurs. Fast alle Lokale schließen von November bis März.

La Spigola FISCH & MEERESFRÜCHTE €€

(☎0789 4 62 86; http://laspigolaristorante.com; Via Colombo 19; Mahlzeiten um 30 €; ⌚Mo–Fr 10–22, Sa & So 9–23 Uhr) Am besten macht man nicht groß herum und stürzt sich in diesem netten Restaurant am Strand gleich auf gegrillten Fisch und Meeresfrüchte, ob klasse Spaghetti mit Muscheln oder Hummer. Von der luftigen Terrasse genießt man einen schönen Blick aufs Meer.

An- & Weiterreise

Von Juni bis September fahren sechsmal täglich ARST-Busse von Golfo Aranci nach Olbia (2,35 €, 25 Min.). Züge (2,35 €, 25 Min.) verkehren auf der gleichen Strecke, und zwar ganzjährig sechsmal täglich.

Sardinia Ferries (☎0825 09 50 95; www.sardiniaferries.com) betreibt mehrere Fähren pro Tag von Golfo Aranci nach Livorno (53–76 €, 6–10 Std.) und nach Civitavecchia (54–79 €, 3½–6¾ Std.).

DIE SÜDKÜSTE

An der Küste südlich von Olbia liegen Ferienorte, in denen es im Sommer nur so brummt und in denen im Winter nichts los ist. Zu diesen Orten zählen Porto San Paolo, der Haupthafen für Ausflüge zur Isola Tavolara, sowie 11 km weiter südlich das partyfreudige San Teodoro.

Porto San Paolo & Isola Tavolara

3200 EW.

Die Hauptsehenswürdigkeit von Porto San Paolo liegt eigentlich vor der Küste. Wer hier kein Ferienapartment gebucht hat, kommt eigentlich nur wegen der Bootsüberfahrt zur Isola Tavolara in den Ort.

Sehenswertes & Aktivitäten

★**Isola Tavolara** INSEL

Die Felseninsel, die wie ein riesiges Meeresungetüm aus dem saphirblauen Meer aufragt, ist ein unvergesslicher Anblick. Die Hauptattraktion sind das glasklare Wasser an der weißsandigen **Spiaggia Spalmatore** und die unglaubliche Aussicht auf die Anhöhen Tavolaras und das sardische Festland. Man könnte zu dem kleinen Friedhof hinunterspazieren, um die Gräber der Könige von Tavolara (der Titel wurde 1848 von Carlo Alberto nach einem erfolgreichen Ausflug zur Ziegenjagd verliehen) zu besuchen.

Die Insel – nur 5 km lang und 1 km breit – hieß einst Insel des Hermes, vielleicht, weil man Flügel braucht, um das Plateau (565 m) zu erreichen, wo nur Seevögel, Falken und ein paar leichtfüßige wilde Ziegen leben. Die wenigen Menschen, die auf diesem Eiland wohnen, haben sich an der Westseite angesiedelt, an der **Spalmatore di Terra**, wo die Boote anlegen und es ein paar Imbissbuden am Strand gibt.

Boat Excursions BOOTSTOUR

Um die Osterzeit und von Mitte Juli bis September fahren Boote ab Porto Sao Paolo zwischen 9 und 15 Uhr im 30-Minuten-Takt ab, die Rückfahrt erfolgt jeweils stündlich, und zwar von 12.30 bis 18.30 Uhr. Die Hin- und Rückfahrt (25 Min. einfach) kostet 12,50 € pro Person. Für längere Rundfahrten, auf denen auch die kleineren Inseln Molara und Piana mit auf dem Programm stehen, werden 25 € verlangt.

Tavolara Diving TAUCHEN
(☎0789 4 03 60; www.tavoladiving.it; Via Molara 4) Die zerklüfteten Buchten von Tavolara und das kristallklare Wasser bieten sich für herrliche Taucherlebnisse rund um den Unterwasserberg **Secca del Papa** an. Wer Interesse hat, muss mit 40 € für einen Tauchgang und 400 € für einen Open-Water-Diver-Kurs rechnen.

Essen

Il Portolano ITALIENISCH €€
(☎0789 4 06 70; www.ristoranteilportolano.it; Via Molara 11, Sao Porto Paolo; Mahlzeiten um 40 €; ⊙Mitte April–Mitte Okt. 12–14.30 & 19–22.30 Uhr) Einen traumhaften Blick bei Sonnenuntergang auf die Isola Tavolara bietet das schicke Portolano direkt am Ufer, das vom sardisch-schweizerischen Paar Roberto und Claudia geführt wird. Mediterranes Essen mit einem Hauch Kreativität wird von sardischem Wein begleitet. Meeresfrüchte stehen im Mittelpunkt, seien es Tintenfischsalat mit frischen Artischocken und *bottarga* (Meeräschenrogen) aus Cabras oder hausgemachte Zitronenpasta mit Seebarsch, Mandeln und Zucchini-Pesto.

San Teodoro

3560 EW.

Das feierfreudige San Teodoro lebt im Sommer für seine Partys; die schicken Strandbars und Clubs sind eine erschwingliche Alternative zur megateuren Costa Smeralda. Der Vorzeigeferienort ist so perfekt, dass er fast schon steril wirkt, doch die unberührten weißen Sandstrände sind ein Traum. Das Meer lädt zu Wassersport und Bootsausflügen ein, während zu Land Wanderwege, Mountainbikerouten und Ausritte die Gäste von ihren Strandtüchern locken.

Sehenswertes & Aktivitäten

Stagno San Teodoro NATURSCHUTZGEBIET
Inmitten duftender Macchia und vom Wind erodiertem Granitfelsen erstreckt sich die Lagune bis zur Spaggia La Cinta und lockt viele Wanderer wie auch Vogelliebhaber, die hier nach Rosaflamingos, Reihern, Kormoranen, Silberreihern und Eisvögeln Ausschau halten.

Wet Dreams WASSERSPORT
(☎347 9409356, 0784 85 20 15; www.wetdreams.it; Via Sardegna; ⊙Sommer 9–13 & 17–21 Uhr) Der Surfladen Wet Dreams am Strand bietet dreistündige Anfängerkurse im Kitesurfen für 210 €. Einzelunterricht kostet ab 80/100 € pro Stunde ohne/mit Ausrüstung.

Dive Aquarius TAUCHEN
(☎0784 83 41 24; www.diveaquarius.net; Località Capo Coda Cavallo, Villaggio Le Farfalle; Einzeltauchgänge ab 45 €) Wer in das glasklare Wasser des Meeresschutzgebiets Tavolara abtauchen möchte, ist bei Dive Aquarius am Capo Coda Cavallo gut aufgehoben. Geboten werden Einzel- und Nachttauchgänge, Wracktauchen und die ganze Palette an PADI-Kursen.

Maneggio La Cinta REITEN
(☎338 8228984, 0784 85 10 07; www.maneggiolacintasanteodoro.it; Località La Cinta; 🚸) Pferdeliebhaber können an der Spaggia La Cinta einen malerischen Ausflug hoch zu Ross unternehmen (90 Min. 30 €).

Essen

Nicht vergessen, dass von Mitte Oktober bis März hier alles geschlossen ist.

★ **Li Mori** SARDISCH €€
(☎0784 85 10 00; www.agriturismolimori.it; Località Li Mori; Mahlzeit inkl. Getränke 33 €; ⊙20–23 Uhr) Li Mori ist mit den großzügigen sardischen Gerichten im fröhlichen Bauernhofambiente ein echtes Stück rustikales Inselleben. Viel Platz im Magen brauchen Spezialitäten wie *malloreddus al sugo di cingiahle* (Grießpasta mit Wildschweinsauce), Ravioli, herrlich knusprig gebratenes Spanferkel und sardische *dolci* (Desserts) – und dazu Wein bis zum Umfallen.

Bal Harbour ITALIENISCH €€
(☎0784 85 10 52; www.balharbour.it; Via Stintino; Mahlzeiten 30–40 €; ⊙11–3 Uhr) Das ultrahippe Lounge-Restaurant am Strand lockt durchtrainierte Jungs und Mädels an, die tagsüber am von Palmen gesäumten Pool posieren und abends zu den Rhythmen der DJs Mojito schlürfen. Das Essen ist erstaunlich gut, und zwar sowohl das Steak vom brasilianischen Grill als auch die leichteren italienischen Speisen wie Risotto mit Meeresfrüchten.

La Taverna degli Artisti ITALIENISCH €€
(☎0784 86 60 60; Via del Tirreno 17; Pizza 5–9 €, Mahlzeiten um 30 €; ⊙12–15 & 19–23 Uhr) Auf der Karte finden sich leckere Meeresfrüchte, auch der Service ist sehr gut. Nach den

NICHT VERSÄUMEN

DIE STRÄNDE VON SAN TEODORO

San Teodoro besitzt einige wahrhaft prachtvolle Strände, von denen viele es in puncto Schönheit locker mit der Costa Smeralda aufnehmen können. Die zentrale **Cala d'Ambra** ist hübsch, aber beeindruckender ist die **Spiaggia La Cinta** 2 km weiter nördlich, ein Stück weißer Sandstrand zwischen dem topasblauen Meer und dem Stagno San Teodoro. Der Strand steht bei Sportlern hoch im Kurs, vor allem bei Kitesurfern. Oder man schleppt sein Strandtuch 9 km weiter gen Norden zu den herrlichen halbmondförmigen Buchten **Lu Impostu** oder 1 km weiter nach „Klein-Tahiti", der **Cala Brandinchi**. Eine bewaldete Landzunge trennt die beiden Strände. Einen schönen Blick auf den Kalksteinbuckel der Isola Tavolara bietet der **Capo Coda Cavallo** 13 km nördlich von San Teodoro, ein Meeresschutzgebiet mit klarem Wasser, in dem sich Schnorchler und Taucher tummeln.

Muscheln mit Knoblauch munden hausgemachte Tagliatelle mit Garnelen und Pesto oder Seebarsch in Salzkruste. Die Pizzas gibt es auch zum Mitnehmen.

Ausgehen & Nachtleben

San Teodoro gilt als Partyhochburg der Südküste. Lounge-Bars und Clubs locken im Sommer von Juni bis September jede Menge schönes, braun gebranntes Jungvolk an.

Buddha del Mar BAR
(www.buddhadelmar.eu; Piazza Gallura 2; ⌚5–2 Uhr) Die asiatisch angehauchte Lounge erinnert manchmal etwas an eine MTV-Strandparty. Bei Tanz, leckeren Cocktails und guter Stimmung geht es hier immer hoch her.

L'Ambra Night CLUB
(www.ambranight.it; Via Cala d'Ambra; ⌚24–6 Uhr) In dem schicken Club gegenüber vom Hotel L'Esagono geht auf der Tanzfläche im Freien hauptsächlich mit Mainstream-Musik die Post ab. Manchmal drehen hier auch Star-DJs wie Sven Väth ihre Scheiben.

Luna Glam Club CLUB
(www.lalunadisco.it; Località Stirritoggiu; ⌚24–5.30 Uhr) Kleider machen Leute und dementsprechend aufgebrezelt versuchen die über 30-jährigen die Türsteher zu beeindrucken, um in den Szeneclub eingelassen zu werden. Man findet ihn ein Stück südlich der Stadt, er ist über die Ausfahrt von der SS125 erreichbar.

Praktische Informationen

Touristeninformation (☎0784 86 57 67; www.santeodoroturismo.it; Piazza Mediterraneo 1; ⌚Sommer tgl. 9–24 Uhr, Winter Mo–Sa 9–13 & 16–19 Uhr) Die effiziente Touristeninformation informiert über lokale Veranstalter und Führer. Eine weitere hilfreiche Website ist www.visitsanteodoro.com.

An- & Weiterreise

ARST-Busse fahren an der Küste entlang bis nach Olbia (2,50 €, 40 Min., 6-mal tgl., Mo–Fr 9-mal tgl.) sowie ins Inselinnere nach Nuoro (8 €, 1 Std. 50 Min., 5-mal tgl.). Deplano-Busse fahren auch zum Flughafen Olbia (4 €, 30 Min., 5-mal tgl.) und bringen Reisende nach Nuoro (10 €, 1¼ Std., 5-mal tgl.).

COSTA SMERALDA & UMGEBUNG

1962 rief der extravagante Millionär Karim Aga Khan zusammen mit einigen betuchten Partnern ein Konsortium ins Leben, um in Nordostsardinien den ums Überleben kämpfenden Bauern einen herrlichen, unberührten Küstenabschnitt abzukaufen. Jeder der Geschäftspartner bezahlte etwa 19 320 € für sein kleines Paradies, und die Küste wurde schließlich wegen des schillernden grünblauen Wassers Costa Smeralda (Smaragdküste) getauft.

Doch was hat sich in 50 Jahren nicht alles geändert! Heute bekommt man für besagte 19 320 € gerade einmal eine Übernachtung in der Präsidentensuite des Hotels Cala di Volpe, millionenschwere Jetsetter segeln mit ihren gigantischen Booten, die wie schwimmende Villen anmuten, in die Jachthäfen der Costa Smeralda. Und Models, Aristokraten, russische Oligarchen und kahlköpfige Medienmogule stellen sich ein, um hier im Meer herumzutollen. Auch Bill Gates und der Sultan von Brunei, Wayne Rooney und George Clooney wurden hier schon gesichtet.

Die Costa Smeralda beginnt bei Porto Rotondo am Golfo di Cugnana, rund 17 km nördlich von Olbia, und erstreckt sich 55 km weit nach Norden bis zum Golfo di Arzachena. Die „Hauptstadt" der Smaragdküste ist das Jacht-Paradies Porto Cervo, aber als Silvio Berlusconis Standbein auf Sardinien bekommt auch Porto Rotondo seinen gerechten Anteil an Paparazzi-Aufmerksamkeit ab.

Zimmerpreise und Temperaturen schnellen im Sommer in die Höhe, wenn Strandhasen, Jachtbesitzer und Familien an die Costa Smeralda strömen.

Südlich von Porto Cervo

Aller Oberflächlichkeit zum Trotz ist die Costa Smeralda recht beeindruckend: Die Granitberge der Gallura stürzen in mehreren fjordartigen Buchten dramatisch ins smaragdfarbene Meer.

Die Costa nimmt am Golfo di Cugnana ihren Anfang, mit einem phantastischen Blick auf **Porto Rotondo**, ein zweiter Jachthafen, der 1963 nach der Erfolgsgeschichte von Porto Cervo gebaut wurde. Der Ort erinnert in vielem an eine teure, am Meer gelegene Vorstadt von Sydney oder San Francisco. Hier amüsierte sich Berlusconi einst in seinem sardischen Wohnsitz, der pompösen Villa Certosa. An der Meerespromenade laden Cafés, Pizzerias und Schicki-Bars zum abendlichen Promi-Gucken ein.

Wer gen Norden fährt, sollte auf die Abzweigung zur traumhaften **Spiaggia Liscia Ruia** kurz vor dem noblen, maurisch inspirierten Hotel Cala di Volpe achten. Gleich daneben erstreckt sich **Capriccioli**, ein weiterer herrlicher Strand mit glasklarem Wasser und weichem Sand.

Dahinter liegt die sichelförmige **Spiaggia Romazzino**. Sie ist nach den Rosmarinbüschen benannt, die hier in Hülle und Fülle gedeihen. Gleich in der Nähe folgt einer der schönsten Strände der Costa, die relativ schwer zu findende **Spiaggia del Principe** (oder Portu Li Coggi). Dieser Strand gefiel dem Aga Khan offensichtlich am besten – eine Bucht mit weißem Sand, gesäumt von unberührter grüner Macchia und karibisch anmutendem blauen Wasser. Wie man dorthin kommt? Einfach der Ausschilderung zum Hotel Romazzino folgen, aber dann kurz vor dem Hotel rechts in die Via degli Asfodeli einbiegen. Das Auto kann an der Absperrung geparkt werden, dann geht es zu Fuß noch etwa einen halben Kilometer weiter.

Porto Cervo

2100 EW.

Porto Cervo präsentiert sich als eine seltsam künstliche Vision mediterraner Schönheit. Das utopisch anmutende Dorf kombiniert griechische, nordafrikanische, spanische und italienische Architekturelemente, wodurch das Ganze pseudo-maurisch wirkt, dazu aber noch etwas Flair à la Familie Feuerstein verbreitet. Die perfekt gepflegten Straßen wirken seltsam steril und unpersönlich. Von der herrlichen Küstenszenerie abgesehen, hat Porto Cervo absolut nichts, das auch nur im Entferntesten an Sardinien erinnert. Der Ort wirkt genauso wie das, was er ist: ein eigens für die Superreichen erbautes Vergnügungszentrum, eine Art Disneyland für Erwachsene in Gucci-Klamotten.

Sehenswertes & Aktivitäten

Da so gut wie jeder in Porto Cervo ein Boot besitzt (es hat die beste Hafeninfrastruktur der Insel), spielt sich das Leben tagsüber vor allem anderswo ab, in den paradiesischen Buchten und an den seidenweichen Stränden. Am frühen Abend tauchen dann die Playboys und Playgirls auf, um in den Boutiquen zu stöbern und auf den Piazzas zu posieren.

NICHT VERSÄUMEN

FRISCH VOM BAUERNHOF

Es lohnt sich, auf das Schild *„formaggi e salumi"* an der SP59 zwischen Arzachena und Porto Cervo zu achten: Es weist den Weg zur **Azienda Agricola Mossa Alessandro** (☎ 380 3661325; Località La Punga; ⏲ 8–12.30 & 16–19 Uhr), ein Bauernhof, der cremigen Ricotta aus Ziegenmilch, reifen *fiore sardo pecorino* und Salami verkauft. Mit etwas Glück zeigt Alessandro seinen Besuchern sogar seine riesigen Käseräder und die Regale mit Salami und Pancetta gleich hinter dem Haus. Eine gute Gelegenheit, die Picknickvorräte aufzustocken!

Chiesa di Stella Maris KIRCHE
(Piazza Stella Maris; ⏲8.30–20 Uhr) Oberhalb von Porto Cervo thront die surreal anmutende weiße Kirche von Michele Busiri Vici mit einem trichterförmigen Glockenturm. In der Kirche finden im Sommer Konzerte mit klassischer Musik statt. Es verwundert nicht weiter, dass das Gotteshaus auch in Sachen Spenden recht erfolgreich ist: Ein niederländischer Adeliger vermachte ihr El Grecos beeindruckende *Mater Dolorosa*.

Louise Alexander Gallery GALERIE
(www.louise-alexander.com; Via del Porto Vecchio 1; ⏲Mai–Sept. 10–13 & 17–24 Uhr) Die Galerie zeigt Wechselausstellungen mit Arbeiten zeitgenössischer Künstler, wie jüngst des amerikanischen Büstenbildhauers Barry X Ball. Auch moderne Kunst wird verkauft – wer also einen Warhol oder Lichtenstein erwerben möchte, kann dort einmal anfragen.

Piazzetta PIAZZA
Sehen und gesehen werden lautet die Losung auf der Piazzetta, einem kleinen Platz inmitten eines Gassengewirrs mit dezenten Geschäftszeilen. Von der Piazza führen Treppen zur Sottopiazza und La Passeggiata hinauf, die von noblen Boutiquen – Cartier, Gucci, Versace, Prada, Valentino, Moschino – gesäumt werden. Hier findet man alles, was Rang und Namen hat.

Essen

Die besten Restaurants von Porto Cervo liegen ein Stück außerhalb und sind mit einer kurzen Fahrt mit dem eigenen Auto oder Taxi zu erreichen.

La Vecchia Costa SARDISCH €
(☎0789 9 86 88; Località La Punga; Mahlzeiten 15–25 €; ⏲12–14.45 & 19–24 Uhr) In dem großen Restaurant ist alles frisch, saisonal und erschwinglich. Wegen des authentischen Essens wie *lorighittas* (gedrehte Nudelringe) in *porcini*- und Lammsauce und *malloreddus* (sardische Gnocchi) mit Krebsfleisch und Meeräschenrogen ist das Lokal bei den Einheimischen sehr beliebt – also reservieren. Das Restaurant liegt fünf Fahrminuten vom Ort entfernt an der SP59 zwischen Arzachena und Porto Cervo.

La Briciola ITALIENISCH €€
(☎0789 9 14 09; Liscia di Vacca; Pizza 6–13 €, Mahlzeiten 30–40 €; ⏲12.30–14.15 & 19.30–23 Uhr;) Es ist klar, dass man einen Treffer gelandet hat, wenn man ein Restaurant in einem reinen Touristenort entdeckt, das von Einheimischen besucht wird. Mit Gartenterrasse, netter Bedienung und perfekter Pizza beweist La Briciola ein gutes Händchen. Außer mit Pizza glänzt das Lokal auch mit Pasta (z. B. mit *bottarga* und Seeigel), Risotti und gegrilltem Fisch.

Spinnaker MODERN ITALIENISCH €€
(☎0789 9 12 26; www.ristorantespinnaker.com; Liscia di Vacca; Mahlzeiten um 40 €; ⏲Juni–Sept. tgl. 12.30–14.30 & 19.30–23.30 Uhr, März–Mai & Okt. Do–Di) In dem angesagten Restaurant tummeln sich attraktive Menschen, die wegen des schicken Ambientes und der sagenhaften Meeresfrüchte kommen. Zu Gerichten wie Calamari mit frischen Artischocken oder Langusten passt am besten ein lokaler Vermentino-Weißwein. Das Restaurant liegt an der Straße von Porto Cervo nach Baia Sardinia.

Hivaoa MEDITERRAN €€
(☎0789 9 14 51; www.ristorantehivaoa.com; Via Della Marina Nuova; Pizza 5–12 €, Mittagsmenü 15 €, Mahlzeiten 30 €; ⏲12–24 Uhr;) Edel ist das Hivaoa nicht gerade, aber wer ein fröhliches, preisgünstiges und familienfreundliches Lokal mit anständigem Essen sucht, ist hier genau richtig. Hier gibt's Pizza aus dem Holzofen, gute Steaks, Meeresfrüchte und Pasta.

★ I Frati Rossi MODERN ITALIENISCH €€€
(☎0789 9 43 95; www.fratirossi.it; Località Pantogia; Mahlzeiten 40–60 €; ⏲Jan.–Okt. Di–So 12.30–

ABSTECHER

CANTINE SURRAU

Die **Cantine Surrau** (☎0789 8 29 33; www.vignesurrau.it; Località Chilvagghja; ⏲Mo–Fr 10–21, Sa 10.30–22, So 10.30–21 Uhr) geht die Weinherstellung ganzheitlich an. Dem Besuch der Kellerei und der Galerie mit sardischer Kunst folgt eine Probe des spritzigsten weißen Vermentino und gehaltvollsten roten Cannonau der Region. Bei der Standardverkostung (20 €) werden drei verschiedene Weine ausgeschenkt, dazu werden *pane carasau* (sardisches Fladenbrot), Käse, *salumi* und Oliven gereicht. Die Verkostung zu 35 € besteht aus fünf Weinen, Käse, Salami, *bottarga* (Meeräschenrogen) und sardischen Süßigkeiten. Das Weingut liegt an der Straße zwischen Arzachena und Porto Cervo.

14 & 19.30–22 Uhr) Das Restaurant mit rustikalem Schick, 3,5 km südlich von Porto Cervo, liegt oben auf einem Hügel mit weitem Blick. Für die vortrefflich zubereiteten und präsentierten Gerichte werden viele einheimische Zutaten verwendet – beispielsweise schwarze Tagliatelle mit Tintenfisch und reifen Kirschtomaten. Die Gerichte mit Fisch und Meeresfrüchten sind erstaunlich frisch zubereitet. Einfach von der SP59 der Ausschilderung nach eine schmale Landstraße hinauf.

Ausgehen & Nachtleben

Das Nachtleben von Porto Cervo spielt sich ausschließlich im Sommer ab. Leute Beobachten zählt hier zu den wenigen erschwinglichen Beschäftigungen. Wer sich dazu in eine der Bars an der Piazzetta setzt, muss allerdings schon 10 € für einen Drink hinblättern. Ist richtiges Clubbing angesagt, sollte man sich aufbrezeln und sich ein paar Kilometer südlich des Ortes begeben.

Aqua Lounge LOUNGE-BAR
(☎0789 902294; www.aqualounge.it; Piazza Azzurra; ⊙Sommer 10.30–2 Uhr) Die mondäne Lounge-Bar ist der richtige Ort, um bei einem Cocktail oder einem kleinen Imbiss mögliche Promis zu beobachten und „Wer kennt die Jacht" zu spielen. Sanfte DJ-Rhythmen und Sofanischen sorgen für eine relaxte Stimmung.

Sottovento CLUB
(www.sottoventoclub.it; Località Sottovento; ⊙24–5 Uhr) Bono, Craig David und Denzel Washington wurden in diesem exklusiven Club schon gesehen. Ob man reinkommt, hängt allein von der Laune der ungerührten Türsteher ab.

Billionaire CLUB
(www.billionaireclub.it; Via Rocce sul Pevero; ⊙23–5 Uhr) Der ehemalige Formel-1-Boss Flavio Briatore eröffnete 1998 diesen Club, dessen Tanzfläche so eine Art Who-is-who all der absurd Reichen und Berühmten ist. DJ-Stars wie Craig David stehen hier am Mischpult. Die Aussichten, reinzukommen, sind gleich null, wenn man nicht jemanden kennt oder ein Abendessen im Schickeria-Restaurant bucht.

Lord Nelson PUB
(Porto Cervo Marina; ⊙17–3 Uhr) Merkwürdig für so ein Nobel-Resort: Dieses maritim aufgemachte englische Pub ist eine der beliebtesten Kneipen.

An- & Weiterreise

ARST hat bis zu fünf Busverbindungen auf der Strecke Porto Cervo–Olbia (3,50 €, 1½ Std., 5-mal tgl.).

Von Juni bis September fahren Busse von **Sun Lines** (☎348 2609881; http://sunlineseliteservice.com) um 7.30, 12.30, 15.30 und 18.30 Uhr vom Flughafen Olbia zur Costa Smeralda. Sie halten in Porto Cervo und an mehreren anderen Orten an der Küste. Eine Fahrkarte kostet 3 bis 4 €.

Poltu Quatu

Von Porto Cervo führt die Küstenstraße nach Norden und Westen um den Capo Ferro nach Poltu Quatu, einem fjordartigen Meeresarm zwischen schroffen Granitklippen. Hier gruppieren sich mehrere weiße Villen mit Terrakottadächern um einen bildschönen Jachthafen. Der Ferienort ist deutlich hübscher als viele andere Orte in der Umgebung. Ein Einkaufsbummel durch die Boutiquen und Galerien, ein Abendessen im Freien und die schöne Aussicht zählen zu den Hauptaktivitäten im Ort.

Orso Diving TAUCHEN
(☎0789 9 90 01; www.orsodiving.com; ⊙nur im Sommer) Das Tauchzentrum am Hafen bietet Tauchgänge in den Meeresschutzgebieten La Maddalena und Tavolara (Einzeltauchgänge ab 45 €), Schnorcheltrips in den fischreichen Gewässern um die Isola Caprera (45 €) und ganztägige Bootsausflüge zu den Walen (100 €). Hinzu kommt die ganze Bandbreite an PADI-Kursen.

Baia Sardinia

200 EW.

Rund 4 km schlängelt sich die Straße nördlich von Poltu Quatu nach Baia Sardinia, das ein Stück außerhalb der Costa Smeralda liegt, aber im Grunde ebenso ein Costa-Ferienort ist wie seine berühmteren Nachbarorte.

Aktivitäten

Cala Battistoni STRAND
Baia Sardinias Hauptattraktion ist der Strand, die Cala Battistoni, ein schöner Streifen aus hellem Sand, an den glasklares Wasser schwappt.

Aquadream ERLEBNISBAD
(www.aquadream.it; Località La Crucitta; Erw./Kind 18/12 €; ⊙Ende Juni–Anfang Sept. 10.30–19 Uhr) Das Aquadream ist ein bombensicherer Hit

bei Kids: Haarsträubende Rutschen, Wasserrinnen und Pools halten Kinder den ganzen Tag bei Laune.

Essen & Ausgehen

Die meisten Lokale schließen von November bis Ostern.

News Café CAFÉ €
(Piazza Centrale; ⏲8–2 Uhr) Das zentrale Café in der Arkade am Meer ist ein beliebter Treffpunkt und bietet sich mittags für eine schnelle Bruschetta an. Abends kann man hier bei Livemusik mit ein paar Drinks den Abend einläuten.

Casablanca ITALIENISCH €€
(☎339 2940837; www.ristorante-casablanca.it; Piazzetta Principale; Mahlzeiten 30–40 €; ⏲12–24 Uhr) Mit einem Namen wie Casablanca muss das Restaurant ja romantisch sein. Und mit den Kerzen auf den Tischen und verträumtem Blick aufs Meer und La Maddalena enttäuscht es auch nicht. Der Koch legt die Betonung auf Frische und Geschmack – von Salaten bis zu Pasta, Fisch und Steaks. Am schönsten ist es bei Sonnenuntergang.

Phi Beach BAR, CLUB
(www.phibeach.com; Forte Cappellini; ⏲13–24 Uhr) Einer der heißesten Läden an der Küste, ein toller Ort zum Abhängen und um den Sonnenuntergang zu betrachten. Tagsüber ist es ein ganz normaler Badeclub mit Sonnenliegen- und Sonnenschirmverleih, aber wenn die Sonne untergeht, verwandelt er sich in eine coole Loungebar und Restaurant. Im Hintergrund drehen DJs coole Scheiben.

Ritual CLUB
(www.ritual.it; Località La Crucitta; ⏲Di–Sa 23.30–5.30, So & Mo bis 4.30 Uhr) Der Club am Ortsrand an der Straße nach Porto Cervo ist immer gut besucht. Auch wer nicht tanzen will, sollte vorbeischauen, denn die aus dem Fels geschlagenen, höhlenartigen Räumlichkeiten sind sehenswert.

An- & Weiterreise

Von Olbia verkehren Busse des Unternehmens Sun Lines nach Porto Cervo und erreichen 15 Minuten später Baia Sardinia.

Cannigione

Rund 12 km südwestlich von Baia Sardinia liegt Cannigione an der Westseite des Golfo di Arzachena, der größten *ria* (Meeresarm) an dieser Küste. Der Ort wurde 1800 ursprünglich als Fischerdorf gegründet, um die Maddalena-Inseln mit Lebensmitteln zu versorgen. Er wurde dann immer größer, als mit Kohle und Vieh beladene Schiffe im 20. Jh. im Hafen anlegten. Heute ist Cannigione ein florierender und halbwegs preisgünstiger, wenn auch etwas seelenloser Ferienort.

Die schönsten Strände liegen nördlich von Cannigione, darunter die **Tanca Manna**, die mit dem weichen Sand und flachen Wasser bestens für Familien geeignet ist.

Aktivitäten

Consorzio del Golfo TAUCHEN
(☎335 7742392; www.consorziodelgolfo.it) Am Hafen bieten verschiedene Unternehmen Ausflugsfahrten zum Arcipelago di La Maddalena an, so auch Consorzio del Golfo. Pro Person muss mit 25 bis 40 € gerechnet werden.

Areamare TAUCHEN
(☎338 8221135; www.areamare.com; Via Vespucci 52) Der Tauchlehrer Marco bringt seine Kunden zu den schönsten Stellen im Arcipelago di La Maddalena. Zwei Tauchgänge kosten 80 €, sechs um 240 € und ein Open-Water-Diver-Kurs 420 €. Bei vorheriger Online-Buchung gibt es Ermäßigungen.

Essen

La Zattera ITALIENISCH €€
(☎333 6839880; www.ristorantelazattera.it; Via Nazionale 86; Menüs 30 €; ⏲19–23.30 Uhr) Das Restaurant präsentiert sich in einem coolen Look, so licht und frisch wie die Küste selbst: hellblaue und weiße Farbtöne, Laternen und Spiegel mit Treibholzrahmen. Der Service ist gepflegt und Pasta und Fisch erhalten eine kleine kreative Note – alles überzeugend frisch und mit Flair serviert.

Praktische Informationen

Touristeninformation (☎0789 8 85 10; www.cannigione.org; Via Nazionale 47; ⏲Sommer 9.30–12.30 & 17–19 Uhr) Die hilfsbereite Touristeninformation der Ascor hält stapelweise Infos über Cannigione und die Umgebung bereit.

An- & Weiterreise

Busse von ARST verkehren regelmäßig nach Arzachena (1,20 €, 10 Min., Mo–Sa 4-mal tgl.), Baia Sardinia (1,50 €, 30 Min., Mo–Sa 3-mal tgl.), Palau (1,50 €, 20 Min., Mo–Sa 2-mal tgl.) sowie nach Olbia (2,50 €, 1 Std., Mo–Sa 4-mal tgl.).

DAS HINTERLAND DER COSTA SMERALDA

San Pantaleo

Nach den sterilen Ferienorten am Meer bietet das rustikale Dorf San Pantaleo, das nur rund 16 km von Porto Cervo entfernt liegt, eine willkommene Dosis authentisches Sardinien.

Das Dorf hoch über der Küste liegt inmitten zackiger Granitberge und hat sich zu einer Art Refugium für Künstler mit kleinen Galerien und Kunsthandwerksläden entwickelt. Zudem ist es eines der wenigen sardischen Dörfer, die sich um eine Piazza erstrecken, samt einer gedrungenen kleinen Kirche auf der einen Seite. Im Sommer findet hier oft donnerstags ein lebhafter Markt statt, im Frühling sind die vielen blühenden Blumen ein perfektes Fotomotiv. Das ganze Jahr über ist es aber ein schöner Ort, um ziellos herumzubummeln.

Vom 27. bis 30. Juli findet in San Pantaleo alljährlich ein Fest statt, ein ausgelassenes Wochenende mit traditionellen sardischen Tänzen.

Essen & Ausgehen

Locanda Sant'Andrea SARDISCH €€€

(☎0789 6 52 05; www.locandasantandrea.com; Via Zara 43; Mahlzeiten 40–50 €; ⌚Sommer 8–23 Uhrr, Winter Mo geschl.) Das hoch angesehene Restaurant nahe dem Ortseingang serviert Fleischklassiker wie *porceddu* (Spanferkel) und Kaninchenlende in Myrtensauce. Reservierung ist ratsam.

Caffè Nina CAFÉ

(Piazza della Chiesa; ⌚7–2 Uhr) Nichts ist schöner, als auf einer Bank im gemütlichen Caffè Nina zwischen unverputzten Steinmauern ein Glas Vermentino mit etwas Pecorino und Oliven zu genießen.

An- & Weiterreise

ARST-Busse fahren täglich fünfmal von Olbia (2 €, 35 Min.) und Arzachena (1,50 €, 20 Min.) nach San Pantaleo.

Arzachena

13 200 EW.

Wenn es nicht bloß ein paar Kilometer von der Costa Smeralda landeinwärts liegen würde, wäre Arzachena eine ganz normale Kleinstadt mit einer mittelmäßig interessanten Altstadt. Und genau das ist sie eigentlich auch. Aber da die exklusivsten Resorts des Mittelmeers nur eine kurze Fahrt entfernt sind, hat es sich vom bescheidenen Schäferdorf in den 1960er-Jahren zu einer Art Touristenzentrum gemausert.

Sehenswertes

Die meisten Leute benutzen Arzachena als Ausgangsbasis zum Erkunden der Costa. Aber wer sich im Ort aufhalten möchte, findet alles Treiben an der **Piazza del Risorgimento**, eine kleine Piazza mit zwei Cafés und einer Steinkirche, der **Chiesa di Santa Maria delle Neve**. Ein kurzes Stück entfernt am Ende der Via Limbara liegt die bizarre **Roccia Il Fungo Mont'Incappiddatu**, ein pilzförmiger Granitfelsen. Archäologen nehmen an, dass der Felsüberhang schon um 3500 v. Chr. jungsteinzeitlichen Menschen Obdach geboten hat.

Essen

La Terrazza ITALIENISCH, PIZZERIA €

(☎0789 8 25 75; www.laterrazzaristorantepizzeria.it; Viale Costa Smeralda; Pizza 5–10 €, Mahlzeiten um 30 €; ⌚Di–So 12–14.30 & 19–23 Uhr) Holzofenpizza und Meeresfrüchte sind das Aushängeschild dieses beliebten Lokals. Die Einheimischen kommen hier für einen Happen zum Mitnehmen und ein Schwätzchen mit dem *pizzaiola* (Pizzabäcker), Ortsfremde verdrücken die Riesenportionen von frischem Fisch und Grillfleisch direkt an Ort und Stelle.

★Jaddhu SARDISCH €€

(☎0789 8 06 36; www.jaddhu.com; Località Capichera; Mahlzeiten 35–45 €; ⌚April–Sept. 12.30–15 & 19.30–23 Uhr) In dem stazzu (Landhaus in der Gallura) in den von Oliven-, Myrten- und Pistazienbäumen bedeckten Granitbergen befindet sich eines der besten Restaurants der Region. Auf der Gartenterrasse wird ein sardisches Festmahl mit allem Drum und Dran serviert, von der *zuppa cuata* (Brot- und Käsesuppe) über Schwertfisch mit Mandeln und kandierten Limonen bis zu perfektem *porceddu* (Spanferkel vom Spieß) mit Rosmarinkartoffeln.

Das Restaurant gehört zum Jaddhu Country Resort, 5,5 km abseits der SS427 südlich von Arzachena.

An- & Weiterreise

Arzachena verfügt über gute Busverbindungen. ARST-Busse fahren nach/von Olbia (2,50 €,

45 Min., 12-mal tgl.), Santa Teresa di Gallura (3 €, 1 Std., 5-mal tgl.) und Palau (1,50 €, 25 Min., 5-mal tgl.). Regelmäßige Verbindungen bestehen zudem zu den Ferienorten der Costa Smeralda, also auch nach Porto Cervo und Baia Sardinia.

Zwischen Mitte Juni und Mitte September fährt auch der *Trenino Verde* (S. 285) nach Tempio Pausania (11,50 €, 1½ Std., Di–Fr 1-mal tgl.)

Rund um Arzachena

Arzachena dient als Sprungbrett zu diversen Attraktionen im Binnenland, darunter mehrere geheimnisvolle *nuraghi*-Ruinen und zwei *tombe dei giganti* (Hünengräber).

Nuraghische Stätten

Interessant ist Arzachena vor allem wegen der geheimnisvollen Landschaft voller *nuraghi* und *tombe dei giganti*, die das Städtchen umgibt. Die folgenden Ausgrabungsstätten sind von Ostern bis Oktober täglich von 9 bis 19 Uhr geöffnet, im Winter auf Anfrage. Der Eintrittspreis beträgt für eine einzige Stätte 3 €, zwei Stätten kosten 5 €, drei 7,50 bis 10 €. Führungen auf Deutsch, Englisch, Spanisch und Französisch gibt es auf Nachfrage.

Sehenswertes

Nuraghe di Albucciu ARCHÄOLOGISCHE STÄTTE

(Eintritt 3 €; ⌚9–19 Uhr) Dies ist die nächstgelegene *nuraghe* zur Stadt und für Besucher am einfachsten zu finden, da sie an der Hauptstraße nach Olbia rund 3 km südlich von Arzachena liegt. Sie gilt als eine der schönsten prähistorischen Stätten der Gallura und ist aus mehreren Gründen ungewöhnlich, nämlich wegen des flachen Granitdachs statt der üblichen Tholos (Kegelform) und der labyrinthischen Pfade, die wohl als Fluchtwege dienten.

Tempio di Malchittu ARCHÄOLOGISCHE STÄTTE

(Eintritt 3 €; ⌚9–19 Uhr) Von der Kartenbude beim Nuraghe di Albucciu führt ein 2 km langer Pfad zu diesem Tempel aus der Zeit um 1500 v. Chr. und einer von wenigen seiner Art auf Sardinien. Experten können über seinen ursprünglichen Verwendungszweck nur spekulieren, doch wie es scheint, verfügte er einst über ein Holzdach und wurde mit einer Holztür geschlossen. Vom Tempel bietet sich ein schöner Panoramablick über die mit Granitfelsen übersäte Landschaft.

Coddu Ecchju ARCHÄOLOGISCHE STÄTTE

(Eintritt 3 €; ⌚9–19 Uhr) An der Straße von Arzachena nach Luogosanto Richtung Süden weisen Schilder zum Coddu Ecchju, einem der bedeutendsten *tombe dei giganti* Sardiniens. Am auffälligsten ist die ovale Stele in der Mitte. Die beiden senkrecht aufeinander stehenden Granitplatten weisen ein künstliches Loch auf, das offensichtlich eine Tür ins Jenseits symbolisiert, die den Lebenden verschlossen ist. Beiderseits der Stele stehen im Halbkreis weitere hohe Gra-

ABSEITS DER ÜBLICHEN PFADE

LAGO DI LISCIA & UMGEBUNG

Von Arzachena führt die SP427 landeinwärts ins unerschlossene und äußerst faszinierende Kernland der Gallura. Durch üppig grüne Felder und an bewaldeten Hängen vorbei windet sich die Straße zum ländlich geprägten Städtchen **Sant'Antonio di Gallura** hoch und weiter zum **Lago di Liscia**, einem der unberührten Orte Sardiniens. Der 8 km lange, künstliche See, das wichtigste Wasserreservoir für die Ostküste Galluras, liegt wunderschön zwischen mit Granitfelsen gesprenkelten Hügeln und Wäldern aus wogenden Kork- und anderen Eichen. Der beste Platz, um ihn zu bewundern, ist eine Picknickstelle in einem winzigen Naturschutzgebiet. Es ist als *olivastri millenari* ausgeschildert und liegt über dem Südufer.Die **Olivastri** sind eine Gruppe wilder, Tausende von Jahren alter Olivenbäume. Wissenschaftler der Universität Sassari haben ausgerechnet, dass der größte, mit einem Durchmesser von 20 m und einer Höhe von 14,5 m, rund 3800 Jahre alt ist. Es handelt sich um einen wirklich beachtlichen Vertreter seiner Art, und sein knorriger, gewundener Stamm windet sich wie ein Gebilde aus *Der Herr der Ringe* nach oben. Wer die Stelle von Sant'Antonio di Gallura aus besuchen möchte, nimmt die Straße nach Luras und Tempio Pausania und dann beim Wegweiser *olivastri millenari* die entsprechende Abzweigung. Rund 10 km weiter führt ein kurzer, steiler Feldweg links hoch – ganz oben befinden sich die *olivastri*.

nitplatten, die eine Art Ehrenwache um das Grab herum bilden.

Li Muri ARCHÄOLOGISCHE STÄTTEN
(Eintritt 3 €; ⌚9–19 Uhr) Diese seltsam anmutende Nekropole besteht aus vier miteinander verbundenen Grabfeldern, die vermutlich aus der Zeit um 3500 v. Chr. stammen. Archäologen gehen davon aus, dass in den rechteckigen Steingräbern einst hohe Persönlichkeiten bestattet wurden. Am Rand eines jeden Kreises befand sich ein Menhir oder heiliger Stein, ein aufrecht stehender Fels, auf dem möglicherweise eine Gottheit abgebildet war. Li Muri ist von der Straße von Arzachena nach Luogosanto über den Abzweig nach links (gen Westen) zu erreichen. Nach rund 3 km weisen Schilder nach Li Muri nach rechts auf eine Staubpiste.

Li Longhi ARCHÄOLOGISCHE STÄTTEN
(Eintritt 3 €; ⌚9–19 Uhr) Die *tomba dei giganti* ist ziemlich eindrucksvoll. Die nach Osten weisende zentrale Stele, von der ein Teil abgebrochen war und später restauriert wurde, ist von ihrer Hügellage weithin zu sehen. Zu erreichen ist die Grabstätte über die SS427 Richtung Calangianus, dann nach 3 km rechts und immer den Schildern nach.

DIE NORDKÜSTE

Nördlich von Palau steigt die windgepeitschte Küste auf und ab wie eine Felsskulptur, bis sie schließlich die Mondlandschaft der Landspitze Capo Testa erreicht. Schöne Strände erstrecken sich in Richtung Vignola im Westen und bis zum sonnigen Santa Teresa di Gallura im Osten, dem schicken Zentrum der Sommerurlauber an der Nordküste. Die windigen Gewässer ziehen Wind- und Kitesurfer an. Häufig finden Wettkämpfe statt, bei denen die Surfer manchmal durch die Meerenge hinüber nach Bonifacio auf Korsika rasen.

Santa Teresa di Gallura

5300 EW.

Das fröhliche Santa Teresa di Gallura an der Nordküste der Gallura liegt in bester Lage direkt am Meer. Während der Hochsaison geht es hier hoch her, dennoch konnte sich Santa Teresa seinen typischen Charme bewahren und stellt somit eine angenehme Alternative zu den doch erheblich sterileren Ferienorten an der Costa Smeralda dar.

Der Ort wurde 1808 von den Savoyer Herrschern gegründet, um Schmugglern das Handwerk zu legen, aber die Neustadt entwickelte sich erst durch den Tourismusboom Anfang der 1960er-Jahre. Die Geschichte Santa Teresas ist ebenso eng mit Korsika verknüpft wie mit Sardinien: Im Lauf der Jahrhunderte haben sich hier viele Korsen angesiedelt, der lokale Dialekt ähnelt deshalb auch dem Südkorsischen.

Sehenswertes & Aktivitäten

Wer nicht gerade am Strand faulenzt, vertreibt sich gern die Zeit im Zentrum – in einem der Cafés an der Piazza mit Blick auf die hübschen pastellfarbenen Häuser. Ein weiteres Ziel ist der Aufstieg zum **Torre di Longonsardo** (Eintritt 2 €; ⌚Juni–Sept. 10–12.30 & 16–19 Uhr) aus dem 16. Jh., der auf der einen Seite über den natürlichen Tiefseehafen und auf der anderen Seite über die idyllische, aber überfüllte **Spiaggia Rena Bianca** am Ortseingang wacht. Wer keine Lust mehr auf Strände hat, bummelt zum **Porto Turistico** hinunter, eine kleine Enklave weißer Villen um einen geschlossenen Platz an einem überfüllten Jachthafen.

Unten an der Via del Porto gibt es diverse Anbieter für Ausflüge zu den Maddalena-Inseln. Wer selbst ein Boot chartern möchte, muss allerdings tief in die Tasche greifen: Die Preise beginnen bei rund 1800 € pro Woche. Rund um Santa Teresa und die Inseln im Bocche di Bonifacio bieten sich hervorragende Tauchmöglichkeiten.

Blu Dive Center TAUCHEN
(☎338 6808576, 328 7173499; www.bludivecenter.com; Via Nazionale 71; ⌚Sommer 8–21 Uhr) Das professionelle und supernette Tauchzentrum bietet zweifache Tauchgänge, Wracktauchen, Schnorcheltrips und sämtliche PADI-Kurse an – für Anfänger bis zu Fortgeschrittenen. Das alles in den herrlich klaren Gewässern des Meeresschutzgebiets La Maddalena, des Capo Testa und vor der Küste Korsikas.

Consorzio delle Bocche BOOTSTOUR
(☎0789 75 51 12; www.consorziobocche.com; Piazza Vittorio Emanuele; ⌚Mai–Sept. 9–13 & 17–0.30 Uhr) Das Unternehmen organisiert verschiedene Exkursionen, darunter Ausflüge zu den Maddalena-Inseln und entlang der Costa Smeralda (nur im Sommer). Sie kosten um 42/22 € pro Erw./Kind einschließlich Mittagessen (ohne Getränke).

Santa Teresa di Gallura

Santa Teresa di Gallura

Sehenswertes
1 Spiaggia Rena Bianca C1
2 Torre di Longonsardo D1

Aktivitäten, Kurse & Touren
3 Centro Sub Marina di Longone A4
4 Consorzio delle Bocche C3

Schlafen
5 B&B Domus de Janas C3
6 Hotel Marinaro C4
7 Hotel Moderno C4

Essen
8 Il Grottino C2
9 Marlin C2

Ausgehen & Nachtleben
10 Bar Central 80 .... C3
11 Caffè Mediterraneo C3

Shoppen
12 Mascheras B4

Centro Sub Marina di Longone TAUCHEN
(☎ 338 6270054; www.marinadilongone.it; Viale Tibula 11; ⏲ Sommer 9–19 Uhr) Wem der Sinn nach einem Abenteuer im tiefblauen Meer steht, der sollte sich die Angebote dieses PADI-Tauchzentrums genauer ansehen. Die Preise für einen Tauchgang beginnen bei 39 €, der Schnupperkurs „Meerestaufe" kostet 70 €.

Essen

In Santa Teresa haben die Restaurants im Sommer täglich geöffnet, machen im Winter jedoch komplett dicht.

★ **Agriturismo Saltara** SARDISCH €€
(☎ 0789 75 55 97; www.agriturismosaltara.it; Località Saltara; Mahlzeiten 34–43 €; ⏲ Sommer 19.30–22.30 Uhr; 👪) Natalia und Gian Mario begrüßen ihre Gäste in diesem *agriturismo,* 10 km südlich der Stadt an der SP90 (ausgeschildert über einen Feldweg), immer sehr

herzlich. Die Tische stehen malerisch unter Bäumen und laden zu einem Festmahl aus der Bauernküche ein. Brot aus dem Holzofen und Antipasti aus Gartengemüse sind eine köstliche Einleitung zu Gerichten wie *pulilgioni* (mit Ricotta und Orangenschale gefüllte Ravioli) und Spanferkel- oder Wildschweinbraten.

Vegetarische Gerichte gibt es auf Anfrage.

Il Chiostro FISCH & MEERESFRÜCHTE €€
(☎ 334 2128795; www.ilchiostrodelporto.it; Porto Turistico; Mahlzeiten 25–45 €; ⏲ Sommer 8–24 Uhr) Der Sonnenuntergang ist die schönste Zeit in diesem einladenden Restaurant am Jachthafen, für das die Frische seiner lokalen Erzeugnisse eine Sache der Ehre ist. Am besten ist ein Tisch auf der Terrasse, um den am Morgen gefangenen Fisch – der Thunfisch ist lecker – oder den butterzarten *porceddu* zu probieren.

Il Grottino MEDITERRAN €€
(☎ 0789 75 42 32; Via del Mare 14; Pizza 4–12 €, Mahlzeiten 30 €; ⏲ Sommer 12–15 & 19–23.30 Uhr) Il Grottino wirkt mit seinen grauen Steinwänden und der anheimelnd schummrigen Beleuchtung recht rustikal. Passend zum Ambiente ist das Essen herzhaft und bodenständig, wie einfache Pastagerichte, frische Meeresfrüchte und saftiges Fleisch vom Grill.

Marlin PIZZERIA, ITALIENISCH €€
(☎ 0789 75 45 57; www.ristorante-pizzeriamarlin.com; Via Garibaldi 4; Pizza 4–12 €, Mahlzeiten 30 €; ⏲ Sommer 12–15 & 19–24 Uhr) Das Marlin ist einfach, freundlich und preisgünstig und serviert recht gute Pizza – Hausspezialität ist die mit Tomaten, Mozzarella, Lachs, Garnelen und *bottarga* – sowie simple Gerichte wie *spaghetti vongole* (mit Muscheln) und gegrillter Fisch.

Ausgehen & Nachtleben

Am besten mischt man sich in den Café-Bars an der Piazza Vittorio Emanuele unter die Einheimischen. Von Mai bis Oktober finden im Porto Turistico zwischen den Boutiquen und teuren Cafés Konzerte statt.

Caffè Mediterraneo CAFÉ
(Via Amsicora 7; ⏲ Mo–Do 8–24, Fr–So 7–3.30 Uhr) Das schicke Café mit Bogenfenstern, einer Bar aus poliertem Holz und Jazzklängen lockt ein attraktives Jungvolk an. Am besten gesellt man sich einfach dazu, isst mittags ein *panino* (Sandwich; 3,50 €) oder trinkt abends einen Cocktail.

Bar Central 80 BAR
(Piazza Vittorio Emanuele; ⏲ 6–3 Uhr) Die zentral gelegene Bar direkt am Hauptplatz brummt nur so vor glücklichen Urlaubern – und das bis zum Morgengrauen. Die Straßentische bieten bei einem Drink einen schönen Logenplatz mit Blick auf die Piazza.

Estasi's CLUB
(Località Buoncammino; ⏲ 23–6 Uhr) Dreh- und Angelpunkt des Nachtlebens von Santa Teresa ist dieser Outdoor-Club, 3 km südlich der Stadt in Richtung Palau. Hier sorgen DJs und gelegentlich auch Livebands im Sommer für die richtige Partystimmung.

Shoppen

Im Ort gibt es reichlich Boutiquen und Schmuckläden. In der Via Umberto und in der Via Carlo Alberto, beides Fußgängerzonen, die von der Piazza Vittorio Emanuele gen Süden verlaufen, findet im Sommer allabendlich ein Markt statt.

Mascheras KUNSTHANDWERK
(Via Maria Teresa 54; ⏲ 9.30–13 & 16.30–19.30 Uhr) Es lohnt sich, Signor Maura bei der Arbeit zuzuschauen, wenn er in dem winzigen Laden gekonnt traditionelle sardische Karnevalsmasken schnitzt. Zu den kunstvollen Holzmasken gehören *boes* und *merdules* (Charaktermasken; ab 130 €), die für diese Gegend charakteristisch sind. Verkauft werden auch preiswertere Dinge aus Holz.

Praktische Informationen

Touristeninformation (☎ 0789 75 41 27; www.comunesantateresagallura.it; Piazza Vittorio Emanuele 24; ⏲ Mo–Sa 9–13 & 17–20 Uhr) Sehr hilfsbereit und mit reichlich Informationsmaterial.

Anreise & Unterwegs vor Ort

AUTO & MOTORRAD

Santa Teresa di Gallura liegt am nördlichsten Ende der S133b und an der SP90, die in südwestlicher Richtung nach Castelsardo führt.

In Santa Teresa di Gallura gibt es mehrere Mietwagenfirmen, darunter **Just Sardinia** (☎ 0789 75 43 43; www.justsardinia.it; Via Maria Teresa 26), das neben Autos (65 €) auch Fahrräder (ab 10 € pro Tag) und Scooter (25 €) anbietet.

BUS

Vom Busbahnhof in der Via Eleonora d'Arborea fahren ARST-Busse nach/von Arzachena (3 €,

1 Std., 5-mal tgl.), Olbia (5 €, 1½ Std., 7-mal tgl.), Castelsardo (5 €, 1¼ Std., 2-mal tgl.) und Sassari (7 €, 2½ Std., 3-mal tgl.).

Turmo Travel (☎ 0789 2 14 87; www.gruppoturmotravel.com) unterhält täglich eine Verbindung von/nach Cagliari (23 €, 5½ Std.), außerdem fährt im Sommer ein Bus über Arzachena und Palau zum Flughafen Olbia (8 €, 1½ Std., Juni–Sept. 6-mal tgl.).

Im Sommer bietet **Caramelli** (☎ 079 67 06 13; www.caramellitours.it) weitere Verbindungen an, u. a. täglich einen Bus von/nach Porto Cervo (5 €, 1¼ Std.) über Palau (2 €, 30 Min.) und Baia Sardinia (4,50 €, 1 Std.).

FÄHRE/SCHIFF

Santa Teresa ist das wichtigste Sprungbrett nach Korsika. Zwei Unternehmen betreiben Autofähren, die in 50 Minuten nach Bonifacio auf Korsika übersetzen. Von November bis März wird die Zahl der Überfahrten drastisch reduziert.

Saremar (☎ 199 118877; www.saremar.it) bietet täglich drei Verbindungen in jede Richtung (Okt.–Mitte März am Wochenende 2-mal tgl.). Erwachsene bezahlen für die einfache Fahrt in der Hochsaison 10 €, ein kleines Auto kostet bis zu 37 €. Auf den Preis wird außerdem noch eine Steuer von 8 € aufgeschlagen.

Von Ende März bis Ende September bieten **Moby Lines** (☎ 199 303040; www.mobylines.it) vier Überfahrten am Tag. Eine Fahrkarte für einen Erwachsenen kostet etwa 19 €, ein Auto rund 31 €.

Rund um Santa Teresa di Gallura

Wer über einen fahrbaren Untersatz verfügt, sollte unbedingt die langen Sandstrände in der Umgebung von Santa Teresa erkunden. Östlich der Stadt liegt die Conca Verde, ein wilder Küstenabschnitt, der von buschigen Schirmpinien überwuchert wird. Lohnend sind **La Marmorata** (8 km) und **La Licciola** (11 km).

Wer 10 km in die andere Richtung – also nach Westen – fährt, kommt zum langen Sandstrand **Rena Maiore** mit schönen weichen Dünen im Rücken. ARST-Busse nach Castelsardo setzen die Fahrgäste an der Abzweigung ab. Ein Stück weiter liegen die Strände **Montirussu**, **Lu Littaroni** und **Naracu Nieddu**; selbst in der Hochsaison ist hier nicht viel los. Und schließlich gelangt man zum kleinen Ferienort **Vignola Mare**, dem Mekka der Kitesurfer.

Capo Testa

Von Santa Teresa sind es nur 4 km zu dieser außergewöhnlichen Granitlandzunge, die an einen Skulpturengarten erinnert. Gewaltige Felsbrocken liegen verstreut über die mit Gras bewachsenen Abhänge. Die ungewöhnlichen Formen entstanden durch Winderosion. Bereits die Römer bauten hier Granit ab, ein paar Jahrhunderte später dann auch die Pisaner.

Auch hier gibt es mehrere Strände: **Rena di Levante** und **Rena di Ponente** erstrecken sich rechts und links vom schmalen Isthmus, der zur eigentlichen Landspitze führt.

Direkt an der Rena di Ponente werden Ausrüstung zum Surfen sowie Sonnenschirme und Liegen vermietet.

Porto Pollo & Isola dei Gabbiani

7 km westlich von Palau geben sich in Porto Pollo (auch: Portu Puddu) und auf der Isola dei Gabbiani Wind- und Kitesurfer ein Stelldichein. Eine steife Brise und das kristallklare Wasser bieten beste Bedingungen für Wassersport auf der Insel.

Direkt am Meer finden sich diverse Geschäfte, die Ausrüstung verleihen und auch Unterricht anbieten. Der **Sporting Club Sardinia** (☎ 0789 70 40 01; www.portopollo.it) organisiert Windsurf-, Kitesurfstunden und Segeltörns und hat zusätzlich noch eine coole Bar für Drinks und Gigs nach dem Wassersport. 90 € kosten zwei Windsurfstunden (je 90 Min.), 260 € ein Block von fünf Kitesurf-Stunden; 6/18/25/30 € werden für das Mieten eines Kajaks/Surfbretts/Boots/Kites pro Stunde verlangt. Vier Wundsurfstunden für Kinder (30 Min.) kosten 100 €.

Ein weiteres renommiertes Unternehmen ist das **Pro Center MB** (☎ 0789 70 42 06; www.procenter.it; Baia dei Delfini), das einen zweistündigen Schnupperkurs im Windsurfen/Kitesurfen zu 69/160 € im Programm hat. Zweitägige Kurse mit Ausrüstung und Unterricht kosten 190/280 €. Hinzu kommen diverse Windsurfkurse für Kids sowie der Verleih von Kites, Windsurfbrettern und -segeln, SUPs und Kajaks.

Busse auf der Strecke Palau–Santa Teresa di Gallura halten an der ausgeschilderten Kreuzung; von dort sind es dann noch rund 2 km zu Fuß.

Palau

4500 EW.

Palau ist ein lebhafter Sommerferienort, dessen Straßen von Surfgeschäften, Boutiquen, Bars und Restaurants gesäumt sind. Der Ort ist zudem das Tor zu den Granitinseln und dem türkisblauen Wasser des Arcipelago di La Maddalena. Außerhalb der Ortschaft ist die Küste für ihre bizarren, vom Wind geformten Felsformationen berühmt, beispielsweise die Roccia dell'Orso, 6 km östlich von Palau.

Sehenswertes & Aktivitäten

Fortezza di Monte Altura FESTUNG

(Erw./erm. 3/2 €; Führungen Sommer stündl. 10.15–12.15 & 15.15–19.15 Uhr, im Winter geschl.) Die Festung aus dem 19. Jh. hoch oben auf einem Bergfels wurde zum Schutz der Nordküste und des Arcipelago di La Maddalena vor feindlichen Überfällen errichtet – richtig zum Einsatz kam sie nie. Im Rahmen einer dreiviertelstündigen Führung geht es zu den Wachtürmen und Wehranlagen mit herrlichem Panoramablick übers Meer. Die Festung ist von der SS125 ausgeschildert, 3 km westlich der Ortschaft.

Roccia dell'Orso AUSSICHTSPUNKT

(Erw./erm. 2/1 €; tgl. 9–19.30 Uhr, im Sommer bis 21 Uhr;) Die verwitterte Granitformation 6 km östlich von Palau ist nicht zu übersehen. Aus der Nähe betrachtet sieht die Roccia dell'Orso (Bärenfelsen) dann allerdings doch nicht so recht wie ein Bär aus, sondern ähnelt eher einem Drachen. Wie dem auch sei: Sehenswert ist sie allemal, das gilt auch für den weiten Panoramablick von hier oben.

Petag BOOTSTOUR

(0789 70 86 81; www.petag.it) Das Unternehmen am Hafen ist eines von vielen, das Bootsausflüge rund um die Maddalena-Inseln anbietet. Sie kosten pro Person rund 35 €, Mittagessen und Zeit zum Schwimmen an den bekannten Stränden inbegriffen.

Nautilus TAUCHEN

(340 6339006, 0789 70 90 58; www.divesardegna.com; Piazza Fresi 8) Im Meeresschutzgebiet bieten sich hervorragende Möglichkeiten zum Tauchen an, das PADI-Zentrum fährt zu 40 verschiedenen Stellen. Ein Tauchgang kostet ab etwa 50 €. Schnorchelkurse für Kinder sind ebenfalls buchbar.

Essen

Wie überall an der Küste schließen auch hier fast alle Restaurants von November bis Ostern.

Del Porticciolo SARDISCH €

(0789 70 70 51; Piazza del Comune 7; Pizza 3–7 €, Mahlzeiten um 20 €; Sommer Sa–Do 12–14 & 19.15–22.30 Uhr) Die Einheimischen schwören auf die authentischen Antipasti, die Pasta und den frischen Fisch in diesem schlichten Restaurant am Hafen. Das Mittagessen ist preiswert, abends schmeißt der Wirt die Pizzaöfen an.

C'era una Volta ITALIENISCH €€

(0789 70 66 04; www.ristoranteceraunavoltapalau.it; Piazza del Molo 22; Sommer 12–14.30 & 19–23 Uhr) Das Lokal an der Straße zum Hafen wirkt auf den ersten Blick recht schlicht, aber das sollte nicht täuschen. Hier ist immer etwas los, die Begrüßung ist freundlich und das Essen gehört zum besten in Palau, z. B. frische Pasta, gefolgt von gegrilltem Fisch und einem hausgemachten Dessert.

La Gritta ITALIENISCH €€€

(0789 70 80 45; www.ristorantelagritta.it; Località Porto Faro; Mahlzeiten 70–80 €; Sommer 12.30–14.30 & 19.30–22.30 Uhr) La Gritta eignet sich für besondere Anlässe, denn es hinterlässt einen unvergesslichen Eindruck. Deckenhohe Fenster und eine Terrasse geben den Blick auf die herrliche Küstenlandschaft frei und die großartig präsentierten Meeresfrüchte kombinieren italienische Zutaten mit modernen Kochmethoden. Freunde von Käse können sich über bis zu 20 verschiedene Sorten freuen, bei den klassischen sardischen Nachspeisen läuft jedem das Wasser im Mund zusammen.

Praktische Informationen

Touristeninformation (0789 70 70 25; www.palauturismo.com; Palazzo Fresi; Sommer 9–13 & 16–20 Uhr, Winter Mo–Fr 9–13, Di & Do auch 15–17 Uhr) Die mehrsprachigen Mitarbeiter in der Touristeninformation informieren über die Umgebung und den Arcipelago di La Maddalena.

An- & Weiterreise

BUS

ARST-Busse verbinden Palau mit Olbia (3 €, 1¼ Std., 8-mal tgl.), Santa Teresa di Gallura (2 €, 1 Std., 5-mal tgl.) und Arzachena (1,50 €, 25 Min., 5-mal tgl.).

Im Sommer steuern Busse von **Nicos-Caramelli** (☎ 079 67 06 13; www.caramelli tours.it) Ziele in der Nähe an, darunter Isola dei Gabbiani (2 €, 40 Min.), Porto Pollo (1,50 €, 35 Min.), Capo d'Orso (1,20 €, 20 Min.), Baia Sardinia (3 €, 35 Min.) und Porto Cervo (3 €, 50 Min.).

In den Sommermonaten fahren Busse von **Turmo Travel** (☎ 0789 2 14 87; www.gruppotur motravel.com) von Palau zum Flughafen Olbia (6 €, 50 Min., 6-mal tgl.) und zurück.

FÄHRE/SCHIFF

Autofähren zur Isola Maddalena betreiben **Saremar** (☎ 199 118877; www.saremar.it) und **Delcomar** (☎ 0781 85 71 23; www.delcomar.it). Saremar bietet Überfahrten im 30-Minuten-Takt von 7.30 bis 19.30 Uhr. Delcomar fährt sechsmal in der Nacht zwischen 0.30 und 5.30 Uhr und dann etwa stündlich von 8.15 bis 23.15 Uhr. Die Überfahrt dauert 15 Minuten und kostet zwischen 5 und 6 € pro Person und zwischen 8 and 14 € für einen Kleinwagen.

ZUG

Der *Trenino Verde* verkehrt von Mitte Juni bis Mitte September vom Hafen in Palau nach Tempio Pausania (18,50 €, 1¾ Std., Do–Fr 2-mal tgl.). Die Schmalspurbahn rattert gemächlich durch eine schöne Landschaft.

PARCO NAZIONALE DELL'ARCIPELAGO DI LA MADDALENA

Von einer seiner schönsten Seiten zeigt sich Sardinien auf dem Arcipelago di La Maddalena, dessen windgepeitschte Küste atemberaubend ist. Nelson und Napoleon kannten den Archipel gut, ebenso Haudegen Giuseppe Garibaldi, der die Isola Caprera kaufte, um dort seinen Ruhestand zu verbringen.

Der **Parco Nazionale dell'Arcipelago di La Maddalena** (www.lamaddalenapark.it) ist seit 1996 ein Nationalpark und setzt sich aus sieben größeren Inseln und 40 Graniteilanden zusammen, dazu kommen noch mehrere kleine Inseln im Süden. Die sieben Hauptinseln sind der höchste Punkt eines heute überfluteten Tals, das einst Sardinien mit Korsika verband. Als die beiden Inseln sich trennten, strömte das Meer in die Meerenge Bocche di Bonifacio. Im Lauf der Jahrhunderte prägte der vorherrschende *maestrale* (Nordwestwind) im Granitgest ein bizarre Felsformationen aus, die die besondere Faszination des Archipels ausmachen.

Der Archipel ist ein wichtiger natürlicher Lebensraum. Doch auch wenn er durch seinen Status als Nationalpark nun geschützt wird, ist das Ökosystem weiterhin gefährdet. Aus diesem Grund wurde zur Zeit der Rech erche noch immer daran gearbeitet, ein gemeinsames italienisch-französisches Meer esschutzgebiet zu schaffen, den **Parco Marino Internazionale delle Bocche di Bonifacio** (www.pmibb.com). Der Parco Nazionale dell'Arcipelago di La Maddalena ist seit 2006 Kandidat zur Aufnahme ins Weltnaturerbe der Unesco.

Isola Maddalena

11 900 EW.

Die rosa Granitinsel Maddalena gegenüber von Palau ist das Herzstück des Archipels. Jeder, der hier an Land geht, wird sogleich vom urbanen Charakter des Ortes, seinen Piazzas mit Kopfsteinpflaster und der ansteckenden Ferienatmosphäre verzaubert.

Bis Ende des 17. Jhs. lebten die wenigen Bewohner überwiegend im Inselinneren und fristeten durch das Beackern der kargen Krume ein ärmliches Dasein. Als der Baron des Geneys 1767 mit der sardo-piemontesischen Flotte anrückte, um einen Meeresstützpunkt zu errichten, verließen sie mit Freude ihr Hügelland und zogen in das wachsende Dorf an der Cala Gavetta, heute der Haupthafen von La Maddalena.

Sehenswertes & Aktivitäten

Jenseits des Hafens liegt die Hauptattraktion der Insel – die sagenhaft schöne Meereslandschaft. Taucher singen ein Loblied auf das tiefblaue Wasser, das zum saubersten des gesamten Mittelmeeres zählt und vor Meerestieren nur so wimmelt. Eine 20 km lange Panoramastraße verläuft rund um die Insel und erschließt mehrere hübsche Buchten, beispielsweise **Giardinelli**, **Monti della Rena**, **Lo Strangolato** und **Cala Spalmatore**.

Museo Diocesano MUSEUM
(Via Baron Manno; Spenden willkommen; ⌚ Di–So 10–13 & 15–20 Uhr) GRATIS Das Diözesanmuseum hinter der modernen Chiesa di Santa Maria Maddalena zeigt sehenswerte sakrale Gegenstände.

Museo Archeologico Navale MUSEUM
(☎ 0789 79 06 33; Località Mongiardino; Eintritt 4 €; ⌚ nach Vereinbarung 9.30–12.30 & 15.30–

Parco Nazionale dell'Arcipelago di La Maddalena

18.30 Uhr) Das Museum an der Straße nach Cala Spalmatore, etwa 1 km außerhalb der Orts chaft, präsentiert Fundstücke von einem gesunkenen Schiff aus dem 1. Jh. n. Chr. Die beiden bescheidenen Räume dominiert ein meisterlich rekonstruierter Querschnitt eines römischen Schiffs mit über 200 Amphoren.

Saint Tropez WASSERSPORT

(☎07 89 72 77 68, 335 6545214; Via Benvenuto Cellini 36) Wer auf Wasserskiern, dem Wakeboard oder im Kanu auf den ruhigen Gewässern des Passo della Moneta umhertollen will, kann sich ans Saint Tropez in der Nähe der Brücke zur Isola Caprera wenden.

Elena Tour BOOTSTOUR

(☎33 3 5254415, 0789 73 93 07; www.elenatour.it; Via Eleonora d'Arborea 24) Elena Tour bietet gemächliche Bootstouren zu den herrlichen, versteckt liegenden Stränden und kleineren, weniger bekannten Inseln des Arcipelago di La Maddalena mit reichlich Zeit zum Relaxen und Schwimmen. Die Touren kosten um die 40 € pro Person für einen ganzen Tag einschließlich Mittagessen. Infos zum Fahrplan stehen auf der Website.

Fratelli Cuccu FAHRRADVERLEIH

(☎0789 73 85 28; www.fratellicuccu.it; Via Amendola 8; ⏲9–20 Uhr) In der Via Amendola am Ufer gibt es eine Fahrzeugvermietung nach der anderen. Eine davon ist Fratelli Cuccu, die Fahrräder, Motorroller, Autos und kleine B oote verleiht und Quadexkursionen anbietet.

Essen & Ausgehen

Die besten Restaurants finden sich in der Orts chaft La Maddalena. Hauptbeschäftigung am Abend ist ein Bummel durchs lebhaft e Zentrum, mit vielleicht einem Kaffee in d er Via Vittorio Emanuele oder einem kühl en Bier auf der Piazza Garibaldi, dem Mitt elpunkt der abendlichen *passeggiata*

(Bummel). Fast alle Lokale haben von November bis März geschlossen.

Trattoria Pizzeria L'Olimpo PIZZERIA €
(☎07 89 73 77 95; Via Principe Amedeo 45–47; Pizza 6 €, Mahlzeiten 25 €; ⏲Sommer 12–14 & 19–22.30 Uhr) Die beliebte Trattoria in den öden Straßen östlich des Zentrums lohnt den Besuch. Das Essen ist hervorragend – Pizzas und die übliche Auswahl an Pastas, Fleisch vom Grill und Meeresfrüchte. Dazu kommt ein ausgesprochen netter Service.

Sottovento FISCH & MEERESFRÜCHTE €€
(☎07 89 73 77 49; www.ristorantilamaddalena.it; Via E Dandolo 9; Mahlzeiten 35–45 €; ⏲12–14.30 & 19–23.30 Uhr, im Winter Mo geschl.) Sardische Hausmannskost steht auf der Karte im bistroartigen Sottovento ein paar Schritte nördlich vom Hafen. Empfehlenswert sind die Antipasti mit Meeresfrüchten, die hausgemachte Pasta und der frische Fisch.

Praktische Informationen

Touristeninformation (☎0789 73 63 21; www.comune.lamaddalena.ot.it; Via XX Settembre; ⏲Mo & Mi 8.30–13.30 & 15.30–17.30, Di, Do & Fr 8.30–13.30 Uhr) Die Touristeninformation rechts vom Hafen (wenn man Richtung Meer schaut) hält einige eher spärliche Informationen zum Archipel bereit. Achtung bei den Öffnungszeiten, sie ändern sich ständig.

An- & Weiterreise

Es gibt Fährverbindungen vom Festland nach La Maddalena. Die Fähren legen an unterschiedlichen Stellen am Hafen an (und ab).

Unterwegs vor Ort

Auf der Insel verkehren zwei Busse von Turmo Travel, beide fahren in der Via Amendola am Hafen ab. Einer steuert den Compendio Garibaldi Komplex auf der Isola Caprera an, der andere fährt rund um die Insel herum, am Museo Archeologico Navale und mehreren Stränden vorbei, darunter Cala Spalmatore und Spiaggia Bassa Trinita.

Isola Caprera

Giuseppe Garibaldis „Garten Eden" ist eine wilde, herrlich beschauliche Insel. Sie ist mit grünen Pinien bewachsen, die vor dem allgegenwärtigen Meer und den zerklüfteten Granitklippen einen phantastischen Anblick bieten. Die Straße, die aus dem Ort La Maddalena gen Osten herausführt, verläuft durch trostlose städtische Halbruinen zu einem schmalen Damm, dem Passo della Moneta, der von der Isola Maddalena zur Isola Caprera hinüberführt.

Sehenswertes & Aktivitäten

Das grüne, schattige Caprera eignet sich ideal zum Wandern und viele Wege ziehen sich durch die Pinienwälder. Treppen führen hinauf zum höchsten Punkt der Insel (212 m) mit dem Aussichtsturm **Teialone**. Unterwegs lassen sich Möwen, Kormorane und Wanderfalken beobachten.

An der zerklüfteten Küste der Insel finden sich zahlreiche reizvolle Buchten. Viele Besucher zieht es nach Süden in die beiden Buchten **Due Mari** mit herrlichen Sandstränden und türkisblauem Meer. Als Alternative bietet sich 1,5 km nördlich vom Compendio Garibaldino ein Wanderweg an, der steil zur herrlich abgeschiedenen **Cala Coticcio** hinunterführt. Etwas einfacher lässt sich die **Cala Brigantina** (ausgeschildert), südöstlich vom Garibaldi-Komplex, erreichen.

★**Compendio Garibaldino** MUSEUM
(Erw./erm. 6/3 €; ⏲Di–So 9–20 Uhr) Giuseppe Garibaldi, Berufsrevolutionär und Italiens Held Nummer eins, erwarb 1855 die Hälfte von Caprera – den Rest kaufte er dann zehn Jahre später hinzu. Er machte die Insel zu seinem Zuhause und Rückzugsort; hierher zog er sich nach seinen aufreibenden Freiheitskämpfen zurück. Sein Haus, das Compendio Garibaldino, ist für viele Italiener eine Art Pilgerstätte. Bei einem Besuch (nur mit Führung auf Italienisch) werden die rustikal eleganten Zimmer, der Gartenfriedhof und eine kleine, aber anrührende Sammlung von Garibaldi-Memorabilien besichtigt.

Als das Haupthaus, die **Casa Bianca**, noch im Bau war, wohnte der Rothemden-Revolutionär in einer Hütte, die immer noch im Hof steht. Das eigentliche Wohnhaus betritt man durch ein Atrium, das mit seinem Porträt, einer Flagge aus den Zeiten des peruanischen Unabhängigkeitskriegs und einem zusammenklappbaren Rollstuhl ausstaffiert ist. Er war ein Geschenk der Stadt Mailand an Garibaldi, als er zwei Jahre vor seinem Tod nicht mehr gehen konnte. Weiter geht's durch einige Schlafzimmer, in denen er und seine Familie schliefen. Die Küche hat eine eigene Süßwasserpumpe, was an einem solchen Ort in den 1870er-Jahren ein technologisches Meisterwerk war. Im ehemaligen Speiseraum ist alles Mögliche ausgestellt: von einem Fernrohr bis zum roten Hemd des Generals. Im letzten Zimmer steht sein Sterbebett, ausgerichtet zum Fenster und zum Meer, über das er sehnsüchtige Blicke warf. Denn bis zum Schluss träumte er davon, in seine Heimatstadt Nizza zurückkehren zu können.

Draußen im **Garten** sind Garibaldis grob behauenes Granitgrab und die Gräber von mehreren seiner Angehörigen zu sehen (er hatte sieben Kinder mit seinen drei Ehefrauen und ein weiteres mit einer Gouvernante).

Cavalla Marsala REITEN
(☎347 2359064; Località Stagnali, Isola di Caprera) Die von Cavalla Marsala organisierten Ausritte entlang des Strands und durch die duftende Macchia sind am frühen Abend besonders stimmungsvoll. Für 1½ Stunden werden 35 € verlangt.

Essen

Agriturismo Garibaldi SARDISCH €€
(☎0789 72 74 49; Mahlzeiten 30 €; ⌚Mai–Sept. 12–14 & 19.30–22 Uhr) Der *agriturismo* in Gebäuden, in denen einst Garibaldis Bauern wohnten, serviert hervorragend traditionelles sardisches Essen. Der Hof produziert Honig, Gemüse, Lamm- und Schweinefleisch, die sich alle im köstlichen Menü wiederfinden. Eine Reservierung ist unabdingbar. Der Anfahrtsweg: Einfach nach der Überquerung der Isola-Maddalena-Brücke links der Ausschilderung folgen.

Weitere Inseln

Die fünf anderen großen Inseln lassen sich nur mit dem Schiff erreichen. Viele Ausflugsfahrten werden von der Isola Maddalena, ab Palau und Santa Teresa di Gallura angeboten – in allen denkbaren Kombinationen. Ansonsten kann man sich ein Motorboot mieten und sich auf eigene Faust auf den Weg machen.

Seit sich die NATO 2008 von der **Isola Santo Stefano** verabschiedet hat, ist die Insel wieder eine beschauliche grüne Enklave. Auf der **Isola Spargi** westlich der Isola Maddalena reihen sich Buchten mit Sandstränden und Fjorde aneinander. Zu den schönsten zählt die **Cala Corsara**, wo das Meer topasblau schimmert. In Richtung Norden liegen drei Inseln: die **Isola Budelli**, die **Isola Razzoli** und die **Isola Santa Maria**. Mit einem eigenen Boot und ausreichend Zeit besteht die Möglichkeit, die vielen kleinen Buchten und Strände auf eigene Faust zu erkunden. Unterwegs kommen die meisten an der traumhaften **Spiaggia Rosa** auf der Isola Budelli vorbei: Der Strand verdankt seinen Namen dem Sand, der einen ungewöhnlichen Stich ins Rosafarbene aufweist. Mittlerweile steht er unter Naturschutz, der Zutritt zum Strand und dem angrenzenden Meer ist verboten. Weitere beliebte Zwischenstopps sind die fjordartige **Cala Lunga** auf der Isola Razzoli sowie die oft überfüllte **Cala Santa Maria** auf der gleichnamigen Insel. Das wunderschöne Stück Meer zwischen den drei Eilanden heißt **Porto della Madonna** und steht auf dem Programm der meisten Bootsausflüge durch den Archipel.

DAS LANDESINNERE

Das von Granit geprägte Binnenland der Gallura, fernab der am Strand herumgockelnden Millionäre, ist weltabgeschieden und durch und durch ländlich. Dieses fruchtbare Hinterland lockte immer wieder korsische Einwanderer an, die sich hier niederließen, um Korkeichenwälder zu bewirtschaften und die ausgedehnten Vermentino-Weingärten anzulegen. Kork ist seit Langem eine wichtige Einkommensquelle der Region.

Tempio Pausania

14 300 EW.

Oberhalb der heißen gallurischen Ebene liegt inmitten von dichten Korkeichenwäldern Tempio Pausania. Hier ist es auch im Hochsommer angenehm kühl und ruhig. Die zweite Hauptstadt der Provinz Olbia-Tempio ist ein bescheidener Ort mit einem rustikalen *centro storico*, in dem das Leben seinen beschaulichen Gang nimmt.

Die Stadt wurde im 2. Jh. v. Chr. von den Römern gegründet und im Mittelalter zum Verwaltungszentrum des Giudicato di Gallura ausgebaut. Tempio Pausanias Glanzzeit kam unter den Spaniern und später den Savoyarden. Damals wurden viele der Kirchen errichtet, die das aus grauem Stein erbaute Stadtzentrum zieren. Heute ist ein entspannter Ort für einen Aufenthalt und die Umgebung eignet sich perfekt für Ausflüge. Am nahe gelegenen Monte Limbara bestehen zahlreiche Trekking-Möglichkeiten.

Tempio Pausania

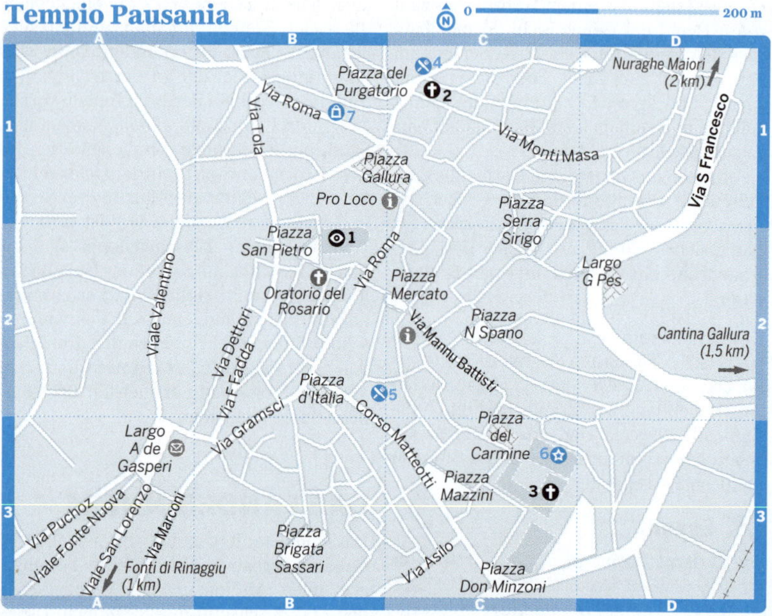

Sehenswertes

Cattedrale di San Pietro DOM

(Piazza San Pietro; ⌚8–12.30 & 15–20 Uhr) Der Dom aus Granit bildet den imposanten Mittelpunkt der Stadt. Vom ursprünglichen Gebäude aus dem 15. Jh. blieben nur der Glockenturm und der Haupteingang erhalten. Das **Oratorio del Rosario** gegenüber stammt aus der Zeit, als die Spanier auf der Insel noch das Sagen hatten.

Chiesa del Purgatorio KIRCHE

(Piazza del Purgatorio; ⌚9–12 Uhr) Die bescheidene Kirche aus dem 17. Jh. an der Piazza del Purgatorio hat eine spannende Geschichte. Es heißt, dass ein Mitglied der Adelsfamilie Misorro für schuldig befunden wurde, an just dieser Stelle ein Massaker veranstaltet zu haben. Zur Sühne befahl der Papst dem Mann, den Bau der Kirche zu finanzieren. Bis heute pflegen die Einwohner den Brauch, nach einer Beerdigung hierher zum Gebet zu kommen.

Convento Degli Scolopi KLOSTER

(Piazza Mazzini) Tempio kann mit einer Fülle von Kirchen aufwarten. Wie bedeutend das Städtchen einst war, beweist das Convento degli Scolopi aus dem 17. Jh. Heute ist es eine Hochschule und nicht zu besichtigen. Aber wenn das Tor auf ist, kann man durch den beschaulichen Kreuzgang wandeln.

Fonti di Rinaggiu QUELLE

Bereits seit der Römerzeit ist Tempio für seine Quellen bekannt. Ein netter Spaziergang führt 1 km südwestlich vom Zentrum (auf der schattigen Viale San Lorenzo dem Schild *„Alle Terme"* folgen) zu den Fonti di Rinaggiu.

Cantina Gallura WEINGUT

(☎079 63 12 41; www.cantinagallura.com; Via Val di Cossu 9; ⌚Mo–Fr 8–12 & 14–18, Sa 9–13 Uhr) Flüssige Nahrung recht alkoholischer Art bekommt man 1,5 km östlich der Stadt in dieser Cantina. Hier kann man sich auch die entsprechenden Vorräte an hiesigem DOCG Vermentino di Gallura zulegen.

Festivals & Events

Tempio kann mit einer Fülle an Festen und Events aufwarten – von Konzerten über Trachtenumzüge bis hin zu bedeutenden religiösen Feierlichkeiten.

Der **Carnevale** (im Februar) wird hier mit farbenprächtigen Umzügen ausgiebig gefeiert. Gleiches gilt für **Ostern**. Am Karfreitag kleiden sich Mitglieder der *confraternita* (religiöse Bruderschaft) in unheimlich wirkende Kapuzengewänder für die nächtliche

Tempio Pausania

Sehenswertes
1 Cattedrale di San Pietro B2
2 Chiesa del Purgatorio C1
3 Convento Degli Scolopi C3

Essen
4 Ristorante Il Purgatorio C1
5 Trattoria Gallurese B2

Unterhaltung
6 Teatro del Carmine C3

Shoppen
7 Casa Mundula B1

Via Crucis. Von Juli bis Mitte August lockt das Musikevent Festival d'Estate.

Essen

An der Piazza d'Italia und an der Piazza Gallura befinden sich im Schatten von Bäumen ein paar Cafés mit Tischen im Freien – ideal für einen Espresso, ein *panino* oder auch eine Pizza.

★ Trattoria Gallurese SARDISCH €
(079 639 30 12; Via Novara 2; Menü 15 €, Mahlzeit en 20–25 €; 12–15 & 19–22 Uhr) In der schlichten Trattoria gibt's authentische gallure sische Küche. Ganz traditionell sind in Cannonau-Rotwein geschmortes *cinghiale* (Wildschwein) oder *pecora alla gallurese* (Lamm nach Gallura-Art). Den perfekten Abschluss bildet leckeres Tiramisu mit einem Schuss hausgemachtem Minzlikör.

Ristorante Il Purgatorio SARDISCH €€
(079 63 43 94; Piazza del Purgatorio 9; Mahlzeit en um 45 €; Mi–Mo 12.30–14 & 19.30–21.30 Uhr) Das Restaurant mit Steinwänden zählt zu den besten der Stadt. Auf den Tisch kommen bodenständige Gerichte der Saison sowie frische Meeresfrüchte und Fisch. Zu den Dauerbrennern auf der Speisekarte zählen *cinghiale in umido* (Wildschweineintopf) und *ravioli carciofi e bottarga* (Ravioli mit Artischocken und Meeräschenrogen).

Unterhaltung

Teatro del Carmine THEATER
(079 67 15 80; Piazza del Carmine) Das Programm ist abwechslungsreich – Operetten werden hier genauso aufgeführt wie klassische Konzerte. Besonders viele Aufführungen gibt es im Sommer, wenn das Festival d'Estate stattfindet.

Shoppen

Casa Mundula KUNSTHANDWERK
(Via Roma 102; Mo–Sa 10–13 & 16–20 Uhr) Der malerische Laden ist die reinste Fundgrube für Nippes aus Kork, Keramik, filigranem Schmuck und handgearbeiteten Messern. Außerdem gibt es hier sardische Spezialitäten wie das *pane carasau*, Honig und Wein der Region, Thunfisch aus Carloforte und vieles mehr.

Praktische Informationen

Post (Largo A de Gasperi; Mo–Fr 8.20–19.05, Sa 8.20–12.35 Uhr)

Pro Loco (079 63 12 73; Piazza Gallura 2; Mo–Fr 10–13 & 16–19, Sa 10–13 Uhr) Extrem nette Info.

Touristeninformation (079 639 00 80; www.comune.tempiopausania.ot.it; Piazza Mercato 3; Mo–Sa 9–13 & 16–20, So 10–13 Uhr) Das mehrsprachige Personal hilft immer gern weiter.

An- & Weiterreise

Von Olbia (3,50 €, 1¼ Std.) verkehren wochentags täglich sieben ARST-Busse nach Tempio, sonntags lediglich drei.

Der Bahnhof – er liegt vom Zentrum ein Stück zu Fuß bergab – erwacht zum Leben, wenn im Sommer der **Trenino Verde** (070 58 02 46; www.treninoverde.com) nach/von Sassari (14,50 €, 2½ Std., Do & Fr 1-mal tgl.), Arzachena (11,50 €, 70 Min., Di–Fr 1-mal tgl.) und Palau (18,50 €, 1¾ Std., Do & Fr 2-mal tgl.) unterwegs ist.

Rund um Tempio Pausania

Nuraghe Maiori

2 km nördlich der Stadt befindet sich an der SS133 nach Palau inmitten von üppigen Korkeichenwäldern die Nuraghe Maiori (Eintritt mit/ohne Führung 3,50/2,50 €; 9–19 Uhr); die Abzweigung ist rechts an der Straße ausgeschildert. Wie der Name schon vermuten lässt (*maiori* heißt „größer"), ist die *nuraghe* ein gewaltiges Stück größer als viele andere Turmruinen, die hier in der Landschaft verstreut stehen.

Ein Pfad verläuft durch Kräutergärten zum Turm. Rechts und links von ihm befindet sich eine Kammer; eine Rampe führt zu einem offenen, rückwärtigen Raum. Über Treppen können Besucher den Turm besteigen. In den Kammern ist es dunkel, weshalb man eine Taschenlampe mitnehmen (oder auch ausleihen) sollte, um die Großen Hufeisennasen zu sehen, eine winzige, seltene Fledermausart.

Monte Limbara

Rund 17 km südöstlich von Tempio Pausania dominiert der wild zerklüftete Gipfel des Monte Limbara (1359 m) die steinige Landschaft. Am leichtesten ist er mit einem Fahrzeug zu erreichen, und zwar von Tempio aus in südliche Richtung am Bahnhof vorbei auf der SS392 nach Oschiri. 8 km weiter zweigt links eine Straße zum Berg ab.

Anfangs führt sie durch dichte Pinienwälder. Oberhalb der Baumgrenze sind zwei *punto panoramico* (Aussichtsstellen) ausgeschildert, von denen sich unvergessliche Ausblicke über das nördliche Sardinien bieten. An einer der Stellen steht in der Nähe der schlichten Kirche **Chiesa di Santa Maria della Neve** eine Statue der Jungfrau Maria mit dem Jesuskind.

Anschließend wird die Straße etwas ebener und erreicht den Aussichtspunkt Punta Balistreri (1359 m), wo die Relaisstation und die Sendemasten der nationalen Fernsehanstalt RAI aufgebaut sind. Selbst an Hochsommertagen ist die Luft kühl und erfrischend und die Aussicht nach Westen über Sassari hinaus sowie nördlich nach Korsika ist atemberaubend.

Calangianus & Umgebung

Alle, die sich für Archäologie begeistern, sollten eine Spritztour nach Calangianus einplanen. Der Ort ist die Korkkapitale Sardiniens und liegt rund 10 km östlich von Tempio. Die **Tomba dei Giganti di Pascaredda** dort zählt zu den besterhaltenen Hünengräbern in der Gegend.

Nicht weit von hier lohnt der kleine Ort **Luras** eine Stippvisite, um den **Dolmen de Ladas** zu besichtigen, eine megalithische Grabkammer von schätzungsweise 3000 v. Chr. Das **Museo Etnografico Galluras** (www.galluras.it; Via Nazionale 35a; Erw./erm. 5/2, 50 €; ⏲nach Vereinbarung) würdigt die ländlichen Traditionen der Gegend anhand einer Sammlung von landwirtschaftlichen Geräten sowie einem rekonstruierten Dorfhaus. Unter den Exponaten lohnt vor allem die Sa Femina Accabadora einen Blick – ein schauerlicher Hammer, der traditionell von Frauen verwendet wurde, um unheilbar Kranke in einem Akt von Euthanasie von ihrem Elend zu befreien.

Aggius & Luogosanto

Aggius, am Fuß der Granitberge, ist ein noch sehr traditionelles Dorf. Die Häuser liegen rund um das historische Zentrum mit einem Gewirr aus engen Gassen und gedrungenen Steinhäusern. Berühmt ist der Ort für seine Choräle und Teppiche. Die Tradition der Teppichweberei reicht bis Anfang des 20. Jhs. zurück, als in dieser Gegend 4000 Webstühle in Betrieb waren. Im **Museo Etnografico Olivia Carta Cannas** (www.museodiaggius.it; Via Monti di Lizu 6; Erw./erm. 4/3 €; ⏲10–13 & 15–19 Uhr) sind Webstühle und reich mit Brokat verzierte Trachten zu sehen, wie sie früher bei festlichen Anlässen getragen wurden. Außerdem gibt es Ausstellungen über Kork und Granit.

Einen eher finsteren Blick auf die Vergangenheit von Aggius ermöglicht das **Museo del Banditismo** (www.museodiaggius.it; Via Pretura; Erw./erm. 4/3 €; ⏲10–13 & 16–18 Uhr) im ehemaligen Amtsgericht. Hier dreht sich alles um die Banditen in der Gallura, die bis in die 1990er-Jahre ein Problem darstellten. Gezeigt werden Waffen, Polizeiberichte und diverse Fahndungsfotos der meistgesuchten Verbrecher der Insel.

Von Aggius besteht die Möglichkeit, in einem Bogen in Richtung Nordwesten auf der SS133 ins entlegene **Luogosanto** (Heiliger Ort) zu fahren. Den Ort zieren gleich mehrere Kirchen, am schönsten ist die **Basilica di Nostra Signora di Luogosanto** von 1227. Papst Onorio III. erhob das Gotteshaus zur Basilika, als er ihre Heilige Pforte weihte, die wie jene vom Petersdom in Rom verschlossen ist und nur alle sieben Jahre geöffnet

ABSTECHER

MONDLANDSCHAFTEN

Ein paar Kilometer nordwestlich von Aggius in Richtung Trinita d'Agultu erstreckt sich die **Valle della Luna**, eine surreal anmutende, beeindruckende Landschaft mit riesigen Granitfelsen, die wie überdimensionale Murmeln auf den Feldern und in den Hügeln liegen. Vom Aussichtspunkt an der SP74 bietet sich ein phantastischer Blick über den gesamten Landstrich samt seinem bizarr geformten Gestein. Das Tal eignet sich auch bestens für eine Fahrradtour. Die Straße, die von hier zum Meer hinunterführt, ist sehr malerisch.

wird. Die älteste Kirche der Ortschaft ist die **Chiesa di San Trano**, sie wurde im 6. Jh. zu Ehren des hl. Trano in den Granitfelsen gehauen.

Lago di Coghinas, Oschiri & Berchidda

Wer einen fahrbaren Untersatz hat, kann noch einen Abstecher südlich des Monte Limbara unternehmen. Am Fuß des Bergs angekommen, biegt man auf die SS392 links nach Süden ab in Richtung Oschiri. Die Straße streift die Westflanke des Limbaramassivs, führt durch Korkeichen- und Kiefernwälder, überquert den Passo del Limbara (646 m) und geht dann bergab. Nach ungefähr 12 km weicht das Grün strohfarbenen Feldern, und der blaue Spiegel des künstlichen Lago di Coghinas kommt in Sicht.

Direkt vor der Brücke über den See zweigt eine schmale Asphaltstraße nach Osten Richtung Berchidda ab und führt um die Nordflanke des **Monte Acuto** (493 m), eines bewaldeten Hügels, auf dem sich Eleonora d'Arborea im 14. Jh. eine Zeitlang versteckt hatte. **Berchidda** ist ein ziemlich unspektakuläres bäuerliches Städtchen mit einer langen Weinbautradition. Im modernen **Museo del Vino** (www.muvisardegna.it; Erw./erm. 3/2,50 €; ⌚Di–Fr 9–13 & 15–18, Sa & So bis 19 Uhr) ganz oben im Ort erfährt man Genaueres zur lokalen Weinherstellung und darf den Vermentino aus der Region probieren. Die beste Besuchszeit ist im August. Dann findet in Berchidda das einwöchige Festival **Time in Jazz** (www.timeinjazz.it) statt, ein multikulturelles Event mit Aufführungen vom Streichquartett bis zu Klavier- und Saxophonsolisten.

In der **Cantina del Vermentino** (☎0789 4 40 12; www.vermentinomonti.it; Via San Paolo 2, Monti; ⌚Mo–Fr 8.30–13 & 14.30–19, Sa 8.30–13 Uhr) in **Monti**, nur gut 15 km östlich von Berchidda, können einige der besten Weine der Region probiert und gekauft werden, darunter der spritzige Vermentino di Gallura, Sardiniens einziger Wein mit DOCG-Prädikat.

Ein ARST-Bus kommt auf der Strecke von Nuoro (7 €, 1¼ Std.) nach Olbia (3 €, 2 Std.) einmal täglich durch Berchidda.

Nuoro & der Osten

Inhalt ➡

Gut essen

- Il Portico (S. 188)
- Gologone (S. 193)
- Nascar (S. 212)
- Agriturismo Nuraghe Mannu (S. 209)

Schön übernachten

- Agriturismo Guthiddai (S. 231)
- Lemon House (S. 234)
- Hotel L'Oasi (S. 233)
- Casa Solotti (S. 230)

Auf nach Nuoro & in den Osten

Nirgends auf Sardinien ist die Landschaft so überwältigend wie im ursprünglichen Osten der Insel, wo sich die majestätischen Kalksteingipfel des Supramonte bis zu den Klippen am türkisblauen Golfo di Orosei erstrecken. Oft weiß man nicht, wohin die kurvenreichen Landstraßen führen: in tiefe Täler mit prähistorischen Höhlen und *nuraghi* (Wehrsiedlungen aus der Bronzezeit), in die abgeschiedenen Dörfer der Barbagia, um die sich Banditenlegenden ranken, oder in Wälder, in denen Wildschweine zwischen jahrhundertealten Steineichen herumschnüffeln. Der Osten lebt unabhängig von Zeit und Trends und ist genau deshalb so authentisch.

Outdoor-Fans kommen überall auf ihre Kosten: an der Küste, wo Skipper in einer der vielen perlweißen Buchten ankern, in den Klippen, in denen man auf Mehrseillängenrouten hoch über dem Meer klettert, auf Maultierpfaden, die sich am schönsten mit dem Mountainbike erkunden lassen, und natürlich unterwegs in den Bergen und Schluchten, die sich nur zu Fuß erkunden lassen. Klar, die Reichen und Schönen zieht es eher an die Costa Smeralda, aber es wird wohl jeder zustimmen, dass der wahre Reichtum und die wahre Schönheit der Insel in dieser herrlichen Landschaft liegen.

Entfernungen (km)

	Aritzo	Cala Gonone	Nuoro	Orosei
Cala Gonone	85			
Nuoro	53	32		
Orosei	88	20	35	
Tortoli	65	54	72	69

NUORO

36 400 EW.

Das einstmals abgeschiedene Dorf auf einem Hügel galt lange als Inbegriff des Banditenunwesens. Doch dann erlebte Nuoro im 19. und Anfang des 20. Jhs. eine kulturelle Renaissance, als es zur Wiege künstlerischer Talente avancierte. Heute würdigen Museen im historischen Zentrum Berühmtheiten wie die Schriftstellerin Grazia Deledda, die 1926 mit dem Nobelpreis für Literatur ausgezeichnet wurde, den renommierten Dichter Sebastiano Satta, den Romancier Salvatore Satta und den Bildhauer Francesco Ciusa.

Die Stadt liegt vor der spektakulären Kulisse des Monte Ortobene (955 m), einem Granitberg, den ganz oben eine 7 m hohe Bronzestatue zu Ehren von Jesus Christus (Il Redentore, der Erlöser) krönt. Vom dicht bewaldeten Gipfel bietet sich ein herrlicher Panoramablick ins Tal sowie auf die Kalksteinberge und das gegenüberliegende Oliena.

Geschichte

Archäologen haben in der Gegend um Nuoro Reste prähistorischer Nuraghen-Siedlungen entdeckt. Einer verbreiteten Theorie zufolge wurde die Stadt gegründet, als sich die Einheimischen bei einem Aufstand gegen die römischen Machthaber am Monte Ortobene zusammenrotteten. Allerdings ist von der Stadt bis ins Mittelalter hinein wenig bekannt. Dann wurde sie unter den Aragoniern und später den Spaniern von einer Adelsfamilie zur nächsten weitergereicht.

Im 18. Jh. zählte sie unter Piemonteser Herrschaft etwa 3000 Einwohner, überwiegend Bauern und Schäfer. 1868 erhob sich in der häufig von Gewalt erschütterten Stadt eine Rebellion. Die Bürger protestierten gegen die geplante Privatisierung von öffentlichem Land (sprich die Übereignung an reiche Landbesitzer) und steckten das Rathaus in Brand. Dieses Ereignis, bekannt als Su Connuttu, bestätigte das Vorurteil der neuen italienischen Nation, die Nuoro für ein „Verbrechernest" hielt. Die entsprechende Behandlung der Region schürte wiederum das Misstrauen der Bewohner von Nuoro.

1927 wurde die Stadt zur Provinzhauptstadt ernannt. Sie entwickelte sich schnell zum geschäftigen Verwaltungssitz. Obwohl die Banditen von damals heute nicht mehr ihr Unwesen treiben und sich die Stadt recht positiv präsentiert, dauern die Probleme an. Eine hohe Arbeitslosigkeit zwingt viele junge Leute, die Stadt zu verlassen.

Sehenswertes & Aktivitäten

Museo Etnografico Sardo MUSEUM
(www.isresardegna.it; Via Antonio Mereu 56; Erw./erm. 3/1 €; ⌚Sommer Di–So 9–13 & 15–18 Uhr, Winter Di–So 10–13 & 15–17 Uhr) Das Museum hat sich der sardischen Folklore verschrieben und zeigt eine hervorragende Sammlung an filigranem Schmuck, Teppichen, Wandbehängen, edlen Spitzen, Musikinstrumenten, Waffen und Masken. Die eigentliche Hauptattraktion sind aber die Trachten – ihre unterschiedlichen Stile, Farben und Muster verraten viel über die Menschen und ihre Dörfer: Die feuerroten Trachtenröcke stammen beispielsweise aus stolzen, auf ihre Unabhängigkeit bedachten Bergdörfern, während den Kleidern mit blau-gelben Seidenbordüren aus Orgosolo und Desulo der armenische Einfluss anzumerken ist. Die burkaartigen Gewänder mit Gesichtsschleier trugen einst Damen in Ittiri und Osilo.

In anderen Sälen sind lebensgroße Figuren ausgestellt, die die besonderen Festlichkeiten in dieser Region dokumentieren, so etwa die gruseligen *mamuthones* aus Mamoiada (mit zotteligem Schafsfell und finsteren Masken verkleidete Narren) und die *boes* aus Ottana: Diese Figuren sind mit Kuhglocken behängt und tragen Ochsenmasken und Pelzstiefel.

Museo d'Arte KUNSTGALERIE
(MAN; www.museoman.it; Via S Satta 15; Erw./erm. 3/2 €; ⌚Di–So 10–13 & 15–19 Uhr) Das Museum in einem restaurierten Stadthaus aus dem 19. Jh. ist die einzige ernst zu nehmende Galerie für zeitgenössische Kunst der Insel. Die Dauerausstellung umfasst über 400 Arbeiten von bedeutenden Malern des 20. Jhs., darunter Werke von Antonio Ballero, Giovanni Ciusa-Romagna, Mario Delitalia sowie vom abstrakt arbeitenden Künstler Mauro Manca.

Die Galerie präsentiert abwechslungsreiche Wechselausstellungen, die im Allgemeinen im Erdgeschoss und im obersten Stockwerk gezeigt werden.

Chiesa di San Carlo KIRCHE
(Piazza San Carlo; ⌚unterschiedl.) Wer die Bronzekopie von Francesco Ciusas *La Madre dell 'Ucciso* (Mutter des Getöteten) ansehen möchte – sie wurde 1907 auf der Biennale in Venedig mit einem Preis ausgezeichnet –, sollte der rosafarbenen Chiesa di San Carlo einen Besuch abstatten.

Highlights

1 Zu einer abenteuerlichen Trekkingtour durch die **Gola Su Gorropu** (S. 205), den Grand Canyon Europas, aufbrechen

2 In einer der verschwiegenen Buchten oder an einem der abgeschiedenen Strände des **Golfo di Orosei** (S. 201) den Anker ins türkis schimmernde Wasser werfen

3 Eine malerische Spritzour über die serpentinenreiche **SS125** (S. 202) mit herrlichen Ausblicken auf Berge und Mittelmeer unternehmen

4 Die mysteriösen Ruinen der Nuraghenstätte **Tiscali** (S. 206) hoch oben im Supramonte bestaunen

5 Bei einem Streifzug durch die magische Hochebene **Altopiano del Golgo** (S. 212) den Rest der Welt vergessen

6 In **Cala Gonone** (S. 206) eine tolle Klettertour an der Küste wagen und anschließend ins unglaublich blaue Meer springen

7 Durch die abgeschiedene Hügellandschaft um **Ulassai** wandern (S. 213)

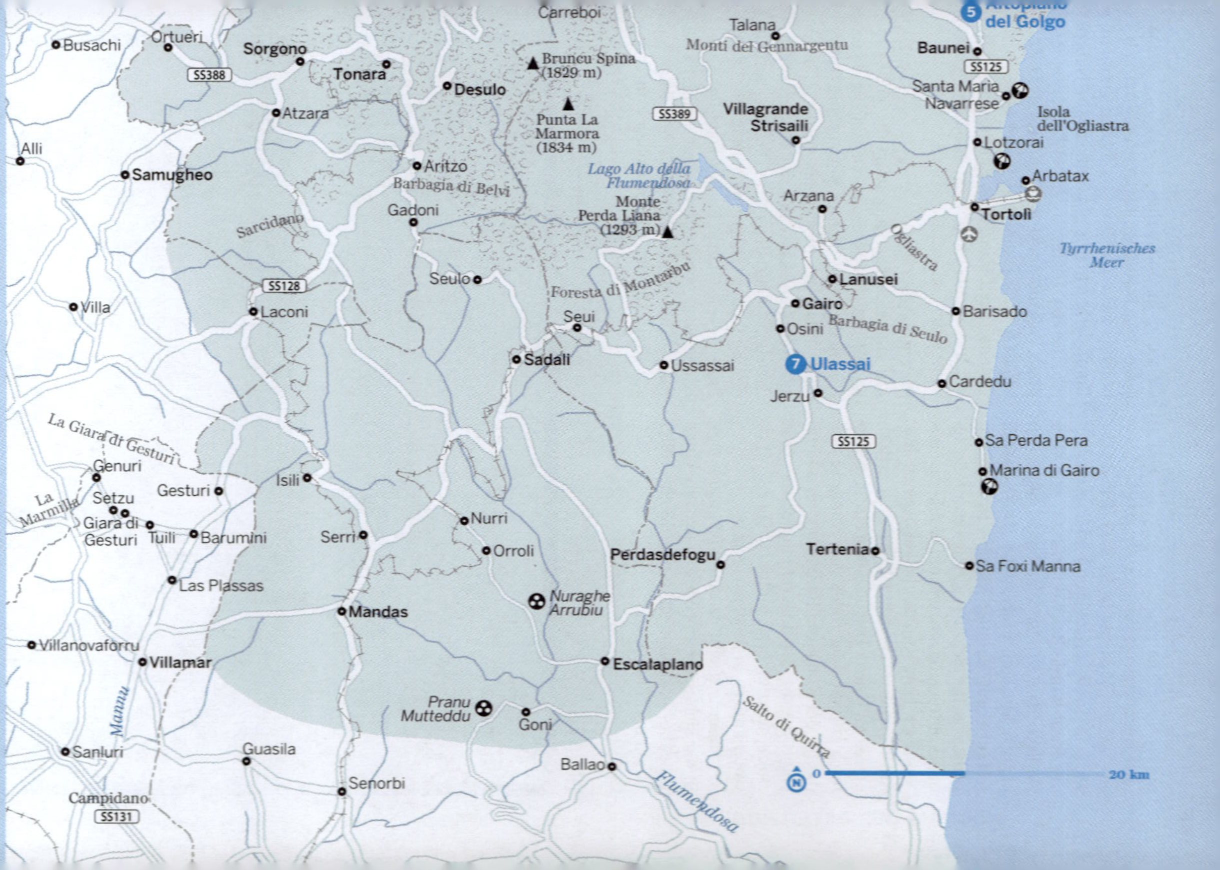

Museo Deleddiano — MUSEUM

(www.isresardegna.it; Via Grazia Deledda 42; Erw./erm. 3/1 €; ⏲ Sommer Di–So 9–13 & 15–18, Uhr Winter Di–So 10–13 & 15–17 Uhr) Im ältesten Teil der Stadt wurde das Geburtshaus von Grazia Deledda (1871–1936) zu einem hübschen kleinen Museum umgestaltet. Die liebevoll restaurierten Zimmer voller Erinnerungsstücke an die Schriftstellerin vermitteln einen Eindruck davon, wie ein wohlhabendes Nuoreser Haus im 19. Jh. ausgesehen hat. Am beeindruckendsten ist das viele Material, das an Grazia Deleddas Nobelpreisverleihung erinnert: das Glückwunschtelegramm, das ihr der König von Italien sandte, zahlreiche Fotos von der Preisverleihung, die diese stolze, winzige Frau inmitten einer Gruppe von Männern in Anzügen zeigen.

Außerdem gibt es eine Vorratskammer, in der sich Säcke mit Weizen stapeln, einen Innenhof und eine geräumige Küche voller Tiegel und Pfannen.

Chiesa della Solitudine — KIRCHE

(Viale della Solitudine) Grazia Deledda verbrachte zwar 36 ihrer 65 Lebensjahre in Rom, dennoch war ihr Leben von Nuoro und seinen Irrungen und Wirrungen geprägt. Aus diesem Grund wurde die Schriftstellerin nach ihrem Tod in der schlichten Granitkirche Chiesa della Solitudine bestattet. Ihr Granitsarkophag steht gleich rechts vom Altar.

Piazza Satta — PIAZZA

Ein kurzer Spaziergang führt die Via Satta hinauf zur Piazza Satta. Der kleine Platz ehrt den großen Dichter **Sebastiano Satta** (1867–1914), der hier in einem der Häuser zur Welt kam. Anlässlich der Feier des hundertsten Geburtstags des Dichters verlieh der Bildhauer Costantino Nivola 1967 dem Platz neuen Glanz: Er ließ sämtliche Gebäude weiß tünchen, um eine einheitliche Kulisse für sein ungewöhnliches Werk zu schaffen: Auf der Piazza stehen nun meh-

Nuoro

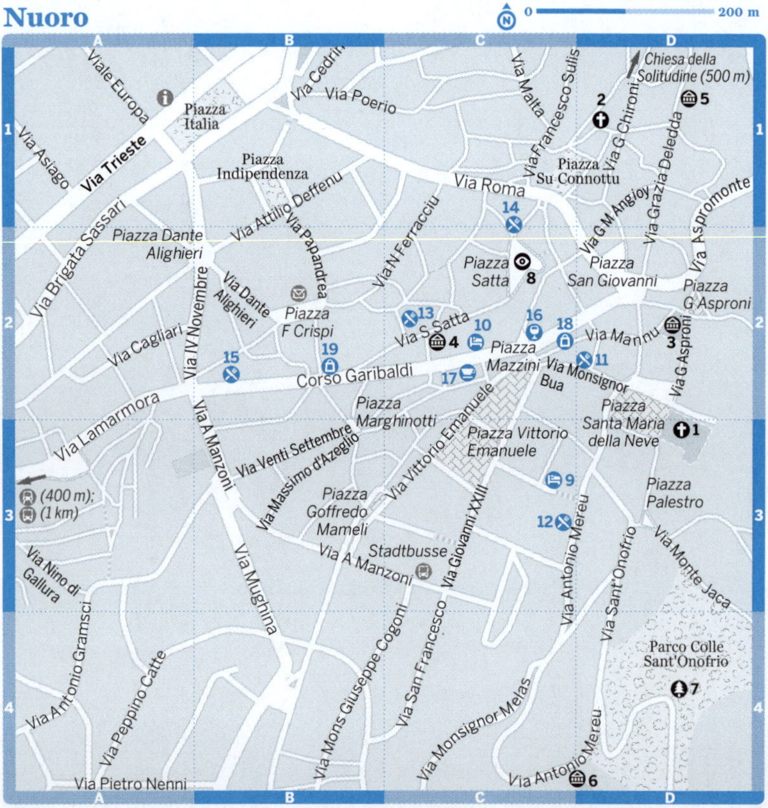

rere Granitskulpturen – Menhire mit einer Art Nische, in der sich eine Bronzefigurine befindet. Diese Figuren sind eine Anspielung auf die prähistorischen *bronzetti* und stellen jeweils eine Figur aus Sattas Dichtung dar.

Parco Colle Sant'Onofrio PARK

(Via Sant'Onofrio) Nach einem kleinen Fußmarsch vom Stadtzentrum ausgehend den Hang hoch gelangt man zum idyllischen Parco Colle Sant'Onofrio, der weite Ausblicke in die Berge erlaubt. Am höchsten Punkt reicht der Blick bis zum Monte Ortobene und den weiter südlich gelegenen Orten Oliena und Orgosolo.

Museo Archeologico Nazionale MUSEUM

(www.museoarcheologiconuoro.it; Via Mannu 1; Erw./erm. 2/1 €; ⌚Di–Sa 9–13, Di & Do auch 15–17.30 Uhr) Das Museum bietet einen guten Überblick über die archäologischen Stätten der Region. Zu den gezeigten Fundstücken aus der Provinz zählen antike Keramik und schöne *bronzetti*, aber auch ein Schädel mit einem Bohrloch (1600 v. Chr.) sowie römische und frühmittelalterliche Artefakte. Jeder, der sich etwas für die Nuraghenkultur interessiert, wird von der Rekonstruktion eines prähistorischen Tempels und einer alten bronzezeitlichen Schmiede begeistert sein.

Cattedrale di Santa Maria della Neve KATHEDRALE

(Piazza Santa Maria della Neve) Schon so manch einer fühlte sich beim Anblick der weiß-rosafarbenen Kirche an eine große Hochzeitstorte erinnert. Die Cattedrale di Santa Maria della Neve aus dem 19. Jh. ist eine von rund 300 Kirchen in Italien, die der Madonna della Neve geweiht ist. Hinter der imposanten neoklassizistischen Fassade von Nuoros Kathedrale verbirgt sich jedoch nur ein einziges Kirchenschiff. Innen ist das Ölgemälde *Disputa de Gesù Fra i Dottori* (Jesus im Disput mit den Ärzten) sehenswert: Es wird der Schule von Luca Giordano zugeschrieben und hängt zwischen der ersten und der zweiten Kapelle rechts.

Wie es zu dem Namen „Maria des Schnees" kam? Angeblich erschien Maria dem Papst Liberius (4. Jh.) im Traum und befahl ihm, an der Stelle eine Kirche zu erbauen, an der am nächsten Morgen Schnee fallen würde. Als es dann am nächsten Tag wirklich schneite, gab der Papst eine Kirche an der Stelle in Auftrag, an der die heutige Basilica di Santa Maria Maggiore in Rom steht.

Feste & Events

Sagra del Redentore RELIGIÖSE FESTE

Die Sagra del Redentore (Erlöserfest) in der letzten Augustwoche gilt als das bedeutendste Ereignis in Nuoro. Es zählt zu den ausgelassensten Volksfesten Sardiniens und lockt in Trachten gekleidete Teilnehmer von der ganzen Insel in die Stadt, die dort ein umfangreiches Programm mit Umzügen, Musik und Tanz erleben. Am 28. August findet abends eine Fackelprozession statt, sie beginnt an der Chiesa della Solitudine und schlängelt sich durch die ganze Stadt.

Essen

Die Hauptstraße Nuoros ist der Corso Garibaldi, um den ein Gewirr schmucker Gassen mit mehreren Restaurants und beliebten Cafés liegt.

La Locanda Pili Monica ITALIENISCH €

(☎0784 3 10 32; Via Brofferio 31; Mahlzeiten 15–20 €; ⌚Mo–Sa 12.30–14.45 & 20.30–22.30 Uhr) In dieser netten, bodenständigen Trattoria dreht sich alles ums Essen. Das Mittagsmenü für 9,20 € ist ein Schnäppchen. Am

Nuoro

Sehenswertes

1 Cattedrale di Santa Maria della Neve ... D3
2 Chiesa di San Carlo ... D1
3 Museo Archeologico Nazionale ... D2
4 Museo d'Arte ... C2
5 Museo Deleddiano ... D1
6 Museo Etnografico Sardo ... D4
7 Parco Colle Sant'Onofrio ... D4
8 Piazza Satta ... C2

Schlafen

9 Nuraghe Oro ... C3
10 Silvia e Paolo ... C2

Essen

11 Il Portico ... D2
12 Il Rifugio ... C3
13 La Locanda Pili Monica ... C2
14 Monti Blu ... C1
15 Premiata Pasticceria Il Golosastro ... B2

Ausgehen & Nachtleben

16 Bar Nuovo ... C2
17 Caffè Tettamanzi Bar Mayore ... C2

Shoppen

18 Coltelli Sardi ... C2
19 Galleria Il Portico ... B2

besten setzt man sich an einen der Tische und schon geht es los mit der Völlerei: zuerst Antipasti, dann frisch zubereitete Pasta und schließlich gegrillte Steaks, die sich mit einem Liter süffigen Hausweins (6 €) gut hinunterspülen lassen.

Premiata Pasticceria Il Golosastro GEBÄCK & SÜSSIGKEITEN €
(Corso Garibaldi 173-5; Kuchen & Gebäck 1,50–4 €; Mo–Sa 8–13.30 & 16–20, So 8–13.30 Uhr) Die kunstvollen Kuchen sind so fein wie Spitze und *fast* schon zu schön zum Essen. Der preisgekrönte Konditor und Bäcker Giovanni Pedduzza zaubert köstliche Süßwaren aus Honig und Mandeln, *formaggelle* (sardinientypische Käseküchlein) und verführerische Gebäckkreationen – alles einfach himmlisch!

Il Portico SARDISCH €€
(0784 23 29 09; www.ilporticonuoro.it; Via Monsignor Bua 13; Mahlzeiten 40 €; Do–Di 12.30–14.30 & 20–22.45 Uhr) In diesem Restaurant mit abstrakten Gemälden an den Wänden und Jazz als musikalischer Untermalung werden die Gäste herzlich begrüßt. Hinter der Kulisse zaubert ein eingespieltes Ehepaar ein wahres Feuerwerk an lokalen Speisen auf den Tisch, z. B. *spaghetti ai ricci* (Spaghetti mit Seeigeln) und frische Gnocchi mit Lammragout. Für das köstliche Karamell-Nougat-Semifreddo sollte man im Magen unbedingt ausreichend Platz lassen.

Il Rifugio SARDISCH €€
(0784 23 23 55; Via Antonio Mereu 28-36; Mahlzeiten 30 €; Do–Di 12.45–15 & 19.45–23.30 Uhr) Das fröhliche Restaurant ist eines der beliebtesten Speiselokale in Nuoro und kann mit seinen kreativen Gerichten aus der Region auf ein treues Stammpublikum zählen. Als typische Gerichte werden *capretto* (gebratenes Zicklein) mit Artischocken und *pecora alla nuorese con cipolline* (Nuoro-Lamm mit Zwiebeln) serviert – zu sehr vernünftigen Preisen.

Monti Blu MEDITERRAN €€
(0784 23 14 43; www.montiblunuoro.com; Piazza Satta 8; Mahlzeiten 25–40 €; Di–So 13–14.45 & 20–23 Uhr) Klare mediterrane Aromen charakterisieren die regionalen Gerichte wie *tagliata di tonno* (Thunfischsteak mit Rauke und Pecorino). Im Teezimmer des stilvollen kleinen Restaurants kann man anschließend das Essen gemütlich ausklingen lassen. Lohnenswert ist auch der Besuch der angeschlossenen Feinkostabteilung: Hier findet man alles von Pecorino über Salami bis hin zu eingelegtem Obst und Gemüse.

Agriturismo Testone SARDISCH €€
(0784 23 05 39; www.agriturismotestone.com; Via Verdi 49, Testone; Mahlzeiten 25–30 €;) Auf diesem *agriturismo* (Ferienbauernhof) in idyllischer ländlicher Abgeschiedenheit, 20 km nordwestlich von Nuoro, fühlen sich Gäste auf Anhieb wie ein Teil von *la famiglia*. Die Gastfreundschaft kommt von Herzen, die gemeinsam eingenommenen Mahlzeiten sind fröhliche Angelegenheiten und das überwiegend aus Eigenproduktion stammende Essen ist eine Wucht. Auf dem Bauernhof werden Lämmer aufgezogen und *formaggi, salumi,* Honig, Süßigkeiten und Weine hergestellt.

Ausgehen & Unterhaltung

Nuoro hat eine lebhafte Kaffeehausszene. Die Terrassen im historischen Zentrum bieten sich wunderbar für einen Drink und eine Zwischenmahlzeit an.

Caffè Tettamanzi Bar Mayore CAFÉ
(Corso Garibaldi 71; 6–15 Uhr, So vormittags geschl.) Die Erfolgsgeschichte des ältesten Cafés der Stadt beginnt bereits 1875, inzwischen ist das Tettamanzi längst eine Institution. Die Räumlichkeiten mit Fresken, Marmortischen und wuchtigen Samtsesseln, in denen man die Romane von Grazia Deledda und Gedichte von Sebastiano Satta lesen kann, erinnern an die glanzvolleren Zeiten des Cafés. Wer lieber Leute beobachten will, schnappt sich einen der Tische im Freien und lässt bei *panini* (Sandwiches) die Passanten vorbeiflanieren.

Bar Nuovo BAR, CAFÉ
(Piazza Mazzini 6; 7–24 Uhr) Das hervorragende Lokal direkt an der Piazza Mazzini bietet sich an, um bei einem kühlen Bier alle viere von sich zu strecken und das rege Treiben auf dem Platz zu beobachten. Genauso gut eignet sich die Bar aber auch für die Lektüre der Morgenzeitung, ein mittägliches Eis oder den abendlichen Aperitif.

Shoppen

Der Corso Garibaldi ist übersät mit Modeboutiquen. Am zweiten Samstag im Monat findet regelmäßig ein gut besuchter Antiquitätenmarkt statt.

Galleria Il Portico KUNST & KUNSTHANDWERK
(Piazza del Popolo 3; Mo–Sa 10–13 & 16.30–19.30, So 10–13 Uhr) Die Galerie zeigt Arbeiten

zeitgenössischer Künstler wie Antonio Corriga, Vittorio Calvi und Franco Carenti, und zwar überwiegend Ölgemälde und Aquarelle. Die Preise beginnen bei ein paar Hundert Euro aufwärts – für manches Werk werden aber auch mehrere Tausend verlangt.

Coltelli Sardi KUNSTHANDWERK
(www.coltellisardi.com; Corso Garibaldi 53; ⌚9–13 & 16.30–20 Uhr) Nuoros ländlichem Erbe entsprechend – und natürlich auch unter dem Einfluss der vielen Banditen der Region – kreiert Francesco Piredda edle sardische Messer. Zu diesen zählen auch die berühmten Pattada-Messer mit einem gebogenen Griff aus Mufflon- oder Schafbockhorn sowie Verzierungen auf der Klinge. Sie kosten zwischen 50 und 250 €.

ℹ Praktische Informationen

Der Bahnhof und die Bushaltestellen befinden sich unten in der Via Lamarmora, der Verlängerung des Corso Garibaldi.

Banken mit Geldautomaten sowie Buchläden liegen am Corso Garibaldi. Die **Hauptpost** (⌚Mo–Fr 8.20–19.05, Sa 8.20–12.35 Uhr) hat ihre Schalter an der Piazza F Crispi.

Touristeninformation (☎0784 44 18 23; www.provincia.nuoro.it; Piazza Italia 7; ⌚Mo–Fr 8.30–14, Di auch 15.30–19 Uhr) Hält eine Fülle nützlicher Informationen über Nuoro und die Umgebung bereit.

ℹ An- & Weiterreise

AUTO & MOTORRAD

Die SS131DCN, eine zweispurige Schnellstraße von Olbia nach Abbasanta (wo sie auf die in Nord-Süd-Richtung verlaufende SS131 Carlo Felice trifft), führt nördlich an Nuoro vorbei. Die SS129 ist die schnellste Verbindung Richtung Osten nach Orosei und Dorgali. Sieben Straßen führen in Richtung Süden nach Oliena, Orgosolo und Mamoiada.

BUS

Busse von **ARST** (☎0784 29 08 00; www.arst.sardegna.it, auf Italienisch) verkehren vom **Busbahnhof** in der Viale Sardegna zu Zielen in der gesamten Provinz und den Nachbarprovinzen, darunter Dorgali (3 €, 45 Min., 6-mal tgl.), Orosei (3 €, 1 Std., 10-mal tgl.), La Caletta (4,50 €, 1 Std., 7-mal tgl.), San Teodoro (8 €, 1 Std. 50 Min., 5-mal tgl.), Baunei (6 €, 2 Std., 4-mal tgl.), Santa Maria Navarrese (7 €, 2 Std. 25 Min., 5-mal tgl.) und Tortolì (6 €, 2 Std. 40 Min., 5-mal tgl.). Es fahren regelmäßig Busse nach Oliena (1,50 €, 20 Min.) und Orgosolo (2 €, 35 Min.). Zwei Busse pro Tag fahren ohne Zwischenstopp direkt nach Cagliari (15,50 €, 2½–5 Std.).

Nach Olbia fährt ein ARST-Bus (8,50 €).
Deplano (☎0784 29 50 30; www.deplanobus.it, auf Italienisch) bietet bis zu fünf Verbindungen am Tag zum Flughafen Olbia (12 €, 1¾ Std.), die Strecke führt über Budoni (6 €, 1 Std.) und San Teodoro (6 €, 1¼ Std.).

Nach Alghero fahren täglich zwei Busse (18 €, 2¼ Std.) von **Redentours** (☎0784 3 03 25; www.redentours.com); für sie ist eine Reservierung erforderlich.

ZUG

Der **Bahnhof** liegt westlich vom Stadtzentrum an der Ecke Via Lamarmora/Via G Ciusa Romagna. Von Nuoro fahren Züge nach Macomer (3,10 €, 1¼ Std., Mo–Sa 7-mal tgl.), wo Anschluss zur Hauptlinie der Trenitalia-Züge nach Cagliari (von Macomer 10,15 €, 2¼ Std., 9-mal tgl.) besteht.

ℹ Unterwegs vor Ort

Die Stadtbusse 2 und 3 von **ATP** (☎0784 3 51 95; www.atpnuoro.it, auf Italienisch) sind praktisch, wenn jemand zum Bahnhof oder zum Terminal der ARST-Busse fahren möchte. Buslinie 8 fährt von der Via Manzoni auf den Monte Ortobene (1,50 €) hinauf. Fahrkarten für die Stadtbusse kosten 1 € und sind 90 Minuten gültig.

Ein **Taxi** findet sich meist in der Via Lamarmora – oder man ruft direkt beim Taxiunternehmen an (☎0784 20 33 76).

NÖRDLICH VON NUORO

In der einsamen Landschaft nördlich von Nuoro gibt es ein paar absolut sehenswerte archäologische Stätten. Sie sind für Besucher nicht leicht erreichbar. Selbst Autofahrer werden sich wundern, wohin es sie da verschlagen hat. Aber wer durchhält, wird reich belohnt. Nirgendwo sonst kann man so ungestört den Zauber und die Stille des Inselinneren genießen wie an diesen kaum besuchten Stätten.

Monte Ortobene

Etwa 7 km nordöstlich von Nuoro erhebt sich der mit Steineichen, Pinien, Tannen und Pappeln dicht bewaldete Granitgipfel **Monte Ortobene** (955 m), auf dem eine 7 m hohe Bronzestatue des Redentore (Christus, des Erlösers) thront. Der mit eigenartigen Granitbrocken übersäte Berg ist ein beliebtes Picknickareal und Zentrum von Nuoros jährlichem Festival **Sagra del Redentore**.

NICHT VERSÄUMEN

DIE BESTEN KLETTERROUTEN IM OSTEN

Gute Dienste tut der umfassende Kletterführer *Pietra di Luna* von Maurizio Oviglia (50 €), erhältlich in Buchläden vor Ort sowie online.

Die Bucht **Cala Fuili** lässt sich einfach erreichen und bietet sich für Anfänger an. Die insgesamt 190 Routen für jeden Geschmack und jedes Belastungsniveau weisen einen Schwierigkeitsgrad zwischen 5a und 8b+ auf, darunter Klippen über dem Strand sowie Dutzende Felsüberhänge in der Schlucht.

La Poltrona Der massive Kalksteinkessel unweit der zentral gelegenen Cala Gonone bietet kompakte Felsen, 75 Routen mit Bohrhaken (Schwierigkeitsgrad 4 bis 8a) sowie eine Maximalhöhe von 175 m. Am Vormittag wird es hier im Sommer sehr heiß, deshalb besser bis zum Spätnachmittag abwarten.

Cala Luna Sagenhafte Kletterrouten über einer wunderschönen Bucht, die sich in zwei Stunden zu Fuß von Cala Gonone oder mit dem Boot erreichen lässt. Die 57 Routen liegen im Schwierigkeitsgrad 5c bis 8b+, darunter einige schwierige Single-Pitches in Höhlen mit Überhängen. Großes Plus: Die Felswände liegen fast den ganzen Tag hindurch im Schatten.

Hotel Supramonte Wesentlicher Bestandteil des Klettervergnügens ist die Ankunft in dem Hotel genannten Unterschlupf: Er liegt auf einem Felsvorsprung in einer atemberaubenden 400 m schroff abfallenden Felswand, an der schmalsten Stelle der Schlucht Gola Su Gorropu. Der anspruchsvolle Mehrseillängeneinstieg (Schwierigkeitsgrad 8b) ist nur etwas für sehr erfahrene Kletterer.

S'atta Ruia Das beliebteste Areal in Dorgali besteht aus einer langen Kalksteinklippe mit vertikalen Felswänden und Überhängen. Es gibt 81 Routen im Schwierigkeitsgrad 5a bis 7b. Geklettert werden sollte in den Morgenstunden, dann ist es hier noch schattig.

Biddiriscottai Kurz vor der Bucht Cartoe bietet Biddiriscottai ein sagenhaftes Bergambiente mit dramatischen Ausblicken übers Meer. Klippen und Felsen ragen über einer Höhle auf. Geklettert wird auf 50 guten Routen mit Bohrhaken im Schwierigkeitsgrad 5b bis 8a+.

Ulassai Ulassai ist ein Paradies für Kletterer. Die nackten Felswände der Bruncu-Pranedda-Schlucht und die Lecoi-Klippen bieten insgesamt 80 Routen, darunter einige im wahrsten Sinn des Wortes harte Brocken.

Aguglia Die Felsnadel hoch über Cala Goloritzè eignet sich super als Einführung ins Mehrseillängenklettern. Die eigentliche Herausforderung stellt der Überhang dar – die schwierigste Länge ist eine 6b+.

Vascone (tiefer Teich) Südlich von Cala 'e Luas und ideal für Deep Water Soloing (DWS; Free Solo-Klettern), mit zahlreichen phantastischen Klippen, auf denen man sich austoben kann.

Isili Das für seine Klippen und Überhänge berühmte Isili zieht Freunde des Klettersports geradezu magisch an: Zur Auswahl stehen 250 Single-Pitch-Sportrouten mit einem Schwierigkeitsgrad von 5a bis 8b.

Am 29. August pilgern bunt gekleidete Gläubige von der Kathedrale hierher. Unterwegs werden in der **Chiesa di Nostra Signora del Monte** und unterhalb der Statue Messen gefeiert.

Entstanden ist die Statue 1901 unter Papst Leo XIII., der in Italien 19 Christusstatuen als Symbol des Christentums im 19. Jh. errichten ließ. Seitdem wird diese Darstellung Christi, wie er den Teufel zu Boden trampelt, von zahllosen Pilgern verehrt, die ihr Heilungen und andere Wunder zuschreiben.

Der Blick übers Tal bis nach Oliena und Monte Corrasi ist vom Aussichtspunkt unweit des Gipfels sagenhaft schön, und zwar vor allem in der Abenddämmerung, wenn die Kalksteingipfel von den letzten Sonnenstrahlen rosarot beleuchtet werden. Der Gipfel kann mit öffentlichen Verkehrsmitteln besucht werden: Die örtliche Buslinie 8 fährt von der Via A Manzoni in Nuoro aus auf den Berg.

Fonte Sacra Su Tempiesu

In der wilden Hügellandschaft unweit der staubigen Ortschaft Orune liegt die **Fonte Sacra Su Tempiesu** (www.sutempiesu.it; Erw./erm. 3/2 €; ⌚Sommer 9–19 Uhr, Winter bis 17 Uhr), ein kunstvoller Brunnentempel der Nuragher. Seltsamerweise hat der Namen nichts mit dem prähistorischen Ursprung des Bauwerks zu tun, sondern verweist auf einen Bauern aus Tempio, der das Heiligtum 1953 entdeckte.

Vom schlüssellochförmigen Eingang des Tempels führen mehrere Stufen in den Brunnenschacht hinab, der am Tag der Sommersonnenwende direkt von der Sonne beleuchtet wird. Das Wasser steht bis an die oberste Stufe und rieselt hinab zu einem weiteren kleinen Brunnen im ursprünglichen, einfacheren Tempel von 1600 v. Chr. Der neuere Tempel wurde etwa 600 Jahre später erbaut und ist ein (teils restauriertes) Meisterwerk. Oberhalb von Brunnen und Stufen erhebt sich ein A-förmiges Bauwerk aus sorgfältig behauenen und ineinandergefügten Basalt- und Trachytsteinen (mit wasserdichter Bleiversiegelung). Die Steine wurden aus so entfernten Orten wie Dorgali hierher gebracht. Der Bau ist inselweit der einzige dieser Art. Er lag seit der Eisenzeit unter einem Erdrutsch verschüttet und wurde erst ab 1981 ausgegraben.

Ohne eigenes Fahrzeug ist er kaum zu erreichen. Man fährt in Richtung Orune, 18 km nordöstlich von Nuoro. Dazu verlässt man die Schnellstraße SS131DCN bei der Abfahrt Ponte Marreri und fährt noch 11 km nach Orune hinauf. Bis hierher fahren auch noch Busse. Ab Orune geht es auf einem teils schwierigen, aber gut ausgeschilderten Feldweg 5 km in Richtung Südosten. Vom Ticketschalter sind es noch 800 m zu Fuß bergab bis zum Tempel. Wer Italienisch versteht, kann sich von einem Fremdenführer begleiten lassen.

Bitti & Complesso Nuragico Romanzesu

Von Orune führt die SS389 12 km weiter zum Hirtendorf **Bitti**, das unlängst durch ein Sängerquartett von sich reden machte, den Tenores de Bitti. Das Männerquartett gilt als der berühmteste Vertreter des traditionellen sardischen Obertongesangs. Wer gern eine Kostprobe hören möchte, legt eine Stippvisite im **Museo Multimediale del Canto a** (Via Mameli 57; Erw./erm. 2,50/1,50 €; ⌚Sommer Di–So 9.30–12.30 & 15–18 Uhr, Winter bis 17.30 Uhr) ein, wo man diese Gesangstechnik kennenlernen und sich Tonaufnahmen verschiedener Vokalgruppen anhören kann.

Rund 13 km hinter Bitti – auf der Straße in Richtung Budduso – liegt der **Complesso Nuragico Romanzesu** (☎0784 41 43 14; Eintritt 3,50 €; ⌚tgl. 9–13 & 15–19 Uhr). Das 7 ha große Heiligtum der Nuragher (17. Jh. v. Chr.) liegt in einem dichten Kork- und Steineichenwald und besteht aus mehreren sakralen Gebäuden und diversen runden Dorfhütten. Hauptattraktion ist der heilige Brunnentempel mit einer typischen *tholos* (Kuppel) als Dach, einer einzigen Steinplatte, die auf mehreren sich verjüngenden Steinreihen ruht. Der Tempel ist mit einem halbovalen Amphitheater verbunden. Zum besseren Verständnis empfiehlt sich eine Führung, es werden täglich bis zu sechs davon angeboten. Die meisten finden auf Italienisch statt, einige jedoch auch auf Deutsch oder Englisch.

SUPRAMONTE

Südöstlich von Nuoro erhebt sich das riesige Kalksteinmassiv des Supramonte wie ein eiserner Vorhang über Oliena. Trotz der relativ geringen Höhe – sein Gipfel Monte Corrasi erreicht nur 1463 m – wirkt die kahle Hochebene mit ihren vielen Schluchten und zerklüfteten Engpässen absolut imposant und wild. Ihr Ruf als Zentrum der sardischen Banditen macht diese ursprüngliche und kompromisslose Landschaft noch aufregender.

Der Supramonte bietet hervorragende Wandermöglichkeiten. Da die Strecken größtenteils über Kalkstein verlaufen, sind die Wege allerdings oft kaum erkennbar. Im Frühling und Herbst sollte man außerdem sehr genau auf die Wettervorhersage achten. In Oliena oder Dorgali kann man auch einen einheimischen Führer engagieren.

Oliena

7420 EW.

Auf Sardinien gibt es nur wenige Anblicke, die so ergreifend sind wie der Blick auf den Monte Corrasi (1463 m) in der Abenddämmerung, wenn sein Kalksteingipfel im letzten Licht förmlich zu glühen scheint. Von

ABSTECHER

VALLE DI LANAITTU

Die Karstlandschaft des Supramonte wird durch ein 7 km langes Tal erschlossen, das man entlangwandern oder mit dem Auto bzw. Fahrrad erkunden kann. Das Tal ist an der Straße von Oliena nach Dorgali ausgeschildert. Himmelhoch aufragende Kalkberge mit Klippen und Höhlen wachen über das schmale Tal, das viele Naturwunder und archäologische Highlights bietet. Rosmarin, Mastix, Weintrauben und Oliven ziehen Tiere wie Marder, Wildschweine, Ziegen und Raubvögel an.

Auch Archäologiefans bietet das Tal eine ganze Menge, darunter Siedlungsplätze, die schon seit dem Mittleren Neolithikum bewohnt sind. Skelette und Grabobjekte, darunter Töpfe und Werkzeug aus Knochen, wurden in der **Grotta Rifugio** entdeckt, die das Bonu-Ighinu-Volk (4700–4000 v. Chr.) einst als Beerdigungsstätte nutzte. Die Ausgrabungsarbeiten in den 1970er-Jahren förderten in der vom neolithischen Ozieri-Volk (3800–2900 v. Chr.) bewohnten **Grotta del Guano** die Figuren zweier heidnischer Göttinnen, Keramik und Kochgeräte zutage.

Nicht weit vom *rifugio* (Berghütte) entfernt befindet sich die **Grotta Sa Oche & Su Ventu** (Eintritt 2 €; ⏲April–Sept. 9–18 Uhr), die sich niemand entgehen lassen sollte. Zwei Höhlen sind durch eine Art natürlichen Siphon miteinander verbunden: Die erste wilde und überaus sehenswerte Höhle trägt den Namen „Stimmenhöhle", diesen verdankt sie dem in unterirdischen Gängen gurgelnden Wasser. Die zweite Höhle beeindruckt mit ihren sagenhaften Stalaktiten und Stalagmiten; sie diente gegen Ende des 19. Jhs. dem berüchtigten sardischen Banditen Corbeddu als Unterschlupf.

Rund 300 m nördlich des *rifugio* befindet sich die 5 ha große archäologische Stätte **Sa Sedda 'e Sos Carros** (Erw./erm. 5/3 €; ⏲Sommer 9–18 Uhr) mit Überresten von etwa 150 Nuraghenhütten. Die interessanteste Ruine ist jedoch sicher der runde **Brunnentempel** mit Steinöffnungen, aus denen früher Quellwasser in ein riesiges Becken in der Mitte sprudelte.

Nuoro kann man die bunten Dächer von Oliena sehen, das sich in eine Bergmulde schmiegt. Das Dorf als solches macht mit seinem Zentrum aus grauen Steinhäusern nicht viel her, ist jedoch ein praktischer Standort, um den Supramonte zu erkunden.

Das Dorf wurde vermutlich in römischer Zeit gegründet, sein Name bezieht sich jedoch auf die Ilienser: Nachkommen geflohener Trojaner, die sich hier niedergelassen haben sollen. Die besser dokumentierte Ankunft der Jesuiten im 17. Jh. legte den Grundstein für das heutige Dorf. Die eifrigen Jesuiten förderten die örtliche Seidenindustrie und ermunterten die Bauern, die umliegenden Hänge zu bewirtschaften. Mittlerweile ist Oliena für seine Seidenstickereien bekannt, außerdem für den Cannonau-Rotwein Nepente di Oliena. Der in England erfolgreiche Fußballstar Gianfranco Zola wurde 1966 in Oliena geboren.

Sehenswertes

Centro Storico ALTSTADT

Die **Chiesa di Santa Maria** aus dem 13. Jh. überragt die Piazza Santa Maria, den Dreh- und Angelpunkt des dörflichen Lebens. Hier findet samstags auch der Markt statt. Gleich in der Nähe steht die wunderbar schlichte **Chiesa di San Lussorio** aus dem 14. Jh. Beim Bummel durch die steilen grauen Straßen sollte man Ausschau nach **Wandmalereien** halten: Eine zeigt den berüchtigten Banditen Giovanni Corbeddu Sali (1844–98), der von hier stammt, eine weitere befindet sich an einem rosafarbenen Haus unweit der Via Cavour. Es zeigt eine alte, schwarz gekleidete Frau mit einem Gewehr, das die Salvenschüsse während der Osterfeierlichkeiten S 'Incontru symbolisiert.

Aktivitäten

Die Landschaft rund um Oliena ist ein ausgesprochenes Wanderparadies.

Cooperativa Enis ABENTEUERSPORT

(☎0784 28 83 63; www.coopenis.it; Località Monte Maccione) Dieses renommierte Abenteuersportunternehmen veranstaltet erstklassige geführte Wanderungen und Geländewagenexkursionen in den Supramonte sowie entlang des Golfo di Orosei. Ausflugsbeispiele: Tiscali (33 €), Gola Su Gorropu (45 €), Cala Luna (45 €) inklusive Supramonte di Orgosolo und *murales* (Wandmalereien) (45 €). Wer ein Lunchpaket ordert, zahlt 5 € mehr.

Barbagia Insolita ABENTEUERSPORT

(☎0784 28 60 05; www.barbagiainsolita.it; Corso Vittorio Emanuele 48) Bietet Wandertouren nach Gola Su Gorropu (40 €) und Tiscali (35 €), Paddeln auf dem Rio Cedrino (40 €), Quadbiking (60 €) und Geländewagenfahrten durchs Hinterland (40 €).

Sardegna Nascosta WANDERN

(☎0784 28 85 50; www.sardegnanascosta.it) Organisiert Fahrten und Wanderungen (35 bis 55 € einschließlich Mittagessen) mit kulturellen Schwerpunkten, von Wanderungen zum Monte Corrasi, zur Gola Su Gorropu und ins Valle di Lanaittu über Kanufahren und Klettern bis zu Höhlenerkundungen.

Festivals & Events

Settimana Santa RELIGIÖSES FEST

Im Dorf geht es am Osterwochenende lebhaft zu: Höhepunkt der einwöchigen Osterfeierlichkeiten ist der S'Incontru („die Begegnung"), eine ausgelassene Prozession am Ostersonntag. Dann wird eine Christusstatue zur Piazza Santa Maria getragen, wo sie der hl. Jungfrau Maria „begegnet".

Autunno in Barbagia KULTURFEST

Von September bis Dezember halten die 27 Bergdörfer der Barbagia ein Wochenende mit verschiedensten Veranstaltungen ab – das Spektrum reicht von Workshops zum Thema Käseherstellung bis hin zu Ausstellungen und Vorführungen, bei denen die Kunsthandwerker ihr Können demonstrieren. Die Anwohner öffnen Gästen an diesem Wochenende ihre Türen und tischen Berge an lokalen Leckereien aus der Region auf – eine gute Gelegenheit, sich mit Lebensmitteln aus der Region einzudecken.

Essen

Zum Su Gologone und zum Agriturismo Guthiddai gelangt man über die Straße, die in Richtung Dorgali führt; von ihr zweigt eine Straße rechts zum Valle di Lanaittu ab (ausgeschildert).

Agriturismo Guthiddai AGRITURISMO €€

(☎0784 28 60 17; www.agriturismoguthiddai.com; Località Guthiddai; Mahlzeiten 28–35 €; ⏲19.30–22.30 Uhr; 🚸) In dem weiß getünchten *agriturismo* zwischen Weingärten und Olivenhainen werden die Gäste so herzlich willkommen geheißen, als würden sie zur Familie gehören. Wein, Olivenöl und Gemüse stammen aus eigenem Anbau. Spezialität des Hauses ist die aromatische *pecora in cappotto* (Lammeintopf).

Masiloghi SARDISCH €€

(☎0784 28 56 96; Via Galiani 68; Mahlzeiten 30–35 €; ⏲12–15.30 & 19–23.30 Uhr) Das schicke Restaurant in einer sonnendurchfluteten mediterranen Villa (an der Hauptstraße in den Ort hinein) präsentiert in seiner rustikalen Gaststube einheimische Kunst. Spezialitäten wie die selbst gemachte Pasta, aber auch den Lamm- und Wildschweineintopf sollte sich niemand entgehen lassen. Wer gern im Freien isst, findet Tische auf der Veranda.

★ Gologone SARDISCH €€€

(☎0784 28 75 12; www.sugologone.it; Località Su Gologone; Mahlzeiten ca. 55 €; ⏲12.30–15 & 20–22 Uhr) Dieser Landgasthof am Fuß der Berge ist ganz entzückend und an milden Abenden kann man auf der mit Bougainvilleen bestandenen Terrasse sitzen. Der hiesige rote Cannonau passt hervorragend zu den sardischen Küchenklassikern: *culurgiones* (Ravioli), *porceddu* (Spanferkel), das bis zur knusprigen Perfektion auf einem gewaltigen offenen Feuer gebraten wird, und *seadas al miele* (knusprige, mit Ricotta und dunklem Honig gefüllte Teigtaschen).

An- & Weiterreise

ARST-Busse verkehren häufig von der Via Roma nach Nuoro (1,50 €, 20 Min., Mo–Sa bis zu 12-mal tgl., So 6-mal tgl.).

BARBAGIA

Die Barbagia, Sardiniens geografisches und spirituelles Zentrum, gibt sich rau und gebirgig. Der Name leitet sich vom Lateinischen „Barbaria" ab, das wiederum auf das griechische Wort *barbaros* (Fremder, Barbar) zurückgeht. So nannten die Römer diese Region, nachdem ihre Eroberungsversuche mehrmals gescheitert waren. Das unwegsame Gelände und die zähen Einheimischen mit ihrem introvertierten Stolz hielten die Legionäre ab – und danach auch den Rest der Welt. In den Dörfern der Barbagia sind sardische Dialekte noch weit verbreitet, traditionelle Feste werden mit Begeisterung begangen. In den Straßen trifft man auch heute noch der Tradition entsprechend ganz in Schwarz gekleidete ältere Frauen.

Die Region zählt Dutzende von Dörfern und ist um den Gennargentu herum in ein-

BÜCHER IN DER BARBAGIA

In dem kleinen Dorf Gavoi (s. S. 196) in der Barbagia würde kein Mensch je damit rechnen, ausgerechnet Schriftstellern wie Jonathan Coe, Nick Hornby und Zadie Smith über den Weg zu laufen. Doch die britischen Bestsellerautoren sind nur einige der hochkarätigen Literaturstars, die dem alljährlichen Literaturfest bereits ihre Aufwartung gemacht haben.

Die unglaubliche Erfolgsgeschichte der **L'Isola delle Storie** begann 2003. Seitdem verwandelt sich das Dorf Anfang Juli alljährlich vier Tage lang in eine literarische Freilichtbühne – mit Lesungen, Konzerten, Theateraufführungen, Filmvorführungen und Seminaren. Weitere Informationen finden sich auf der Website des Festivals: www.isoldellestorie.it (auf Italienisch).

zelne Bezirke geteilt: Im Norden befindet sich **Barbagia Ollolai**, im Westen **Mandrolisai**, im Südwesten **Barbagia di Belvi** und im Süden **Barbagia di Seulo**.

Die gesamte Gegend ist relativ dünn besiedelt und die Verbindungen zwischen den Orten beschränken sich meist auf einzelne, kurvenreiche Straßen. Der öffentliche Nahverkehr spielt hier keine große Rolle; wer sich einigermaßen eigenständig in der Gegend bewegen möchte, sollte sich also besser einen Wagen mieten.

Im Herzen der Region ragen die kahlen, windgepeitschten Berge des Gennargentu-Massivs auf, mit rund 1000 bis 1834 m (Punta La Marmora) sind sie die höchsten Erhebungen der Insel. Hier befindet sich auch das Zentrum des Parco Nazionale del Golfo di Orosei e del Gennargentu, des größten Nationalparks von Sardinien.

Beste Informationsquellen für Reisende sind die Touristeninformationen in Nuoro, Oliena und Dorgali. An hilfreichem Kartenmaterial empfehlen sich Belletti Editores Parco del Gennargentu (1:100 000; 6 €) und Nuoro (1:200 000; 7,50 €), eine Provinzkarte, die von Litografia Artistica Cartografica herausgegeben wurde.

Barbagia Ollolai

Orgosolo

4510 EW.

Hoch in den Bergen liegt Sardiniens berüchtigtste Stadt. Orgosolo war lange gleichbedeutend mit Gewalt und Banditentum, die diesen Inselteil einst beherrschten. Diese Problematik ist mittlerweile fast vollständig überwunden und die Stadt bemüht sich – einigermaßen erfolgreich – um einen neuen Ruf als alternatives Touristenziel. Immer häufiger sind Urlaubergruppen in den Gassen anzutreffen, die die bunt bemalten Hauswände fotografieren. Sobald die Tagesausflügler jedoch verschwunden sind, erobern sich die Dörfler ihre Straßen zurück: Alte Männer sitzen vor ihren Häusern und starren allen Fremden misstrauisch nach, während die Jugendlichen in matschbespritzten Autos durch die Straßen flitzen.

Sehenswertes & Aktivitäten

Rund 5 km südlich von Orgosolo führt die SP48 in die Montes-Berge hinauf. 13 km weiter gen Süden befindet sich die **Funtana Bona**, die Quelle des Flusses Cedrino. Unterwegs durchfährt man die gewaltigen Steineichenwälder der **Foresta de Montes**.

Corso Repubblica BEMERKENSWERTE STRASSE

Zweiter Weltkrieg, Erfindung der Atombombe, Bergarbeiterstreik in den Schächten von Iglesiente, die Übel des Kapitalismus, Frauenbewegung – Orgosolo gleicht einer Riesenleinwand für emotional aufgeladene Graffiti. Die meisten der **Wandmalereien** finden sich an der Hauptdurchgangsstraße, dem **Corso Repubblica**. Sie gehen auf eine Initiative von Professor Francesco del Casino im Jahr 1975 zurück – ein Schulprojekt, das den 30. Jahrestag der Befreiung Italiens würdigen sollte. Heute gibt es rund 200 solcher Wandmalereien, viele stammen von Professor Casino höchstpersönlich. Als weitere bemerkenswerte Künstler sind Pasquale Buesca und Vincenzo Floris zu nennen.

Stilistisch sind die Gemälde völlig unterschiedlich – die jeweilige Handschrift der Künstler ist unübersehbar. Manche Malereien wirken naturalistisch, andere ähneln Cartoons und wieder andere, beispielsweise die am Fotostudio Kikinu, erinnern an Picasso. Die satirischen Karikaturen zeigen alle wichtigen politischen Ereignisse des 20. und 21. Jhs. und dokumentieren eindringlich den Kampf der Unterprivilegierten gegen das mächtige und oft auch korrupte Establishment. Die politischen Verfehlungen Italiens werden dabei natürlich besonders unter die Lupe genommen, so zum Beispiel die Korruption der Cassa del Mezzogiorno oder auch die Prozesse, die Premier Giulio Andreotti wegen seiner Zusammenarbeit mit der Mafia gemacht wurden. Sprechblasen ironisieren seinen Standardsatz vor Gericht: „Ich kann mich nicht erinnern." Noch interessanter sind die Wandmalereien, die Ereignisse jüngeren Datums zum Inhalt haben. So zeigen Bilder an der Ecke der Via Monni die Zerstörung der beiden Türme des World Trade Centers (datiert mit dem 28. September 2001) und den Fall von Bagdad (datiert mit dem 17. April 2003).

Wer auf dem Corso Repubblica gen Norden spaziert, gelangt zur Via Gramsci, wo farbenfrohe Darstellungen des Revolutionshelden Che Guevara zu bewundern sind, außerdem die Väter des Kommunismus: Marx, Engels und Lenin.

Festivals & Events

Festa dell'Assunta UMZUG

Von seiner schönsten Seite zeigt sich Orgosolo während der Festa dell'Assunta (Mariä Himmelfahrt) am 15. August, wenn die Menschen aus der ganzen Barbagia zur vermutlich farbenprächtigsten Prozession der ganzen Region ins Dorf strömen.

Essen

Am Corso Repubblica gibt es ein paar preiswerte Café-Bars und Pizzerias.

Cortile del Formaggio FEINKOSTLADEN €

(Corso Repubblica 216; ⌚ Sommer Mo–Fr 10–13 & 15–20 Uhr) Der Cortile del Formaggio ist ein winziges Haus mit Hof, in dem frischer, geräucherter oder gebratener *fiore sardo* verkauft wird: Der sardische Pecorino ist aus roher Schafsmilch.

Il Portico PIZZERIA €

(☎ 0784 40 29 29; Via Giovanni XXIII; Pizza 4–7 €, Mahlzeiten 16–20 €; ⌚ Mo–Sa 12–14 & 19–22, So 12–14 Uhr) In der hervorragenden Pizzeria mit Restaurant gibt's große Holzofenpizzas sowie leckeres Gemüse und Fleisch aus der Region, z. B. *cinghiale in umido* (Wildschweingulasch) mit Oliven. Die luftige Gaststube und die nette Bedienung tun ein Übriges, dass man sich hier wohlfühlt.

An- & Weiterreise

Busse verkehren regelmäßig von und nach Nuoro (2 €, 35 Min., Mo–Sa 6-mal tgl., So 3-mal tgl.).

Mamoiada

2580 EW.

14 km südlich von Nuoro liegt das unspektakuläre Dorf Mamoiada, das jedoch Sardiniens aufregendste Karnevalsfeier veranstaltet.

Bei den Karnevalsveranstaltungen im Februar treiben hier die sogenannten *mamuthones* ihr Unwesen: in zottige, braune Schafsfelle gehüllte und hinter hölzernen Tiermasken versteckte Gestalten. Wer keine Gelegenheit hat, Mamoiada während der Faschingszeit einen Besuch abzustatten, bekommt im **Museo delle Maschere Mediterranee** (www.museodellemaschere.it; Piazza Europa 15; Erw./erm. 4/2,60 €; ⌚ Di–So 10–13 & 15–18 Uhr) einen recht guten Eindruck, was

KARNEVAL IN MAMOIADA

Den Auftakt zum Karnevalstreiben in Mamoiada gibt die **Festa di Sant'Antonio** am 16. und 17. Januar. Einer Sage nach soll Sant'Antonio das Feuer aus der Hölle gestohlen und den Menschen gebracht haben. Zur Erinnerung daran werden überall im Dorf Freudenfeuer entzündet. Was den Feierlichkeiten ihren düsteren Charakter verleiht, ist der Auftritt der *mamuthones*, für die das Dorf berühmt ist. Diese Gruselgestalten tauchen auch am Faschingsdienstag und am Sonntag davor zum **Carnevale** auf. Bis zu 200 Männer hüllen sich jedes Jahr in zottige, braune Schafsfelle und tragen primitive Holzmasken, um als *mamuthones* aufzutreten. Mit bis zu 30 kg schweren *campanacci* (Kuhglocken) sorgen sie für ein unvergessliches und furchterregendes Spektakel. Anthropologen glauben, die *mamuthones* verkörpern die unausgesprochenen Ängste der Bauern und die rituelle Parade diene der Austreibung dieser Dämonen vor Beginn des neuen Frühjahrs. Die *mamuthones* werden von den in historische Polizeiuniformen gekleideten *issokadores* an langen Leinen aus der Stadt geführt.

hier im Karneval abgeht. Die Ausstellung wird durch eine Multimedia-Präsentation ergänzt. Sehenswert sind auch die Puppen im berühmten zottigen Schafsfell.

Im Dorf verkaufen ein paar Geschäfte Holzmasken, wie sie die *mamuthones* tragen; für ein schönes Exemplar werden allerdings mindestens 100 € verlangt.

Wer schnell einen Happen essen möchte, schaut im **La Campagnola** (☎0784 5 63 96; Via Satta 2; Pizza 4,50–6 €, Mahlzeiten rund 25 €; ⌚Di–So 12–14.45 & 19.30–22.30 Uhr) vorbei. Auf der Karte des sonnigen Lokals findet man verschiedene Pizzas und diverse Pastagerichte.

An- & Weiterreise

Gelegentlich fahren ARST-Busse nach Nuoro (2 €, 20 Min., Mo–Sa 5-mal tgl., So 1-mal tgl.).

Orani & Ottana

Der Hauptgrund für den Besuch des verschlafenen Dorfs **Orani** mit seinen grauen Steingebäuden ist das **Museo Nivola** (www.museonivola.it; Via Gonare 2; Erw./erm. 2,50/1,50 €; ⌚Sommer 9–13 & 16–21 Uhr, Winter 9–13 & 16–20 Uhr). Das Museum zeigt Originalskulpturen und Sandgusstechniken von Costantino Nivola. Der Sohn eines hiesigen Steinmetzes musste 1938 aufgrund der Verfolgung durch die Faschisten aus Sardinien fliehen und arbeitete einen Großteil seines Lebens in Amerika. Während der Recherchen zu diesem Reiseführer war das Museum wegen Renovierungsarbeiten teilweise geschlossen.

5 km südlich von Orani, am Fuß des 1083 m hohen Monte Gonare, liegt Sarule. Das Dorf selbst lohnt kaum einen Stopp, aber östlich davon führt eine schmale Seitenstraße hinauf zum **Santuario di Nostra Signora di Gonare**. Diese Kirche aus dem 17. Jh. steht verlassen auf einem Hügel und ist eine bedeutende Pilgerstätte. Jedes Jahr zwischen dem 5. und 8. September ehren die Dorfbewohner die Madonna di Gonare mit Pferderennen, Gesang und Tanz.

Noch viel ausgelassener geht es bei den Karnevalsfeiern am Faschingsdienstag in **Ottana** zu, das ansonsten als Sardiniens toter Punkt gilt. Die Feierlichkeiten, die fast so spektakulär wie die von Mamoiada sind, gipfeln auch hier in einer Parade. Die *merdules* (die unsere prähistorischen Vorfahren verkörpern) treiben dabei die *boes* (kostümierte und maskierte Rindergestalten) durch die Straßen.

Gavoi

3010 EW.

Das für seinen *fiore sardo* und für sein Literaturfestival bekannte Gavoi zählt zu den hübschesten Dörfern der Barbagia. Das historische Zentrum mit seinem Labyrinth an Gassen, die von schönen Steingebäuden gesäumt werden, ist gut erhalten. Nur 3 km südlich liegt inmitten von Korkeichen, Stechpalmen und Eichen der **Lago di Gusana**.

Sehenswertes & Aktivitäten

Der See samt Umgebung ist nicht nur bei Anglern beliebt. Es bieten sich hier auch viele Gelegenheiten, sich anderweitig sportlich zu betätigen.

Chiesa di San Gavino KIRCHE
In der Dorfmitte steht die **Chiesa di San Gavino**. Wie die schlichte rote Trachytfassade und das herrliche Rosettenfenster belegen, wurde sie im 16. Jh. im gotisch-katalanischen Stil errichtet. Von der Piazza vor der Kirche führen Kopfsteinpflasterstraßen durch den mittelalterlichen *borgo*.

Barbagia No Limits ABENTEUERSPORT
(☎0784 182 03 73; www.barbagianolimits.it) Der ortsansässige Veranstalter Barbagia No Limits bietet die ganze Palette an spannenden Outdooraktivitäten, darunter Trekking (25 bis 45 €), Kajakfahren (35 €), Canyoning (35 bis 60 €), Höhlen- und Jeeptouren (35 bis 65 €).

Essen

Oben im Dorf wartet das rustikale **Ristorante Sante Rughe** (☎0784 5 37 74; www.santarughe.it; Via Carlo Felice 2; Mahlzeiten rund 30 €; ⌚Do–Di 12.30–14.30 & 20–22.30 Uhr) mit leckerer sardischer Küche auf. Spezialität des Hauses ist *lu su erbuzzu*, eine herzhafte Suppe mit Speck, Würstchen, Käse, Bohnen und Wildkräutern. Weitere Pluspunkte sind die Käseauswahl und die Pizzas (nur abends).

An- & Weiterreise

Wochentags fahren täglich vier ARST-Busse nach Nuoro (3 €, 1 Std. 10 Min.), sonntags nur einer.

Fonni & Desulo

Das auf 1000 m gelegene Fonni ist die höchstgelegene Stadt Sardiniens und zugleich eine ansehnliche Landgemeinde.

ABSEITS DER ÜBLICHEN PFADE

GIPFELSTÜRMER

Es ist relativ einfach, die beiden höchsten Berge Sardiniens zu besteigen, am leichtesten geht es von Fonni und Desulo aus. Die Abzweigung zum **Bruncu-Spina-Pfad** befindet sich 5 km außerhalb von Fonni an der Straße nach Desulo, von hier schlängelt sich eine 10 km lange Straße durch die baumlose Landschaft bis zur Talstation eines Skilifts. Nur 1 km vor diesem Lift entfernt zweigt rechts ein steiler Trampelpfad ab, nach 3 km ist der Gipfel (1829 m) erreicht. Von oben bietet sich ein weiter Panoramablick in alle Richtungen. Wer im Winter hier ist, kann an den Hängen ganz passabel Ski fahren. Die Tageskarte für den Skilift und Leihski kosten rund 30 €. Einzelheiten finden sich unter www.bruncu spina.com (auf Italienisch).

Wer das Panorama von der noch 5 m höheren **Punta La Marmora** (1834 m) genießen möchte, muss dafür einen Fußmarsch von 1½ Stunden auf sich nehmen. Vom Bruncu Spina sieht die Strecke eigentlich gar nicht so schwierig aus, aber Achtung: Man braucht eine gute Wanderkarte oder einen Führer und muss im Sommer an ausreichend Wasser denken.

Wanderer nutzen Fonni gerne als Ausgangspunkt für Touren zu den höchsten Gipfeln der Insel: Bruncu Spina (1829 m) und Punta La Marmora (1834 m).

Sehenswertes

Von Fonni schlängelt sich eine malerische Landstraße (SP7) Richtung Süden durch Parklandschaften und Eichenwälder – mit herrlichen Ausblicken auf die Kalkberge, die tiefe Täler überragen. Nach 25 km ist **Desulo** erreicht, eine langgezogene Ortschaft, die sich aus drei ehemals eigenständigen Dörfern zusammensetzt. Viel zu sehen gibt es hier eigentlich nicht, aber aufgrund seiner Nähe zum Gennargentu bietet sich der Ort – wie auch Fonni – als Übernachtungsort an.

Basilica della Madonna dei Martiri BASILIKA
(am Rand der Piazza Europa) Am höchsten Punkt des Dorfes, direkt an der Piazza Europa, steht die imposante Basilica della Madonna dei Martiri aus dem 17. Jh. Sie ist eine der bedeutendsten Barockkirchen der Barbagia. Umgeben von *cumbessias* (Pilgerhütten), ist sie vor allem für ein heiliges Madonnenbildnis bekannt, das angeblich aus den zerstoßenen Knochen von Märtyrern bestehen soll. Im Juni steht es im Mittelpunkt der beiden wichtigsten Festtage von Fonni: der Feste della Madonna dei Martiri am Montag nach dem ersten Sonntag im Juni und der Festa di San Giovanni am 24. Juni.

Die Bäume vor der Kirche wurden zu religiösen Szenen umgestaltet. Einer davon zeigt den gekreuzigten Jesus und die beiden Räuber.

Essen

Ristorante Albergo Il Cinghialetto SARDISCH €€
(☎ 0784 5 76 60; Via Grazia Deledda 193; Mahlzeiten 25–30 €; ⏲ Di–So 12.30–14.30 & 19.30–22 Uhr) Das Lokal unten im modernen Teil des Dorfes ist einfach und nett, auf den Tisch kommen sardische Fleischgerichte und Pizza. Im Winter sorgt ein offenes Kaminfeuer für wohlige Temperaturen.

An- & Weiterreise

Von Nuoro verkehren ARST-Busse nach Fonni (3 €, 40 Min., Mo–Sa 8-mal tgl., So 2-mal tgl.) sowie nach Desulo (4,50 €, 1 Std. 20 Min., Mo–Sa 1-mal tgl.).

Barbagia di Belvi

Aritzo

1445 EW.

Das muntere Bergdorf Aritzo lockt schon seit dem 19. Jh. Besucher an. Sein kühles Klima und der alpine Charakter (796 m) begeisterte die Adeligen aus dem Piemont, die in den hiesigen Wäldern auf Wildschweinjagd gingen. Rund ums Dorf gibt es eine Fülle an markierten Wanderwegen, die sich fast alle auf eigene Faust erwandern lassen.

Einen Namen machte sich Aritzo dank des lukrativen Handels mit Schnee. Etwa fünf Jahrhunderte lang hielt das Dorf das „Erntemonopol" für Schnee und belieferte ganz Sardinien damit. So genannte *niargios* (Schneebauern) ernteten die kalte Materie auf der

Punta di Funtana Cungiada (1458 m), lagerten sie in strohgefütterten Holzkisten und schickten sie dann an die Tafeln von Cagliari.

Sehenswertes & Aktivitäten

Museo Etnografico MUSEUM
(Via Guglielmo Marconi; Eintritt inkl. Sa Bovida Prigione Spagnola Erw./erm. 2,50/2 €; ⌚ Sommer Di–So 10–13 & 15–19 Uhr, Winter bis 18 Uhr) In dem kleinen Museo Etnografico sind einige der strohgefütterten Holzkisten zu sehen, die früher von den Schneesammlern benutzt wurden. Das Museum in der Grundschule des Dorfes zeigt eine bunte Sammlung traditioneller Trachten und Masken, außerdem verschiedene landwirtschaftliche Geräte und Haushaltsgegenstände, die sehr anschaulich das Leben vergangener Zeiten beleuchten.

Sa Bovida Prigione Spagnola HISTORISCHES GEBÄUDE
(Via Guglielmo Marconi; Eintritt inkl. Museo Etnografico Erw./erm. 2,50/2 €; ⌚ Sommer Di–So 10–13 & 15–19 Uhr, Winter bis 18 Uhr) Fast direkt an der Hauptstraße liegt dieses Gefängnis aus dem 16. Jh. Das grausige Gemäuer aus grauem Schiefer diente bis in die 1940er-Jahre als Hochsicherheitsgefängnis.

Chiesa di San Michele Arcangelo KIRCHE
Von den frühgotischen Ursprüngen der Chiesa di San Michele Arcangelo ist nur noch wenig erhalten geblieben. Im Kirchenraum befinden sich eine *pietà* aus dem 18. Jh. sowie ein Porträt des hl. Christopherus aus dem 17. Jh. Gegenüber der Kirche sieht man vom Aussichtspunkt den **Monte Texile**, einen Kalksteinberg, der an eine Festung erinnert und deshalb als Naturdenkmal unter Schutz gestellt wurde.

Feste & Events

Heutzutage ist das berühmteste eisige Produkt des Dorfs sein köstliches Zitronensorbet. Wer möchte, kann es bei der Mitte August stattfindenden **Festa de Sa Carapinna** probieren.

Am letzten Sonntag im Oktober füllen sich die Straßen mit zahlreichen Menschen, die sich vergnügen und bei der **Sagra delle Castagne** Kastanien suchen.

Barbagia di Seulo

Im Süden und Osten von Aritzo erstreckt sich die Barbagia di Seulo auf den felsigen Anhöhen des Gennargentu-Nationalparks. Es ist eine einsame Gegend mit kleinen Städtchen und vielen kurvigen Bergstraßen.

Von Aritzo windet sich die Straße südostwärts durch **Seulo** und **Seui**, wo es einige traditionelle Häuser mit schmiedeeisernen Balkonen gibt. Dann geht es weiter bergauf in Richtung Ussassai, bis sich die Straße nach 9 km bei Cantoniera Arcueri gabelt. In Richtung Montarbu folgt nach weiteren 9 km links der Straße Sardiniens größte Nuraghe, die **Nuraghe Ardasai**, auf einer Felsnase über dem tiefen Flumendosa-Tal. Die Aussicht lohnt einen kurzen Stopp. 6 km weiter folgt eine Abzweigung zur dichten **Foresta di Montarbu** im Schatten des gleichnamigen Berges (1304 m). Ein paar Kilometer weiter erhebt sich der noch eindrucksvollere, 1293 m hohe **Monte Perda Liana**.

Dann fällt die Straße zum Südufer des **Lago Alto della Flumendosa** ab, dem sie 10 km ostwärts folgt. Sie kreuzt mehrmals die Gleise des *Trenino Verde* (Touristenbahn) und trifft schließlich auf die Hauptstrecke Nuoro–Lanusei.

ABSTECHER

SORGONO

Sowohl der Weg nach Sorgono als auch der Aufenthalt in diesem Dorf sind einen Abstecher wert. Sorgono liegt inmitten von ausgedehnten Wäldern mit Stechpalmen, Korkeichen, Kastanien- und Haselnussbäumen im Herzen des Mandrolisai, einer entlegenen Hügellandschaft westlich des Gennargentu. Gleich in der Nähe liegt die archäologische Stätte **Biru 'e Concas**, sie zeigt eine der größten Ansammlungen an Menhiren auf der ganzen Insel. Die **Cantina del Mandrolisai** (%0784 6 01 13; Corso IV Novembre 20; ⌚ Mo–Fr 9–13 & 15–17.30, Sa 9–13 Uhr) zählt zu den bedeutendsten Weinkellereien der Region; berühmt sind ihre fruchtigen Rotweine. Vor dem Kauf dürfen Kunden die Weine nach Herzenslust probieren.

Sorgono liegt auf der Strecke des *Trenino Verde*. Wer mit dem Auto unterwegs ist, nimmt von Aritzo die 25 km lange Serpentinenstraße SS295.

SARCIDANO

Südwestlich von Aritzo gehen die zerklüfteten Berge nach und nach in die breite Sarcidano-Ebene über, die viele *nuraghi* und weitere geheimnisvolle prähistorische Stätten birgt.

Laconi

2090 EW.

Im charismatischen Bergdorf an der SS128 in Richtung Süden läuft das Leben noch sehr gemütlich ab. In den Kopfsteinpflasterstraßen verbergen sich einige sehenswerte Attraktionen: ein interessantes archäologisches Museum, das Haus, in dem der einzige Heilige Sardiniens zur Welt kam, sowie ein bewaldeter Park, über dem eine Burg thront. Vom Dorf aus bietet sich ein wunderschöner Blick über die grüne Hügellandschaft.

Sehenswertes & Aktivitäten

Museo delle Statue Menhir MUSEUM
(http://menhirmuseum.it; Via Amsicora; Erw./erm. 5/3 €; Sommer Di–So 10–13 & 15.30–19 Uhr, Winter bis 18 Uhr) Das reizende Museum in einem Palazzo (Herrenhaus) aus dem 19. Jh. zeigt eine Sammlung von 40 Menhiren, die allesamt aus prähistorischen Stätten der Umgebung stammen und eine seltsame Faszination ausüben. Über ihre Funktion ist wenig bekannt, man geht jedoch davon aus, dass diese stehenden Steine mit prähistorischen Bestattungsritualen in Verbindung standen. Indirekt beleuchtet wirken sie noch geheimnisvoller, denn durch die Schatten treten verblasste Reliefs zutage, die einen Hinweis geben, ob es sich um einen „weiblichen" oder um einen „männlichen" Stein handelt.

Wer für dergleichen ein besonderes Interesse hat, sollte vielleicht zusätzlich noch einen Abstecher nach **Pranu Mutteddu** weiter südlich einplanen: Dort sind Menhire in situ zu bestaunen.

Casa Natale di Sant'Ignazio DORFHAUS
(Via Sant'Ignazio 58) GRATIS In diesem schlichten Haus mit lediglich zwei Zimmern in einer Kopfsteinpflastergasse soll der hl. Ignatius das Licht der Welt erblickt haben (verstorben ist er 1781). Das Hinterzimmer mit einer niedrigen Holzdecke und Steinwänden vermittelt einen guten Eindruck, wie ein ärmliches Dorfhaus im 18. Jh. ausgesehen hat. Das schlichte Grabmal des hl. Ignatius erleuchten Kerzen. Offizielle Öffnungszeiten gibt es nicht, das Geburtshaus ist jedoch die meiste Zeit zugänglich. Sollte es geschlossen sein, einfach in der Touristeninformation nachfragen.

Parco Aymerich PARK
(Sommer 8–20 Uhr, Winter 8–16 Uhr) Vom Haus des Heiligen geht es über die Via Sant'Ignazio ein Stück weiter, dann biegt man links in die erste Querstraße ein, um zu diesem schönen 22 ha großen Park zu gelangen. Neben exotischen Bäumen (darunter einer imposanten Libanonzeder sowie mehreren Eukalyptusbäumen) sowie Quellen, Seen und Grotten beeindrucken hier die Überreste einer Burg aus dem 11. Jh. Vom **Castello Aymerich** genießen die Besucher einen herrlichen Blick, der über den Park und das von der Landwirtschaft geprägte Umland reicht.

Praktische Informationen

Laconi zählt zu den wenigen Orten der Region, die über eine eigene **Touristeninformation** (0782 86 70 13; Piazza Marconi; Mo–Fr 9–13 Uhr) verfügen. Sie befindet sich gegenüber vom neoklassizistischen Municipio (Rathaus) an der Piazza in der Dorfmitte.

An- & Weiterreise

BUS

Busse steuern Laconi eher selten an. Es besteht jedoch eine Verbindung von/nach Isili (2 €, 35 Min., 1-mal tgl.), Aritzo (2,50 €, 40 Min., Mo–Sa 3-mal tgl.) und Barumini (2,50 €, 35 Min., Mo–Sa 2-mal tgl.); die meisten Busse fahren allerdings sehr früh am Morgen oder am späten Nachmittag.

ZUG

Der *Trenino Verde* (11 €, 1¼ Std. Dienstag 1-mal tgl.) hält hier auf der Fahrt von Mandas Richtung Norden. Der Bahnhof liegt rund 1 km westlich vom Ortszentrum.

Südlich von Laconi

Santuario Santa Vittoria

Außerhalb des Dörfchens Serri liegt das **Santuario Santa Vittoria** (Erw./erm. 4/2 €, inkl. der Nuraghen Arrubiu & Prano Mutteddu 9/4,50 €; Sommer 9.30–13 & 15–20.30 Uhr, Winter bis 17 Uhr), eine der wichtigsten Nuraghensiedlungen Sardiniens. Erstmalig

SICHER & VERANTWORTUNGSVOLL WANDERN

Bevor es zum Wandern losgeht, sollten die folgenden Hinweise berücksichtigt werden, denn schließlich soll der Ausflug ja ein sicheres, vergnügliches Erlebnis werden und zudem mithelfen, die Ökologie und Schönheit Sardiniens zu bewahren.

➡ Alle Gebühren bezahlen und die Genehmigungen einholen, die von den Lokalbehörden verlangt werden.

➡ Zuverlässige Informationen über die physischen Belastungen und geografischen Gegebenheiten der geplanten Route einholen (z. B. bei der Parkaufsicht).

➡ Örtliche Gesetze, Verordnungen und Verhaltensregeln hinsichtlich der Tier- und Umwelt beachten.

➡ Nur in Gegenden und auf Wegen wandern, die aufgrund der eigenen Erfahrung auch wirklich machbar sind.

➡ Die Abhänge vieler Hügel und Berge sind vor allem in höheren Regionen stark der Erosion ausgesetzt. Deshalb unbedingt auf den Wegen bleiben und auf Abkürzungen verzichten.

➡ Ist keine Toilette vorhanden, sollten die Exkremente vergraben werden. Dazu ein kleines, etwa 15 cm tiefes Loch buddeln, das mindestens 100 m von Wasserläufen entfernt liegt.

➡ Müll ist grundsätzlich mitzunehmen. Er lässt sich reduzieren, indem man von vornherein auf größere Verpackungen verzichtet.

➡ Wer zelten möchte, sollte immer beim Grundstückseigentümer um Erlaubnis bitten.

➡ Und Achtung: Wetterbedingungen und Terrain unterscheiden sich von einer Region zur anderen erheblich, manchmal sogar schon von einem Wanderweg zum anderen.

erforscht wurde sie 1907, ausgegraben schließlich im Jahr 1962. Der heute sichtbare Teil ist in drei Zonen geteilt. Der große Zentrumsbereich Recinto delle Riunioni (Treffpunkt) gilt als der einstige Verwaltungssitz. Er ist von einem ovalen Schutzwall umgeben und umfasst mehrere Türme und Wohnbauten.

Dahinter liegt ein religiöser Bereich mit dem Tempietto a Pozzo (Brunnenheiligtum), einem zweiten Tempel, der Capanna del Sacerdote (Priesterhütte), Wehrgräben und der viel später erbauten kleinen Dorfkirche Chiesa di Santa Vittoria, nach der heute die gesamte Stätte benannt ist. Die abseits liegende Casa del Capo (Häuptlingshaus) wird vermutlich so bezeichnet, weil sie mit bis zu 3 m hohen, intakten Mauern das am besten erhaltene Wohnhaus darstellt. Der dritte Teil besteht aus mehreren Rundbauten und war wohl der eigentliche Wohnbereich.

Das Santuario Santa Vittoria befindet sich am Ende einer Panoramastraße (auf der einen Seite schweift der Blick über die Ebene La Giara di Gesturi (s. S. 84), auf der anderen steigt das Gelände an bis zum Gennargentu).

Nuraghe Is Paras

Rund 20 km südlich von Laconi, unweit vom Sportzentrum in Isili, lohnt sich die Besichtigung der **Nuraghe Is Paras** (☎ 0782 80 26 41; Erw./erm. 3/2 €; ⏲ Sommer 10–13 & 16–19 Uhr, Winter 10–13 & 15–17 Uhr, Mo geschl.): Seine auffällige *tholos* (konischer Turm) ist mit 11,8 m die höchste Sardiniens.

Nuraghe Arrubiu

Rund 10 km südlich von Orroli, am Rand der SP10, ragt die **Nuraghe Arrubiu** (Erw./erm. 4/2 €, inkl. Santuario Santa Vittoria & Prano Mutteddu 9/4,50 €; ⏲ Sommer tgl. 9.30–13 & 15–20.30 Uhr, Winter bis 17 Uhr) aus der Sarcidano-Ebene auf. Ihren sardischen Namen verdankt sie der roten Färbung des Trachytgesteins. Das beeindruckende Bauwerk mit einem massiven Turm in der Mitte weist heute eine Höhe von rund 16 m auf, früher soll er einmal 30 m hoch gewesen sein. Umgeben ist die Anlage von einem Wall mit fünf Türmen sowie den Überresten der Außenmauer und der Siedlung. Die Artefakte, die hier gefunden wurden, legen die Vermutung nahe, dass die Römer sie ebenfalls genutzt haben.

Pranu Mutteddu

In der Nähe des Dorfs Goni liegt **Pranu Mutteddu** (www.pranumuttedu.com; Erw./erm. 4/2 €, inkl. Nuraghe Arrubiu & Santuario Santa Vittoria 9/4,50 €; ⌚ Sommer tgl. 9.30-13 & 15–20.30 Uhr, Winter bis 17 Uhr), eine einzigartige Begräbnisstätte aus der Zeit der neolithischen Ozieri-Kultur (3.–4. Jahrtausend v. Chr.). Dominierend sind die *domus de janas* (wörtlich „Feenhäuser", in Fels gehauene Grabstätten) und rund 50 Menhire, von denen 20 in Ost-West-Richtung aufgereiht sind, vermutlich entsprechend der Sonnenbahn. Das Bild erinnert an ähnliche Stätten, die auf Korsika gefunden wurden, ist aber auf Sardinien einzigartig.

Pranu Mutteddu befindet sich an einer Straße 20 km östlich von Senorbì und der SS128, unweit von Goni. Die genaue Lage ist der Website zu entnehmen.

GOLFO DI OROSEI

Der atemberaubend schöne Golf ist Teil des **Parco Nazionale del Golfo di Orosei e del Gennargentu** (www.parcogennargentu.it, nur Italienisch), der auch das Supramonte-Plateau einschließt. Hier am Golf treffen die hohen Berge des Gennargentu-Massivs unvermittelt aufs Meer und bilden einen Halbkreis aus dramatischen Klippen und Fjorden. In den unzähligen hufeisenförmigen Buchten schillert das Wasser türkisblau. Im Sommer sind die Plätze am Strand natürlich heiß begehrt, aber irgendwie kommen dann doch alle unter, vor allem im zerklüfteten, ursprünglichen Hinterland.

Orosei

6150 EW.

Das malerisch am nördlichsten Punkt des Golfs zwischen Steinbrüchen und Obstgärten gelegene Städtchen ist ein noch relativ unbekanntes Kleinod der Insel. Im Lauf der Jahrhunderte setzten die Verschlammung des Flusses Cedrino, das Desinteresse der Spanier, die Malaria und auch Piratenüberfälle dem einst bedeutenden pisanischen Hafen übel zu. Heute bummeln die Besucher im malerischen historischen Zentrum über Kopfsteinpflaster zu den hübschen Steingebäuden, mittelalterlichen Kirchen und begrünten Plätzen.

Sehenswertes & Aktivitäten

Über die Piazza del Popolo wacht die **Chiesa di San Giacomo**, eine spanisch anmutende Kirche mit einer imposanten neoklassizistischen Fassade und mehreren gekachelten Kuppeln. Von ihrer Terrasse reicht der Blick weit über das Gewirr aus roten Terrakottadächern bis zu den Bergen in der Ferne. Auf der anderen Seite des Platzes steht die ockerfarbene, barocke **Chiesa del Rosario** mit drei Holzkreuzen, die sich in jedem Spaghetti-Western hervorragend machen würde. Eine Gasse führt links von der Kirche zur Piazza Sas Animas mit der gleichnamigen Steinkirche, die an spanische Kirchen erinnert. Gegenüber ragt die 15 m hohe Ruine der **Prigione Vecchia** auf. Der Turm ist der Rest einer mittelalterlichen Burg und wird deshalb auch als „Castello" bezeichnet. Die schönste der Kirchen in Orosei ist allerdings die bescheidene, aber umso malerischere **Chiesa di San Sebastiano**, die aus dem 8. Jh. stammt und an der Piazza San Sebastiano aufragt, sie hat drei Steinbögen und innen eine Reetdecke.

Am Rand des historischen Zentrums steht die **Chiesa di Sant'Antonio**, die größtenteils aus dem 15. Jh. stammt. Den weitläufigen, unebenen Kirchhof umgeben gedrungene *cumbessias* (Pilgerhütten), ein vereinzelter Pisaner Wachturm gehört ebenfalls dazu.

Essen & Ausgehen

S'Hostera SARDISCH €€

(☎380 7014355; www.shosteraorosei.it; Via Grazia Deledda 56; Mahlzeiten 25–35 €; ⌚7.30–23 Uhr) S'Hostera ist im Grunde nur eine schlichte Trattoria, aber was die Kochkünste angeht, ragt es weit über die meisten anderen Restaurants in Orosei hinaus. Das Carpaccio, die hausgemachte Pasta, der frisch gegrillte Fisch und Spezialitäten wie *zuppa di pesce* (eine gehaltvolle Meeresfrüchtesuppe) und *orata alla vernaccia* (in Weißwein gekochter Wolfsbarsch) sind wahre Geschmacksexplosionen und werden mit einem Lächeln aufgetischt.

Yesterday Bar BAR

(Via Nazionale 48; ⌚17–1 Uhr) In dieser künstlerisch angehauchten Bar, die auf einen Song der Beatles anspielt, scheinen alle Probleme der Welt meilenweit weg zu sein. Das Lokal mit einem winzigen Innenhof bietet sich für einen gemütlichen Snack, ein kühles Bier oder einen Cocktail an.

ABSTECHER

AUTOTOUR

Ein lohnender Ausflug mit dem Auto ist die abwechslungsreiche 60 km lange Strecke von Dorgali nach Santa Maria Navarrese. Die SS125 mit ihren teilweise haarsträubenden Serpentinen führt hoch oben durch die Berge, die Szenerie ist spektakulär: Auf der rechten Seite ragen die zerklüfteten Kalkfelsen des Supramonte über den Wäldern auf, Schluchten schneiden sich tief ins Gestein, auf der linken Seite fallen die Berge steil zum strahlend blauen Meer hin ab. Sagenhaft ist der Blick vom schwindelerregenden **Genna 'e Silana**, einem 1017 m hohen Pass. Kurz danach folgt unweit der Abzweigung nach Urzulei **Formaggi Gruthas** (www.gruthas.it; Località Giustizieri), wo Pecorino, Ziegenkäse und Ricotta frisch vom Hof gekauft werden kann. Der festungsartige Gipfel des 647 m hohen Monte Scoine kommt in Sicht und verrät, dass Santa Maria Navarrese nicht mehr weit ist. Ein toller Abstecher auf der Rückfahrt führt von Lotzorai zunächst nach Talana (ausgeschildert) und dann weiter nach Urzulei.

Die Straße schlängelt sich durch ein schluchtartiges Tal, das wie von einer anderen Welt wirkt, unten im schattigen Tal fließt ein Fluss. Die Fahrt führt an rötlichem Granitgeröll, Weingärten und mit Kakteen bestandenen Hängen vorbei, bei Urzulei erreicht man wieder die SS125.

Dieser Autoausflug ist im Frühling zur Zeit der Wildblumenblüte am schönsten, dann überzieht der Ginster die Landschaft mit einem goldgelben Teppich. Einmal abgesehen von ein paar flotten Fiats fließt der Verkehr eher spärlich. In der Abenddämmerung muss man jedoch doppelt vorsichtig sein, dann haben Wildschweine, Ziegen, Schafe und Kühe auf der Straße das Sagen, oft treten sie auch oberhalb der Straße Gestein los.

Praktische Informationen

Touristeninformation (☎0784 99 83 67; Piazza del Popolo 13; ⌚10–12.30 Uhr) Wer sich in der Stadt an die Schilder zum *centro* hält, gelangt unwillkürlich zur Piazza del Popolo, an der auch das Fremdenverkehrsamt liegt.

An- & Weiterreise

Mehrere Busse fahren täglich von Nuoro (3 €, rund 1 Std., Mo–Sa 5-mal tgl., So 3-mal tgl.) und Dorgali (2 €, 25 Min. Mo–Sa 2-mal tgl., So 1-mal) nach Orosei.

Rund um Orosei

Die Strände

Der zu Orosei gehörige Küstenort **Marina di Orosei** liegt 2,5 km östlich des Städtchens. Der Strand markiert das nördliche Ende des Golfo di Orosei, von hier zieht sich der Golf in einem kühnen Bogen Richtung Süden. Der Strand selbst wird im Norden vom Rio Cedrino begrenzt, dahinter beginnen die Lagunen der **Stagni di Cedrino**.

Ein Strandabschnitt mit goldenem Sand am topasblauen Meer erstreckt sich 5 km Richtung Süden und wechselt dabei mehrmals den Namen: **Spiaggia Su Barone**, **Spiaggia Isporoddai** und **Spiaggia Osalla**. Alle Strände sind gleichermaßen hübsch und meist von Pinienhainen gesäumt, sodass die Möglichkeit besteht, im Schatten ein Picknick zu machen oder zu grillen – die entsprechenden Einrichtungen sind unter den Bäumen vorhanden. An einem großen Wellenbrecher entlang führt ein schöner Spaziergang von der Spiaggia Osalla zur **Caletta di Osalla**, einem weiteren Strandabschnitt nach dem Hauptstrand.

Der zu Orosei gehörige Küstenort **Marina di Orosei** liegt 2,5 km östlich des Städtchens. Der Strand markiert das nördliche Ende des Golfo di Orosei, von hier zieht sich der Golf in einem kühnen Bogen Richtung Süden. Der Strand selbst wird im Norden vom Rio Cedrino begrenzt, dahinter beginnen die Lagunen der **Stagni di Cedrino**.

Weitere sagenhafte Strände liegen nördlich von Marina di Orosei, darunter die von Pinien gesäumte **Cala Liberotto** sowie die **Cala Ginepro**, die wegen ihres seichten Wassers und des Campingplatzes vor allem für Familien ideal ist. Weiter in Richtung Norden folgt dann **Bidderosa** im gleichnamigen Naturreservat. Da die Zahl der Besucher an diesem Strand begrenzt wird, ist er nie überfüllt. Ein 4 km langer Pfad führt zum Strand hinunter, der mit traumhaft weißem, zuckrigem Sand, kobaltblauem

Wasser sowie wild wuchernden Pinien, Eukalyptusbäumen und Wacholder im Hinterland begeistert. Dieser nördliche Strandabschnitt geht dann gleich in den nächsten traumhaften Strand über, **Berchida**.

Galtelli

2450 EW.

Am Fuß des Monte Tuttavista liegt zwischen Olivenhainen, Weingärten und Weiden, auf denen Schafe grasen, das idyllische Dorf Galtelli. Das winzige mittelalterliche Zentrum besteht aus schmalen Gassen, die zu alten Steinhäusern und verträumten sonnigen Plätzen führen. Wer gerne abseits der üblichen Touristenrouten unterwegs ist, dem wird es hier sicher gefallen.

Sehenswertes & Aktivitäten

Museo Etnografico Sa Domo 'e sos Marras MUSEUM
(Via Garibaldi 12; Erw./erm. 3/2,50 €; Sommer Di–So 9.30–12.30 & 16.30–19.30 Uhr, Winter 10–12 & 16–18 Uhr) Eine edle Villa aus dem 18. Jh. beherbergt das Museo Etnografico Sa Domo 'e sos Marras mit einer faszinierenden Sammlung an ländlichen Objekten. Zu sehen sind beispielsweise ein Webstuhl aus Wacholderholz oder ein von einem Esel betriebenes Mühlrad, in einer kleinen Abteilung außerdem Kinderspielsachen. Im Obergeschoss wurden die Zimmer original im Stil des 18. Jhs. eingerichtet.

Auf den Spuren von Grazia Deledda RUNDGANG
Bekannt wurde das Dorf vor allem durch die Erwähnung in Grazia Deleddas berühmten Roman *Canne al Vento* (Schilf im Wind). Die Touristeninformation hat deshalb einen Grazia-Deledda-Rundgang vorbereitet, an dem u. a. folgende Stationen liegen: die **Chiesa di San Pietro**, eine romanisch-pisanische Kirche unweit des Friedhofs, die **Casa delle Dame Pintor** aus dem 17. Jh. sowie das fiktionale Zuhause der beiden Schwestern Pintor in Deleddas Roman *Schilf im Wind*. Der Roman erzählt die leidenschaftliche Geschichte des Niedergangs einer Adelsfamilie.

Praktische Informationen

Touristeninformation (0784 9 01 50; www.galtelli.com; Via Sassari 12; Sommer 9–12 & 16–19 Uhr, Winter Di–So 10–12 Uhr) Informationen gibt's im Fremdenverkehrsamt oben in der Altstadt.

An- & Weiterreise

Bis zu fünf Busse am Tag fahren auf der Strecke Galtelli–Orosei (1,20 €, 10 Min.).

Dorgali

8550 EW.

Dorgali ist ein normales, bodenständiges Dorf vor der prachtvollen Kulisse des Monte Bardia. Bekannt ist der Ort am Fuß des Berges für seine Weingärten und Olivenhaine. Über den pastellfarbenen Häusern entlang schmaler Gassen ragen die Kalkberge auf, deren Gipfel zahlreiche Wanderer und Kletterer anziehen.

Weitere Outdoorabenteuer bieten sich in nächster Nähe am wilden Golfo di Orosei sowie am phantastisch zerklüfteten Supramonte an.

Sehenswertes & Aktivitäten

Dorgali ist berühmt für seine Lederwaren, Keramik, Teppiche und den filigranen Schmuck – beim Einkaufsbummel durch die Geschäfte findet man zahlreiche schöne Beispiele regionaler Handwerkskunst. Sehr viel mehr Attraktionen bietet Dorgali jedoch nicht. Umso faszinierender ist die großartige Karstlandschaft in der Umgebung des Dorfes. Verschiedene Unternehmen bieten Jeepexkursionen, Wanderungen und Höhlentouren an.

Museo Archeologico MUSEUM
(www.museoarcheologicodorgali.it; Via Vittorio Emanuele; Erw./erm. 3/1,50 €; 9.30–13 & 15.30–18 Uhr, Juli & Aug. bis 17 Uhr) Das bescheidene Archäologische Museum lässt die Vergangenheit der Region wieder lebendig werden, die ältesten Exponate stammen aus prähistorischen Zeiten, die jüngsten aus dem Mittelalter.

Cooperative Ghivine ABENTEUERSPORT
(338 8341618, 0784 9 67 21; www.ghivine.com; Via Lamarmora 69/e) Der Laden organisiert so ziemlich die ganze Latte an Aktivitäten, die man sich nur vorstellen kann – von Bootsausflügen über Freeclimbing bis hin zu archäologischen Exkursionen. Zu den Wanderzielen zählen die Gola Su Gorropu (40 €), Tiscali (40 €), Monte Corrasi sowie die traumhaften Buchten Cala Luna und Goloritzè.

Sardinia Bike Travel MOUNTAIN BIKING
(340 290183; www.sardiniabiketravel.com; Via Lamarmora 180) Dies ist die richtige Adresse

für Leute, die sich in den Sattel schwingen und die Ostküste erforschen möchten. Sardinia Bike Travel organisiert Mountainbike-Exkursionen auf ehemaligen Schaf- und Köhlerpfaden und verleiht Mountainbikes, Motorräder und Quads.

Essen

Preiswerte Snackbars, Pizzerias und Bäckereien finden sich an der Hauptstraße, der Via Lamarmora.

Ristorante Colibrì SARDISCH €€
(☎ 0784 9 60 54; Via Gramsci 14; Mahlzeiten 30 €; ⌚ 12.30–14.30 & 19–22.30 Uhr) Das Restaurant mit zitronengelben Wänden liegt etwas versteckt in einem Wohngebiet (der Ausschilderung folgen), es ist für Fleischliebhaber aber sehr empfehlenswert. Zu den „Stars" auf der Speisekarte gehören *cinghiale al rosmarino* (Wildschwein mit Rosmarin), *capra alla selvatiza* (Zicklein in Thymian) und *porceddu* (Spanferkel).

Praktische Informationen

Proloco Dorgali (☎ 0784 9 62 43; www.dorgali.it; Via Lamarmora 108b; ⌚ Mo–Fr 10–13 & 16–20 Uhr) Informiert über Dorgali, Cala Gonone, Läden für Wanderausrüstung und Unterkunftsmöglichkeiten.

An- & Weiterreise

ARST-Busse verkehren nach Nuoro (3 €, 50 Min., Mo–Sa 8-mal tgl.; So 4-mal tgl.) und Olbia (7,50 €, 2 Std. 50 Min., Mo–Sa 2-mal tgl., So 1-mal tgl.). Bis zu sieben Busse (So 4-mal tgl.) pendeln zwischen Dorgali und Cala Gonone (1,20 €, 20 Min.). Einsteigen kann man an verschiedenen Haltestellen in der Via Lamarmora. Fahrkarten verkauft die Bar an der Kreuzung Via Lamarmora/Corso Umberto.

Nördlich von Dorgali

Grotta di Ispinigoli

Nördlich von Dorgali führt eine kurze Spritztour zur märchenhaften **Grotta di Ispinigoli** (Erw./erm. 7,50/3,50 €; ⌚ Führungen zur vollen Stunde im Sommer 10–18 Uhr, im Winter 10–12 & 15–17 Uhr). Die Höhle ist ein regelrechter Wald aus glitzernden Gesteinsformationen, sie birgt u. a. den zweitgrößten Stalagmit der Welt (der größte von 40 m ist 2 m länger und befindet sich in Mexiko).

Im Gegensatz zu anderen Tropfsteinhöhlen dieser Art, die man seitlich betritt, geht es hier einen 60 m tiefen Schacht hinunter – in dessen Mitte besagter prächtiger Stalagmit (38 m) aufragt. Die Höhle birgt bizarre Gesteinsformationen, die zum Teil wie Riesenpilze oder Brokkoli an den Wänden wuchern. Mit einem Erinnerungsfoto wird es allerdings nichts: Fotografieren verboten!

Die Höhle entdeckte ein Hirte 1950, erforscht wurde sie dann allerdings erst in den 1960er-Jahren. Seitdem wurde ein 15 km langes, tiefes Höhlensystem mit acht unterirdischen Flüssen erkundet. Hobbyhöhlenforscher können Führungen buchen, bei denen man bis zu 8 km weit in diese Höhlenwelt vordringt, buchbar sind sie über mehrere Agenturen in Dorgali oder auch in Cala Gonone. Artefakte der Nuragher wurden auf dem Boden des Hauptschachts gefunden, im zweiten Schacht, noch einmal 40 m weiter unten, stieß man auf Schmuck der Phönizier. Wer sich einer Standardführung anschließt, kann jedoch nur einen Blick in das Loch werfen, das zur zweiten Höhle führt – es trägt den spannenden Namen **Abbisso delle Vergini** (Abgrund der Jungfrauen). Der alte Schmuck, der hier entdeckt wurde, veranlasste einige Forscher zur Annahme, die Phönizier hätten hier junge Mädchen als rituelle Menschenopfer in den Abgrund gestoßen.

Es lohnt sich, bis zum Abendessen in der Gegend zu bleiben, um den malerischen Sonnenuntergang zu bewundern. Dazu bietet sich das **Ristorante Ispinigoli** (☎ 0784 9 52 68; www.hotelispinigoli.com; Mahlzeiten rund 30 €; ⌚ Mo–Fr 12–15 & 9.15–21 Uhr, Reservierung nur Sa & So) an, es liegt nur ein kleines Stück unterhalb vom Höhleneingang. Das bekannte Speiselokal gehört zum Hotel Ispinigoli und überzeugt mit Köstlichkeiten aus der Region, etwa *fregola con arselle* (sardische Pasta und Muschelsuppe), Zickleinbraten mit Kräutern und einer riesigen Auswahl an *formaggi*.

S'Abba Frisca

Etwa 5 km von der Grotta di Ispinigoli entfernt liegt an der Landstraße nach Cala Gonone **S'Abba Frisca** (☎ 335 6569072; www.sabbafrisca.com; Erw./erm. 7,50/5 €; ⌚ Sommer 9–12 & 15–19 Uhr, Winter nach Vereinbarung), der eine Fundgrube an ethnografischen Schätzen ist. Allein schon die Gärten, in dem jahrhundertealte Olivenbäume wuchern, sind den Besuch wert. Über allem liegt der Duft von mediterranen Sträuchern und Heilpflanzen. Andere Exponate erwecken das kulturelle Erbe Sardiniens zu neuem Leben – beispielsweise eine Hirtenhütte aus Basalt und Wacholder, alte Oliven- und Weinpressen und ein traditioneller Brotofen, in dem das hauchdünne, knusprige *pane carasau* gebacken wird.

Serra Orrios & S'Ena 'e Thomes

Rund 11 km nordwestlich von Dorgali, an der SP38 bei km 25, lohnt ein Blick auf die Ruinen von **Serra Orrios** (Erw./erm. 5/2,50 €; ⊙ Führungen stündl. 9–13 & 15–18 Uhr, im Winter kürzer), ein Nuraghendorf, das von 1500 bis 250 v. Chr. bewohnt war. Die zwischen Olivenhainen versteckt liegenden Relikte bestehen aus einem Konglomerat von etwa 70 hufeisenförmigen Hütten, die sich um zwei Basalttempel gruppieren: den Tempietto A, den angeblich Pilger benutzten, und den Tempietto B, der für die Dorfbewohner gedacht war. Mittlerweile wurde sogar noch ein dritter Tempel entdeckt, was Experten zu der Annahme veranlasste, dass die Stätte einst von großer religiöser Bedeutung war. Unweit vom Eingang ist ein Querschnitt der Stätte zu sehen, er hilft beim Verständnis (die Führungen werden nur auf Italienisch abgehalten).

Von Serra Orios bietet es sich an, ein Stück weiter in Richtung Norden zur **S'Ena 'e Thomes** (⊙ Sonnenaufgang bis Sonnenuntergang) GRATIS zu fahren, um ein schönes Exemplar einer *tomba di gigante* (Hünengrab, prähistorische Begräbnisstätte für mehrere Personen) zu besuchen, sie entstand zur Blütezeit der Nuraghenepoche. Hinter der Kreuzung auf der Straße Nuoro–Orosei weist nach 3 km Fahrt Richtung Norden rechts ein Schild den Weg zur S'Ena 'e Thomes. Ein schmaler Pfad schlängelt sich durch Felder zur zentralen ovalen Steinstele (3,65 m hoch und 2,10 m breit), die eine prähistorische Grabkammer verschließt.

Südlich von Dorgali

Gola Su Gorropu

Sardiniens spektakulärste **Schlucht** (☎ 328 876563; www.gorropu.info; Erw./erm. 5/3,50 €; ⊙ 10.30–17 Uhr) rahmen bis zu 400 m hoch aufragende Kalkwände ein. Die endemische Pflanze *Aquilegia nuragica* gedeiht hier, und wenn nicht viel los ist, lassen sich sogar Mufflons und Steinadler blicken. Vom Flussbett des Rio Flumineddu besteht die Möglichkeit, 1 km ohne Kletterausrüstung in die mit gewaltigen Felsblöcken übersäte enge Schlucht zu wandern (auf die Steinmarkierungen achten). Nach 500 m ist die schmalste Stelle erreicht: Hier ist die Schlucht gerade einmal 4 m breit! Von dort führt eine anspruchsvolle Kletterroute (Schwierigkeitsgrad 8b) 400 m senkrecht die Felswand hinauf zum **Hotel Supramonte**.

Wer in die Schlucht wandern möchte, benötigt feste Wanderstiefel und ausreichend Wasser. Es gibt zwei Hauptrouten: Die dramatischere beginnt am **Genna 'e-Silana-Pass** (an der SS125, bei km 183) am Parkplatz gegenüber vom Hotel Silana. Für den 8 km langen Weg braucht man pro Strecke anderthalb bis zwei Stunden, muss also für die Gesamtstrecke mindestens vier Stunden einplanen. Wer die Schlucht erkunden möchte, sollte ein entsprechend größeres Zeitfenster haben. Der Abstieg ist fast durchweg leicht, der Rückweg nach oben dagegen erheblich anstrengender.

Es geht durch Steineichenwälder sowie über mit Felsblöcken übersäte Abhänge und Klippen, die von Höhlen durchsetzt sind. Wer die Schlucht gern aus der Vogelperspektive betrachten möchte, folgt einem Pfad entlang des Schluchtrands. Er führt vom Parkplatz 6 km weit bis zur **Punta Cucuttos** (888 m). Pro Strecke braucht man anderthalb Stunden.

Die zweite, etwas einfachere Route (14 km) zur Gorropu beginnt an der **Sa-Barva-Brücke**, rund 15 km von Dorgali entfernt. Zu dieser Brücke gelangt man über die SS125, wo man rechts (zwischen km 200 und 201) nach dem Schild zur Gola Su Gorropu und nach Tiscali Ausschau halten muss. Dieser Straße folgt man für rund 20 Minuten bis zum Ende der Asphaltierung. Hier stellt man das Auto ab und überquert die Sa-Barva-Brücke, hinter der links der Pfad in die Schlucht ausgeschildert ist. Die Wanderung dauert rund zwei Stunden und führt am Rio Flumineddu entlang zum Eingang der Schlucht (hin und zurück vier Stunden).

Wer lieber mit einem Führer unterwegs ist, wendet sich an Sandra und Franco von der **Cooperativa Gorropu** (☎ 0782 64 92 82, 333 8507157; www.gorropu.com; Via Sa Preda Lada 2, Urzulei). Die Deutsche und der Sarde bieten verschiedene Ausflüge und Aktivitäten an – von Wanderungen über Canyoning bis hin zu Klettertouren und Kochkursen (Preise s. Website). Ihr Büro haben sie in Urzulei, am Genna 'e-Silana-Pass betreiben sie ein kleines Informationscenter.

NICHT VERSÄUMEN

WANDERUNG NACH TISCALI

Die Wanderung nach Tiscali führt mitten ins Herz des verkarsteten Supramonte. Die Wanderung beginnt an der **Sa-Barva-Brücke** oberhalb des grünen Rio Flumineddu – der Ausgangspunkt ist der gleiche wie für die Wanderung zur Gola Su Gorropu. Aufgrund einiger (einfacher) ausgesetzter Stellen sind ordentliche Wanderstiefel erforderlich, doch insgesamt ist dieser mit roten Pfeilen markierte Weg einfach zu begehen. Das Blätterdach aus Wacholder und Korkeichen sorgt für schattige Unterbrechungen. Der 7 km lange Weg ist ausgeschildert, die Gehzeit beträgt eineinhalb bis zwei Stunden. Für die gesamte Wanderung inklusive Pausen und der Besichtigung von Tiscali sollte man fünf Stunden einplanen. Bei ausreichender Zeit lohnt auch noch die Besichtigung der **Domus de Jana Biduai** (Sonnenaufgang bis Sonnenuntergang) GRATIS an der Straße nach Dorgali. Über Trittsteine im Fluss ist das Nuraghengrab erreichbar.

In Oliena, Dorgali und Cala Gonone gibt es mehrere Unternehmen, die geführte Ausflüge nach Tiscali anbieten, in der Regel verlangen sie pro Person rund 40 €; das Mittagessen ist teilweise im Preis inbegriffen.

Tiscali

Das oben in einer Berghöhle, tief im Valle Lanaittu versteckte, geheimnisvolle Nuraghendorf **Tiscali** (Erw./erm. 5/2 €; Sommer 9–19 Uhr, Winter 9–17 Uhr) zählt zu den archäologischen Highlights Sardiniens. Das Dorf datiert aus dem 6. Jh. v. Chr. und war bis zur Römerzeit bewohnt. Entdeckt wurde es Ende des 19. Jhs. Damals war es noch relativ intakt, mittlerweile haben allerdings Grabräuber die Stätte so stark geplündert, dass die konischen Steine und Lehmhütten bis auf die Grundstrukturen abgetragen sind. Der Anblick hat etwas Unheimliches: ein Wirrwarr aus Ruinen zwischen Steineichen und Terpentinbäumen, die sich im Dämmerlicht an die steilen Kalkfelsen klammern. Die Einwohner von Sa Sedda 'e Sos Carros (s. S. 192) benutzten Tiscali als Versteck: Die Siedlung war so unzugänglich, dass man dort bis gut ins 2. Jh. v. Chr. hinein unentdeckt blieb.

Cala Gonone

1280 EW.

Kletterer, Taucher, Kajakfahrer, Wanderer, aber auch Strandgutsammler kommen in Cala Gonone alle auf ihre Kosten. Weshalb? Majestätische Berge aus Kalkstein bilden den Rahmen für den phantastischen Blick auf den Golfo di Orosei, steile Klippen fallen zum tiefblauen Meer ab, Wanderwege ziehen sich durch smaragdgrüne Schluchten zu perlweißen Stränden hinunter. Sogar die Anfahrt ist ein Abenteuer, denn mit jeder Haarnadelkurve bergab nähert man sich weiter dem Meer, das sich wie ein flüssiger Spiegel vor einem ausbreitet.

Der Ferienort am Meer zieht sich an der von Pinien beschatteten Uferpromenade entlang und lässt ahnen, wie es einst im bescheidenen, familienfreundlichen Fischerdorf zuging. Vom August einmal abgesehen, sind die Strände aber nach wie vor relativ leer und die Zimmerpreise erschwinglich. Von Oktober bis Ostern fällt der Ort in eine Art Winterschlaf – dann hat wirklich alles geschlossen.

Sehenswertes & Aktivitäten

Cala Gonone bietet sich als perfekter Standort an, um die schönsten Buchten des Golfs zu erkunden, die sich alle hufeisenförmig die Küste entlangziehen. Das Gefühl, hier irgendwie am Ende der Welt zu sein, liegt wohl auch daran, dass sich die schönsten Strände und Grotten nur zu Fuß oder mit dem Boot erreichen lassen.

Die Strände von Cala Gonone JANUARSTRAND

Im Ort selbst bietet sich ein kleiner Kieselstrand, die **Spiaggia Centrale**, für ein kurzes erfrischendes Bad an, die schönsten Strände findet man jedoch weiter im Süden. Ein Stück die Uferpromenade weiter stößt man auf einen schmalen Sandstrand mit einigen Felsen, die **Spiaggia Palmasera**. Achtung: Hier gibt es Seeigel! Zum Planschen im türkisfarbenen Wasser empfiehlt sich daher eher die **Spiaggia Sos Dorroles**, 1 km weiter südlich; der Strand wird von einer auffällig gelb-orangen Felswand begrenzt.

Cala Fuili STRAND

Rund 3,5 km südlich der Ortschaft (über die Via Bue Marino erreichbar) stößt man auf einen felsigen Fjord, an den sich ein tief eingeschnittenes, grünes Tal anschließt. Hier kann man oben entlang der Klippen rund zwei Stunden (4 km) nach **Cala Luna** zu wandern. Der Pfad führt malerisch durch Wacholder und Mastixbäume und ist leicht zu finden; die dreieckigen und runden Markierungen auf den Felsen weisen den Weg. Kurz vor Cala Luna öffnet sich ein atemberaubender Panoramablick auf die Küste.

Cala Luna STRAND

Die halbmondförmige Bucht begeistert mit ihrer wilden Schönheit vor allem Kletterer. Hinter der Bucht beginnt eine gewaltige Schlucht mit von zahlreichen Höhlen durchsetzten Klippen, an die das türkise Meer brandet. Am schönsten ist es hier, wenn alle Ausflugsboote abgefahren sind und man die Bucht praktisch für sich allein hat. Mit gutem Orientierungsvermögen kann man auf einem schwierigeren, unmarkierten Pfad bis zum beeindruckenden torförmigen **Arco Lupiru** (4 km, ca. 1½ Std.) oder zur **Cala Sisine** (11 km, 4 Std.) weiterlaufen. Wildes Zelten am Strand ist verboten, die Behörden drücken aber häufig ein Auge zu, wenn sich die Camper diskret verhalten.

Cala Cartoe STRAND

10 km nördlich vom Ort liegt ein weiterer traumhafter Strand – ein seidiger Streifen feinen weißen Sands zwischen türkisblauem Meer und einem dichten Waldgebiet. Im August ist hier naturgemäß viel los, doch in der Nebensaison ist es hier fast schon einsam. Ohne einen fahrbaren Untersatz lässt sich der Strand allerdings nicht erreichen: Man fährt über die Via Marco Polo hinter dem Hafen bis zu einer Abzweigung, an der die Bucht rechts (in nördlicher Richtung) ausgeschildert ist.

Nuraghe Mannu ARCHÄOLOGISCHE STÄTTE

(Erw./erm. 3/2 €; ⏲ Sommer 9–11 & 17–19 Uhr, April–Juni & Sept.–Okt. bis 17 Uhr, Nov.–März geschl.) Wer sich die Küste aus der Vogelperspektive anschauen möchte, folgt der Ausschilderung auf der Straße Cala Gonone – Dorgali zu dieser *nuraghe*. Nach 3 km auf einer holprigen Piste erreicht man eine wilde Landspitze, von der aus einem fast die gesamte Bucht des Golfs zu Füßen liegt. Von hier schaut man in eine Schlucht mit Olivenbäumen, zwischen denen silbergraue Felsblöcke liegen. Der Turm, der um 1600 v. Chr. erstmals bewohnt wurde, ist eine eher bescheidene Ruine, dafür sind in der Kammer in der Mitte noch Nischen erkennbar.

Auch die Römer mochten diesen Platz: Beim Blick auf die Reste ehemaliger Behau-

NICHT VERSÄUMEN

DER BLAUE HALBMOND

Selbst wer in Sardinien einfach nur ausspannen und nichts weiter unternehmen möchte, sollte sich einen Bootsausflug entlang des 20 km langen südlichen Ausläufers des Golfo di Orosei nicht entgehen lassen. An der imposanten Steilküste mit hohen Kalksteinklippen wechseln sich hübsche Buchten, Strände und Grotten ab, die Kräfte der Natur haben ein Paradies aus Sand, Felsen, Kieselsteinen, Muscheln und kristallklarem Wasser geschaffen. Gegen 15 Uhr zeigen sich die Felsen von ihrer schönsten Seite, denn dann geht die Sonne langsam hinter den höheren Klippen in einem beeindruckenden Farbspiel unter.

Vom Hafen Cala Gonone geht es gen Süden zunächst zur Grotta del Bue Marino (s. S. 208). Der erste Strand nach dieser Höhle ist die halbmondförmige **Cala Luna**, die im Süden von hohen Klippen begrenzt wird. Als nächster größerer Strand folgt die **Cala Sisine**, eine hübsche Bucht, die ebenfalls mit Sand und Kieselsteinen aufwartet, dahinter liegt ein grünes tiefes Tal. Die nächste Bucht ist die **Cala Biriola** – gefolgt von weiteren reizvollen Flecken unter hoch aufragenden Klippen; an einigen Stellen schillert das Wasser himmelblau, ein unvergleichlicher Anblick.

Die **Cala Mariolu** ist zweifelsohne eine der schönsten Buchten an diesem Küstenabschnitt. Eine Felsformation aus hellem Kalkgestein teilt sie in zwei Abschnitte. Sand gibt es praktisch keinen, doch die weißen Kieselsteinchen tun nicht weh. Die Farbe des Meeres reicht von einer Art transparentem Weiß am Ufer bis hin zu einer Fülle von Blauschattierungen, die bisweilen sogar ins Violette spielen.

sungen fällt der Kontrast zwischen der geometrischen Formensprache der Römer und den ovalen Formen ihrer Vorgänger auf.

Grotta del Bue Marino GROTTE
(Erw./erm. 10/5 €; ⏲ Sommer tgl. Führungen zur vollen Std. 10–12 & 15–17 Uhr, Winter 11–15 Uhr, Okt.–März nur für Gruppen) Zu dieser hübschen Grotte wandert man von Cala Fuili aus rund 40 Minuten, das Schnellboot ab Cala Gonone bringt die Besucher ebenfalls zur Grotte. Ihren Namen verdankt sie den seltenen, inzwischen auf der Insel ausgestorbenen Mönchsrobben, die hier ihr letztes Refugium auf Sardinien hatten. Die einheimischen Fischer nannten die Tiere *bue marino* – „Meeresochsen". Die Grotte ist wirklich beeindruckend und bietet schöne Lichtspiele, bizarre Felsformationen und Petroglyphen aus dem Neolithikum. Täglich finden bis zu sieben Führungen statt, auch auf Deutsch und Englisch. Während der Hochsaison empfiehlt es sich, wegen der großen Nachfrage frühzeitig zu buchen.

Acquario di Cala Gonone AQUARIUM
(www.acquariocalagonone.it; Via La Favorita; Erw./erm. 10/7,50 €; ⏲ Sommer 10–18 Uhr) Das schillernde Aquarium – ein Entwurf der Architekten Peter Chermayeff und Sebastiano Gaias – lohnt einen Besuch, bevor man sich selbst in die Fluten stürzt. In 25 Becken leben Seepferdchen, Quallen und Rochen, aber auch verschiedene Anemonenfischarten, die eigentlich in tropischen Gewässern zu Hause sind.

☞ Geführte Touren

In Cala Gonone wartet eine riesige Bootsflotte auf Touristen, um ihnen die herrliche Küste zu zeigen – Schnellboote genauso wie hübsche Segelschiffe. Die Boote sind je nach Nachfrage von März bis Oktober unterwegs. Die Preise wechseln je nach Saison und sind in der absoluten Spitzenzeit – also etwa vom 11. bis zum 25. August – am höchsten. Auskunft erteilen die Reisebüros überall im Ort sowie die Kioske direkt am Hafen.

Prima Sardegna ABENTEUERSPORT
(☎ 0784 9 33 67; www.primasardegna.com; Via Lungomare Palmasera 32; ⏲ Sommer 9–13 & 16–20 Uhr) Wer sich dezidiert über das Thema Klettern informieren will, bekommt hier fachkundige Information und kann auch Schutzhelme ausleihen (ab 5 € pro Teil). Es werden geführte Touren nach Tiscali und in die Gorropu-Schlucht (40 €) angeboten, außerdem Wanderungen bzw. Jeep-Safaris im Supramonte. Die Leihgebühr für ein Fahrrad/Motorroller/Einerkajak/Doppelkajak beträgt pro Tag 24/48/30/55 €. Mini-Rund-

SELVAGGIO BLU

Für passionierte Wanderfreunde ist der Selvaggio Blu der Stoff, aus dem die Träume sind: Die siebentägige Tour führt 45 km an der wilden, majestätischen Küste des Golfo di Orosei entlang. Unterwegs geht es durch dicht bewaldete Schluchten, vorbei an bizarren Kalksteinformationen, Höhlen und Steilklippen. Die Szenerie wie auch die Wanderung als solche sind – im wahrsten Sinn des Wortes! – atemberaubend, die Tour zählt zu den schwierigsten Trekkingtouren ganz Italiens.

Die Route folgt den stark verwitterten – und oft nicht mehr erkennbaren – Pfaden der Schafherden und Köhler. Immer wieder werden Klippen umrundet, die dramatisch ins leuchtend blaue Meer stürzen. Aufgrund des sehr unwegsamen Geländes erfordert die Tour eine gute Kondition und auch einiges an Klettererfahrung – stellenweise muss man kraxeln und sich abseilen. In den sieben Tagen ist man täglich sechs bis acht Stunden unterwegs. Ein Schlafsack oder ein leichtes Zelt sind ebenso mitzunehmen wie Kletterausrüstung (darunter zwei 45 m lange Seile), eine Isomatte, Wanderstiefel, ein Kompass, Landkarte und ausreichend Lebensmittel und Getränke.

Wegen der beschriebenen Schwierigkeiten empfiehlt es sich, einen lokalen Führer anzuheuern, denn der Pfad ist schlecht markiert und es fehlt unterwegs an Wasserquellen (Führer lassen das Wasser per Boot zu den Übernachtungsplätzen bringen). Einen guten Eindruck bietet die Website www.selvaggioblu.it (auf Italienisch).

Der Autor von *Arrampicare a Cala Gonone* (18 €) und *Il Sentiero Selvaggio Blu* (16 €) – **Corrado Conca** (☎ 347 2903101; www.corradoconca.it) – ist der Wander- und Kletterguru Sardiniens und der geniale Führer für diesen Fernwanderweg. Pro Person verlangt er allerdings rund 500 €. Da Corrado oft in den Bergen unterwegs beim Klettern ist, sollte man sich frühzeitig mit ihm wegen eines Termins in Verbindung setzen.

fahrten durch den Golfo di Orosei kosten zwischen 35 und 45 €.

Nuovo Consorzio Trasporti Marittimi BOOT
(☎0784 9 33 05; www.calagononecrociere.it; Porto Cala Gonone) Das Unternehmen bietet verschiedene Touren an, u. a. nach Cala Luna (12 €), Cala Sisine (18 €), Cala Mariolu (26 €) und Cala Gabbiani (26 €). Eine Fahrt zur Grotta del Bue Marino kostet 16,50 €, den Eintritt in die Tropfsteinhöhle inbegriffen. Alle Touren verteuern sich im Juli und August um rund 5 €. Genaue Termine finden sich auf der Website.

Argonauta TAUCHEN
(☎347 5304097, 0784 9 30 46; www.argonauta.it; Via dei Lecci 10) Das PADI-Tauchzentrum bietet eine Fülle an Wassersportaktivitäten, u. a. Schnorchelausflüge (Erw./Kinder 30/25 €), Schnorchel-Schnupperkurse (60 €), Tauchgänge zu Höhlen und Schiffswracks (45 €) sowie Canyoning-Touren (40 €). Für die Kleinen gibt's auch PADI-Bubblemaker-Kurse (60 €).

Cielomar BOOT
(☎0784 92 00 14; Località Palmasera) Das Unternehmen veranstaltet Tagestouren am Golf, die pro Person ab 40 € kosten, außerdem kann man hier *gommone* (Motorjollen) für 80 bis 120 € pro Tag mieten; der Sprit ist nicht inbegriffen und kostet ca. 25 € extra.

Dolmen ABENTEUERSPORT
(☎347 6698192; www.sardegnadascoprire.it; Via Vasco da Gama 18, Cala Gonone) Dolmen ist ein zuverlässiger Veranstalter und bietet Jeeptouren zum Supramonte und Canyoning-Ausflüge in der Gorropu-Schlucht sowie Bootsfahrten zur Grotta del Bue Marino an. Fahrräder, Motorroller und Dinghies werden ebenfalls verliehen. Zeiten und Preise vorher telefonisch erfragen.

Essen & Ausgehen

Es gibt zahlreiche Snackbars, Gelaterias und Pizzerias am oder unweit vom Wasser. Die meisten schließen von November bis März.

Agriturismo Nuraghe Mannu SARDISCH €€
(☎0784 9 32 64; www.agriturismonuraghemannu.com; an der Straße SP26 Dorgali–Cala Gonone; Mahlzeiten 25–35 €; ⏲20–23 Uhr) Malerisch über dem Golf liegt dieser *agriturismo* versteckt in silbern schimmernden Olivenhainen. Das Essen, das hier auf den Tisch kommt, ist so gut, dass einem das Wasser im Mund zusammenläuft. Am besten schon vor dem Festmahl den Gürtel lockern: Pecorino, Salami, Oliven und Weine, gefolgt von Pasta, köstlichem Ziegen- oder Lammbraten und sardischen Süßigkeiten (wow!). Alles stammt aus eigenem Anbau und ist hausgemacht.

Il Pescatore MEERESFRÜCHTE €€
(☎0784 9 31 74; Via Acqua Dolce 7; Mahlzeiten 25–35 €; ⏲12–14.30 & 19–22.30 Uhr) In diesem authentischen Restaurant dreht sich alles um Meeresfrüchte und Fisch. Am schönsten sitzt man bei einer kühlen Brise auf der Terrasse und lässt sich Köstlichkeiten wie Pasta mit *ricci* (Seeigel) und Spaghetti mit Muscheln und *bottarga* (Meeräschenrogen) schmecken. Dazu schmeckt ein halber Liter fruchtiger weißer Hauswein (5 €).

Road House Blues ITALIENISCH €€
(☎0784 9 31 87; Lungomare Palmasera 28; Pizza 5–10 €, Mahlzeiten 20–30 €; ⏲12–24 Uhr) Das legere Lokal am *lungomare* (der Uferpromenade) bietet sich für ein schnelles Bier oder auch eine Kleinigkeit zu essen an. Die Pizzas sind nach Rockgruppen benannt – statt Parmaschinken bestellt man hier Pearl Jam. Zu den sardischen Gerichten auf der Karte gehören hausgemachte Pasta mit Mangold und Pecorino. Der Liter Hauswein für 8 € ist ein echtes Schnäppchen.

Ristorante Acquarius PIZZERIA, SARDISCH €€
(☎0784 9 34 28; Lungomare Palmasera 34; Pizza 6–10 €, Mahlzeiten rund 30 €; ⏲14–23.30 Uhr) Das fröhliche Restaurant am *lungomare* ist bei Einheimischen und Urlaubern beliebt und immer gut besucht. Die Holzofenpizza ist vom Feinsten, ebenso das *porceddu* mit Rosmarinkartoffeln. Das Myrten-Sorbet ist ein gelungener und erfrischender Abschluss des Mahls.

Praktische Informationen

Die hilfreiche **Touristeninformation** (☎0784 9 36 96; www.dorgali.it; Viale Bue Marino 1a; ⏲Mai–Sept. 9.30–13.30 & 15–19 Uhr, Okt.–April 9.30–13.30 Uhr, Juli & Aug. 9.30–20 Uhr) im kleinen Park rechts am Ortseingang hält viele gute Informationen bereit.

Wer Karten zum Wandern und Klettern oder einen Führer benötigt, sollte im **Namaste** (Via Colombo di Gometz 11, Cala Gonone; ⏲6.40–13 & 16–20 Uhr) vorbeischauen. Hier kann der umfassende Kletterführer *Pietra di Luna* von Maurizio Oviglia (50 €) gekauft werden, er deckt das Gebiet von Cala Gonone, Jerzu und Baunei ab. Das Buch *Il Sentiero Selvaggio Blu* von Corrado Conca (17 €) informiert über die siebentägige Trekkingtour Selvaggio Blu. Der Führer *La Sarde-*

gna in Bicicletta (13,90 €) beschreibt ausführlich Fahrradrouten auf Sardinien – das gesamte Radnetz der Insel ist 1000 km lang. Auch Wanderkarten und Reiseführer finden sich im Regal.

An- & Weiterreise

Busse fahren zur Cala Gonone von Dorgali (1,20 €, 20 Min., Mo–Sa 7-mal tgl., Do 4-mal tgl.) und Nuoro (3,50 €, 70 Min. Mo–Sa 6-mal tgl., So 3-mal tgl.).

OGLIASTRA

Zwischen Nuoro und Cagliari liegt die deutlich kleinere Provinz Ogliastra mit einigen der schönsten Landschaften Sardiniens. Das Landesinnere besteht aus unberührten Tälern, stillen Wäldern und vom Wind erodierten Felswänden. Die Küste präsentiert sich umso dramatischer, je näher der Golfo di Orosei rückt.

Wer sich in dieser Gegend fortbewegen will, braucht Geduld, und zwar vor allem im Landesinneren. Die Entfernungen sind zwar nicht sonderlich groß, doch aufgrund der Topografie sind die Straßen steil und meist sehr kurvenreich. Auch Busse sind unterwegs, entlegenere Ecken lassen sich jedoch nur mit dem Auto erreichen – deshalb ist hier ein Mietwagen von Vorteil.

Tortolì & Arbatax

10 800 EW.

Der erste Eindruck von Tortolì, der lebhaften Provinzhauptstadt von Ogliastra, hängt davon ab, von wo man gerade kommt. Wer vom italienischen Festland mit der Fähre übersetzt, ist vom modernen, städtischen Flair vielleicht enttäuscht. Wer hingegen aus der Abgeschiedenheit des Landesinneren auftaucht, empfindet die fröhlichen Andenkenläden und großen Hotels oft als eine willkommene Abwechslung.

Die Fähren von Cagliari landen am Hafen von Arbatax an, er liegt rund 4 km die Viale Monsignor Virgilio hinunter. Von hier aus starten auch die Bootsausflüge zum Golfo di Orosei. Im Sommer besteht die Möglichkeit, am Bahnhof von Arbatax in den *Trenino Verde* zu steigen.

Sehenswertes & Aktivitäten

Tortolì und Arbatax sind in erster Linie Ferienorte, dementsprechend rar sind die Sehenswürdigkeiten, die zudem weit auseinanderliegen. Am Hafen starten Bootsausflüge zu den Stränden sowie zu den Grotten des Golfo di Orosei, die Preise liegen in der Regel bei rund 40 bis 50 € pro Person.

Die Strände von Arbatax STRAND

An beiden Seiten der Ortschaft erstrecken sich schöne Sandstrände am kristallklaren Meer: die **Spiaggia Orri**, die **Spiaggia Musculedda** und die **Spiaggia Is Scogliu Arrubius**, alle rund 4 km südlich vom Porto Frailis (zahlreiche Hotels) gelegen. Noch weiter südlich folgt an der unberührten, von Klippen gesäumten Bucht **Marina di Gairo** die **Spiaggia Cala Francese**.

Rocce Rosse NATURDENKMAL

Wenn die Zeit nicht drängt, lohnt in Arbatax ein Abstecher zu den Rocce Rosse (roten Felsen). Dafür wechselt man am Hafen auf die andere Straßenseite und erreicht, um die Shell-Tankstelle herumlaufend, die Felsen. Wie die Ruinen einer Märchenburg stürzen die bizarren, vom Wind geformten Felsen ins Meer, in der Ferne eingerahmt vom südlichen Ogliastra und den majestätischen Klippen des Golfo di Orosei.

Essen

Am Hafen von Arbatax findet sich eine Handvoll Pizzerias und Snackbars, die alle halbwegs brauchbar sind. Fast alle haben jedoch in der Nebensaison von November bis März geschlossen.

Da Capo PIZZERIA, ITALIENISCH €€

(☎ 0782 62 01 27; www.ristorantedacapo.com; Via E Berlinguer 7; Mittagessen 10–14 €, Menus 25–35 €; ⌚ Di–So 12.30–14 & 19–22.30 Uhr) In diesem familiengeführten Restaurant am Rand von Tortolì werden Gäste mit großer Herzlichkeit empfangen. Das Speisenangebot umfasst nach originalem Familienrezept gebackene Pizzas sowie sardische Klassiker unter erstklassiger Verwendung saisonaler Zutaten: selbstgemachte Tagliatelle mit Anglerfisch und Spargelsauce, in rotem Cannonau geschmortes Filet oder Rindfleisch usw.

Ittiturismo La Peschiera MEERESFRÜCHTE €€

(☎ 0782 66 44 15; Spiaggia della Cartiera, Arbatax; Mahlzeiten rund 30 €; ⌚ Juni–Sept. 13–15 & 20–22 Uhr) Was morgens noch im Mittelmeer herumschwimmt, liegt mittags in diesem Ittiturismo unter der Leitung der Fischereikooperative von Tortolí bereits auf dem Teller. Das bescheidene Lokal abseits vom Schuss ist den Fußmarsch wert: Der Fisch ist wirklich fangfrisch. Am Ortseingang der

Beschilderung folgen, der Spazierweg führt fünf Minuten am von Schilf gesäumten Flussufer entlang. Nur mit Reservierung.

La Bitta ITALIENISCH €€€
(☎0782 66 70 80; www.hotellabitta.it; Località Porto Frailis; Mahlzeiten 40–55 €; ⏲12.30–14.30 & ab 19.30 Uhr) Wenn jemand in Porto Frailis wirklich edel speisen möchte, dann ist das La Bitta die richtige Adresse. Schick angezogen kann man hier hervorragend zubereitete Speisen genießen – z. B. selbst gemachte Pasta mit Rochen und Dill-Pesto oder Makkaroni mit Artischocken, Ricotta und *bottarga*.

Praktische Informationen

Informationen gibt's bei der **Touristeninformation** (☎0782 60 09 00; Via Mameli 22, Tortolì; ⏲Mo–Fr 8.30–14 Uhr) in Tortolì.

In der Hauptstraße von Tortolì bucht das Reisebüro **Frailis Viaggi** (☎0782 62 00 21; www.frailisviaggi.it; Via Roma 12, Tortolì; ⏲Mo–Fr 9–13 & 16.30–20 Uhr) Tickets für Fähren und Bootsfahrten (60 € pro Pers.) und verleiht Mietwagen.

An- & Weiterreise

BUS

ARST-Busse fahren von Tortolì nach Santa Maria Navarrese (1,20 €, 15 Min., Mo–Sa 11-mal tgl., So 2-mal tgl.), Dorgali (5 €, 1 Std. 50 Min., Mo–Sa 1-mal tgl.) und Nuoro (7 €, 2½–3 Std., Mo–Sa 4-mal tgl.) sowie zu vielen kleinen Dörfern im Landesinneren. Die Stadtbusse 1 und 2 verkehren von Arbatax nach Tortolì, der Bus 2 auch zum Strand und zu den Hotels im nahe gelegenen Porto Frailis.

SCHIFF

Die größte Reederei, die Arbatax ansteuert, ist **Tirrenia** (☎892 123; www.tirrenia.it). Die Fähren verkehren von/nach Genua (59 €, 18 Std., 2-mal wöchentl.), Civitavecchia (49 €, 10½ Std., 2-mal wöchentl.) und von Ende Juli bis August auch von/nach Fiumicino (63 €, 4½ Std., 2-mal wöchentl.). Verbindungen bestehen zudem nach Cagliari (33 €, 5¼ Std., 2-mal wöchentl.) und Olbia (31,50 €, 4½ Std., 2-mal wöchentl.).

ZUG

Nicht weit vom Hafen befindet sich die Endstation des **Trenino Verde** (☎070 58 02 46; www.treninoverde.com), der auf der Strecke Arbatax–Mandas (20 €, 5 Std.) verkehrt. Die Züge fahren von Mitte Juni bis Mitte September zweimal pro Tag (außer Di) und halten in Lanusei, Arzana, Ussassai und Seui. Die Zugstrecke ist die malerischste des sardischen Schienennetzes, denn sie führt durch eine ansonsten schwer zugängliche, raue Berglandschaft.

Nördlich von Tortolì & Arbatax

Lotzorai

2190 EW.

Das rund 6 km nördlich von Tortolì gelegene Lotzorai ist an sich nicht besonders interessant, liegt jedoch an herrlichen, von Pinien gesäumten Stränden wie der **Spiaggia delle Rose**. Einfach der Ausschilderung zu den drei Campingplätzen folgen, die sich gleich hinter dem Strand befinden.

KAJAKFAHREN IN CARDEDU

Es gibt keine bessere Möglichkeit, die Höhlen, Grotten und Felsformationen von Ogliastra zu erkunden, als in Begleitung von Francesco Muntoni, der die Gegend wie seine Jackentasche kennt.

In Cardedu, 16 km südlich von Tortolì, befindet sich der Veranstalter **Cardedu Kayak** (☎0782 7 51 85, 348 9369401; www.cardedu-kayak.com; Località Perda Rubia, Cardedu), mit dem man den ganzen Tag damit zubringen kann, per Kajak entspannt durch das türkisblaue Meer zu paddeln. Francesco unterrichtet Kajakfahrer aller Leistungsniveaus. Seine Kurse kosten 150 € (5 Einheiten à 2 Std.). Wer auf eigene Faust lospaddeln möchte, kann sich pro Person ab 25 € pro Tag ein Kajak mieten. Im Sommer unbedingt an die Badesachen denken! Francesco hilft auch bei der Planung von längeren Touren und beim „nautischen Campen". Das ist interessant für alle, die gerne vom Kajak aus fischen oder an einem einsamen Strand übernachten möchten.

Auf Anfrage organisiert Francesco auch Radtouren in die fruchtbaren Täler rings um Cardedu, Wanderungen entlang der faszinierenden roten Granitfelsen, die die Küste säumen, und Abstecher zu Fuß in die mit sensationellen *domus de janas* (prähistorische Grabkammern) übersäten Hügel der Umgebung.

An der Landstraße in Richtung Talana, 4 km von Lotzorai entfernt, stößt man auf das **Ristorante Sant'Efisio** (☎0782 64 69 21; www.hotel-santefisio.com; Località Sant'Efisio; Mahlzeiten 20–30 €; ⏲12.30–14.30 & 19.30–21.30 Uhr;) im Stil eines Bauernhofs. Die Gäste können in der rustikalen Gaststube oder auf der Terrasse mit vielen Blumen Platz nehmen und dort ganz entspannt die klassischen Gerichte der Region genießen. Besonders lecker sind die selbst gemachten *culurgiones* mit Frischkäse und Minze, der Wildschweinspieß und die *tacculas* (Wachteln in Myrte). Ein roter Cannonau darf natürlich auch nicht fehlen.

Santa Maria Navarrese

Am südlichen Ende des Golfo di Orosei liegt der einfache, aber hübsche Ferienort Santa Maria Navarrese. Schiffbrüchige aus dem Baskenland errichteten hier 1052 eine kleine Kirche, die sie auf Anordnung der Prinzessin von Navarra, die zu den Überlebenden zählte, der Heiligen Maria di Navarra weihten. Der alte Olivenbaum, in dessen Schatten das Gotteshaus errichtet wurde, steht bis heute.

Sehenswertes & Aktivitäten

Vom hübschen Strand, der von Pinien und Eukalyptusbäumen gesäumt wird, schaut man auf glasklares Wasser (und weitere Sandstrände in Richtung Süden).

500 m nördlich vom Ortszentrum befindet sich ein kleiner Hafen für Freizeitskipper, von hier aus bieten verschiedene Unternehmen Bootsfahrten entlang der wilden Küste an.

Isolotto di Ogliastra NATURDENKMAL

Zu den der Küste vorgelagerten kleinen Inseln gehört auch der Isolotto di Ogliastra, ein gewaltiger rosa Porphyrfelsen, der 47 m aus dem Wasser ragt. Das vegetationsreiche nördliche Strandende überragt ein Wachturm, den die Bewohner errichteten, um rechtzeitig vor Sarazenenüberfällen warnen zu können.

Monte Scoine BERG

Wie eine Bischofsmütze ragt der zerklüftete Monte Scoine auf. Freunde des Klettersports strömen vor allem im Sommer scharenweise zu den mit Bohrhaken versehenen Routen (Schwierigkeitsgrad 4b bis 6b), denn hier ist es bis weit in den Nachmittag hinein angenehm schattig.

Consorzio Marittimo Ogliastra BOOTSAUSFLUG

(☎0782 61 51 73; www.mareogliastra.com) Das Consorzio Marittimo Ogliastra verlangt zwischen 35 und 45 € pro Person für Touren, die sowohl zu Meeresgrotten als auch zu mehreren bezaubernden Badestellen wie Cala Goloritzè, Cala Mariolu und Cala Sisine führen. Kinder zahlen die Hälfte oder weniger.

Essen & Ausgehen

Nascar ITALIENISCH €€

(☎0782 61 53 14; www.albergohotelnascar.it; Via Pedras 1; Mahlzeiten rund 30 €; ⏲19.30–22 Uhr) Kaum ein anderes Lokal am Ort kann dem Familienbetrieb Nascar mit seiner romantischen Gartenterrasse, dem schicken, gewölbeartigen Inneren und makellosen Service das Wasser reichen. Auch das Essen ist köstlich; auf dem Speisezettel stehen Antipasti, frisch gemachte Pasta und fangfrischer Fisch – alles in passender Begleitung edler Tropfen aus Weingärten der Region.

Bar L'Olivastro BAR

(☎0782 61 55 13; Via Lungomare Montesanto 1; ⏲8–1 Uhr) Die Bar L'Olivastro am Hafen, auf einer schattigen Terrasse unter den Zweigen des jahrhundertealten Olivenbaums von Santa Maria Navarrese, ist tagsüber ein entspanntes Plätzchen für eine Tasse Kaffee und einen Imbiss und bietet sich abends für einen Cocktail an. Manchmal wird Livemusik geboten.

An- & Weiterreise

Ein paar ARST-Busse verkehren von Santa Maria Navarrese nach Tortolì (1,20 €, 15 Min., Mo–Sa 11-mal tgl., So 2-mal tgl.), Dorgali (4 €, 1½ Std., 2-mal tgl.), Nuoro (7 €, 2½ Std., Mo–Sa 4-mal tgl., So 2-mal tgl.) und Cagliari (9,50 €, 4 Std., Mo–Sa 4-mal tgl.).

Baunei & der Altopiano del Golgo

3740 EW.

Wer an der Küste in Richtung Norden weiterfährt, erreicht nach etwa 9 km das Hirtendorf Baunei. Ein Zwischenstopp lohnt sich eigentlich nicht, doch der 10 km lange Abstecher von hier auf den Altopiano del Golgo – ein seltsam abgeschiedenes Plateau, auf dem Ziegen, Schweine und Esel in der Macchia und in Wäldern grasen – ist den Aufwand wert. Von hier schlängelt sich eine Straße zur Felsnase **Pedra Longa** hinunter,

NICHT VERSÄUMEN

AUF SCHUSTERS RAPPEN IN ULASSAI

Dank der sensationellen Kalk- und Dolomitsteinfelsen *(tacchi)*, die über Ulassai aufragen, ist die Gegend ein fabelhafter Naturspielplatz für Wanderer und Bergsteiger. Wanderfreunde können zur **Schlucht Bruncu Pranedda** marschieren oder 7 km nach Südwesten, um den überwältigenden Anblick des Wasserfalls **Cascata Lequarci** zu genießen, dessen Wasserschleier sich über eine fast 100 m lange senkrechte Felswand ergießt. Von seiner spektakulärsten Seite präsentiert sich der Lequarci nach heftigen Regengüssen. Wer aus dem Abstecher zum Wasserfall einen Tagesausflug machen will, bringt Zutaten für ein Picknick mit und verzehrt sie im Grünen nahe der idyllischen romanischen Kapelle **Santuario di Santa Barbara**.

einem Naturdenkmal, an dem auch Sardiniens schönster Küstenwanderweg beginnt, der Selvaggio Blu.

Sehenswertes & Aktivitäten

★Cala Goloritzè STRAND

Der letzte kleine Strand am Golf, die Cala Goloritzè, wetteifert mit den anderen um Platz eins der Hitliste. An ihrem südlichen Ende ragen bizarre Kalkfelsen vor den Klippen auf: Der dramatische Monte Caroddi (auch Aguglia genannt) ist eine 148 m hohe Felsnadel, deren Anblick Freunden des Klettersports das Herz höher schlagen lässt. Von der Cooperativa Goloritzè auf dem Golgo-Plateau aus folgt man der Ausschilderung; bis zur 4,5 km entfernten Cala Goloritzè ist man gemütlich laufend rund eine Stunde unterwegs. Für den etwas anstrengenden Aufstieg sollte man 1½ Stunden einkalkulieren. Die einfache Wanderung auf einem alten Mauleselpfad eignet sich auch für Familien und bietet ein herrliches Naturerlebnis; sie führt im Schatten von Wacholder und Steineichen durch einen wunderschönen Kalkstein-Canyon, vorbei an mit Höhlen durchzogenen Klippen, dramatischen Felsbögen, Überhängen und Felsnasen.

Nach etwa 15 Minuten Gehzeit fällt der Blick ein erstes Mal aus schwindelerregender Höhe auf die Bucht und das Meer, das verlockend blau schimmert. Unterwegs zur Bucht liegen ein traditioneller Schafpferch sowie die Felsnadel Aguglia, das Wahrzeichen der Bucht. Ein paar Treppen führen schließlich zur halbmondförmigen Bucht mit weißem Kieselstrand hinunter, der sich perfekt für ein Picknick eignet. Unbedingt die Badesachen einstecken, um sich im herrlich warmen und unglaublich blauen Wasser abzukühlen und für die Wanderstrapazen zu belohnen.

Il Golgo NATURDENKMAL

Von Baunei windet sich eine ausgeschilderte, 2 km lange Straße in unglaublich steilen Serpentinen aufs Plateau hinauf. Oben angekommen, hält man sich in nördlicher Richtung und folgt für knapp 1 km dem Schild nach Su Sterru (Il Golgo). Dort parkt man das Auto und läuft die letzten Meter zu Fuß zum phantastischen Naturdenkmal, einem 270 m tiefen Abgrund, der unten gerade einmal 40 m breit ist. Die schlotartige Öffnung wurde inzwischen aus Sicherheitsgründen abgezäunt, doch alleine der Blick in das dunkle Loch reicht schon für einen (kleinen) Höhlenkoller aus.

Chiesa di San Pietro KIRCHE

Oben auf dem Golgo-Plateau ragt einsam die bescheidene Kirche aus dem späten 16. Jh. auf, die an einer Seite von *cumbessias* flankiert wird. In den groben, größtenteils offenen Steinbauten übernachten traditionell Pilger am Tag der Festlichkeiten für den Schutzheiligen.

Salinas Escursioni WANDERN

(☎340 5665739, 360 692431; www.supramonteselvaggio.it; Via Pisa 4) Wer auf alten Maultierpfaden durch die Steineichen- und Wacholderwälder und an den Kalksteinfelsen des Supramonte entlang wandern möchte, ist bei den Mitarbeitern von Salinas Escursioni gut aufgehoben. Sie organisieren geführte Wanderungen, von zweistündigen Ausflügen nach Pedra Longa bis zur sechstägigen Selvaggio-Blu-Wanderung.

Cooperativa Goloritzè WANDERN

(☎368 7028980; www.coopgoloritze.com) Die renommierte Kooperative am Fuß der Locanda Il Rifugio veranstaltet Exkursionen – von Trekking- bis zu Jeeptouren. Viele der Wanderungen führen durch Schluchten hinab zu den Traumstränden am Golfo di Orosei – beispielsweise durch die Codula di Luna oder die Codula de Sisine. Das Personal der Berghütte kann Wanderern auch einen Führer vermitteln und hilft mit Ratschlägen bei der Planung des Selvaggio Blu (s. S. 208). Sardiniens anspruchsvollster Fernwanderweg ist das Ziel vieler Bergfreunde, die ihn zumindest einmal im Leben laufen möchten. Die Preise der Exkursionen hängen von der jeweiligen Route ab, die natürlich vorher abgesprochen wird, und von der Anzahl der Teilnehmer.

Essen & Ausgehen

Locanda Il Rifugio SARDISCH €€
(☎368 7028980; www.coopgoloritze.com; Località Golgo; Mahlzeiten 25–35 €; ⏲Sommer 13–15 & 20–23 Uhr) In diesem wunderschön umgebauten Bauernhof, den die Cooperativa Goloritzè betreibt, biegt sich der Tisch nur so unter den Schüsseln mit einheimischen Gerichten wie *ladeddos* (Kartoffel-Gnocchi), gegrilltem Zicklein und Spanferkel. Dazu passt der rote Cannonau aus der Region.

Das Hinterland von Ogliastra

Jerzu

3280 EW.

Das als *Citta del Vino* (Stadt des Weines) bekannte Jerzu ist für seinen vollmundigen Rotwein Cannonau berühmt. Der Ort liegt dramatisch am Berg, seine Gebäude ziehen sich steil die Hänge hoch. Rund um den Ort ragen imposante Kalksteintürme in den Himmel, die *tacchi* (Absätze) genannt werden. Alljährlich werden auf einer insgesamt rund 800 ha großen Fläche rund 50 000 Doppelzentner Trauben geerntet. In der modernen Weinkellerei von Jerzu, den **Antichi Poderi di Jerzu** (☎0782 7 00 28; www.jerzuantichipoderi.it; Via Umberto 1; ⏲Mo–Sa 8.30–13 & 14.30–19 Uhr), werden daraus 2 Mio. Flaschen Wein gekeltert. Bei telefonischer Anmeldung können Führungen und Weinproben vereinbart werden.

Ulassai & Osini

1550 EW.

Nördlich von Jerzu warten auf der halsbrecherischen Bergstrecke nach Ulassai einige landschaftliche Leckerbissen. Das eher unbedeutende Städtchen wird von den Felsriesen des Bruncu Pranedda und Bruncu Matzei überragt und liegt inmitten der aufregendsten und unzugänglichsten Landschaft der Insel: ein schier grenzenloser Naturspielplatz für Wanderer und Bergsteiger.

Sehenswertes & Aktivitäten

★ **Grotta di Su Marmuri** GROTTE
(Erw./erm. 10/6 €; ⏲Führungen Mai–Sept. um 11, 14, 16 & 18 Uhr, April 11, 14.30 & 17 Uhr, Okt. 11 & 14.30 Uhr) Hoch über Ulassai thront die gewaltige Grotta di Su Marmuri, ein Höhlenkomplex mit 35 m Höhenunterschied. Sie kann nur im Rahmen einer einstündigen Führung (mind. 4 Pers.) besichtigt werden. Dabei wandert man 1 km weit durch eine unterirdische Märchenwelt voller Stalaktiten und Stalagmiten – manche gleichen knubbligen Riesentropfkerzen, andere sind so zierlich wie Korallen. Hier unten ist es immer kalt, ungeachtet der Außentemperatur, daher unbedingt etwas Warmes zum Überziehen mitbringen.

Scala di San Giorgio AUSSICHTSPUNKT
Die vom Dorf Osini her erreichbare Scala di San Giorgio ist eine schmale Schlucht mit senkrecht abfallenden Wänden. Ihren Namen verdankt sie einem Heiligen des 12. Jhs., der auf seinem Missionierungszug im Jahr 1117 den ihm den Weg versperrenden Felsen einfach gespalten haben soll. Oben eröffnet sich ein weiter Blick übers Tal zu den verwaisten Ortschaften **Osini Vecchio** und **Gairo Vecchio**, die beide 1951 einem Erdrutsch zum Opfer fielen.

Stazione dell'Arte Maria Lai GALERIE
(www.stazionedellarte.it; Erw./erm. 5/3 €; ⏲Sommer 9–19.30 Uhr, Winter bis 18 Uhr) Im alten Bahnhof zeigt die hervorragende Stazione dell'Arte Maria Lai die bewegenden Kunstwerke der verstorbenen Künstlerin Maria Lai. Die 1919 in Ulassai geborene Maria zählte zu den bedeutendsten zeitgenössischen Kunstschaffenden Sardiniens.

Su Marmuri Cooperative Tessile Artigiana KUNSTHANDWERK
(www.sumarmuri.it; Via Funtana Serì; ⏲Sommer Mo–Sa 8–12 & 14–19 Uhr, Winter Mo–Fr 8–12 & 14–18 Uhr) Wer gern einen der von Maria Lai entworfenen Läufer, Handtücher, Vorhänge oder Bettüberwürfe erwerben will, findet ihre Arbeiten in der Su Marmuri Cooperative Tessile Artigiana. Hier pflegt eine Gruppe von Frauen die traditionellen Handwebtechniken; man kann ihnen bei der Arbeit an den laut ratternden Webstühlen zusehen. Handtücher kosten rund 20 €.

Unterkünfte

Inhalt ➜

Schön übernachten

- ➜ Il Cagliarese (S. 217)
- ➜ The Lemon House (S. 234)
- ➜ Borgo Alba Barona (S. 226)

Die besten B&Bs

- ➜ B&B Lu Pastruccialeddu (S. 228)
- ➜ Casa Solotti (S. 230)
- ➜ Eleonora B&B (S. 223)

Die besten Boutiquehotels

- ➜ Hotel Panorama (S. 226)
- ➜ Corte Fiorita (S. 224)
- ➜ Su Gologone (S. 231)

Wohin zum Schlafen

Was darf es denn sein? Ein B&B in einem restaurierten Palazzo in Nuoro, ein schickes Apartment in Castello, der Altstadt von Cagliari, oder ein Zimmer in einem *agriturismo* (Unterkunft auf dem Bauernhof) in den dichten Steineichenwäldern der Gallura? Sardinien bietet eine Menge schöner und ungewöhnlicher Unterkünfte.

Auch wer nur einen Strandurlaub machen möchte, ist hier richtig: Von der heiteren Costa Verde im Südwesten, den Sandstränden der Costa del Sud im Süden bis hin zur exklusiven Costa Smeralda im Nordosten findet jeder etwas Passendes. Ausgangspunkt für Outdoor-Freunde, die gerne klettern, bergwandern oder Wassersport und spektakuläre Küstenwanderungen lieben, sind die Orte Cala Gonone, Dorgali oder Santa Maria Navarrese im Osten der Insel.

Wer den Aufenthalt gut plant, reißt kein allzu großes Loch in die Reisekasse. Außerhalb der Hochsaison (Mitte Juni bis August) fallen die Preise oft um bis zu 50 % und es ist wesentlich einfacher, auch spontan etwas zu finden. Je weiter man sich von der Küste entfernt, desto günstiger sind die Unterkünfte. Viele Hotels haben von Mitte Oktober bis Ostern geschlossen.

Preise

Die Preisangaben in diesem Buch beziehen sich auf die Kosten für ein Doppelzimmer mit eigenem Bad und Frühstück. Bei Unterkünften mit Halbpension oder Vollpension wird darauf hingewiesen.

KATEGORIE	PREIS
€	unter 100 €
€€	100 bis 200 €
€€€	über 200 €

Agriturismi

Wer Spaziergänge auf dem Land und Sundowner unter Olivenbäumen liebt oder nichts dagegen hat, von Eselsschreien geweckt zu werden, fühlt sich auf einem *agriturismo* sicher pudelwohl. Diese familienfreundlichen Bauernhöfe, die oft mitten im Grünen an einsamen Feldwegen liegen, sind ideal für all jene, die eine friedliche Atmosphäre einer luxuriösen Unterkunft vorziehen.

Die in einem alten *stazzo* (Bauernhof) oder Steinhaus gelegenen Zimmer sind einfach und gemütlich und kosten zwischen 70 und 100 € pro Doppelzimmer. Das Frühstück ist reichhaltig. Viele *agriturismi* bieten auch Halbpension (60–80 € pro Pers.) und zum Abendessen gibt es frisches Gemüse vom Bauernhof, Käse, Fleisch und Wein. Der einzige Haken ist häufig die schlechte Erreichbarkeit. Ohne eigenes Fahrzeug ist man praktisch hilflos.

Eine Liste mit Unterkünften, geordnet nach Regionen, gibt es unter www.agriturismodisardegna.it, www.agriturismo.it und www.tuttoagriturismo.net.

B&Bs

Ähnlich wie die *agriturismi* bieten auch die B&Bs oft preisgünstige Unterkunftsmöglichkeiten, besonders im Vergleich zu Hotels. Auf der Insel gibt es keinen Dachverband für B&Bs, aber die Touristeninformation hilft gern mit Kontaktadressen aus. **Domus Karalitanae** (www.domuskaralitanae.it) in Cagliari verfügt über eine umfangreiche Liste mit B&Bs in der Stadt. Siehe auch www.bed-and-breakfast.it.

Im Durchschnitt kostet die Übernachtung in einem B&B zwischen 25 und 45 € pro Person.

Camping

Sardinien hat Campern einiges zu bieten. Die meisten Campingplätze liegen an der reizvollen Küste und besitzen eine erstklassige Infrastruktur mit Pools, Restaurants, Supermärkten und Kinderclubs. Wer nicht auf einer Luftmatratze schlafen möchte, ist in den gut ausgestatteten Bungalows besser aufgehoben. Im Juli und August sind die Preise überraschend hoch und es empfiehlt sich, deutlich im Voraus die Reise zu buchen. Ein Stellplatz kostet zwischen 30 und 40 € für zwei Personen, Auto und Zelt. Duschen und Strom kosten extra. Die meisten Campingplätze sind von Ostern bis Mitte Oktober geöffnet.

Freies Campen ist offiziell nicht gestattet. Außerhalb der Sommersaison und abseits der großen Resorts wird es trotzdem oft geduldet, wenn kein Lärm und kein Feuer gemacht werden. Auf Privatgrundstücken sollte man aber unbedingt die Zustimmung des Eigentümers einholen.

Campingverzeichnisse gibt es bei den örtlichen Touristeninformationen oder online unter www.campeggi.com, www.sardegna.camping.it oder www.camping.it.

Hostels & Jugendherbergen

Die sechs Jugendherbergen auf Sardinien unterstehen dem **Italienischen Jugendherbergsverband** (Associazione Italiana Alberghi per la Gioventù; ☎06 487 11 52; http://aighostels.it/en), der dem Dachverband **Hostelling International** (HI; www.hihostels.com) angegliedert ist. Um hier zu übernachten, braucht man eine HI-Mitgliedskarte. Ein Bett im Schlafsaal mit Frühstück kostet 15 bis 25 €. Sämtliche dieser Herbergen bieten auch Privatzimmer für rund 20 € pro Person.

Hotels

Die Unterschiede zwischen den Hotels (und den Preisen) auf Sardinien variieren enorm. Es gibt beispielsweise kleine, familiengeführte *pensioni* (Gästehäuser) mit einigen wenigen einfachen Zimmern. Die riesigen Anlagen an der Küste bieten dagegen Privatstrände, Tennisplätze und Wellnesseinrichtungen. Die Qualität schwankt enorm und das offizielle Sternesystem bietet nur vage Anhaltspunkte.

Das „Charme e Relax"-Symbol garantiert Komfort und Ambiente (www.charmerelax.it). Dieser italienische Verband hat sich auf kleine bis mittlere Hotels spezialisiert, die meist in außergewöhnlichen Gebäuden (Klöster, Schlösser, alte Gasthäuser usw.) untergebracht sind oder an besonderen Orten liegen.

Die Touristeninformationen haben Broschüren über alle örtlichen Unterkünfte mit Preisangaben.

CAGLIARI & DAS SARRABUS

Cagliari

Cagliaris B&Bs übertreffen in puncto Charme, Preis-Leistungs-Verhältnis und freundliches Ambiente die mittelprächtigen Hotels der Stadt bei weitem. Viele Innenstadt-Unterkünfte liegen im Viertel Marina und Il Castello. Etwas weiter außerhalb, in Villanova, ist es preiswerter.

★ Il Cagliarese B&B €
(Karte S. 42; ☎339 6544083; www.ilcagliarese.it; Via Vittorio Porcile 19; EZ 45–70 €, DZ 60–90 €; ❄📶) Dieses gemütliche B&B liegt mitten im Marina-Viertel. Mauro tut wirklich alles, um seine Gäste zufriedenzustellen, und seine Schwester Titziana serviert zum Frühstück leckeres Gebäck und Tiramisu. Die Zimmer sind tadellos und mit bestickten Stoffen sowie mit beschnitztem Holzmobiliar ausgestattet.

Casa Marina APARTMENT €
(Karte S. 42; ☎327 3042552; www.bandbcasamarina.it; Via Cavour 52; DZ 60 €, Frühstück 5 € pro Pers.; 📶) Die Casa Marina ist ein echter Glücksgriff mit behaglichen Zimmern in zentraler Lage und zu günstigen Preisen. Die beiden geräumigen, hellen Apartments mit hohen Decken bieten einen tollen Ausblick und liegen nur wenige Schritte vom Wasser entfernt. Für den Hunger zwischendurch gibt es eine Gemeinschaftsküche. Alberto ist ein freundlicher Gastgeber.

Hostel Marina HOSTEL €
(Karte S. 42 ☎070 67 08 18; www.hostelmarinacagliari.it; Scalette San Sepolcro 2; B/EZ/DZ/4BZ 22/40/60/100 €; ❄📶) Das in einem wunderschönen, ehemaligen Kloster aus dem 16. Jh. untergebrachte Hostel hat reichlich historischen Charme und verfügt noch über die alten Deckenbalken. Viele der geräumigen, gepflegten Schlafsäle bieten einen Blick auf die Stadt. Zum Frühstück gibt's frisches Brot, Obst und Kaffee. Wer mag, kann sich ein Fahrrad leihen, Segelstunden oder Italienischunterricht nehmen.

La Peonia B&B €
(☎070 51 31 64; www.lapeonia.com; Via Riva Villasanta 77; EZ 50–65 €, DZ 72–90 €; ❄📶) Die Gastgeber in diesem romantischen, neogotischen B&B heißen Antonello und Vanna. Die Inneneinrichtung im Stil der Jahrhundertwende mit den polierten Holzmöbeln bildet einen auffälligen Gegensatz zu den schicken, in Schwarz-Weiß gehaltenen Bädern. Der Bus M fährt an der Piazza Matteotti ab und hält vor dem B&B, das 2,5 km nordöstlich der Stadt liegt.

Residenza Kastrum B&B €
(Karte S. 42; ☎348 0012280; www.kastrum.eu; Via Canelles 78; EZ 50–55 €, DZ 70–90 €, 4BZ 120–150 €; ❄📶) Dieses gemütliche, charaktervolle B&B liegt oben auf dem Castello und bietet phantastische Ausblicke über die Dächer der Stadt bis weit hinüber zum Hafen. Die einfachen, makellosen Zimmer sind bestens für Familien geeignet (Kinderbetten). Die Terrasse ist der perfekte Ort für das Frühstück und für spektakuläre Sonnenuntergänge.

UNTERKÜNFTE ONLINE BUCHEN

Weitere Übernachtungstipps, unabhängige Beurteilungen und Empfehlungen von Lonely Planet Autoren stehen auf hotels.lonelyplanet.com. Übernachtungen können dort auch gleich gebucht werden.

Il Girasole B&B €
(Karte S. 42; ☎348 1097278; www.ilgirasole.sardegna.it; Vico Barcellona 6; EZ 45–55 €, DZ 60–75 €; ❄📶) Das B&B, das genauso hell und fröhlich ist wie die namengebende *girasole* (Sonnenblume), ist mit reichlich Ethno-Krimskrams und afrikanischer Kunst vollgepackt. Luca ist ein fröhlicher Zeitgenosse und serviert ein ordentliches Frühstück. Die Gäste können die Küche des Hauses benutzen und sich im Salon oder auf der Terrasse entspannen.

La Ghirlanda B&B €
(Karte S. 42; ☎070 204 06 10; www.laghirlandacagliari.it; Via Baylle 7; EZ 60–65 €, DZ 80–100 €, 3BZ 100–125 €; ❄📶) In diesem attraktiven, im Marina-Distrikt gelegenen Stadthaus aus dem 18. Jh. wird man aufgrund der vielen antiken Möbeln und Fresken in eine andere Zeit versetzt. Die hellen Zimmer mit den hohen Decken sind geschmackvoll in Pastellfarben gehalten und haben alle einen Holzboden. Das Frühstück in einer nahe gelegenen Bar ist im Preis inbegriffen.

Rosso e Nero B&B €
(Karte S. 42; ☎349 7463473; www.rossoenero beb.it; Via Savoia 6; EZ 43–49 €, DZ 66–73 €; ❄📶) Stefano scheut keine Mühe für die Gäste seines B&B in der Nähe des Hafens: Ausflugstipps, Strandhandtuch, DVDs – ein Wort genügt. Der Eingang mit gemauertem Torbogen führt zu sonnigen, makellosen und geräumigen Zimmern. Zum herrlichen Frühstück gibt es frisches Brot, Gebäck und starken italienischen Espresso.

Il Profumo del Mare B&B €

(☎ 338 1448275; Viale Poetto 196; DZ 50–76 €; P ❄ 📶) Hinter der unscheinbaren Fassade versteckt sich eine phantastische und günstige Herberge, nur einen Steinwurf vom Poetto Strand entfernt. Die luftigen Zimmer sind himmelblau gestrichen und die Terrasse bietet herausragende Ausblicke. Antonio hat immer einen guten Tipp zu Cagliari. Es gibt kostenloses WLAN und einen Fahrradverleih. Mit dem Bus PF oder PQ von der Piazza Matteotti bis zur Haltestelle Poetto und dann 50 m zu Fuß.

T Hotel LUXUSHOTEL €€

(☎ 070 4 74 00; www.thotel.it; Via dei Giudicati 66; EZ 119–134 €, DZ 139–209 €, Suite 249 €; P ❄ 📶 🏊) Der kaum zu übersehende Turm aus Stahl und Glas ist eine zeitgenössische Bereicherung für Cagliaris Skyline. Die Zimmer sind klar und modisch eingerichtet. Der Wellnessbereich wartet mit einem Hydrotherapie-Pool, Düsen und Massagen auf. Von der Piazza Matteotti fährt der Bus M nach Via Bacaredda, von dort sind es zu Fuß nur noch 200 m.

Suite sul Corso B&B €€

(Karte S. 42; ☎ 349 4469789; www.locandadelcorso.it; Corso Vittorio Emanuele 8; EZ 50–80 €, DZ 80–120 €, 3BZ 130–160 €; ❄ 📶) In diesem B&B im Boutique-Stil in der Nähe der Piazza Yenne kann man wirklich stilvoll übernachten. Steinwände, fließende Stoffe und schöne Glasmosaiken verleihen den minimalistisch eingerichteten Zimmern, die allesamt mit Flachbild-TV und Wasserkesseln ausgestattet sind, eine behagliche Atmosphäre. Das Dreibettzimmer verfügt sogar über einen eigenen Whirlpool. Der Flur wird durch die skurrilen Fotos des Eigentümers aufgepeppt.

Hotel Miramare BOUTIQUEHOTEL €€

(Karte S. 42; ☎ 070 66 40 21; www.hotelmiramarecagliari.it; Via Roma 59; EZ 76–122 €, DZ 98–146 €, Suite 145–235 €) Dieses 4-Sterne-Boutiquehotel liegt direkt am Meer gegenüber der Via Roma. Die Zimmer sind individuell gestaltet und reichen von minimalistisch-kühler Moderne bis zum Glanz der Belle Époque mit purpurfarbenen Wänden, glitzernden

TOP 10 AGRITURISMI

Authentisches sardisches Essen probiert man am besten in einem *agriturismo* (Bauernhof mit Übernachtungsmöglichkeit). Auf der gesamten Insel gibt es Hunderte davon. Nachstehend die Favoriten der Autoren:

Agriturismo Ca' La Somara (S. 228) Dieser Bauernhof besticht durch wunderschöne Gärten, selbst angebautes Gemüse und freundliche Esel.

Agriturismo Sinis (S. 223) Ein waschechter Bauernhof auf der wilden und friedlichen Halbinsel Sinis, mit entspannter Atmosphäre, rustikalen Zimmern und erstklassigem Essen.

Agriturismo Testone (S. 231) Dieser ruhige Rückzugsort ist von Eichenwäldern umgeben; es gibt herzliche Begrüßungen und herrliches Essen aus selbst angebauten Zutaten.

Agriturismo Porticciolo (S. 225) Ein freundlicher, 24 ha umfassender Bauernhof mit 100 Schweinen in der Nähe von Alghero.

Agriturismo Su Boschettu (S. 222) Ein herrlich ruhiger Bauernhof inmitten von Oliven- und Obstbäumen.

Agriturismo L'Oasi del Cervo (S. 220) Ein bezauberndes Landdomizil mit phantastischen Stränden in der Nähe und stimmungsvollem Bergpanorama.

Agriturismo Guthiddai (S. 231) Zauberhafter, weiß gekalkter Schlupfwinkel in den Felsen des Supramonte.

Agriturismo Nuraghe Mannu (S. 233) Ein echtes Juwel mit Terrasse und Ausblick auf die Küste von Orosei.

Agriturismo Li Scopi (S. 227) Dieses friedvolle *agriturismo* ruht in liebevoll gepflegten Gärten und liegt nur einen kurzen Sprung von den umwerfend weißen Stränden von La Cinta entfernt.

Agriturismo L'Aquila (S. 218) Jenseits der Touristenpfade liegt dieser zauberhafte, rustikal-komfortable Hof, der ein wahres Festmahl aus selbst produzierten Zutaten auftischt.

Kronleuchtern und hohen Holzbetten. Es gibt WLAN und Kinder unter 12 Jahre übernachten kostenlos.

Villasimius

Spiaggia del Riso CAMPINGPLATZ €
(☎070 79 10 52; www.villaggiospiaggiadelriso.it; Via Degli Aranci 2; Camping 2 Pers., Auto & Zelt 23–42 €, 4-Betten-Bungalows 100–160 €; 📶) 🍃 Dieser große, in der Nähe des Porto Turistico in einem Pinienwald gelegene Campingplatz bietet Zeltplätze, Bungalows, einen Supermarkt und einen Kinderspielplatz. Im Sommer unbedingt im Voraus buchen.

Hotel Mariposas HOTEL €€
(☎070 79 00 84; www.hotelmariposas.it; Via Mar Nero 1; EZ 74–188 €, DZ 96–238 €; P❄📶🏊) Das flache Hotel in unmittelbarer Strandnähe liegt in einem herrlichen Garten mit toller Blumenpracht. Die geräumigen Zimmer verfügen alle über eine Terrasse oder einen Balkon. Zum Hotel gehört auch ein hübscher Pool für faule Nachmittage.

Stella Maris HOTEL €€€
(☎070 79 71 00; www.stella-maris.com; Località Campulongu; HP 170–265 € pro Pers.; P❄📶🏊) Das schöne Resort-Hotel an der Straße zum Porto Turistico liegt in einem Kiefernwäldchen mit herrlichem weißen Sandstrand. Die Zimmer sind mit sardischen Stoffen und geschmackvollen Möbeln ausgestattet. Garten und Pool laden zum Entspannen ein.

Costa Rei

Camping Capo Ferrato CAMPINGPLATZ €
(☎070 99 10 12; www.campingcapoferrato.it; Via Cilea 98; Camping 2 Pers., Auto & Zelt 28–38 €; ⏲April–Okt.) Der Campingplatz am Meer liegt inmitten von Eukalyptus- und Mimosenbäumen. Er verfügt über einen Miniclub (nur im Sommer geöffnet) und einen Kinderspielplatz.

Albaruja Hotel HOTEL €€
(☎070 99 15 57; www.albaruja.it; Via C Colombo; EZ 85–123 €, DZ 132–178 €; P❄🏊) Das Albaruja ist eine Stufe besser als die meisten Hotels an der Costa Rei. Es bietet schöne, villenartige Wohnungen in einem Blumengarten, einen Kinderspielplatz und einen palmengesäumten Pool. Das Hotel liegt nur zwei Minuten vom Strand entfernt.

IGLESIAS & DER SÜDWESTEN

Iglesias

B&B Mare Monti Miniere B&B €
(Karte S. 62; ☎0781 4 17 65, 348 3310585; www.maremontiminiere-bb.it; Via Trento 10; EZ 30 €, DZ 50–60 €, 3BZ 65 €; ❄📶) Gäste werden in diesem großartigen B&B in einer ruhigen Straße in der Nähe der Altstadt herzlich begrüßt. Das B&B verfügt über drei freundliche und makellose Zimmer mit beachtlichen Extras wie DVD-Spieler und Bademantel. Neben dem Hauptgebäude gibt es noch ein schickes Apartment mit eigener Küche; Badetücher und kostenloser Fahrradverleih sind inklusive.

La Babbajola B&B B&B €
(Karte S. 62; ☎347 6144621; www.lababbajola.com; Via Giordano 13; EZ 27–30 €, DZ 54–60 €) Dieses originelle B&B in einem herrschaftlichen Stadthaus aus dem 19. Jh. bietet gemütliche Zimmer mitten im *centro storico* (Altstadt). Die drei Doppelzimmer sind geräumig, geschmackvoll eingerichtet mit gemusterten Bodenfliesen, kräftigen Farben und schönen, alten Möbeln. Es gibt eine Gemeinschaftsküche und ein Fernsehzimmer. Zwei der drei Zimmer teilen sich ein Bad.

Das Iglesiente

Hotel Golfo del Leone HOTEL €
(☎0781 5 49 52; www.golfodelleone.it; Località Portixeddu; EZ 48–58 €, DZ 68–90 €, 3BZ 84–120 €, 4BZ 105–142 €; P❄) Das freundliche, ganzjährig geöffnete Hotel liegt auf einem eigenen Grundstück im Landesinneren, etwa 1 km vom Portixeddu-Strand entfernt, und bietet 14 helle Zimmer mit Meerblick. Der Service ist freundlich und das nette Personal organisiert auf Wunsch Reitausflüge in die Umgebung. In dem zum Haus gehörenden Restaurant gibt es leckeres einheimisches Essen für etwa 25 € pro Person. Halbpension ist möglich.

Agriturismo Fighezia AGRITURISMO €
(☎348 0698303; www.agriturismofighezia.it; EZ 55–63 €, DZ 70–86 €,3BZ 90–114 €, HP 50–83 € pro Pers.; P) Zu den vielen *agriturismo*-Angeboten im üppigen Hinterland von Portixeddu gehört auch dieser ruhige Hof. Geboten werden herausragende Ausblicke

SCHNÄPPCHEN

Die folgenden Websites geben Auskunft über günstige Gelegenheiten und Last-Minute-Unterkünfte:

- www.alpharooms.com
- www.lastminute.com
- www.laterooms.com
- www.priceline.com
- www.travelsupermarket.com

und rustikal eingerichtete Zimmer mit Terrakottafliesen, hölzernen Dachbalken und eigenen Terrassen. Das Essen wird an einem langen Gemeinschaftstisch auf der Terrasse des Haupthauses serviert.

Costa Verde

Agriturismo L'Aquila AGRITURISMO €

(☎347 8222426; www.agriturismolaquila.com; Località Is Gennas, Montevecchio; Zi.30–35 € pro Pers., HP 49–57 € pro Pers.; P ❄) Ein authentisches *agriturismo* und einladendes Schlupfloch inmitten der grünen Wildnis der Costa Verde mit einfachen Zimmern, bodenständiger Bauernküche und außergewöhnlicher Fernsicht auf die Gipfel der Umgebung. Von Montevecchio geht es Richtung Torre dei Corsari bis zur ausgeschilderten Abfahrt und dann einige holprige Kilometer über einen unbefestigten Weg.

Agriturismo L'Oasi del Cervo AGRITURISMO €

(☎347 3011318; www.oasidelcervo.com; Località Is Gennas, Montevecchio; HP 45–60 € pro Pers.; P) Mit 15 anspruchslosen Zimmern und der entlegenen Lage zwischen von Macchia überzogenen Hügeln ist dieser Hof ein echtes Refugium auf dem Land. Es ist sehr bodenständig hier, aber die Zimmer bieten ausreichend Komfort, die Ausblicke sind herausragend und das hausgemachte Essen ist lecker. Auf der SP65 zwischen Montevecchio und Torre dei Corsari weist ein Schild den Weg zum *agriturismo*.

Carbonia & Umgebung

La Ghinghetta HOTEL €

(☎078 150 81 43; www.laghinghetta.com; Via Cavour 26, Portoscuso; EZ/DZ 80/100 €, HP 130 € pro Pers.; ⏲Mai–Okt.; ❄ 📶) Hübsches Hotel am Meer mit Flair, Komfort, Blick auf den Strand von Portoscuso und guter Küche. Die hübschen, maritim eingerichteten Zimmer sind in einem weiß getünchten Fischerhaus untergebracht und es gibt ein renommiertes Fisch-Restaurant – Gerichte kosten zwischen 38 € bis 45 €.

Villaggio Minerario Rosas HOTEL €

(☎0781 185 51 39; www.villaggiominerariorosas.it; Narcao; EZ 27–32 €, DZ 40–50 €; P 📶) Dieses ehemalige Bergbaudorf in der Nähe von Narcao ist als Museumsdorf mit Hotelbetrieb und Gästezimmern in den ehemaligen Hütten der Bergmänner erhalten worden. Die Zimmer haben eine ordentliche Größe, unverputzte Ziegelwände und sind rustikal mit viel Holz eingerichtet. Die Hütten verfügen über eine Küche und es gibt einen Platz zum Grillen und Picknicken.

Inseln im Südwesten

Isola di San Pietro

Hotel California PENSION €

(☎0781 85 44 70; www.hotelcaliforniacarloforte.com; Via Cavallera 15, Carloforte; EZ 40–60 €, DZ 60–100 €; ❄ 📶) Die freundliche, familiengeführte *pensione* liegt in einem Wohngebiet einige Blocks hinter dem *lungomare* (Strandpromenade). Es ist eine einfache Herberge, die ganzjährig geöffnet ist. Die geräumigen, hellen Zimmer sind geschmackvoll eingerichtet und richtig günstig.

Il Ghiro B&B €

(☎338 2050553; www.carlofortebedandbreakfast.it; Piazza Repubblica 7, Carloforte; EZ 30–45 €, DZ 55–85 €; ❄) In diesem winzigen B&B mit Blick auf eine lebendige Piazza übernachtet man mitten im Geschehen. Die beiden kleinen Zimmer haben Holzbalken an den Decken, Ölgemälde und freundliche Farben. Das Frühstück wird im Bereich der Rezeption serviert, wo früher eine Nähstube gewesen ist.

★ Hotel Riviera HOTEL €€

(☎0781 85 31 13; www.hotelriviera-carloforte.com; Corso Battellieri 26, Carloforte; EZ 75–125 €, DZ 120–190 €, Suite 250–370 €; ❄ 📶) 🍃 Das unaufgeregte 4-Sterne-Hotel in einer eleganten, roten Villa direkt an der Küste strahlt mediterranen Chic aus. Die gefliesten Zimmer sind kühl und hell und mit Himmelbetten und unauffälligen Möbeln ausgestattet, die Bäder sind marmorverkleidet. Einige Zimmer haben Meerblick und einen Balkon, kosten dann aber bis zu 30 € extra.

Hotel Hieracon HOTEL €€€
(☎0781 85 40 28; www.hotelhieracon.com; Corso Cavour 62, Carloforte; DZ mit Ausblick 150–250 €, ohne Ausblick 100–170 €; ⌚Mai–Nov.; ❄📶) Das Küstenhotel in einem herrlichen Jugendstil-Herrenhaus ist eine Reminiszenz an elegantere Zeiten. Stilmöbel und Originalgemälde schmücken die ausreichend großen Zimmer und in dem ruhigen Garten kann man sich unter Palmen erholen. Das Essen im Hotelrestaurant kostet mindestens 30 €.

Isola di Sant'Antioco

SANT'ANTIOCO

Hotel Moderno HOTEL €
(☎0781 8 31 05; www.hotel-moderno-sant-antioco.it; Via Nazionale 82; EZ 50–60 €, DZ 80–100 €, 3DZ 105–132 €, 4BZ 120–142 €; ❄📶) Ein freundliches, einladendes Hotel an der Hauptstraße, die nach Sant'Antioco hineinführt. Die Zimmer sind angenehm orange-lachsfarben gehalten und haben große, gemütliche Betten. Das Fischrestaurant Ristorante da Achille im Untergeschoss ist bei den Einheimischen sehr beliebt (geöffnet April–Okt.; Verkostungsmenüs 40–60€).

Hotel del Corso HOTEL €
(☎0781 80 02 65; www.hoteldelcorso.it; Corso Vittorio Emanuele 32; EZ 49–60 €, DZ 69–100 €; ❄📶) Dieses elegante 3-Sterne-Hotel liegt günstig im Stadtzentrum über dem Cafè del Corso, einer der beliebtesten Bars von Sant'Antioco. Die Zimmer sind gut ausgestattet, lassen aber individuellen Stil vermissen.

AUF DER INSEL

Campeggio Tonnara CAMPINGPLATZ €
(☎0781 80 90 58; www.campingtonnara.it; Località Cala Sapone; Camping 2 Pers., Auto & Zelt 14–53 €, 2-Pers.-Bungalow 50–120 €, 4-Pers.-Bungalow 60–160 €; ⌚April–Okt.; P📶🏊) Der gut ausgestattete Campingplatz in der Nähe von Cala Sapone an der Westküste der Insel ist perfekt zum Auspannen in der Natur. Zum Angebot gehören Swimmingpool, Tennisplatz, Geschäfte und eine Pizzeria.

Hotel Luci del Faro HOTEL €€
(☎0781 81 00 89; www.hotelucidelfaro.com; Località Mangiabarche; DZ 108–214 €, HP 79–136 € pro Pers.; ⌚Mitte April–Anfang Nov.; P❄📶🏊) Nur wenige Kilometer von Calasetta entfernt, liegt dieses gut ausgeschilderte Hotel einsam auf einer weiten Ebene in der Nähe des Spiaggia Grande, dem bekanntesten Strand der Insel. Das familienfreundliche Hotel ist bei Radfahrern sehr beliebt. Es bietet einfache, sonnige Zimmer, ein hauseigenes Restaurant und atemberaubende Ausblicke.

Südküste

Camping Sardegna CAMPINGPLATZ €
(☎0781 96 70 13; Località Porto Pino; Camping 2 Pers., Auto & Zelt 18–25 €, 4-Pers.-Wohnmobil 60–75 €; ⌚Juni–Sept.; 📶) Dieser Sommer-Campingplatz bietet einfache Anlagen und geschützte Stellplätze in einem Pinienhain bei Porto Pino. Es gibt nur wenige Extras, aber die Lage mit dem Strand direkt vor der Nase ist großartig.

Campeggio Torre Chia CAMPINGPLATZ €
(☎070 923 00 54; www.campeggiotorrechia.it; Via del Porto 21, Chia; Camping 2 Pers., Auto & Zelt 23–31 €, 4-Pers.-Hütten 65–128 €; ⌚Mai–Okt.) In dem beliebten Sommer-Ferienort von Chia bietet dieser belebte Campingplatz schattige Stellplätze und einige Hütten nur wenige hundert Meter vom Strand entfernt. Die Hütten für max. vier Personen verfügen über ein Schlafzimmer mit Doppelbett, Bad, Küchenzeile und ein Wohnzimmer mit Schlafcouch.

B&B Fiore B&B €
(☎070 924 60 10; www.bedandbreakfastfiore.it; SS195 km 31; DZ 60–100 €; P❄📶) Das reizende B&B zwischen Obstbäumen und Palmen bietet drei helle, einfach eingerichtete Zimmer mit Veranda. Im Garten können Gäste in der Hängematte entspannen oder zu den nur 800 m entfernten, weißen Sandstränden von Porto d'Agumu schlendern. Auf dem Weg von Chia nach Pia liegt das B&B links an der SS195.

★ **Hotel Baia di Nora** HOTEL €€
(☎070 924 55 51; www.hotelbaiadinora.com; Località Su Guventeddu; DZ 180–430 €, HP 100–220 €; ⌚April–Okt.; P❄📶🏊) An der Hauptstraße von Pula nach Nora liegt diese noble Ferienanlage mit allem Drum und Dran, darunter ein perfekt gepflegter Garten, Swimmingpool und privater Strand. Die Zimmer sind kühl und sommerlich mit gefliesten Böden und dezenter Möblierung.

Hotel Villa Madau HOTEL €€
(☎070 924 90 33; www.villamadau.it; Via Nora 84, Pula; EZ 68–120 €, DZ 80–199 €, 3BZ 90–225 €; ❄📶) Dieses freundliche 3-Sterne-Hotel liegt in der Altstadt von Pula, ganz in der Nähe der Piazza del Popolo. Die Zimmer sind individuell gestaltet, aber immer hell und sommerlich in freundlichen Blau- und

Gelbtönen mit traditionellen sardischen Stoffen und kühlen, glänzenden Fliesen. In den Zimmern zur Straße klingen die Kirchenglocken ziemlich laut.

Forte Village HOTEL €€€
(070 92 15 16; www.fortevillage.com; Santa Margherita di Pula; Zi. ab 225 €; P) Dies ist das Vorbild für alle Ferienanlagen Südsardiniens. Versteckt in einer bewaldeten Bucht hinter hohen Sicherheitszäunen bietet diese kompromisslose Luxusherberge auf 250 km² Bungalows, Villen und mehrere Hotels sowie 10 Swimmingpools, 21 Restaurants, Geschäfte, einen Club und einen 1 km langen Strand.

La Marmilla

★ **Agriturismo Su Boschettu** AGRITURISMO €
(333 4797401, 070 93 98 84; www.suboschettu.it; Località Pranu Laccu, Pauli Arbarei; B&B 35 € pro Pers., Gerichte um 20–25 €) Gäste werden in diesem bezaubernden Bauernhof in der Nähe der Stadt Lunamatrona inmitten von Obst- und Olivenbäumen herzlich auf sardische Weise begrüßt. Die fünf Gästezimmer sind einigermaßen funktional, aber die Lage ist herrlich ruhig und das Essen aus der Region ist köstlich.

Hotel Funtana Noa HOTEL €
(070 933 10 20; www.hotelfuntananoa.it; Via Vittorio Emanuele III 66-68, Villanovaforru; EZ/DZ 45/65 €, HP 50,50 € pro Pers.;) Ein geschmackvolles 3-Sterne-Hotel in einem großen Palazzo nur einen Steinwurf vom Zentrum von Villanovaforru entfernt. Die Ausstattung ist rustikal mit viel schwerem Holz, antiken Möbeln und Backsteinbögen. Zum Hotel gehört ein eleganter Innenhof, in dem Gäste an lauen Sommerabenden entspannt an ihren Getränken nippen.

Hotel Su Nuraxi HOTEL €
(070 936 83 05; www.hotelsunuraxi.it; Viale Su Nuraxi 6; EZ 50 €, DZ 70–80 €, HP 40–75 € pro Pers.; P) Dieses familiengeführte Hotel liegt in der Nähe von Nuraghe Su Nuraxi und ist damit ein idealer Ausgangspunkt für Erkundungen in der Giara di Gesturi und

APARTMENTS & VILLEN ZUR MIETE

Wer eine Woche oder länger an einem Ort bleiben möchte, mietet am besten eine Ferienwohnung.Die Preise für ein 2- bis 4-Zimmer-Apartment liegen in der Nebensaison zwischen 350 und 600 € pro Woche und zwischen 500 bis 900 € in der Hauptsaison. Eine luxuriöse Villa mit Swimmingpool und Meerblick kostet das Doppelte. Es empfiehlt sich immer, auch das Kleingedruckte zu lesen, denn manchmal gibt es Aufpreise für Strom, Wasser, Bettwäsche und die Endreinigung.

Die Apartments sind oft zentral gelegen und mit einer kleinen Küche und einer Terrasse oder einem Balkon ausgestattet. Der Mindestaufenthalt beträgt in der Regel sieben Nächte. Einige Apartments haben feste Abreisetage. Bei der Buchung ist manchmal eine Anzahlung von ungefähr 30 % per Kreditkarte oder Banküberweisung fällig. Bei einigen Wohnungen muss der Restbetrag vor Ankunft gezahlt werden.

Eine Liste mit Ferienhäusern- und -wohnungen gibt es bei der Touristeninformation oder auf den nachstehenden Webseiten:

Costa Smeralda Villas (www.costasmeraldavillas.com) vermietet Ferienwohnungen an der Costa Smeralda mit Luxusausstattungen wie Tennisplätzen, Swimmingpools, Zitrusplantagen oder Privatstränden.

Holiday Lettings (www.holidaylettings.co.uk) Hervorragende Auswahl an preisgünstigen Ferienwohnungen auf der Insel, nach Regionen sortiert.

HomeAway (www.holiday-rentals.co.uk) bietet ungefähr 1500 Ferienwohnungen, von ländlichen Unterkünften in der Nähe von Alghero bis zu Stadthäusern in Olbia.

Owners Direct (www.ownersdirect.co.uk) Eine gut strukturierte Website mit einer großen Vielfalt an Ferienwohnungen und -häusern für alle Preisklassen.

Rent Sardinia (www.rent-sardinia.com) 1000 Ferienhäuser und -wohnungen auf der ganzen Insel, sortiert nach Lage und anderen Kriterien.

Sardegne.com (www.sardegne.com) Ferienwohnungen, B&Bs, *agriturismi* (Ferien auf dem Bauernhof) und Hotels.

ihre Umgebung. Die Zimmer im einfachen Landhausstil liegen wie bei einer Hacienda um einen zentralen Hof. In dem wunderbaren Restaurant des Hotels wird sättigende Bauernkost serviert.

ORISTANO & DER WESTEN

Oristano

★Eleonora B&B B&B €
(Karte S. 96; ☎347 4817976, 0783 7 04 35; www.eleonora-bed-and-breakfast.com; Piazza Eleonora d'Arborea 12; EZ 35–60 €, DZ 60–75 €, 3BZ 75–95 €; ❄📶) Dieses reizende B&B punktet auf allen Gebieten: Lage – in einem mittelalterlichen Palazzo an der zentralen Piazza von Oristano; Ausstattung – geschmackvoll eingerichtete Zimmer mit antiquarischen Möbeln, freigelegten Ziegelwänden und herrlichen alten Fliesen; Gastfreundschaft – die Besitzer Andrea und Paola sind hilfsbereite und freundliche Gastgeber. Und es hat ein exzellentes Preis-Leistungs-Verhältnis.

Iride Guesthouse PENSION €
(Karte S. 96; ☎0783 7 04 35, 347 4817976; www.guesthouseiride.com; Via Vincenzo Bellini 29; EZ 40–60 €, DZ 60–90 €; ❄📶) Die kürzlich eröffnete Pension eignet sich vor allem für längere Aufenthalte. Rund 400 m von der Piazza Roma entfernt verteilen sich sechs Zimmer auf zwei Stockwerke. Die Zimmer sind frisch und modern gestaltet, jedes mit einer eigenen Küchenzeile. Die hell gestrichenen Wände der sonnendurchfluteten Zimmer mit Fenster zur Straße sind mit modernen Bildern oder literarischen Zitaten geschmückt. Kein Frühstück.

B&B L'Arco B&B €
(Karte S. 96; ☎0783 7 28 49; www.arcobedandbreakfast.it; Vico Ammirato 12; EZ ohne Bad 35–40 €, DZ ohne Bad 60–65 €; ❄) Dieses gemütliche B&B liegt in einer ruhigen Sackgasse in der Nähe der Piazza Martini. Die beiden Zimmer sind geräumig und geschmackvoll ausgestattet. Das Frühstück wird in der Küche der Familie eingenommen. Im oberen Stockwerk befindet sich eine kleine Terrasse.

Duomo Albergo HOTEL €€
(Karte S. 96; ☎0783 77 80 61; www.hotelduomo.net; Via Vittorio Emanuele II 34; EZ 65–80 €, DZ 108–135 €; ❄@) Das beste Haus von Oristano ist fein und von dezenter Eleganz. Hinter der unauffälligen Fassade liegen mit traditionellen Stoffen und kühlen Weißtönen zurückhaltend gestaltete Zimmer. Im Sommer wird das Frühstück im Innenhof serviert, während in dem renommierten, hoteleigenen Ristorante Josto al Duomo kreative sardische Küche für Feinschmecker auf den Tisch kommt.

Südlich von Oristano

Horse Country Resort HOTEL €€
(☎0783 8 05 00; www.horsecountry.it; Strada a Mare 24, Marina di Arborea; Zi. 100–220 €, HP 71–128 € pro Pers.; ⏲März–Okt.; P❄📶🏊) Die große 4-Sterne-Ferienanlage gehört zu dem berühmten Reiterzentrum von Marina di Arborea. Die Anlage liegt auf einer Grünfläche direkt am Strand und bietet das komplette Angebot: bis zu 1000 Betten, zwei Swimmingpools, ein Gesundheitszentrum und hervorragende Sportanlagen. Die Mitarbeiter organisieren Reitausflüge und Landpartien in die nähere Umgebung und die Costa Verde.

Halbinsel Sinis

Agriturismo Sinis AGRITURISMO €
(☎0783 39 26 53, 328 9312508; www.agriturismoilsinis.it; Località San Salvatore; HP 52–65 € pro Pers.; ❄) In der Nähe des staubigen Dörfchens San Salvatore bietet dieser landwirtschaftliche Betrieb sechs Gästezimmer und herrlich bodenständiges Essen. Die Zimmer sind einfach, aber sauber und luftig. Von der Veranda hat man einen schönen Blick auf den üppigen Garten.

Agriturismo Su Pranu AGRITURISMO €
(☎0783 39 25 61, 329 8925640; www.agriturismosupranu.com; Località San Salvatore; HP 52–65 € pro Pers.; ❄) Dieser Bauernhof wird von der gleichen Familie geführt, die das Agriturismo Sinis betreibt, und bietet sechs helle, hübsch eingerichtete Gästezimmer. Die Gemeinschaftsterrasse mit Blick auf den Garten eignet sich hervorragend für einen *aperitivo* am Nachmittag.

Francesca's House APARTMENT €
(☎340 5017464; www.francescahouse.net; Via Marconi 11, Riola Sardo; 60–70 € für 2 Pers., 80–100 € für 4 Pers.; ❄@) Schönes, in sich abgeschlossenes Ein-Zimmer-Haus – perfekt für Gäste, die etwas länger bleiben und sich

selbst versorgen wollen. Das blaue Haus mit bis zu vier Schlafplätzen ist eine gemütliche Angelegenheit mit Schilfdach, kleinem Hof und einem funktionstüchtigen Holzofen. Minimum zwei Übernachtungen, Wochenpreise möglich.

★ Hotel Lucrezia HOTEL €€
(☎0783 41 20 78; www.hotellucrezia.it; Via Roma 14a, Riola Sardo; EZ 104–114 €, DZ 129–174 €, Suite 219–274 €; ❄@) In dieser eleganten Herberge umrahmen die Zimmer den Innenhof eines *cortile* (Haus mit Innenhof) aus dem 17. Jh. Im Garten des Hofs stehen Feigen- und Zitronenbäume sowie eine mit Blauregen zugewachsene Pergola. Die Einrichtung hat rustikalen Schick mit Betten aus dem 18. Jh., Antiquitäten und auffällig gefliesten Badezimmern. Fahrräder stehen zur Verfügung und das freundliche Personal bietet regelmäßige Kochkurse an. Im August gilt ein Minimum von drei Übernachtungen.

Monti Ferru

★ Antica Dimora Del Gruccione HOTEL €
(☎0783 55 20 35; www.anticadimora.com; Via Michele Obinu 31, Santu Lussurgiu; EZ/DZ 60/90 €, HP 75 €; ❄📶) Die Übernachtung in Santu Lussurgiu lohnt alleine schon wegen dieses herrlichen Hotels. Die Zimmer verteilen sich auf zwei Gebäude: diejenigen im Hauptgebäude aus dem 17. Jh. haben hohe Decken, knarzendes Parkett und schwere Brokatstoffe, während die Zimmer im Gebäude gegenüber modern gehalten sind, mit Jugendstilmöbeln und Ausblick über die Dächer. Das üppige Frühstück ist ein weiterer Pluspunkt.

Lago Omodeo & Umgebung

★ Mandra Edera HOTEL €
(☎320 1515170; www.mandraedera.com; Località Mandra Edera; Zi. 61–81 € pro Pers., HP 81–101 € pro Pers.; ⌚Mitte April–Okt.; P❄🏊) Das einladende, familienfreundliche Mandra Edera ist ein reizvolles Hotel im Stil einer Ranch, umgeben von riesigen Eichen und Obstgärten. Die Zimmer liegen in Bungalows, die sich über den Rasen verteilen. Es gibt ein schickes Restaurant, einen Pool und die Möglichkeit zu Ausritten. Der Weg zum Hotel ist an der SS131 nördlich von Paulilatino ausgeschildert.

Bosa & Umgebung

La Torre di Alice B&B €
(☎329 8570064, 0785 85 04 04; www.latorredialice.it; Via del Carmine 7, Bosa; EZ 35–45 €, DZ 55–70 €; ❄📶) Diese großartige und günstige Unterkunft im mittelalterlichen Zentrum von Bosa liegt in einem herrlichen alten Wohnturm in der Nähe der Piazza Episcopio. Die fünf Zimmer sind sauber und komfortabel, mit niedrigen, gewölbten Decken, gusseisernen Betten und leichter Einrichtung. Frühstück gibt's auf dem rustikalen Gemeinschaftstisch in der Küche.

★ Corte Fiorita HOTEL €€
(☎0785 37 70 58; www.albergo-diffuso.it; Via Lungo Temo de Gasperi 45, Bosa; EZ 50–120 €, DZ 65–180 €; ❄@) Corte Fiorita, eine sogenannte *albergo diffuso,* besitzt wunderschöne, geräumige Zimmer, die auf vier restaurierte Palazzi in der ganzen Stadt verteilt sind: Einer liegt am Flussufer und drei liegen im historischen Zentrum. Die Zimmer sehen alle völlig unterschiedlich aus, gemeinsam ist ihnen aber das rustikale Ambiente mit freigelegten Mauern, Holzbalken sowie Gewölbedecken.

Aghinas HOTEL €€
(☎0785 60 58 27; www.aghinas.com; Piazza Carmine 17, Bosa; EZ 35–95 €, DZ 50–150 €; ❄📶) Diese freundliche, kleine 3-Sterne-Herberge liegt in einem Palazzo am westlichen Ende der Altstadt. Die hohen Zimmer sind nichts Besonderes; sie sind in kühlen Weißtönen gehalten und mit traditionellen sardischen Stoffen geschmückt. Es gibt eine Gästeküche und die Lage ist ausgezeichnet.

ALGHERO & DER NORDWESTEN

Alghero

★ B&B Benebenniu B&B €
(Karte S. 124; ☎380 1746726; www.benebenniu.com; Via Carlo Alberto 70; EZ 30–75 €, DZ 45–90 €; ❄📶) Wie ein zweites Zuhause bietet dieses unaufgeregte B&B Wärme und Behaglichkeit. Günstig gelegen an einer Piazza im *centro storico* gibt es große Zimmer mit einfacher Möblierung und viel natürlichem Licht. Die Besitzerin Marija ist eine herzliche Gastgeberin und gibt gerne Tipps und Empfehlungen.

Hotel San Francesco HOTEL €
(Karte S. 124; ☎ 079 98 03 30; www.sanfrancescohotel.com; Via Ambrogio Machin 2; EZ 48–63 €, DZ 78–101 €, 3BZ 100–135 €; ❄@📶) Dies ist eines der wenigen Hotels in der Altstadt von Alghero. Die einfachen, aber komfortablen Zimmer in einem ehemaligen Kloster – die Mönche leben noch immer im 3. Stock – säumen einen Kreuzgang aus dem 14. Jh. Im Sommer finden dort klassische Konzerte statt.

Camping La Mariposa CAMPINGPLATZ €
(☎ 079 95 04 80; www.lamariposa.it; Via Lido 22; Camping 2 Pers., Auto & Zelt 20–44 €, 4-Pers.-Bungalows 50–80 €; ⏲ April–Okt.; @) 2 km nördlich von Algheros Zentrum liegt dieser der Stadt am nächsten gelegene Campingplatz in erstklassiger Lage am Strand. Die Anlagen, darunter Fahrradverleih, Windsurfschule und Tauchcenter, sind ordentlich.

★ **Angedras Hotel** HOTEL €€
(Karte S. 122; ☎ 079 973 50 34; www.angedras.it; Via Frank 2; EZ 60–95 €, DZ 65–135 €; P❄📶) Das Angedras (Sardegna rückwärts gelesen) ist ein Muster weißgetünchter, mediterraner Eleganz mit kühlen, weißen Zimmern im unauffälligen sardischen Stil. Auf der großen Terrasse schmecken die geeisten Drinks an heißen Sommerabenden besonders gut. Das Hotel liegt nur einen 15-minütigen Spaziergang von der Altstadt entfernt.

Villa Las Tronas LUXUSHOTEL €€€
(Karte S. 122; ☎ 079 98 18 18; www.hotelvillalastronas.it; Via Lungomare Valencia 1; EZ 154–297 €, DZ 220–407 €) Gäste wohnen königlich in diesem schlossähnlichen Hotel direkt am Meer. Der Palast aus dem 19. Jh. diente einst Königen und Prinzessinnen als Urlaubsunterkunft. Er liegt in einem eigenen, üppigen Garten auf einer Landzunge in Privatbesitz. Die Zimmer sind eine Reminiszenz an das letzte Jahrhundert mit meterweise Brokat, eleganten Antiquitäten und stimmungsvollen Ölgemälden. Der Spa-Bereich mit Hallenbad, Sauna, Hydromassage und Gymnastikraum lädt zum Verweilen ein.

Riviera del Corallo

Diving Center Capo Galera B&B €
(☎ 079 94 21 10; http://diving.capogalera.com; Località Capo Galera, Fertilia; DZ 60–110 €, Apt. 85–180 €; 📶) Diese beliebte Tauchschule bietet einfache Schlafplätze in einer Villa an den weißen Küstenfelsen in der Nähe von Fertilia. Es gibt mehrere Doppelzimmer und Apartments für zwei bis sechs Personen in herrlicher Umgebung und entspannter Atmosphäre. Von Juli bis September gilt ein Minimumaufenthalt von vier Übernachtungen.

Agriturismo Porticciolo AGRITURISMO €
(☎ 079 91 80 00; www.agriturismoporticciolo.it; Località Porticciolo; B&B 30–50 € pro Pers., 4-Pers.-Apt. 600–1000 € pro Woche; ❄) Der 24 ha große Bauernhof bietet ganzjährig angenehme Unterkünfte in mehreren einzelnen Hütten, die sich über den großen Rasen verteilen. Sie sind einfach und rustikal eingerichtet, haben eine Küchenzeile und eine kleine, eigene Veranda.

★ **Hotel El Faro** HOTEL €€€
(☎ 079 94 20 10; www.elfarohotel.it; Località Porto Conte 52; EZ 64–394 €, DZ 74–404 €; P❄📶🏊) Dieser großartige, gepflegte Hotelkomplex liegt an der Südspitze von Porto Conte. Zu den erstklassigen Extras gehören zwei Pools, ein privater Anlegesteg und ein Fitnessraum. Die Zimmer sind kühl und stilvoll gestaltet und bieten einen himmlischen Ausblick hinüber nach Capo Caccia.

Die Nordküste

Albergo Silvestrino HOTEL €
(☎ 079 52 30 07; www.hotelsilvestrino.it; Via Sassari 14, Stintino; EZ 45–70 €, DZ 60–110 €; ⏲ Dez. & Jan. geschl.; ❄📶) Das älteste Hotel in Stintino gehört immer noch zu den besten. Es liegt unübersehbar am Meer in einer roten Villa am Ende der Hauptstraße und bietet sommerliche Zimmer mit kühlen, gefliesten Fußböden und schnörkellosen Möbeln. Das hauseigene Restaurant im Untergeschoss hat sich auf Fisch- und Meeresfrüchte der Region spezialisiert.

Casa Doria B&B €
(☎ 349 3557882; www.casadoria.it; Via Garibaldi 10, Castelsardo; EZ 30–42 €, DZ 57–82 €; ❄📶) Dieses heimelige B&B liegt im mittelalterlichen Zentrum von Castelsardo und weist alle Eigenschaften eines rustikalen Gästehauses auf: Stilmöbel, schmiedeeiserne Betten und Holzdecken. Die drei Zimmer sind einfach eingerichtet und vom Frühstücksraum im 3. Stock genießt man phantastische Ausblicke auf das Meer.

La Pelosetta Residence Hotel HOTEL €€
(☎ 079 52 71 88; www.lapelosetta.it; Capo del Falcone; EZ 57–110 €, DZ 64–170 €, 4-Pers.-Apt.

46–190 €; ⌚Mai–Sept.; ❄@) Oberhalb der Spiaggia della Pelosa liegt dieses saisonale 3-Sterne-Hotel an einem der beliebtesten Strände von Sardinien. Es gibt funktionale Zimmer und Apartments für Selbstversorger; alle bieten einen ungehinderten Blick auf das Meer. Das Restaurant direkt am Strand ist exzellent.

Sassari

★Tanina B&B B&B

(Karte S. 144; ☎346 1812404; www.taninabandb.com; Viale Trento 14; EZ/DZ/3BZ 30/50/70 €; 📶) In einer Wohnstraße etwa einen halben Kilometer von der Piazza Italia entfernt liegt dieses mustergültige B&B. Die drei großen Gästezimmer sind liebevoll gepflegt und in altmodisch italienischem Stil eingerichtet mit wuchtigen Schränken, schmiedeeisernen Betten und Blumenmotiven. Jedes Zimmer hat ein eigenes, außen gelegenes Bad und es gibt eine voll ausgestattete Gemeinschaftsküche.

Hotel Vittorio Emanuele HOTEL €€

(Karte S. 144; ☎079 23 55 38; www.hotelvesassari.it; Corso Vittorio Emanuele II 100-102; EZ 50–105 €, DZ 65–150 €; ❄@📶) Das schicke, in einem renovierten mittelalterlichen Palazzo untergebrachte 3-Sterne-Hotel bietet erschwinglichen Komfort. Die Zimmer sind gemütlich eingerichtet und die Lage an der Hauptstraße in der Altstadt ist einfach nur praktisch.

OLBIA, DIE COSTA SMERALDA & DIE GALLURA

Olbia

Porto Romano B&B €

(Karte S. 156; ☎349 1927996; www.bedandbreakfastportoromano.it; Via A Nanni 2; DZ 60–80 €; ❄📶) In diesem gemütlichen B&B in der Nähe des Bahnhofs ist das *benvenuto* (Willkommen) herzlich und die Atmosphäre locker. Die Zimmer sind hell, geräumig und sauber mit gefliesten Fußböden und Holzmöbeln; einige haben Balkon. Es gibt eine Gemeinschaftsküche und einen Grillplatz, der von den Gästen benutzt werden kann.

Ciro's House B&B €

(☎0789 2 40 75; www.bbolbia.com; Via Aspromonte 7; EZ 30–55 €, DZ 55–90 €; 📶) In diesem hinreißenden kleinen B&B 1,5 km westlich vom Stadtzentrum werden die Gäste von Eduardo, seiner Familie und Ciro (dem Hund) begrüßt. Die einfachen, aber gemütlichen Zimmer sind in einem kunterbunten Stilmix unterschiedlich eingerichtet und besitzen farbig gekachelte Badezimmer. Für Gäste mit leichtem Schlaf könnte die Straße etwas zu laut sein.

★Hotel Panorama HOTEL €€

(Karte S. 156; ☎0789 2 66 56; www.hotelpanoramaolbia.it; Via Giuseppe Mazzini 7; EZ 99–149 €, DZ 109–199 €, Suite 179–225 €; P❄) Die einladende Dachterrasse in diesem freundlichen, zentral gelegenen Hotel bietet einzigartige Ausblicke über die Dächer von Olbia bis weit hinüber zum Meer und zum Monte Limbara. Die Zimmer sind neu und elegant eingerichtet und erfreuen die Gäste mit blankpolierten Holzböden und schönen, sauberen Marmorbädern. Es gibt auch einen Whirlpool und eine Sauna zum Entspannen.

La Locanda del Conte Mameli BOUTIQUEHOTEL €€

(Karte S. 156; ☎0789 2 30 08; www.lalocandadelcontemameli.com; Via delle Terme 8; EZ 59–149 €, DZ 74–149 €, 3BZ 114–189 €; P❄📶). Äußerst elegant ist dieses Boutiquehotel, das in einer *locanda* (Gasthof) aus dem 18. Jh. untergebracht ist, die ursprünglich für Graf Mameli gebaut wurde. Eine gewundene Treppe mit schmiedeeisernem Geländer führt zu den schicken, in Karamellfarben gehaltenen Zimmern mit Badezimmern aus Orosei-Marmor. Den Frühstücksraum ziert ein echter Brunnen aus der Römerzeit.

Rund um Olbia

Golfo Aranci

★Borgo Alba Barona HOTEL €

(☎393 474141292; www.hotelborgoalbabarona.com; Via Sa Curi 25, Località Donigheddu; DZ 40–60 €, HP 25 €; P❄📶) Hoch über dem Golfo Aranci am Ende einer gewundenen Straße steht dieser galluresische *stazzo* in glückseliger Einsamkeit und inmitten wunderbar angelegter Gärten. Die einfachen Bungalows mit gefliesten Böden bieten weite Ausblicke über das glitzernde Meer und die Granitfelsen. Auch die Küche ist großartig. Auf der SP16 Richtung Golfo Arnaci nach 3 km rechts abbiegen und dann den Schildern nach Località Donigheddu folgen.

Hotel Gabbiano Azzurro HOTEL €€€

(☎0789 4 69 29; www.hotelgabbianoazzurro.com; Via dei Gabbiani; EZ 170–295 €, DZ 205–355 €; P ❄ ≋) Das Gabbiano Azzurro mit Blick auf das herrlich aquamarinfarbene Wasser der Spiaggia Terzo ist ein riesiges, anonymes Hotel. Aber davon sollte man sich nicht abschrecken lassen, denn es hat durchaus auch viele Vorzüge, wie z. B. einen Pool mit Düsen, ein Restaurant mit Meerblick und einen schönen Privatstrand. Kochkurse, Weinproben, Sportfischen und Wanderungen werden auf Wunsch organisiert.

Südküste

Hotels, *agriturismi* und Apartments findet man im Internet unter www.visitsanteodoro.com.

Agriturismo L'Aglientu AGRITURISMO €

(☎0789 4 10 91; www.turismorurale.org; Via l'Aglientu 1, Porto San Paolo; EZ 50–80 €, DZ 70–100 €, 3BZ 90–135 €; P ❄ ☁) Dieser in einer schönen grünen Landschaft gelegene Bauernhof eignet sich hervorragend zum Entspannen. Hier kann man sogar selbst angebautes Biogemüse kaufen. Die Zimmer für die Gäste sind hell und gleichzeitig rustikal eingerichtet. Die vorherrschenden Farben sind Zitronengelb, Oliv und Lila. Im Aufenthaltsraum mit zahlreichen Büchern und Spielen herrscht eine entspannte Atmosphäre.

Camping San Teodoro La Cinta CAMPINGPLATZ €

(☎0784 86 57 77; www.campingsanteodoro.com; Via del Tirreno, San Teodoro; Camping 2 Pers., Auto & Zelt 31–39 €, 4-Pers.-Bungalows 105–118 €; ☁) Der ziemlich beliebte Campingplatz liegt rund 800 m von der Innenstadt entfernt auf einem riesigen, baumbestandenen Gelände direkt am Südende vom Strand La Cinta.

Agriturismo Li Scopi AGRITURISMO €€

(☎338 9766350; www.agriturismoliscopi.com; Li Scopi; DZ 95–145 €; P ❄ ☁) Die Stille rund um dieses herrliche *agriturismo* am Rand von San Teodoro wird nur vom Rascheln der Olivenbäume und dem Gesang der Vögel unterbrochen. Die hellen, geräumigen und gefliesten Zimmer öffnen sich zu einer Veranda, von der man auf die gut gepflegten Gärten blickt. Der Strand von La Cinta liegt 1,5 km entfernt.

Costa Smeralda & Umgebung

Südlich von Porto Cervo

Villaggio Camping La Cugnana CAMPINGPLATZ €

(☎0789 3 31 84; www.campingcugnana.it; Località Cugnana; Camping 2 Pers., Auto & Zelt 28–30 €; ☁ ≋) Der Campinglatz direkt am Meer liegt an der Hauptstraße nördlich von Porto Rotondo. Mitreisende Kinder kommen hier voll auf ihre Kosten: Es gibt einen Pool, einen Spielplatz und viele gut organisierte Aktivitäten. Ein kostenloser Shuttlebus fährt zu den noch etwas hübscheren Stränden an der Costa Smeralda.

Hotel Capriccioli HOTEL €€

(☎0789 9 60 04; www.hotelcapriccioli.it; Località Capriccioli; DZ inkl. HP 310–360 €; P ❄ ≋) In einer von Luxushotelketten dominierten Gegend ist es eine echte Freude, eine freundliche, familiengeführte Unterkunft wie das Hotel Capriccioli zu finden. Es liegt direkt am Strand; die Zimmer sind hell und im typisch sardischen Stil mit schmiedeeisernen Betten und klassischen Inselstoffen ausgestattet.

Porto Cervo & Umgebung

Es gibt hier kaum Schnäppchen, aber wer außerhalb des teuren Porto Cervo wohnt, bekommt sicherlich mehr für sein Geld.

La Murichessa HOTEL €

(☎339 5 316532; www.lamurichessa.it; Località Vaddimala; DZ 50–100 €, 3BZ 70–130 €; P ☁) Das idyllische Landhaus mit Blick auf die Berge, die uralten Olivenbäume und das herrlich glitzernde Meer bietet Entspannung pur. Die großen, sonnigen Zimmer sind mit muschelförmigen Lampen ausgestattet. Anna Lisa ist eine großartige Köchin – die selbst gemachte Marmelade zum Frühstück ist einfach köstlich. Zum Landhaus gelangt man über die Straße SP 59 von Porto Cervo nach Arzachena; unterwegs nach dem Holzschild Ausschau halten.

★ **B&B Costa Smeralda** B&B €€

(☎0789 9 98 11; www.bbcostasmeralda.com; Lu Cumitoni, Poltu Quatu; DZ 80–130 €; ❄ @ ☁) Das in die Hügel über dem fjordartigen Hafen von Poltu Quatu 3 km nördlich von Porto Cervo eingebettete B&B verströmt eine Menge Atmosphäre. Die blau-weiß gehaltenen Zimmer sind angenehm sonnendurchflutet. Zum Frühstück kann man auf der Terrasse Lucianas frisch gebackenes Brot und Gebäck probieren. Der Ausblick aufs Meer ist einfach umwerfend.

Hotel Le Ginestre LUXUSHOTEL €€€
(☎0789 9 20 30; www.leginestrehotel.com; Località Porto Cervo; DZ inkl. HP 230–500 €; P ❄ ≋) Das Hotel verfügt über Zimmer im typischen Costa-Stil, die in niedrigen, ockerfarbenen Gebäuden inmitten von perfekt gepflegten Rasenflächen, Palmen und Bougainvillea untergebracht sind. Adrett uniformiertes Personal sorgt für einen makellosen Service. Die Zimmer sind hell und elegant. Es gibt einen Pool und ein Beautycenter. Das Hotel liegt 1 km südlich von Porto Cervo.

La Rocca Resort & Spa LUXUSHOTEL €€€
(☎0789 93 31 31; www.laroccaresort.com; Località Pulicino, Baia Sardinia; DZ inkl. HP 250–480 €; P ❄ ≋) Ein wahres Postkartenidyll mit hellrosa Villen, grünen Rasenflächen und blumengesäumten Fußwegen. La Rocca ist ein Luxusresort mit kühlen, sommerlichen Zimmern und ausgezeichneten Einrichtungen. Der Pool verfügt über einen naturbelassenen Felsbrunnen. Der kostenlose Shuttlebus bringt die Gäste zum Privatstrand ins 800 m entfernte Cala di Ginepre.

Das Hinterland der Costa Smeralda

San Pantaleo

★ Agriturismo Ca' La Somara AGRITURISMO €€ /
(☎0789 9 89 69; www.calasomara.it; EZ 60–80 €, DZ 80–134 €; P ≋) Esel geleiten die Gäste schon an der Straße nach Arzachena zu diesem freundlichen *agriturismo*. Das etwas marode Bauerngehöft hat zwölf schlichte Gästezimmer und viele ruhige Ecken, wo man sich in einer Hängematte entspannen, im Garten spazieren gehen oder die Wellness-Behandlungen genießen kann. Im rustikalen Speisesaal werden vegetarische Gerichte aus selbst angebauten Gemüsesorten serviert. Kreditkarten (und Kinder) werden nicht akzeptiert.

Locanda Sant'Andrea HOTEL €€
(☎0789 6 52 05; www.locandasantandrea.com; Via Zara 36; EZ 105–149 €, DZ 110–193 €, 3BZ 138–215 €, 4BZ 182–273 €, HP zusätzl. 30 € pro Pers.; P ❄ ≋) Das ruhige Hotel am Dorfeingang überzeugt mit hellen, gepflegten Zimmern und einem von Bougainvillea gesäumten Pool. Das hoch angesehene Restaurant wird von derselben Familie geführt, daher ist das Frühstück, das u. a. selbst gebackene Kuchen und Gebäck umfasst, ausgezeichnet.

Hotel Arathena HOTEL €€
(☎0789 6 54 51; www.arathena.it; Via Pompei; DZ 136–244 €; P ❄ @ ≋) Knorrige, bucklige Holzbalken und ockerfarben gestrichene Steinwände bestimmen den Ton in diesem attraktiven Hotel. Die Zimmer sind mit Terrakottafliesen, Holz und Naturtextilien versehen. Vor der erhabenen Kulisse grüner Berge glitzert ein riesiger Pool.

Arzachena & Umgebung

★ B&B Lu Pastruccialeddu B&B €€
(☎0789 8 17 77; www.pastruccialeddu.com; Località Lu Pastruccialeddu, Arzachena; EZ 70–100 €, DZ 90–120 €, Suite 120–150 €; P ≋) Das umwerfende B&B ist in einem landestypischen Bauerngehöft aus Stein beheimatet. Es besitzt tadellose Zimmer, einen hübschen Pool und zwei Esel. Die Pension wird von der unglaublich gastfreundlichen Caterina Ruzittu geführt, die auch das opulente Frühstück zubereitet – eine Riesenauswahl an Gebäck, Joghurt, frisch gebackenen Kuchen, Salami, Käse und Cerealien.

Von Olbia auf der Hauptstraße Viale Costa Smeralda den Schildern nach Arzachena/Paula folgen. Nach der zweiten Ampelanlage hinter dem Despar Supermarkt rechts abbiegen und der Ausschilderung etwa 1,5 km bis Lu Pastruccialeddu folgen.

★ Surrau Turismo Rurale B&B €€
(☎339 6788556; www.bebsurrau.it; Località Surrau; EZ 65–90 €, DZ 90–118 €) Traumhaft gelegen oberhalb von Weinbergen mit Ausblick auf Granitgipfel kombiniert dieses B&B in seinen Zimmern rustikale Elemente – geflieste Böden, schmiedeeiserne Betten – mit moderner Klarheit. Der immer freundliche Emanuele steht bereit, das Frühstück zu servieren, Tipps zu geben oder zum Sonnenuntergang auf der Veranda ein Glas Wein zu servieren. Auf der SS125 aus der Stadt Richtung Norden bis km 347 fahren.

Hotel del Porto HOTEL €€
(☎0789 8 80 11; www.hoteldelporto.com; Via Nazionale 94, Cannigione; DZ 98–206 €, HP 63–123 € pro Pers.; ❄ @) Das zentral gelegene Hotel mit Blick auf den Jachthafen von Canni-

gione ist eine ausgezeichnete Wahl. Die luftigen Zimmer sind mit traditionellen sardischen Stoffen und glänzenden Fliesen geschmückt.

Hotel Stazzo Lu Ciaccaru HOTEL €€€
(☎0789 8 19 47, 0789 84 40 01; www.stazzoluciaccaru.it; Località Lu Ciaccaru; DZ 164–244 €, Suite 180–290 €; P❄📶🏊) Das Hotel Stazzo Lu Ciaccaru steht für pure, ländliche Romantik mit Unterkünften aus Granit und Holz, die sich über ein Grundstück mit jahrhundertealten Olivenbäumen verteilen. Wer es etwas luxuriöser haben möchte, kann eine ganze Villa mit Himmelbett und eigenem Pool buchen – für entsprechendes Geld natürlich. Das *stazzo* liegt herrlich abgeschieden 3 km südlich von Arzachena (auf der SP427 der Ausschilderung folgen).

ZIMMER MIT AUSSICHT

Hotel L'Oasi (S. 233), Cala Gonone

Ostello Bellavista (S. 234), Santa Maria Navarrese

Hotel El Faro (S. 225), Porto Conte

Hotel Panorama (S. 226), Olbia

Borgo Alba Barona (S. 226), Golfo Aranci

Il Profumo del Mare (S. 218), Cagliari

Casa Solotti (S. 230), Nuoro

Agriturismo Guthiddai (S. 231), in der Nähe von Oliena

La Pelosetta Residence Hotel (S. 225), Capo del Falcone

Nordküste

Santa Teresa di Gallura

Camping La Liccia CAMPINGPLATZ €
(☎0789 75 51 90; www.campinglaliccia.com; SP90 km 59; Camping 2 Pers., Auto & Zelt 24,50–31 €, 2-Pers.-Bungalows 71–105 €; 📶🏊) 🍃 Dieser umweltfreundliche Campingplatz liegt 5 km westlich der Stadt an der Straße nach Castelsardo. Zu den fabelhaften Einrichtungen gehören ein Spielplatz, ein Pool und ein Sportplatz.

B&B Domus de Janas B&B €€
(Karte S. 170; ☎338 4990221; www.bbdomusdejanas.it; Via Carlo Felice 20a; EZ 50–100 €, DZ 70–130 €, 3BZ 80–140 €, 4BZ 100–160 €; ❄📶) Daria und Simon heißen die freundlichen Gastgeber in diesem reizenden B&B direkt im Stadtzentrum. Von der Terrasse bieten sich großartige Meerblicke. Die Zimmer sind freundlich und mit Gemälden und allem möglichen Krimskrams dekoriert.

Hotel Moderno HOTEL €€
(Karte S. 170; ☎393 9177814, 0789 75 42 33; www.modernohotel.eu; Via Umberto 39; EZ 65–80 €, DZ 75–140 €, 3BZ 105–180 €; ❄) Ein gemütliches, familiengeführtes Hotel in der Nähe der Piazza. Die Zimmer sind hell und luftig, das Dekor beschränkt sich auf klassisch galluresische Bettüberwürfe in Blau und Weiß. Die Balkone sind eher winzig.

Hotel Marinaro HOTEL €€
(Karte S. 170; ☎0789 75 41 12; www.hotelmarinaro.com; Via Angioi 48; EZ 50–110 €, DZ 70–140 €; ❄@) Frische, schnörkellose Zimmer, darunter miteinander verbundene Zimmer für Familien, machen dieses unverwüstliche Hotel zu einer ziemlich begehrten Adresse. Die Mitarbeiter sind freundlich und die Lage – nur einen Katzensprung vom Hauptplatz entfernt – ist für diejenigen, die in Reichweite des pulsierenden Lebens absteigen möchten, einfach ausgezeichnet.

Palau

L'Orso e Il Mare B&B €
(☎331 2222000; www.orsoeilmare.com; Vicolo Diaz 1, Palau; DZ 75–130 €, 3BZ 95–140 €; ❄) In diesem wenige Schritte von der Piazza Fresi entfernten B&B heißt Pietro seine Gäste herzlich willkommen. Die geräumigen Zimmer weisen kühle Blau- und Weißtöne auf. Zum Frühstück gibt es verschiedene Kuchensorten, Gebäck und frischen Obstsalat.

Camping Baia Saraceno CAMPINGPLATZ €
(☎0789 70 94 03; www.baiasaraceno.com; Punta Nera, Palau; Camping 2 Pers., Auto & Zelt 30–36 €, 2-Pers.-Bungalows 60–110 €) Der wunderschöne, von Pinien umstandene Campingplatz am Strand von Palau besitzt eine Pizzeria, einen Spielplatz für Kinder und ein Tauchzentrum.

Hotel La Roccia HOTEL €€
(☎0789 70 95 28; www.hotellaroccia.com; Via dei Mille 15, Palau; EZ 50–90 €, DZ 80–150 €; P❄) Das einladende 3-Sterne-Hotel verfügt über helle, geräumige Zimmer und bietet ein ausgezeichnetes Preis-Leistungs-Verhältnis. Das

blauweiße Seemannsdekor verleiht mediterranes Flair. Von den Balkonen genießen die Gäste phantastische Ausblicke.

Parco Nazionale dell'arcipelago di La Maddalena

★ B&B Petite Maison B&B €
(☎340 6463722, 0789 73 84 32; www.lapetitmaison.net; Via Livenza 7, La Maddalena; DZ 85–110 €) Das mit Gemälden und Art-Deco-Möbeln ausgestattete B&B ist nur fünf Minuten zu Fuß vom Hauptplatz entfernt. Das von Miriam geradezu künstlerisch gestaltete Frühstück mit frischen, selbst gemachten Köstlichkeiten wird in einem Garten voller Bougainvillea serviert. Kreditkarten (und Kinder) werden nicht akzeptiert.

B&B Mongiardino B&B €
(☎338 5034830; www.mongiardino.it; Località Mongiardino; DZ 60–100 €; P ❄ 📶) Inmitten eines liebevoll angelegten Gartens mit Oliven- und Zitronenbäumen bietet dieses süße B&B eine phantastische und günstige Unterkunft. Es liegt landeinwärts gegenüber dem Museo Archaelogico Navale. Die Zimmer sind hell, komfortabel und blitzblank, das Frühstück wird auf der Terrasse serviert und es gibt einen Grillplatz für Gäste.

Das Hinterland

La Vignaredda Residenza d'Epoca HOTEL €
(☎347 1010198, 0796 2 08 18; www.lavignaredda.it; Via Gallura 14, Aggius; Zi. 79–97 €, Apt. 97–157 €; P 📶) Um die Ruhe dieser Gegend richtig genießen zu können, sollte man in dieses wunderbar umgebaute Herrenhaus in Aggius einkehren. Freigelegter Granit, gemütliche Winkel, traditionelle Möbel und Familienerbstücke verleihen der Bleibe Atmosphäre, ohne kitschig zu sein. Alles ist mit Liebe und Sorgfalt gestaltet – von den Blumengärten bis zu den selbstgebackenen Kuchen und dem frisch gepressten Saft zum Frühstück.

B&B Domo De Resteblas B&B €
(☎340 8208482; www.bbdomoderesteblas.it; Località Restelies C/o Via Dei Campi 6, Berchidda; EZ 35–50 €, DZ 54–70 €, 3BZ 70–95 €; P 📶 🏊) Zwischen mit Rebstöcken und Olivenbäumen besetzten Hügeln, die sich westlich von Berchidda erstrecken, liegt dieses B&B in einem Jahrhunderte alten Bauernhaus versteckt in einer Talsenke. Die Apartments bieten Küchen und Balkone, von denen man über die hügelige Landschaft blickt. Zur Abkühlung wartet ein Pool. Käse aus der Region und selbstgemachte Kuchen versüßen das Frühstück. Wer den selbst produzierten Vermentino-Wein kosten möchte, wendet sich an den leutseligen Gastgeber Mauro.

Il Gallo di Gallura B&B €
(☎079 481 21 67; www.ilgallodigallura.com; Corso Matteotti 28, Tempio Pausania; DZ 60–80 €; P ❄ @) Das familiengeführte B&B liegt in der historischen Innenstadt von Tempio Pausania in einem Palazzo aus dem frühen 19. Jh. In den hübschen, sonnigen Zimmern überwiegen Blau- und Gelbtöne sowie traditionelle sardische Stoffe. Zum Frühstück gibt es frisch gepresste Säfte, Gebäck und Konfitüre. Gäste sollten nach dem Schild mit dem Hahn Ausschau halten.

Agriturismo Muto Di Gallura AGRITURISMO €€
(☎079 62 05 59; www.mutodigallura.com; Località Fraiga, Aggius; DZ 144–168 €, HP 84–94 € pro Pers., Menü 20–40 €; P 🏊) 🍃 Frei herumlaufende Esel, Kühe, Ziegen, Schafe und Hühner, hübsche Steinhäuser in einem Korkeichenwald, bezaubernde Ausblicke, ein ruhiger Pool – was braucht man mehr? Nichts, ausgenommen vielleicht den köstlichen selbst gemachten Biokäse, Fleisch, Gemüse, und Wein, die zum Abendessen serviert werden. Die Gäste können reiten sowie Ausflüge im Geländewagen oder per Esel unternehmen.

NUORO & DER OSTEN

Nuoro & Umgebung

★ Casa Solotti B&B €
(☎0784 3 39 54, 328 6028975; www.casasolotti.it; Località Monte Ortobene; 26–35 € pro Pers.; P ❄ 📶) Dieses B&B ruht in einem weitläufigen Garten mitten im Wald zwischen Wanderwegen in der Nähe des Gipfels von Monte Ortobene, 5 km von Nuoros Stadtzentrum. Steinwände und Holzbalken zieren die elegant-rustikalen Zimmer, vor denen sich ein gewaltiger Ausblick auf die Täler der Umgebung und den entfernten Golfo di Orosei erstreckt. Der Aufenthalt hier ist ein Genuss, die Gastgeber Mario und Frédérique scheuen keine Mühen und orga-

nisieren alles vom Reitausflug über Lunchpakete bis zu geführten Wanderungen in den Supramonte.

Silvia e Paolo B&B €
(Karte S. 186; ☎ 0784 3 12 80; www.silviaepaolo.it; Corso Garibaldi 58; EZ 33–40 €, DZ 55–65 €, 3BZ 75 €; ❄ 📶) Das hübsche B&B führen Silvia und Paolo. Die hellen, geräumigen Zimmer sind mit Puppen und alten Lederkoffern ausstaffiert. Von der Dachterrasse kann man tagsüber das Geschehen auf dem Corso Garibaldi verfolgen und nachts die Sterne betrachten. In dem geschmackvoll eingerichteten Aufenthaltsraum gibt es Filme, Bücher und Karten über Sardinien.

Nuraghe Oro B&B €
(Karte S. 186; ☎ 0784 182 32 55; www.nugheoro.it; Via Matteotti 14; EZ 35–45 €, DZ 60–70 €, 3BZ 85–95 €; ❄ 📶) Das im 6. Stock eines eleganten Stadthauses untergebrachte B&B bietet seinen Gästen helle, geräumige und gepflegte Zimmer. Von der Terrasse ist der Blick auf die Stadt besonders schön. Die freundlichen Gastgeber Max und Clara servieren zum Frühstück Obst aus der Gegend sowie Kuchen und Molkereiprodukte. Kostenlose Kinderbetten stehen ebenso zur Verfügung wie günstigere Zimmer mit Gemeinschaftsbad.

Agriturismo Testone AGRITURISMO €
(☎ 0784 23 05 39; www.agriturismotestone.com; Via Giuseppe Verdi; Zi. 76–90 €, HP 55–65 € pro Pers.; P) Der rustikale Bauernhof ca. 20 km vor Nuoro liegt mitten in einem Korkeichenwald. Innen sind die Mauern teilweise freigelegt, zum Dekor gehören außerdem schwere Holzmöbel und von der Decke herabhängende Töpfe und Pfannen. Von Nuoro auf der SS389 die Abfahrt nach Orune Bitti nehmen und 10 km weiter bis zur Abzweigung nach Benetutti fahren, dann nach links und nach weiteren 3 km rechts abbiegen und den Schildern folgen.

Supramonte

Oliena & Umgebung

★ **Agriturismo Guthiddai** AGRITURISMO €
(☎ 0784 28 60 17; www.agriturismoguthiddai.com; Nuoro-Dorgali bivio Su Gologone; DZ 76–110 €, HP 64–80 € pro Pers.; ❄ 📶) Dieses weiß getünchte Gehöft an der Straße nach Su Gologone liegt idyllisch am Fuße zerklüfteter Berge und ist von Feigen-, Oliven- und Obstbäumen umgeben. Das Olivenöl, der Cannonau-Wein sowie Obst und Gemüse stammen alle aus eigener Produktion. Die stilvollen Zimmer sind in hellen Grüntönen und in Kobaltblau gefliest. Von Oliena Richtung Drogali fahren und nach rechts Richtung Valle di Lanaittu abbiegen.

Bed & Breakfast Oliena B&B €
(☎ 0784 28 50 75; www.bed-and-breakfast-oliena.it; Via Alghero 10-12; ❄ 📶 🏊) Rimedia ist Herz und Seele dieses fröhlichen B&B mit zitronengelber Fassade in Oliena. Sie sorgt für tadellose Sauberkeit in den hellgestrichenen Zimmern, von denen man auf die Berge blickt. Das großzügige Frühstück mit Gebäck, Eiern, Obst und Saft gibt ausreichend Energie für eine Tageswanderung oder Radtour im Supramonte.

Hotel Monte Maccione HOTEL, CAMPINGPLATZ €
(☎ 0784 28 83 63; www.coopenis.it; Località Monte Maccione; EZ/DZ/3BZ/4BZ 49/80/114/144 €, Camping 2 Pers. & Zelt 18 €; P 📶) Das von der Cooperativa Enis geführte kleine Hotel hat einfache und rustikale Zimmer. Es liegt auf einem Berg 4 km südlich von Oliena an der SP22 und bietet herrliche Ausblicke. Diese Herberge mitten in der Natur ist perfekt für alle, die die Berge zu Fuß erwandern wollen.

★ **Su Gologone** HOTEL €€€
(☎ 0784 28 75 12; www.sugologone.it; Località Su Gologone; EZ inkl. HP 205–220 €, DZ 320–350 €, Suite 420–550 €; P ❄ 📶 🏊) Das luxuriöse Hotel liegt in einer wunderschönen Landschaft 7 km östlich von Oliena. Die Zimmer zieren Originalgemälde und kunstgewerbliche Stücke. Zu den Attraktionen des Hauses gehören ein Pool, ein Weinkeller sowie ein Restaurant, das zu den besten Sardiniens zählt (Gerichte um die 55 €).

Barbagia

Barbagia Ollolai

Hotel Sa Orte HOTEL €
(☎ 0784 5 80 20; www.hotelsaorte.it; Via Roma 14, Fonni; EZ 35–40 €, DZ 60–80 €, 3BZ 85–110 €; ❄) Der schön restaurierte Palazzo in der historischen Innenstadt gehört zu den besten in Fonni. Die Fassade ist aus Granit. Die Innendekoration ist modern, sie besteht aus mandarinfarbenen Wänden, Parkettböden und Holzmöbeln.

Albergo Gusana HOTEL €
(☎0784 5 30 00; www.albergogusana.it; Località Lago di Gusana; EZ/DZ 50/70 €; 📶 🏊) Das helle, gut geführte Hotel an einem See ist ein Stück Zivilisation in den wilden, bewaldeten Bergen von Barbagia. Die wunderbare Ruhe sorgt für einen erholsamen Schlaf. Die Unterkunft mit Swimmingpool, Pferdeställen und Spielplatz ist perfekt für Familien.

Barbagia di Belvi

Sa Muvara HOTEL €€
(☎0784 62 93 36; www.samuvarahotel.com; Via Kennedy 33, Aritzo; EZ/DZ/4BZ 95/140/220 €, HP 95–115 € pro Pers.; P ❄ 📶 🏊) Das in den Bergen gelegene Hotel ist perfekt für Wanderer und Radfahrer geeignet. Die Zimmer sind groß und luftig, die Möbel aus geschnitztem Holz. Der mit Quellwasser gespeiste Pool, die üppigen Gärten und der kleine Wellnessbereich versprechen Erholung pur. Im Restaurant werden verschiedene einheimische Gerichte serviert (Gericht ca. 40 €).

Sarcidano

Antico Borgo B&B €
(☎0782 86 90 47; www.anticoborgoweb.it; Via Sant'Ambrogio 5, Laconi; EZ/DZ 45/70 €; ❄) In diesem B&B, das einen restaurierten Palazzo aus dem 18. Jh. gegenüber der Kirche bezogen hat, werden die Gäste von Peppe und Tomasina herzlich begrüßt. Das B&B verströmt eine Menge Wärme und Atmosphäre: Es verfügt über einen Kamin, Stilmöbel und gemütliche Zimmer. Das Frühstück ist ein Genuss: Es gibt frisches Obst, Saft, Brot und selbst gemachte Süßigkeiten.

Golfo di Orosei

Orosei & Umgebung

B&B Marzellinu B&B €
(☎339 6000590; http://marzellinu.wordpress.com; Via Sas Linnas Siccas 96, Cala Liberotto; DZ 60–100 €; P 📶) Dieses B&B zwischen Pinien und Wiesen in der Nähe von Cala Liberotto ist einfach herrlich. Die hellen, freundlichen Zimmer sind einwandfrei. Wer auf das Meer blicken möchte, fragt nach La Peonia. Ein Fußweg schlängelt sich hinab zu einer abgeschiedenen Bucht mit kristallklarem Wasser, erstklassig zum Schnorcheln. Kinder werden die Kätzchen lieben, die über das Grundstück tollen. Drei Übernachtungen Minimum.

★ **Albergo Diffuso Mannois** B&B €€
(☎0784 99 10 40; www.mannois.it; Via G Angioy 32; EZ 40–85 €, DZ 70–140 €; ❄ 📶) Das über drei wunderschön restaurierte Gebäude im historischen Zentrum von Orosei verteilte Albergo Diffuso Mannois ist etwas ganz Besonderes. Keines der lichtdurchfluteten, in Pastelltönen eingerichteten Zimmer gleicht dem anderen. Alle sind mit frei liegenden Mauern, sardischen Stoffen und Balken aus Wacholderholz ausgestattet. Ausflüge, Exkursionen zu Pferd und Tauchgänge werden auf Wunsch organisiert.

Anticos Palathos HOTEL €€
(☎0784 9 86 04; www.anticospalathos.com; Via Nazionale 51; EZ 85–135 €, DZ 120–180 €; P ❄) Das auf einen schönen Innenhof hinausgehende Stadthaus aus Stein mit rustikalem Anstrich besitzt einen gewölbeartigen Frühstücksraum, gemütliche Zimmer mit schmiedeeisernen Betten und einen verzierten Kamin. Zum Frühstück gibt es frisch gebackenes Brot und Gebäck.

Dorgali

Wer in Dorgali übernachten möchte, wendet sich am besten an **Cala 'e Luna Bookings** (☎0784 92 80 87; www.calaeluna.com; Via Lamarmora 4), den örtlichen Buchungsservice.

Sa Corte Antica B&B €
(☎347 6473773; www.sacorteantica.it; Via Mannu 17; DZ 50–60 €, 3BZ 65–75 €; ❄ 📶) Das B&B ist in einem Stadthaus aus dem 18. Jh. mit Innenhof untergebracht und verströmt eine Menge Charme. Die traditionell eingerichteten Zimmer sind ruhig; schön sind die Decken aus Schilf und die schmiedeeisernen Betten. Zum Frühstück gibt es selbst gebackenes Brot und Biscotti.

Hotel Il Querceto HOTEL €€
(☎0784 9 65 09; www.ilquerceto.com; Via Lamarmora 4; EZ 40–120 €, DZ 55–180 €, Suite 300–350 €; P ❄ 🏊) 🍃 Dieses umweltfreundliche Hotel setzt auf Sonnenenergie und Geothermie. Es bietet nette, einfache Zimmer mit cremefarbener Bettwäsche und honigfarbenen Fliesen. Die Pools und der von Eichen beschattete Garten laden zum Relaxen ein. Das Restaurant bringt frische Gerichte der Saison auf den Tisch. Das Hotel befindet sich im Südwesten der Stadt.

Hotel S'Adde HOTEL €€
(☎0784 9 44 12; http://hotelsadde.it; Via Concordia 38; EZ 40–70 €, DZ 70–110 €, HP 60–80 € pro

Pers.; P ❄ ☰) Ein kurzer, beschilderter Fußweg führt von der Hauptstraße zu dieser rosafarbenen Berghütte. Die Zimmer sind mit Kiefernholz vertäfelt und haben Terrassen mit Blick ins Grüne. Das Pizzeria-Restaurant (Gerichte 25–30 €) geht auf eine Terrasse im 1. Stock hinaus. Das Frühstück kostet 5 € extra.

Cala Gonone

★ Hotel L'Oasi B&B €

(☎ 0784 9 31 11; www.loasihotel.it; Via Garcia Lorca 13; EZ 69–83 €, DZ 86–139 €; P ❄ ☰) Das auf den Felsen über Cala Gonone in einem schönen Blumengarten angesiedelte B&B bietet atemberaubende Ausblicke aufs Meer. Es lohnt sich, 15 € mehr für Halbpension zu zahlen, denn das Drei-Gänge-Abendessen wird mit frischen Produkten aus der Gegend zubereitet. Die freundliche Familie Carlesso gibt gerne Auskunft über Aktivitäten wie Klettern und Tauchen. Vom nur 700 m entfernten Hafen geht es zu Fuß bergauf zum L'Oasi.

Agriturismo Nuraghe Mannu AGRITURISMO, CAMPINGPLATZ €

(☎ 393 288685824, 0784 9 32 64; www.agriturismo nuraghemannu.com; Località Pranos; DZ 64–68 €, HP 50–52 € pro Pers., Camping 2 Pers., Auto & Zelt 18–24 €) Dieser authentische, umweltfreundliche Bauernhof mitten im Grünen und mit phantastischem Meerblick hat vier einfache Zimmer und ein Restaurant auch für Tagesgäste. Zum Frühstück gibt es Brot, Milch, Ricotta und Süßigkeiten aus Eigenproduktion. Campern stehen fünf Zeltplätze zur Verfügung.

Hotel Villa Gustui Maris HOTEL €€

(☎ 0784 92 00 76; www.villagustuimaris.it; Via Marco Polo 57; DZ 152–210 €, 3BZ 220–276 €; ❄ @ ≋) Von diesem villenähnlichen Hotel bieten sich atemberaubende Ausblicke über den Golfo di Orosei. Vom Stadtzentrum geht es 800 m zu Fuß steil bergauf. Die creme- und terrakottafarben eingerichteten Zimmer sind hell und geräumig und haben geflieste Fußböden, einen Balkon oder eine Terrasse. Zum Hotel gehört auch ein Pool.

Hotel Nuraghe Arvu HOTEL €€

(☎ 0784 92 00 75; www.hotelnuraghearvu.com; Viale Bue Marino; DZ 140–230 €, 3BZ 180–280 €; P ❄ ☰ ≋) Die gepflegten, weißen Bungalows sind eine erstklassige Wahl für Familien. Sie sind mit natürlichen Materialen ausgestattet, haben eine eigene Veranda und stehen rund um einen schönen Pool mit Massageliegen zum Entspannen. Das freundliche Personal hilft bei der Planung von Ausflügen und Weinverkostungen.

Hotel Nettuno B&B €€

(☎ 0784 9 33 10; www.nettuno-hotel.it; Via Vasco de Gama 26; DZ 80–135 €, 3BZ 110–160 €, 4BZ 120–185 €; ❄ ☰) Dieses familiengeführte B&B liegt superzentral, nur eine Minute Fußweg vom Strand entfernt. Die einfachen, gefliesten Zimmer sind blitzblank. Ein Zimmer mit Balkon kostet 10 € extra pro Nacht. Im Garten kann man sich bei einem kühlen Drink herrlich entspannen.

Hotel Costa Dorada HOTEL €€

(☎ 0784 9 33 32; www.hotelcostadorada.it; Lungomare Palmasera 45; EZ 93–115 €, DZ 146–190 €, HP 95–117 € pro Pers.; ❄ ☰) Das weinumrankte Costa Dorada bietet einen großartigen Meerblick und geschmackvolle, pastellfarbene Zimmer mit bemalten Holzmöbeln und sardischem Kunsthandwerk. Das Haus liegt am südlichen Ende des *lungomare* gegenüber dem Strand. Im Blumengarten tummeln sich Vögel und Schildkröten.

Hotel Miramare HOTEL €€

(☎ 0784 931 40; www.htlmiramare.it; Piazza Giardini 12; EZ 50–102 €, DZ 84–155 €; ❄ ☰) Das adrette weiße Hotel beim Hafen ist das älteste in Cala Gonone (1955 eröffnet). Die schlichten Zimmer mit den gefliesten Böden werden von der Meeresbrise gekühlt. Die besseren Zimmer verfügen über eine Terrasse mit Blick aufs Mittelmeer, die preiswerteren schauen auf die Kirche und die Berge. Auf der Dachterrasse stehen Liegen zum Entspannen bereit.

Ogliastra

Tortolì & Arbatax

Wer Resorthotels direkt am Meer vorzieht, fährt am besten weiter nach Porto Frailis bei Arbatax.

Camping La Pineta CAMPINGPLATZ €

(☎ 0782 2 93 72; www.campingbungalowlapineta.it; Località Planargia, Barisardo; Camping 2 Pers., Auto & Zelt 13–30,50 €, Bungalows 40–115 €; P ☰) Versteckt zwischen Pinien, nur 400 m Fußweg von einem herrlichen Strand entfernt, ist dieser familiengeführte Campingplatz ein echtes Schmuckstück. Die Stellplätze liegen zwischen schattenspendenden Bäumen.

Außerdem gibt es gut ausgestattete Bungalows, ein kleines Restaurant mit Bar und einen Spielplatz. Der Platz ist nur mit dem Auto erreichbar und liegt in der Nähe der Stadt Barisardo, 12 km südlich von Tortoli.

La Vecchia Marina HOTEL €€

(☎0782 66 70 20; www.hotelvecchiamarina.it; Via Praga 1, Arbatax; DZ 80–140 €; P ❄ 📶) Balken, Terrakottaböden und Palmengärten verleihen diesem flachen, weiß gekalkten Hotel ein koloniales Aussehen. In den großen, hellen Zimmer stehen handgefertigte Möbel. Das Hotel liegt ruhig, nur fünf Minuten zu Fuß vom Strand entfernt.

La Bitta HOTEL €€€

(☎0782 66 70 80; www.hotellabitta.it; Località Porto Frailis; DZ 192–234 €, HP 116–152 € pro Pers.; P ❄ 📶 🏊) Dieses luxuriöse Hotel liegt direkt am Strand von Porto Frailis. Es bietet palastartige Zimmer (Zimmer mit Meerblick kostet extra), einen zum Meer hin gelegenen Pool sowie verschiedene Wellnessanwendungen von Shiatsu bis Lymphdrainage. Bei einem Drink in der schicken neuen Lounge Bar kann man die Fische in dem Riesenaquarium beobachten und entspannen.

Lotzorai & Santa Maria Navarrese

★ The Lemon House B&B €

(☎0782 66 95 07; www.peteranne.it; Via Dante 10, Lotzorai; 30–42 € pro Pers.; 📶) Peter und Anne leiten dieses zitronengelbe B&B, einen hervorragenden Ausgangspunkt für Ausflüge. Für die ganz Sportlichen gibt es eine Kletterwand sowie eine Dachterrasse zum Ausruhen. Das sportbegeisterte Paar schafft Leihfahrräder herbei und organisiert einen Abholservice für die Gäste, verleiht ein GPS-Gerät und gibt hervorragende Tipps über Wandermöglichkeiten, Klettern, Mountainbiken und Kajakfahren. Zum Frühstück unbedingt die hausgemachte Zitronenmarmelade probieren!

Ostello Bellavista PENSION €

(☎0782 61 40 39; www.ostelloinogliastra.com; Via Pedra Longa, Santa Maria Navarrese; EZ 40–65 €, DZ 60–100 €; ❄ 📶) Der Name sagt schon alles: Das „Hostel mit der schönen Aussicht" ist eher ein Hotel als eine Herberge und steht auf einem Hügel mit erstklassiger Sicht. Die einfachen Zimmer haben zum Teil einen Balkon (kosten 6–12 € extra) und sind auf mehrere übereinander gestaffelte Gebäude am Hang verteilt. Je höher das Zimmer, desto besser die Aussicht.

Albergo Santa Maria HOTEL €€

(☎0782 61 53 15; www.albergosantamaria.it; Via Plammas 30, Santa Maria Navarrese; EZ 65–85 €, DZ 115–155 €, HP 76–95 € pro Pers.; P ❄ 📶) Vom Strand sind es nur wenige Meter bis zu diesem niedrigen, weiß getünchten Hotel, das seinen Gästen einen herzlichen Empfang bereitet. Die farbenfrohen Zimmer haben einen Balkon mit Blick auf den Innenhof oder den blumenübersäten Garten. Weitere Pluspunkte des Hauses sind das reichhaltige Frühstück sowie ein Fitnessstudio.

Ulassai

★ Hotel Su Marmuri HOTEL €

(☎0782 7 90 03; www.hotelsumarmuri.com; Corso Vittorio Emanuele 20; EZ 30–40 €, DZ 60–80 €, 3BZ 75–90 €, 4BZ 90–120 €) Das bekannte Hotel wird von dem unverwüstlichen Tonino Lai und seiner Frau geleitet. Es bietet einfache, saubere Zimmer und hervorragende Ausblicke. Tonino gibt seinen Gästen gern Auskunft über die Gegend und zeigt ihnen unbekannte Ecken – von ganz in der Nähe gelegenen Höhlen bis zu landschaftlich reizvollen Picknickplätzen.

Sardinien verstehen

Sardinien aktuell

Hohe Arbeitslosigkeit, Proteste der Bergarbeiter und ein verheerender Wirbelsturm haben in jüngerer Zeit Sardinien auch finanziell arg gebeutelt. Nach diesen Tiefschlägen geht es auf der Insel wieder langsam aufwärts: Eine neue Fährverbindung sorgt für dringend benötigte Konkurrenz, die Touristenzahlen steigen kontinuierlich und Francesco Pigliaru bringt frischen Wind in die sardische Politik.

Top-Filme

Padre Padrone (Mein Vater, mein Herr; 1977) Die wahre Geschichte vom Leben Gavino Leddas als Hirte.

Ballu a Tre Passi (Tanz in drei Schritten; 2003) Vier Episoden aus dem Leben der Sarden mit schönen Bildern von der Costa del Sud.

La Destinazione (Der Bestimmungsort; 2003) Geschichte eines jungen italienischen Polizisten, der in ein abgelegenes sardisches Dorf in der Barbagia geschickt wird, um den Mord an einem Hirten aufzuklären.

Etikette

Gastfreundschaft Ein angebotenes Glas Wein, Bier oder *mirto* sollte immer akzeptiert werden.

Kultur Die Einheimischen freuen sich immer, wenn Gäste etwas über Sardinien wissen, z. B. dass Grazia Deledda den Nobelpreis für Literatur gewonnen hat.

Kleidung Knappe Strandkleidung sollte in den Bergen nicht getragen werden, da die Leute dort recht konservativ sein können.

Sprache Nicht vergessen, dass Sardisch kein italienischer Dialekt ist, sondern eine eigene Sprache.

Begrüßung Fremde werden mit Handschlag und *buongiorno* (guten Tag) oder *buona sera* (guten Abend) begrüßt, Freunde mit dem Gruß *come stai* (wie geht's) und mit Küssen auf beide Wangen.

Wirtschaftliche Probleme & Naturkatastrophen

Sardinien erfuhr die volle Wucht der italienischen Wirtschaftskrise von 2011 und 2012. Schwerindustrien wie die Aluminiumhütte Alcoa in Sulcis und viele kleine Betriebe machten dicht. Die Zahl italienischer Touristen fiel von 2011 bis 2012 um 20 bis 30 %. Grund waren die Erhöhung der Fährpreise und die Wirtschaftskrise.

Die Arbeitslosigkeit ist in Sardinien noch immer ungeheuer hoch. Jüngste Statistiken zeigen, dass die Arbeitslosenrate auf der Insel bei 17,5 % liegt, erheblich höher als die landesweite Rate von 12,6 %. Besonders besorgniserregend ist jedoch die Jugendarbeitslosigkeit (15- bis 24-Jährige), von der 42,4 % betroffen sind – die Zukunftsaussichten für junge Leute, die ins Erwerbsleben eintreten, sehen düster aus.

Im August 2012 verbarrikadierten sich 100 Bergarbeiter in der Kohlenzeche Carbosulcis in Iglesias, um gegen deren Stilllegung zu protestieren. Schlagzeilen machten sie, als sich der 49-jährige Stefano Meletti live im Fernsehen die Pulsadern aufschnitt und sinngemäß sagte: „Bevor irgendwer hier die Bergarbeiterfamilien umbringt, werden wir uns lieber selbst die Adern aufschneiden." Trotz der Proteste ist die Stilllegung der unwirtschaftlichen Zeche wohl unvermeidlich.

Um die gedrückte öffentliche Stimmung aufzuhellen, besuchte Papst Franziskus im September 2013 Cagliari und verurteilte, mit einem Schutzhelm auf dem Kopf, die Vergötterung des Geldes. Er sprach vom Verlust der Würde durch die Arbeitslosigkeit und beschwor die Arbeitslosen, auf die Zukunft zu hoffen.

Doch die Insel erlitt weiteres Unglück, als im November des gleichen Jahres der Wirbelsturm Cleopatra katastrophal über sie hinwegfegte. Der Sturm, den die BBC als „apokalyptisch" bezeichnete, und die nachfolgenden sintflutartigen Regenfälle forderten 18 Tote und machten Hunderte obdachlos. Rasche Aufräumarbeiten sorgten jedoch dafür, dass kaum noch sichtbare Spuren des Wirbelsturms übrig blieben, und Ferienorte sind vollständig wiederhergestellt.

Politischer Wechsel

Der Kandidat der Mitte-links-Partei Partito Democratico, Francesco Pigliaru, ging im Februar 2014 mit 42,45 % der Stimmen als Sieger der sardischen Regionalwahlen hervor. Er schlug den bisherigen Gouverneur Ugo Cappellacci (39,65 % der Stimmen) der Mitte-rechts-Partei Forza Italia von Berlusconi. Pigliaru, der aus der Popularität des Premierministers Matteo Renzi und Berlusconis In-Ungnade-Fallen Kapital schlug, wurde als „sauberer" Kandidat betrachtet, nicht als Berufspolitiker: Er vertrat eine solide Politik und hatte einen ehrbaren Hintergrund als Wirtschaftsprofessor an der Universität von Cagliari.

Im Frühjahr 2014 läutete die Europawahl eine neue politische Ära für Sardinien ein, das mit nur 1,6 Mio. Einwohnern im Wahlkreis „Italia Insulare", der aus Sardinien und dem viel größeren Sizilien besteht, unterrepräsentiert ist. In den vergangenen Jahren konnte Sardinien nur dann Europa-Abgeordnete nach Brüssel schicken, wenn sizilianische Abgeordnete zurücktraten; seit 1989 wurde kein sardischer MdEP direkt gewählt. Dieses Mal jedoch steuerte Sardinien drei der acht Europa-Abgeordneten des Wahlkreises bei – der frühere Gouverneur Renato Soru (PD) war der Kandidat mit den meisten Stimmen. Dies zeigte, wie bekannt die sardischen Kandidaten waren und welchen Erfolg die Parteien auf Landesebene hatten.

Lichtblicke

Zwar hängen über der Wirtschaft Sardiniens noch dunkle Wolken, aber in der Tourismusbranche zeichnet sich ein Silberstreif ab. Die Zahl der Touristen stieg 2013 wieder an, im Vorjahresvergleich um 13 %. Die Zahl der ausländischen Touristen stieg um 20 %. Die Hälfte aller Besucher stammt mittlerweile aus dem Ausland. Dieser Trend wird sich noch fortsetzen, da es der Insel allmählich dämmert, dass ihre Zukunft in einem nachhaltigen, saisonunabhängigen Tourismus liegt und sie sich nicht nur auf italienische Strandtouristen im Juli und August verlassen kann.

Als Reaktion auf die Fährpreiserhöhungen der monopolistischen Unternehmen finanzierten Hoteliers eine billige Alternative, „Go in Sardinia", die im Juni 2014 den Betrieb aufnahm. Die Fähre verkehrt zwischen Livorno und den sardischen Häfen Olbia und Arbatax. Ob sie erfolgreich mit den größeren Fährgesellschaften konkurrieren kann, bleibt abzuwarten.

Im März 2014 machte die Präsentation der Giganten von Monte Prama Schlagzeilen. Nach jahrelanger Restaurierung wurden die überlebensgroßen Statuen in der Gestalt von Boxern, Ringkämpfern und Bogenschützen in einer umwerfenden neuen Ausstellung im Museo Archeologico Nazionale in Cagliari und im Museo Civico in Cabras der Öffentlichkeit vorgestellt. Die Statuen aus dem 8. und 9. Jh. v. Chr. gehören zu den bedeutendsten Beispielen nuraghischer Bildhauerkunst, die je entdeckt wurden, und sind bemerkenswerte Mementos einer untergegangenen Zivilisation.

BEVÖLKERUNG: **1,67 MIO.**

FLÄCHE: **24 090 KM²**

BIP PRO KOPF: **17 162 €**

WIRTSCHAFTSWACHSTUM: **–0,5 %**

INFLATION: **0,8 %**

ARBEITSLOSIGKEIT: **17,5 %**

Sprachzugehörigkeit

(% der Bevölkerung)

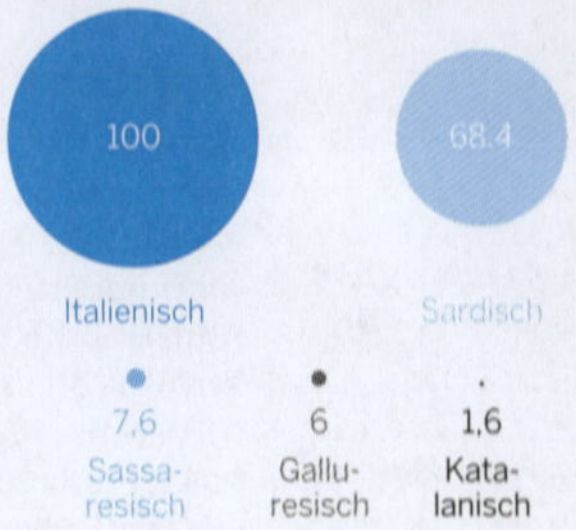

Geländeform

(%)

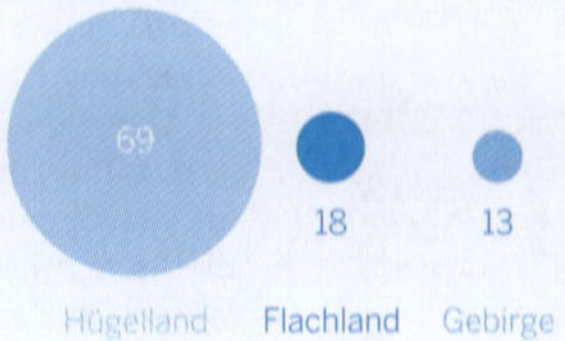

Einwohner pro km²

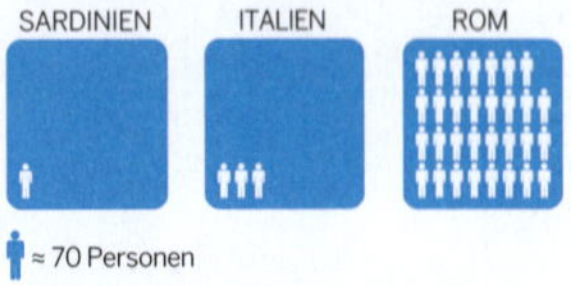

Geschichte

Angezogen von reichen Bodenschatzvorkommen und der strategisch günstigen Lage zwischen Europa und Afrika erreichten immer wieder machthungrige Eroberer Sardiniens Küsten. Die rauen, unzugänglichen Gebirgsregionen hingegen boten den Inselbewohnern Rückzug, dies galt schon für die Steinzeitmenschen und noch im 19. Jh. für untergetauchte Banditen. Ein gewisser introvertierter Stolz und die sardische Neigung zur Nostalgie ließen nicht zu, dass der Zahn der Zeit und die Kraft der Elemente ihre Geschichte auslöschten. Reisende können so mühelos beim Besuch von Gräbern, Türmen, Festungen und Kirchen in die verschiedenen Kapitel der Inselgeschichte eintauchen.

Geheimnisse der Frühzeit

Alt- und Jungsteinzeit

Wann kamen die ersten Siedler eigentlich auf die Insel? Und woher kamen sie? Mit diesen Fragen beschäftigen sich Forscher schon seit Jahrhunderten. Die wahrscheinlichste Hypothese besagt, dass sie im Altpaläolithikum an der sardischen Nordküste landeten. Seit 1979 bei Perfugas Steinwerkzeuge entdeckt wurden, diskutieren Archäologen begeistert über Frühmenschen, die bereits um 350 000 v. Chr. vom italienischen Festland hierhergekommen sein sollen. Es wird vermutet, dass sie aus der Toskana stammten, auch wenn es weitere Zuwanderungswellen aus Nordafrika und von der Iberischen Halbinsel über die Balearen gegeben haben könnte. Genetiker versuchten, dem Rätsel durch die Untersuchung sardischer Erbanlagen auf die Spur zu kommen. Dabei sind sie in bestimmten Regionen des Inselinneren auf eine besondere Genmutation gestoßen, die sonst nur in Skandinavien, Bosnien-Herzegowina und Kroatien zu finden ist. Eine Erklärung für dieses Phänomen hat die Forschung freilich noch nicht gefunden.

Woher die frühen Siedler auch gekommen sind, offenbar fühlten sie sich auf der Insel wohl. In der Jungsteinzeit (8000–3000 v. Chr.) lebten auf Sardinien mehrere prosperierende Stammesgemeinschaften und die Insel muss für sie ein wahres Paradies gewesen sein. Es gab dichte Wälder mit zahlreichen Tieren, Höhlen als Unterschlupf und reichlich Weide- und Ackerland. Zudem barg die sardische Erde üppige Obsidian-

Highlights aus dem Neolithikum

- *Pranu Mutteddu (S. 199), Goni*
- *Museo delle Statue Menhir (S. 199), Laconi*
- *Höhlen im Valle di Lanaittu, Provinz Nuoro*
- *Museo Archeologico (S. 192), Ozieri*
- *Dolmen Sa Coveccada (S. 151), Mores*

ZEITACHSE

350 000 v. Chr.

Fragmente einfacher Steinwerkzeuge zeugen von einer ersten menschlichen Zivilisation auf Sardinien.

4000–2700 v. Chr.

Rund um Ozieri entstehen prosperierende Siedlungen. Kupfer wird als Handelsware getauscht. Die ersten *domus de janas* (Felsengräber) werden angelegt.

1800–1500 v. Chr.

Die nuraghische Ära: Die meisten Steinruinen Sardiniens stammen aus jener Zeit. Rund 30 000 Festungstürme werden gebaut.

vorkommen. Dieses dunkle Vulkangestein, das für die Herstellung von Werkzeugen und Pfeilspitzen genutzt wurde, avancierte schnell zum begehrtesten Handelsgut des Mittelmeerraums. Sogar in Frankreich wurden Bruchstücke des „schwarzen Goldes“ aus Sardinien gefunden.

Das meiste, was wir heute über diese frühe Inselbevölkerung, die sogenannte Ozieri-Kultur (oder San-Michele-Kultur), wissen, verdanken wir Höhlenfunden aus der Gegend um Ozieri und im Valle Lanaittu. Tonscherben, Werkzeuge und Kupferbarren belegen Kenntnisse über Erzverhüttung und die künstlerische Begabung dieser Menschen. Ihre *domus de janas* (wörtlich „Feenhäuser“; in Fels gehauene Grabstätten) bezeugen zudem komplexe Totenrituale. Ihre Menhire und alten Felsgräber existieren noch immer.

Einen recht guten Einblick in die jungsteinzeitliche Ozierikultur bietet das Gräberfeld Pranu Muttedu in der Hochebene Sarcidano im Landesinneren mit seinen zahlreichen *domus de janas* und rund 50 Menhiren. Ähnlich eindrucksvoll ist die Anlage Biru 'e Concas in der Barbagia Mandrolisai, eine der größten Ansammlungen von Menhiren auf Sardinien. Etwa 200 Steine stehen dort bis heute an ihrem ursprünglichen Platz – rund 30 davon in Ost-West-Richtung aufgereiht, vermutlich um den Lauf der Sonne nachzuzeichnen.

In seinem Buch *Atlantika. Eine detektivische Untersuchung des antiken Mittelmeerraums* siedelt Sergio Frau die versunkene Kultur von Atlantis auf Sardinien an. Diese Theorie gehört zu den zahlreichen Mutmaßungen über die Anfänge der Inselgeschichte, die für die historische Forschung noch weitgehend im Dunkeln liegen.

Die nuraghische Zivilisation

Etwa ein Jahrtausend nach der Ozieri-Kultur betrat das nuraghische Volk die Bühne. Die 7000 *nuraghi* (bronzezeitliche Türme und Festungssiedlungen) sind auf der ganzen Insel wie Teile eines komplizierten Puzzles verstreut. Archäologen meinen jedoch, dass dies nur die Spitze des Eisbergs sei und schätzungsweise noch mindestens die gleiche Anzahl *nuraghi* unentdeckt im Boden ruht. Die meisten dieser *nuraghi* stammen aus der Zeit zwischen 1800 und 500 v. Chr. Diese bronzezeitlichen Festungssiedlungen dienten als Wachtturm, Kultstätte und Versammlungsort und sind eine wichtige Quelle für die spärlichen Kenntnisse über die nuraghische Zivilisation.

Funde mykenischer Keramik auf Sardinien und nuraghischer Töpferwaren auf Kreta weisen auf frühe Kontakte und regen Handel mit anderen Kulturen hin. Für die Existenz einer heidnischen Naturreligion sprechen die *pozzi sacri* (Brunnenheiligtümer). Sie wurden ab etwa 1000 v. Chr. erbaut und so angelegt, dass sie jedes Jahr zur Sonnwende das Licht einfingen. Eines der herausragendsten Beispiele ist das Brunnenheiligtum Santa Cristina.

Die wahrscheinlich aufschlussreichsten Erkenntnisse über die Nuraghenkultur liefern die *bronzetti* (Bronzefiguren), die in vielen archäologischen Museen auf Sardinien zu sehen sind, besonders in Cagliari und Sassari. Wissenschaftler glauben, dass diese primitiven Dar-

Nuraghische Stätten

- *Nuraghe Su Nuraxi (S. 83)*
- *Tiscali (S. 206)*
- *Nuraghe Losa (S. 112)*
- *Santuario Santa Vittoria (S. 199)*
- *Nuraghe di Palmavera (S. 134)*
- *S'Ena 'e Thomes (S. 205) und Serra Orrios (S. 205)*

1500 v. Chr.
Sardiniens größte *nuraghe*, die Nuraghe Su Nuraxi, wird bei Barumini erbaut.

1100 v. Chr.
Die Phönizier gründen die Stadt Nora an der Südwestküste. Neben Karalis (Cagliari) und Tharros zählt sie zu den wichtigsten Handelsorten.

1000 v. Chr.
Die Nuragher beginnen mit dem Bau kunstvoller *pozzi sacri* (heilige Brunnen).

650 v. Chr.
Nach Kämpfen mit den Sarden bauen die Phönizier auf dem Monte Sirai ihre erste Festung im Binnenland.

stellungen von Schäferkönigen, Kriegern, Bauern und Seeleuten dekorative Opfergaben in Nuraghentempeln waren.

Sicher ist jedoch eigentlich nur, dass die geheimnisvollen, unergründlichen *nuraghi* von einer damals sehr fortgeschrittenen Kultur geschaffen wurden. Die Nuragher waren hochentwickelte Baumeister, die ihre Gebäude aus präzise behauenen Steinen ohne Mörtel errichteten, weit herumkamen, Tauschhandel trieben (wie die Entdeckung von Siegeln und Muschelschalen im Landesinneren zeigt) und über Mittel, Fähigkeiten und die nötige Zeit verfügten, um Dörfer anzulegen, Töpferwaren herzustellen und Schmuck aus Edelsteinen anzufertigen.

Einige Historiker behaupten, dass die sardischen Nuraghier die Shardana gewesen seien, ein Piratenvolk, das in frühen ägyptischen Inschriften erwähnt wird.

Die Herren des Mittelmeers

Die Phönizier

Sardiniens strategisch günstige Lage, seine reichen Bodenschätze (Silber und Blei) und der fruchtbare Boden machten die Insel lange Zeit zum Zielobjekt der großen Mittelmeermächte.

Die ersten Ankömmlinge waren die tatendurstigen, seefahrenden Phönizier (aus dem heutigen Libanon). Die damaligen Herrscher der Meere hatten bereits Kolonien auf Sizilien, Malta, Zypern und Korsika, sodass Sardinien für sie als weiterer Stützpunkt naheliegend war. Der genaue Zeitpunkt ihrer Ankunft ist nicht bekannt, semitische Inschriften deuten jedoch darauf hin, dass die ersten Phönizier bereits um 1100 v. Chr. aus Spanien in Nora eintrafen.

Zunächst lebten sie relativ harmonisch mit dem dort ansässigen Nuraghenvolk zusammen, das den Neuankömmlingen ihre Küstensiedlungen offenbar gerne überließ: Karalis (Cagliari), Bithia (nahe dem heutigen Chia), Sulcis (heute Sant'Antioco), Tharros und Bosa. Als sie jedoch landeinwärts vorstießen, um sich die lukrativen Silber- und Bleiminen im Südwesten unter den Nagel zu reißen, wurde es den Einheimischen zu viel. Es folgten Kämpfe und 650 v. Chr. der Bau der ersten phönizischen Inlandsfestung auf dem Monte Sirai – nicht ohne Grund, wie sich bald zeigte: 509 v. Chr. attackierten aufgebrachte Sarden mehrere phönizische Lager.

Die Phönizier baten Karthago um Unterstützung. Die Karthager gewährten diese Hilfe gern und eroberten gemeinsam mit den Phöniziern große Teile der Insel – aber nicht alle. Denn wie die Karthager zu ihrem Leidwesen feststellen mussten – und die Römer später auch –, war in der rauen Bergregion der heutigen Barbagia der Widerstand heftig.

Die archäologischen Überreste der um 730 v. Chr. gegründeten phönizischen Hafenstadt Tharros vor der glitzernden Kulisse des Mittelmeers gehören zu Sardiniens schönsten Sehenswürdigkeiten. Besser erkennbar sind die Spuren der Phönizier jedoch in der Nekropolis nahe der Altstadt von Sant'Antioco mit Grabhöhlen und einem intakten Tofet, einem Hei-

Phönizische & römische Ruinen

- *Tharros (S. 103), Halbinsel Sinis*
- *Nora (S. 79), Pula*
- *Villa di Tigellio (S. 45), Cagliari*
- *Sant'Antioco, Isola di Sant'Antioco*
- *Monte Sirai (S. 75), Carbonia*
- *Anfiteatro Romano (S. 45), Cagliari*

550 v. Chr.

Die Karthager übernehmen die Herrschaft auf der Mittelmeerinsel. Ihr Einfluss erstreckt sich auf den Westen und die Südküste Sardiniens.

227 v. Chr.

Mehr als zehn Jahre nach Roms Sieg im Ersten Punischen Krieg (264–241 v. Chr.) wird Sardinien römische Provinz.

216 v. Chr.

Die Karthager sind geschlagen. Die Römer bauen Straßen und errichten in Karalis (Cagliari), Nora, Sulcis, Tharros, Olbia und Turris Libisonis (Porto Torres) neue Gebäude.

177 v. Chr.

Rund 12 000 Sarden sterben unter römischer Herrschaft und rund 50 000 werden in die Sklaverei nach Rom geschickt.

ligtum, in dem Phönizier und Karthager tot geborene Säuglinge bestatteten. Eine phönizische Festungsstadt aus der Zeit um 650 v. Chr. ist auf dem Monte Sirai bei Carbonia zu besichtigen.

Karthager & Römer

Es waren weniger die Phönizier als die Karthager, die Sardinien zum Zankapfel der Mittelmeermächte machten. Im 6. Jh. v. Chr. machten die nordafrikanischen Karthager den Griechen die Vorherrschaft über den Mittelmeerraum streitig. Als die Griechen einen Stützpunkt auf Korsika errichteten, kam es den Karthagern gerade recht, dass die Phönizier sie um Hilfe bei der Unterwerfung der mittlerweile aufständischen Sarden baten. Es war die Gelegenheit, die Insel zu kontrollieren und ihre Verteidigung gegen die wachsende römische Bedrohung auszubauen.

Die ambitionierte Römische Republik strebte die Kontrolle des südlichen Mittelmeerraums an und musste sich dabei zwei großen Herausforderern stellen: den Griechen und den Karthagern. Nachdem sie die Griechen geschlagen hatten, wandten sie sich 241 v. Chr. dem von Karthago kontrollierten Sardinien zu.

Bestärkt vom Sieg über Karthago im Ersten Punischen Krieg (264–241 v. Chr.) fielen sie auf der Insel ein. Was die Legionäre jedoch für leich-

Eine Gruppe kolossaler Statuen, die Giganten von Monte Prama, wurden erstmals nach fast 3000 Jahren im März 2014 im Museo Civico in Cabras der Öffentlichkeit präsentiert.

SARDONISCH: DAS LETZTE GRINSEN

Wenn Homer seinen Helden Odysseus „sardonisch" lächeln lässt, als einer der früheren Verehrer seiner Frau ihn attackiert, dann meint er damit wohl ein Grinsen im Angesicht höchster Gefahr. Heute wird der aus dem griechischen Wort *sardánios* stammende Begriff eher für verächtlich oder verhöhnend gebraucht.

Neueren Forschungsergebnissen zufolge war Homer mit seinem Hinweis auf Gefahr vermutlich auf der richtigen Spur. Wissenschaftler der Universität von Ostpiemont entdeckten 2009, dass das sardonische Grinsen vermutlich aus Sardinien stammt (woher auch sonst?) und auf die Verwendung der giftigen Safranrebendolde *(Oenanthe crocata)* zurückzuführen war. Es scheint, dass in vorrömischer Zeit das toxische Kraut bei rituellen Hinrichtungen eingesetzt wurde. Alte, Gebrechliche, ja, alle, die die Gesellschaft als Belastung empfand, bekamen einen Sud aus Safranrebendoldensaft verabreicht, der ihre Gesichtsmuskeln zu einem irren sardonischen Grinsen verzerrte, bevor sie von einer Felsklippe gestoßen oder zu Tode geprügelt wurden.

Gleichgültig, ob sich das Wort „sardonisch" tatsächlich auf diese grausige prähistorische Praxis bezieht, könnten sich die Erkenntnisse heute sogar für Gesundheitszwecke nutzen. Der Leiter des Botanischen Instituts der Universität Cagliari, Mauro Ballero, glaubt nämlich, dass sich der Wirkstoff der Safranrebendolde so verändern lässt, dass sein Effekt sich ins Gegenteil verkehrt und er als Muskelrelaxans (krampflösendes Medikament) zur Behandlung von Gesichtslähmungen eingesetzt werden könnte.

456 n. Chr.	456–534	600	705
Nach dem Niedergang des Römischen Reichs landen die Vandalen auf Sardinien.	Byzantinische Chronisten charakterisieren die rund 80 Jahre Vandalenherrschaft (nicht ganz objektiv) als eine Zeit des Elends.	Die Bewohner der Barbagia unterwerfen sich der christlichen Mission der Byzantiner. Damit ist Sardinien vollständig christianisiert.	Die Sarazenen überfallen wiederholt die Küstenstädte der Insel. Sardinien wird über mehrere Jahrhunderte von Raubzügen geplagt.

tes Spiel gehalten hatten, erwies sich als böse Überraschung. Sowohl die Sarden als auch deren einstige Gegner, die Karthager, machten ihnen das Leben zur Hölle. Immer wieder mussten sich die Römer gegen Aufrührer behaupten – vor allem in der Bergregion von Gennargentu, die sie wegen des erbitterten blutigen Widerstands des dortigen Hirtenvolkes „Barbaria" nannten.

Ein Großteil der Ruinen der phönizisch-römischen Hafenstadt Nora liegt heute unter Wasser. Wer ganz in die Geschichte eintauchen möchte, wendet sich an einen der örtlichen Anbieter von Tauchtouren durch die versunkenen Ruinen.

215 v. Chr. schlossen sich die Sarden unter ihrem Häuptling Ampsicora den Karthagern an und zogen mit ihnen in den Zweiten Punischen Krieg gegen die römische Herrschaft. Die Rebellion war jedoch nur von kurzer Dauer. Schon im Jahr darauf wurde sie in der zweiten Schlacht von Cornus niedergeschlagen.

Die Römer gestalteten nun die neu eroberte Insel nach ihren Vorstellungen. Trotz der grassierenden Malaria und häufiger Angriffe durch die Einheimischen bauten sie die Karthagerstädte weiter aus, schufen ein Straßennetz und organisierten ein effizientes Landwirtschaftssystem. Die Zahl der Inselbewohner schrumpfte unter ihrer Herrschaft dramatisch. 177 v. Chr. wurden rund 12 000 Sarden getötet und weitere 50 000 als Sklaven nach Rom verschleppt. Viele Adelsfamilien überlebten, wurden römische Staatsbürger und sprachen nun Latein. Insgesamt blieb die Insel jedoch ein unterentwickeltes, ausgebeutetes und unterjochtes Territorium.

Raubzüge & Widerstand: Sardinien im Mittelalter

Pisa gegen Genua

Im 9. Jh. waren die Araber eine der führenden Mächte im Mittelmeerraum. Sie hatten bereits große Teile Spaniens, Nordafrikas und Siziliens erobert und strebten nach weiterer Expansion. Sardinien war mit seinen reichen Bodenschätzen und abwesenden byzantinischen Herrschern ein verlockendes Ziel und wurde im 9. und 10. Jh. mehrfach überfallen. Als die Macht der Araber Anfang des 11. Jhs. allmählich schwand, gewann das Christentum an Einfluss. 1015 bat Papst Benedikt VIII. Pisa und Genua, Sardinien im Kampf gegen die gemeinsame islamische Bedrohung zu unterstützen. Die ehrgeizigen Fürsten von Pisa und Genua witterten eine Chance und erfüllten diesen Wunsch des Papstes gerne.

Damals war Sardinien in vier autonome *giudicati* (Provinzen) aufgeteilt. In den 300 Jahren zwischen dem 11. und 14. Jh. stritten fast ständig rivalisierende Festlandsmächte um den Besitz der Insel. Zunächst gewannen die Pisaner im Norden der Insel die Oberhand. Die Genuesen beherrschten den Süden – vor allem um Cagliari und Porto Torres. Die giudicati wechselten dagegen die Seiten, wie es ihnen gerade passte. Doch trotz der Intrigen und Rivalitäten war dies eine Zeit erstaunlicher

1000–1400
Sardinien wird in vier *giudicati* (Provinzen) aufgeteilt. Die bekannteste ist der Giudicato d'Arborea mit Oristano als Zentrum. Die *giudicati* werden später dem Reich der Pisaner und Genuesen einverleibt.

1015
Pisa und Genua kämpfen jahrelang um die Kontrolle über Sardinien. Ende des 13. Jhs. werden drei Viertel der Insel vom Festland aus regiert.

1297
Unter katalanischem Druck gründet Papst Bonifatius VIII. das Regnum Sardiniae et Corsicae (Königreich von Sardinien und Korsika) und erklärt Jakob II. von Aragón zum König.

1323
Die Aragonier marschieren an der Südwestküste ein und nehmen die Insel in Besitz.

MALARIA

Jahrtausendelang hatte Sardinien unter Eroberungskriegen und Fremdherrschaft zu leiden, doch für die Insulaner war der schlimmste Feind bis 1946 die Malaria.

Zwar gehen Wissenschaftler davon aus, dass es die Krankheit auf der Insel schon in vorgeschichtlicher Zeit gegeben hat – einige vermuten gar, die Nuraghen seien vor allem zum Schutz gegen Moskitos errichtet worden –, doch erst mit Ankunft der Karthager im 5. Jh. v. Chr. wurde sie zum ernsthaften Problem. Um Ackerland für den Anbau von Weizen zu gewinnen und so die Insel gewinnbringend zu nutzen, holzten die karthagischen Siedler ganze Auenwälder ab. Das führte zu häufigen Überschwemmungen, die ausgedehnte stehende Gewässer hinterließen – die besten Brutstätten für Stechmücken. Die Ansiedlung nordafrikanischer Soldaten, von denen viele bereits infiziert waren, verschärfte die Situation zusätzlich.

Als Sardinien im 3. Jh. v. Chr. an die Römer fiel, hatte die Seuche sich längst festgesetzt; dafür verantwortlich war, wie man glaubte, die „schlechte Luft" (italienisch *mal'aria*) der Insel. Trotzdem folgten die neuen Herren dem Beispiel der Karthager und beackerten das fruchtbare Land auch weiterhin. Die Ebene des Campidano gehörte wie Sizilien und Nordafrika zu den Kornkammern des Römischen Reichs.

Blüte. Sardinien übernahm die mittelalterliche Kultur des Festlands und einflussreiche Klöster sorgten mit aller Macht dafür, dass die Sarden den römisch-katholischen Glauben fanden. Die pisanisch-romanischen Basaltkirchen des Logudoro im Nordwesten sind bis heute ein eindrucksvolles Vermächtnis jener Epoche.

Kampfgeist & spanische Eroberung

Eleonora d'Arborea (1340–1404) gilt als sardische Jeanne d'Arc, als Lichtgestalt in der mittelalterlichen Geschichte Sardiniens und Verkörperung des tief verwurzelten Kampfgeistes der Inselbewohner. Die faszinierendste Herrscherin der Insel wird für ihre Weisheit, Besonnenheit und aufgeklärte Menschlichkeit verehrt.

Die Königin von Arborea, eines der vier *giudicati* der Insel – neben Cagliari, Logudoro (oder Torres) im Nordwesten und Gallura im Nordosten – wehrte sich vehement gegen die Pisaner, Genuesen und katalanischen Aragonier und wurde zum Symbol des sardischen Widerstands.

Ende des 13. Jhs. war Arborea der einzige *giudicato*, der nicht den Pisanern oder Genuesen unterstand. Seine furchtlosen Einwohner weiteten ihr Einflussgebiet sogar noch aus. Zu seiner Blütezeit unter König Mariano IV. (1329–1376) und Eleonora umfasste das Reich die heutigen Provinzen Oristano und Medio Campidano sowie große Teile des Berglands Barbagia.

Meisterwerke des Mittelalters

Torre dell'Elefante (S. 40), Cagliari

Basilica della Santissima Trinità di Saccargia (S. 151), Logudoro

Chiesa di San Simplicio (S. 155), Olbia

Castello Malaspina (S. 108), Bosa

Centro Storico (S. 59), Iglesias

Torre Porta a Terra (S. 121), Alghero

1392

Eleonora d'Arborea, die sardische Volksheldin und Herrscherin des Giudicato d'Arborea, erlässt die Carta de Logu, das erste Gesetzbuch der Insel.

1400–1500

Unter katalanisch-aragonischer Herrschaft erheben Landbesitzer, die außerhalb Sardiniens residieren, hohe Steuern. Hungersnöte und Seuchen raffen 50 % der Inselbewohner dahin.

1478

Am 19. Mai wird der sardische Widerstand gegen die aragonische Herrschaft niedergeschlagen. Die Sarden unter Leonardo de Alagon, des Marquis von Oristano, sind der spanischen Armee nicht gewachsen.

1700

Nach dem Tod des kinderlosen spanischen Königs Karl II. aus dem Hause Habsburg gehört Sardinien zur umstrittenen Erbmasse.

ELEONORAS CARTA DE LOGU

Eleonora d'Arboreas wichtigstes Vermächtnis war die 1392 erlassene Carta de Logu. Dieses fortschrittliche Gesetzbuch basierte auf dem römischen Recht und war der Sozialgesetzgebung jener Zeit weit voraus. Einen Entwurf ihres Vaters Mariano hatte Eleonora überarbeitet und ergänzt. Zur Freude der Sarden war das Regelwerk auf Sardisch abgefasst und wurde so zu einer wichtigen Stütze des aufkeimenden Nationalbewusstseins. Erstmals gab es genaue Bestimmungen zu den wichtigen Streitpunkten der Landnutzung und des Beschwerderechts. Frauen erhielten eine ganze Reihe an Rechten, darunter das Eheverweigerungsrecht und – wichtig in einer bäuerlichen Gesellschaft – Eigentumsrechte. König Alfonso V. war so beeindruckt, dass er 1421 die Gesetze für ganz Sardinien als verbindlich erklärte, was sie bis 1871 auch blieben.

Eleonora sollte den Erfolg ihres Gesetzeswerks nicht mehr erleben. Sie starb 1404 an der Pest und nur 16 Jahre später übernahmen die Aragonesen die Macht in Arborea. Eleonora ist noch heute die angesehenste historische Gestalt auf der Insel.

Die Website www.sardegnaturismo.it empfiehlt Reiserouten mit historischen Schwerpunkten, die den Spuren der Nuragher, Phönizier, Römer und der *giudicati* nachgehen.

Als das Königreich Aragón 1323 Cagliari und Iglesias eroberte, standen die Herrscher der Arborea ihm zunächst zur Seite. Als sich jedoch herausstellte, dass ihre neuen Alliierten sich die ganze Insel unterwerfen wollten, fand die Freundschaft ein schnelles Ende. Eleonora trat 1383 als *giudicessa* der Arborea die Nachfolge ihres korrupten Bruders Hugo III. an, der ebenso wie seine Tochter ermordet worden war. Umgeben von inneren wie äußeren Feinden und ohne ihren Ehemann (der in Aragón gefangen war), gelang es ihr, die Rebellen zu befrieden und in unsicheren Zeiten die Unabhängigkeit Arboreas 20 Jahre lang zu bewahren.

Bis 1404 leistete Eleonora den Aragoniern heftigsten Widerstand. Aber sie konnte nicht ewig leben und nach ihrem Tod war es mit der Eigenständigkeit Sardiniens bald vorbei. 1409 wurden die Sarden in der Schlacht von Sanluri geschlagen, 1410 fiel Oristano und 1420 gaben die zermürbten Herren des giudicato Arborea den Kampf endgültig auf. Die Katalanen hatten den Krieg um Sardinien gewonnen.

Spanien & die Savoyer

Invasion aus Aragón

Die Zeit der spanischen Herrschaft gehört in der sardischen Geschichte zu den düstersten Kapiteln. Das Engagement der Spanier auf der Insel begann bereits Anfang des 14. Jhs.: Papst Bonifatius VIII. kreierte 1297 das Regnum Sardiniae et Corsicae (Königreich Sardinien und Korsika) und verlieh es den katalanischen Königen von Aragón als Ausgleich für den Verzicht auf die Krone Siziliens. Allerdings existierte das neue Königreich zunächst nur auf dem Papier und die Aragonier sahen sich

1708
Während des Spanischen Erbfolgekriegs – einem europaweiten Kampf um das führerlose Habsburgerreich – nehmen englische und österreichische Truppen König Philipp V. Sardinien ab.

1720
Viktor Amadeus II. von Savoyen wird König von Piemont und Sardinien. Vorher gehörte die Insel den Österreichern, dann den Spaniern, dann wieder Österreich, Spanien und schließlich Savoyen.

1795–1799
Als die Piemonteser Machthaber ein Ersuchen nach mehr Selbstbestimmung ablehnen, töten Aufständische in Cagliari hohe savoyische Beamte. 1799 geht der Revolution die Luft aus.

1823
Ein Gesetz wird erlassen, um den Landbesitz unter armen Bauern zu fördern. Jahrhundertealtes Gemeindeland wird verkauft, Gemeinschaftsrechte werden aufgehoben, was zu Aufständen führt.

gezwungen, ihr neues Besitztum den störrischen Insulanern mit Gewalt abzuringen. 1323 landeten sie an der Südwestküste und legten den Grundstein für ein Regime, das fast 400 Jahre andauern sollte.

Die bitterarmen Sarden blieben unter den katalanisch-aragonischen, später spanischen Herrschern weitgehend sich selbst überlassen – solange sie die drückend hohen Steuern zahlten – und die Insel blieb ein Armenhaus. Aber mit dem Niedergang der spanischen Großmachtstellung in der zweiten Hälfte des 17. Jhs. und dem Tod des kinderlosen Habsburgerkönigs Karl II. im Jahr 1700 wurde Sardinien erneut zum Spielball der Mächte.

Habsburger & Piemontesen

Mit dem Tod Karls II. begann der Spanische Erbfolgekrieg, in dem die österreichisch-habsburgerische Linie und Frankreichs Bourbonen um das lukrative Habsburger Reich kämpften. Sardinien wurde 1708 mit Unterstützung der britischen Flotte von Österreich besetzt und wechselte im Lauf des Krieges zwischen Habsburgern und Bourbonen hin und her, bis es mit dem Friedensschluss im Jahre 1718 schließlich an die Herzöge von Savoyen fiel.

Die piemontesische Herrschaft (ab 1720 bis zur italienischen Vereinigung 1861) war auch kein Zuckerschlecken. Doch anders als ihre spanischen Vorgänger zeigte die savoyisch-piemontesische Regierung immerhin Präsenz. Die Insel wurde von einem Vizekönig beherrscht, der im Großen und Ganzen für Ruhe sorgte.

1847 wurde der autonome, von einem Vizekönig regierte Status der Insel aufgehoben. Unter dem Eindruck der Reformen auf dem Festland verlangte eine Delegation die „vollständige Vereinigung" des Königreichs Sardinien mit Piemont, in der Hoffnung eine gerechtere Herrschaft zu erlangen. Der Wunsch wurde erfüllt. Gleichzeitig überschlugen sich die Ereignisse auf der italienischen Halbinsel. Durch waghalsige Feldzüge unter Führung von Giuseppe Garibaldi und unterstützt von König Carlo Emanuele eroberte Sardinien das italienische Festland und begründete 1861 das vereinigte Königreich Italien.

Nirgends ist der spanische Einfluss stärker spürbar als in Alghero, das 1353 nach 30-jährigem Widerstand von den Spaniern eingenommen wurde. Hier wird bis heute noch Katalanisch gesprochen, auch sind Straßen und Speisekarten oft noch zweisprachig.

Italiens Revolutionsheld Giuseppe Garibaldi starb am 2. Juni 1882 auf der Isola Caprera, seiner privaten Insel im Arcipelago di La Maddalena. Sein Haus, das Compendio Garibaldino, ist heute zu besichtigen und bietet Einblicke in das Leben des Mannes, der zur Einigung Italiens beitrug.

Bodenschätze

Der Bergbauboom

Der Bergbau gehört zwar in Sardinien fast der Vergangenheit an, aber in der sardischen Geschichte spielte er eine maßgebliche Rolle. Im Südwesten der Insel erinnern unzählige verlassene Minen und Schächte an die einst blühende Industrie.

1840

Der Staat (d. h. das savoyische Königshaus) sichert sich durch Gesetz die Kontrolle über die unterirdischen Bodenschätze und bewirkt so den Aufschwung des Bergbaus.

1847

Das bis dahin unabhängige, von einem Vizekönig regierte Sardinien wird mit dem Königreich Piemont vereinigt. Ab diesem Zeitpunkt wird die Insel von Turin aus regiert.

1861

Mit mehreren Feldzügen unter Führung von Giuseppe Garibaldi erobert König Carlo Emanuele das italienische Festland und begründet das Königreich Italien.

1915

Die Brigata Sassari (Sassari-Brigade) wird gegründet und in den Ersten Weltkrieg entsandt. Die Soldaten schlagen sich heldenhaft, müssen aber schwere Verluste einstecken: 2164 Tote und 12 858 Verletzte.

Sardiniens reiche Vorkommen an Bodenschätzen wurden bereits im 6. Jahrtausend v. Chr. ausgebeutet. Obsidian war eine Haupteinnahmequelle der frühen Ozieri-Kultur und ein überaus gefragtes Handelsgut. Später erschlossen die Römer und Pisaner bei Iglesias und Sarrabus große Blei- und Silbervorkommen.

Die Blütezeit des Bergbaus auf der Insel begann Mitte des 19. Jhs. 1840 wurde ein Gesetz erlassen, das dem Staat (den regierenden Savoyern) die Rechte an sämtlichen Bodenschätzen zusprach, während das Land an der Erdoberfläche in Privatbesitz blieb. Zusammen mit dem wachsenden europäischen Rohstoffbedarf für die industrielle Entwicklung führte dieses Gesetz zu einem Boom.

Ende der 1860er-Jahre gab es auf Sardinien 467 Blei-, Eisen- und Zinkminen und auf dem Höhepunkt des Booms deckte die Insel 10 % des Weltbedarfs an Zink.

Investitionen aus dem Ausland hatten zudem einen Nebeneffekt. Neue Städte, der Bau von Schulen und Krankenhäusern und die Einführung der Elektrizität – all das wurde mit dem Geld aus dem Bergbau möglich.

Doch auch wenn die materiellen Bedingungen verbessert wurden, blieb das Leben der Kumpel unverändert hart und nicht selten kam es zu Arbeiterunruhen. 1903 wurde in Montevecchio im Südwesten Sardiniens gestreikt und ein Jahr später in Buggerru. Die Sozialistenbewegung nach dem Ersten Weltkrieg versuchte daraufhin, die sardischen Minenarbeiter stärker zu politisieren – allerdings ohne großen Erfolg.

Die Bergleute im Iglesiente streikten stets nur im September. Dann waren nämlich die Früchte des wilden Feigenkaktus reif, sodass die Arbeiterfamilien auch dann zu essen hatten, wenn es für die Männer keinen Lohn gab.

Faschismus & Niedergang

Nach der weltweiten Rezession infolge des Börsencrashs von 1929 erlebte die sardische Bergbauindustrie unter den Faschisten ein neues Hoch. Die Förderung in Montevecchio wurde gesteigert und die Kohleminen von Sulcis liefen auf Höchstleistung. 1938 wurde für die Arbeiter des Kohlereviers Sirai-Serbariu im Südwesten der Insel die Stadt Carbonia erbaut.

Während der Boomjahre nach dem Zweiten Weltkrieg blieb die Produktivität der Bergwerke konstant hoch, doch die Nachfrage ging rapide zurück. Regelmäßige Finanzspritzen konnten den Niedergang nicht stoppen. Hohe Produktionskosten, niedrige Rohstoffqualität und sinkende Metallpreise verschlimmerten die Lage. Eine Mine nach der anderen wurde geschlossen. 2008 war schließlich nur noch das Bergwerk Nuraxi Figus bei Carbonia in Betrieb.

Heldenmut, Banditen & nationale Identität

Helden des Ersten Weltkriegs

Der Kampfgeist der Sarden bewährte sich im 20. Jh. vor allem fern der heimatlichen Insel. Ihr Einsatz auf den Schlachtfeldern des Ersten Weltkriegs trug ihnen in Italien einen legendären Ruf ein. 1915 wurde die

1921

Gründung des Partito Sardo d'Azione (PSd'Az; Sardische Aktionspartei) durch Veteranen der Brigata Sassari. Ihr Ziel ist die regionale Autonomie und die Politisierung der sardischen Bevölkerung.

1926

Die sardische Schriftstellerin Grazia Deledda erhält den Nobelpreis für Literatur.

1928–1938

Mussolinis Plan, Italien wirtschaftlich unabhängig zu machen, beschert Sardinien groß angelegte Bewässerungsanlagen, Infrastruktur- und Landsanierungsprojekte sowie Neugründungen von Städten.

1943

Alliierte Bombenangriffe zerstören drei Viertel der Inselhauptstadt Cagliari.

Brigata Sassari gebildet und sofort in die nordöstlichen Alpen entsandt. Das Regiment ausschließlich aus Sarden bewies im gnadenlosen Stellungskrieg seine Qualitäten. Die Einheit erhielt vier goldene Orden, doch ihre Heimat zahlte einen hohen Preis: Schätzungen zufolge war unter den Soldaten aus Sardinien der Anteil der Gefallenen höher als in allen anderen Regionen Italiens.

Insel der Entführer

Einen weit weniger schmeichelhaften Ruhm genießt Sardinien für die Tradition des Banditentums, das in der zweiten Hälfte des 19. und Anfang des 20. Jhs. seinen Höhepunkt erreichte. Die *New York Times* berichtete im Mai 1899: „Erst jetzt erkennt die italienische Regierung, dass die Zunahme des Brigantentums in einigen Teilen Sardiniens und insbesondere der Provinz Sassari ernsthafte Ausmaße annimmt, und die Behörden unternehmen Schritte, um die Banditen vor Gericht zu bringen." Doch dieser Kreuzzug der Regierung war letztlich zum Scheitern verurteilt, da im 20. Jh. Armut und das unwirtliche Land immer wieder das Banditentum schürten.

Als Hochburg der Gesetzlosigkeit machte wiederholt das Städtchen Orgosolo im Bergland der Barbagia von sich reden. Bis in die 1990er-Jahre waren in dieser unwegsamen Gegend Entführerbanden tätig. Von 1960 bis 1992 wurden in Italien 621 Menschen entführt, 178 davon in Sardinien. Heute hat Orgosolo hat dieses düstere Kapitel hinter sich gelassen und ist zu einer Art Galerie für lebendige und politisch brisante Wandbilder geworden.

Politischer Aufbruch

Der Erste Weltkrieg bedeutete für Sardinien einen Wendepunkt. Die hohe Zahl der Gefallenen und die grausigen Erfahrungen an der Front weckten bei vielen Soldaten ein politisches Bewusstsein. Die sardischen Soldaten waren als ungebildete Bauern in den Krieg gezogen, kehrten

VON DER ISOLATION ZUR AUTONOMIE

Der Zweite Weltkrieg machte um Sardinien keinen Bogen. Zwar fanden auf der Insel keine Kämpfe statt, doch durch die Bombenangriffe der Alliierten wurde Cagliari 1943 zu drei Vierteln zerstört. Schlimmer noch war, dass der Krieg die Insel isolierte. Der Fährverkehr zwischen dem Festland und Olbia wurde eingestellt und kehrte erst 1947 wieder zum täglichen Rhythmus zurück. Als Folge der politischen Unruhen, die Italien nach dem Zweiten Weltkrieg erschütterten – 1946 stimmte das Land in einem Referendum für die Abschaffung der Monarchie zugunsten einer parlamentarischen Republik –, erhielt Sardinien 1948 den Status einer autonomen Region.

1948

Sardinien wird zur halbautonomen Region unter der Regionalversammlung Giunta Consultativa Sarda. Sie kontrolliert Land- und Forstwirtschaft, Stadtplanung, Tourismus und die Polizei.

1946–1951

Mit dem „Sardinienprojekt" gelingt es, die Malaria auf der Insel auszurotten. Die US-Armee versprüht 10 000 t DDT. Die Auswirkungen sind bis heute nicht vollständig erforscht.

1950–1970

Sardinien erhält Mittel aus dem staatlichen Entwicklungsfonds für Süditalien. Trotz Fortschritten in der Landwirtschaft, Bildung, Industrie, Verkehr und Bankenwesen verlassen zahllose Sarden ihre Heimat.

1962

Der Aga Khan gründet das Consorzio della Costa Smeralda und erschließt einen kleinen Küstenstreifen im Nordosten. Die Smaragdküste bringt der Insel einen Touristenboom.

DER UNAUFHALTSAME AUFSTIEG VON RENATO SORU

Der Selfmade-Milliardär Renato Soru, als sardischer Bill Gates bezeichnet, hat in jüngster Zeit eine zentrale Rolle im Tourismus der Insel gespielt. 1998 gründete er den Internetanbieter Tiscali und kam 2001 auf die Forbes-Liste als einer der reichsten Menschen der Welt. 2003 ging er in die Politik und wurde ein Jahr später zum Regionalpräsidenten gewählt – ein Amt, das er bis Februar 2009 innehatte. Aber abgesehen von der umstrittenen „Luxussteuer" und dem Bauverbot an der Küste (*salvacoste* – „Rettet die Küste") gehört zu Sorus bleibenden Erfolgen der Abzug der US-amerikanischen Atom-U-Boote, die 35 Jahre lang in dem ökologisch empfindlichen Arcipelago di La Maddalena stationiert waren. Die Maßnahme stieß vor Ort auf ein geteiltes Echo: Während Sorus Anhänger und Umweltaktivisten begeistert reagierten, betrauerten Geschäftsleute den Fortzug spendierfreudiger amerikanischer Matrosen.

Bei den Europawahlen von 2014 hatte Renato Soru ein Comeback, als er als Kandidat der Mitte-links-Partei Partito Democratico (PD) ins europäische Parlament gewählt wurde. Er erhielt die meisten Stimmen von allen Kandidaten.

aber 1918 politisch engagierte Bürger zurück. Als 1921 mehrere Mitglieder der Brigata Sassari (des sardischen Regiments, das sich große Verdienste an der Front erworben hatte) unter der Führung von Emilio Lussu in Oristano die Sardische Aktionspartei (Partito Sardo d'Azione; Psd'Az) gründeten, schlossen sich viele Veteranen an.

Das zentrale Anliegen der Partei war eine autonome Verwaltung unter dem Einfluss eines aufblühenden regionalen Selbstbewusstseins, das sich auf der ganzen Insel verbreitete. Viele betrachteten Sardinien nun als eine Region mit eigener Kultur, Identität und eigenen Zielen.

Vittorio de Setas Filmklassiker *Banditi a Orgosolo* (Die Banditen von Orgosolo) von 1961 schildert höchst eindrucksvoll die harte Wirklichkeit des Landlebens auf Sardinien Mitte des 20. Jhs.

Der Ruf nach Autonomie war jedoch nur einer der Ecksteine im politischen Programm der Partei. Sie verband sozialistische Ideale (die Forderung nach sozialer Gerechtigkeit und der Bildung landwirtschaftlicher Genossenschaften) mit der Ideologie der freien Marktwirtschaft (freie Wirtschaftsordnung und Abschaffung des staatlichen Protektionismus) und schuf somit eine ganz eigene sardische Form der Sozialdemokratie.

Über 90 Jahre nach ihrer Gründung ist die Partei nach wie vor aktiv. Bei den Regionalwahlen 2009 trat sie ohne Koalitionspartner an und gewann 4,3 % der sardischen Wählerstimmen.

2013 trennte sich die PSd'Az von Ugo Cappellacci aus Silvio Berlusconis Mitte-rechts-Partei, der Forza Italia (FI), trat der Koalition jedoch rechtzeitig zu den Regionalwahlen 2014 wieder bei, in der Francesco Pigliaru von der Mitte-links-Partei Partito Democratico (PD) Cappellacci schlug. Die PSd'Az erhielt 4,7 % der Stimmen.

1985

Der in Sassari geborene Francesco Cossiga wird zum italienischen Staatspräsidenten gewählt. Der Politiker war Innenminister, als die Roten Brigaden 1978 Ex-Premier Aldo Moro entführten und töteten.

1999

Die EU erklärt Sardinien zu einer der wenigen Regionen mit dringendem Investitionsbedarf zur Entwicklung und Strukturverbesserung.

2004

Der Selfmade-Milliardär Renato Soru wird zum Regionalpräsidenten gewählt. Mit dem Verbot von Neubauten in Küstennähe und einer Luxussteuer auf Ferienhäuser und große Jachten erregt er großes Aufsehen.

2008

Die US-Marine verlässt nach 36 Jahren den Arcipelago di La Maddalena. Gegner hatten stets auf die Gefahren durch nuklear angetriebene U-Boote hingewiesen, Unterstützer auf die Einnahmen für die Wirtschaft.

Sonne, Sex & Schweizer Kanton

Die Touristen kommen

Bis zur Ausrottung der Malaria Mitte des 20. Jhs. waren Besucher auf Sardinien (zumindest solche mit friedlichen Absichten) eine seltene Erscheinung. Der englische Schriftsteller D. H. Lawrence erkundete die Insel 1921 und beschrieb ein ziemlich deprimierendes Bild von Armut und Isolierung. Käme er heute wieder nach Sardinien, würde er es kaum wiedererkennen. Armut gibt es zwar immer noch, vor allem im ländlichen Inselinneren, und die Arbeitslosigkeit ist nach wie vor ein drückendes Problem (2014 lag sie bei 18,6 %), dennoch hat sich die Insel fast bis zur Unkenntlichkeit verändert.

Bevor der Aga Khan Ende der 1950er-Jahre die Costa Smeralda „entdeckte“ und in den 1960er-Jahren zusammen mit einem Konsortium von Finanzmagnaten für den Tourismus erschloss, war die Nordostküste der Gallura eine felsige Ödnis, die kaum den wenigen ansässigen Schafhirten ein Auskommen bot. Heute ist die „Smaragdküste“ eine der luxuriösesten Urlaubsregionen der Welt, und an den Stränden tummeln sich russische Oligarchen, Supermodels und andere Prominente wie der einstige Formel-Eins-Manager Flavio Briatore.

1921 reiste D. H. Lawrence in sechs Tagen von Cagliari bis Olbia. Das Ergebnis war *Das Meer und Sardinien*, sein berühmter Reisebericht voller amüsanter und grantiger Beobachtungen.

EIN SCHWEIZERISCHES SARDINIEN

Das eine ist ein für seine Berge berühmtes Binnenland, das andere eine für ihre Küste bekannte Insel. Abgesehen davon, dass die beiden etwa 1000 km voneinander entfernt liegenden Ziele klein und schön sind, scheinen die Schweiz und Sardinien wenig gemeinsam zu haben. Das hat aber Andrea Caruso, den Mitbegründer der Initiative Canton Marittimo (Maritimer Kanton), nicht von seinem Vorhaben abgehalten: Er versucht Unabhängigkeitsaktivisten für seine Idee zu begeistern, die Insel zum 27. Schweizer Kanton zu küren.

Die Initiative sieht angesichts hoher Arbeitslosigkeit, der Bürokratie und einem System, das ihrer Meinung nach „wirtschaftliches Potential verspielt und den Bürger entrechtet“ hat, keine Zukunft für die Insel. Sardinien zum Teil der Schweiz zu machen, sei nur „vernünftig“. Sie glaubt, dass die Schweiz Effizienz, Wirtschaftsvermögen und Direktdemokratie auf die Insel bringen würde.

Der Appell an Rom, die Insel an die Schweiz zu verkaufen – von einigen als Schnapsidee abgelehnt, von anderen als genial gepriesen –, hat auf jeden Fall die Aufmerksamkeit der Öffentlichkeit und der Presse erregt. Auch *Der Spiegel* berichtete Anfang 2014 darüber. Bei Redaktionsschluss hatte die Facebook-Seite des Canton Marittimo 7093 „Likes“, mit steigender Tendenz. Bei einer Internetumfrage unter 4000 Deutschschweizern befürworteten 93 %, Sardinien als 27. Kanton aufzunehmen. Die Costa del Alpen ist wohl dennoch ferner Traum.

2009

Bei den Regionalwahlen im Februar verliert Renato Soru gegen den Kandidaten der Rechten, Ugo Cappellacci.

2011

Bei einem Referendum im Mai stimmen 98 % der Sarden gegen die Nutzung der Kernkraft. Die Elektrizitätsgesellschaft ENEL erhält die Baugenehmigung für einen 90-Megawatt-Windpark in Portoscuso.

2013

Der Wirbelsturm Cleopatra wütet über der Insel und bringt apokalyptische Springfluten mit sich. 18 Menschen sterben und Tausende werden obdachlos. Am schlimmsten ist Olbia betroffen.

2014

Im Mai erreicht Fabrizio Aru den dritten Platz im Giro d'Italia – der erste Sarde, der jemals auf dem Siegertreppchen stand.

Berlusconis einstiges Inselidyll

Mit dem Sexskandal um Italiens Regierungschef Silvio Berlusconi rückte Ende 2010 auch Sardinien ins Scheinwerferlicht der Medien, da das extravagante, 450 Mio. Euro teure Urlaubsdomizil Berlusconis, die Villa Certosa, an der Costa Smeralda lag – nach Aussagen der 28-jährigen Hostess Nadia Macri Schauplatz einiger „Bunga-Bunga"-Partys des Premierministers. Die Partys, über die in den Medien ausführlich berichtet wurde, standen im Brennpunkt eines Gerichtsverfahrens gegen Berlusconi wegen Beteiligung an der Prostitution Minderjähriger und Amtsmissbrauchs bezüglich der Bauchtänzerin Karima al-Mahroug, die unter dem Künstlernamen Ruby Rubacuori („Herzdiebin") auftrat. Die Villa Certosa steht seit August 2011 zum Verkauf.

2013 spitzte sich die „Ruby-Affäre" zu, als Berlusconi schuldig gesprochen wurde, für Sex mit einer minderjährigen Prostituierten gezahlt und seine Machtposition zur Verschleierung benutzt zu haben. Er wurde zu sieben Jahren Gefängnis verurteilt und lebenslang von allen Staatsämtern verbannt. Berlusconi behauptet noch immer seine Unschuld und legte im Januar 2014 Berufung gegen das Urteil ein, da die Anschuldigungen haltlos seien.

Berlusconi wurde jedoch letztlich wegen Steuerhinterziehung verurteilt und Ende 2013 aus dem Senat ausgeschlossen. Er wurde für schuldig befunden, TV- und Filmrechte zu überhöhten Preisen über Briefkastenfirmen gekauft zu haben, um keine Steuern in Italien zahlen zu müssen. Im Mai 2014 trat Berlusconi per Gerichtsurteil einen einjährigen Sozialdienst in einem katholischen Pflegeheim bei Mailand an.

So lebt man auf Sardinien

Als der Schriftsteller D. H. Lawrence Sardinien als Insel, „verloren zwischen Europa und Afrika, nirgends wirklich zugehörig" beschrieb, lag er ziemlich daneben. Sardinien gehört den Sarden. Aufgrund der Geschichte könnte man andere Schlüsse ziehen, aber Jahrhunderte kolonialer Unterdrückung haben dem ausgeprägten Stolz der Sarden und ihrer geduldigen, melancholischen Unbeugsamkeit wenig anhaben können. Ein starkes Gemeinschaftsgefühl, Respekt vor Traditionen und Begeisterung für eine gute *festa* – das sind Dinge, die Sarden verbinden. Wer aber von der regionalen Identität Sardiniens spricht, muss die Geografie der Insel berücksichtigen.

Isolation & Zurückhaltung

„Wir kannten das Meer gar nicht, obwohl es über die damaligen Straßen nur 150 km entfernt war", sagt Maria Antonietta Gotti. Sie lebt heute in Cagliari und verbrachte ihre frühe Kindheit in Bitti, einer staubigen Stadt nördlich von Nuoro. Dank besserer Verkehrsverbindungen sind es von Bitti heute nur 50 km zum Meer; dennoch war der Ort noch vor nicht allzu langer Zeit eine eigene Welt, abgeschnitten vom Rest der Insel durch unzugängliche Berge und eine schlechte Infrastruktur.

Das Gleiche gilt für Hunderte von Dörfern im Hinterland, die ganz auf sich allein gestellt waren, da die Behörden unfähig oder unwillig waren, eine verbindende Infrastruktur zu schaffen. Diese Isolation förderte die Bezogenheit auf sich selbst und die Zurückhaltung gegenüber Fremden. Gleichzeitig blieben die lokalen Bräuche erhalten. Man sprach weiter den eigenen Dialekt, kochte eigene Gerichte und feierte Feste, die sich unbeeinflusst von außen entwickelt hatten. So vertiefte sich die Kluft zwischen der Küste und dem Inselinneren immer mehr. Der Tourismus und die industrielle Entwicklung haben in den Küstenorten viel tiefere Spuren hinterlassen als im Hinterland. Welten liegen zwischen den modern ausgerichteten Städten Alghero, Sassari, Olbia und Cagliari und dem traditionellen Lebensstil in den Dörfern im Inselinneren.

Doch trotz der Härte, die dieses isolierte Leben mit sich gebracht hat, hat Sardinien einzigartige Eigenheiten bewahrt. Seit einigen Jahren kommen Wissenschaftler scharenweise, um den unvermischten Genpool auf der Insel zu erforschen. Auch Musikwissenschaftler haben schon lange ein besonderes Interesse an der ungewöhnlichen und einzigartigen Musiktradition der Insel.

Nach außen zeigen die Sarden nichts von der Lebhaftigkeit, Gewandtheit und Leichtigkeit, die man den Italienern sonst nachsagt. Sie wirken nett und gastfreundlich, aber auch bescheiden, ruhig und zurückhaltend. Im Unterschied zu anderen Insulanern ist ihr Blick nicht in die Ferne gerichtet, ihnen steht der Sinn nicht nach Flucht und neuen Chancen. Sie scheinen verwurzelt in der Vergangenheit und geprägt von einer inneren Stärke.

Sardinien ist eine Insel der Hirten, auf der etwa 4 Mio. Schafe gehalten werden (ca. 2,5 pro Einwohner).

SCHAFE

Entspannter Lebensstil

Möglicherweise trägt auch der entspannte, geruhsame Lebensstil der Insel dazu bei, dass die Menschen hier besonders alt werden. Denn was bedeutet es schon in kosmischen Dimensionen, ob hier auf Erden alles pünktlich abläuft oder verspätet? Es gibt schließlich Wichtigeres im Leben, z.B. Freunde und Familie, das Genießen der Freizeit oder ein Plausch mit dem Bäcker, dem Zeitungsverkäufer, dem Nachbarn, der seinen Hund ausführt, und überhaupt mit jedem, der gerade vorbeikommt. Freundlich zu sein ist am allerwichtigsten.

Das gemächliche Lebenstempo entspricht dem Charakter der Sarden. Wen kümmert's hier, wenn Massimo zum hundertsten Mal am Tag über die Wirtschaftslage lamentiert, während die Schlange in seinem Lebensmittelladen länger und länger wird. Schließlich hat er für jeden ein freundliches Lächeln parat. Und es stört auch niemanden, wenn Silvia hinter ihrem Postschalter mit einem Kunden in ein Gespräch vertieft ist – sie quatscht eben gern, das weiß doch jeder. Und der Tourist vor einem, der mit 30 km/h auf der SS125 entlang fährt, und der jetzt – *incredibile*! – anhält, um einen Hirten mit seiner Schafherde zu fotografieren: Frustrierend ist es schon, aber deshalb hupt man nicht gleich; das tun nur Italiener. Geduld ist schließlich eine sardische Tugend.

2007 starb die älteste Frau Italiens, Raffaela Monni, in Arzana in der Provinz Ogliastra im Alter von 109 Jahren. Fünf Jahre später starb der damals älteste Mensch der Welt, der 112-jährige Antonio Todde, in Tiana in der Provinz Nuoro.

La Famiglia

„Mein 32-jähriger Sohn ist zu dick. Soll ich ihn auf Diät setzen?" Das ist eine typische Frage an die Kummerkastentante in den Zeitungen und Zeitschriften der Insel. Paolo ist vielleicht 32 Jahre alt, aber in den Augen seiner liebevollen *mamma* bleibt er zeitlebens der kleine Junge. Wie anderswo in Italien hat auch die sardische Gesellschaft einen Hang

SIND ES DIE GENE?

A kent'annos, „100 Jahre sollst du leben" lautet ein traditioneller Gruß. Das klingt nach Wunschdenken, aber vielleicht auch nicht, denn die Chancen stehen nicht schlecht auf Sardinien. Fitmacher, makrobiotische Diäten und Verjüngungsmittel kann man getrost vergessen, denn das Geheimnis eines langen Lebens scheint offenbar auf der Insel zu finden zu sein. Schließlich gibt es hier etwa 150 über Hundertjährige bei einer Bevölkerung von nur 1,67 Mio., etwa doppelt so viele wie anderswo. Fünf dieser Menschen leben im winzigen Dörfchen Ovodda (1700 Ew.). Fragt man einen Sarden nach dem Geheimnis, lautet die Antwort jedes Mal anders: die Luft, das Leben in der freien Natur, gutes Essen und Trinken, Gott.

Bisherige Studien hatten Umweltbedingungen und die Lebensweise als Hauptursachen für die Langlebigkeit im Blickfeld (die regionalen Cannonau-Weine sind reich an Procyanidinen, die bei Rotwein Herzerkrankungen vorbeugen). Forscher der Universität Sassari sind allerdings überzeugt, dass ein bestimmtes genetisches Merkmal die Erklärung liefert. Die Einwohner in der Bergregion Ogliastra waren lange von der Außenwelt abgeschnitten, man heiratete untereinander und der Genpool wurde kaum vermischt. Das ist so etwas wie eine Goldgrube für Genetiker.

Ein Forschungsteam unter der Leitung von Professor Luca Deiana berichtete auf einer Konferenz im Mai 2011 in Pavia und Bareggio über die Ergebnisse der A-Kent'Annos-Studie (AkeA). Deiana machte deutlich, dass einige (aber nicht alle) der hundertjährigen Sarden gemeinsame genetische Merkmale aufweisen, aber auch, dass es andere Übereinstimmungen gibt. Viele Hundertjährige seien ausgeglichene Optimisten, eingebunden in ein verlässliches soziales und familiäres Netz und mit einem ausgeprägten Selbstbewusstsein gesegnet. Nahezu alle bevorzugten eine Ernährungsweise, die reich an Antioxidantien ist.

MUTTERSPRACHE

Sardo (oder Sardu) ist erste Sprache auf der Insel und die größte Minderheitensprache Italiens. Die vier wichtigsten Dialekte, Logudoresisch (im Nordwesten), Campidanesisch (im Süden), Galluresisch (im Nordosten) und Sassaresisch (in der Gegend von Sassari) haben ihre Wurzeln im Lateinischen, das die Römer im 3. Jh. v. Chr. mitbrachten. Noch komplizierter wird es für Außenstehende durch unterschiedliche regionale Einflüsse. In Alghero spricht man z. B. eine Variante des Katalanischen und auf der Isola di San Pietro benutzen die Einheimischen bis heute den Genueser Dialekt des 16. Jhs. Im Galluresischen und Sassaresischen macht sich überdies die Nähe zu Korsika bemerkbar.

Neueste Studien zum Gebrauch des Sardischen haben ein paar amüsante Fakten ans Licht gebracht. Offenbar benutzen 60,2 % ihre Muttersprache, wenn sie wütend sind, und 64 %, wenn sie witzig sein wollen, aber nur 26,5 % bei Gesprächen über Politik und lediglich 16,5 %, wenn sie über Kinder sprechen.

zum Matriarchalischen. Etwa 25 % der Männer wohnen zu Hause, bis sie deutlich über 30 sind, und ein kleinerer Prozentsatz der Frauen verhält sich ähnlich. Diese Sitte, das heimische Nest erst spät zu verlassen, üblicherweise nicht vor der eigenen Hochzeit, liefert zwar manchen Anlass zum Spott, entspringt aber oft genug einfach wirtschaftlichen Notwendigkeiten: Viele junge Leute können es sich bei einer Arbeitslosigkeit von 13,6 % schlicht nicht leisten, von zu Hause auszuziehen.

Wie dem auch sei, in Sardinien dreht sich tatsächlich alles um die Familie. Deshalb ist es auch so erstaunlich, dass die Geburtenrate so unglaublich niedrig liegt: bei 1,1 % (der EU-Durchschnitt beträgt 1,6 %). Die jüngsten Zahlen belegen zudem, dass Sarden sich mit der Familiengründung immer länger Zeit lassen: Im Durchschnitt ist eine Frau bei der Geburt ihres ersten Kindes 32,5 Jahre alt.

La Donna

Il Corpo Delle Donne ist eine beliebte Fernsehsendung: Leichtbekleidete Frauen hüpfen auf der Bühne im Scheinwerferlicht umher, die Musik dröhnt und das Publikum jubelt. Draußen steigt zur gleichen Zeit eine Frau, in traditionelles Schwarz gekleidet, den Hügel hinauf. Zwei Frauen, die eine *molto sexy*, die andere ist die respektable Mutter, Ehefrau und Versorgerin. Das sind natürlich zwei Extreme und in gewisser Weise Stereotypen. Sie spiegeln aber das gespaltene Verhältnis der sardischen Männer zu Frauen wider, das sich im Wesentlichen auch bei ihren italienischen Landsleuten wiederfindet.

The Island of the Ancients von Ben Hills enthält Interviews mit den bemerkenswertesten Hundertjährigen aus Sardinien und verrät, was sie so jung hält.

Die Einstellungen verändern sich allmählich, aber viele Familien leben immer noch nach dem klassischen Modell. Die Frauen bleiben zu Hause und die Männer verdienen das Geld, eine Rollenverteilung, die ursprünglich praktische Gründe hatte: Die Männer verließen das Haus, um das Vieh zu hüten, und die Frauen kümmerten sich inzwischen um den Haushalt und die Kinder. Heutzutage geht es eher um Tradition und Konvention als um Zwänge des Alltags.

„Es ist nicht mehr wie früher, als die Mädchen nach acht Uhr abends nicht mehr auf der Straße sein durften", sagt Maria Angela Tosciri aus Baunei. „Seit Sardinien sich dem Tourismus und den modernen Medien geöffnet hat, sind Männer und Frauen in vieler Hinsicht gleichberechtigt." Maria Antoinetta Goddi meint auch, dass es im Inselinneren viel weniger Chauvinismus gibt als sonst auf Sardinien, weil die Frauen sich dort stärker durchsetzen und erwarten, dass man sie respektiert.

Glaube & La Festa

Die Sarden sind konservativ und fast das ganze Jahr über höflich und zurückhaltend, aber bei großen Festen sieht alles ganz anders aus. Die Stimmung ist ausgelassen bei diesen spektakulären Ereignissen, bei denen sich althergebrachte Überzeugungen, Mythen, Religion und Folklore vermischen.

Die Religion ist auf Sardinien tief verankert. Die Brunnenheiligtümer, die *sacri pozzi* in den Nuraghensiedlungen, belegen Rituale einer Naturreligion, die bis ins 2. vorchristliche Jahrtausend zurückreichen. Das Christentum kam im 6. Jh. auf die Insel und setzte sich schnell durch. Heute manifestiert sich der Glaube der Sarden bei Straßenfesten ebenso wie in den Gottesdiensten. Viele der bedeutenden Feste gelten Heiligen, die man ganz besonders verehrt. Am wichtigsten ist der hl. Ephysius, ein frühchristlicher Märtyrer und der Schutzheilige Sardiniens, der im Mittelpunkt der großartigen Prozession in Cagliari Anfang Mai steht.

An anderen Orten findet man auf dem Land immer mal wieder kleine Kirchen, *chiese novenari*, die nur wenige Tage im Jahr für die Feiern zu Ehren eines bestimmten Heiligen geöffnet sind. Zu diesen Kapellen gehören oft einfache Unterkünfte, *cumbessias* (auch: *muristenes*), für die Pilger, die eigens zu Ehren des hier verehrten Heiligen anreisen.

Ostern ist auch auf Sardinien ein bedeutender Feiertag; überall auf der Insel finden Feiern statt, in denen häufig spanische Einflüsse spürbar werden. Bei den spätabendlichen Prozessionen in Castelsardo, Iglesias und Tempio Pausania marschieren mit Kapuzen bekleidete Mitglieder religiöser Bruderschaften durch die Straßen, wie man sie sonst eher aus Spanien kennt.

Kunst & Kultur

Sardiniens Kunst wurde von der reichen Kultur und der schroffen Topographie der Insel geformt. Die traditionelle sardische Musik, die sich unberührt von äußeren Einflüssen entwickelt hat, ist einzigartig auf der Welt und inspiriert eine aktuelle Fusionsszene. Literarische Größen wie die Nobelpreisträgerin Grazia Deledda lassen ihre Leser in die Machenschaften des Kleinstadtlebens in der Abgeschiedenheit der bergigen Barbagia eintauchen. Überall auf der Insel finden Feste statt, die mit Volkstänzen, handgeschnitzten Masken und prächtigen Kostümen Sardiniens einzigartiges Kulturerbe ausgesprochen lebendig halten.

Musik

Canto a Tenore

Falls eine Musik den Geist der rauen Berge und der bukolischen Landschaft Sardiniens erfassen kann, so ist es der *canto a tenore*. Dieser traditionelle Männergesang ist eine der ältesten Formen mehrstimmiger Vokalmusik. Sie wird von einem Chor aus vier Männern, den *tenores*, gesungen. Die Stimmen heißen *sa oghe* (der Solist), *su bassu* (Bass), *sa contra* (Alt) und *sa mesu oghe* (Countertenor). Wenig ist bekannt über die Ursprünge des *canto*, aber man nimmt an, dass die Stimmen ursprünglich von Naturlauten inspiriert waren. Der *contra* erinnert an das Blöken der Schafe, der *bassu* an das Muhen der Kühe und *mesu oghe* an das Pfeifen des Windes. Der *canto* wird in einem engen Halbkreis vorgetragen, in dem der Solist ein Lied, oft mit ländlichem Thema, zur Chorbegleitung singt.

Mehr Infos über Sardiniens bekannteste Gruppe und Hörproben ihrer Musik sind im Internet unter www.tenoresdibitti.com zu finden.

Der *canto a tenore* ist besonders im Zentrum und Norden der Insel verbreitet. Die bekanntesten Gruppen kommen aus der Region Barbagia. Am berühmtesten sind die Tenores di Bitti, die sogar für Peter Gabriels Label Real World Aufnahmen eingespielt haben und auf Weltmusik-Festivals vertreten waren. Weitere gefragte Chöre kommen aus Oniferi, Orune und Orgosolo. 2008 kam der *canto a tenore* auf die „Repräsentative Liste des immateriellen Kulturerbes der Menschheit" der Unesco.

Ein ähnlicher, aber eher liturgischer Gesang ist der *canto a cuncordu* ebenfalls mit vier Männerstimmen. Zu hören ist er in Castelsardo, Orosei und Santu Lussurgiu.

Es gibt einige sehr gute sardische Sängerinnen, vor allem Maria Carta, eine Legende des 20. Jhs., aber auch die folkloristischen Lieder von Elena Ledda sind ziemlich bekannt.

Launeddas

Die *launeddas* sind Sardiniens Nationalinstrument. Besonders beliebt ist dieses schlichte Blasinstrument aus drei Schilfrohren, das mit Zirkuläratmung gespielt wird, bei Dorffesten im Süden. Wer keines der Feste besuchen kann, sollte sich die legendäre CD *Launeddas* von Efisio Melis und Antonio Lara zulegen. Weitere große Namen auf diesem Gebiet sind Franco Melis, Luigi Lai, Andria Pisu und Franco Orlando Mascia.

Einen interessanten Einblick in die sardische Musik bietet die Website Sardegna Cultura www.sardegnacultura.it mit Aufnahmen traditioneller sardischer Musik.

DAS MEER UND SARDINIEN

Sardiniens wilde, ungezähmte Landschaften, das Gefühl von freiem Raum und die uralten Traditionen inspirierten einen der großen Schriftsteller des 20. Jhs., D. H. Lawrence. Neun Tage lang bereiste er die Insel mit seiner Frau Frieda und schrieb einen leidenschaftlichen Reisebericht, *Das Meer und Sardinien*, den er selbst für äußerst treffend und glaubwürdig hielt.

Die beiden reisten mit dem *Trenino Verde* und besuchten Cagliari, Mandas, Sorgono und Nuoro, bevor sie mit dem Schiff nach Sizilien zurückkehrten, wo Lawrence in nur sechs Wochen das Buch aus der Erinnerung heraus schrieb. Seine begeisterte Beschreibung erfasst auf wunderbare Weise die Eigenart der Insel, die er als Ort bezeichnet, der „außerhalb der Zeit und der Geschichte liegt" und der „die Freiheit selbst ist". Das Buch ist eine perfekte Reiselektüre für Leute, die eine gemütliche Reise mit der Schmalspurbahn planen. Wer den Spuren von Lawrence folgen will, findet Tipps für die Reiseroute auf der entsprechenden Seite unter www.sardegnaturismo.it.

Poesie

Wie die meisten Kunstformen der Insel ist und war die sardische Dichtkunst nie die Domäne der Intellektuellen. Sie wird vielmehr zutiefst als ein Teil der sardischen Kultur empfunden und brachte im 19. Jh. eine frühe Form von Poetry Slams hervor, die sogenannten *gare poetiche* (Dichterwettstreit). Bei Dorffesten traten zwei Gegenspieler zum improvisierten rhythmischen Wortwechsel an, der sarkastisch, ironisch oder auch beleidigend ausfallen konnte. Die Zuhörer waren begeistert und steuerten gern ihre eigenen Verbalattacken bei. Aufgeschrieben wurde kaum etwas, aber es gibt CDs von Remundo Piras und Peppe Sozu, einem klassischen Duo aus der Mitte des 20. Jhs.

In den 1930er-Jahren verboten die Faschisten die sardischen *cantadores* (Dichter), deren Kritik an Kirche und Staat in ihren Augen gefährlich und subversiv war.

Bis heute finden in vielen Bergdörfern solche bardischen Wortwechsel statt, und es gibt zwei bedeutende Dichterwettbewerbe auf der Insel: der Premio di Ozieri in Ozieri und der Settembre dei Poeti in Seneghe.

Der bekannteste sardische Lyriker ist Sebastiano Satta (1867–1914), der in seinen Werken *Versi Ribelli* und *Canti Barbaricini* die raue Schönheit seiner Heimat preist.

Tänze & Feste

Ballo Sardo

Ein sardisches Fest ist nicht vorstellbar ohne Volkstanz, der *ballo sardo* (sardischer Tanz) oder *su ballu tundu* (Tanzen im Kreis) genannt wird und in jeder Region geringfügig vom Tanz der Nachbarregion abweicht. Im Prinzip handelt es sich um eine Gruppe von Tänzern oder Paaren in einer Reihe oder im Kreis, die sich an den Händen halten oder unterhaken und sich anmutig mit schnellen Schritten bewegen, drehen und umwenden. Ihre Bewegungen steigern sich oft mit dem Tempo der Musik.

Die Rubrik „Kunst und Kultur" von www.marenostrum.it bietet genaue Informationen zu anstehenden kulturellen Events und Festen, auch zu Kunstausstellungen und Kinofilmen.

Zu den Tänzen wird oft die *launeddas* gespielt und ein *canto a tenore* singt manchmal zu den langsameren Stücken. Man nimmt an, dass der *ballo sardo* ebenso wie die *launeddas* aus der Zeit der Nuragher stammt. Es ist viel spekuliert worden über die Verbindung zwischen dem *ballo sardo* und dem ähnlichen *sardana* (Rundtanz) in Katalonien im Nordosten Spaniens.

Die Kunst des Feierns

Die Sarden drücken ihre Tradition, Geschichte, Identität und ihren Glauben durch Volksmusik, Tanz und aufwendig bestickte Trachten auf den prächtigen und vielfältigen Festen aus. Viele Feste haben einen religiösen Hintergrund, etwa die zahlreichen Feiertage, die feierlichen Prozessionen zu Ostern oder zur Festa di Sant'Efisio in Cagliari und Festa del Redentore in Nuoro. Auf einer von der Landwirtschaft geprägten Insel sind je nach Jahreszeit auch Nahrungsmittel ein Grund zum Feiern (und zum ausgiebigen Schlemmen), z. B. Kirschen, Spargel, Kastanien, Wein und Thunfisch.

Im Westen lassen Pferderennen und Paraden historische Siege lebendig werden, z. B. die temperamentvolle Cavalcata Sarda in Sassari, die an den Sieg über die Sarazenen 1000 n. Chr. erinnert, oder das ungestüme Pferderennen S'Ardia in Sedilo, das den Sieg des römischen Kaisers Konstantin über Maxentius im Jahr 312 n. Chr. feiert.

Alle Infos zum literarischen Spitzenevent Sardiniens, der Festa Letterario di Sardegna in Gavoi, stehen auf www.isoladellestorie.it.

Literatur

Die ländliche sardische Gesellschaft besitzt keine große Literaturtradition. Erst Anfang des 20. Jhs. gab es einen Wendepunkt, als 1926 Grazia Deledda (1871–1936) den Nobelpreis gewann. In der Folge tauchten immer mehr talentierte Autoren wie aus dem Nichts auf. Ihre Texte sind unsentimentale Beschreibungen des Insellebens und zeigen, wie sich die Sarden selbst sehen.

Unbestrittener Star der sardischen Literatur ist jedoch Grazia Deledda. Ihr Werk ist inspiriert von den Eifersüchteleien und dem harten Alltag in Nuoro, wo sie ihre Kindheit verbrachte. Alle ihre Werke sind stark von der unmittelbaren Umgebung der Autorin geprägt, so auch ihr bekanntester Roman *Canne al vento* (Schilf im Wind), der den Abstieg der Aristokratenfamilie Pintor in die Armut beschreibt.

Der ebenfalls aus Nuoro stammende Salvatore Satta (1902–1975) wurde vor allem mit *Il giorno del giudizio* (Der Tag des Gerichts) berühmt, einer satirischen Schilderung des Kleinstadtlebens, die häufig mit Giuseppe di Lampedusas sizilianischem Klassiker *Il gattopardo* (Der Leopard) verglichen wird.

Giuseppe Dessì (1909–1977), ein Zeitgenosse Sattas, wurde mit *Il disertore* bekannt. Darin beschreibt er die Geschichte eines Schäfers, der im Ersten Weltkrieg von der Armee desertiert, in seine sardische Heimat

Sechs sardische Autoren wirkten am Buch *Sei per la Sardegna* (Sechs für Sardinien; Marcello Fois). Mit der Anthologie soll Geld für die Opfer der Überschwemmungen von 2013 eingenommen werden.

SARDISCHES KUNSTHANDWERK

Filigranschmuck Kunstvoll gearbeitete *filigrana* (Filigranschmuck) aus Gold und Silber kauft man am besten in Cagliari, Alghero und Dorgali.

Rote Korallen Erstklassige Korallen werden vor Alghero an der Riviera del Corallo (Korallenküste) geerntet. Häufig wird Koralle zusammen mit Filigranschmuck verarbeitet.

Keramik Oristano, Sassari und Assemini (nördlich von Cagliari) sind berühmt für Keramik, die blau, weiß oder gelb und grün glasiert und mit Motiven aus der Natur, wie Vögel und Blumen, verziert ist.

Wollteppiche In Aggius und Tempio Pausania gibt es eine heimische Produktion für Wollteppiche mit traditionellen geometrischen Mustern.

Korbflechterei Im Norden um Castelsardo und in Oristano fertigen Frauen immer noch wie früher Körbe aus Affodill, Binsen, Weide und Blättern der Zwergpalme.

Masken Die Festmasken aus der Gegend um Nuoro sind echte Kunstwerke. Besonders interessant sind die *mamuthones* aus Mamoiada sowie *boes* und *merdules* aus Ottana.

Textilien Auf traditionelle Art handgewebte Stoffe werden in Ulussai zu Unikaten verarbeitet, z. B. zu Handtüchern, Vorhängen und Tagesdecken.

Kork In Gallura wird alles Mögliche aus Kork hergestellt, wie dekorative Schalen, Hocker, Schneidbretter.

Taschenmesser In Pattada und Arbus gibt es noch einige wenige Handwerksmeister, die Messer mit geschnitzten Griffen aus Horn anfertigen.

zurückkehrt und dort in den Konflikt zwischen Pflichtgefühl und eigener Moral gerät.

Eines der berühmtesten Nachkriegswerke ist *Padre Padrone*, Gavino Leddas nüchterne, autobiografische Beschreibung seiner Kindheit als Schafhirte. Später gab es dazu eine von Kritikern gelobte, aber kaum bekannte Verfilmung durch die Brüder Taviani, in der sie die Bitterkeit von Armut und Elend darstellen.

Die Wirren des politischen und sozialen Lebens im Nachkriegsitalien sind das zentrale Thema in *Il figlio di Bakunin* (Bakunins Sohn), dem einzigen übersetzten Buch von Sergio Atzenis (1952–1995). Wie Deledda vor ihm beschreibt dieser große Autor der jüngeren sardischen Literaturgeschichte eine Gesellschaft, die sich nicht mit bequemen Moralvorstellungen und simplen politischen Annahmen greifbar machen lässt.

In jüngerer Zeit hat Sardinien auch eine Reihe guter Krimiautoren hervorgebracht. Einer von ihnen ist Flavio Soriga (geb. 1975), der mit *Diavolì di Nuraio* im Jahr 2000 den Preis Premio Italo Calvino gewonnen hat.

Traditionelles Kunsthandwerk

Jeder der 370 Orte auf der Insel hat eine eigene Tracht.

Auf einer Insel, in der Landwirtschaft die Hauptrolle spielt, hat auch das Kunsthandwerk eine lange Tradition. Dies betrifft überwiegend die Verarbeitung lokaler Materialien, z.B. von Korkeiche oder Korallen. Während früher meist für den Alltagsgebrauch gearbeitet wurde, wird heute vieles zu Dekorationszwecken hergestellt. Die Kunstschmiede bei Santu Lussurgiu z. B. haben sich angepasst und stellen heute dekorative Lampen, Tore und Bettgestelle her – statt der landwirtschaftlichen Geräte, von denen sie früher hauptsächlich lebten.

Die Qualität ist immer noch hoch und es gibt manchmal sehr günstige Angebote. Wer sicher sein will, dass Preis und Qualität stimmen, sollte in einen Laden des Istituto Sardo Organizzazione Lavoro Artigiano (ISOLA) gehen, wo man für jedes Stück eine Qualitätsbescheinigung erhält.

Die sardische Küche

Oliven und Zitronen reifen in der Sonne, der Duft von wildem Thymian, Rosmarin, Wacholder und Myrte vermischt sich mit der Meeresbrise, Schäfer führen ihre Herden heimwärts, um Ricotta herzustellen, und Fischer holen bei Tagesanbruch die frisch gefangenen Meeräschen und Hummer an Land. Keine romantische Verklärung, sondern Wirklichkeit. Slow-Food ist nirgends besser als auf Sardinien. Hinzu kommen noch Aussichten auf Berge und Meer, gute Vermentino- oder Cannonau-Weine und wunderbar frisches Obst und Gemüse und schon ist das kulinarische Erlebnis perfekt – einfach aber großartig.

Zu Tisch auf Sardinien

Wie die meisten Italiener nehmen sich auch die Sarden selten Zeit für die *colazione* (Frühstück). Ein Cappuccino und ein *cornetto* (Croissant) im Stehen an der Bar genügen ihnen vollkommen. Die Hirten draußen in der freien Natur essen eher Brot und ein Stückchen harten Pecorino (Schafskäse).

Civraxiu geht auf das Wort *cibaria* zurück, die Bezeichnung für Mehl während der Römerherrschaft, als Sardinien für Rom einer der wichtigsten Getreidelieferanten war.

Pranzo (Mittagessen) ist allerdings ein Ritual, an dem die meisten festhalten. Berufstätige können dann nicht immer nach Hause gehen, aber auf der ganzen Insel bleiben die Läden drei bis vier Stunden geschlossen, damit genug Zeit bleibt für ein ordentliches Essen. Zu einer kompletten Mahlzeit gehören ein *antipasto* (Vorspeise), danach ein *primo*, meist eine kräftige Suppe, Pasta oder Risotto, schließlich ein *secondo* aus Fleisch oder Fisch. Im Inselinneren bevorzugen viele Menschen Fleisch, gebraten oder als Schmortopf. Zum Abschluss der Mahlzeit *alla sarda* gibt es Käse

BESONDERS GUT IN ...

- **Cagliari** *Burrida*, Katzenhai, mariniert in einer Sauce aus Walnüssen, Knoblauch, Weinessig und Gewürzen
- **Gallura** *Zuppa cuata* oder *zuppa gallurese*, ein herzhafter Auflauf aus geschichtetem Brot, Käse und *ragù* (Fleisch und Tomatensauce), mit Brühe übergossen und knusprig gebacken
- **Olbia** *Zuppa di cozze e vongole* (Venus- und Miesmuschelsuppe mit Knoblauch), *ricci* (Seeigel) und *ortidas* (gebratene Seeanemonen)
- **Barbagia** *Pecora in capoto*, deftiger, kräftig gewürzter Eintopf mit Schafsfleisch.
- **Alghero** *Aragosta alla catalana*, Hummer mit Tomaten und Zwiebeln sowie *ricci* in der Saison (März bis April)
- **Cabras** *Muggini* (Meeräsche) und *bottarga* (Meeräschenrogen)
- **Nuoro und Ogliastra** *Fioro sardo pecorino* (ein spezieller Pecorino), außerdem Fleisch vom Lamm, Spanferkel und Wildschwein

und einen *digestivo*, z. B. ein Gläschen Grappa. Mittlerweile wird das Essen aber oft mit Dessert und Kaffee beendet.

Cena (Abendessen) war traditionell eine weniger aufwendige Angelegenheit. Da sich die Arbeitsgewohnheiten aber ändern und weniger Leute mittags zu Hause essen, wird das Abendessen für immer mehr Sarden zur Hauptmahlzeit.

Sardische Kochkunst

Das tägliche Brot

Nichts ist schöner als morgens in die nächste *panetteria* zu laufen, den Duft von frisch gebackenem Brot einzuatmen und sich dort etwas Leckeres auszusuchen. Die Sarden wissen einen schlichten Laib Brot immer noch zu schätzen und deshalb gibt es eine Vielzahl von Brotsorten, die jeweils typisch sind für eine Region oder einen Ort. Traditionelle Bäckereien sind stolz darauf, dass sie nur erstklassigen Hartweizen verwenden und die alten Verarbeitungstechniken kennen.

Das verbreitete *civraxiu*, ein dickes, rundes Weißbrot mit knuspriger Kruste und innen weich, stammt ursprünglich aus dem Campidano. Eine weitere verbreitete Sorte ist die *spianata* oder *spianada*, die dem orientalischen Fladenbrot gleicht. In Sassari gibt es in den Imbisslokalen *fainè*, ein Fladenbrot aus *farinata* (Kichererbsenmehl), das vor Jahrhunderten durch die Ligurer aus dem Nordwesten Italiens eingeführt wurde. Von den Spaniern stammen *panadas*, leckere kleine Pasteten mit Füllungen von gehacktem Lamm oder Schwein bis hin zu Aal.

Zu besonderen Anlässen, wie Hochzeiten und an kirchlichen Feiertagen, wird Brot zum Kunstwerk, *su coccoi* genannt. Die aufwendigen Blumenkranz-, Herz- und Tierformen sind unglaublich filigran und fast zu hübsch zum Essen.

Sardische Kochbücher

Die Küche Sardiniens: Ein kulinarisches Erlebnis – im Urlaub und zuhause, von Hans-Peter Bröckerhoff und Gianflorest Pani

Cucina della Sardegna. Kulinarische Entdeckungen auf Sardinien, von Manuela Zardo und Hellmuth Zwecker

Sardinien – su coro sardu: Genussreise und Rezepte, von Andreas Walker und Pietro Antonio Deiana

Sardegna a tavola, von Valentina Balzano

Notenpapier

Das *pane carasau* oder auch *carta da musica* (Notenpapier), knusprig wie ein Cracker, leicht wie eine Oblate und so dünn, dass die Sonne durchscheinen kann, ist das bekannteste Brot auf Sardinien. Es wird im ländlichen Inselinneren überall angeboten, besonders in den Regionen Gallura, Logudoro und Nuoro, wo es immer noch von Hand aus den einfachsten Zutaten zubereitet wird – Hartweizen, Wasser und etwas Salz. Das Brot wird zweimal im Holzofen gebacken, damit es knusprig wird. Seit Jahrhunderten ist dieses haltbare Brot ideal für die Schäfer draußen auf den Weiden.

Mit Olivenöl bepinselt und mit Salz bestreut wird das *pane carasau* zum leckeren Snack *pane guttiau*. Etwas aufwendiger ist das *pane frattau*, das oft mit Tomatensauce, geriebenem Pecorino und einem weichgekochten Ei als erster Gang serviert wird.

Antipasti

Antipasti sind ein leckerer Import vom italienischen Festland, stehen auf fast jeder Speisekarte und kommen vor den *primi* (erster Gang). *Antipasti di terra* (nach Bauernart) sind oft eine köstliche Kombination aus hausgebackenem Brot, rohem Schinken, würziger sardischer Salami, Oliven und diversen gegarten, rohen oder marinierten Gemüsesorten, z. B. Artischocken und Auberginen. Hinzu kommen *fritelle di zucchine*, frittierte Omelettes mit Zucchini, Semmelbröseln und Käse. An der Küste werden auch *antipasti di mare* angeboten, z. B. dünn geschnittene *bottarga* (Meeräschen- oder Thunfischrogen), die am besten in der Lagunenstadt Cabras schmeckt. Cagliari ist berühmt für seine *burrida* (marinierter Katzenhai).

WER MAG KÄSE MIT MADEN?

Fragt man Sarden nach dem berüchtigten *casu marzu*, dem „verdorbenen Käse" mit Maden, ziehen sie kennerhaft die Augenbrauen hoch, kichern über witzige Erlebnisse beim Probieren oder wechseln einfach das Thema. Zum *formaggio che salta* (Käse, der hüpft) hat anscheinend jeder seine eigene Meinung oder eine kleine Anekdote parat. Er ist cremiger und würziger als alles, was man je probiert hat, sagen die einen, während andere warnen, dass er eklig ist und im Darm gärt.

Selbst einem Drehbuchautor für Horrorfilme mit einer Schwäche für Pecorino wäre so etwas wohl kaum eingefallen: Pecorino wird absichtlich mit Eiern der Käsefliege *piophila casei* verunreinigt. Durch den Verdauungsprozess der Maden wird das Fett im Käse aufgebrochen, der Fermentierungsprozess wird beschleunigt und der Käse zersetzt sich sehr schnell. Die stechend riechende Flüssigkeit, die aus dem Käse dringt, nennt man *lagrima* (Träne). Einheimische halten beim Essen eine Hand über den Käse, damit die munteren Tierchen ihnen nicht ins Gesicht springen. Angeblich schaffen die Maden bis zu 15 cm. Andere stecken den Käse erst in eine Papiertüte, sodass die Maden aus Mangel an Sauerstoff absterben.

Falls jemand der Versuchung nicht widerstehen kann, muss er allerdings ziemlich intensiv nach diesem Produkt suchen. Zwar gilt *casu marzu* als „traditionelles Lebensmittel" und unterliegt damit nicht den EU-Gesundheitsrichtlinien, es ist aber trotzdem verboten, ihn zu verkaufen und zu servieren. Er wird also überwiegend für den privaten Verbrauch hergestellt. Die Tatsache, dass er so schwer zu finden ist, trägt zu seinem Reiz bei. Fragt man einen Sarden danach, macht er vielleicht eine weit ausholende Bewegung mit dem Arm und sagt: „In den Bergen ... vielleicht." Im Sommer kann man in der abgelegenen Barbagia mit etwas Glück vielleicht einen Bauern finden, der von seinen geheimen Vorräten etwas abgibt.

Käse zum Reinknien

Sardinien ist eine Insel der Hirten und deshalb ist es auch wenig erstaunlich, dass die Käseherstellung eine Kunstform ist. Seit fast 5000 Jahren wird hier Käse gemacht, und Sardinien ist allein für 80 % des italienischen Pecorino zuständig. Schlemmer werden begeistert sein über die vielen Käsesorten, vom kräftigen *pecorino sardo* bis hin zu geräucherten Varianten, cremigem Ziegenkäse (z. B. *ircano* und *caprino*), Ricottasorten und Käsespezialitäten wie *canestrati* mit Pfefferkörnern und Kräutern.

Der ganz schön kräftige *Fiore sardo* wird nach einem jahrhundertealten Rezept hergestellt und frisch, geräuchert oder gebraten verzehrt. Er wird traditionell aus Schafsmilch hergestellt, es gibt aber auch Varianten aus Kuhmilch wie fresa oder peretta. Die gefragtesten Ziegenkäse sind der *caprino* und der weiche *crema del Gerrei* aus Ziegenmilch und Ricotta.

Nur die unerschrockensten Feinschmecker werden sich an *formaggio marcio* oder *casu marzu* wagen, wörtlich „Gammelkäse" – inklusive lebenden Maden!

Sardische Pasta

Sardinien geht alles auf ganz eigene Art an, und das trifft natürlich auch auf die Pasta zu.

Die kompakten, muschelförmigen *malloreddus* bestehen aus Grieß und sind mit Safran gewürzt. Sie werden gewöhnlich zu *salsa alla campidanese* (Würstchen und Tomatensauce) serviert und sind auch unter dem Namen *gnocchetti sardi* bekannt. Eine weitere typisch sardische Kreation sind *fregola,* körnige, an Couscous erinnernde Nudeln, die häufig in Suppen Verwendung finden.

GUT & GÜNSTIG

Hungrig? Im Folgenden unsere Lieblingssnacks auf Sardinien:

- **Fainè** Fladenbrot aus Kichererbsenmehl mit Pizzabelag, besonders beliebt in Alghero und im Nordwesten der Insel
- **Gelato** Eiscreme zum Schlecken auf der Piazza
- **Pane carasau** Knuspriges, crackerartiges Fladenbrot, perfekt fürs Picknick
- **Pizza al taglio** Pizzaschnitten aus der Hand
- **Pecorino** Harter, pikanter Schafskäse. Passt gut zu frischem, knusprigem Brot

Die Ravioli-ähnlichen *culurgiones* (für die es unterschiedliche Schreibweisen gibt) sind typischerweise mit Ricotta oder Pecorino gefüllt und werden in einer Tomaten-Kräutersauce serviert. *Culurgiones de l'Ogliastra* aus Nuoro sind mit Kartoffelpüree und manchmal auch mit Fleisch und Zwiebeln gefüllt. Gereicht werden sie meist in Tomatensauce mit etwas Pecorino, Olivenöl, Knoblauch und Minze.

Bei *maccarones furriaos* handelt es sich um gerollte Pastastreifen mit einer Sauce (häufig aus Tomaten) und überbackenem Käse. Der Teig für *maccarones de busa* oder einfach nur *busa* wird um Stricknadeln gewickelt, um seine typische Form zu bekommen.

Weitere Pastasorten sind *pillus* (feine Bandnudeln) und dünne *filindeu*, die als Suppennudeln dienen.

Vom Spieß

Auch Sardiniens fleischliche Genüsse haben ihren eigenen Stil. Drei Spezialitäten sind besonders zu erwähnen: *porceddu* (Spanferkel), *agnello* (Lamm) und *capretto* (Ziegenkitz). Sie werden mit mediterranen Kräutern gewürzt und am Spieß gebraten.

Damit man ihnen nichts nachweisen konnte, rösteten Viehdiebe gestohlene Schweine langsam in einem Erdloch, über dem ein Feuer brannte. Die Technik heißt *su carraxiu*.

Am bekanntesten ist *porceddu* (oder *porcheddu*), das bei schwacher Hitze so lange geröstet wird, bis die Haut aufplatzt und das Fleisch ganz zart schmeckt. Dann lässt man es eine Weile auf einem Bett aus Myrtenblättern ruhen.

Agnello ist besonders im Dezember beliebt, wird aber das ganze Jahr über angeboten. Capretto ist seltener auf Speisekarten zu finden, etwas häufiger aber in den Bergen, wo es mit Thymian gewürzt wird.

Ein Klassiker vom Land und eine Seltenheit ist *su carraxiu* (wörtlich: vergrabenes Fleisch). Das Fleisch wird zwischen zwei Schichten aus heißen Steinen gelegt, mit Myrte bedeckt und in einem Erdloch langsam gegart.

Die Sarden haben zudem eine Vorliebe für Wildgeflügel, Kaninchen und Wildschwein. Eine wunderbar würzige Sauce mit roter Myrte, die zu jedem Fleischgericht passt, heißt *al mirto*.

Fisch & Meeresfrüchte

Die Sarden betonen, dass sie traditionell *pastori, non pescatori* (Schafhirten, keine Fischer) sind. In Cagliari, Alghero, Cabras und anderen Küstenstädten gibt es traditionell auch ein paar Fische und Meeresfrüchte, aber andernorts sind sie eher eine importierte Spezialität.

Ganz oben auf der Liste der Spezialitäten steht Hummer (von März bis August zum Fang freigegeben), besonders in Alghero, wo er als *aragosta alla catalana* mit Tomaten und Zwiebeln serviert wird. *Muggine* (Meerbarbe) ist an der Küste von Oristano beliebt und *tonno* (Thunfisch) auf der Isola di San Pietro. *Cassola* ist eine herzhafte Fischsuppe ähnlich der *zuppa alla castellanese* aus Castelsardo – nur mit mehr Tomaten.

Auch in Cagliari haben Fisch und Meeresfrüchte eine lange Tradition, wie Gerichte mit Seebrasse oder Barsch, meist aber mit dem berühmten, einheimischen *gattucio di mare* (Katzenhai). Venus- und Herzmuscheln, Tintenfisch und Krebse stehen ebenfalls auf der Speisekarte – und im Marschland von Cabras auch Aal. Etwas exotischer sind *orziadas* (frittierte Seeanemonen) und *ricci* (Seeigel).

Platz für Süßes

Die Dessertauswahl in Sardinien war schon immer auf die natürlichen Zutaten der Insel beschränkt. Für das Rezept von *amarettes* (Mandelplätzchen) z. B. sind gerade einmal drei Zutaten nötig: Mandeln, Zucker und Eier, aber sie sind wunderbar locker und saftig.

Zwar gab es *pardulas* (auch *casadinas* oder *formagelle*) traditionell zu Ostern, aber sie sind mittlerweile auch zu anderen Jahreszeiten in den Geschäften zu finden. Die leckeren Mini-Käsekuchen werden mit Ricotta oder Pecorino zubereitet, mit Safran gewürzt und zu einem knusprigen Törtchen gebacken.

Andere Süßigkeiten und Plätzchen gibt es nur zu bestimmten Zeiten. *Ossus de mortu* (Totenknochen) sind Plätzchen, die mit viel Zimt gewürzt und mit Mandeln bestreut werden und zu Allerheiligen am 1. November gebacken werden. Nach der Weinlese sieht man *papassinos de Vitzi* (Mandel-Rosinenplätzchen) und *papassinos cun saba* mit Mandeln, Honig, kandierten Früchten und Traubenmost. Bei Festen werden auch oft *sospiri di Ozieri* angeboten, dicke Plätzchen aus gehackten Mandeln, Zucker, Honig und Zitrone mit Zuckerguss, sowie *coffettura*, kleine Körbchen aus fein geschnittener Orangenschale und mit Honig überzogenen Mandeln.

Das berühmteste Dessert der Insel sind allerdings die *seadas* (oder *sebadas*), köstliche Teigtaschen, gefüllt mit Grieß, Orangenschalen und Ricotta oder Quark und übergossen mit *miele amaro* (Bitterhonig).

Süßes aus jedem Ort

Süßigkeiten, Torten, Kuchen und Plätzchen – Sardiniens Dessertangebot ist überaus vielseitig. Neben den Inselspezialitäten bietet jeder Ort auch noch seine ganz eigenen Leckereien.

„Jede Stadt hat ihre eigenen Rezepte“, erklärt Maria Antonietta Goddi, eine von vier Schwestern, die zusammen mit ihrer Mutter, der beeindruckenden Signora Maurizia, in Cagliaris Hafenviertel den traditionellen Süßwarenladen Durke betreiben.

„So wird der *dolce* (Nachtisch) *papassino* (von *papassa*, Rosine) auf ganz Sardinien zubereitet, aber überall anders. Unterschiedliche Bei-

NUR MUT ...

- *Casu marzu* – „verdorbener“ Pecorino mit lebenden Maden, der aber schwer zu finden ist
- *Cordula* – Lammkutteln, gegrillt, gebraten oder mit Erbsen geschmort
- *Granelle* – in Scheiben geschnittene Kalbshoden im Teigmantel, kurz gebraten
- *Salsiccia* oder *salame di cavallo/d'asino* – Würstchen aus Pferde- oder Eselsfleisch
- *Tataliu* oder *trattalia* – Nieren, Leber und andere Innereien vom Kalb, Lamm, Zicklein oder Ferkel werden geschmort oder auf Spießen gegrillt
- *Zimino russo* – verschiedene gebratene Innereien, meist vom Kalb, u. a. Herz, Zwerchfell, Leber, Niere und andere Innereien
- *Zurrette* – eine Blutwurst aus Schafsblut, die, ähnlich wie der schottische Haggis, in einem Schafsmagen mit Kräutern und Fenchel gekocht wird

spiele kommen aus Torralba, Benetutti, Bitti und Selargius in der Provinz Cagliari. In Selargius wird er zum Beispiel mit Zimt und *vino cotto* (Glühwein) hergestellt."

Diese Variationen reflektieren häufig die Geschichte der jeweiligen Gegend, in der sich traditionelle Rezepte mit ausländischen Einflüssen mischten. „Das Zentrum und der Süden der Insel sind stark arabisch beeinflusst – hier kommen Orangenblüten, Zimt und Vanille zum Einsatz. Im Norden wird viel *vino cotto* und *vino selvatico* (Wein aus Wildpflanzen) verwendet. Für *casatinas* nimmt man in Zentralsardinien den intensiven Pecorino, während wir hier in Cagliari gerne Ricotta verwenden – häufig mit Safran."

„Dann wäre da noch *torrone* (Nougat), das es auch auf Sizilien gibt. Doch in Sardinien wird es völlig ohne Zuckerzusatz hergestellt und enthält nur Honig, Eiweiß, Mandeln und Walnüsse."

Sardische Getränke

Kaffee

Espresso ist der meistgetrunkene Kaffee auf Sardinien und deshalb ordert man oft einfach nur *un caffè*. Ein *doppio espresso* ist die doppelte Menge und ein *caffè americano* ist eine verdünnte Version. Wer Kaffee mit Milch möchte, hat verschiedene Wahlmöglichkeiten. *Caffè latte*, der von den Einheimischen oft zum Frühstück getrunken wird, ist Kaffee mit viel Milch. *Caffè macchiato* ist ein Espresso mit einem Schuss heißer Milch und *latte macchiato* ist ein Glas heiße Milch mit etwas Espresso. Der Cappuccino ist eine schaumige Variante des *caffè latte*.

Wein

Sardische Weine haben vielleicht einen nicht ganz so großartigen Ruf wie die italienischen, aber die Zeiten ändern sich. Viele Winzer sind heute sehr bemüht, ihre Standards anzuheben, und die Qualität wird immer besser. Modernen Produzenten ist es gelungen, den hohen Alkoholgehalt zu reduzieren, sodass es jetzt auch leichte trockene Weißweine und kultiviertere Rotweine gibt.

Die für Besucher interessantesten Weinbaugebiete sind die Gallura für Vermentino-Weißweine, Ogliastra, Baronia, Barbagia und Mandrolisai für die Cannonau-Rotweine und Sulcis im Südwesten für Carignano-Rotweine und Rosés.

Im Allgemeinen sind die Preise für sardische Weine vernünftig und gute Markenweine gibt es häufig für 10 bis 15 € pro Flasche. Wein kann man direkt beim Produzenten kaufen oder bei einer *cantina sociale* (Winzergenossenschaft), die oft auch eine *degustazione* (Weinprobe) anbieten. Viele *agriturismi* (Höfe für Urlaub auf dem Bauernhof) keltern ebenfalls ihren eigenen Wein, der häufig erstaunlich gut und preiswert ist.

Vini d'Italia ist der ultimative Führer zu italienischen Weinen, der jedes Jahr von Gambero Rosso (früher zusammen mit Slow Food Editore) herausgegeben wird. Die Bewertungen der Weinerzeuger und ihrer Weine sind äußerst detailliert.

Vermentino-Weißweine

Die Vermentino-Rebe wurde im 18. Jh. auf Sardinien eingeführt und gedeiht gut auf den sandigen Granitböden im Nordosten der Insel. Der beste Wein der Region ist der Vermentino di Gallura, der einzige DOCG-Wein Sardiniens. Es ist ein spritziger, aromatischer Wein mit einer leichten Bittermandelnote, der am besten vor dem Essen oder zu Fisch getrunken wird. Aber Vermentino wird nicht nur im DOCG-Gebiet Gallura angebaut, sondern auch anderswo; dort ist er dann in der Qualitätsstufe nur als DOC-Wein eingestuft.

Cannonau-Rotweine

Die bekanntesten sardischen Rotweine werden aus der Cannonau-Traube gekeltert. Sie wird auf der ganzen Insel angebaut, ist aber in den Bergen um Oliena und Jerzu besonders verbreitet. Es sind schwere, kräftige Weine, die sehr gut zu gebratenem Fleisch passen und die die Einheimischen seit Jahrhunderten trinken. Untersuchungen haben ergeben, dass Cannonau-Weine reich an Procyanidinen sind, die gut für Herz und Kreislauf sein sollen. Wer weiß, vielleicht tragen die Rotweine ja auch dazu bei, dass die Menschen in der Provinz Nuoro so ungewöhnlich alt werden.

Vernaccia & Malvasia

Der Vernaccia, der bereits seit römischer Zeit auf den Schwemmlandebenen um Oristano angebaut wird, gehört zu den berühmtesten Weinen Sardiniens. Am bekanntesten ist ein sherryähnlicher bernsteinfarbener Wein, der oft als Aperitif getrunken wird oder zu Gebäck, z. B. *mustazzoli* angeboten wird. Tatsächlich aber gibt es neun Sorten von Vernaccia, trockene helle Weine bis hin zu alten Dessertweinen.

Malvasia (Malmsey), der in den Hügeln von Planaragia bei Bosa erzeugt wird, aber auch in der Nähe von Cagliari (Malvasia di Cagliari) gedeiht, ist ebenfalls ein ausgezeichneter Tropfen. Der Malvasia di Bosa ist ein exzellenter honigfarbener Dessertwein, der überall in der Gegend um Bosa herum angeboten wird.

Die Website www.winecountry.it informiert trocken und akkurat über technische Details der bekanntesten Weine Sardiniens.

Hochprozentiges

Mirto ist das sardische Nationalgetränk, ein weicher, kräftiger Branntwein, der aus den duftenden violetten Früchten des Myrtestrauchs destil-

WEINPROBEN

Sardische Weine kann man natürlich in jeder Enoteca kaufen und trinken, aber eine richtige Weinprobe ist doch lohnender. Hier eine Auswahl der besten Weingüter, die Weinverkostungen durchführen:

➡ **Sella e Mosca** (S. 133) Der Spitzenproduzent sardischer Weine bietet kostenlose Führungen durch das hauseigene Museum an. Probiert werden z. B. helle, spritzige Vermentinos und rubinrote Cannonaus mit leichter Eichenote.

➡ **Cantine Surrau** (S. 164) Ein besonders modern gestaltetes Weingut bei Arzachena mit Führungen, Kunstausstellungen und Verkostungen. Unbedingt probieren: die kräftigen, fruchtigen Cannonau-Rotweine und die mineralstoffreichen Vermentino-Weißweine.

➡ **Cantina del Vermentino** (S. 181) In dieser Weinkellerei kann man einige der besten weißen Vermentinos der Gallura probieren und kaufen.

➡ **Antichi Poderi di Jerzu** (S. 214) Inmitten einer hinreißenden Landschaft in der sogenannten Città del Vino (Stadt des Weins) bietet sich die Gelegenheit, kräftige Cannonau-Rotweine zu probieren.

➡ **Cantina del Mandrolisai** (S. 198) Das Weingut im Herzen des hügeligen Mandrolisai ist berühmt für kräftige Rotweine.

➡ **Cantine Argiolas** (S. 50) Das preisgekrönte Weingut liegt nur einen kurzen Abstecher nördlich von Cagliari in der Serdiana, wo überall Wein angebaut wird. Eine Führung mit Weinprobe lohnt sich.

➡ **Cantina Santadi** (S. 71) Zu den Rotweinen des größten Weinguts im Südwesten gehören die hochklassigen Sorten Roccia Rubia und Grotta Rossa. Ein Besuch kann übrigens auch online gebucht werden.

➡ **Cantina Sociale di Santa Maria la Palma** (S. 136) Das Weingut liegt in Santa Maria la Palma südlich des Lago Baratz. In der Enoteca wird guter Wein verkauft, Führungen werden ebenfalls angeboten.

➡ **Tenute Olbios** (S. 158) Das Weingut am Rand von Olbia erzeugt hervorragende Vermentino-Weißweine und bietet Verkostungen und Führungen an.

liert wird. Am weitesten verbreitet ist eine rötliche Sorte, aber es gibt auch eine seltenere weiße Variante.

Mirto ist aber nur die Spitze des Eisbergs. Die Sarden produzieren eine breite Palette an Branntweinen, die oft aus Zutaten hergestellt werden, die leicht zu finden sind, z. B. *corbezzolo* (Erdbeerbaum; eine Herbstpflanze, deren Früchte an wilde Erdbeeren erinnern), Kaktusfeigen oder Basilikum. Es gibt auch sardischen *limoncello*, einen süßen Zitronenlikör; er ähnelt der bekannteren Version von der Amalfi-Küste.

Um Steuern zu umgehen, versteckten die Sarden früher ihren hausgebrannten *acquavita*. Das Versteck markierten sie mit einem Eisendraht *(filu e ferru)*, von dem sich der Name des Getränks ableitete.

Wahrlich umwerfend ist auch der merkwürdig benannte *filu e ferru* (Eisendraht). Der Schnaps wird, ähnlich wie Grappa, aus den Schalen von Trauben destilliert. Der Alkoholgehalt liegt bei rund 40 %, bei selbst gebrannten Flaschen erreicht er gelegentlich sogar feurige 60 %.

Die Marke Zedda Piras steht für anerkannt guten *mirto* und *filu e ferru*.

Essen gehen auf Sardinien

Das einfachste Lokal mit Sitzplätzen ist die *tavola calda* (wörtlich: warme Tafel), wo man schnell eine Kleinigkeit zu essen bekommt. Für eine vollständige Mahlzeit geht man entweder in eine *trattoria* oder ein *ristorante*. Ursprünglich waren Trattorias Familienbetriebe, in denen es ein überschaubares Angebot regionaler Gerichte zu einem günstigen Preis gab. Das gilt zum Glück für einige auch heute noch. *Ristoranti* bieten eine größere Auswahl, häufig eine umfangreiche Weinkarte und stilvolleren Service. Als günstigste Möglichkeit wird fast immer ein Hauswein für 5 bis 10 € pro Liter angeboten. Die Karaffen fassen einen viertel, halben oder ganzen Liter. Auf Nachfrage bekommt man in manchen Restaurants auch *acqua di rubinetto* (Leitungswasser), aber die Einheimischen bevorzugen *acqua frizzante* (Mineralwasser mit Kohlensäure) zum Essen. Auch in Sardinien gilt in allen Lokalen ein offizielles Rauchverbot.

Auf der Rechnung steht in der Regel ein Betrag für *pane e coperto* (Gedeck und Brot). Das ist üblich und wird auch so gehandhabt, wenn man gar kein Brot haben möchte. Meist ist es ein Betrag zwischen 1 und 4 €. *Servizio* (Bedienungsgeld) von 10 bis 15 % kann in der Rechnung enthalten sein oder auch nicht. Falls nicht, wird von Touristen erwartet, dass sie zumindest aufrunden oder ein Trinkgeld von 10 % geben.

Vegetarier & Veganer

Vegetarier werden es auf Sardinien schwer haben, denn die Küche ist eindeutig fleischlastig. Das Gute ist aber, dass das Gemüse meist von ho-

ETIKETTE

- Die Person, die zum Essen einlädt, zahlt meist auch. *Il conto* (die Rechnung) zu teilen setzt sich aber mehr und mehr durch.
- Ein Cappuccino nach dem Essen geht für Einheimische gar nicht; ab nachmittags gibt's nur Espresso.
- Sarden essen in der Regel nicht im Gehen, es sei denn, es handelt sich um Eiscreme.
- Spaghetti werden nur mit der Gabel, also ohne Löffel gegessen.
- Sarden würzen ihr Essen nie nach, bevor sie es probiert haben.
- Nie das ganze Brot aufessen, bevor das Essen kommt; es ist zum Auftunken der Sauce gedacht.
- Beim Anstoßen schaut man einander in die Augen.
- Wer zum Essen nach Hause eingeladen wird, sollte immer Wein, Pralinen oder Blumen mitbringen.

TOP-TIPPS: GUT ESSEN

- **Trattoria Lo Romanì** (S. 127) Tolle Inselküche, freundliche Bedienung und ein elegantes Ambiente im pulsierenden *centro storico* (Altstadt) von Alghero.
- **Pintadera** (S. 63) Saftige Steaks vom Holzkohlegrill, üppige Pasta und ein lässiges Trattoria-Flair bietet dieses einladende Restaurant in Iglesias.
- **Sa Peschiera 'e Mar 'e Pontis** (S. 101) Leckerer Fisch aus sardischen Gewässern wird in dem Fischrestaurant Cabras auf der Halbinsel Sinis serviert.
- **Su Gologone** (S. 193) Ländliche Romantik in den Bergen des Supramonte in der Nähe von Oliena. Lokales und selbst gezogenes Gemüse stehen im Mittelpunkt. Hervorragend ist das *porceddu* (Spanferkel) vom Spieß über offenem Feuer.
- **Frati Rossi** (S. 164) Ein stilvolles Restaurant hoch auf einem Hügel an der Costa Smeralda mit traumhaftem Meerblick und umwerfend frischen Meeresfrüchten.

her Qualität ist und sehr häufig als Bestandteil der *antipasti* oder *contorni* (Beilagen) dient. Zu beachten ist allerdings, dass scheinbar fleischfreie Speisen, etwa Risottos oder Suppen, oft mit Fleischbrühe zubereitet werden. Für Veganer wird es noch schwieriger, weil so viele Gerichte ein tierisches Produkt enthalten: Milchprodukte, Eier oder eben Fleischbrühe.

Kochkurse

In Sardinien gibt es nicht so viele Kochschulen wie sonst in Italien, aber doch ein paar Orte, an denen man am Herd stehen kann. Dazu gehören die Cooperativa Gorropu im Hochland bei Dorgali, das Hotel Gabbiano Azzurro in Golfo Aranci direkt am Meer und das Hotel Lucrezia im Flachland nördlich von Oristano. In der Cantine Argiolas lernen Besucher, sardische Spezialitäten, z. B. *fregola*, zu kochen, die dann zu Argiolas-Weinen verspeist werden.

Es gibt einige spezialisierte Veranstalter, die Ferienkochkurse in Sardinien anbieten. Einer davon ist Ciao Laura (www.ciaolaura.com), ein amerikanischer Anbieter, der kulinarische Reisen nach Orisei an der Ostküste organisiert. Ein 4-Tage-Kurs kostet 625 € einschließlich Unterkunft.

Mehr über die Feinheiten der sardischen Küche gibt's auf www.sarnow.com und www.sardegnaturismo.it mit einem sehr guten Überblick über regionale Spezialitäten.

Kulinarische Feste

Jahrhunderte ländlicher Abgeschiedenheit haben dazu geführt, dass viele sehr stolz sind auf traditionelle Bräuche. Das spiegelt sich in überschwänglichen Festen wider und auch in den *sagre* (Feste um ein bestimmtes Lebensmittel). Traditionell richteten sich diese Ereignisse nach dem Kalender der Bauern; sie waren eine der seltenen Gelegenheiten, um zusammenzukommen, ihre prachtvollsten Trachten vorzuführen und die leckersten Gerichte zu kochen. Hier eine Auswahl der schönsten Feste:

- **Sagra del Bogamarì** (S. 127) In Alghero; Fest zu Ehren des bescheidenen *riccio* (Seeigel) an verschiedenen Wochenenden im März.
- **Sagra degli Agrumi** Volkstümliches Zitronenfest in Muravera am zweiten oder dritten Wochenende im April.
- **Sagra del Torrone** Ein süßer Tribut an den Honignougat. Das Fest in Tonara in der Barbagia di Belvi findet am Ostermontag statt.
- **Girotonno** (S. 73) Das Fest in Carloforte Anfang Juni dauert vier Tage und gilt der berühmten *mattanza* (Thunfischfang).
- **Sagra delle Castagne** Kastanienfest im Herbst im Bergdorf Aritzo am letzten Sonntag im Oktober.
- **Rassegna del Vino Novello** (S. 105) Mitte November in Milis; eines der schönsten Weinfeste, wo die neuen Weine geschnüffelt, probiert und verkauft werden.

KULINARISCHES GLOSSAR

aragosta	Languste
bottarga	Meeräschenrogen
burrida	Dornhai mit Pinienkernen, Petersilie und Knoblauch
capretto	Zicklein
carciofi	Artischocken
cozze	Miesmuscheln
culurgiones	mit Käse und/oder Kartoffeln gefüllte Ravioli
fregola	Couscous-ähnliche Grieß-Pasta, in Suppen, Eintöpfen und Salaten verwendet
malloreddus	wörtlich „fette kleine Kälber"; Gnocchi-ähnliche Grießklößchen, häufig mit Tomatensauce serviert
mirto	Myrtenbeere; auch ein aus Myrtenbeeren hergestellter Likör
pane carasau	ungesäuertes, zweimal gebackenes Fladenbrot
pecorino	harter Käse aus Schafsmilch, auch *fiore sardo* genannt
porceddu	Spanferkel, meist am Spieß gegrillt und auf einem Bett aus Myrtenblättern serviert
ricci	Seeigel
sagra	kulinarisches Fest
seadas	frittierte Teigtaschen, mit Ricotta oder *pecorino* und Zitronenschale gefüllt und mit Honig beträufelt
tonno	Thunfisch
vongole	Venusmuscheln
zuppa	Suppe oder Brühe

Praktische Informationen

Allgemeine Informationen

Arbeiten auf Sardinien

- EU-Bürger dürfen in ganz Italien arbeiten.
- Aber: Die hohe Arbeitslosigkeit auf Sardinien, besonders unter jungen Leuten, deutet schon darauf hin, dass Arbeitsplätze rar sind.
- Saisonarbeiten in Ferienanlagen, Bars, Restaurants und Hotels gibt es durchaus, werden aber von jungen Sarden oder Italienern vom Festland besetzt.
- Eine hilfreiche Infoquelle:

Season Workers (www.seasonworkers.com) Ein Verzeichnis von Saisonarbeiten in Touristenresorts.

Botschaften & Konsulate

Die meisten Länder haben ihre Botschaft in Rom, einige unterhalten zusätzlich ein Honorarkonsulat in Cagliari. Für die Ausstellung von Pässen sind die Konsularabteilungen in Rom zuständig:

Deutsches Konsulat (☎070 30 72 29; www.rom.diplo.de; Via Rafa Garzia 9, Cagliari)

Schweizer Konsulat (☎070 66 36 61; www.eda.admin.ch; Consolato di Svizzera, Via XX Settembre 16, Cagliari)

Österreichische Botschaft (☎06 844 01 41; www.bmeia.gv.at; Via Pergolesi 3, 00198 Rom)

Ermäßigungen

- Personen unter 18 und über 65 Jahre haben oft freien oder ermäßigten Eintritt zu staatlichen Museen und Kultureinrichtungen. Zum Nachweis des Alters sollte ein Ausweis oder der Reisepass vorgelegt werden.
- Studenten erhalten mit der **International Student Identity Card** (ISIC; www.isic.org) in verschiedenen Läden, Unterkünften und Museen eine Ermäßigung. Eine vergleichbare Karte, die **International Teacher Identity Card** (ITIC; www.isic.org), gibt es für Lehrer; die **International Youth Travel Card** (IYTC; www.isic.org) gilt für alle unter 26 Jahren. Der Preis hängt davon ab, wo die Karten erworben werden, liegt aber generell bei etwa 15 €.
- Daneben wird noch die **European Youth Card** (www.euro26.org) angeboten, die verschiedenste Vergünstigungen in ganz Europa gewährt. Die Karten sind nicht auf EU-Bürger beschränkt. In Italien kosten sie 11 €.
- Studentenkarten verkaufen die Studentenvertretungen, Jugendherbergen und einige Jugendreisebüros. In Cagliari, Sassari und Nuoro stellt das Jugendreisebüro **Centro Turistico Studentesco e Giovanile** (CTS; www.cts.it) die ISIC- und ITIC-Karten und die European Youth Card aus.

Essen

Informationen zu Spezialitäten und Essen auf Sardinien s. Kapitel Die sardische Küche (S. 259).

ESSEN

Die folgenden Preiskategorien beziehen sich auf ein Essen für eine Person mit zwei Gängen, einem Glas Hauswein und dem *coperto* (Gedeck).

€ unter 25 €

€€ 25–45 €

€€€ über 45 €

Die meisten Restaurants berechnen einen *coperto* von etwa 1,50 bis 2,50 €, einige auch einen *servizio* (Servicegebühr) von 10 bis 15 %.

Feiertage

Die Mehrzahl der Italiener nimmt den Jahresurlaub im August. Aus diesem Grund sind viele Geschäfte und sonstige Dienstleister für ein paar Wochen um den 15. August, den Ferragosto, geschlossen. Eine weitere beliebte Urlaubswoche ist die Settimana Santa (Karwoche).

Landesweite Feiertage:

Capodanno (Neujahr) 1. Januar

Epifania (Dreikönigstag) 6. Januar

Pasqua (Ostersonntag) März/April

Pasquetta (Ostermontag) März/April

Giorno della Liberazione (Tag der Befreiung) 25. April

Festa del Lavoro (Tag der Arbeit) 1. Mai

Festa della Repubblica (Tag der Republik) 2. Juni

Ferragosto (Mariä Himmelfahrt) 15. August

Ognissanti (Allerheiligen) 1. November

Immacolata Concezione (Mariä Empfängnis) 8. Dezember

Natale (1. Weihnachtsfeiertag) 25. Dezember

Festa di Santo Stefano (2. Weihnachtsfeiertag) 26. Dezember

Frauen unterwegs

➡ Sarden behandeln Frauen generell sehr höflich, und es kommt sehr viel seltener zu Belästigungen als in Teilen des italienischen Festlands.

➡ Wer unfreiwillig männliche Aufmerksamkeit auf sich zieht, ignoriert diese am besten. Falls das nicht hilft, sollte man höflich darauf hinweisen, dass der *marito* (Ehemann) oder *fidanzato* (Freund) in der Nähe ist; notfalls einfach weggehen.

➡ Keinesfalls aggressiv reagieren, da dies nur zur Konfrontation führt! Wenn gar nichts hilft, den nächsten Polizisten um Hilfe bitten.

➡ Es ist ratsam – und respektvoll –, sich im Inselinneren angemessen zu kleiden. Die Menschen hier sind sehr konservativ und ältere Frauen tragen oft noch traditionelle, lange Faltenröcke und Kopftücher. Bei der Wahl der eigenen Kleidung sollten sich Frauen an den Einheimischen orientieren.

Freiwilligenarbeit

Stellen für Freiwilligenarbeit sind in Sizilien dünn gesät. Websites wie www.volunteerabroad.com und www.transitionsabroad.com haben Links zu Organisationen, die Freiwilligenarbeit in Italien und Sardinien anbieten. Nachgefragt werden vor allem englische Muttersprachler für Jobs in Sommer- und Ferienlagern.

Weitere Organisationen, die weiterhelfen können:

Workaway (www.workaway.info) Ein britischer Anbieter, der Gastfamilien und Organisationen vermittelt. Die Stellen, wie z. B. Babysitting, Bauarbeiten, Gartenarbeiten oder Restaurierungsprojekte, werden mit Verpflegung und Unterkunft entlohnt.

World Wide Opportunities On Organic Farms (WWOOF; www.wwoof.it) Ein internationales Unternehmen, das Stellen auf Biobauernhöfen und unbezahlten Projekten vermittelt (Olivenernte, Mithilfe in der Bienenzucht, Pflege von Gemüsefeldern, Hilfe beim Melken oder bei der Käseproduktion usw.).

Volunteers For Peace (www.vfp.org) Die gemeinnützige amerikanische Organisation hilft bei der Vermittlung von Arbeitseinsätzen im sozialen Bereich sowie in den Bereichen Umwelt, Bildung und Kultur.

Geld

➡ Sardinien gehört wie Italien zur Eurozone.

➡ Der Wechselkurs für Schweizer Franken steht auf der vorderen Umschlaginnenseite dieses Buches oder kann aktuell unter www.oanda.com abgefragt werden.

➡ Geld kann in Banken, Postämtern und Wechselstuben gewechselt werden.

➡ Am günstigsten wechseln in der Regel die Banken. Da sich die Kurse jedoch ständig ändern, kann ein Vergleich nicht schaden.

Geldautomaten

➡ Geldautomaten (italienisch *bancomat*) gibt es überall auf Sardinien. Mit ihnen kommt man am einfachsten (und sichersten) an Bargeld. Die meisten akzeptieren Visa, Mastercard, Cirrus und Maestro; immer schauen, ob das entsprechende Logo am Automaten abgebildet ist!

➡ Das Tageslimit für Barabhebungen beträgt 250 €.

➡ Bei Barabhebungen wird eine Bearbeitungsgebühr erhoben, die gewöhnlich um 1,5 % beträgt, sowie bei Fremdwährungen (z. B. Schweizer Franken) eine Wechselgebühr von 2,5 bis 3 %. Wer mit der Kreditkarte Bargeld abhebt, muss auch mit Zinsen auf den Betrag rechnen.

Bargeld

➡ Für unterwegs sollte immer etwas Bargeld für tägliche Ausgaben mitgeführt werden, denn Kreditkarten werden nicht überall akzeptiert, besonders in vielen B&Bs und billigeren Trattorias.

Kreditkarten

➡ Kreditkarten sind sinnvoll für größere Ausgaben wie Hotelübernachtung und

Autovermietung sowie für Notfälle. Sie sind auch praktisch bei der Buchung einer Unterkunft von unterwegs – viele Unterkünfte verlangen eine Kreditkartennummer bei einer Zimmerreservierung.

➡ Die großen Karten wie Visa, Mastercard, Eurocard, Cirrus und Eurocheque werden auf Sardinien allgemein akzeptiert.

➡ Es fallen jedoch Gebühren an, die bei der Hausbank erfragt werden können. Die meisten Banken berechnen rund 2,5 bis 3 % für jede Transaktion im Ausland.

➡ Nicht überall wird Kreditkartenzahlung akzeptiert. Einige kleinere B&Bs, *agriturismi* (Bauernhofzimmer), Pizzerias und Trattorias nehmen nur Bargeld. Das sollte vorher erfragt werden, um Peinlichkeiten zu vermeiden.

➡ Wenn die Karte abhanden kommt oder der Automat sie nicht mehr hergibt, kann man sie unter folgenden gebührenfreien Rufnummern sperren lassen:

Amex (☎06 729 00 347)

MasterCard (☎800 870866)

Visa (☎800 819014)

Trinkgeld

➡ Wenn der Service in der Restaurantrechnung enthalten ist, wird kein zusätzliches Trinkgeld erwartet. Wer zufrieden war, kann natürlich trotzdem aufrunden oder etwas extra geben – 10 % sind angemessen.

➡ In Bars lassen Italiener häufig Kleingeld (0,10/0,20 €) liegen.

➡ Taxifahrern Trinkgeld zu geben, ist nicht üblich; Gepäckträger in teuren Hotels hingegen erwarten eins.

TRINKGELD

WO	ÜBLICHES TRINKGELD
Bar	Auf den nächsten Euro aufrunden
Reinigungspersonal im Hotel	1 € pro Tag
Gepäckträger im Hotel	1–1,50 € pro Gepäckstück
Restaurants	Wenn Bedienungsgeld nicht inklusive ist, dann 1 oder 2 € in Pizzerias, 10 % in Restaurants
Taxi	Optional, aber meist wird auf den nächsten Euro aufgerundet

Gesundheit

Krankenversicherung

➡ Mit der Europäischen Krankenversicherungskarte (EHIC) haben EU-Bürger sowie Bürger aus der Schweiz und Liechtenstein Anspruch auf kostenlose oder kostengünstige medizinisch notwendige Behandlung in staatlichen Gesundheitseinrichtungen.

➡ Jedes Familienmitglied benötigt eine eigene Karte.

➡ Ausgestellt wird die Karte von der jeweiligen gesetzlichen Krankenversicherung. Weitere Information gibt's auf http://ec.europa.eu/social/ main.jsp?catId=559 & langId=de.

➡ Die EHIC-Karte gilt nicht für die Behandlung durch Privatärzte, sondern nur in öffentlichen Krankenhäusern oder bei Kassenärzten. In der Regel zahlt man sofort vor Ort und füllt ein Behandlungsformular aus, das nach der Rückkehr bei der Krankenkasse eingereicht wird. Wie hoch der Erstattungsbeitrag ist, hängt von der jeweiligen Krankenkasse ab.

Medizinische Versorgung & Kosten

Die medizinische Versorgung ist auf der ganzen Insel gewährleistet, allerdings von unterschiedlicher Qualität.

➡ *Farmacie* (Apotheken), die mit einem grünen Kreuz gekennzeichnet sind, können gute medizinische Ratschläge geben und verkaufen für kleinere Beschwerden rezeptfreie Medikamente. Sie weisen auch darauf hin, wenn ein Spezialist hinzugezogen werden sollte, und vermitteln in diesem Fall die Adressen.

➡ Apotheken haben in der Regel die gleichen Öffnungszeiten wie Läden, meist Montag bis Freitag von etwa 9 bis 13 sowie von 16.30 bis 20 Uhr und am Samstag vormittags. Außerhalb dieser Öffnungszeiten sind sie turnusmäßig für Notfälle geöffnet. Geschlossene Apotheken hängen ein Verzeichnis mit den nächstgelegenen geöffneten Apotheken aus.

➡ Bei Notfällen sollte man sich direkt zum *pronto soccorso* (Ambulanz) eines öffentlichen Krankenhauses begeben. Dort werden in der Regel auch akute Zahnbeschwerden behandelt.

➡ Krankenwagen sind überall auf Sardinien über ☎118 zu erreichen.

➡ Die Guardia Medica ist ein ärztlicher Bereitschaftsdienst, der an Wochenenden und an Feiertagen nachts (20–8 Uhr) eine medizinische Grundversorgung anbietet. Er ist jedoch nicht für Notfallversorgung zuständig (dafür geht man in die Ambulanz – *pronto soccorso* – des nächstgelegenen

Krankenhauses). In medizinischen Notfällen machen die Mitarbeiter auch Hausbesuche. Der Dienst wird in den meisten größeren Städten angeboten.

Bisse & Stiche

➡ Mücken sind in den tief gelegenen Sumpfgebieten um Cabras und Olbia eine echte Plage – besondere Vorsicht ist daher bei einem Campingurlaub geboten. Im Sommer sollte unbedingt Mückenschutz mitgenommen werden.

➡ Quallen kommen in sardischen Gewässern häufig vor. Eine Berührung ist zwar schmerzhaft, aber nicht gefährlich. Essig beruhigt die brennenden Hautstellen, wenn sie gleich damit abgespült werden. Galmei-Lotion, Antihistamine und Schmerzmittel helfen, die allergische Reaktion zu verringern und die Schmerzen erträglich zu halten.

Leitungswasser

Leitungswasser ist auf Sardinien zum Trinken unbedenklich. Viele Sarden kaufen jedoch *acqua minerale* (Mineralwasser) in Flaschen, entweder *frizzante* (mit Kohlensäure) oder *naturale* (ohne Kohlensäure).

Internetzugang

➡ WLAN gibt es in den meisten Unterkünften, ob Hostels, B&Bs oder Luxushotels. In den meisten Fällen ist es kostenlos, aber einige Hotels, meist der Spitzenklasse, verlangen eine kleine Gebühr.

➡ Da WLAN weit verbreitet ist, gibt es weitaus weniger Internetcafés als früher. In größeren Städten wie Cagliari und Alghero sind sie jedoch noch zu finden. In Kleinstädten und Dörfern sind Internetcafés allerdings höchst selten. Die Nutzung kostet in der Regel bis zu 5 € pro Stunde.

➡ Zu beachten ist auch, dass sich jeder Nutzer eines Internetcafés per Gesetz ausweisen muss.

➡ Einige Hotels stellen Gästen einen Computer zur Verfügung.

➡ Die im Buch gelisteten Unterkünfte, die einen Gästecomputer haben, sind mit dem Internetsymbol (@) gekennzeichnet; das Symbol für WLAN (📶) steht überall, wo es WLAN-Zugang gibt.

Karten

Für Reisen auf der Insel ist eine gute Karte sehr hilfreich. Touring Editore (www.touringclub.com) des Touring Club Italiano gibt eine hervorragende Karte der Insel im Maßstab 1:200 000 heraus, die online oder in Buchläden auf Sardinen erhältlich ist und 7,90 € kostet.

Öffnungszeiten

➡ Öffnungszeiten variieren enorm, je nach Jahreszeit (Sommer/Winter) und Ort (große Städte/Dörfer). In einigen kleineren, abgelegeneren Orten hängen die Öffnungszeiten oft schlicht von der Lust und Laune des Besitzers ab.

➡ Die Öffnungszeiten in den Adressen sind die üblichsten. Wenn nötig wurden jahreszeitliche Unterschiede vermerkt.

Klima

Cagliari

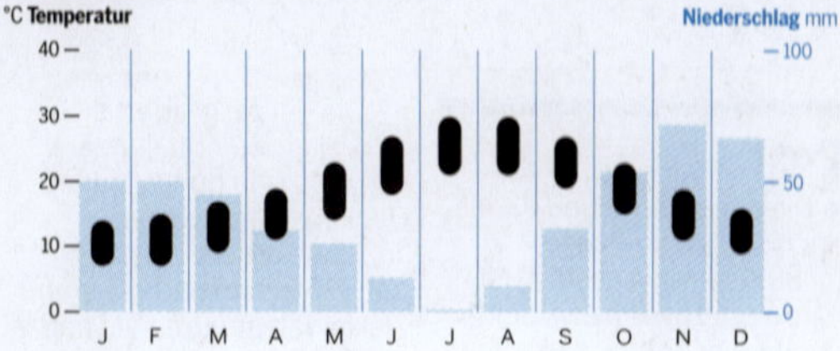

Olbia

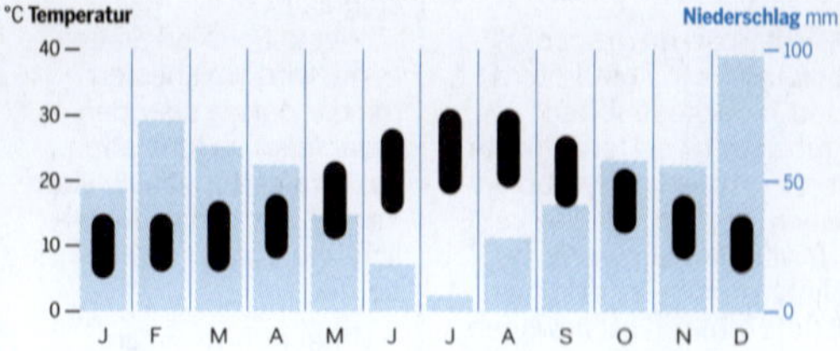

Oristano

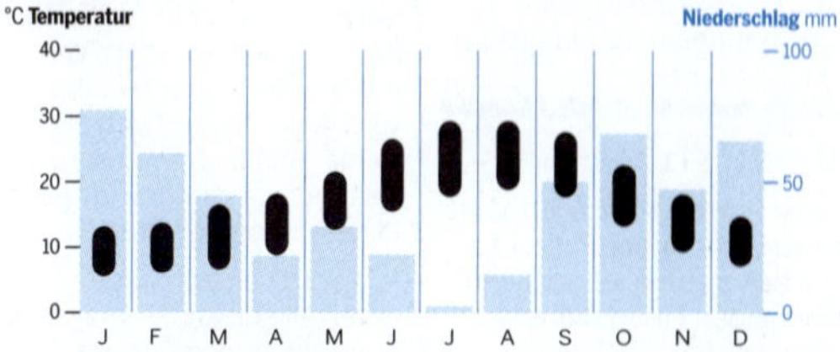

ÖFFNUNGSZEITEN

EINRICHTUNG	ÖFFNUNGSZEITEN	ANMERKUNGEN
Banken	Mo–Fr 8.30–13.30 & 14.45–16.30 Uhr	Wechselstuben sind länger geöffnet.
Bars	Mo–Sa 19–1 Uhr	Bars und Cafés mit Livemusik oder DJs sind oft werktags bis 1 Uhr und Fr und Sa bis 2 Uhr geöffnet.
Cafés	7 oder 8–20 Uhr	
Clubs	Do–Sa 22–3, 4 oder 5 Uhr	
Apotheken	Mo–Fr 9–13 & 16.30–20, Sa 9–13 Uhr	Außerhalb der Öffnungszeiten hängen Apotheken eine Liste mit geöffneten Apotheken in der Umgebung aus.
Postämter	Mo–Fr 8.20–19, Sa 8–12.35 Uhr	Kleinere Postämter schließen werktags oft um 14 Uhr.
Restaurants	12–14.30 oder 15, 19–22 oder 23 Uhr	Im Sommer (Juni–Sept.) sind die meisten täglich mittags und abends geöffnet. In den Ferienorten an der Küste sind die meisten Restaurants im Winter (Nov.–März) ganz oder an einem Tag pro Woche geschlossen.
Läden	Mo–Sa 9–13 & 16–20 Uhr	In touristischen Gebieten sind Läden im Sommer länger geöffnet, manchmal bis 23 Uhr. In großen Städten sind einige Kaufhäuser und Supermärkte Montag bis Samstag bis 19.30 geöffnet, einige Supermärkte auch sonntagvormittags. Lebensmittelläden sind oft donnerstagnachmittags geschlossen, einige montagvormittags.

Post

➡ Die italienische und damit auch sardische **Poste** (☎803160; www.poste.it) ist halbwegs zuverlässig. Leider macht die Distanz zwischen Sardinien und dem Festland die Sache nicht besser.

➡ Briefmarken *(francobolli)* gibt's in Postämtern und Tabakgeschäften *(tabacchi)*. Letztere sind an ihrem offiziellen Symbol – einem großen, weißen „T" vor blau-schwarzem Hintergrund – zu erkennen. Briefe müssen oft gewogen werden, daher bezahlt man hier nicht immer genau die offizielle Luftpostgebühr für internationale Sendungen.

Rechtsfragen

Es ist unwahrscheinlich, dass Besucher mit der Polizei zu tun bekommen, es sei denn, sie melden einen Diebstahl oder werden bei Straßenkontrollen angehalten.

Die Polizei gliedert sich in drei große Abteilungen: die *polizia* in dunkelblauen Jacken, die *carabinieri* in schwarzer Uniform mit roten Streifen und die grau gekleidete *guardia di finanza*, die für Steuerhinterziehung und Drogenschmuggel zuständig ist.

Wer in Schwierigkeiten gerät, wird am ehesten mit der *polizia* oder den *carabinieri* zu tun haben. Für Strafzettel ist eine vierte Einheit zuständig: die örtliche *vigili urbani* (Verkehrspolizei).

➡ Unter den strengen Drogengesetzen Italiens kann der Besitz von Rauschgift gleich welcher Art heftige Konsequenzen haben. Wer mit 5 g Cannabis erwischt wird, kann theoretisch als Dealer angeklagt werden. Das Gleiche gilt für winzige Mengen anderer Drogen.

➡ Wer mit einer Menge unterhalb dieses Grenzwerts erwischt wird, muss mit kleineren Strafen rechnen.

➡ Das Limit für Alkohol am Steuer liegt auf Sardinien bei 0,5 Promille. Stichprobenartige Alkoholkontrollen kommen recht häufig vor.

➡ Wer einer Straftat bezichtigt wird, muss innerhalb von 24 Stunden mündlich und schriftlich über die Vorwürfe informiert werden.

➡ Verdächtige haben bei einer Verhaftung kein Recht zu telefonieren, können jedoch bis zum Eintreffen eines Anwalts jegliche Auskünfte verweigern.

➡ Der Staatsanwalt muss innerhalb von 48 Stunden nach der Verhaftung vor Gericht beantragen, ob ein Angeklagter bis zur Verhandlung (je nach Schwere des Vergehens) in Untersuchungshaft bleiben muss.

➡ Verfügt das Gericht eine Untersuchungshaft, können Angeklagte das innerhalb der nächsten zehn Tage anfechten.

Reisen mit Behinderung

Sardinien ist auf Reisende mit Behinderungen nicht allzu gut eingestellt. Museen und Denkmäler sind selten rollstuhlgerecht. Eine löbliche Ausnahme ist das Museo Archeologico Nazionale von Cagliari.

Flughäfen sind gesetzlich verpflichtet, Passagieren mit Behinderung Hilfe zu gewähren. Wer also unterwegs oder bei Ankunft Hilfe benötigt, sollte dies bereits beim Ticketkauf angeben. Die Airline leitet diese Infos dann an den Flughafen weiter, der die Hilfe organisiert. Infs zum Serviceangebot der beiden Flughäfen in Rom gibt's online unter www.adrassi stance.it.

Wer Unterstützung bei Bahnreisen benötigt, kann sich an **Rete Ferroviaria Italiana** (RFI; ☎800 90 60 60, 199 30 30 60; www.rfi.it) wenden. Die beiden Servicenummern sind täglich jeweils von 6.45 bis 21.30 Uhr erreichbar.

Die Auslandsfilialen der italienischen Tourismusbehörde kennen Adressen italienischer Behindertenverbände und informieren über die Hilfsangebote. Nützliche Infoquellen:

Accessible Italy (☎378 941111; www.accessibleitaly.com) In San Marino ansässiges Unternehmen, das auf Reisen für Menschen mit Behinderung spezialisiert ist, einschließlich Touren und Vermietung behindertengerechter Autos.

Associazione Italiana Assistenza Spastici (☎070 37 91 01; www.aiasnazionale.it; Viale Poetto 312, Cagliari) Die italienische Spastikerhilfe hat eine Niederlassung in Cagliari.

Lonely Planet (www.lonelyplanet.com) Infos gibt es auch im Forum „Travel for All" auf Google+ mit Diskussionsbeiträgen, Tipps und Erfahrungen.

Sardinia For All (www.sardiniaforall.it) Die Website der Kooperative La Luna in Sassari hat ein Verzeichnis barrierefreier Hotels, *agriturismi* und B&Bs im Nordwesten Sardiniens, um Alghero, Stintino, Porto Torres und Sassari.

Schwule & Lesben

- Diskretion ist alles – die Sarden sind weitgehend konservativ. Es gibt auf der Insel keine offene Schwulenszene und Zärtlichkeiten zwischen gleichgeschlechtlichen Partnern können als provokant empfunden werden, v. a. im ländlichen Inselinneren.
- Am tolerantesten sind die beiden größten Städte der Insel, Sassari und Cagliari.
- Die wichtigste Schwulenorganisation ist **Movimento Omosessuale Sardo** (MOS; ☎079 21 90 24; www.movimentomosessualesardo.org; Via Rockfeller 16c, Sassari) in Sassari. Auf der Website sind Veranstaltungen sowie Infos zu schwulenfreundlichen Unterkünften, Clubs und Stränden verzeichnet.
- Zu den weiteren Anlaufstellen gehört die **Associazione Arc** (www.associazionearc.eu) in Cagliari, die zusammen mit dem MOS die **Sardegna Pride** (www.sardegnapride.org) organisiert. Die ausgelassene Parade fand erstmals 2013 in Cagliari statt und zog im Juni 2014 durch die Uferstraßen von Alghero.
- Hilfreich ist auch die landesweite Schwulenorganisation **Arcigay** (www.arcigay.it/Sardegna).
- Die englischsprachige Website www.gayfriendly

PRAKTISCH & KONKRET

- **Gewichte & Maße** Metrisch
- **Rauchen** In allen öffentlichen Gebäuden verboten
- **Zeitungen** Die zwei wichtigsten Zeitungen der Insel sind die in Cagliari erscheinende *L'Unione Sarda* (www.unionesarda.it) und *La Nuova Sardegna* (lanuovasardegna.gelocal.it) aus Sassari. Diese Zeitungen beschäftigen sich vor allem mit sardischen Themen, weniger mit Nachrichten aus dem In- und Ausland. Englische und deutsche Zeitungen und Zeitschriften werden in den Sommermonaten in den Urlaubsregionen mit ein bis zwei Tagen Verspätung verkauft.
- **Radio Radiolina** (www.radiolina.it) ist ein populärer Radiosender mit Musik, Nachrichten und Gesprächen. Die überregionalen Sender **RAI-1**, **RAI-2** und **RAI-3** (www.rai.it) übertragen eine Mischung aus Phone-ins, Sport, Nachrichten und Musik. Die Frequenzen ändern sich je nach Standort.
- **Fernsehen** Die sardischen Regionalsender, wie **Videolina** (www.videolina.it) und **Sardegna 1** (www.sardegna1.tv), bieten meist eine ziemlich spezielle Mischung aus Nachrichten, Fußball und traditionellen Folkloretänzen. Zu den überregionalen Sendern gehören die staatlichen **RAI-1**, **RAI-2** und **RAI-3** (www.rai.it) und die großen Privatsender **Canale 5** (www.mediaset.it/canale5), **Italia 1** (www.mediaset.it/italia1), La7 (www.la7.it) und **Rete 4** (www.mediaset.it/rete4) der Mediengruppe Mediaset von Silvio Berlusconi.

italy.com ist eine tolle Quelle mit Hintergrundinfos zu Schwulen in Italien, Links und Verzeichnissen schwulenfreundlicher Unterkünfte und Strände auf Sardinien.

Sicherheit

Trotz des einst schlechten Rufs als Zentrum der Kriminalität und des Kidnappings ist Sardinien eine friedliche Insel. Raubüberfälle, Handtaschenraub vom Moped aus oder Preiswucher in den Hotels sind nahezu gänzlich unbekannt. Der Aufenthalt sollte also ohne Probleme verlaufen.

Diebstahl

Auch wenn Diebstahl kein großes Problem ist, sollte man grundsätzlich gewisse Vorsichtsmaßnahmen einhalten.

➡ Wichtige Dokumente (Pass, Führerschein, Bargeld und Kreditkarten) sollten in einem Geldgurt aufbewahrt werden. Für die täglichen Ausgaben empfiehlt sich eine normale Geldbörse mit dem Tagesbedarf an Bargeld.

➡ Kameras sollten am besten in Kamerataschen stecken, die man sich sicher umhängen kann (unterwegs nach Möglichkeit immer straßenabgewandt tragen).

➡ In Straßencafés sollte man seine Tasche niemals auf einen leeren Stuhl an der Straße stellen, wo man sie nicht mehr im Blick hat.

➡ Wertsachen sollten nicht offen in Hotelzimmern herumliegen.

➡ Gleiches gilt für Wertsachen im Auto: Am sichersten ist es, gar nichts im Auto zurückzulassen, schon gar nicht über Nacht.

➡ Im Falle eines Verlustes oder Diebstahls sollte man den Vorfall innerhalb von 24 Stunden bei der *questura* (Polizeiwache) melden. Die Meldung muss für mögliche Schadensersatzansprüche (Reiseversicherung) schriftlich festgehalten werden.

Strom

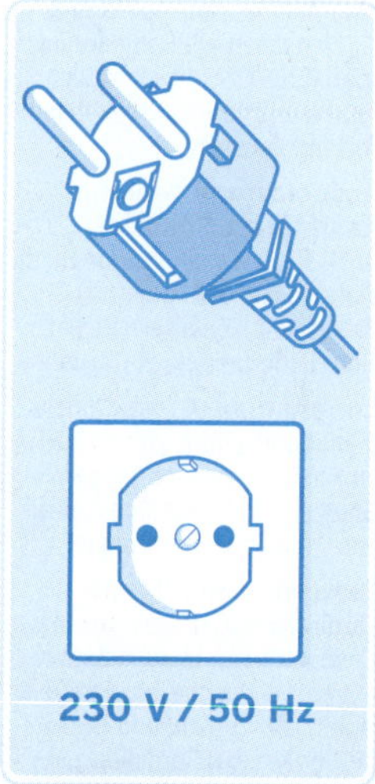

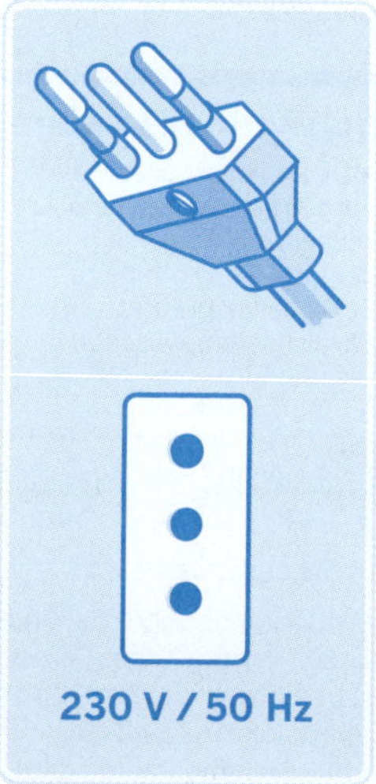

Telefon

Handys

➡ Die meisten Smartphones sind international kompatibel, der heimische Provider kann Auskunft geben. Vorsicht vor Roaming-Kosten, die bei Ortsgesprächen im Ausland noch immer hoch sein können.

➡ Wer ein GSM-, Dual- oder Tri-Band-Handy ohne SIM-Lock besitzt (beim Provider erfragen), kann eine italienische *prepagato*-(Prepaid-)Karte nutzen.

➡ Eine italienische Prepaid-SIM gibt es bereits für 10 € (manchmal schon mit 10 € Guthaben). Sie sind überall auf Sardinien in Handy- und Elektronikläden erhältlich.

➡ Aufladen kann man die Karten in diesen Läden oder mit einer *ricarica* (Guthabenkarte) vom nächsten *tabacchi*.

➡ SIM-Karten verkaufen die inselweit vertretenen Anbieter **TIM** (www.tim.it), **Wind** (www.wind.it) und **Vodafone** (www.vodafone.it).

➡ Beim Kauf der Karten wird ein Ausweis verlangt.

Vorwahlen

Sardische Ortsvorwahlen Sie beginnen alle mit einer 0 und bestehen aus bis zu vier Ziffern. Die Ortsvorwahl ist Teil der Anschlussnummer und muss immer angewählt werden, selbst im gleichen Ort.

Handynummern Sie beginnen mit einer dreiziffrigen Vorwahl, in der Regel mit 330, 331 usw.

Gebührenfreie Nummern Die *numeri verdi* beginnen meist mit 800.

Länderunabhängige Nummern Sie beginnen meist mit 840, 848 oder 199.

Sechsstellige landesweite Nummern Zu diesen sechsstelligen Nummern gehören u. a. die Anwahl für Alitalia und die Zugauskunft von Trenitalia.

Auskunft ☎1254.

Vorwahl aus dem Ausland Zuerst die Ländervorwahl (0039), dann die Anschlussnummer einschließlich der Ortsvorwahl, die mit 0 beginnt.

Vorwahl aus Sardinien Zunächst die Ländervorwahl, dann die Ortsvorwahl ohne 0, dann die Teilnehmernummer.

Billigste internationale Anrufe Kostenlose oder billige Internet-Telefonie oder Smartphone-Apps wie Skype oder Viber.

Toiletten

➡ Die meisten Toiletten auf Sardinien sind Sitzklos.

➡ Öffentliche Toiletten gibt es nicht überall. Am besten geht man in ein Café oder eine Bar, die alle per Gesetz eine Toilette haben müssen.

Touristeninformation

➡ Touristeninformationen finden sich in ganz Sardinen, allerdings in unterschiedlich guter Qualität. In den großen touristischen Zentren wie Alghero, Cala Gonone, Santa Teresa di Gallura und Villasimius sind sie effizient und haben Englisch sprechende Mitarbeiter.

➡ Neben den staatlichen gibt es auch zahllose private Agenturen, die neben Infos auch Touren und Unterkünfte anbieten. In manchen Fällen sind sie sogar hilfreicher als die offiziellen Stellen.

➡ In den Touristeninformationen sind meist auch Stadt- und Ortspläne, Unterkunftsverzeichnisse und Informationen zu den wichtigsten Sehenswürdigkeiten erhältlich. Sie sind auch bei Fragen zu öffentlichen Verkehrsmitteln behilflich.

➡ Touristeninformationen haben normalerweise von Montag bis Freitag zwischen 9 und 13 Uhr sowie von 16 bis 18 Uhr geöffnet, im Sommer aber meist länger. Einige öffnen dann auch samstags und sonntags.

➡ Die meisten Büros beantworten auch telefonische oder schriftliche Anfragen.

Einige hilfreiche Websites:

Sardegna Turismo (www.sardegnaturismo.it) Die offizielle Website der sardischen Tourismusbehörde ist eine hervorragende Quelle für aktuelle Informationen. Dazu gehören Sehenswürdigkeiten, Aktivitäten, Events, Unterkünfte, Verkehrsmittel und vieles mehr.

Italia (www.italia.it) Mehrsprachige Website der italienischen Tourismusbehörde. Die Links „Italien entdecken" und dann „Sardinien" geben eine gute Einführung zur Insel. Die praktischen Informationen gelten für ganz Italien, für Sardinien vermitteln sie eher ein Stimmungsbild.

Versicherung

➡ Eine Reiseversicherung gegen Diebstahl, Verlust und medizinische Probleme ist unbedingt zu empfehlen. Manche versichern auch für den Fall, dass die Reise sich verzögert oder storniert werden muss.

➡ Bei Bezahlung des Flugtickets mit der Kreditkarte ist oft auch eine beschränkte Reiseunfallversicherung enthalten – die jeweilige Kreditkartengesellschaft gibt darüber Auskunft.

➡ Es sollte immer geprüft werden, welche geplanten Aktivitäten von der Versicherung abgedeckt werden, z. B. Tauchen, Motorradfahren, Klettern oder sogar Wandern.

➡ Genau checken, ob die Police Krankenwagen oder im Notfall einen Heimtransport per Flugzeug beinhaltet.

➡ Mit der Versicherung klären, ob bei Bedarf die Kosten direkt übernommen oder erst vorgestreckt werden müssen. Wenn die Kostenerstattung erst nach der Heimreise möglich ist, müssen alle notwendigen Unterlagen dafür gesammelt werden.

➡ Mehr zu Krankenversicherung s. „Gesundheit" und zu Autoversicherung s. Kapitel „Verkehrsmittel & -wege" (S. 278).

➡ Ein weltweiter Versicherungsschutz kann online über www.lonelyplanet.com/travel-insurance erworben werden. Die entsprechende Versicherung kann jederzeit abgeschlossen und erweitert werden – auch wenn man schon unterwegs ist.

Visa

➡ Italien gehört zu den 26 Mitgliedsländern des Schengen-Abkommens. Es gibt also keine Zollkontrollen.

➡ EU-Bürger benötigen für die Einreise kein Visum, ein gültiger Reisepass oder Personalausweis genügen. Schweizer können bis zu 90 Tage ohne Visum einreisen.

➡ EU-Bürger, die länger als drei Monate auf Sardinien bleiben wollen, sind verpflichtet, sich beim Einwohnermeldeamt *(ufficio anagrafe)* kostenpflichtig anzumelden.

➡ Aktuelle Informationen hat die Website der **Polizia di Stato** (www.poliziadistato.it).

Zeit

➡ Sardinien liegt in derselben Zeitzone wie Italien oder Deutschland; die Sommerzeit beginnt am letzten Sonntag im März und endet am letzten Sonntag im Oktober.

Zoll

➡ Besucher aus EU-Ländern dürfen 10 l Spirituosen, 90 l Wein und 800 Zigaretten zollfrei nach Italien einführen.

➡ Wer aus Nicht-EU-Ländern kommt, darf 1 l Spirituosen (oder 2 l Likörwein), 4 l Wein, 60 ml Parfüm, 16 l Bier, 200 Zigaretten und weitere Waren bis zu einem Gesamtwert von 430 € zollfrei einführen. Alles, was darüber hinausgeht, muss verzollt werden.

➡ Maximal dürfen 10 000 € in Bargeld nach Italien eingeführt werden.

➡ Nicht-EU-Bürger können sich die bezahlte Mehrwertsteuer für größere Anschaffungen in Läden, die steuerfreien Einkauf anbieten, beim Verlassen der Union erstatten lassen (Näheres unter www.globalrefund.com).

Verkehrsmittel & -wege

AN- & WEITERREISE

Am einfachsten und schnellsten erreicht man die Insel mit dem Flugzeug. Aus Europa fliegen zahlreiche Fluggesellschaften Sardinien an.

Auch die meisten italienischen Flughäfen bieten Verbindungen nach Sardinien an, am häufigsten von Rom und Mailand.

Einige Billigflieger haben nur im Sommer eine Flugverbindung mit Sardinien, in der Regel zwischen Mai und Oktober.

Die günstigere, aber auch zeitintensivere Alternative zum Flug sind die Fähren, die von Genua, Livorno, Civitavecchia und Neapel nach Sardinien ablegen.

Flüge, Mietwagen und Touren können online bei www.lonelyplanet.com/bookings gebucht werden.

Einreise

EU-Bürger und Schweizer brauchen für Reisen nach Italien nur einen Personalausweis, alle Nicht-EU-Bürger müssen einen gültigen Reisepass vorzeigen.

Flugzeug

Die Hochsaison in Sardinien dauert von Juni bis September; auch in den Osterferien ziehen die Preise kräftig an.

Flughäfen & Fluglinien

Alle Flugzeuge vom italienischen Festland und von europäischen Flughäfen landen auf den drei großen Flughäfen der Insel. Die Flugpläne findet man auf den Websites der drei Flughäfen.

Elmas (☎070 21 12 11; www.sogaer.it) Der Hauptflughafen Sardiniens liegt etwa 7 km nordwestlich von Cagliari an der Südküste.

Fertilia (www.aeroportodialghero.it) Liegt etwa 10 km von Alghero im Nordwesten der Insel.

Aeroporto Olbia Costa Smeralda (www.geasar.it) Wichtigster Flughafen für den Nordosten, etwa 5 km südlich von Olbia.

Planmäßige Flugverbindungen das ganze Jahr über gibt es u. a. mit Brüssel, Dortmund, Düsseldorf, Eindhoven, Frankfurt a. M. und München.

Verbindungen mit dem italienischen Festland bestehen u. a. mit Rom, Mailand, Neapel, Bari, Bologna, Turin, Venedig und Verona.

Im Sommer gibt es deutlich mehr Flugverkehr von und nach Sardinien, davon viele Urlaubsflieger zwischen Juni und September.

Italienische Fluggesellschaften, die Sardinien anfliegen:

Air Dolomiti (www.airdolomiti.it)

Air One (www.flyairone.it)

Alitalia (www.alitalia.it) Nationale Fluggesellschaft Italiens

Meridiana (www.meridiana.it)

Auf dem Landweg

Sardinien ist die abgelegenste Insel im westlichen Mittelmeer: Sie liegt rund 200 km westlich vom Festland. Wer nicht fliegt, muss also immer eine Fähre nehmen.

➡ Die kürzeste Fährverbindung vom italienischen Festland führt von Civitavecchia nach Olbia an der Nordostküste Sardiniens, daneben gibt es aber zahlreiche weitere Fährverbindungen.

Grenzübergänge

Abgesehen von den Küstenstraßen von Frankreich und von Slowenien führen alle Straßen nach Italien meist durch Tunnel und über Bergpässe in den Alpen. Die wichtigsten Zugangswege:

Österreich Von Innsbruck nach Bozen über die A22/E45 (Brennerpass); von Villach nach Tarvisio über die A23/E55.

Frankreich Von Nizza nach Ventimiglia über die A10/E80; von Modane nach Turin über die A32/E70 (Fréjus-Tunnel); von Chamonix nach Courmayeur über die A5/E25 (Mont-Blanc-Tunnel).

KLIMAWANDEL & REISEN

Jede Form des Reisens, die auf Brennstoff auf Kohlenstoffbasis beruht, erzeugt CO_2, das für den von Menschen verursachten Klimawandel hauptverantwortlich ist. Modernes Reisen ist von Flugzeugen abhängig, die zwar pro Kilometer und Person weniger Kraftstoff als die meisten Autos verbrauchen, aber sehr viel weitere Strecken zurücklegen. Auch die hohen Luftschichten, in die Flugzeuge Treibhausgase (darunter CO_2) und Schadstoffe ausstoßen, verstärken ihren Einfluss auf den Klimawandel. Viele Websites bieten „Emissionsrechner", mit denen Reisende die CO_2-Emissionen ihrer Reise ausrechnen und die Auswirkung dieser Treibhausgase mit einem Beitrag für klimafreundliche Projekte in der ganzen Welt ausgleichen können. Lonely Planet gleicht die CO_2-Bilanz aller Reisen der Mitarbeiter und Autoren aus.

Slowenien Von Sežana nach Triest über die SS58/E70.

Schweiz Von Martigny nach Aosta über die SS27/E27 (Großer-Sankt-Bernhard-Tunnel); von Lugano nach Como über die A9/E35.

➡ Die genannten Tunnel sind ganzjährig geöffnet.

➡ Bergpässe sind im Winter häufig gesperrt, manchmal auch im Frühjahr und Herbst. Die Tunnel sind daher die verlässlichere Alternative, wenn auch weniger malerisch.

➡ Im Winter ist es Pflicht, auf bestimmten Alpenstraßen Schneeketten mitzuführen.

Auto & Motorrad

➡ Da Italien ebenso wie die Nachbarländer Frankreich, Schweiz, Österreich und Slowenien Mitglieder des Schengener Abkommens sind, werden bei der Einreise keine Grenzkontrollen durchgeführt. Die Behörden behalten sich jedoch das Recht vor, Personen und Fahrzeuge zu kontrollieren.

➡ Es ist zwar unwahrscheinlich, aber es kommt vor, dass an der Grenze die Zulassungspapiere des Fahrzeugs und die grüne Versicherungskarte vorgezeigt werden müssen.

➡ Viele Urlauber reisen mit dem eigenen Pkw oder Motorrad an. Der nächstgelegene Hafen für Österreicher, Schweizer und Deutsche ist Genua, von wo das ganze Jahr über Fähren nach Sardinien ablegen.

➡ Wer 190 km weiter Richtung Süden fährt, kann in Livorno die Fähre besteigen, von dort ist die Überfahrt kürzer. Auch ab Marseille gibt es Fährverbindungen nach Sardinien.

➡ Einen guten Routenplaner mit ausdruckbaren Karten und Wegbeschreibungen gibt es bei **Michelin** (www.viamichelin.de).

Bus

Busse sind das billigste Verkehrsmittel zur Anreise nach Italien, fahren aber seltener, sind weniger komfortabel und erheblich langsamer als Züge.

➡ **Eurolines** (www.eurolines.com) Dieser Zusammenschluss von 29 europäischen Busgesellschaften bietet Fahrten durch ganz Europa an; die Gesellschaft hat Büros in allen größeren Städten.

➡ Die Busse fahren mehrere Städte in Italien an, darunter Genua und Neapel sowie Rom, wo ein Zug nach Civitavecchia zur Fähre fährt.

Zug

Alle wichtigen Häfen Italiens sind mit dem Zug erreichbar:

Genua von München über Mailand

Livorno von München oder Wien über Mailand

Civitavecchia von München über Mailand und Rom

Neapel von Zürich und Frankfurt über Mailand und Rom

➡ Aktuelle Informationen zu Bahnfahrten und Preisen gibt es bei der **Deutschen Bahn** (www.bahn.de), der **Österreichischen Bundesbahn** (www.oebb.at), den **Schweizerischen Bundesbahnen** (www.sbb.ch) oder bei **International Rail** (☎0871 231 0790; www.internationalrail.com).

Übers Meer

Nach Sardinien verkehren Fähren aus Spanien, Frankreich und Italien.

➡ Ankunftshäfen auf Sardinien sind Olbia, Golfo Aranci, Santa Teresa di Gallura und Porto Torres im Norden sowie Arbatax an der Ostküste und Cagliari im Süden.

➡ Am häufigsten verkehren die Fähren zwischen Mitte Juni und Mitte September. Für diese Zeit sind rechtzeitige Reservierungen ratsam.

➡ Tickets kann man bei Agenturen in ganz Italien und im Ausland sowie online buchen.

Nützliche Websites:

Traghetti Web (www.traghettiweb.it) Umfassende Website mit allen wichtigen Strecken und Fährgesellschaften sowie Online-Buchung.

AFerry (www.aferry.co.uk) Informationen zu Strecken, Fährgesellschaften sowie Online-Buchung.

Von Korsika

Die Fähren von Korsika nach Sardinien verkehren hauptsächlich zwischen Bonifacio und Santa Teresa di Gallura an der sardischen Nordküste, aber es gibt auch Verbindungen ab Bastia, Ajaccio und Propriano.

Saremar (☎199 118877; www.saremar.it)

Verkehrt bis zu dreimal täglich zwischen Bonifacio und Santa Teresa di Gallura. Der Fährpreis liegt etwa bei 16 € pro Person und 21 € pro Auto plus Steuern. Die Fahrtdauer beträgt eine Stunde.

Moby Lines (☎199 30 30 40; www.mobylines.it)

Zwischen Mitte April und Ende September viermal täglich Überfahrten von Bonifacio nach Santa Teresa di Gallura. In der Hochsaison kostet ein Ticket etwa 22 € pro Person oder 30 € mit einem Kleinwagen.

FÄHREN NACH SARDINIEN

Die Tabelle gibt eine Übersicht über die wichtigsten Fährverbindungen nach Sardinien, die Fährgesellschaften und Details zur Strecke. Die genannten Preise sind nur Richtwerte; die Preise gelten für eine *poltrona* (Liegesitz) der 2. Klasse in der Hochsaison. Kinder zwischen vier und zwölf Jahren zahlen ungefähr den halben Preis, Kinder unter vier Jahren fahren umsonst. Wenn nicht anders angegeben sind Hafensteuern, die bis zu etwa 50 € pro Überfahrt betragen können, nicht in den hier aufgeführten Preisen enthalten.

VON	NACH	GESELLSCHAFT	FAHRPREIS	AUTO	FAHRZEIT (STD.)	HÄUFIGKEIT
Civitavecchia	Arbatax	Tirrenia	23€	45 €	10½	2 mal wöchentlich
Civitavecchia	Cagliari	Tirrenia	56 €	116 €	13–16	täglich
Civitavecchia	Olbia	Moby	65 €	90 €	5	Mitte April–Sept. täglich
Civitavecchia	Olbia	Tirrenia	32 €	70 €	5–8	täglich
Genua	Arbatax	Tirrenia	91 €	149 €	15–18	2 mal wöchentlich
Genua	Olbia	Moby	€73	104 €	10½	Ende Mai–Mitte Ok. täglich
Genua	Olbia	Tirrenia	41 €	142 €	10–12	bis zu 5 mal wöchentlich
Genua	Porto Torres	GNV	74 € +	194 € +	11	Ende Mai–Mitte Sept. bis zu 4 mal wöchentlich
Genua	Porto Torres	Tirrenia	60 €	80 €	11	täglich
Livorno	Arbatax	Go in Sardinia	70 € +	122 € +	11½	Juni–Sept. 1 mal wöchentlich
Livorno	Golfo Aranci	Sardinia Ferries	80 €	98 €	10	täglich
Livorno	Olbia	Go in Sardinia	70 € +	122 € +	9	Juni–Sept. bis zu 6 mal wöchentlich
Livorno	Olbia	Moby	€60	106 €	6½–8	täglich
Naples	Cagliari	Tirrenia	46 €	105 €	13½	2 mal wöchentlich
Palermo	Cagliari	Tirrenia	40 €	100 €	12	1 mal wöchentlich
Piombino	Olbia	Moby	60 €	93 €	5–8½	Ende Mai–Sept. täglich

\+ alle Steuern enthalten.

Fährgesellschaften

Go in Sardinia (☎0789 75 41 30; www.goinsardinia.it) Ab Livorno nach Olbia und Arbatax.

Grandi Navi Veloci (☎010 209 45 91; www.gnv.it) Ab Genua nach Porto Torres.

Moby Lines (☎199 303040; www.moby.it) Nach Olbia ab Civitavecchia, Genua, Livorno und Piombino.

Sardinia Ferries (☎199 400500; www.sardiniaferries.com) Ab Livorno nach Golfo Aranci.

Tirrenia (☎892123; www.tirrenia.it) Nach Cagliari ab Civitavecchia, Neapel, Palermo und Trapani; nach Olbia ab Civitavecchia und Genua; nach Arbatax ab Civitavecchia und Genua; nach Porto Torres ab Genua.

SNCM (☎in Frankreich 3260; www.sncm.fr)

Fähren nach Porto Torres ab Marseille über Propriano oder weniger häufig über Ajaccio. Die Fahrt von Propriano nach Porto Torres kostet etwa 26 € pro Person oder 38 € mit einem Auto.

Von Frankreich

SNCM (☎in Frankreich 3260; www.sncm.fr) und **La Méridionale** (☎in Frankreich 491 994 509; www.lameridionale.fr) betreiben Fähren von Marseille nach Porto Torres (über Korsika). Die Überfahrt dauert 15 bis 17 Stunden. Tickets für einen Liegesitz kosten 78 €, für einen Kleinwagen 141 €.

Tickets und Informationen gibt es in Porto Torres über die **Agenzia Paglietti** (☎079 51 41 42; Corso Vittorio Emanuele 19, Porto Torres).

Von Italien & Sizilien

Ganzjährig fahren Fähren nach Genua, Livorno, Civitavecchia, Neapel und Palermo. Im Sommer besteht eine Verbindung mit Piombino in der Toskana.

➡ Die Sommerfähren verkehren in der Regel von Mitte April bis Ende September.

➡ Die meisten Fähren haben neben Liegesitzen auch Kabinen mit Bad. Die Preise hängen von der Belegung ab (meist ein bis vier Personen). Kabinen kosten nicht immer sehr viel mehr als Liegesitze, besonders in der Nebensaison. Ein Vergleich lohnt sich immer.

➡ Die meisten Fährgesellschaften bieten Ermäßigungen für Rückfahrttickets und andere Sonderpreise an. Sie sind über die Website oder das Reisebüro zu erfahren.

UNTERWEGS VOR ORT

Wenn irgend möglich, ist es empfehlenswert, Sardinien mit dem Auto zu bereisen. Die Insel mit öffentlichen Verkehrsmitteln zu erkunden, ist zwar machbar, aber zeitraubend und kompliziert. Meist ist der Bus der Bahn vorzuziehen, die fast immer langsamer fährt und oft langwieriges Umsteigen erfordert.

Auto & Motorrad

Das Fahren auf Sardinien ist relativ stressfrei und die sardischen Autofahrer sind recht höflich. Problematisch ist der Verkehr nur in den großen Städten (Cagliari, Sassari und Olbia) und im Hochsommer. Die größte Gefahr auf dem Land sind Schafherden und die hinreißende Landschaft.

➡ Die Hauptstraßen sind in der Regel in gutem Zustand, doch um die Insel wirklich kennenzulernen, sollte man die kleineren Provinzstraßen *(strade provinciali)* nutzen, die auf den Straßenkarten mit P oder SP gekennzeichnet sind. Manchmal sind das nur Landsträßchen, doch sie erschließen die schönsten Landschaften und viele kleine Städtchen und Dörfer.

➡ Viele großartige Strände und *agriturismi* (Unterkünfte auf Bauernhöfen) sind oft nur über unbefestigte Pisten erreichbar.

➡ Sardinien ist bei deutschen und österreichischen Motorradfahrern sehr beliebt, die den Reiz der malerischen und kurvenreichen Inselsträßchen entdeckt haben.

Automobilclubs

Der **Automobile Club d'Italia** (ACI; ☎Pannenhilfe vom ausländischen Handy 800 116800, Pannenhilfe vom italienischen Handy 803116; www.aci.it) ist der italienische Automobilclub. Ausländer müssen nicht unbedingt Mitglied beim ACI sein, zahlen aber für die Pannenhilfe eine Gebühr (115–138 €, 20 % mehr an Wochenenden und Feiertagen). Weitere Gebühren werden fällig, wenn das Auto abgeschleppt werden muss. Genaueres steht auf der Website.

Auch die deutschen, österreichischen und schweizerischen Automobilclubs bieten Pannenhilfe vor Ort, wenn man einen Auslandsschutzbrief besitzt.

Führerschein

➡ Der nationale Führerschein aller EU-Länder gilt auch in Italien (inklusive Sardinien).

➡ Wer keinen EU-Führerschein hat, muss sich zusätzlich einen Internationalen Führerschein ausstellen lassen. Er wird von den heimischen Automobilclubs ausgestellt und gilt zwölf Monate lang.

Mietwagen

➡ Es kommt immer billiger, das Auto vor der Reise nach Sardinien zu buchen.

➡ Alle großen Autovermieter haben Schalter in den Flughäfen, wo der Wagen auch meist abgeholt und vor der Abreise wieder abgegeben wird. Autovermietungen gibt es auch in einigen der größeren Städte und in den meisten Touristenorten an der Küste.

➡ Das Mindestalter variiert von Firma zu Firma, liegt in der Regel aber bei mindestens 21 Jahren.

➡ Wer unter 25 Jahre alt ist, muss möglicherweise einen Aufschlag für Fahranfänger zahlen.

➡ Für die Anmietung ist eine Kreditkarte und ein gültiger Führerschein nötig.

➡ In touristischen Hochburgen, wie Santa Teresa di Gallura und Alghero, bieten Verleiher auch Motorräder und Vespas an.

➡ Die meisten Firmen verleihen keine Motorräder an Personen unter 18 Jahren.

➡ Viele Mietwagenfirmen verlangen eine hohe Kaution für Motorräder, teilweise muss man im Fall eines

Diebstahls einen Teil des Neukaufs übernehmen.
Die größten nationalen und internationalen Autovermietungen:

Avis (☎199 100133; www.avisautonoleggio.it)

Budget (☎199 307373; www.budgetautonoleggio.it)

Europcar (☎199 307030; www.europcar.it)

Hertz (☎199 112211; www.hertz.it)

Italy By Car (☎334 6481920; www.italybycar.it)

Maggiore (☎199 151120; www.maggiore.it)

Straßenzustand

Sardiniens Straßennetz ist von der Topografie der Insel geprägt. Im gebirgigen Inneren der Insel gibt es oft keine Asphaltstraßen und in der Regel sind die Strecken in Nord-Süd-Richtung besser als die zwischen dem Osten und Westen der Insel.

➡ Hauptverkehrsader ist die überwiegend vierspurige Schnellstraße SS131 „Carlo Felice" von Cagliari nach Porto Torres über Oristano, Macomer und Sassari. Bei Abbasanta zweigt die SS131 DCN ab, die nach Nuoro und Olbia führt.

➡ Eine weitere Hauptstraße, die SS130, verläuft von Cagliari westwärts nach Iglesias.

➡ Vierspurige Schnellstraßen gibt es auch zwischen Sassari und Alghero sowie zwischen Porto Torres und der SS291 von Sassari und Alghero.

➡ Entlang der Nordküste verläuft die SS200 von Porto Torres nach Santa Teresa di Gallura und an Castelsardo vorbei. Eine weitere Hauptstrecke ist die SS125 oder Orientale Sarda, die vom nahen Palau auf der Ostseite der Insel nach Cagliari führt.

➡ Diese Strecken und viele Straßen in touristischen Gegenden an der Küste sind in halbwegs gutem Zustand, können aber schmal und kurvenreich sein.

➡ Auf vielen Straßen sind zur Touristenzeit im Sommer Staus an der Tagesordnung. Besonders schlimm ist die Gegend zwischen Olbia und Santa Teresa di Gallura.

➡ Im Inselinneren ist der Straßenzustand sehr unterschiedlich. Die Hauptstrecken sind meist gut, aber eng und kurvenreich. Nebenstraßen sind oft in einem ziemlich beklagenswerten Zustand, besonders nach heftigem Regen, wenn tiefe Schlaglöcher auf den Straßen aufbrechen.

➡ Auch der Stadtverkehr – besonders in Cagliari und Sassari – kann die Nerven auf eine harte Probe stellen, wenn alle Zufahrtstraßen mehr oder weniger verstopft sind.

➡ Überraschend ist auch die hohe Zahl ungeteerter Straßen auf der Insel, was bei einem teuren Mietwagen beunruhigend sein kann. Viele *agriturismi* (Unterkünfte auf dem Bauernhof), prähistorische Stätten und Strände sind nur über Holperstraßen zu erreichen.

Treibstoff

➡ In und um Ortschaften und an den Hauptstraßen gibt es reichlich Tankstellen, aber die kleineren sind meist von 13 bis 15.30 Uhr und an Sonntagnachmittagen ganz geschlossen.

➡ Viele Tankstellen haben Zapfsäulen mit Selbstbedienung *(fai da te)*, die Kunden rund um die Uhr benutzen können. Dafür wird ein Geldschein in den Bezahlautomaten geschoben und die Nummer der gewünschten Zapfsäule gedrückt.

➡ Bleifreies Benzin heißt *benzina senza piombo*, Diesel *gasolio*.

➡ Treibstoff ist auf Sardinien ziemlich teuer. Die Preise sind je nach Tankstelle unterschiedlich, aber 1 Liter bleifreies Benzin kostet etwa 1,70 €, 1 Liter Diesel etwa 1,60 €.

Unterwegs mit dem eigenen Fahrzeug

Wer mit dem eigenen Fahrzeug nach Italien einreist, braucht folgende Papiere:

➡ Kfz-Schein

➡ Führerschein

➡ Grüne Versicherungskarte

Vorgeschrieben ist auch ein Warndreieck für den Fall eines Unfalls, und wer bei einer Panne sein Fahrzeug verlässt, muss eine fluoreszierende Schutzweste tragen.

Ein Erste-Hilfe-Kasten, ein Feuerlöscher und ein Satz Reserveglühbirnen sind ebenfalls empfehlenswert.

Verkehrsregeln

➡ In Sardinien wird wie auf dem Festland rechts gefahren und links überholt.

➡ Wenn nicht anders angegeben, hat Vorfahrt, wer von rechts kommt.

➡ Es herrscht Gurtpflicht auf allen Sitzen. Wer nicht angeschnallt erwischt wird, muss unter Umständen auf der Stelle ein Bußgeld entrichten.

➡ Für alle Zweiradfahrzeuge besteht Helmpflicht.

➡ Die Polizei führt Alkoholtests durch. Wer unter Alkoholeinfluss an einem Unfall beteiligt ist, muss mit schweren Strafen rechnen. Die Blutalkoholgrenze liegt bei 0,5 Promille.

➡ Die zulässige Höchstgeschwindigkeit auf den Schnellstraßen (*autostrade* gibt es auf Sardinien nicht) liegt bei 110 km/h, auf Landstraßen bei 90 km/h und innerhalb von Ortschaften bei 50 km/h.

➡ Die Bußgelder für Verstöße entsprechen den EU-Richtlinien, je höher

PARKEN & VERKEHRSBESCHRÄNKUNGEN

Parken in den Städten Sardiniens und an beliebten Stränden kann nervig sein.

➡ Blaue Linien markieren Parkzonen mit Parkschein – die Scheine gibt es an Münzautomaten, in Tabakläden oder bei Parkwächtern. Die Preise sind unterschiedlich, bewegen sich aber um 1 € pro Stunde. Meist muss nur von 8 bis 13 Uhr und dann wieder von 16 bis 20 Uhr gezahlt werden. Außerhalb dieser Zeiten ist Parken kostenlos. Manchmal werden aber auch Parkgebühren von 8 bis 20 Uhr erhoben.

➡ Weiße Linien markieren, wo kostenlos geparkt werden kann, und Parkplätze mit gelben Linien sind Fahrern mit speziellen Ausweisen vorbehalten.

➡ Generell sind Parkplätze am leichtesten am Nachmittag von 14 bis 16 Uhr zu finden.

➡ In Stadtzentren muss auf Verkehrsbeschränkungen geachtet werden. Teile der Altstadt von Cagliari, Alghero, Sassari, Oristano und Nuoro sind zu bestimmten Zeiten für unbefugte Fahrzeuge gesperrt.

➡ Wer in eine **ZTL** (*zona a traffico limitato*, Umweltzone) fährt, läuft Gefahr, geblitzt und mit einem Bußgeld belegt zu werden. Ein Mietwagen schützt davor auch nicht. Die Mietwagenfirma gibt die Personalien des Missetäters an die Behörde weiter, die den Bußgeldbescheid an die Heimatadresse schickt – manchmal Monate später. Dazu kommt, dass die Mietwagenfirma auch noch eine Verwaltungsgebühr für die Weiterleitung der Anschrift berechnet.

die Geschwindigkeitsbegrenzung überschritten wird, desto höher das Bußgeld. Sie können bis zu 3280 € betragen und möglicherweise einen Führerscheinentzug zur Folge haben.

➡ Autofahrer müssen auf den Schnellstraßen zu jeder Tageszeit mit Licht fahren.

➡ Für Motorroller unter 50 cm^3 ist kein Führerschein nötig, aber das Mindestalter beträgt 14 Jahre und es darf keine zweite Person mitgenommen werden. Wer einen Motorroller von bis zu 125 cm^3 fahren will, muss mindestens 16 Jahre alt sein und einen Führerschein besitzen (der Autoführerschein genügt). Für Motorräder über 125 cm^3 ist das Mindestalter 18 Jahre und es ist ein Motorradführerschein erforderlich.

➡ Motorradfahrer sind nicht dazu verpflichtet, am Tag mit Licht zu fahren.

➡ Mit Krafträdern kann man gewöhnlich in die verkehrsberuhigten Zonen der Innenstadt fahren. Die Polizei drückt zudem meist ein Auge zu, wenn Krafträder auf dem Gehsteig geparkt sind.

Versicherung

➡ Jedes Fahrzeug in Italien muss eine Haftpflichtversicherung haben.

➡ Bürger aus Ländern außerhalb der EU sollten mit ihrer Versicherung abklären, ob sie eine Grüne Versicherungskarte (*Carta Verde*) benötigen.

➡ Es ist zwar nicht verbindlich, aber ein internationales Unfallberichtsformular der heimischen Versicherung kann bei einem Unfall die Schadensregulierung vereinfachen.

➡ Im Falle einer Panne ist es ebenfalls gut, einen Auslandsschutzbrief zu haben.

Boote & Fähren

Bootstouren an Sardiniens Küste sind vor allem im Sommer beliebt. Zudem sind die Isola di San Pietro vor Sardiniens Südwestküste und die Isola di La Maddalena im Norden nur mit der Fähre zu erreichen.

Zu beachten ist, dass der Fährbetrieb im Winter erheblich eingeschränkt ist, also vorher checken. Wer im Sommer mit dem Auto auf eine Fähre will, sollte frühzeitig eintreffen, da die Schiffe schnell voll sind.

➡ Bootstouren werden allgemein von Ende März oder Anfang April bis Oktober angeboten. Sie sind eine wunderbare Möglichkeit, die weniger zugänglichen Schönheiten der sardischen Küste zu sehen.

➡ Zu den beliebtesten Strecken zählen die Touren entlang des majestätischen Golfo di Orosei ab Cala Gonone und Santa Maria Navarrese. Ebenso empfehlenswert sind Bootsfahrten ab Palau zwischen den Inseln des Maddalena-Archipels.

➡ Regelmäßig fahren Schiffe ab Porto San Paolo südlich von Olbia rund um die Isola Tavolara und entlang der nahe gelegenen Küste. Von Alghero legen Boote zum Capo Caccia und zur Grotta di Nettuno ab; Bootstouren von der Halbinsel Sinis fahren bis zur Isola di Mal di Ventre.

➡ Bei den Ausflugsfahrten kommen meist Motorboote und kleine Fähren zum Einsatz, daneben sind aber auch Ausflüge auf Segelbooten möglich.

➡ **Enermar** (☎0789 70 84 84; www.enermar.it), **Saremar** (☎199 118877; www.saremar.it) und **Delcomar** (☎0781 85 71 23; www.delcomar.it) verbinden Palau mit der Isola di La Maddalena. Im Sommer verkehren die Fähren alle 30 Minuten. Die Überfahrt dauert 15 Minuten und kostet 6,80 € pro Person und 16,50 € mit einem Kleinwagen.

➡ Saremar hat bis zu 15 Fährverbindungen täglich zwischen Portovesme und Carloforte auf der Isola di San Pietro. Saremar verbindet auch Carloforte mit Calasetta auf der benachbarten Isola di Sant'Antioco.

➡ Delcomar betreibt Nachtfähren von Portovesme nach Carloforte und von Carloforte nach Calasetta.

Bus

Für Busverbindungen auf Sardinien sorgt die **Azienda Regionale Sarda Trasporti** (ARST; ☎800 865042; www.arst.sardegna.it), die den Großteil der Regional- und Fernstrecken abdeckt. Die ARST betreibt auch ein kleines Netz an privaten Schmalspurbahnen, am bekanntesten ist der *Trenino Verde*.

➡ Alle wichtigen Städte der Insel haben einen ARST-Busbahnhof, der meist zentral gelegen ist.

➡ In kleineren Orten und Dörfern gibt es häufig nur eine Bushaltestelle *(fermata)* für die Intercity-Busse, manchmal liegt sie recht versteckt.

➡ Busfahrkarten müssen vor Fahrtantritt am Busbahnhof oder in ausgewiesenen Bars, *tabacchi* (Tabakläden) oder Zeitungskiosken um die Haltestellen erworben werden. In manchen Bussen können Fahrkarten beim Fahrer erworben werden, kosten dann aber etwas mehr.

➡ Die Fahrpläne hängen manchmal neben der Haltestelle aus, aber verlässlich sind sie nicht.

➡ Touristinformationen in den größeren Städten haben meist Fahrpläne für ihre Region. Ansonsten gibt es sie auch manchmal in Bars oder Zeitungskiosken, die Fahrkarten verkaufen.

➡ In kleineren Ortschaften muss man unter Umständen fragen, wo es Fahrkarten gibt.

➡ An Werktagen mögen die Busse zwar häufig fahren, aber an Sonn- und Feiertagen wird der Betrieb drastisch eingeschränkt – häufig fährt maximal ein Bus zwischen den kleinen Orten (oder gar keiner). Wer auf Busse angewiesen ist, muss also aufpassen, dass er nicht plötzlich in einem kleinen Ort festsitzt, vor allem an den Wochenenden.

Fahrrad

Sardinien eignet sich gut zum Radfahren – außerhalb der Hochsaison ist auf den Straßen nicht viel los, die Szenerie ist traumhaft und es regnet eher selten. Zu beachten ist aber, dass das Radfahren anstrengend ist und die hügelige (teilweise auch bergige) Landschaft eine sportliche Herausforderung darstellt.

➡ In vielen größeren Städten und in den Touristenhochburgen können Räder ausgeliehen werden, u. a. in Alghero, Santa Teresa di Gallura, La Maddalena, Palau und Olbia.

➡ Die Mietpreise liegen bei etwa 10 € pro Tag, für ein Mountainbike werden maximal 25 € verlangt.

➡ Radfahren ist auf der SS131, der Hauptstraße Sardiniens von Cagliari im Süden bis nach Porto Torres im Norden, verboten.

➡ Wer im (extrem) heißen Sommer unterwegs ist, sollte an ausreichend Trinkwasser und Sonnenschutzmittel denken.

➡ Räder dürfen in Regionalbahnen mitgenommen werden, aber es kostet extra (3,50 €).

Mitnahme des eigenen Fahrrads

➡ Die Mitnahme des eigenen Fahrrads nach Sardinien ist unproblematisch.

➡ Das Rad kann auch im Flugzeug mitgenommen werden. Die jeweiligen Fluggesellschaften haben unterschiedliche Vorschriften, aber die meisten verlangen, dass das Fahrrad in eine Hülle oder Kiste verpackt wird, dass Pedale und Lenker flach ans Gestell gedreht sind und dass die Luft aus den Reifen gelassen ist.

➡ Einige Fluggesellschaften berechnen eine Gebühr für den Fahrradtransport, meist etwa 30 bis 60 €. Andere rechnen es dem Freigepäck zu. In diesem Fall muss nur gezahlt werden, wenn das Maximalgewicht des Freigepäcks überschritten wird.

➡ Auf Fähren können Fahrräder gegen eine kleine Gebühr mitgenommen werden, meist 3 bis 10 €.

➡ Auf jeden Fall sollten Werkzeug, Ersatzteile, ein Helm, Lampen und ein sicheres Fahrradschloss mitgenommen werden.

Geführte Touren

Überall auf der Insel bieten lokale Veranstalter verschiedene Ausflüge und geführte Touren an. Außerdem gibt es Hunderte Anbieter von Bootsausflügen an der sardischen Küste. Beliebte Ausgangspunkte sind Alghero, Cala Gonone, Stintino, Santa Maria Navarrese und Porto San Paolo.

Empfehlenswerte spezialisierte Touranbieter:

Agenzia La Nassa (☎079 52 00 60; www.escursioniasinara.it; Via Sassari 39, Stintino) Führungen durch den Parco Nazionale dell'Asinara.

Barbagia No Limits (☎347 1736345, 0784 182 03 73; www.barbagianolimits.it; Via Cagliari 186, Gavoi) Der Veranstalter organisiert verschiedenste Outdoor-Aktivitäten in der Barbagia-Region in Ostsardinien, u. a. Höhlenbesuche, Jeepfahrten und Survivalkurse.

Esedra Sardegna (☎0785 37 42 58; www.esedrasardegna.it; Corso Vittorio Emanuele 64, Bosa) Exkursionen in und um Bosa. Die Angebote reichen von Flussfahrten und Bootstouren bis zu geführten Ausflügen zur Vogelbeobachtung.

Jara Escursioni (☎348 2924983, 070 936 42 77; www.parcodellagiara.it; Via Tuveri, Tuili) Die kleine Gruppe im winzigen Dorf Tuili bietet Führungen durch die Giara di Gesturi an.

Linea del Parco (☎079 52 31 18; www.lineadelparco.it; Porto Mannu, Stintino) Linea del Parco bietet etliche Touren mit dem Bus oder Landrover an sowie Reittouren und Bootsausflüge zum Parco Nazionale dell'Asinara.

Mare e Natura (☎339 9850435, 079 52 00 97; www.marenatura.it; Via Sassari 77, Stintino) Eines von mehreren Unternehmen, die Touren zu Land und zu Wasser durch den Parco Nazionale dell'Asinara anbieten.

Nahverkehr

Bus und Bahn sind die wichtigsten öffentlichen Verkehrsmittel, mit denen man die Insel bereisen kann.

- Alle größeren Städte verfügen über recht gute städtische Busverbindungen.
- In der Regel sind Busse in Stadtzentren jedoch nicht nötig, da diese ziemlich überschaubar sind. In den meisten Orten sind die Sehenswürdigkeiten, Hotels und Bus-/Bahnhöfe in Laufnähe voneinander entfernt.
- Busfahrkarten (um die 1,20 €) müssen vor Fahrtantritt an einem Zeitungskiosk oder *tabacchi* gekauft und im Bus abgestempelt werden.
- Alle drei Flughäfen der Insel haben Busverbindungen zur nächsten Stadt.

Trampen

- Trampen ist in keinem Land der Welt völlig sicher und deshalb nicht unbedingt zu empfehlen. Wer per Anhalter reist, muss wissen, dass er damit ein Risiko eingeht.
- Trampen ist auf Sardinien höchst unüblich. Die Sarden zögern, Unbekannte mitzunehmen, sodass das Reisen per Anhalter recht frustrierend sein kann.
- Wer es dennoch versucht, sollte Stellen wählen, an denen die Fahrer rechtzeitig anhalten können, ohne andere zu behindern.
- Ordentliche Kleidung, möglichst wenig Gepäck und ein Schild mit dem Zielort können hilfreich sein.
- Nicht wie üblich den Daumen hochhalten, das kann als Beleidigung missverstanden werden (es bedeutet hier „Du kannst mich mal!").
- Alleinreisende Frauen sollten nie per Anhalter fahren.

Zug

- Sardiniens Eisenbahnnetz ist klein und auf vielen Strecken ist ein Bus schneller. Aber abgesehen davon ist eine Bahnfahrt unkompliziert und billig.
- Der Fahrplan *(orario)* hängt an den Bahnhöfen aus. *Partenze* (Abfahrten) und *arrivi* (Ankünfte) sind klar getrennt.
- Oft wird jedoch der Plan umgestellt und an Sonntagen verkehren deutlich weniger Züge. Hilfreich sind die Stichworte *feriale* (Montag bis Samstag) und *festivo* (nur an Sonn- und Feiertagen).
- Es gibt nur eine Kategorie von Zügen auf der Insel: den einfachen *regionale*. Meist handelt es sich dabei um Bummelzüge, die in jedem Dorf entlang der Strecke halten und für die man viel Geduld mitbringen muss.
- Einige Züge bieten eine 1. und 2. Klasse, bei genauerem Hinsehen besteht zwischen beiden aber kein großer Unterschied, außer dass die 1. Klasse etwas mehr kostet.
- Es lohnt sich nicht, einen Eurail- oder InterRail-Pass ausschließlich für Fahrten auf Sardinien zu kaufen.

Die folgenden Gesellschaften betreiben Bahnlinien auf der Insel:

Trenitalia (☎892021; www.trenitalia.com) Die italienische Staatsbahn betreibt den Großteil des kleinen Schienennetzes der Insel. Die Hauptstrecke führt von Cagliari nach Oristano und weiter nach Chilivano-Ozieri, wo sie sich in zwei Linien verzweigt. Eine führt Richtung Nordwesten nach Sassari und Porto Torres, die andere in Richtung Nordosten nach Olbia und Golfo Aranci.

Macomer ist ein weiterer wichtiger Bahnknotenpunkt mit Anschlüssen nach Nuoro.

Azienda Regionale Sarda Trasporti (ARST; ☎800 865042; www.arst.sardegna.it) ARST betreibt ein kleines Streckennetz privater Schmalspurbahnen *(servizi ferroviari)* sowie den *Trenino Verde*.

Trenino Verde (☎070 58 02 46; www.treninoverde.com) Eine Touristenbahn, die durch einige der spektakulärsten und unzugänglichsten Landschaften der Insel fährt. Als öffentliches Verkehrsmittel ist die Bahn nicht sehr nützlich, denn sie fährt extrem langsam und hält nur an wenigen wichtigen Orten, aber sie ist hervorragend geeignet, um Teile der Insel zu erleben, die man andernfalls wohl nicht zu sehen bekommt.

Zwischen Mitte Juni und Anfang September befährt der *Trenino Verde* vier Strecken: von Arbatax nach Mandas (mit Anschluss an die Bahn-/U-Bahnlinie Mandas–Cagliari), von Isili nach Sorgono, von Bosa Marina nach Macomer (mit Anschluss an die Bahnlinie Macomer–Nuoro) sowie von Palau über Tempio Pausania nach Nulvi (mit Anschluss an die reguläre Bahnstrecke nach Sassari).

Von den vier Strecken ist die zwischen Mandas und Arbatax am eindrucksvollsten.

Sprache

In Italien sind die Regionaldialekte in vielen Teilen des Landes ein wesentlicher Bestandteil der Identität, aber mit normalem Italienisch wird man überall verstanden, auch in Sardinien. Viele Sarden beherrschen beide Sprachen gleich gut: Sardisch, die Sprache der Insel, und Italienisch. Ihre Aussprache im Italienischen ist erfrischend deutlich und leicht zu verstehen, auch wenn man selbst nur wenig Italienisch kann.

Die Laute im gesprochenen Italienisch sind den deutschen Lauten recht ähnlich. Wer die farbigen Aussprachehilfen in diesem Buch deutsch ausspricht, wird zumindest verstanden. Die betonten Silben erscheinen in kursiver Schrift. Beachten sollte man, dass ein „g" mit folgendem Vokal oft dsch (mit weichem „sch", wie in „Journalist") ausgesprochen wird und dass das r ein stark gerollter Laut ist. Die italienischen Konsonanten werden stark und betont gesprochen, Doppelkonsonanten sollen gewissermaßen doppelt klingen wie z.B. in *sonno* *son*·no (Schlaf) gegenüber *sono* *so*·no (Ich bin).

GRUNDLEGENDES

Im Italienischen gibt es wie im Deutschen zwei Formen der Anrede – das höfliche *Lei* läi wird zur Anrede von Fremden, höherstehenden Personen oder älteren Leuten benutzt. Gegenüber bekannten oder jüngeren Leuten benutzt man die Anrede *tu* tu.

Im Italienischen sind ähnlich wie im Deutschen alle Nomen und Adjektive entweder Maskulinum oder Femininum. Das Gleiche gilt für den dazugehörigen Artikel *il/la* il/la (der/die) und *un/una* un/*u*·na (ein/eine). In diesem Kapitel sind die höflichen/informellen und maskulinen/femininen Formen, wo nötig, mit angegeben und durch einen Schrägstrich abgetrennt. Die Abkürzungen lauten: „höf./inf." und „m/".

NOCH MEHR ITALIENISCH?

Mehr zur italienischen Sprache und weitere nützliche Redewendungen verrät der *Sprachführer Italienisch* von Lonely Planet. Er kann auch unter **shop.lonely planet.de** bestellt werden.

Hallo.	*Buongiorno.*	buon·*dschor*·no
Auf Wiedersehen.	*Arrivederci.*	ar·ri·we·*der*·tschi
Ja./Nein.	*Sì./No.*	si/no
Entschuldigen Sie.	*Mi scusi.* (höf.)	mi *sku*·si
Entschuldige.	*Scusami.* (inf.)	*sku*·sa·mi
Tut mir Leid.	Mi dispiace.	mi dis·*pia*·tsche
Bitte. (In einer Bitte)	*Per favore.*	per fa·*wo*·re
Danke.	*Grazie.*	*gra*·tsje
Bitte. (Beim Geben)	*Prego.*	*pre*·go

Wie geht es Ihnen/Dir?
Come sta/stai? (höf./inf.) — ko·me *sta*/*stai*

Gut. Und Ihnen/Dir?
Bene. E Lei/tu? (höf./inf.) — *be*·ne e läi/tuu

Wie heißen Sie?
Come si chiama? (höf.) — *ko*·me si *kia*·ma

Ich heiße ...
Mi chiamo ... — mi *kia*·mo ...

Sprechen Sie/ Sprichst Du Deutsch?
Parla/Parli tedesco? (höf./inf.) — *par*·la/*par*·li te·*des*·ko

Sprechen Sie/ Sprichst Du English?
Parla/Parli inglese? (höf./inf.) — *par*·la/*par*·li in·*glä*·se

Ich verstehe nicht.
Non capisco. — non ka·*pi*·sko

ESSEN & TRINKEN

Was würden Sie empfehlen?
Cosa mi consiglia? ko·sa mi kon·si·lja

Welche Zutaten sind in diesem Gericht?
Quali ingredienti ci sono in questo piatto? kua·li in·gre·djen·ti tschi so·no in kue·sto piat·to

Was ist die Spezialität der Region?
Qual'è la specialità di questa regione? kua·lä la spe·tscha·li·ta di kue·sta re·dscho·ne

Das war lecker!
Era squisito! e·ra skui·si·to

Prosit!
Salute! sa·lu·te

Die Rechnung bitte.
Mi porta il conto, per favore? mi por·ta il kon·to per fa·wo·re

Ich möchte gerne einen Tisch reservieren für ..	*Vorrei prenotare un tavolo per ...*	wor·räi pre·no·ta·re un ta·wo·lo per ...
(zwei) Personen	*(due) persone*	(du·e) per·so·ne
(acht) Uhr	*le (otto)*	le (ot·to)
Ich esse kein/e/en...	*Non mangio ..*	non man·dscho...
Eier	*uova*	uo·wa
Fisch	*pesce*	pe·sche
Nüsse	*noci*	no·tschi
(rotes) Fleisch	*carne (rossa)*	kar·ne (ros·sa)

Wichtige Wörter

Abendessen	*cena*	tsche·na
Bar	*locale*	lo·ka·le
Café	*bar*	bar
Flasche	*bottiglia*	bot·ti·lja
Frühstück	*prima colazione*	pri·ma ko·la·tsio·ne
Gabel	*forchetta*	for·ket·ta
Getränkekarte	*lista delle bevande*	li·sta del·le be·wan·de
Glas	*bicchiere*	bi·kje·re
heiß	*caldo*	kal·do
kalt	*freddo*	fred·do
Lebensmittelladen	*alimentari*	a·li·men·ta·ri
Löffel	*cucchiaio*	ku·kia·jo
Markt	*mercato*	mer·ka·to
Messer	*coltello*	kol·te·lo
mit	*con*	kon
Mittagessen	*pranzo*	pran·dso
ohne	*senza*	sen·tsa
Restaurant	*ristorante*	ri·sto·ran·te
Speisekarte	*menù*	me·nu
Teller	*piatto*	pjat·to
vegetarisch	*vegetariano*	we·dsche ta·ria·no
würzig	*piccante*	pi·kan·te

MINI-SPRACHFÜHRER

Um im Italienischen zurechtzukommen, sollte man diese einfachen Wendungen mit eigenen Wörtern kombinieren:

Wann geht der (nächste Flug)?
A che ora è (il prossimo volo)? a ke o·ra ä (il pro·si·mo wo·lo)

Wo ist (der Bahnhof)?
Dov'è (la stazione)? do·wä (la stat·sjo·ne)

Ich suche (ein Hotel).
Sto cercando (un albergo). sto tscher·kan·do (un al·ber·go)

Haben Sie (eine Karte) ?
Ha (una pianta)? a (u·na pjan·ta)

Gibt es hier (eine Toilette)?
C'è (un gabinetto)? tschä (un ga·bi·net·to)

Ich hätte gern (einen Kaffee).
Vorrei (un caffè). wor·räi (un ka·fä)

Ich möchte gern (ein Auto mieten).
Vorrei (noleggiare una macchina). wor·räi (no·le·dscha·re u·na ma·ki·na)

Darf ich (hereinkommen)?
Posso (entrare)? pos·so (en·tra·re)

Könnten Sie mir bitte (helfen)?
Può (aiutarmi), per favore? puo (a·ju·tar·mi) per fa·wo·re

Muss ich (einen Sitzplatz reservieren)?
Devo (prenotare un posto)? de·wo (pre·no·ta·re un po·sto)

Fleisch & Fisch

Austern	*ostriche*	o·stri·ke
Calamares/ Tintenfisch	*calamari*	ka·la·ma·ri

Ente	*anatra*	a·na·tra
Fisch	*pesce*	*pe*·sche
Fleisch	*carne*	*kar*·ne
Forelle	*trota*	*tro*·ta
Hering	*aringa*	a·*rin*·ga
Hühnchen	*pollo*	*pol*·lo
Languste	*aragosta*	a·ra·*gos*·ta
Jakobsmuscheln	*capasante*	ka·pa·*san*·te
Kalb	*vitello*	wi·*tel*·lo
Krabbe/Garnele	*gambero*	*gam*·be·ro
Lachs	*salmone*	sal·*mo*·ne
Lamm	*agnello*	a·*njel*·lo
Meeresfrüchte	*frutti di mare*	*frut*·ti di *ma*·re
Miesmuscheln	*cozze*	*ko*·tse
Pute	*tacchino*	ta·*ki*·no
Rind	*manzo*	*man*·dso
Schwein	*maiale*	ma·*ja*·le
Shrimps	*gambero*	*gam*·be·ro
Thunfisch	*tonno*	*ton*·no

Obst & Gemüse

Ananas	*ananas*	a·na·nas
Apfel	*mela*	*me*·la
Blumenkohl	*cavolfiore*	ka·wol·*fio*·re
Bohnen	*fagioli*	fa·*dscho*·li
Erbsen	*piselli*	pi·*sel*·li
Frühlingszwiebel	*cipolotto*	tschi·po·*lo*·to
Gemüse	*verdura*	wer·*du*·ra
Gurke	*cetriolo*	tsche·tri·*o*·lo
Karotte	*carota*	ka·*rot*·ta
Kartoffeln	*patate*	pa·*ta*·te
Kohl	*cavolo*	*ka*·wo·lo
Linsen	*lenticchie*	len·*ti*·kje
Nüsse	*noci*	*no*·tschi
Obst	*frutta*	*frut*·ta
Orange	*arancia*	a·*ran*·tscha
Paprika	*peperone*	pe·pe·*ro*·ne
Pfirsich	*pesca*	*pe*·ska
Pflaume	*prugna*	*pru*·nia
Pilz	*funghi*	*fun*·gi
Spinat	*spinaci*	spi·*na*·tschi

Schilder

Entrata/Ingresso	Eingang
Uscita	Ausgang
Aperto	offen
Chiuso	geschlossen
Informazioni	Information
Proibito/Vietato	verboten
Gabinetti/Servizi	Toiletten
Uomini	Männer
Donne	Frauen

Tomaten	*pomodori*	po·mo·*do*·ri
Weintrauben	*uva*	*u*·wa
Zitrone	*limone*	li·*mo*·ne
Zwiebeln	*cipolle*	tschi·*pol*·le

Andere Nahrungsmittel

Bro	*pane*	*pa*·ne
Butter	*burro*	*bur*·ro
Eier	*uova*	*uo*·wa
Eiscreme	*gelato*	dsche *la* to
Essig	*aceto*	a·*tsche*·to
Honig	*miele*	*mje*·le
Käse	*formaggio*	for·*ma*·dscho
Marmelade	*marmellata*	mar·mel·*la*·ta
Nudeln	*pasta*	*pas*·ta
Öl	*olio*	o·lio
Pfeffer	*pepe*	*pe*·pe
Reis	*riso*	*ri*·so
Salz	*sale*	*sa*·le
Sojasauce	*salsa di soia*	*sal*·sa di *so*·ja
Suppe	*minestra*	mi·*nes*·tra
Zucker	*zucchero*	tsu·*ke*·ro

Getränke

Bier	*birra*	*bir*·ra
(alkoholfreies) Getränk	*bibita*	bi·*bi*·ta
Kaffee	*caffè*	kaf·*fä*
Milch	*latte*	*lat*·te
Rotwein	*vino rosso*	*wi*·no *ros*·so
(Orangen) Saft	*succo (d'arancia)*	*suk*·ko (da·*ran*·tscha)
Tee	*tè*	tä

(Mineral) Wasser	*acqua (minerale)*	a·kua (mi·ne·ra·le)
Weißwein	*vino bianco*	wi·no bian·ko

NOTFÄLLE

Hilfe! *Aiuto!* a·ju·to

Lassen Sie mich in Ruhe!
Lasciami in pace! la·scha·mi in pa·tsche

Ich hab mich verirrt.
Mi sono perso/a. (m/f) mi so·no per·so/a

Hier ist ein Unfall passiert.
C'è stato un incidente. tschä sta·to un in·tschi·den·te

Rufen Sie die Polizei!
Chiami la polizia! kia·mi la po·li·tsi·a

Rufen Sie einen Arzt!
Chiami un medico! kia·mi un me·di·ko

Wo sind die Toiletten?
Dove sono i gabinetti? do·we so·no i ga·bi·net·ti

Ich fühle mich schlecht.
Mi sento male. mi sen·to ma·le

Hier tut es weh.
Mi fa male qui. mi fa ma·le kui

Ich bin allergisch gegen ...
Sono allergico/a a ...(m/f) so·no a·ler·dschi·ko/a a

Zahlen

1	*uno*	u·no
2	*due*	du·e
3	*tre*	trä
4	*quattro*	kuat·tro
5	*cinque*	tschin·kue
6	*sei*	säi
7	*sette*	set·te
8	*otto*	ot·to
9	*nove*	no·we
10	*dieci*	dje·tschi
20	*venti*	wen·ti
30	*trenta*	tren·ta
40	*quaranta*	kua·ran·ta
50	*cinquanta*	tschin·kuan·ta
60	*sessanta*	ses·san·ta
70	*settanta*	se·tan·ta
80	*ottanta*	ot·tan·ta
90	*novanta*	no·wan·ta
100	*cento*	tschen·to
1000	*mille*	mi·le

SHOPPEN & SERVICE

Ich möchte gerne ... kaufen
Vorrei comprare ... wor·räi kom·pra·re ...

Ich schaue mich nur um.
Sto solo guardando. sto so·lo guar·dan·do

Kann ich das mal sehen?
Posso dare un'occhiata? pos·so da·re un o·kia·ta

Wie viel kostet dies?
Quanto costa questo? kuan·to kos·ta kue·sto

Das ist zu teuer.
È troppo caro/a. (m/f) ä trop·po ka·ro/a

Können Sie etwas vom Preis ablassen?
Può farmi lo sconto? puo far·mi lo skon·to

Da ist ein Fehler in der Rechnung.
C'è un errore nel conto. tschä un e·ro·re nel kon·to

Geldautomat	*Bancomat*	ban·ko·mat
Postamt	*ufficio postale*	uf·fi·tscho pos·ta·le
Touristeninformation	*ufficio del turismo*	u·fi·tscho del tu·ris·mo

UHRZEIT & DATUM

Wie spät ist es?	*Che ora è?*	ke o·ra ä
Es ist ein Uhr.	*È l'una.*	ä lu·na
Es ist (zwei) Uhr.	*Sono le (due).*	so·no le (du·e)
Halb (zwei).	*(L'una) e mezza.*	(lu·na) e me·dsa
morgens	*di mattina*	di mat·ti·na
nachmittags	*di pomeriggio*	di po·me·ri·dscho
abends	*di sera*	di se·ra
gestern	*ieri*	je·ri
heute	*oggi*	o·dschi
morgen	*domani*	do·ma·ni
Montag	*lunedì*	lu·ne·di
Dienstag	*martedì*	mar·te·di
Mittwoch	*mercoledì*	mer·ko·le·di
Donnerstag	*giovedì*	dscho·we·di
Freitag	*venerdì*	we·ner·di
Samstag	*sabato*	sa·ba·to
Sonntag	*domenica*	do·me·ni·ka
Januar	*gennaio*	dschen·na·jo
Februar	*febbraio*	feb·bra·jo

März	*marzo*	mar·tso
April	*aprile*	a·pri·le
Mai	*maggio*	ma·dscho
Juni	*giugno*	dschu·nio
Juli	*luglio*	lu·lio
August	*agosto*	a·gos·to
September	*settembre*	set·tem·bre
Oktober	*ottobre*	ot·to·bre
November	*novembre*	no·wem·bre
Dezember	*dicembre*	di·tschem·bre

UNTERKUNFT

Haben Sie ein ... Zimmer?	*Avete una camera ...?*	a·we·te u·na ka·me·ra ...
Doppel	*doppia con letto matrimoniale*	do·pia kon let·to ma·tri·mo·nja·le
Einzel	*singola*	sin·go·la
Wie viel kostet es pro ...?	*Quanto costa per ...?*	kuan·to kos·ta per ...
Nacht	*una notte*	u·na not·te
Person	*persona*	per·so·na
Ist das Frühstück inbegriffen?	*La colazione è compresa?*	la ko·la·tsio·ne ä kom·pre·sa
Bad	*bagno*	ba·njo
Campingplatz	*campeggio*	kam·pe·dscho
Fenster	*finestra*	fi·nes·tra
Hotel	*albergo*	al·ber·go
Jugendherberge	*ostello della gioventù*	os·tel·lo de·la dscho·wen·tu
Klimaanlage	*aria condizionata*	a·ria kon·di·tsio·na·ta
Pension	*pensione*	pen·sio·ne

VERKEHRSMITTEL & -WEGE

Öffentliche Verkehrsmittel

Wann fährt ... ab/ kommt ... an?	*A che ora parte/ arriva ...?*	a ke o·ra par·te/ a·ri·wa ...
Bus	*l'autobus*	lau·to·bus
Fähre	*il traghetto*	il tra·get·to
Flugzeug	*l'aereo*	la·e·re·o
Metro	*la metropolitana*	la me·tro·po·li·ta·na
Schiff	*la nave*	la na·we
Zug	*il treno*	il tre·no
... Ticket	*un biglietto ...*	un bi·ljet·to
einfaches	*di sola andata*	di so·la an·da·ta
Rückfahr-	*di andata e ritorno*	di an·da·ta e ri·tor·no
Bahnhof	*stazione ferroviaria*	sta·tsio·ne fe·ro·wiar·ja
Bahnsteig	*binario*	bi·na·rio
Bushaltestelle	*fermata dell'autobus*	fer·ma·ta del au·to·bus
Fahrkartenschalter	*biglietteria*	bi·ljet·te·ri·a
Fahrplan	*orario*	o·ra·rio
Hält er in ...?	*Si ferma a ...?*	si fer·ma a ...

Sagen Sie mir bitte, wenn wir nach ... kommen.
Mi dica per favore quando arriviamo a ... mi di·ka per fa·wo·re kuan·do a·ri·wia·mo a ...

Ich möchte hier aussteigen.
Voglio scendere qui. wo·lio schen·de·re kui

Auto- & Radfahren

Ich möchte gerne ein ... mieten	*Vorrei noleggiare un/una ... (m/f)*	wor·räi no·le·dscha·re un/u·na ...
Auto	*macchina (f)*	mak·ki·na
Fahrrad	*bicicletta (f)*	bi·tschi·klet·ta
Geländewagen	*fuoristrada (m)*	fuo·ri·stra·da
Motorrad	*moto (f)*	mo·to
Benzin	*benzina*	ben·dsi·na
Fahrrad-Luftpumpe	*pompa della bicicletta*	pom·pa del·la bi·tschi·klet·ta
Helm	*casco*	kas·ko
Kindersitz	*seggiolino*	se·dscho·li·no
Mechaniker	*meccanico*	mek·ka·ni·ko
Tankstelle	*stazione di servizio*	sta·tsio·ne di ser·wi·tsio

Ist dies die Straße nach ...?
Questa strada porta a ...?
kue·sta stra·da por·ta a ...

(Wie lange) Kann ich hier parken?
(Per quanto tempo) Posso parcheggiare qui? (per kuan·to tem·po) pos·so par·ke·dscha·re kui

Das Autor/Motorrad hat eine Panne (in ...).
La macchina/moto si è guastata (a ...). — la *ma*·ki·na/*mo*·to si ä guas·*ta*·ta (a ...)

Ich habe einen Platten.
Ho una gomma bucata. — o *u*·na *gom*·ma bu·*ka*·ta

Ich habe kein Benzin mehr.
Ho esaurito la benzina. — o e·sau *ri*·to la ben·*dsi*·na

WEGWEISER

Wo ist...? *Dov'è ...?* — do·*wä* ...

Wie lautet die Adresse?
Qual'è l'indirizzo? — *kua*·lä lin·di·*ri*·tso

Könnten Sie das bitte aufschreiben?
Può scriverlo, per favore? — puo *skri*·wer·lo per fa·*wo*·re

Könnten Sie mir das zeigen (auf der Karte)?
Può mostrarmi (sulla pianta)? — puo mos·*trar*·mi (sul·la *pian*·ta)

An der Ampel	*al semaforo*	al se·*ma*·fo·ro
An der Ecke	*all'angolo*	al·*lan*·go·lo
gegenüber	*di fronte a*	di *fron*·te a
immer geradeaus	*sempre diritto*	*sem*·pre di·*ri*·to
hinter	*dietro*	*djet*·tro
links	*a sinistra*	a si·*ni*·stra
nahe	*vicino*	wi·*tschi*·no
neben	*accanto a*	ak·*kan*·to a
rechts	*a destra*	a *de*·stra
vor	*davanti a*	da·*wan*·ti a
weit weg	*lontano*	lon·*ta*·no

GLOSSAR

AAST Azienda Autonoma di Soggiorno e Turismo (Touristeninformation)
ACI – Automobile Club d'Italia (italienischer Automobilclub)
acqua – Wasser
agnello – Lamm
agriturismo – Ferienunterkunft auf dem Bauernhof
albergo – Hotel (mit bis zu fünf Sternen)
albergo diffuso – Hotel mit mehreren Häusern, typisch für historische Stadtzentren
alimentari –Lebensmittelladen
alto – hoch
anfiteatro – Amphitheater
aperitivo – Aperitif
aragosta – Hummer
ARST – Azienda Regionale Sarda Trasporti (staatliches Busunternehmen)

bancomat – Bankautomat
benzina – Benzin
benzina senza piombo – bleifreies Benzin
borgo – mittelalterliche Ortschaft
bottarga – Meeräschenrogen
burrida – Dornhai mit Pinienkernen, Petersilie und Knoblauch

calamari – Tintenfisch, Calamares
camera – Zimmer
campanile – Glockenturm
cappella – Kapelle
capretto – Zicklein
carabinieri – Militärpolizei (siehe polizia)
carciofi – Artischocken
Carnevale – Karnevalszeit zwischen Dreikönigstag und Aschermittwoch
castello – Burg, Kastell
cattedrale – Kathedrale, Dom
cena – Abendessen
centro – Stadtzentrum
centro storico – wörtlich „historisches Zentrum“; Altstadt
chiesa – Kirche
colazione – Frühstück
comune – Stadt- oder Gemeindeverwaltung
coperto – Grundpreis für ein Gedeck im Restaurant
cornetto – Croissant
corso – Hauptstraße, Boulevard
cortile – Innenhof
cotto/a – gekocht
cozze – Miesmuscheln
CTS – Centro Turistico Studentesco e Giovanile (Reiseagentur für Studenten und junge Leute)
culurgiones – Ravioli, mit Käse und/oder Kartoffeln gefüllt
cumbessias – Pilgerherbergen in den Innenhöfen von Kirchen, traditionell der Ort für religiöse Feste (bis zu neun Tage lang) zu Ehren eines bestimmten Heiligen
cupola – Kuppel

digestivo – Digestif
dolci – Süßigkeiten
domus de janas – wörtlich „Feenhaus“; Grabmal aus alter Zeit, in einen Felsen geschnitten
duomo – Kathedrale, Dom

ENIT – Ente Nazionale Italiano per il Turismo (staatliche Fremdenverkehrsbehörde)
enoteca Weinbar oder Weinladen

farmacia – Apotheke
festa – Fest, Feiertag
fiume – (großer) Fluss
fontana – Quelle
formaggio – Käse
fregola – sardische Nudelbällchen aus Hartweizengrieß

fritto/a – frittiert, gebraten

frutti di mare – Meeresfrüchte

funghi – Pilze

gasolio – Diesel

gelateria – Eisdiele

giudicato – Provinz; im Mittelalter war Sardinien aufgeteilt in den Giudicato Cagliari, Giudicato Logudoro, Giudicato Gallura und den Giudicato Arborea

golfo – Golf

grotta – Höhle

guardia medica – Notarztservice

insalata – Salat

isola – Insel

lago – See

largo – (kleiner) Platz

latte – Milch

libreria – Buchladen

lido – bewirtschafteter Strandabschnitt

lungomare – Uferpromenade

macchia – mediterraner Strauch

malloreddus – Grießklößchen

mare – Meer

mattanza – wörtlich „Schlachten"; der jährliche Thunfischfang im Südwesten Sardiniens

miele – Honig

mirto – Myrtenbeere; auch ein Likör aus Myrtenbeeren

monte – Berg

muggine – Meeräsche

municipio – Rathaus

muristenes – siehe *cumbessias*

Natale – Weihnachten

nuraghe – steinerne Türme und befestigte Siedlungen der Bronzezeit

oratorio – Oratorium

ospedale – Krankenhaus

palazzo – Palast; aber auch ein großes Gebäude jeglicher Art, z.B. ein Mietshaus

panada – herzhaft-pikante Teigtasche

pane – Brot

panino – Brötchen

parco – Park

Pasqua – Ostern

passeggiata – traditioneller Abendbummel

pasticceria – Konditorei

pensione – Pension, kleines Hotel

piazza – Platz

pietà – wörtlich „Mitleid"; Skulptur, Zeichnung oder Gemälde, das die Muttergottes mit dem toten Christus auf dem Schoß zeigt

pinacoteca – Gemäldegalerie

polizia – Polizei

polpo – Oktopus, Tintenfisch

poltrona – wörtlich „Sessel"; komfortabler Sitzplatz auf einer Fähre

ponte – Brücke

porceddu – Spanferkel

porto – Hafen

pronto soccorso – Erste Hilfe

prosciutto – gekochter Schinken

questura – Polizeistation

rio – Nebenfluss

riserva naturale – Naturschutzgebiet

ristorante – Restaurant

sagra – Fest, das einer kulinarischen Spezialität gewidmet ist, wie etwa den Pilzen oder dem Wein etc.

saline – Saline, Salzpfanne

santuario – Heiligtum, oft mit einer Kapelle verbunden

scalette – „kleine Treppe" (wie in Scalette di Santa Chiara, eine steile Treppe hinauf in den Distrikt Il Castello von Cagliari)

sebadas – gebratene Nudeln mit Ricotta

seppia – Tintenfisch

servizio – Bedienungszuschlag im Restaurant

spiaggia – Strand

stagno – Lagune

stazione marittima – Fährhafen

stazzo/u – Bauernhof in der Region Gallura

strada – Straße

tavola calda – Garküche im Stil einer Kantine mit fertigen warmen Gerichten

teatro – Theater

tempio – Tempel

terme – Thermalbad, antike Thermen

tholos – Bezeichnung für den konischen Turm in einer *Nuraghe*-Siedlung

tomba di gigante – wörtlich „Grab des Riesen", Hünengrab; prähistorisches Massengrab

tonnara – Thunfisch verarbeitender Betrieb

tonno – Thunfisch

tophet – heiliger Beerdigungsort der Phönizier oder Karthager für Kinder und Babys

torre – Turm

trippa – Kutteln

via – Straße

viale – Allee, Boulevard

vicolo – Gasse

vino (rosso/bianco) – Wein (roter/weißer)

vongole – Venusmuschel

zucchero – Zucker

zuppa – Suppe oder Brühe

Hinter den Kulissen

WIR FREUEN UNS ÜBER EIN FEEDBACK

Post von Travellern zu bekommen ist für uns ungemein hilfreich – Kritik und Anregungen halten uns auf dem Laufenden und helfen, unsere Bücher zu verbessern. Unser reiseerfahrenes Team liest alle Zuschriften genau durch, um zu erfahren, was an unseren Reiseführern gut und was schlecht ist. Wir können solche Post zwar nicht individuell beantworten, aber jedes Feedback wird garantiert schnurstracks an die jeweiligen Autoren weitergeleitet, rechtzeitig vor der nächsten Auflage.

Wer uns schreiben will, erreicht uns unter **www.lonelyplanet.de/kontakt**.

Hinweis: Da wir Beiträge möglicherweise in Lonely Planet Produkten (Reiseführer, Websites, digitale Medien) veröffentlichen, ggf. auch in gekürzter Form, bitten wir um Mitteilung, falls ein Kommentar nicht veröffentlicht oder ein Name nicht genannt werden soll. Wer Näheres über unsere Datenschutzpolitik wissen will, erfährt das unter www.lonelyplanet.com/privacy.

DANK VON LONELY PLANET

Vielen Dank an die folgenden Leser, die mit der letzten Ausgabe unterwegs waren und uns wertvolle Hinweise, Tipps und interessante Anekdoten geschickt haben:

Bill Howard, Daphne Howarth, Els Kleinherenbrink, James Lu, Jane Johnson, Jasmes Jeannette, Joana Baptista, Kathryn Hooper, Val Macready, Valerie Mitchell, Veronica Martin.

DANK DER AUTOREN

Kerry Christiani

Mille grazie an die Sarden für ihre immer wieder herzliche Gastfreundschaft und ihre wertvollen Empfehlungen. Ein großes Dankeschön insbesondere an die Outdoorprofis Peter und Anne vom Lemon House in Lotzorai, an Corrado Conca für seine Klettertipps und an Maria Antonietta Goddi bei Durke, Cagliari, für die süße Inspiration. Besonderen Dank auch an Fabrizio Vella in der Gola Su Gorropu und an Francesco Muntoni von Cardedu Kayak. Und schließlich danke ich meinem Mann Andy Christiani dafür, dass er so ein wunderbarer Reisebegleiter ist.

Duncan Garwood

Danke an meine Koautorin Kerry Christiani und an Jo Cooke und Anna Tyler bei Lonely Planet. In Sardinien *grazie* an alle, die mich unterstützt und mir Tipps gegeben haben, insbesondere an Laura Zicchi, Valeria Spada, die hilfreichen Damen bei Archeotur in Sant'Antioco, Leandro Medda, Francesco Melis, Monica Ledda, Fabrizio Busia, die Damen vom Museo Casa Deriu in Bosa und an Marija in Alghero. Und wie immer *grazie di cuore* an Lidia und die Jungs, Ben und Nick.

QUELLENNACHWEIS

Die Angaben auf der Klimakarte stammen von Peel MC, Finlayson BL & McMahon TA (2007) „Updated World Map of the Köppen-Geiger Climate Classification" Hydrology and Earth System Sciences, 11, 163344.

Titelfoto: Cala Goloritzè am Golfo di Orosei, Roetting/Pollex/Getty.

ÜBER DIESES BUCH

Dies ist die 3. deutsche Auflage von *Sardinien*. Sie basiert auf der 5. englischen Auflage von Kerry Christiani und Duncan Garwood. Die vorige Auflage schrieben Kerry Christiani und Vesna Maric, vorangehende Auflagen stammen von Duncan Garwood, Paula Hardy und Damien Simonis. Die englische Ausgabe dieses Reiseführers wurde vom Lonely Planet Büro in London in Auftrag gegeben und produziert von:

Chefredaktion Jo Cooke

Titelredaktion Anna Tyler

Produktredaktion Briohny Hooper

Kartographie Anthony Phelan

Layout Katherine Marsh

Redaktionsassistenz Rosie Nicholson, Samantha Forge, Carly Hall, Anne Mulvaney, Charlotte Orr

Kartografieassistenz Mark Griffiths

Umschlaggestaltung Naomi Parker

Dank an Helvi Cranfield, Ryan Evans, Larissa Frost, Anna Harris, Jouve India, Elizabeth Jones, Claire Murphy, Claire Naylor, Karyn Noble, Ellie Simpson, Lauren Wellicome, Juan Winata

Register

Kartenverweise **000**
Fotoverweise 000

Kartenverweise **000**
Fotoverweise **000**

REGISTER K–N

Kartenverweise **000**
Fotoverweise **000**

T

U

V

W

Z

Kartenverweise **000**
Fotoverweise **000**

Kartenlegende

Sehenswertes

- Strand
- Vogelschutzgebiet
- buddhistisch
- Burg/Palast
- christlich
- konfuzianisch
- hinduistisch
- islamisch
- jainistisch
- jüdisch
- Denkmal
- Museum/Galerie/hist. Gebäude
- Ruine
- Sento/Onsen
- shintoistisch
- Sikh
- taoististisch
- Weingut/Weinberg
- Zoo/Naturschutzgebiet
- Sehenswürdigkeit

Aktivitäten, Kurse & Touren

- bodysurfen
- tauchen/schnorcheln
- Kanu/Kajak fahren
- Kurse/Touren
- Ski fahren
- schnorcheln
- surfen
- schwimmen/Pool
- wandern
- windsurfen
- sonstige Aktivitäten

Schlafen

- Hotel/Hostel
- Camping

Essen

- Restaurant

Ausgehen & Nachtleben

- Bar, Kneipe
- Café

Unterhaltung

- Unterhaltung

Shoppen

- Shoppen

Praktisches

- Bank
- Botschaft/Konsulat
- Krankenhaus/Arzt
- Internet
- Polizei
- Post
- Telefon
- Toilette
- Touristeninformation
- sonstige Informationen

Geografie

- Strand
- Hütte/Unterstand
- Leuchtturm
- Aussichtspunkt
- Berg/Vulkan
- Oase
- Park
- Pass
- Rastplatz
- Wasserfall

Städte

- Hauptstadt (Staat)
- Hauptstadt (Bundesstaat/Provinz)
- Großstadt
- Stadt/Ort

Transport

- Flughafen
- Grenzübergang
- Bus
- Seilbahn/Standseilbahn
- Radweg
- Fähre
- Metro-Station
- Schwebebahn
- Parkplatz
- Tankstelle
- Subway-Station
- Taxi
- Bahnhof/Bahnlinie
- Straßenbahn
- U-Bahnstation
- sonstigerTransport

Hinweis: Nicht alle in der Legende aufgeführten Symbole sind Bestandteil der Karten dieses Buches

Verkehrswege

- Mautstraße
- Autobahn
- Hauptstraße
- Landstraße
- Verbindungsstraße
- sonstige Straße
- unbefestigte Straße
- Straße im Bau
- Platz/Promenade
- Treppe
- Tunnel
- Fußgängerbrücke
- Spaziergang
- Abstecher von der Route
- Pfad/Wanderweg

Grenzen

- Staatsgrenze
- Provinzgrenze
- umstrittene Grenze
- Regional-/Bezirksgrenze
- Meeresschutzgebiet
- Klippen
- Mauer

Gewässer

- Fluss, Bach
- periodischer Fluss
- Kanal
- Gewässer
- Salzsee/trockener/periodischer See
- Riff

Gebietsform

- Flughafen/Landepiste
- Strand/Wüste
- christlicher Friedhof
- sonstiger Friedhof
- Gletscher
- Watt
- Park/Wald
- Sehenswertes (Gebäude)
- Sportplatz
- Sumpf/Mangroven

DIE AUTOREN

Kerry Christiani

Koordinierende Autorin, Cagliari & das Sarrabus, Olbia, die Costa Smeralda & die Gallura, Nuoro & der Osten Kerrys Liebe zu Sardinien geht noch auf die Zeit zurück, als sie in einem trüben Sommer nach Abschluss ihres Studiums ein wenig *dolce vita* brauchte und mit einem uralten Wohnmobil zu einer Tour durch Italien aufbrach. Seitdem ist sie immer wieder zurückgekehrt. Zu den schönsten Momenten bei der Recherche für dieses Buch gehörte, die Frühlingsblüte der Wildblumen im Supramonte zu erleben, die düsteren Karwochen-Prozessionen durch das Viertel Il Castelo in Cagliari ziehen zu sehen, am Golfo di Orosei zu entlegenen Buchten zu wandern und die wellengepeitschte rote Granitküste von Cardedu zu erkunden. Die preisgekrönte Reisejournalistin hat an über 20 Reiseführern mitgearbeitet, darunter der Lonely Planet Band *Italien*. Aktuelle Infos über ihre Arbeit findet man unter www.kerrychristiani.com. Kerry schrieb auch die Abschnitte Reiseplanung und Sardinien verstehen.

Duncan Garwood

Iglesias & der Südwesten, Oristano & der Westen, Alghero & der Nordwesten, Die Küste Seit Duncan 2008 zum ersten Mal Sardinien besuchte, hat er jede Gelegenheit genutzt, zu der Insel zurückzukehren. Er hat für diverse Lonely Planet Reiseführer darüber geschrieben, so auch für die erste Auflage dieses Bandes, und er liebt es, die wilde, ungezähmte Landschaft Sardiniens und seine versteckten Winkel zu erkunden. Duncan, der Italienisch spricht, hat an über 25 Lonely Planet Reiseführern mitgearbeitet und schreibt regelmäßig für Zeitungen und Online-Medien über Italien. Er verfasste auch die Kapitel Sardinien Aktiv und den Abschnitt Praktische Informationen.

DIE LONELY PLANET STORY

Ein ziemlich mitgenommenes, altes Auto, ein paar Dollar in der Tasche und Abenteuerlust – 1972 war das alles, was Tony und Maureen Wheeler für die Reise ihres Lebens brauchten, die sie durch Europa und Asien bis nach Australien führte. Die Tour dauerte einige Monate, und am Ende saßen die beiden – erschöpft, aber voller Inspiration – an ihrem Küchentisch und schrieben ihren ersten Reiseführer *Across Asia on the Cheap*. Innerhalb einer Woche hatten sie 1500 Exemplare verkauft. Lonely Planet war geboren.

Heute hat der Verlag Büros in Melbourne, London, Oakland, Franklin, Delhi und Beijing mit mehr als 600 Mitarbeitern und Autoren. Und alle teilen Tonys Überzeugung, dass ein guter Reiseführer drei Dinge erfüllen sollte: informieren, bilden und unterhalten.

Lonely Planet Publications,
Locked Bag 1, Footscray,
Melbourne, Victoria 3011,
Australia

Verlag der deutschen Ausgabe:
MAIRDUMONT, Marco-Polo-Str. 1, 73760 Ostfildern,
www.lonelyplanet.de, www.mairdumont.com, info@lonelyplanet.de

Obwohl die Autoren und Lonely Planet alle Anstrengungen bei der Recherche und bei der Produktion dieses Reiseführers unternommen haben, können wir keine Garantie für die Richtigkeit und Vollständigkeit dieses Inhalts geben. Deswegen können wir auch keine Haftung für eventuell entstandenen Schaden übernehmen.

Chefredakteurin deutsche Ausgabe: Birgit Borowski

Redaktion: Bintang Buchservice GmbH,
www.bintang-berlin.de
Übersetzung: Petra Dubilski, Valeska Henze, Silvia Mayer, Inga-Brita Thiele
An früheren Auflagen haben außerdem mitgewirkt: Marion Gieseke, Rainer Höh, Silvana Höh, Guido Meister, Raphaela Moczynski, Dr. Annegret Pago, Dr. Thomas Pago, Jutta Ressel, Daniela Schetar, Cristoforo Schweeger, Dr.Heinz Vestner, Sigrid Weber-Krafft, Renate Weinberger
Lektorat: Thomas Rach, Katja Rasmus
Satz: Stefan Müssigbrodt

Sardinien
3. deutsche Auflage Mai 2015, übersetzt von
Sardinia, 5th edition, Januar 2015 Lonely Planet Publications Pty

MIX
Paper from responsible sources
FSC® C021256
FSC
www.fsc.org

Die meisten Fotos in diesem Reiseführer können bei Lonely Planet Images, www.lonelyplanetimages.com, auch lizenziert werden.

Printed in China